hänssler

ANDACHTEN

* 15. April 1798 † 18. November 1828

LUDWIG HOFACKER

PREDIGTEN

FÜR ALLE SONN- UND FESTTAGE
BAND I

hänssler-Andachten
Bestell-Nr. 393.177
ISBN 3-7751-3177-9
52. Auflage
Die vorherigen Auflagen erschienen im J. F. Steinkopf-Verlag.

Umschlaggestaltung: Stefanie Bunner
Titelfoto: Rolf Scheffbuch
Druck und Bindung: Ebner Ulm
Printed in Germany

Vorwort zur 52. Auflage

Ludwig Hofacker (1798–1828) redete nicht das Blaue vom Himmel herunter. Vielmehr war „der Mann am Kreuz“ sein Predigtthema. Aber merkwürdig, das zog die Massen an. Die Stuttgarter Leonhardskirche füllte sich bis zum letzten Stehplatz, wenn der gerade von schwerster Krankheit genesene Vikar Hofacker predigte (1823 + 1824).

Mit jeder Predigt wollte er „einen Keil in die Gewissen treiben“. Darum konnte er sich nicht lange mit dem Zeitgeschehen aufhalten. Menschen sollten nicht unruhig werden über Problemen, sondern über der Frage: „Wie steht denn Gott zu mir?“ Hofackers Botschaft war: „Weg mit dem Lumpenzeug des eigenen Frommseinwollens und der selbsteingeredeten Gerechtigkeit! Wagt es doch endlich, euch ganz dem Heiland Jesus anzuvertrauen!“

Was den „Schrei“ des jungen Vikars ausmachte, das war kein besonderer Redestil, kein Kneten von Gefühlen. Vielmehr spürte man es dem hochgewachsenen Pfarrer mit seinem bleichen Gesicht an: Für ihn gibt es nichts Wichtigeres als das, was er sagen muß! Und: Da ist alles durch und durch echt! Da spricht einer, der zuvor Gottes Wort zum eigenen Gewissen reden ließ.

Hofackers Körper war ein Wrack. In der ihm 1826 übertragenen Gemeinde Rielingshausen bei Marbach konnte er nur noch selten predigen. Hofackers Leben war – menschlich gesehen – ein Fragment. Aber „der Heiland ist's, der alles macht“! Viele der württembergischen Aufbrüche in Diakonie, Jugendarbeit, Weltmission, Seelsorge und glaubenweckender Predigt gehen auf Hofacker zurück. Wieder und wieder ist seine durch ihn selbst begonnene Predigtsammlung neu aufgelegt worden. Sie wurde in viele Sprachen übersetzt. Die Wolga-Deutschen haben oft keinen Pfarrer gehabt; aber mit Hofackers Predigten haben sie ihre Gottesdienste gestaltet. Noch die nach Kasachstan Verschleppten holten Glaubensnahrung aus abgegriffenen Predigtbänden des jungverstorbenen Verkündigers. Was Hofacker wichtig gewesen war, das nahm ein kleiner Freundeskreis auf und vervielfachte so die Impulse. Was ein Torso gewesen zu sein schien, das machte Jesus zu etwas Ganzem.

Luther hatte das Evangelium als ein „Geschrei" von der Gnade und Barmherzigkeit Gottes bezeichnet, die er durch den Tod seines Sohnes gewirkt habe. Dieses Stichwort vom „Schrei" nahm Hofacker programmatisch auf. Er wollte „einen Schrei tun, so daß man's vom Südpol bis zum Nordpol hört, daß die Menschen doch Gott die Ehre geben sollen". Zu Hofackers Lebzeiten schien das ein weit überzogener Anspruch zu sein. Aber Hofackers „Schrei" wurde und wird bis heute gehört sowohl in den Weiten Kanadas als auch in den kleinen Gemeinden Sibiriens:

„Nur Christus ist's, der uns durchbringt! S e i n Leben muß es tun, nicht m e i n Leben! S e i n e Liebe, nicht m e i n e Liebe! S e i n e Geduld, nicht m e i n e Geduld! S e i n Gebet tut's, nicht m e i n Gebet!"

„Wer den gekreuzigten Jesus predigt, der offenbart damit das Höchste und das Tiefste, – das heimlichste, aber das eigentliche Wesen des Reiches Gottes!"

Daß Hofackers Sprache uns Heutigen ungewohnt vorkommt, ist nur eine Äußerlichkeit. Der Inhalt jedoch darf uns nicht fremd bleiben. Darum ist es an der Zeit, daß Hofackers „Ruf zur Sache" in der Christenheit neu ernstgenommen wird. Dem Verlag ist deshalb zu danken, daß er das Risiko auf sich genommen hat, Hofackers Predigtbände neu aufzulegen.

Im Gedenkjahr der 200. Wiederkehr des Geburtstages von Ludwig Hofacker (15. 4. 1798)

Rolf Scheffbuch,
Vorsitzender der Ludwig-Hofacker-Vereinigung

Aus dem Leben Ludwig Hofackers

Den nachstehenden Abriß verfaßte und verlas der Verewigte selbst bei seiner Einsegnung als Pfarrer in Rielingshausen zwei Jahre vor seinem Tode.

„Ich schreibe nicht gern meinen Lebenslauf. Obwohl er ein fortlaufender Beweis der Treue und der besonderen Aufsicht Gottes ist, so sucht die Eigenliebe doch auch ihre Nahrung dabei. Es wäre mir dem Geiste nach lieber, wenn mein armes Leben ganz vergessen würde. Indessen kann meine Gemeinde verlangen zu wissen, wer ihr Pfarrer und Seelsorger ist, und darum will ich ihr nun die Hauptpunkte meines Lebensweges kurz vorlegen.

Ich bin am 15. April 1798 geboren. Mein Geburtsort ist Wildbad, wo mein seliger Vater, der im Jahre 1824 als Stadtpfarrer und Amtsdekan in Stuttgart in seines Herrn Freude eingegangen ist, damals Diakonus oder Helfer war. Meine Mutter, worüber ich glücklich bin, sie hier bei mir zu haben, ist Friederike, geb. Klemm. Von sieben Söhnen, die meine Mutter geboren hat, bin ich der dritte. Drei sind schon in früher Kindheit in die Ewigkeit gerufen worden. In der Heiligen Taufe erhielt ich die Namen Wilhelm Gustav Ludwig.

Als ich ungefähr 18 Wochen alt war, wurde mein seliger Vater auf die Pfarrei Gärtringen, Herrenberger Oberamts, versetzt. In diesem Dorf blieben wir bis in mein 13. Lebensjahr. Mein Vater unterrichtete mich und meine anderen Brüder in der lateinischen Sprache und manchen anderen Wissenschaften mit viel Angelegenheit und Fleiß.

Im Jahre 1811, als ich 13 Jahre alt war, wurde mein Vater auf die Pfarrei Oeschingen, drei Stunden oberhalb Tübingens, versetzt. Ich blieb dort bei meinen Eltern bis zum Frühjahr 1812, wo ich von meinem seligen Vater konfirmiert wurde. Bisher war ich für das Schreibereifach bestimmt gewesen, und mein Vater hatte mich deswegen in den alten Sprachen nur in der lateinischen unterrichtet. Als ich aber nach der Konfirmationshandlung aus der Kirche nach Hause kam, richtete mein Vater die Frage an mich, ob ich denn auch wirklich Lust zur Schreiberei habe. Ihm scheine es, ich würde mehr zu einem Pfarrer taugen. Doch der Entschluß, Theologie zu studieren, würde mich viel Arbeit kosten, indem ich noch gar vieles würde lernen müssen, wenn ich nur in ein niederes Kloster aufgenommen werden wollte. Ich antwortete ihm, daß ich Theologie studieren und Fleiß gebrauchen wolle. Von nun an war ich zum Theologen bestimmt, und ich war in meinen Gedanken schon ein Pfarrer. Mein Vater übergab mich der Leitung und Aufsicht seines Schwagers, des M. Reuß, der damals Rektor am Pädagogium in Eßlingen war, nun aber Ephorus am niederen Kloster in Blaubeuren ist. Dieser Mann hat viel an mir getan. Er trieb mich scharf ins Lernen hinein, und nach anderthalbjährigem Aufenthalt in Eßlingen wurde ich nach überstandenem Landexamen in das niedere Kloster Schönthal aufgenommen.

Am 18. Oktober 1813, dem Tage der Schlacht bei Leipzig, traf ich mit meinen Eltern in Schönthal ein. Ich wurde wegen meines Alters sogleich in die ältere Promotion aufgenommen und blieb darum nur ein Jahr lang in Schönthal. Im Herbst 1814 kam ich nach Maulbronn, und zwei Jahre später, im Jahre 1816, nach Tübingen. Ich lernte in dieser Zeit so mit dem großen Haufen dahin, war auch nicht sehr fleißig, weil ich meistens Studentengedanken im Kopfe hatte. So ging's auch in den ersten zwei Jahren, die ich in Tübingen zubrachte. Ich hatte viele Kameraden und war ein Knecht des Zeit- und Studentengeistes. Ich schäme mich dieser Zeit. Ich war weit von Gott weggekommen und steckte in greulicher Sündenfinsternis. Ich wandelte in einem beständigen Traum. Die Weisheit dieser Welt, die ich begierig in mich sog, hatte mir den Kopf vollends verrückt. So ging ich elendiglich dahin bis in den Herbst 1818, wo ich die Gottesgelehrtheit studieren sollte.

Schon im Sommer dieses Jahres peinigte mich der Herr oft mit innerer Unruhe über meinen verlorenen Zustand. Aber ich vergaß diese Unruhe wieder und suchte Ruhe, wo sie nicht zu finden ist, in der Welt. Gegen den Herbst hin entstand in mir die Frage: was ist Wahrheit? Ich war mehrere Systeme der Weisen dieser Welt, so gut ich konnte, durchgegangen und hatte nirgends Grund und Boden gefunden. Ich merkte, daß sich jeder Wahrheit, die die menschliche Vernunft findet oder zu finden meint, wieder eine andere entgegensetzen läßt. Ich dachte aber, ich möchte doch auch etwas finden, worauf ich auch leben und sterben, das ich auch glauben könne. Ich wollte selbst die Sätze niederschreiben, die ich für ganz gewiß annehme, und das, meinte ich, sollte dann die Richtschnur meines Wissens und Wandelns sein. Ich fing die Sache auch an, kam aber nicht weit, weil in der Vernunft der Glaube nicht liegt. Um diese Zeit fiel mir eine Schrift in die Hände, die das selige Ende des Hofrats Jung-Stilling, eines treuen Knechtes Christi, beschrieb. Ich dachte, dieser Mann hat etwas gehabt, das er ohne Zweifel glaubte, und auf das er seine Seligkeit setzen konnte. Dies machte mich dem Evangelium geneigter.

Mit diesem Sinn fing ich das Studium der Theologie an. Um die gleiche Zeit kam mein jüngerer Bruder, der hier bei mir ist, nach Tübingen als Student. Er hatte einen Anfang im Christentum gemacht, und durch seinen Eifer wirkte er sehr auf mich. Ich wäre gern ein rechter Theologe geworden, ohne gerade dem Wesen dieser Welt zu entsagen, aber mein Bruder wollte dies nicht leiden. Dazu kam eine beständige Unruhe, die ich in meinem Inneren fühlte, wenn ich es wieder auf die alte Weise treiben wollte. Und so wurde endlich der Entschluß in mir geboren: ich brauche Christus, wenn ich nicht zu Schanden werden soll; ich soll sein Diener werden – ich will ihm auch nachfolgen.

Nun las ich die Bibel fleißig, aber meine Finsternis war groß. Ich wurde sehr vom Unglauben geplagt. Ich konnte nicht glauben, daß das wahr sei, was in der Bibel steht. Ich betete und seufzte viel zum Heiland. Endlich schenkte er mir die Gnade, daß ich sein Wort in Einfalt als Gottes Wort annehmen konnte. Aber den Hochmut und die Empörung meines Herzens habe ich in dieser Unglaubenszeit tief empfinden müssen. Ich dachte oft, wenn das, was in der Bibel von einem Heiland steht, nicht wahr ist, so bist du die allerjämmerlichste Kreatur – und doch konnte ich's nicht glauben, daß es wahr ist. Mein ganzes Herz empörte sich dagegen. Endlich schenkte mir der Herr durch verschiedene Mittel Frieden in dieser Hinsicht.

Ich bekam nun auch neue Bekanntschaften. Meine vorigen Kameraden hatte ich, um dem zukünftigen Zorn zu entgehen, mit dem Rücken angesehen. Nun schenkte mir der Herr zwar keine Kameraden mehr, aber Freunde und Brüder. Dies ist mir zu manchem Segen geworden. Es tut meinem Herzen sehr wohl, daß gerade mein vertrautester Freund, der jetzige Pfarrer Roos von Osweil, jetzt Pfarrer in Steinenbronn, mir heute zur Seite stehen kann. Wir studierten und beteten fleißig miteinander;

wir saßen zusammen und heckten vieles miteinander aus; wir hielten manches, was wir fanden, für eine Perle, was jetzt nach näherer Prüfung nur ein gemeiner Feldstein ist; wir taumelten miteinander in lauter guter Meinung an den Abgründen der Schwärmerei herum; Gottes Güte ist es, daß wir nicht ganz hinunterstürzten.

Ich hatte einen schweren gesetzlichen Gang in meinem Christentum genommen. Das kam großenteils daher, weil ich keine Anleitung aus gründlicher Erfahrung heraus hatte, und eine andere wollte ich nicht, denn ich war sehr mißtrauisch gegen alle Gelehrsamkeit, die sich nicht unmittelbar auf den Glauben gründete. Indessen schenkte mir der Heiland doch in alles Treiben des Gesetzes hinein zuweilen eine Stunde, wo ich mich seiner als meines Heilandes wahrhaftig und herzlich freuen konnte. Nach und nach merkte ich durch Umgang, Gebet und Forschen in der Heiligen Schrift immer deutlicher, auf was es hinauslaufe, und daß das Wort von der Versöhnung aus Gnaden ohne Zutun der Werke die Hauptsache sei.

Nun aber gefiel es Gott, mich einen anderen Weg zu führen, auf daß mir kund würde, was in meinem Herzen ist. Im August 1820, im September desselben Jahres wäre mein Studienlauf in Tübingen zu Ende gewesen, ging ich einmal an einem warmen Tage mittags über die Straße und vergnügte mich inwendig an der Treue des Heilandes, an dessen Hand das Leben alle Tage herrlicher und seliger werde, als ich plötzlich das Bewußtsein verlor und niederstürzte. Ich wurde aufgehoben, und als ich wieder das Bewußtsein erlangt hatte, nach Hause gebracht. Die Ärzte erklärten die Krankheit für einen Sonnenstich. Es war aber ein durch die Sonne erregtes und aufgerührtes Nervenfieber. Ich wurde sehr elend und mußte vier Wochen lang im Bett bleiben. Nach dieser Zeit brachte man mich nach Stuttgart, wo mein Vater schon seit 1812 erster Prediger zu St. Leonhard war. So endete mein Lauf in Tübingen.

Nach und nach erholte ich mich, und es schien, daß ich mich nun wieder mit einer Arbeit befassen könne. Ich drang mit viel Ungeduld darauf, so bald als möglich ein Vikariat zu beziehen. Und so ging ich dann, bevor ich ganz hergestellt war, nach Stetten im Remstal, wo ich einige Male predigte. Nach sechzehntägigem Aufenthalt in Stetten wurde ich nach Plieningen, Stuttgarter Oberamts, zu dem damaligen Pfarrer Kielmann, der schlagflüssig war, beordert. Am 28. November 1820 traf ich daselbst ein. Ich durfte nur ein Vierteljahr auf diesem Posten sein, denn im Februar 1821 wiederholte sich meine Tübinger Krankheit, zwar nicht mehr mit der vorigen Heftigkeit, aber doch so, daß ich untüchtig zu jeder Arbeit wurde. Dies wollte mir gar nicht gefallen. Ich probierte alles Mögliche. Ich betete und flehte, daß doch die Krankheit weichen möchte. Ich murrte, aber der Heiland ließ mich trotz allen Sträubens und Schreiens nicht aus meinem Gefängnis. Ich mußte in das väterliche Haus zurückkehren, um mich kurieren zu lassen.

Dieses Kurieren ging aber nicht so schnell, wie ich es mir eingebildet hatte. Ich wartete von Woche zu Woche und von Monat zu Monat und mußte zwei ganze Jahre warten. Wie viel Arbeit kostete es den Geist Gottes, bis er mir nur begreiflich machte, daß ich ein entbehrliches Werkzeug, und daß es Gnade sei, wenn er mich brauche. Es war im ganzen ein leidliches Gefängnis. Ich konnte außer dem Bett sein und ausgehen, man sah mir nicht viel Krankheit an, aber meine Kopfnerven waren so geschwächt, daß ich eine Ohnmacht befürchten mußte, wenn ich nur in ein Buch hineinsah. Schreiben konnte ich ohnehin nichts. Wie viel Ungeduld und Verzagtheit des Herzens ich in diesem Zustand erfahren habe, ist nicht auszusprechen. Es ging mir, wie ein gewisser Schriftsteller von sich sagt: ‚Ich starb fast vor Ungeduld, bis ich nur ein wenig Geduld lernte.'

Nach zweijähriger Krankheit fing der Herr wieder an, meine Füße auf freieren Raum zu stellen. Ich konnte wieder kleine Geschäfte verrichten. Im März 1823 wurde ich meinem Vater auf seine Bitte hin als Vikar beigegeben. Da er meistenteils krank war, mußte ich fast jeden Sonntag in der St. Leonhardskirche in Stuttgart predigen, was oft unter großer körperlicher Schwachheit geschah. Dies ging fast zwei Jahre so fort. Ich habe die Überzeugung, daß ich dort nicht ganz vergeblich gearbeitet habe. Dem Heiland aber allein gebührt die Ehre.

Im Dezember 1824 ging mein Vater aus diesem armen Leben im wahren Glauben in die Freude seines Herrn ein. Nach seinem Tod wurde ich zum Pfarrvikar bei St. Leonhard ernannt. Ich versah aber diesen Posten nicht lange. Im Februar 1825 wurde ich wieder krank, und meine alte Nervenschwäche im Kopf stellte sich abermals ein. Ich verließ meine Arbeit ungern, aber nach dem Rat Gottes sollte ich in Stuttgart nicht mehr predigen, was ich mir am Anfang der Krankheit nicht träumen ließ. Der Arzt wies mich nach Deinach ins Bad. Fast den ganzen Mai brachte ich daselbst zu, ohne die geringste Besserung zu spüren. Nun kam man auf den Gedanken, ich sollte die Molkenkur in Gais in der Schweiz gebrauchen. Meine Mutter begleitete mich dorthin. In Gais, das nichts bei mir wirkte, wiesen uns die Ärzte mit viel Angelegenheit zum Sauerbrunnen in St. Moritz in Graubünden, 30 Stunden von Gais, fast an der italienischen Grenze. Wir wollten auf den Finger Gottes achten und durften daher diese ärztliche Anweisung nicht in den Wind schlagen. Nach langer Überlegung beschlossen wir, dorthin zu reisen. Wir blieben drei Wochen dort und kamen im August nach Stuttgart zurück. Ich war etwas kräftiger, aber meine Kopfnervenschwäche war noch nicht behoben. Es ist mir oft zum großen Trost geworden, was der Herr zu den Kindern Israel sagte: Ich habe dein Reisen zu Herzen genommen.

Ich hatte mich, ehe ich in die Schweiz reiste, auf Anraten und Bitten meiner Freunde für das Diakonat bei St. Leonhard gemeldet. In St. Moritz erhielten wir die Nachricht, daß es nicht der Wille Gottes gewesen sei, daß ich auf diese Stelle kommen solle. Als ich nun wieder nach Stuttgart zurückgekommen war, bewarb ich mich um eine andere Pfarrei, wobei ich den Spuren der Vorsehung sorgfältig folgte. Ich hatte aber große Angst vor einer Anstellung, weil ich besonders auch mein körperliches Unvermögen schwer fühlte.

Endlich brach der in meinem Leibe herumschleichende Krankheitsstoff in ein rechtes Fieber aus. Gegen Ende Oktober 1825 mußte ich mich legen, ich fiel in ein entsetzliches Nervenfieber. Vom November jenes Jahres weiß ich fast gar nichts mehr. Der Arzt hatte mich aufgegeben, aber Gott noch nicht. Nach und nach brach die Krankheit, und ich fing an zu genesen. In welche Tiefe mich hier der Herr gestoßen hat, was ich namentlich auch an der Seele für Angst der Hölle erlitten habe, das wird mir wohl unvergeßlich bleiben. Aber die Liebe, die ich in dieser schweren Zeit in Stuttgart von so vielen Bekannten und Unbekannten erfahren habe, ist und bleibt mir auch unvergeßlich. Jesus wolle alles offenbaren und vergelten an seinem großen Tage!

Dieses Nervenfieber reinigte meine Kopfnerven. Als ich genesen war, fühlte ich von der alten Kopfschwäche nur wenig. Im Februar dieses Jahres 1826 konnte ich wieder anfangen auszugehen. Im darauffolgenden März wurde entschieden, daß ich die Pfarrei, um die ich mich beworben hatte, nicht erhalten solle. Nun war guter Rat teuer. Wir saßen schon fast ein Jahr lang in Stuttgart. Da ich mich nun aber kräftiger fühlte als zuvor, so war es mir darum zu tun, nach dem Willen des Heilandes in ein Amt und Geschäft zu kommen. Ich suchte sorgfältig die Spuren des göttlichen Weges. Endlich schienen diese Spuren nach Rielingshausen zu weisen. Ich hatte Freudigkeit dazu, ungeachtet dessen, daß ich dieses Dorf fast gar nicht kannte. Ich legte dem König meine Bitte vor und setzte noch eine andere Pfarrei in meine Bittschrift mit der ausdrücklichen Bemerkung, daß ich dies deswegen tue, um des Willens Gottes durch die Entscheidung des Königs gewiß zu werden. Er entschied für Rielingshausen. Es hat mich schon oft aufgerichtet, daß ich gewiß weiß: der Herr hat mich auf diesen Platz geschickt. – Was bin ich, Herr, Herr, und was ist mein Haus, daß du mich bis hierher gebracht hast! Und so stehe ich denn hier.

Ich habe hauptsächlich nur das Äußere, und von diesem Äußeren nur das Oberflächlichere von meinem bisherigen Gang durch diese Welt erzählt. Was ich sonst noch dem Heiland an Geduld, Arbeit, Langmut, rauhe Wege gekostet habe, das weiß er am besten, und ich weiß auch etwas davon. Er ist mehr als mütterlich mit meiner Schwachheit verfahren bis auf diese Stunde. Er hat mich ja gesucht, da ich in Finsternis wandelte. Er wird sein Werk auch vollführen bis auf seinen Tag. Das weiß ich gewiß, daß ich schon längst in der Hölle wäre, wenn ich keinen barmherzigen Hohenpriester hätte, und das habe ich auch erfahren, daß ich ohne ihn nichts kann als sündigen. Aber das weiß ich auch gewiß, daß Jesus *mein* Jesus ist. Und wenn mir in der Hitze der Anfechtung auch dieser Trost zuweilen entfallen will, so klammere ich mich doch an ihn; denn er ist mein einziger Anker in dem Schiffbruch meines eigenen Verdienstes, den ich täglich erleide. Der Grund, auf den ich gründe, ist Christus und sein Blut.

Diesen Grund verkündige ich auch und will ihn verkündigen.

Bei diesem Grunde will ich bleiben,
So lange mich die Erde trägt.
Das will ich denken, tun und treiben,
So lange sich ein Glied bewegt.
Dann sing ich einstens hoch erfreut:
O Abgrund der Barmherzigkeit!

Ich flehe zum Herrn, daß er meine ganze Gemeinde diesen Grund finden lassen möchte. Amen.“

Der Verewigte war bereits, als er die vorstehende Übersicht über seinen Lebensweg gab, auf seiner letzten Station angelangt. Nur zwei Jahre hatte er noch nach dem heiligen Willen Gottes hier zu pilgern. Ehe jedoch durch eine kurze Geschichte dieser Vollendungszeit der anspruchslose Lebensabriß des Seligen geschlossen wird, sei es dem Herausgeber erlaubt, noch ein wenig weiter zurückzugreifen und die eigene Erzählung des Vollendeten durch einige Zugaben zu ergänzen. Dadurch wird sein inneres Glaubensleben namentlich von der Zeit an heller beleuchtet, seitdem er in den wirklichen Dienst am göttlichen Wort einzutreten gewürdigt war. Dies soll zum großen Teil mit seinen eigenen Worten geschehen, indem eine schöne Anzahl ausführlicher Briefe an seine vertrauteren Freunde vorliegt. Ihnen pflegte er seit seinem Abgang von der Hochschule von Zeit zu Zeit seine inneren und äußeren Erlebnisse und Erfahrungen in gewohnter Offenheit darzulegen. Es wäre in der Tat schade, wenn die belehrendsten und erbaulichsten dieser Briefe nicht auch hier ihre Stelle fänden. Sie werden bei jedem Nachdenkenden ein sprechendes Zeugnis dafür ablegen, wie tief der Herr diesen seinen Knecht, durch den er viele zum Leben und zur Gerechtigkeit gewiesen hat, selber zuerst auf das Wort vom Kreuz gründete, und wie früh er unter der leitenden Zucht des göttlichen Geistes zum geistlichen Mannesalter in Christus heranreifte.

Die Gesinnung, mit welcher der Verewigte in das Amt, das die Versöhnung predigt, eintrat, drückt am besten ein Brief aus, den er Ende Januar 1821 von Plieningen aus an seine Freunde schrieb, nachdem er dort bereits einige Monate im Segen gewirkt hatte. „Seitdem ich hier bin", sagt er, „habe ich die gnädige Durchhilfe des Herrn oft erfahren dürfen, so daß ich in Wahrheit schreiben kann: ich bin nicht wert aller Barmherzigkeit und Treue, die der Herr an mir getan hat. Ich wurde, nachdem ich von der Krankheit, die mich in Tübingen befiel, wieder etwas hergestellt war, nach Stetten im Remstal als Vikarius geschickt. Die Gemeinde in Stetten, der ich das Evangelium viermal predigte, kam fleißig in die Kirche und hatte Segen. Es erregte die klare und herzliche Darlegung des Wortes vom Kreuz nicht wenig Aufsehen, so daß selbst ein vorheriger Separatist sich entschloß, wenn der Vikarius predige, die Kirche zu besuchen. Von Stetten wurde ich hierher berufen und befinde mich nunmehr zwei Monate hier. Wo soll ich da anfangen, wo enden! Wie kann ich die Treue des Herrn, der mir bisher nach seiner unbegreiflichen Barmherzigkeit durchgeholfen hat, bei aller Untreue von meiner Seite,genugsam preisen!

Das erste Mal predigte ich hier am Andreasfeiertage. Ich ging mit etwas schwerem Herzen auf die Kanzel und sagte meinen Zuhörern aus Gelegenheit des Evangeliums *(Matth. 4, 18 - 21),* daß ich gekommen sei, sie zu fischen, und wie ich sie fischen wolle. Weil ich mehr Freimütigkeit im Vortrag habe als mein Vorgänger im Vikariat, erregte meine Predigt nicht geringes Aufsehen. Am Advent war die Kirche voll von Menschen, und bis daher nimmt die Menschenzahl nicht ab, sondern zu, so daß viele Fremde aus benachbarten Dörfern in die Predigt kommen. Der Hunger nach dem Worte Gottes ist groß; aber wenige sind der Arbeiter. Herr, sende Arbeiter in Deine Ernte!

Die Leute machen viel aus mir, und ich gefalle mir nicht selten darin. Es gibt aber keine größere Sünde für den Prediger als Selbstgefälligkeit. Ich muß abnehmen, Christus muß zunehmen, so soll ein Knecht Christi denken.

Was meine Predigten selbst betrifft, so tue ich den Mund so weit auf wie möglich. Das heißt, ich mache keine Brühe um die Wahrheit herum, was ich auch nicht könnte, sondern sie kommt ganz trocken heraus. Ich habe auch nicht die Regel, durch den Verstand auf das Herz zu wirken, was, wie ich glaube, nur bei erleuchteten Menschen, wo Verstand und Herz im Einklang stehen, möglich ist; sondern ich nehme, sooft ich kann, das Herz in Beschlag. Auf dieses suche ich geradenwegs und im Sturmschritt loszugehen und es als eine Festung zu erobern. Ich glaube in dieser Hinsicht, daß die Gaben weislich verschieden ausgeteilt sind. Der eine ist ein Johannes (Vorläufer und Bußprediger) und muß die Schafe in den Stall hineintreiben; der andere muß die Schafe im Stall füttern, daß sie nicht verhungern oder ausreißen. Wer das erstere zu seinem Hauptgegenstand macht, der kann auch denen, die schon im Stall sind, große Dienste erweisen, daß sie sich nämlich immer tiefer in den Stall hineinmachen. Wer aber nur füttern will, der wird die, die noch irren, nicht so leicht zu dem ungewohnten Futter heranlocken. Doch die Gaben sind verschieden. Ich bin hier meistenteils ein Treiber Jehu, wozu mir mein Äußeres nicht wenig zustatten kommt.

Ein Prediger, der keinen Beifall findet, ist viel näher am Reiche Gottes, hat viel weniger Schwierigkeiten zu überwinden, als wenn die Leute ihm von überall her nachlaufen. Die Schmach ist für den inwendigen Menschen etwas Arzneimäßiges, während die Ehre solch ein eitles Herz wie das meinige aufbläht. Soll aber der Heiland gar keine Prediger haben, die Beifall finden? Soll man deswegen wünschen, nicht zu gefallen, oder, daß einem die Leute aus der Kirche laufen? Das sei ferne! Durch Ehre und Schande muß ein Christ hindurchgehen unverrückt, bis er zum Ziele kommt und die unvergängliche Krone empfängt. Ja, danken soll man, wenn der Herr, sei es durch mich oder durch dich, etwas Gutes schafft in seinem Reich. Ich hatte in dieser Hinsicht am Anfang meines Hierseins eine seltsame Geschichte mit meinen Predigten. Ich fühlte, daß ich sie nicht lauter in der Einfalt mache, daß viel Eitelkeit, viel unnötiges Sorgen mit unterlaufe. Da wurde es mir einmal im Geiste verwehrt, eine Predigt für den zweiten Advent zu schreiben. Ich wollte sie nämlich anfangen, da überfiel mich auf einmal eine schreckliche Angst. Ich konnte, ich durfte diese Predigt nicht machen. Ich fing an zu disputieren, wollte diese Angst durchs Gebet wegtreiben; allein, ich durfte diese Predigt nicht schreiben. Ich hielt mir alle Beweggründe, alle Pflichten gegen meine Gemeinde vor; es hieß immer: du darfst nicht! Ich schlief darüber, fing den anderen Tag wieder an, trieb mich den ganzen Vormittag mit diesen Gedanken um, wollte dem Heiland die Sache annehmbar machen, er möge es mir erlauben. Du darfst nicht! hieß es immer wieder. Endlich ging ich in meiner Störrigkeit so weit, daß ich Lose zog. War das aus der Einfalt? Es hieß: du darfst nicht! So ließ ich's denn gehen. Jetzt aber schreibe ich sie wieder. Jedoch nicht bloß wegen der Eitelkeit wurde mir das Schreiben jener Predigt verboten. Es war noch etwas anderes; es war der Sorgengeist, der mich beim Verfassen der Predigten befallen hatte und den mir der Herr austreiben wollte. Gleich bei meinem Eintritt in das Vikariatsleben nämlich dachte ich immer: wo wirst du aber genug Stoff hernehmen, daß du dich nicht auspredigst; so ein paar Ideen, die du hast, die halten in der Tat nicht aus. Mit diesen und dergleichen Gedanken ging ich aufs Vikariat und hatte große Sorgen. War eine Predigt gehalten, so dachte ich, jetzt ist alles gesagt, was du weißt, das nächste Mal weißt du nichts mehr. Darum fing ich schon am Montag an, meine Predigt zu machen, und trieb mich beinahe die ganze Woche damit herum, stand mit Sorgen auf, ging mit Sorgen ins Bett und tat mein Amt mit Seufzen, nicht mit Freuden. Da ließ mir's nun mein Herr nicht mehr zu, die Predigt zu schreiben. ‚Es beruht nicht auf deinem dummen Kopf', wollte er mir sagen. ‚Ich bin's, halte dich an mich, einfältiger Mensch! Wenn ich dir nicht helfe, so geht dir's freilich aus.' Gottlob! es ist mir bis jetzt noch nicht ausgegangen. Ich bringe alle Sonntage das nämliche auf die Kanzel und doch nicht das nämliche. Es ist dies ein Wunder vor meinen Augen; denn ich habe es nicht getan, könnte es auch nicht tun. Der Herr aber, der bisher geholfen hat, wird mir auch fernerhin helfen. Als Regel stelle ich deswegen auf: wer Christus predigt und zugleich nach ihm jagt, dem geht's nicht aus. Aber die eigene Weisheit ist auszuschöpfen; denn sie ist in einem Gefäß und ein Gefäß hat einen Boden. Die Weisheit Christi aber ist unergründlich. Von seiner Fülle müssen wir alle nehmen Gnade um Gnade.

Große Erfahrungen mache ich auch am Krankenbett. Ich pflege sechs bis acht meiner Kranken an einem Nachmittag zu besuchen. Da kommt man freilich bei gar verschiedenen Personen herum. Bei dem einen muß man geben, bei dem andern holen, doch mehr geben als holen. Ich muß dabei manches reden, das nicht gerade aus dem Glauben, sondern auch aus dem Wissen geht. Da kann ich nichts sagen, als daß der Herr mein Elend ansehen möge und was ich schlecht gemacht habe, gut machen. Doch wenn ich oft am ärmsten bin, wenn mir jeder helle Blick in die Ewigkeit und auf Gott weggenommen ist und ich bitte den Herrn, mir in meiner Armut für die Kranken etwas zu schenken, da geht's oft recht gut, oft viel besser, als wenn ich im halben Vertrauen auf eigene Kraft und in halber Zuversicht auf Gnade hingehe. Wenn ich so von einem Haus zum andern wandle, pflege ich den Herrn anzurufen: schenke mir wieder etwas! – Doch haltet mich nicht für fromm, liebe Brüder, was ich gar nicht bin; sondern ich bin, ich schreibe die Wahrheit, ein gottloses, untreues Geschöpf. Es fehlt mir so sehr am wahrhaftigen Geist des Gebets und solange ich diesen nicht habe, kann es auch nicht besser mit mir werden.

Ich bitte Euch, liebe Brüder, daß Ihr den Herrn in dieser Hinsicht für mich anfleht, besonders, daß er mich treuer machen möge, sei es, wodurch es sei; denn die Gabe des Gebets ist besonders an die treue Bewahrung seiner Gnade gebunden. Er schreibt auch Bedingungen bei der Gnade vor. Es liegen einem Seelsorger schwere Sorgen auf dem Herzen, nämlich Seelen, die ihm der Herr anvertraut hat, daß er sie weiden soll. Aber was nützt alles eigenmächtige Weiden! Beten für seine Gemeinde ist eine Hauptsache. Dann sind wir erst wahre Priester Gottes, wenn wir die Seelen vor Gott mit unserm Gebet vertreten, gleichsam nämlich, denn das eigentlichste Vertreten gehört Christus, dem einzigen und ewigen Hohenpriester. Ohne eifriges Gebet für die Gemeinde wird auch keine Liebe im Herzen des Seelsorgers gegen seine Seelen stattfinden können. Und ohne Liebe kann der Mensch nichts Wahrhaftiges wirken.

Mit der christlichen und brüderlichen Fürbitte, liebe Brüder, ich gesteh es Euch, bin ich oft übel dran. Es treibt mich beständig zur Fürbitte, und doch ist jedesmal mein eigenes Elend so groß, daß ich nicht mit getrostem Herzen für andere bete. Vielmehr denke ich, was treibst du, daß du für andere betest, da dir selbst alles fehlt. Was wird Gott auf dein sündiges Gebet für andere hören; denn in der Fürbitte erheben wir uns zu einem priesterlichen Stande. Nun aber muß ein Priester innere Würde und Beruf dazu haben, und daran fehlt es bei mir. Auch geschieht mir das Gebet überhaupt noch sauer und deswegen besonders auch die Fürbitte, weil ich den Nächsten noch nicht liebe wie mich selbst. Da gibt es dann ein elendes, kümmerliches und knechtisches Wesen ab. Doch der Sohn wird mich frei machen, so ich ihm nicht gar aus der Schule laufe. Ich glaube, man muß durch solcherlei Stände hindurchgehen und darf nicht daraus weichen, ja kann nicht, bis der Herr einen frei macht.

Meine Gemeinde ist, wie ich schon geschrieben habe, mit mir zufrieden, und ich glaube, meine bisherige Predigt ist nicht ohne bleibenden Segen gewesen. Doch der Herr allein kennt die Herzen. Wir streuen aus und warten, bis die Frucht gedeihe; aber der Feind ist auch geschäftig, besonders in jetziger Zeit. Ich fühle es deutlich, daß nun eine Zeit des Sammelns ist. Es ist eine Gnadenstimme ausgegangen von dem Lebendigen und spricht: kommet zu mir, Ihr Menschenkinder! Denn wo ist ein solcher Hunger je gefunden worden nach dem Wort Gottes wie in unserer merkwürdigen und entscheidenden Zeit! Wann war ein solcher Drang, ich sage nicht von Kindern Gottes, sondern von Weltkindern, Wahrheit zu hören! Wann waren solche Züge des Geistes! Ihr könnt's an Euren eignen Herzen spüren, was der Herr gegenwärtig tut. Merkt auf! Es werden Kräfte ausgegossen von oben. Laßt uns diese Zeit treulich benützen, sowohl zu unserer eigenen als auch zu anderer Gründung und Festigung im Glauben und in der Hoffnung, daß wir uns stärken auf die Stunde der Versuchung! Ich lese jetzt, wenn ich Zeit habe, Bengels Erklärung der Offenbarung Johannes. Das obige Urteil über unsere Zeit ist aber nicht aus dem Bengelschen System, sondern aus Beobachtung unserer Zeit überhaupt hervorgegangen. Aber ich möchte Euch allen raten, dieses Buch samt Stillings ‚Siegesgeschichte' zu lesen. Unsere Pflicht, die wir andere unterrichten und selbst selig werden sollen, ist es, auf das prophetische Wort zu achten. Man hat meist eine halbe Angst davor, so in die Zukunft hineinzuforschen. Das ist aber auch nicht nötig. Wer redlich forscht, dem wird der Herr geben, was in der Gegenwart vonnöten ist.

Letzte Woche war ich im Examen in Stuttgart, das man uns sehr erleichterte. Ich hieß in meiner Predigt alle natürlichen Menschen Sünder und Feinde Gottes, bis Christus diese Feindschaft zerstöre. Ich fing gerade an, ein wenig in Eifer zu geraten, da kam der kalte Streich: ‚satis est!' Was mich aber noch immer am meisten freute, das ist, was Luther sagt: das Wort sie sollen lassen stahn und keinen Dank dazu han. Wenn einem etwas sauer geschieht, das er wegen der Pflicht tun muß, so dankt man ihm doch noch dafür; wer aber Christus nicht lieb hat, der muß erstens ganz gegen seine Neigung das Wort, das er lieber zerreißen möchte, stehen lassen, zweitens bekommt er nicht einmal einen Dank dazu, besonders wenn er ein Theologe ist. Ein Hauptbedürfnis des menschlichen Herzens, soll etwas aus ihm werden zum Lobe der herrlichen Gnade Gottes, ist Einfalt. Bei der Welt ist das genannt Dummheit und Schwärmerei, aber köstlich vor Gott. Nicht, daß man sich dumm anstelle, sondern kindlich anhange und unverrückt dem lieben Heiland, der uns bracht hat ins rechte Vaterland. Das möchte ich besonders Euch, liebe Tübinger, raten. Ihr armen Leute! habt wohl die Köpfe voll gelehrten Zeugs (oder auch nicht). Unsere Welt und unsere Theologie ist so voll Unglaubens, daß man blutige Tränen weinen möchte. Die Versöhnungslehre besonders werdet Ihr nicht ergründen. Sie ist von den heutigen Theologen, von den orthodoxen, auf ein paar Begriffe ihres eigenen Kopfes, auf Gerechtigkeit, Heiligkeit und Liebe Gottes zurückgeführt worden; das andere erklärt man für Bilder und Allegorien. Laßt Euch von dem Geist der Wahrheit einführen in das wahrhaftige hohepriesterliche Geschäft Christi, wie es die Hebräer-Epistel ausweist. Ihr werdet Torheit in den Augen unserer heutigen Begriffsphilosophie, die beständig nach ihrem eigenen Schatten hascht, aber die tiefste Weisheit finden, nämlich göttliche Weisheit, die Eurer eigenen hochweisen Vernunft Torheit ist. Laßt Euch nicht alles in Begriffe hinauftreiben! Laßt Euch nicht alles in elende Gedankenformen zerschmelzen! In der Bibel ist lauter Realität; aber der Geist Gottes muß in die Wahrheit einführen.

Euch allen, besonders aber denen, die schon ausgegangen sind, des Herrn Wort zu verkündigen, wünsche ich Weisheit, Kraft, Geduld, Liebe, damit Ihr wachsen möget im Herrn. Um was ringen wir, liebe Brüder? Nicht um elende Güter, nicht um Staub, sondern um jene Krone, die uns der reichen wird, der uns so unaussprechlich lieb hat, unser lieber Heiland, der sei hochgepriesen von uns! Der Friede Gottes, welcher höher ist als alle Vernunft, der erhalte unsere Herzen, daß wir mit Freuden warten und in Geduld auf die Offenbarung des Gekreuzigten, unseres Heilandes, die er zeigen wird zu seiner Zeit! Er kommt bald und sein Lohn, sein großer Lohn mit ihm. So wir nun hier bestehen, ihm unser Herz rein darbringen, unsere Seelen ihm weihen und ihn lieben von ganzem Herzen, dann wird er uns auch bekennen vor seinem himmlischen Vater. Wozu sind wir berufen? Laßt uns das nicht aus dem Auge verlieren, sondern den Kampf kämpfen, zu dem wir verordnet sind, und Glauben halten. Dann sind wir hier schon selig und noch völliger dort bei ihm, den wir lieben. Er helfe uns dazu! Amen."

Auf ganz ähnliche Weise sprach er sich in einigen Briefen aus dieser Zeit an einen seiner vertrautesten Freunde und Studiengenossen aus, der zu gleicher Zeit mit ihm in das Predigtamt eingetreten war.

„Lieber Bruder!" schreibt er ihm, „Wir sind nun Arbeiter im Weinberge des Herrn. Wenn er einst will, daß wir von unserer Arbeit aufhören sollen und unsere Spaten niederlegen und Feierabend halten, wie selig muß es da sein, nach gut vollbrachter Arbeit und in seinem Verdienst zu ruhen! Wie gut läßt sich's doch nach der Arbeit ruhn! Wie wohl wird's tun! Was will ich damit sagen? Das will ich sagen, daß wir, die wir noch spät in den Weinberg des Herrn gesendet werden, desto mehr Fleiß tun sollen, weil die Zeit der Ernte so nahe ist. Da ist noch zu rufen mit aller Kraft, mit allem Eifer, daß die ganze Welt es hört; es ist noch in den Sündenhaufen hineinzurufen, daß es durch die verstocktesten Herzen dringt: Jesus nimmt die Sünder an! Das muß unsern Hauptruf ausmachen.

Der Heiland muß übrigens alles geben. Wir wollen uns hüten vor allen Selbstbesserungen ohne ihn; denn diese kommen vom Argen. Es gibt auch manche Erweckte im Lande, die sich in eigener Kraft bessern wollen. Sie sind im Irrtum. Wir bleiben bei ihm, der uns alles sein soll und hüten uns vor selbsterwählter Geistlichkeit. Wir wollen nicht besser sein, als er uns haben will. Ich danke Gott, daß ich in meinem Innern etwas mehr zur Ruhe komme. Das kommt daher, daß ich mehr auf Gnade provoziere (mich berufe). Gnade ist's, wenn ich einen Blick vom Heiland erhalte; denn er ist mir keinen schuldig. Gnade aber ist's auch, wenn ich oft keinen von ihm bekomme; denn dann ist's mir auch gut. Alles ist Gnade und soll mir immer mehr werden, und ich werde dabei nicht zuschanden, das weiß ich. Da muß die finstere Gesetzlichkeit weichen. O daß ich schon ganz in die Gnade versenkt wäre! Man gerät dann am wenigsten in Gesetzlichkeiten, Selbstheiligkeiten und Kasteiungen und wird dennoch recht, ja viel mehr noch, in die Zucht genommen.

Daß doch der Sinn des Heilandes stets inniger auf uns überginge, besonders beim Predigen, so daß wir die Menschen, die vor uns stehen und die wir belehren und einladen sollen, recht auf dem Herzen trügen und uns nichts dränge als die Sehnsucht, sie als eine Beute in die Arme des Herrn Jesu zu führen! Das heißt dann ein Seelsorger sein.

Ich küsse dich und wünsche dir Gnade, Frieden und herzliches Erbarmen von dem Herrn der Herrlichkeit, der gekreuzigt, aber wieder auferstanden ist, und nun lebt und regiert in alle Ewigkeiten. Sein Tag scheint nahe zu sein. Betet und wachet! doch alles so, wie er es darreicht. Nicht wahr? nicht schöner wollen wir sein, als daß wir mit seinem kostbaren Blut geschmückt vor ihn treten. Das ist wahrlich schön genug! Amen."

Ein paar Wochen darauf schrieb er ebenfalls von Plieningen aus demselben Freunde: – „Ich möchte manchmal zweifeln, ob ich jemals zu einem evangelischen Prediger tauge. Ja, wenn ich allein dem Herrn folgte und ihn wirken ließe! Aber das ist gerade nicht der Fall. Ich fühle tief, daß es ein anderes ist um einen Lehrer des Evangeliums als um einen Tübinger Studenten der Theologie. Gott stärke uns! Übrigens habe ich auch viel Segen. Das Predigen ist mein Hauptkreuz; die Seelsorge ist mir angenehmer und lieber. Wenn ich einem Kranken zuspreche, so ist es mir selber weh oder wohl ums Herz; aber Predigen! – Rede ich in der Einfalt? Das ist die

Hauptfrage. Nicht, um Menschen zu gefallen, sondern um Seelen zu retten? Darum hilf mir beten, mein Bruder, anderer Angriffe der Finsternis nicht zu gedenken.

Ich finde hier viel religiösen Sinn, viel Zug und Neigung zum Christentum, aber vieles ist sehr oberflächlich; gute Regungen, aber sie vergehen oft wieder und werden vergessen. Doch wissen wir ja nicht alles, was der Herr noch ausrichten will. Es ist Zeit zum Sammeln; der gute Hirte sucht seine Schafe an allen Orten und Enden. Es sind zwei Privatversammlungen hier, die eine mehr herrnhutisch, die andere mehr von der Partei Michael Hahns. Ich bin bis jetzt noch in keine gekommen. Wenn ich aber hingehe, werde ich beide besuchen. Wir müssen über den verschiedenen Schattierungen des Christentums stehen. Und wenn wir im Lichte wandeln, so kann dieses auch wohl geschehen; denn das Licht schließt alle Farben in sich. Dieses Licht aber ist Jesus Christus – darum zum Lichte!

Ich habe heute über die Versuchungen des Teufels gepredigt. Diese Predigt hätte den Vernunftgeistern nicht gefallen; denn der Name des Teufels ist für unser überfeinertes Zeitalter zu derb und zu stark. Aberglaube und Unglaube muß jetzt der Teufel heißen. Ja freilich, Unglaube heißt er wirklich und auch Aberglaube; denn der Glaube an sich selbst, an das eigene hohe Selbst, oder an die gefallene Vernunft, oder wie man's sonst heißen mag, ist doch nichts anderes als Aberglaube.

Solange es bei einem Menschen nicht zu etwas Völligem in Christus Jesus gekommen ist, bleibt er an Menschen und menschlichen Namen hängen, das kann nicht fehlen. Ach, daß wir endlich einmal ganz und allein am Heiland hingen! Es soll zu etwas Ganzem bei uns kommen. Er will unser ganzes Herz. Halbheit und Lauigkeit ist ihm zum Ausspeien. Ich achte alles für Kot, auf daß ich Christus gewinne! das sollte unser Sinn sein. In diesem Geiste laßt uns Seelsorger werden. Ein bloßer Prediger ohne Seelsorge ist ein Unding. Darum möchte ich Dir wünschen, daß Du Deine eigene Gemeinde zu besorgen hättest. Ich fühle mich ganz glücklich dabei, obwohl es vieles zu schaffen gibt. Die verschiedenen Berichte, Tauf-, Toten-, Ehebücher, Familienregister, Heiratsgeschichten und andere endlose Tabellen nehmen gar viel Zeit hinweg. Es wäre sehr zu wünschen, daß das leidige Schreibertum endlich einmal aus unserer Kirche herausgepeitscht würde. Die tote Form ist geblieben; aber freilich, wo kein Geist ist, da kann auch keiner walten. Man sieht die Pfarrer oft nicht mehr als Hirten, sondern als Schreiber, Polizeibeamte und Fleckenschützen an. Doch was ereifere ich mich! Ich bin ja selbst noch kein wahrhaftiger Hirte, darf also das Joch wohl tragen, was mir leider oftmals kein Joch ist, besonders dann nicht, wenn ich nicht rechtschaffen in der Liebe Christi stehe.

Nimm meine elenden Linien in Liebe hin. Unser lieber Herr Jesus Christus, der uns liebt, wir mögen ihn lieben oder nicht, und uns erkauft und erlöst hat, wenn auch unser Glaube klein und schwach ist, und uns zu Königen und Priestern gemacht hat, auch wenn man es uns noch nicht ansieht, und wenn wir noch im hellen geistlichen Elend stehen, unser ewig guter Herr und Heiland, der sich's so viel hat kosten lassen, daß er uns erkaufte und erlöste, der heilige unsre Seelen durch und durch und ziehe uns mit allmächtiger Liebe in seine Liebe hinein, damit wir nicht zuschanden werden vor ihm, sondern überwinden durch des Lammes Blut und die Krone des Lebens davontragen!"

Kaum ein paar Wochen nach Abfassung dieser Schreiben gefiel es jedoch Gott, den jugendlichen Arbeiter im Weinberge der Kirche durch einen am 10. Februar 1821 erfolgten abermaligen Krankheitsanfall in eine Lage zu versetzen, die für seinen feurigen Tätigkeitstrieb zwar die schwerste und übungsvollste, für seine Läuterung und Förderung aber gewiß die heilsamste war. Er sollte, durch jenes hartnäckige Kopfnervenleiden gehemmt, zwei Jahre lang ruhen und schweigen. Wie drückend und aufgabenreich diese eigentümliche Leidensschule für ihn gewesen sein muß, hat er selbst in seinem Lebensabriß angedeutet. Ausführlicher sprach er sich darüber in einem Brief an seine Freunde aus, als er nach langer Unterbrechung den abgerissenen Faden brieflicher Mitteilung wieder anknüpfen konnte. „Der Herr führt hinein und wieder heraus“, sagt er darin. „Er führte mich vor zwei Jahren in einen Weg hinein, den ich nicht gehen wollte, weil er mir armem Menschen zweckwidrig vorkam. Er führt aber auch wieder heraus, wenn die Prüfung ihr Ziel erreicht hat. So geht es mir jetzt; ich fange je mehr und mehr an, wieder auf meinen Füßen zu gehen, und zwar jetzt nicht bloß auf meinen, sondern ich schließe mich fester an den ewigen Fels an als vorher. Da ich in Plieningen als Vikar krank wurde, stand ich in einem großen Amtseifer. Ich glaubte damals, ich müsse die Sache ausfechten. Bei diesem Amtseifer war aber sehr viel Fleischliches, wie ich nachher besser erkannte, teils verborgener Hochmut und Selbstvertrauen, teils aber auch unruhiges Blut; denn meine Krankheit steckte von Tübingen her noch in mir. Ich erkannte das Fleischliche des genannten Eifers auch daraus, daß die Liebe zur Plieninger Gemeinde mit dem allmählichen Verschwinden der Hoffnung, wieder an ihr arbeiten zu dürfen, allmählich auch erlosch oder doch wenigstens schwächer wurde. Ach, trau doch keiner unter uns seinem Herzen, das entsetzlich falsch ist und uns armen Menschen ein Blendwerk um das andere vor die Augen stellen kann. Nun aber hatte ich in der Tat eine fatale Lage im Jahr 1821. Auf der einen Seite trieb mich's nach Plieningen, auf der anderen hielt mich meine Krankheit. Dazu war ich aus allem literarischem Verkehr herausgezogen, durfte täglich vielleicht kaum eine halbe Stunde in einem Buch mit großem Druck lesen. Sonst war ich auf mich beschränkt. Ausgehen konnte ich auch nicht, wenn die Sonne schien. Das härteste, was einem begegnen kann, ist Berufslosigkeit, wenn diese längere Zeit anhält. Dazu hatte ich nicht viel inneren Genuß, konnte meistens gar nicht beten und war sehr stumpf im Geiste. A. Knapp ist mir in dieser Zeit mit seiner Liebe sehr zustatten gekommen. Der Herr vergelte es ihm! P. schrieb einmal, wie ich mich noch erinnere, ich solle für die andern beten. Ja, dachte ich, lieber P., wenn Du's wüßtest, was ich für ein Priester bin, wie nötig ich miserable, zerschlagene Kreatur die Fürbitte für mich habe! Zu dem allen kamen noch ungläubige, ängstliche Sorgen. Der Arzt, ein sonst geschickter Mann, erklärte endlich, er wüßte nicht mehr weiter mit mir. Wie wird's gehen? dachte ich. Was willst du ergreifen, wenn dein Zustand andauernd wird? Du hast keinen Freibrief aufs Predigtamt vom Herrn, und was dergleichen im ungläubigen Menschenherzen aufsteigt. Hätte ich recht Glauben gehabt, ich hätte eben im Willen und Erbarmen meines Gottes geruht. Zu Zeiten der Anfechtung, da erfährt man, was man glaubt; da kommt das Herz dann mit seinen heimlichen Tücken ganz heraus *(5. Mos. 8, 2).* Die Anfechtung, sagt die Schrift, lehrt aufs Wort merken. Es ist gut reden vom Glauben; es ist gut, schöne Worte zu machen und auch dabei etwas zu fühlen; aber wenn es heißt *‚hic Rhodus, hic salta!'* (zeige, was du kannst), da geschehen oft bei recht gutem Willen entsetzliche Tölpeleien, dumme Luftsprünge, und ehe man sich versieht, liegt man da und kann keinen Fuß mehr rühren."

Reicher an demutsvoller Kenntnis seines eigenen Herzens, dessen Trotz und Verzagtheit er jetzt wie niemals zuvor zu erfahren bekam, ging der Verewigte aus dieser schweren Heimsuchung hervor, aber auch reicher an manchen anderen Erfahrungen, die für sein inneres Leben so wie auch für sein ferneres evangelisches Zeugenamt von entscheidendstem Gewinn waren. Namentlich lernte er jetzt erst das Geheimnis von der freien Gnade Gottes in Christus immer besser verstehen und deswegen auch den seligsten Auftrag eines neutestamentlichen Evangelisten: „Tröstet, tröstet mein Volk!" von nun an auf eine so ergreifende Weise vollziehen. Gott hatte ihn selber getröstet in aller seiner Trübsal. Darum konnte er nun auch trösten, die da sind in allerlei Anfechtung und Trübsal mit dem Trost, damit er getröstet wurde. Einen Beweis hierfür finden wir in einem Trostschreiben an einen in tiefer Gemütsanfechtung schmachtenden Freund, das wir um seiner evangelischen Gediegenheit willen hier vollständig einzureihen uns nicht versagen können.

„Stuttgart, den 12. September 1822

Lieber B.! Ich habe Deinen Brief mit tiefer Wehmut meines Herzens gelesen, weil ich erkannte, welch eine drückende, zentnerschwere Last auf Deiner Seele liegt. Es hat mich eben darum Dein Brief auch wieder wackerer gemacht zur Fürbitte für Dich, daß unser ewiger Hoherpriester sein gegen gedrückte und darniedergeschlagene Seelen brennendes Liebesherz mit seinem unaussprechlichen Erbarmen auch gegen Dich neigen und, wie er in der Hitze des Sommers den Regen fallen läßt auf ausgetrocknete Fluren, auch Deinen Geist erquicken möge. Ich will Dir aber Deinen Brief nacheinander beantworten; denn so richtig im allgemeinen nach meiner Erkenntnis das ist, was Du darin sagst, so dünkt mich doch die eine oder die andere Ansicht schief zu sein. Nimm mir's nicht übel, daß ich so schreibe. Du gibst Dich nach Deiner, ich nach meiner Erkenntnis, wenn nur das dabei herauskommt, daß wir einander besser verstehen.

Vor allem, lieber B., möchte ich Dich ermahnen: wirf Dein Vertrauen nicht weg, welches eine große Belohnung hat. Und laß Dir Deinen Trost nicht rauben, daß der Herr das Seufzen der Elenden hört, daß seine Ohren nicht dick geworden sind und daß er gewöhnlich dann einer Seele am nächsten ist, wenn wir ihn am fernsten wähnen. Es scheint freilich schwer, ja fast eine Unmöglichkeit zu sein, zu glauben, wo man gar nichts sieht als Elend und Finsternis. Aber ein wenig Glaube ist auch ein Glaube und gewiß oft wohlgefälliger vor dem Herrn, als wenn einer in beständigem Genuß, wobei auch der Körper seine Rolle mitspielt, sich breit und groß machen kann. Das zerstoßene Rohr wird er nicht zerbrechen, das ist der Grundcharakter des Heilandes. Und mit welcher Treue übt der gute Erzhirte dieses sein Amt aus! Was darf man bei ihm erfahren! Was hast Du selbst erfahren, wenn Du der vorigen Tage gedenkst! Siehe, wenn einer nicht mehr beten kann, wenn seine Seele gleich einer Wüste geworden ist, voll Dornen, Disteln und Unglaubens, oder nicht einmal von etwas so Aktivem, sondern eine Wüste voll Unseligkeit, ein Hades, eine Hölle sogar, und es steigt einem solchen Menschen mitten in seiner Unseligkeit täglich vielleicht nur einmal der Seufzer auf: Herr, erbarme Dich! oder: Herr, wie so lange! was meinst Du, lieber B., meinst Du, dieser Seufzer sei nicht so viel wert wie stundenlanges Gebet?

Warum ist wohl dieser Seufzer dem Herrn so wohlgefällig? Antwort: weil es Römer 8, 26 also steht. Nun tu mir noch den Gefallen und lies mir auch Vers 25 und stärke Dich damit. Ich will Dir noch einen alten Vers beifügen aus unserem alten württembergischen Gesangbuch, der hierher gehört:

Jesu, hilf siegen, wenn alles verschwindet,
Wenn ich mein Nichts und Verderben nur seh,
Wenn kein Vermögen zum Beten sich findet,
Wenn ich muß sein wie ein verschüchtertes Reh!
Ach Herr, so wollst Du im Grunde der Seelen
Dich mit dem innersten Seufzen vermählen!

Was Du schreibst, der Heiland könne uns nicht beseligen, solange wir noch in irgendeinem Stück unsere eigene Gerechtigkeit aufrichten, das glaube ich auch und stimme hierin völlig mit Dir überein. Er will Leute haben, die nicht durch Rennen und Laufen, sondern nur durch sein Erbarmen selig werden wollen. Aber das meine ich doch, Du befindest Dich hierin in einer gewissen Selbsttäuschung, in der ich auch lange gesteckt habe. Du forderst etwas Evangelisches durch das Gesetz, was nur durch das Evangelium bewirkt werden kann. Glaube mir's, Lieber, eine wahre Herzenszerknirschung, ein wahres Armsündersein kann uns nur durch das Evangelium gegeben werden. Nur durch Anerkennung der Liebe, die uns zuerst geliebt hat, kann Satans Werk in uns zerschlagen und ausgefegt werden. Das Gesetz kann auch zerschlagen, aber es ist, als wenn Du ein Stück Gummi mit dem Hammer zerschlagen wolltest. Solange der Hammer darauf liegt, bleibt es breit, tut man aber den Hammer weg, so geht es wieder zusammen. Da muß man mit Feuer, und zwar mit Liebesfeuer kommen und die Materie zergehen und zerfließen lassen. Das hilft, und das hilft allein.

Ich habe einmal in den Büdingschen Sammlungen gelesen, daß Zinzendorf gefragt wurde, was zu wahrer Buße gehöre, oder wann eine Menschenseele so sei, daß sie den Heiland ergreifen könne. Die Antwort war: wenn sie angefangen hat, an sich selbst zu verzagen. Glaubst Du das nicht? Ja, Du glaubst es gewiß. Nun sehe ich aber schon, wie Dir in Hinsicht auf Dich folgendes ‚Aber' aufsteigt: aber ich verzage ja nicht an mir selbst, ich bin ja kein ausgezogener Sünder; ich sehe wohl, daß all meine Sache nichts ist, aber mein Herz will es nicht recht glauben, und wenn es auch oft mit Gewalt darauf hingezogen wird, so fällt es bald wieder in seinen vorigen Hochmut zurück. Wie lange habe ich mich mit solchen Gedanken geplagt, bis mir aufgedeckt wurde, daß ich ja eben in dem Arm- und Ausgezogensein meine eigene Gerechtigkeit suche. O, was ist das für ein Trick vom Satan, womit er die Seelen von ihrem Erbarmer zurückhält; ein um so feinerer Schlich, weil er sich hier in das Gewand der Demut hüllt! Mein Lieber, aus Deinem ganzen Brief geht hervor, daß Du an Deinem eigenen Können verzagst. Du stehst ganz in göttlicher Ordnung der Buße. Laß Dein Herz noch so hochmütig und selbstgerecht sein, Du machst es wahrlich nicht anders, und wenn Du es auch Jahrtausende hindurch zum Armsein zwingen willst. Laß das alles stehen. Der Heiland hat schon seine Mittel dazu; denn es ist doch wahrlich ein Unterschied zwischen dem, wenn man die guten Hoffnungen von sich aufgibt, und zwischen dem, wenn man ein ganz ausgezogener Sünder ist. Hat nur ein Mensch die Erkenntnis seines Elendes und der Unentbehrlichkeit seines Heilandes, und die hast Du ja, das Herz mag dann sagen, was es will; siehe, ein solcher Mensch ist fähig zum Reiche Gottes. Christus ist uns zuerst gemacht zur Weisheit und Gerechtigkeit, und dann zur Heiligung. Ist denn aber die Heiligung in der Weisheit? Denn die Beugung des Herzens gehört ja zur Heiligung. Nein. Oder bist Du nicht mühselig und beladen? Drücken Dich denn nicht der Hochmut und die Selbstgerechtigkeit Deines eigenen Herzens? Ist das nicht eine große Last? Wie seltsam wäre das, wenn einer sagen wollte, ich kann mir die Last noch nicht abnehmen lassen, sie drückt mich noch nicht genug. Mit einem Wort: ich sage Dir vor dem Herrn nach meiner innersten Glaubensüberzeugung, die ich vor dem Angesicht Gottes gefaßt habe, Du stehst in göttlicher Ordnung der Buße und hast durch Deinen Erlöser ein Recht auf alle Vorrechte der Kinder Gottes. Prüfe Dich, lieber Herzensbruder, und Du wirst finden, daß ich recht habe; denn ich habe es aus eigener Erfahrung geschöpft.

Wenn Du aber diese Überzeugung hast, was willst Du dann weiter? Sollen Dich Dein eigenes Herz und Satan noch länger herumzerren? Das sei doch ferne! Eine jede Minute ist hier zu viel. Du verlangst eine Versicherung Deines Gnadenstandes, die Dir nur das Erbarmen des Heilandes geben kann; aber sage mir, bist Du zunächst darauf angewiesen? Mitnichten, sondern so Du glauben würdest, würdest Du die Herrlichkeit Gottes sehen! Das ist göttliche Ordnung, daß man zuerst glaubt, dann erfährt. Oder wo tat denn der Heiland Wunder? Nicht wahr, da wo Glaube an ihn war. In Nazareth konnte er keins tun um ihres Unglaubens willen. Nun sagst Du: ich glaube, daß der Heiland mir helfen kann; aber er hat mir bis jetzt noch nicht geholfen. Antwort: nein, Du glaubst nicht, daß er Dir helfen kann, wenn Du nicht vorher geglaubt hast, daß er Dir schon geholfen, d. h. sein Blut auch für Dich zum Lösegeld gegeben hat. Das scheint Dir vielleicht dunkel. Darum will ich Dir meine Gedanken hierüber auseinandersetzen. Der Heiland ist für die Sünder gestorben. Das sind Du und ich. Daß wir beide in diesen Gnadenrat mit eingeschlossen sind, bekräftigt sein Wort. Das kann nicht lügen, und es preist die, die sich ernstlich nach ihm sehnen oder die es mit Schmerz erkennen, daß sie Sünder sind, die sich nach einem Heiland umsehen müssen, als solche, die Ansprüche an ihn und an sein Lösegeld zu machen haben. Was hindert nun einen Sünder zu glauben, daß der Heiland auch für ihn gestorben ist? Es dünkt mich, niemand als er selber. Aber, könnte man sagen, wo hat er denn das Angeld dafür, daß es auch auf ihn abgesehen war? Antwort: das Angeld liegt eben darin, daß er ein Sünder ist, weil Christus für alle Sünder gestorben ist. Aber was hat er denn den Gottlosen voraus, die doch verloren gehen? Antwort: das hat er voraus, daß seine Seele ein wahres, herzliches Verlangen nach dem Heiland hat, was bei den Gottlosen nicht ist. Denn in dem Augenblick, wo sie sich mit Hintansetzung alles eigenen Könnens und Wollens nach dem Heiland umsieht, kann sie auch, wenn sie will, glauben, daß der Heiland ihre Sünde gebüßt hat. Es braucht unseres Wirkens nimmermehr, wenn sich's um unsere Rechtfertigung vor Gott handelt. Der Ratschluß der Erbarmung Gottes über alle armen verlorenen Sünder ist von Ewigkeit gefaßt und in der Zeit ausgeführt und versiegelt. Wer will nun Sünder, die sich dem Heiland ergeben, beschuldigen? Selbst der mächtigste Kläger, der Teufel, muß weichen, weil hier ein Blut ist, das besser redet als Abels Blut.

Ich lese gegenwärtig ein altes evangelisches Buch über die Rechtfertigung. Der Verfasser (Burk) macht darin deutlich klar, daß man zwischen der Rechtfertigung und Versieglung eines Sünders einen Unterschied machen müsse. Die Rechtfertigung muß der Ordnung und der Zeit nach vorausgehen und geschieht im Herzen Gottes, dem der ewige Hohepriester Christus jede Seele, die an sich selbst verzagt und sich ihm völlig ergeben will, als seine Todesbeute anzeigt. Die Versieglung kommt hintennach. Sie soll freilich nicht allzu lange ausbleiben, wird aber oft durch die Ungeschicklichkeit redlicher Gemüter sehr aufgehalten. Betrachte das Beispiel der Sünderin *(Luk. 7)* und vergleiche die Verse 47, 48, 50. Vom Zöllner heißt es ebenso *(Luk. 18, 9 - 14)*, er ging gerechtfertigt hinab in sein Haus. Ob er sogleich die Versicherung hiervon erlangt hat, steht nicht dabei. Diese Schrift hat mir viel Licht gegeben. Ich weiß nicht, ob Du mich ganz verstanden hast. Mein eigenes Beispiel wird Dir meinen Sinn noch besser verdeutlichen.

Als ich durch Gottes Gnade aus meinem langen Sündenschlaf aufgeweckt wurde, da hatte ich keinen Führer und war auch hochmütig genug, mich nach keinem umzusehen. Nur den Jakob Böhme bekam ich in die Hand. Du kannst Dir denken, was ich mir da für ein Christentum konstruierte. Zwar seine theoretischen Meinungen verdarben nicht viel, wohl aber seine praktischen, nämlich seine Heiligungslehre ohne Rechtfertigung, oder seine Rechtfertigungslehre, die ganz den Charakter einer bloßen Heiligungslehre trägt. Über ein Jahr lang war mir daher die biblisch kirchliche Lehre von der Versöhnung eine wahre Torheit. Nach und nach ging mir jedoch mehr Licht im Inneren auf. Allein, obwohl ich viel über das Kreuz Christi sprach, las, betete, so wußte ich doch nicht, daß man die Gnade so umsonst annehmen dürfe. Ich stand während meiner ganzen Tübinger Laufbahn in einem schrecklichen Eigenwirken, mit der Theorie in einer Begnadigungslehre, die umsonst angenommen werden, wo man nur zum Heiland kommen dürfe, mit der Praxis für mich selbst ferne, ferne vom Frieden in den Wunden des Herrn. Von diesem Eigenwirken, namentlich im Essen und Trinken, erlöste mich Gott durch meine Krankheit in Tübingen. Oft hatte ich mich gerade im Punkte der täglichen Nahrung nach mehr Freiheit gesehnt; aber ich konnte von der Ängstlichkeit nicht loskommen. Mit meinem Krankheitsanfall in Tübingen war's wie weggeflogen, und jetzt würde ich dergleichen Dingen kein Gehör mehr geben. Nun kam ich aufs Vikariat, predigte Christus den Gekreuzigten mit viel innerer Angst und Widerspruch; aber ich setzte mich darüber hinweg. In diesem Zustand kam ich hierher und hatte nun Zeit, über mich nachzudenken. Was ich in dieser Zeit oft durchgemacht habe, das kannst du dir denken. Ich kam nach und nach von den hochfliegenden Gedanken mehr ab und beschloß, mich in die Führung meines Gottes zu schicken. Gut war's, daß ich dabei wie in einem beständigen Traum dahinging und am anderen Tag gewöhnlich nicht mehr viel vom vorigen wußte, sonst wäre ich zu melancholisch geworden. Aber das Bedürfnis, der Hunger nach wahrer Gewißheit und Festigkeit des Herzens, mit anderen Worten, nach Jesus, wurde immer stärker. Dabei konnte ich oder vielmehr wollte ich gar nicht glauben, daß auch für mich eine Erlösung vorhanden sei. Ich dachte immer, wenn mir's der Heiland einmal speziell versicherte, so wollte ich's glauben. Indessen fing ich doch an, weil ich vom Gesetz und den toten Werken entsetzlich geplagt wurde, mich oft in die durchgrabenen Hände des Herrn zu befehlen, indem ich ja keine andere Zuflucht hatte; und ich wurde dabei oft ganz ruhig, sogar vergnügt. Doch konnte oder wollte ich immer noch nicht glauben, bis ein guter Freund mir versicherte, man dürfe zugreifen, das Evangelium sei deswegen da. Ich erhob mich nun aus meiner Passivität, trug die Sache dem Heiland vor und sagte ihm, ich wolle ihm auf sein Wort und Evangelium hin glauben. Auf diesem Glauben bin ich bis jetzt geblieben und habe zwar noch keine besondere Heimsuchung des Herrn erfahren, aber doch habe ich Ruhe. Und wenn mein Fleisch oder Satan mir meine Sache streitig machen will, so sehe ich nur auf mein neues Testament und auf Golgatha als auf die ewige Versieglung meines Gnadenstandes, dann kann ich wieder glauben. Denn am Glauben liegt's, vorher gibt's keine Ruhe; und kann man nicht mit Gefühl glauben, so muß man's ohne Gefühl tun. Man ehrt Gott mehr mit bloßem Glauben auf sein heiliges Wort hin, als wenn man vorher alles fühlen will. Wenn Du einem anderen etwas versprichst und er glaubt Dir, daß Du es halten wirst, wenn Du auch noch keine Anstalten dazu machst, nicht wahr, das gefällt Dir. Wieviel mehr findet dieses statt bei dem wahrhaftigen Gott!

Herr, mein Hirt, Brunn aller Freuden,
Du bist mein, weil ich Dich fasse
Und Dich nicht, o mein Licht,
Aus dem Herzen lasse.

Das ist's, mein Bruder. Sieh, der Geist Gottes kann uns nicht beikommen, wenn wir so unruhig sind. Ruhe ist aber bloß in geduldiger Ergebung in den Willen des Herrn, d. h. im Glauben.

Aber noch eins. Ich bin überzeugt, daß Du auch körperlich etwas gebrauchen solltest; denn Du leidest am Körper, wie ich daran gelitten habe. Der beste Musikus kann auf einem verstimmten Instrument nicht gut spielen. So wird unsere Seele durch den Körper verschroben und verstimmt, und die krankhaften Gefühle des letzteren mischen sich in die Vorstellungen der Seele. Darum laß Dir von einem Arzt etwas geben, denn gebrauchen mußt Du etwas.

Laß Dich's nicht verdrießen, daß Du so einen langen Brief von mir lesen mußt. Die Liebe hat ihn mir diktiert.

Wenn Du nur daraus siehst, daß ich's gut mit Dir meine, daß ich Dich liebe! Wenn es aber so ein sündiger und schwacher Mensch gut mit Dir meint, dann mache Du den Schluß auf das Herz des Heilandes, das lauter Liebe und Erbarmung ist! Grüße die Brüder, die mich kennen, besonders den ... Versichere sie meiner Liebe.

Der Friede, der nicht mehr weicht, nämlich der Friede Gottes im Glauben an seinen Sohn, sei mit Deinem Geiste, den der Heiland mit seinem Blut erlöst hat; Du magst es nun glauben oder nicht, Du magst Dich gegen diesen Glauben sperren, solange Du willst. Ohne Fühlen will ich trauen – endlich kommt der Tag des Heils!

Dein Bruder L. Hofacker"

Die gleiche evangelische Grundgesinnung, die uns in diesem Schreiben so wohltuend anspricht, leuchtet auch noch aus einem anderen kürzeren Brief hervor, den der Selige in denselben Tagen an einen anderen Vertrauten seines Herzens schrieb. Er sagt darin: „Ich befehle mich gegenwärtig täglich und stündlich in die durchgrabenen Hände Jesu, und dabei befinde ich mich wohl. Ich glaube, daß mich Christus ohne all mein Verdienst durch sein Leiden und Sterben erkauft hat, ohne Rücksicht darauf, wie weit ich's im Geistlicharmsein oder in der Heiligung gebracht habe, sondern aus lauterem, purem Erbarmen. Das halte ich mir vor und reiße es an mich; denn sein Wort ist ja gewiß, und dabei habe ich schon manche selige Stunde gehabt, ob ich gleich noch nicht versiegelt bin durch den Heiligen Geist Gottes. Aber das gehört dazu, daß ich mich gänzlich von eigener Gebetsgerechtigkeit, eigenem Armsündersein und guten Rührungen, insofern sie verdienstlich sein sollen, ausziehe und gänzlich und bloß auf das lautere Erbarmen Gottes, das sich in Christus auf Golgatha geoffenbart hat, vertraue. Das gibt Ruhe, und was das Beste dabei ist, man sieht dabei einem stets größeren Frieden entgegen. Denn so will's der Heiland haben, daß wir ihm die Ehre geben, unser mißtrauisch feindseliges Herz gegen ihn fahren lassen und allein auf seine Erbarmung sehen. O was kann einem da der Heiland werden!

O Seelenfreund, wie wohl ist dem Gemüte,
Das sich im eigenen Weg ermüdet hat,
Wenn es zu Dir, dem Seelenleben, naht
Und schmeckt in Dir die wundersüße Güte,
Die alle Angst und alles Weh verschlingt,
Und uns in Dir zum ew'gen Frieden bringt!

Doch, mein Freund, so weit ist es noch nicht bei mir. Wenn aber das Morgenrot anbricht, erwartet man doch den Tag, nicht wahr? Ach, laßt uns doch von uns selber absehen! Satan zieht uns dabei nur an seinem Strick herum. Darum rein ab von uns! Denn wir sind sein, weil er uns als seine armen Kreaturen erkauft hat. Wir haben ein Recht an ihn, weil wir Sünder sind. Solange man durchs Gebet noch etwas aus sich selbst herausschlagen will, und ist's nicht oft so? so steht's nicht richtig. Sondern still zu des Heilandes Füßen gelegen, sich in seine Wunden hinein befohlen, seine ewige Erbarmung angesehen und ihn gefragt, bin ich denn nicht Dein, bist Du für mich allein nicht gestorben? Und wenn man Frieden darauf bekommt, sich diesen nicht mehr rauben lassen – das ist dem Heiland angenehm. Das aber ist Satans größte Freude, wenn er uns vom Glauben, vom puren, nackten, bloßen Glauben an Jesu Verdienst abziehen kann, weil dieser sein Tod ist."

Ein großes, weites Arbeitsfeld eröffnete sich dem Seligen, als sich nach zweijähriger Harrenszeit mit Gottes Hilfe seine Gesundheit, freilich langsam, wieder zu befestigen begann. Er konnte gegen Ende des Jahres 1822 mit kleinen kirchlichen Verrichtungen den Versuch machen, bis er zu Anfang des darauffolgenden Jahres wagen durfte, als Hilfsprediger seines kränklichen Vaters die Kanzel wieder zu betreten.

Die Salbung, mit der er von Christus zeugte, sowie seine ungekünstelte Einfalt und Herzlichkeit, die seinen Vorträgen eine besonders eindringliche Kraft verliehen, lockte in der volkreichen Hauptstadt allsonntäglich eine ungewöhnliche Menge Menschen in seine Predigten, so daß sich selbst vor den offenen Türen der geräumigen Kirche Scharen von aufmerksamen Zuhörern drängten. Namentlich strömten auch aus der näheren und entfernteren Umgegend Stuttgarts ganze Massen von Landvolk herzu, die sich's nicht verdrießen ließen, einen Weg von mehreren Stunden hin und her zu Fuß zurückzulegen, um, meist stehend in der gedrängt vollen Kirche, ein Wort der Erbauung aus seinem Munde aufzufassen. Über die offene Tür, die der Herr ihm schenkte, äußerte er sich in einem Brief an seine Freunde im September 1823 folgendermaßen: „Wenn ich mich selbst betrachte, so muß ich mich verwundern, daß mich der Herr auf diesen Posten gestellt hat; denn es ist ein sehr wichtiger Posten, und wer bin ich? Ach, er möge doch alles, alles, woran es bei mir in der innerlichen und äußerlichen Tätigkeit fehlt, mit seiner Gnade bedecken! Was ich vermutete, das ist nun eingetroffen. Die einfältige Darlegung des Weges zum Leben, ich tu es wenigstens so einfältig, wie ich kann, zieht eine große Menge von Zuhörern herbei; denn eine Predigtweise dieser Art ist etwas ungewohnt, so viel wir auch des Guten in Württemberg haben. Es kommen jeden Sonntag so viele Zuhörer in die Kirche, wie diese wenigstens faßt, ich hoffe nicht ohne Segen, den ich teilweise schon selbst an Früchten gesehen habe. Ich predige Buße und Glauben an den Heiland und was sonst in diese Materien einschlägt, und suche die Leute, wenn ich ihnen ihr Sündenelend und ihre natürliche Rettungslosigkeit klar vorgehalten habe, auch in Liebe anzufassen und zur Ergreifung des freien, im Evangelium bereitliegenden Heils zu ermutigen. Man kann aber mit dem Gesetz nur dann gründlich erschüttern und beugen, wenn man es geistlich, als einen Zuchtmeister auf Christus, benützt, oder aber auch mit dem Evangelium durch Vorstellung des Verdienstes und der Liebe unseres Herrn und durch Vergleichen unseres natürlichen Herzens mit ihm. Ich glaube, beide Arten dürfen einem Prediger, der an der Kirche arbeitet, nicht fremd sein; sondern das sind seine Materien, die sich bei ihm in den unzähligsten Gestaltungen wiederholen müssen. Die evangelische Art ist freilich die einschneidendere und wirksamere und macht gründlichere Bekehrungen; aber die andere ist auch biblisch und muß von einem biblischen Prediger getrieben werden. Überhaupt suche ich in allem, was ich treibe und zu treiben und zu lesen gewürdigt werde, stets biblischer zu werden, damit ich als erbaut auf den Grund der Apostel und Propheten, da Jesus Christus der Eckstein ist, nicht Holz, Heu und Stoppeln, sondern Bleibendes, auch im Feuer die Probe Haltendes erbauen möge.

Es ist mir bei meiner hiesigen Tätigkeit immer, als ob es hieße: rufe laut und schone nicht! Weil ich hier, als Vikarius namentlich, nur eine Pilgerhütte aufgeschlagen habe, so trachte ich danach, in jeder Predigt alles, den ganzen Weg des Lebens, zu sagen und mit aller Macht, die mir der Herr schenkt, zu der gekreuzigten Liebe einzuladen. Ich könnte wohl auch oft speziellere Materien abhandeln. Wenn ich's aber tun möchte, so schweben mir so viele arme Seelen vor, die oft genug Stroh statt Futter kriegen, und es tritt mir der Befehl des Herrn, Buße und

Vergebung der Sünden in seinem Namen zu verkündigen, vor das Herz. Dazu kommt auch mein eigenes Unvermögen, solche speziellen Sachen abzuhandeln. Ich habe keine Gedanken über das, was sich nicht auf den Heiland oder auf das innere Leben, insofern er sich darin gestaltet, und auf seine unaussprechliche Liebe bezieht. Über jenes kann ich nicht reden. Es fällt mir nichts ein, und so bin ich durch die Umstände, durch die Notwendigkeit meiner Natur auf das liebliche, Mark und Bein durchdringende Evangelium von dem Frieden Gottes, durch den Sohn erworben, und von der Freundlichkeit und Leutseligkeit Gottes hingewiesen. Ich wünsche, daß es Euch auch so gehe, geliebte Brüder, so werden wir nach und nach zu dem Sinn der Apostel gelangen *(Apg. 4, 20)*: wir können es ja nicht lassen, und zu Dr. Luthers Sinn: hier stehe ich, ich kann nicht anders!"

„Ich werde", so schreibt er in einem späteren Brief, „je länger ich predige, desto einfacher. Ich finde, daß nicht der Schmuck der Worte, sondern selbst bei dem kunstlosesten, vielleicht sogar holperigen Vortrag eine gewisse Herzlichkeit, wobei man's dem Prediger abfühlt, er suche das Heil der Seelen, fast alles ausmacht. Indessen ist es mein Anliegen vor dem Herrn, er möge mich redlich machen vor seinem Angesicht, daß doch die einfältige, grundlautere Art Jesu Christi an mir zum Vorschein komme."

In diesen letzten Worten hat der Selige kurz und bündig das Geheimnis angedeutet, warum seine Vorträge eine so eigentümliche Anziehungskraft auf die Geister ausübten. Dem Inhalt nach wollten sie weder etwas tief Durchdachtes noch der rednerischen Darstellung nach etwas Schönes und Abgerundetes geben. Die schulmäßigen Regeln der sogenannten Kanzelberedsamkeit wurden von ihm ohnehin nicht eingehalten. Aber jener echte Priestersinn, dem man es abfühlt, daß ihn die Liebe Christi drängt, teuer erkaufte Seelen dem rettenden Sünderfreund zuzuführen, und jene Entschiedenheit der Einfalt, der nichts groß erscheint als Jesus allein, bereiten selbst dem schlichtesten Worte einen Eingang, den man mit allen Hebeln, auch der glänzendsten Redekunst, vergeblich zu erzielen sucht. Die göttliche Torheit ist weiser denn die Menschen sind: das war der Grundsatz, von dem der Selige ausging. Darum konnte er auch auf der Kanzel und unter ihr eine so getroste Stellung einnehmen, allen Lehrgebäuden einer bloß menschlichen Weisheit gegenüber, zumal wenn diese sich noch überdies erheben will gegen das Wort und Kreuz Christi. „Liebe Brüder", ruft er einmal seinen Freunden und Mitarbeitern am Evangelium in einem Schreiben aus dieser Zeit zu, „wir müssen so keck werden, allen Menschenwitz und alles, was von Menschen kommt, mit Füßen zu treten, sobald es die Worte Christi betrifft. Ich achte es alles für Kot, sagt Paulus. Was kümmert's mich, was dieser oder jener begabte Sünder über dies oder jenes denkt, heiße er nun Schleiermacher oder Storr oder Kant oder Swedenborg oder wie er will. Wenn ich aus dem einfältigen Zeugnis der Heiligen Schrift dem Wortsinn nach weiß, was der Heiland darüber gedacht hat, so ist's genug. Doch hiervon muß ich schweigen, denn die Galle steigt mir jedesmal, wenn ich auf diesen Punkt komme. Ich möchte schreien, daß man's vom Südpol bis zum Nordpol hörte, daß die Menschen doch Gott fürchten und ihm die Ehre geben sollen. Aber sie sind blind, benebelt vom Zeitgeist, vom Gott dieser Welt. O Brüder, betet, eilt zum Lamme Gottes hin! Werdet um Gottes willen Kinder, wie der Heiland befohlen hat; glaubt an sein Wort, verachtet die Welt samt ihrer Weisheit und disputiert nicht! Meint Ihr, wenn der große Schmelzer die Kinder Levi einmal in seinen Tiegel nimmt *(Maleachi 3, 2 - 3),* sie werden auch noch disputieren und Meinungskram auspacken? Man hat eben in unserer Zeit ungeheuer Langeweile und gutes Leben. Seht Euch vor, man wird Euch Euere Fleischesruhe versalzen. Der Herr wird allem müßigen Geschwätz ein Ende machen, dessen bin ich gewiß."

„Ich mache die Erfahrung", setzt er in einem anderen Schreiben hinzu, „daß gerade dies der faule Fleck unserer Zeit ist: man kennt sich selbst nicht mehr noch seine vollkommene Abhängigkeit von Gott und hat keinen Schrekken vor ihm und seiner Gerechtigkeit; man fürchtet ihn nicht mehr, sondern die Herren Philosophen haben uns mit ihren elenden Firlefanzereien die Augen verklebt, so daß die Majestätsrechte des lebendigen Gottes von diesem elenden Geschlecht nicht mehr anerkannt werden. Man weiß es nicht mehr und leugnet es, und es fällt gar nicht mehr in den Bereich der Gedanken der jetzigen Welt, daß der Herr unser Gott ein verzehrend Feuer ist, ein Gott, der Leib und Seele verderben kann, und so wir nicht zu der geoffenbarten Liebe fliehen, verderben wird in die Hölle, wo Heulen ist und Zähneknirschen. Sind dies doch die Worte der ewigen Wahrheit selbst! Aber unser empörtes und doch so entnervtes Geschlecht läßt das, was die ewige Liebe und Wahrheit mit so großem göttlichen Ernst gesprochen hat, nicht mehr gelten, sondern Christus wird in den Sumpf der Gleichgültigkeit und Lauheit dieser Zeit herabgezogen. Und sie sprechen dann: hoja, nun haben wir unseren Gott! Diese Sprache wird aufhören, wenn er kommt in den Wolken des Himmels und alle Augen ihn sehen, und die ihn durchstochen haben, wenn heulen werden alle Geschlechter der Erde *(Offbg. 1,7)*. O es hat mich schon so innig gerührt, was ich von Dr. Martin Luther las, welch einen Schrecken er gehabt habe vor dem Jüngsten Gericht und hätte doch mögen selig werden.

Ist's denn jetzt anders geworden? Ist denn Gott von seinen ewigen Majestätsrechten gewichen? Sind denn seine Gerichte zu Kinderspielen geworden, wozu der leichtsinnige und freche Mensch dieser Zeit sie gern machen möchte? O Brüder, der Herr verlangt ein rechtschaffenes Herz gegen ihn von uns, sonst wird er, wenn er seine Tenne fegt, uns auch als Spreu verwerfen und mit ewigem Feuer verbrennen. Ach, laßt uns doch um Augensalbe bitten!"

Daß der ungemeine Beifall, den der Selige als ein noch so junger Prediger in der Hauptstadt des Landes erntete, ihn der Gefahr aussetzen mußte, von der demütigen Einfalt auf Christus verrückt zu werden, bedarf wohl keiner besonderen Andeutung. Gott aber hatte bereits nach seiner Weisheit durch eine fortdauernde Kränklichkeit sowie durch manche häusliche Leiden für ein gehöriges Gegengewicht gesorgt; und auch an der treuen Gnadenzucht des Heiligen Geistes fehlte es nicht. Wie genau es der Verewigte in solchen Dingen mit sich zu nehmen, wie streng er über sich zu wachen pflegte, geht aus einigen Äußerungen hervor, die ebenfalls im obigen Brief enthalten sind. Er sagt:

„Während es bei mir innerlich so elend aussieht, hält man mich in Stuttgart für einen der frömmsten und begnadigsten Jünger Christi. Ich habe selbst einigen Anlaß zu dieser Meinung gegeben. Durch gewisse Wendungen im Vortrag kann man sich den Schein geben, als ob man wirklich in etwas lebe, worin man noch nicht wahrhaftig lebt. Obwohl ich's nun meines Wissens noch nie auf eine solche Heuchelei angelegt habe, so hat mich doch der Gedanke, daß dies und jenes gesagt sein müsse, das Bewußtsein, daß ich das, was ich sagen mußte, auch schon an mir selbst einigermaßen erfahren habe, wiewohl nicht gerade jetzt, da ich's sage, der Anblick und der Zug so vieler suchenden Geister bisweilen hingerissen, daß ich lebhafter von etwas redete, als ich es eben innerlich hatte, obwohl ich's lebendig fühlte. Obwohl nun, wenn diese Lebhaftigkeit im Vortrag bei Abhandlung dieser oder jener Herzensmaterie ganz vom Geiste des Herrn herkäme, dies mir gar nicht zur Last wäre, so wißt Ihr doch, daß wir aus Geist und Fleisch bestehen. Darum ist es mir schon bedenklich gewesen, ob ich nicht durch Selbstwirken und Selbstwollen einigen Anlaß zu der großen Meinung gegeben habe, die manche von meinem Christentum haben; denn das gewöhnliche Volk macht aus dem, den es gern hört, nur gar zu leicht einen Papst. In dieser Beziehung stehe ich hier auf einem gefährlichen Posten. Zwar beugt es mich neuerdings, wenn mich die Leute so ansehen, wie sie es tun, doch fühle ich innerlich noch eine geheime Zustimmung meines Herzens dazu. Ein solch betrügerisches Ding ist's um mein Gemüt." Später setzte er hinzu: „Ich sehne mich und wünsche von Herzen, daß alle Päpste zugrunde gehen und Christus allein verherrlicht werde. Was meinen Herzenszustand betrifft, so darf ich sagen, daß mich der Heiland nach seiner großen Barmherzigkeit etwas ernstlicher macht und mich nach seiner Treue unter den äußeren Erhebungen innerlich demütigt, wofür ihm ewiglich Dank gesagt sei. Auch geht mehr und mehr der große Tag des neuen Bundes in meiner Seele auf. Er wolle sein Werk in mir fortsetzen! Das ist mir auch groß, daß er mich bis heute in keine äußeren Torheiten hat hineinfallen lassen, was seinem hiesigen Werk am Evangelium nur schädlich gewesen wäre. O, er bewahrt meinen Fuß, dessen ich nicht wert bin!"

Was der Selige unter dem äußeren Ernst verstand, den er bei sich verspürte, das hat er in einem Schreiben vom 7. November 1824 näher bezeichnet. „Es ist doch etwas Großes", sagt er, „daß wir in der Versöhnung Jesu alles, auch die geringste Sünde, wiederfinden, nur von einer ganz anderen Seite, nämlich von der Ansicht und nach der Strafgerechtigkeit Gottes, wie die Sünde an Christus von dem Zorn Gottes getroffen und getötet wurde. Ich finde nirgends meine Ruhe als in dem geschlachteten Lamm Gottes, wofür dem Herrn Preis und Ehre sei. Oft spüre ich einen rechten Trieb und ein Feuer in mir, dem Heiland für seine Todesmühe alles hinzugeben. Es sind aber noch erst Augenblicke und noch nichts Vollendetes. Der aber angefangen, vollendet auch, und er sei hochgelobt, daß er nicht bloß anfängt, sondern auch vollendet. Mein Christentum muß mehr ins tägliche Leben, in die große Drangsal hinein *(Offbg. 7)*, in das tägliche Verleugnen der geringsten Dinge, in das Zusammenhalten der Gedanken und Phantasien, in die Tötung der Eigenliebe im Kleinen; kurz, mein Wandel muß mehr vor dem Herrn geführt werden. Meine Brüder, Oetinger sagt in einem Liede:

Gott selber will uns alles sein in jeglicher Minute.
Wer das nicht glaubt, folgt leerem Schein
Und tut sich nichts zugute.
Wer's glaubt, der trachtet auf der Stell'
Auch in den kleinsten Dingen nur treu zu sein;
Das ist der Quell, sein Glück recht hoch zu bringen.
Da wirkt Gott mit. An dieser Spur
Ist Gläubigen gelegen. Da ist weit über die Natur
Dein Wink, Herr, unser Segen.

Die geringsten Dinge in das Leben mit Christus hineinzuführen, das ist Weisheit. Liebe Brüder, ich glaube, auch wir müssen auf diese Spur mehr merken. Wir phantasieren zu viel und tun zu wenig. Versteht mich recht, wir tun wohl etwa viel, aber, so finde ich's wenigstens an mir, zu viel auf eigene Faust, nicht in der Furcht und Gegenwart Gottes; so manches, ohne uns zu fragen: gefällt's ihm oder nicht? sondern eben, wie es kommt. Diese geistliche Gedankenlosigkeit ist etwas Arges und nimmt alle Kraft."

Hiermit wollte er kein neues Gebäude der Selbstgerechtigkeit aufführen noch auch den Turm einer besonderen Selbstvervollkommnungslehre erbauen. Der Wunsch, alle, auch die geringsten Dinge in das Leben mit Christus hineinzuführen, war vielmehr nur eine gesunde Frucht des Glaubens, der danach trachtet, Christus immer vollkommener zu ergreifen, nachdem er von Christus Jesus ergriffen ist. „Was meinen Herzenszustand betrifft", sagt er deswegen in einem Schreiben aus jener Zeit zu seinen Vertrauten, „so muß ich bekennen, daß ich mich mehr aufs Glauben lege als zuvor. Es beschäftigt mich immer der Spruch: mit einem Opfer hat er auf ewig vollendet alle, die geheiligt werden *(Hebr. 10, 14)*. In dem hierüber gedichteten Liede ‚Einmal ist die Schuld entrichtet' steht eine Strophe, die mir sehr wohlgetan hat:

Alle unsre Schuldigkeiten,
Die Gott von uns fordern kann,
Sind hinaus auf alle Zeiten
Nun auf einmal abgetan.
Einer hat sie übernommen,
Alles ist in Richtigkeit,
Und seitdem der Bürg' gekommen,
Ist es nicht mehr Zahlungszeit.

Das tut einem armen, ausgeleerten Herzen sehr wohl. Wir müssen mehr von unserem wechselnden Gefühl abkommen, liebe Brüder, insofern wir darauf unsere Hoffnung gründen; denn der Grund unserer Hoffnung liegt nicht in uns, sondern in Christus. Da ist er fest und reicht hinein in das Inwendige des Vorhangs.

Ach, wie viel Selbstgerechtigkeit ist in diesem Herzen!

Wenn ihm alles genommen ist, so will es doch wenigstens das aufweisen, daß es einen redlichen Ernst habe. Armes Herz, siehe, Dein Herr hat Deine Unredlichkeit schon gesehen, ehe Du warst, und dies alles ist in den Schuldbrief hineingerechnet, den er zerrissen hat. Wie lange soll's denn anstehen, daß Du Deinen Heiland nicht ganz annimmst um dieser oder jener Ursache willen, die in Dir ist? Welch ein Unglaube! Und glaubst Du denn, es werde Dir ohne ihn je besser gehen? Nein, täglich schlimmer und ärmlicher! Sage doch, wenn es besser ginge, würdest Du Dir nicht selbst gefallen und einen Christus daraus machen? Wenn der elendeste Heuchler und Bösewicht nicht selig werden kann, so kann ich's auch nicht; aber ich weiß, daß auch die Sünden der Heuchler und Bösewichte gebüßt sind; folglich auch die meinigen. Seiz, ein frommer Geistlicher in Württemberg, längst entschlafen, sagt: ‚Nichts hat mir in meinem Laufe wohler getan, als daß ich alle guten Gedanken und auch Hoffnungen von mir gleich am Anfang aufgegeben habe.' Das ist evangelisch, das heißt etwas aus der Gnade und dem Verdienst Christi machen und nichts aus sich selbst. Das heißt Wahrheit. Ach, man betrügt sich so lange! Der Mensch sagt: ich muß erst so und so werden! Ja, aber ganz anders, als Du es Dir dachtest. Denn erstens wirst Du es nicht wissen, daß Du's bist, sondern Dein Schatz wird mit Schwachheit umkleidet sein; zweitens wird auch Deine Demut ganz anders sein, als Du sie Dir vorstelltest. Du verstandst vorher unter Demut so etwas, wobei Du hochmütig sein könntest, nicht wahr? und statt dessen wirst Du eine Demut erlangen, die aus der Wahrheit kommt. Du wirst ein wirklicher Sünder vor Gott werden, und kein gemalter. Du wolltest eine Liebe haben, wobei Du nur aus Deinem eigenen Schatze hervornehmen dürfest, was Dir beliebte, und Du wirst hinfort in Dir selbst nichts als Kälte fühlen, und Dein Jesus wird Dir Liebe geben, wo Du brauchst. ‚Aber', sprichst Du, ‚ich darf Christus nicht so ganz als mein Eigentum annehmen.' So? wer hat Dir das gesagt? Der Glaube oder der Unglaube? Christus oder der Teufel? Schlag die alte Schlange auf den Kopf und wag's einmal, schlechte Seele. Wag's, sei so keck! Siehe, Du hast nichts als Sünde, er nichts als Gerechtigkeit!

Warum schreibe ich solches? Erstens um meiner selbst willen, um mich wieder aufzurichten; zweitens, um Euch meinen geistlichen Zustand zu sagen; drittens, um dem oder jenem von Euch, der in diesen Klippen steckt, Mut zu machen. Wir trauen uns so viel, dem Heiland so wenig zu. Auf uns, da wollen wir alles wagen, auf den Heiland nichts. Ist das nicht jämmerlich? So viel Unglaube und so wenig Glaube, wo will das hinaus? Wie lange soll man in seinem eigenen Schmutz liegen bleiben? Steht das auch in der Bibel? Nein, aber das steht darin, daß Gott vorhält den Glauben jedermann, heiße er nun A oder B.

Wenn ich ins gesetzliche Wesen hineinkomme und meine Sache bloß auf eigene Erfahrungen und meinen wandelbaren Herzenszustand gründen will, so habe ich nichts als Unruhe. Wenn ich aber meine verdorbene Sache nehme und lege sie ins große Opfer des Einigen hinein, dann kommt Ruhe. Tu ich's aber nicht zu viel, nicht zu keck? Nein, zu wenig und zu unkeck, das ist der Fehler. So ist nun in mir selber nichts als Unruhe und Verdammung, aber in Christus nichts als Seligkeit und Vergebung. In sein Verdienst hülle ich meine Blöße, und darin allein finde ich Frieden. Und damit ist er gewiß zufrieden. Ja, wenn ich's noch kecker und freimütiger machte, so wäre es ihm desto lieber. Will er denn nicht meine Ruhe? Will er nicht meine Seligkeit? Will er denn meine Unseligkeit? Das sei ferne! Darum ist er nicht gekommen, dazu hat er mir sein Wort nicht gegeben. Ach, wie töricht sind wir von Natur, wie unnötig plagen wir uns! Haltet mich aber, liebe Brüder, doch für keinen Glaubensmenschen. Ich fange das erst an zu werden; aber mit seiner Kraft will ich's noch mehr werden!"

Neben dem Predigtamt nahm eine ausgebreitete Seelsorge, die er an der Stelle seines kranken Vaters zu übernehmen hatte, die volle Tätigkeit des Seligen in Anspruch. Aber auch hier durfte er oft die wohltuendsten Erfahrungen von der herrlichen Macht des Evangeliums machen. Weil ihn Gott zuvor selber auf der besten Bildungsstätte gründlicher Seelsorger, auf der Hochschule der Leiden, erzogen hatte – „ein Tropfen Trübsal", sagte er selber einmal, „tut mehr als hundert gute Worte und Regeln" – so besaß er eine besondere Geschicklichkeit, das Wort auch am Krankenbett nach der Verschiedenheit der Bedürfnisse auszuteilen und mit den Müden zu reden zu rechter Zeit. Auch im eigenen Hause, am Kranken- und Sterbebett des Vaters, dessen Pflege bei Tag und Nacht er mit der Mutter selber übernahm, war es ihm vergönnt, so recht mit eigenen Augen zu sehen, wie der Herr an einer aufrichtigen Seele sein Gericht ausführe zum Sieg. Jener, ein grundredlicher Mann und treuer Diener der Kirche, aber aufgewachsen in einer dürren, glaubenslosen Zeit, war erst in späteren Jahren aus dem trockenen Verstandesgeleise seiner mit allem Fleiß gesammelten Schultheologie in den bewegteren Lebensstrom einer auf Erfahrung gegründeten Herzenstheologie hinübergeleitet worden und wurde nun von dem Herrn unter immer mehr sich häufenden Heimsuchungen der Vollendung entgegengeführt. Der Sohn war dem Vater in seinem inneren Leben vorausgeeilt. Um so ungetrübter war die Freude, als er sich von ihm mit gewaltigen Schritten eingeholt sah. Er sprach sich hierüber in einem Brief, worin er den Freunden das Ende seines seligen Vaters mitteilte, folgendermaßen aus:

„Mein lieber Vater ist zum Heiland gegangen. Im vorigen Sommer wiederholte sich sein Schlaganfall auf einer Reise, die wir von Feuerbach, eine Stunde von Stuttgart, herein machten. Er und ich saßen allein in einer Chaise; 800 Schritte vor dem Ort brach die Achse; dabei regnete es erstaunlich. Wir schickten den Kutscher fort, eine andere Chaise zu holen, und wollten da auf der Straße bleiben, bis er von Stuttgart wiederkäme, d. h. drei Stunden lang im Regen bei hereinbrechender Nacht. Kaum war der Fuhrmann fort, so klagte mein Vater über einen lahmen Arm und Fuß. Kein Mensch war bei uns. Ich verstand aber gleich, daß es ein Schlaganfall war. Sofort taten wir, was wir konnten, frottierten die Glieder stark; und da der Kutscher noch nicht kam, sandten wir einen vorbeigehenden Mann nach Feuerbach, durch dessen Besorgung mein leidender Vater von den herbeieilenden Leuten aus dem Ort in denselben zurückgebracht wurde. Zwei Tage darauf transportierten wir ihn nach Stuttgart, wo er nach einiger Zeit wieder ausgehen konnte. Seine äußeren Kräfte nahmen jedoch allmählich ab, seine inneren zu. Nach einem neuen Krankheitsanfall, zehn Wochen vor seinem Tode, kam er in eine große Buße. Er bekannte seine Sünden, nicht äußerliche, sondern seine Undankbarkeit gegen den Heiland, mit großer Zerbrochenheit. Es war ein großes Werk des Geistes in ihm. Kurz, wir hatten das seltene Schauspiel, wie dieser gewaltige Mann, dieser starke Verstandesmensch alles, auch seine bedeutenden Kenntnisse, in die Schanze schlug um Christi willen, was eine große Lehre für andere ist, und zu einem Kind Gottes umgeschmolzen wurde. Er war ein Prediger der Gerechtigkeit auf seinem Leidenslager und schlug sterbend mehr

Philister um als lebend, wie Simson. Gegen das Ende kam Freudigkeit, große Freudigkeit, zum Heiland zu gehen. ‚Von Rechts wegen', so sprach er, ‚gehöre ich in die Hölle; aber mein Recht an den Sohn Gottes und an sein heiliges Verdienst ist noch größer, und das gilt!' Und so wurde endlich dieses gewaltige Leben am 27. Dezember 1824 ausgehaucht."

Die Eindrücke, die beim Tode des Vaters sein Gemüt bewegten, sprach er vor der Gemeinde in der Predigt am Sonntag nach Neujahr 1825 aus, die in diesem Predigtbuch zu lesen ist. Der größere Teil der Gemeinde, von dem Wunsch beseelt, den Sohn als Diakonus behalten zu dürfen, reichte eine mit zahlreichen Unterschriften bedeckte Bittschrift in dieser Richtung ein. Ein richtiges Gefühl aber sagte es dem Seligen von Anfang an, daß ihm ein längeres Wirken in Stuttgart nicht wohl beschieden sein werde. „Gottlob!" so bekennt er in dieser Beziehung unter anderem in einem Schreiben vom 18. Januar 1825, „Jesus schenkt mir's, daß ich innerlich ruhig sein und alles seinem Willen anheimstellen kann. Auf der einen Seite fühle ich's freilich wohl, welch einen Schmerz es mir bereiten wird, von Stuttgart, von so vielen Verbindungen, von so manchen pflegebedürftigen Seelen, von dem Ort zu scheiden, wo der Herr meine Wirksamkeit auf eine so besondere Weise gesegnet hat. Denn das Wort Gottes ist offenbar worden an vieler Gewissen, und obwohl viel Menschendienst dabei ist und war, so gehe ich von hier dennoch mit der Überzeugung, daß ich nicht ins Leere hinein, nicht umsonst gelaufen bin noch vergeblich gearbeitet habe. Ich denke vielmehr, manche Seele ist für den Heiland gewonnen worden. Ja, ich vermute es nicht allein, sondern ich weiß es; denn der Ruhm dafür gebührt ja lediglich dem teuren Heiland. Warum sollte ich's nicht sagen dürfen! Auf der einen Seite wird man mir also das Herz herausreißen, wenn man mich fortschickt, und ich glaube, auch manchen anderen wird's weh tun. Auf der anderen Seite aber wird's auch gut sein, wenn ich manchen Leuten aus dem Gesicht komme. Spreu und Weizen müssen sich mehr sondern. Auch möchte ich aus manchem Versuchlichen hinaus und in die Stille, was hier kaum möglich ist. Mein Ideal heißt: hier übel genennet und wenig gekennet. So stelle ich mir einen gediegenen Christen in dieser Welt vor, finde aber in mir noch vielfach das Gegenteil. Sogar mein natürliches Gemüt ist dieses Lebens und Lobens satt.

Nun, meine Tage stehen in des Herrn Händen, und er stellt seine Leute wohin er will. Nach allem, nach meinen äußeren und inneren Verhältnissen zu schließen, wird meines Bleibens hier nicht mehr allzulange sein. Es erhellt dieses auch aus meiner Predigtweise, die wegen ihres erwecklichen Bußcharakters wohl nicht über zwei Jahre an einen Ort paßt; denn auch das schärfste Anfassen werden die Leute nach und nach gewohnt und verderben sich zuletzt damit den Appetit, so daß sie endlich lauter Gewürz essen wollen."

Aber auch anderswo sollte ihm nicht so bald ein neues Arbeitsfeld angewiesen werden; noch tiefer hinab in die Kammern des Leidens und der Anfechtung wollte ihn zuvor zu seiner eigenen Durchläuterung die verborgene Weisheit des Herrn führen. Über sein neues Erkranken im Februar 1825, über die mancherlei Heilversuche und Reisen, die er zu bestehen hatte, über das schreckliche Nervenfieber, das ihn im November 1825 an den Rand des Grabes stellte, hat er bereits selber in seinem Lebensabriß einiges mitgeteilt. Zur Vervollständigung möge angeführt werden, was er über diese eigentümliche Trübsalszeit in einem Rundbrief an seine auswärtigen Freunde vom Spätjahr 1826 erzählt. „Seit meinem letzten Brief", sagt er darin, „ist mir unter der treuen Leitung Gottes gar vielerlei begegnet. Nach meines lieben Vaters Tode wollten mich die Stuttgarter zum Diakonus bei St. Leonhard haben und bestürmten den König mit Bitten und Unterschriften. Mittlerweile fiel ich in eine gelinde Krankheit, die sich nach und nach zu meiner früheren Schwäche der Kopfnerven gestaltete, so daß ich mich vom Februar 1825 bis zum Februar d. J. nicht erinnern kann, ein Buch gelesen zu haben, außer dem göttlichen Wort und einigen kurzen Briefen. Von einer Arbeit im Weinberg des Herrn war ohnehin keine Rede. Ich war vom Heiland wieder in Pensionsstand versetzt. Ich geriet in Sorgen, auch wegen des künftigen Durchkommens, ohne Vermögen, ohne Besoldung, ohne Amt, einer Krankheit preisgegeben, die mich nach früherer Erfahrung wenigstens zwei Jahre lang hinhalten konnte. Meine Mutter hatte ich bei mir und meinen geisteskranken Bruder, der seine Subsistenzmittel zum Teil von mir erwartete. Zudem sollte wieder ein Bad nebst anderen Kuren gebraucht werden. Die Aussicht war nicht lieblich; der Herr aber sorgte für uns. Er gebrauchte die Stuttgarter Freunde zu seinen Werkzeugen, und ich werde den Dank gegen diese Leute mit in die Ewigkeit hinübernehmen. Mit viel Zartheit und Schonung wurde uns auf den verschiedensten Wegen und von den verborgenen Freunden immer soviel zugesandt, daß wir ohne Kummer leben und auch die nötigen Kuren gebrauchen konnten. Im August 1825 kam ich von St. Moritz zurück und wartete in Stuttgart auf eine Anstellung. Ich wurde krank, konnte nicht lesen, nicht studieren, hoffte und hoffte, wo nichts zu hoffen war, setzte meine Hoffnung auf den Herrn, unter viel Unglauben, Zweifel und anderen bösen Tücken. So dauerte es bis Ende Oktober, da es Gott gefiel, mich mit der härtesten Krankheit heimzusuchen, die ich jemals erlebt hatte. Vom November weiß ich gar nichts mehr als unzusammenhängende Träume und Phantasien. Es war der höchste Grad von Nervenfieber, und ich war von den Ärzten schon völlig aufgegeben. Mein treuer Jesus aber, der mich nicht verloren gehen lassen wollte, und der meine Seele mit unaussprechlicher Geduld sucht, errettete mich aus dieser großen Trübsal. Was die getreuen Brüder in Stuttgart während dieser Zeit an mir getan, wie sie mich ohne Ekel gehalten, bewacht, mit Eisumschlägen bedient, getragen, gelegt und sonstige Treue bewiesen haben, das kann ich nimmermehr vergessen. Der Heiland, der einen Tropfen Wasser vergilt, den man einem durstigen Jünger reicht, wolle es diesen Brüdern anschreiben und vergelten.

Nach einer fehlgeschlagenen Meldung um Stammheim bei Ludwigsburg bewarb ich mich nunmehr um Rielingshausen und wurde dahin auch ernannt. Ich wünschte, noch einmal in Stuttgart zu predigen. Da mir dies aber von wichtigen Leuten abgeraten wurde, so nahm ich davon Abstand. Was ich in dieser Zeit erfahren habe von der bestimmtesten, speziellsten Aufsicht Gottes über seine Kinder, was ich erfahren habe von den Wegen dessen, der bald mit Lieben, bald mit Leiden kommt, das, wovon ich Euch hier gleichsam nur den Rahmen des Gemäldes geliefert habe, das soll, wie ich hoffe und bitte, mir ewiglich eingedrückt bleiben.“

„Näher kann man wohl nicht an der Ewigkeit stehen“, setzt er in einem anderen Schreiben aus jener Zeit ergänzend hinzu, „als ich im Nervenfieber daran gestanden habe. Aber wo bleibt nun der Dank, daß der Herr mich unfruchtbaren Baum noch länger stehen ließ! Ach, mein Heiland, wo bleibt denn der Dank! Soll denn mein hartes Herz nicht durch Wohltun, nicht durch den Ofen der Trübsal, durch gar nichts zur Aufmerksamkeit gebracht werden! Ich habe die Erfahrung gemacht, daß nichts hinreicht, einen Menschen auch nur zu einem einzigen wahren Gefühl über sich und seinen Gott zu bringen, nichts als das Blut Christi. Das Blut Christi, des Lammes Gottes, muß her. Und, o ewige, ans Kreuz geheftete Liebe! so hart bin ich, und so weich und so gnädig bist Du, daß, als Du sahst, daß keine Macht imstande ist, meinen erstorbenen Willen zu beleben, und daß kein Mittel vorhanden ist als Dein unschuldiges Blut, Du es in heißer Läuterung hingabst, um mich zu heilen. Nein, Brüder, er, das Lamm Gottes, allein ist's wert, daß ihn jeder Blutstropfen ehre! Aber so schreibe ich, das ist mein Glaube, mein Licht in nüchternen Stunden. Aber diese nüchternen Stunden sind nicht immer da. Eben übergebe ich mich der ewigen gekreuzigten Liebe, und gleich darauf sündige ich wieder, wenn auch nur mit Zerstreutheit, Blicken und Gedanken. Wie stimmt solches zusammen! Ich gedachte, meine mir neu geschenkte Lebenskraft soll allein im Dienste meines himmlischen Königs verzehrt werden, und ich gedenke noch daran, und es ist mir noch so ums Herz. Aber wo bleibt die Übung! So Du, Herr, Sünde zurechnen willst, wie könnte ich armer, unreiner, von der Sünde vergifteter Mensch bestehen! Auf einer alten Goldmünze las ich neulich eine lateinische Inschrift, die deutsch so lautet: Gerechter Vater! sieh nicht an die Menge meiner Übertretungen, sondern sieh an das Angesicht Deines geliebtesten Sohnes, meines Bürgen und Heilandes! Auf der Kehrseite war das Angesicht des Heilandes eingeprägt. Das kann ich auch sagen; denn mein Elend treibt mich zu seinen Wunden."

Ehe er die ihm übertragene Pfarrei bezog, richtete er einige Abschiedsworte an seine Freunde in Stuttgart, die er drucken und in den Familien verteilen ließ. Sie sind vom 24. Juni 1826 und lauten unverkürzt so:

„Da mich Gott seit einigen Wochen mit körperlichem Übelbefinden heimgesucht hat, so wird es mir unmöglich, vor meinem Abgang von Stuttgart noch all die Besuche zu machen, die ich teils versprochen, teils mir vorgenommen habe, zu denen mich Liebe und Pflicht auffordern. Ich wähle daher diesen Weg, um meinen lieben Freunden in Stuttgart noch kurz einiges zum Abschied zu sagen.

Vor allem möchte ich meinen herzlichen Dank aussprechen für die Liebe und Teilnahme, die ich mit den Meinigen in leichteren, und besonders in schwereren Zeiten hier erfahren habe, die auch meinem selig vollendeten Vater, dessen irdische Überreste hier der Stimme des Sohnes Gottes zur Auferstehung entgegenharren, zuteil geworden ist.

Wir müßten weder von uns selbst noch von der Heiligen Schrift einige Kenntnis haben und wohl in den törichtesten Eigendünkel versunken sein, wenn wir nur ein Teilchen dieser Erfahrungen auf unsere Rechnung schreiben wollten. Wir wissen es, gottlob! von wem alles Gute kommt, und kennen den, der in unserem Hause sein großes Regiment bis jetzt geführt hat und noch führt; und wir können alle Menschen nicht anders ansehen, denn als Werkzeuge in seiner gewaltigen Hand. Aber darum sind wir doch diesen Werkzeugen zum innigsten Dank verpflichtet. Die lieben teuren Seelen, die so herzlichen Anteil an meinem und der Meinigen Schicksal genommen haben, die in unseren Trübsalen, ja in unseren schwersten Leidensstunden mit Trost, Rat und Tat uns beigesprungen oder auch für uns vor den Vater aller Barmherzigkeit und Gnade getreten sind, ich kenne sie bei weitem nicht alle; aber ich weiß, daß der Herr sie kennt, und es ist meines Herzens

Wunsch, daß er sie alle auch als die Seinigen an jenem Tage erkennen möge.

Blicke ich nun auf die Zeit zurück, die ich in dieser Stadt zugebracht habe, so zeigt sich mir unzähliges, worüber ich mich wundern, ja erstaunen und anbeten muß. Durch eine unmittelbare Hand Gottes hereingeführt, haben wir es in tausendfacher Beziehung erfahren, was der Allmächtige kann, und welche Friedensgedanken er über die Menschenkinder hat.

Unter diese Erfahrungen rechne ich auch das, daß ich nun bei meinem Abgang von hier die Hoffnung hegen darf, auch für andere nicht umsonst hier gewesen zu sein und nicht ganz vergeblich gearbeitet zu haben. Viel Same des Wortes Gottes ist freilich auf den Weg, vieles unter die Sorgen und Reichtümer dieses Lebens hineingefallen und nicht aufgegangen; manches ist auf Felsengrund geraten, wo es anfangs lustig aufging und gute Hoffnungen erregte, aber nach und nach verdorrte, weil es nicht Wurzel schlagen konnte. Indessen glaube ich doch im Vertrauen auf die Verheißung des lebendigen Gottes *(Jes. 55, 10 ff.)*, daß auch manches ein gutes Land gefunden hat und noch seine Frucht tragen wird zu seiner Zeit in Geduld. Es ist der Wille des Vaters, daß der Sohn verklärt werde in den Herzen der Menschen durch den Heiligen Geist. Und diesen Liebeswillen hat er an manchen erfüllt und wird ihn noch an vielen erfüllen; denn seine Barmherzigkeit ist groß und sein Haus noch lange nicht voll *(Luk. 14, 23)*. Doch laßt uns eilen hineinzukommen, ehe die Tür verschlossen wird *(Luk. 13, 25)*! Laßt uns eilen, damit wir dem, der uns erkauft hat, den Lohn seiner Schmerzen und seiner Arbeit nicht entziehen *(Jes. 53, 4)*! Denn ihm gehört alles! Er ist der Anfänger und Vollender der Seligkeit; alle Ehre und aller Ruhm gebührt nur ihm. Wenn in der seligen Ewigkeit, wohin ich nur durch sein Verdienst, aus der lautersten Barmherzigkeit hindurchzudringen hoffe, mir eine gerettete Seele begegnen sollte, die mir sagen würde, daß sie durch meinen hiesigen Dienst am Evangelium auf dem Wege des Lebens gefördert worden sei, so wollte ich mich tief beugen und auf mein Angesicht fallen und auf den weisen, der sich hat schlachten lassen für die Sünden der Welt. Er allein ist würdig, zu nehmen Ehre, Ruhm und Anbetung; Menschen sind nichts.

Diesem unserem Gott und dem Worte seiner Gnade befehle ich nun meine hiesigen Freunde und mich mit den Meinigen, ja diese ganze Stadt. Er wolle Satans Reich zerstören und seinen boshaften Anschlägen begegnen! Er möge doch die, so ihn suchen, auf den rechten Grund gründen, seine Gemeinde aus aller Anfechtung erretten, noch recht viele Sündenknechte von ihren Ketten entbinden, denen aber, die schon Leben von ihm empfangen haben, es erhalten und vermehren bis auf den Tag der ewigen Erlösung. Da werden diejenigen, die ihre Kleider gewaschen und gebleicht haben in seinem Blute, würdig sein, zu stehen vor des Menschen Sohn!"

Am 1. Juli 1826 mit seiner Mutter, die auch jetzt seine unzertrennliche Gefährtin bleiben wollte, in Rielingshausen, einem fünf Stunden von Stuttgart entfernten Pfarrdorfe, angelangt, hielt er seine Antrittspredigt tags darauf über Jesaia 45, 11: So spricht der Herr, der Heilige in Israel: weiset meine Kinder und das Werk meiner Hände zu mir. Im Gefühl seiner geistigen und körperlichen Schwäche begann er etwas leise mit Hillers Liedervers:

Daß ich schwach bin, wird er wissen,
Daß er stark ist, weiß auch ich.
Der mich aus dem Tod gerissen,
Ist noch dieser Gott für mich.

Aber unter dem Vortrag hob sich seine innere und äußere Kraft, so daß er den Segen, den der Herr auf dieses erste Zeugnis vor seiner neuen Gemeinde legte, als ein neues Pfand dafür entgegennahm, daß er ihn, wenn auch nur für kurze Zeit, so weit kräftigen werde, um noch eine Frucht fürs ewige Leben schaffen zu dürfen. Sowohl in dieser Antritts- als auch in der später gehaltenen Investiturpredigt über Joh. 12, 32 - 33 war es dem Seligen so recht darum zu tun, die Generalinstruktion aller Knechte Jesu, wie er sich ausdrückte, die Anweisung, wie sie das Amt des Neuen Bundes zu führen haben, in das vollste evangelische Licht zu stellen. Zum großen Abendmahl des seligen Gottes einzuladen, den Sündern Mut und Herz zum Heiland zu machen und ihn in seiner Liebenswürdigkeit und Unentbehrlichkeit vor die Augen ihres Geistes zu malen, das werde sein Lieblingsthema im Predigtamt sein. Daß er aber eben hiermit nicht nur die besondere Gabe Christi, die ihm zuteil geworden war, wohl begriffen, sondern auch bei seiner Gemeinde die rechte Saite angeschlagen habe, hat der Erfolg bewiesen.

Anfangs war er genötigt, seine noch unerstarkte Gesundheit soviel wie möglich zu schonen und ihr während einer Badekur noch einige Wochen Ruhe zu gönnen. Aber auch in Rielingshausen sollte er bald das begnadigte Werkzeug einer besonderen Erweckungsmacht des Evangeliums sein. Zwar ging es auch hier wieder, wie er bereits in Stuttgart erfahren und in seinen Abschiedsworten näher bezeichnet hatte, nach Luk. 8, 5 ff. Bei manchen aber kam es doch wenigstens zum ernsten Fragen nach dem Weg des Friedens und der Seligkeit. Er selbst sagt in einem Schreiben an seine auswärtigen Freunde vom 2. 10. 1826: „Das hiesige Dörfchen ist friedlich und still, in ein Tälchen hineingeworfen. Die Kirche, im Jahre 1811 neu gebaut, faßt zweimal soviel Leute als hier sind (900 Ortsangehörige); es ist ein ganzer Missionsposten. Am Sonntag ist Sturm; Stuttgarter und Leute aus der ganzen Umgegend, drei bis vier Stunden weit, strömen hierher; sie wollen einander erdrücken um das Wort. Ich predige, was ich selbst brauche, Buße und Vergebung der Sünden, evangelischer als in Stuttgart. Der Heiland gibt mir's. Ich bitte, ich flehe inständig: Lasset Euch versöhnen mit Gott! Kommt, Sünder, und blickt dem ewigen Sohn ins Herz usw. Ich darf sagen, ich predige das Lamm, das geschlachtet ist. Das zieht die Geister; o Brüder, das zieht die Geister! Es ist schade um die vielen Worte, die man auf den Kanzeln macht, die nicht auf ihn gehen. Meine Verhältnisse sind günstig. Meine lieben mir anvertrauten Seelen, denen es im Äußerlichen wahrlich schlecht geht, die ungeheuer arbeiten müssen, um sich ihren schlechten Bissen Brot zu verdienen, ich sage, meine Rielingshäuser regen sich; es regt sich, wie wenn die Totenbeine auferstehen wollten. Manche haben sich auch schon wirklich erhoben. O, die Kraft der Predigt vom Lamme ist unbeschreiblich herzdurchschneidend. Es hat überwunden der Löwe aus dem Stamme Juda, und er überwindet noch immer. Vor ihm brechen die Bollwerke der Vernunft zusammen wie Stroh, das im Feuer aufgeht. Die Kraft seines Blutes dringt auf den Grund und Kern des Menschen und läßt nichts unberührt, das sie nicht durchginge."

Das Verhältnis des neuen Pfarrers zu seiner Gemeinde gestaltete sich auf eine erfreuliche Weise. Obwohl das Wort vom Kreuz, mit solcher Kraft und Entschiedenheit vorgetragen, manchem im stillen ein Dorn im Auge gewesen sein mag, indem das ernste Dringen auf Buße und Bekehrung sie auf eine sehr unbequeme Art in der behaglichen Fleischesruhe störte, so kam doch nirgends ein Zeichen von Widrigkeit und Feindseligkeit zutage. Im Gegenteil, sie taten ihrem Pfarrer viel zuliebe. Sie stellten einmal sogar nach einer sehr ernsten Predigt die gewöhnlichen Hochzeits- und Kirchweihtänze ab und kamen auch seinen sonstigen Wünschen und Anordnungen mit Willigkeit entgegen. Freilich geschah das nicht immer aus innerer Überzeugung, sondern manchmal bloß aus Rücksicht und Nachgiebigkeit gegen "ihren Pfarrer Hofacker." Er konnte ihnen in einem Schreiben das Zeugnis geben: „Meine Gemeinde liebt mich. In äußerlichen Sachen halten sie sich ehrbarer, als ich von ihnen erwarten konnte, so daß ich mich oft selbst wundern muß." Es bildeten sich ein Singchor, eine Jungmännerversammlung usw. Der Sinn für die Mission erwachte. Alle vier Wochen gab der Selige noch eine besondere Erbauungsstunde für Männer und Jünglinge im eigenen Hause, die zahlreich besucht wurde. Unverkennbar aber war es zweierlei, was ihm die Herzen seiner Gemeindeglieder im allgemeinen gewann. Auf der einen Seite seine schlichte, allen zugängliche Leutseligkeit, womit er in der Unterredung auch auf die äußeren Gegenstände des Lebens einging und gar nicht meinte, stets nur vom hohen geistlichen Rosse herab salbungsvolle Reden ertönen zu lassen. Alles Pfarrherrentum, auch in der besten Form und Absicht, war ihm in der Seele zuwider, obwohl er im Umgang mit den verschiedenartigsten Leuten der Mahnung Christi eingedenk zu bleiben suchte: habt Salz bei Euch! Auf der anderen Seite konnte ihm auch kein Gemeindeglied den Vorwurf machen, daß er sein in der Antrittspredigt gegebenes Wort gebrochen habe: „Ich bin nicht hier, um irdischen Gewinn unter Euch zu suchen, nicht um reich zu werden, was meine Sache, gottlob, bis jetzt nie gewesen ist. Ich bin nicht hier um meinetwillen, sondern um euretwillen. Ich suche wahrlich nicht das Eure, sondern Euch.“

Die Zehntverhältnisse, mit denen damals die Pfarrei noch belastet war, gaben jedem Pfarrkinde die Mittel an die Hand, diese so feierlich ausgesprochene Zusicherung alljährlich bis ins einzelnste an den Prüfstein der Erfahrung zu legen. Bezeichnend für die Gesinnung des Verewigten in dieser Richtung ist besonders eine Stelle in einem seiner früheren Briefe an einen vertrauten Freund: „Nichts ist gewöhnlicher bei Christen“, sagt er darin, „als ein Anflug von Geiz. Dieser geht bei manchen Gemütern zuletzt hinaus, bei anderen aber gar nicht. Nichts ist häßlicher und steht schnurstracks dem Evangelium mehr entgegen als das. Hurerei und Ehebruch sind keine ärgeren Sünden als dieser feinbemäntelte Geiz, dieses unter dem Namen einer weisen und vorsichtigen Sparsamkeit usw. unter gewissen lieben Leuten, die doch in den Himmel kommen wollen, gangbare Kräutlein. Wir müssen es uns einmal schenken lassen, daß es uns gleich gilt, ob wir viel oder wenig haben, und daß wir mit Nahrung und Kleidung zufrieden sind, auch wenn wir nicht mehrere Gästebetten, schöne Sessel und Sofas und eine größere Anzahl von silbernen Löffeln haben. Es läßt sich mit einem blechernen Löffel so gut essen wie mit einem silbernen; und hat man kein Porzellan, so hat man Zinn. Da schmeckt's auch wohl, und wem's nicht schmeckt, der muß eben ein Stecklein dazu stecken. Wir Württemberger sind zum Teil jämmerliche Leute in Bequemlichkeit, Flaum und Polstern und Überzügen und Tuchballen und Kisten und Kästen. Ach, wo ist die Nachfolge des armen Lebens Christi!

Wir haben in unserem Hause, das auch einst am Sorgengeiste litt, doch das weite Hinaussorgen nach und nach verlernt und das Sammeln mottenfressiger und diebesfähiger Schätze fahren lassen. Wir haben nichts, fast weniger als nichts im Vermögen. Solange wir sorgten und unruhig waren, ging's herunter. Durch Gottes Güte haben wir nun aber alles, was wir bedürfen, und noch mehr, ja, auch die überflüssigen Ausgaben und die Krankheitskosten, so daß wir oft selbst nicht wissen, wie uns geschieht. Vorher aßen wir unser Brot mit Kummer, manchmal sogar in stillem Ärger und hatten's nicht gern, wenn jemand mitaß. Jetzt ißt und trinkt man mit Danksagung und läßt andere gern mitessen und wird erhalten durch Gottes Güte, die alle Morgen über uns neu ist."

Bald aber sollte dem Seligen mitten in der vollen Arbeit die neue Verleugnung auferlegt werden, abermals auf mehrere Monate sein gesegnetes Wirken unterbrochen zu sehen. Schon im Herbst 1826 setzte sich, wie es scheint, als letzter Ausstoß seiner Nervenfieberkrankheit, an einem Finger der linken Hand ein bösartiges Übel an, das immer schädlicher auf seinen Gesamtzustand einwirkte und seine Kraft mehr und mehr verzehrte. Eine völlige Auszehrung war in voller Annäherung begriffen. Man mußte im Februar 1827 zur Abnahme des Fingers schreiten. Aber der Kranke war bereits in den Kräften weit zurückgeworfen und erholte sich nur äußerst langsam. Als eine besondere Wohltat aus der Hand Gottes nahm er die Aushilfe eines Verwandten, des Vikars Klemm an, dem er das Predigtamt und die Seelsorge mit Ruhe überlassen konnte. Das Herbste freilich, was das prüfungsreiche Jahr 1827 ihm bringen sollte, war ihm für die Zeit, da er sich kaum erst zu erholen begonnen hatte, noch vorbehalten. Der Herr nahm die innig geliebte Mutter nach kurzem Krankenlager am Himmelfahrtsfest, dem 24. Mai, durch einen plötzlichen Tod von seiner Seite. Sie war ihm als unermüdete Pflegerin und Trösterin in seinen Leidenstagen nach und nach beinahe unentbehrlich geworden. An ihrem kräftigen, männlichen Geiste, dem eine gereifte Christenerfahrung zur Seite stand, fand der Sohn bei allen Begegnungen seines äußeren und inneren Lebens den wohltuendsten Anhaltspunkt. Um so härter traf ihn dieser unerwartete Schlag. Er selbst äußert sich darüber in einem Brief an einen seiner vertrautesten Freunde wie folgt:

„Du weißt wohl, wie es mir diesen Winter über und dieses Frühjahr ergangen ist. Allem Ansehen nach hätte mich wenigstens der letzte Schlag in den Staub werfen sollen; aber er hat's nicht getan. Ich vermute, aus Mangel an Liebe zu meiner seligen Mutter. Dies will man mir nicht glauben, weil man mich jederzeit um ein vielfaches überschätzt. Aber ich bin härter und egoistischer, als man glaubt. Dem sei nun aber wie ihm wolle; ich gönne es meiner lieben Mutter, die Du ja auch gut gekannt hast, von ganzem Herzen, daß sie aus diesem elenden Leben erlöst ist. Seit sieben Jahren wurde ihr Schifflein durch beständige Stürme umgetrieben. Die zwei letzten Jahre waren fast noch die schwersten durch innere Not. Sie stand in der Buße fast bis an ihr Ende. Es gelang ihr, den Heiland noch am Saume seines Kleides zu fassen, und so ist sie hinüber. Wohin? Aus dem jämmerlichen Schuldturm in die Freiheit, zu den Schafen, die der Furcht entrückt sind.

Natürlich liegt nun viel mehr auf mir als zu Lebzeiten meiner Mutter. Ich war nur der Kostgänger im Hause, solange sie lebte. Alles hatte sie unter sich, und sie verstand es. Meine Tante, die seit langer Zeit bei uns war, hält mir nun Haus; und so geht ein Tag nach dem anderen herum, und der Herr ist so herablassend gegen mich, daß er, wenn mir nur von ferne eine Sorge aufsteigen will, mich darüber hebt. O wie gnädig ist er gegen mich! Ich kann mich nicht recht darein finden; und wenn ich den Lauf anderer betrachte, so weiß ich nicht, warum er mich manchen Kelches, den andere trinken, so überhebt, daß er mir nicht einmal an den Mund kommt. Ich hoffe nun, bald wieder in Besitz meiner ganzen Gesundheit zu kommen und will in ein paar Wochen wieder predigen. Ich habe eine Badekur gebraucht, die angeschlagen zu haben scheint. Indessen ist's mir doch immer. als ob ich nicht mehr in den vollen Besitz meiner Kräfte kommen werde. Die Sünde und nachher das Gesetz und aus beiden entsprungene Krankheiten haben mich um 20 Jahre älter gemacht als ich bin.

Ich möchte aber doch auch noch etwas nütze sein in dieser Welt und an dem Reiche Gottes bauen helfen, soviel an mir ist, ehe mein Lauf zu Ende geht. Dies ist mein Wunsch, sowie daß mich der Heiland vorher ganz vollenden möchte. Herzlich geliebter Bruder, laß uns aufsehen auf Jesus und laufen durch Geduld in dem Kampf, der uns verordnet ist. Der Heiland führt alles herrlich hinaus. Dies habe ich nun schon so oft und unzählige Male erfahren. Sollte er es nicht auch tun in dem, was mir am wichtigsten ist, in der Vollendung seines Liebesrates an meiner und Deiner Seele! Der treuste Seelenfreund Jesus erquicke und stärke uns zum ewigen Leben!"

Dieselbe Gesinnung einer sich immer mehr dem Himmel zuwendenden Entschiedenheit atmeten besonders auch die Briefe, die er in dieser Zeit an seine leiblichen Brüder schrieb, indem er an der Stelle der Mutter mit ihnen den Briefwechsel übernahm. In einem dieser Briefe redete er dem Jüngsten, der sich damals noch auf der Universität befand, folgendermaßen ans Herz: „Lieber Bruder, wenn wir nur auch selig werden, wenn nur keiner dahinten bleibt und das Haus Esau, das seit acht Jahren zu einem geistlichen Jakobshause umgebildet wird, die Absicht Gottes auch erreicht! Dies ist ein Anliegen, das mir oft ziemlich schwer daliegt und mich vor den Thron der Gnade für Euch Tübinger namentlich treibt. Nehmt's mir nicht übel, ich maße mir hierbei nichts an; sondern seit dem Tode der Mutter hat mich Gott priesterlicher gemacht für meine Familie, als ich vorher war. Wenn es genug wäre, dem Wort Gottes Beifall zu geben, so könnte ich schon zufriedener sein; aber der Mann der Schmerzen und der Liebe will uns ganz haben, und das erflehe ich für mich und für Euch. Ich habe im Sinn, wenn mir Gott Gnade schenkt, hinfort in Jesus hineinzuwachsen, mich entschiedener zu erklären und zu betragen gegen die Welt als bisher. In Tübingen war ich sehr entschieden, aber durchs Gesetz. Nachher wurde ich nachgiebiger, und jetzt möchte ich ein Mensch werden, der sein Angesicht stracks nach Jerusalem richtet, ein Ekel der frommen oder gottlosen Welt. Lebt wohl, liebe Brüder! Gott erleuchte Eure Herzen mit seinem Heiligen Geist und treibe Euch an, die Gnadenzeit wahrzunehmen; denn die Welt vergeht."

Wie in jenem Brief, so äußerte der Verewigte auch sonst das leise Vorgefühl, seine Abberufung vom irdischen Tagewerk möchte nicht allzu ferne sein. Dies sowohl als auch das stille Heimweh nach der unvergeßlichen Mutter war mit einer der Beweggründe, daß gerade jetzt der Entschluß, den er schon lange mit sich herumtrug, zur Reife kam, Hand an die Herausgabe seiner Predigten zu legen. Er spricht sich hierüber in seinem schriftlichen Nachlaß so aus:

„Aber wofür wieder neue Predigten, da ja der alten schon zu viel sind? So möchte mancher fragen. Ich habe mich auch so gefragt und doch den Entschluß gefaßt, in Gottes Namen etwas von meinen geringen Arbeiten in die Welt hinauszuschicken. Ich kam auf folgende Weise zu diesem Entschluß:

In Stuttgart, wo ich vom Jahre 1823 bis 1825 als Vikar das Evangelium predigte, wurde ich mehrere Male aufgefordert, meine Vorträge im Druck herauszugeben. Ich lehnte es aber jedesmal mit Bestimmtheit ab, weil ich mich und meine Arbeit für zu jung hielt und mich dabei vor der Eitelkeit meines Herzens fürchtete. Im Jahre 1826 wurde ich hierher als Pfarrer versetzt. Meine Mutter zog mit mir und leitete, da ich unverheiratet bin, mein Hauswesen. Im Mai dieses Jahres gefiel es Gott, sie ins Vaterland heimzuholen. Wer sie kannte, wird es mir glauben, wenn ich sage, daß durch ihren Abruf eine deutliche Lücke in meinem Hause entstand. Sie hatte mich sehr geliebt, und wir waren durch höhere als nur natürliche Bande miteinander vereinigt. Nach ihrem Tode ging ich in meinem Hause umher und fand es unerträglich leer. Ich dachte nun an eine Nebenbeschäftigung, die meinem verwundeten Herzen Nahrung geben und zugleich dem Reiche Gottes einigen Nutzen schaffen könnte. Zu gelehrten Arbeiten im engeren Sinne habe ich weder Gabe noch Lust. So verfiel ich darauf, einige meiner hier gehaltenen Vorträge zum Druck zuzurüsten, und es hat mich dieser Entschluß bis jetzt noch nicht gereut.

Es bestimmten mich aber auch noch andere Gründe dazu. Wenn ich bis jetzt etwas wahrhaft Gründliches, Gläubiges, Erbauliches von Christus lesen wollte, so mußte ich fast immer nach Schriften greifen, die vor der zweiten Hälfte des vorigen Jahrhunderts geschrieben sind. Ich weiß, daß diese Erfahrung viele mit mir teilen. Was der Lügner von Anfang an in neuerer Zeit durch den Betrug der Sünde und besonders des Hochmuts angerichtet hat, und wie er eine Verdrehung und Verkehrung der einfachen Heilswahrheiten unter dem Titel des Lichts und der Weisheit eingeführt hat, wie es ihm gelungen ist, die Erkenntnis Jesu Christi in den Schatten zu stellen oder zu verfälschen, und wie er mit diesem Gift allenthalben durchgedrungen ist, wie sogar die meisten neueren Erbauungs- und Predigtbücher davon angesteckt, unbiblisch, unchristlich, seicht, ja ein dummes Salz geworden sind, dies alles bedarf keines Beweises. Es ist schon oft bewiesen und gesagt worden. Es sei dem Herrn geklagt.

Es erheben sich zwar wieder in unseren Tagen von manchen Seiten her Stimmen munterer Zeugen Jesu; aber sie sind immer noch sehr rar, und in die Hände der niederen Volksklassen in meinem Vaterland kommen sie selten. Darum habe ich mich entschlossen, auch in meinem geringen Teil des Teufels Reich steuern zu helfen.

Ich weiß wohl, daß ich noch zu jung dazu bin, um etwas Gediegenes bieten zu können. Es gehört mehr Erfahrung und Gnade dazu, als ich habe, um das Wort der Wahrheit recht zu teilen und in keinem Stück zu viel oder zu wenig zu sagen. Indessen habe ich mir Mühe gegeben, das rechte Gleichmaß zu treffen. Der Herr hat die mündlichen Zeugnisse, zu seinem Preise sage ich's, an den Seelen gesegnet; und ich möchte eben, soviel an mir ist, auch etwas, wenn auch das Geringste, dazu beitragen, daß Zion gebaut würde. Gott hat schon unaussprechlich viel Barmherzigkeit an mir getan. Er hat mich, da ich sein Feind war durch die Vernunft in bösen Werken, wie ich hoffe, auf seine Wege gebracht. Er hat mir etwas in meinem Herzen von der Gnade und Wahrheit, die in Christus Jesus ist, offenbar werden lassen. Er hat mich bis jetzt an der Hand geführt wie die zärtlichste Mutter. Ich müßte Folianten schreiben, wenn ich die Wunder seiner Gnade alle erzählen wollte. Dies erzeugt in mir die Begierde, auch etwas zu schaffen, was für ihn wäre. Und wenn ja dieses Geschäft gar keinen Nutzen stiften sollte, so habe ich doch wenigstens den guten Willen gehabt und die Schmach Jesu Christi nicht gescheut. Nicht, daß ich damit etwas Verdienstliches tun wollte, das sei ferne! Sondern ich weiß wohl, wieviel Unreines auch unter unser Bestes hineinfließt. Ich hoffe auch auf nichts als auf Barmherzigkeit; aber wer will es mir verargen, wenn ich, soviel an mir ist, ein Steinchen zum Bau Zions herbeizutragen suche, taugt es nun oder taugt es nicht. Ob es tauge, kann nur der weise Baumeister recht beurteilen."

Der Herr verlieh ihm auch Kraft und Mut, zwei Hefte mit 22 Predigten selbst noch herauszugeben. Die Urteile über diese Arbeit waren natürlich am Anfang sehr verschieden. Daß das Erbauung suchende Volk mit Freuden danach griff, wird man natürlich finden; aber manche Gebildeten, namentlich auch Theologen und Prediger, selbst von der bibelgläubigen Seite, schüttelten den Kopf und konnten es dem jungendlichen Evangelisten nicht verzeihen, daß er die Waffenrüstung der alten, abgemessenen, in Beweisform auftretenden Predigtweise so rücksichtslos abgelegt und ganz einfach mit der Schleuder des göttlichen Wortes kühn und munter einherschreite. Einige meinten, bei der Schilderung des menschlichen Grundverderbens seien die Farben zu stark aufgetragen, andere, die Sittenlehre komme vor lauter Dringen auf Buße und Bekehrung nicht zu ihrem vollen Recht, wieder andere, das unverhohlene Zeugnis gegen die Irrlehre des Unglaubens und des Zeitgeistes gehöre nicht auf die Kanzel. Ein treuer Freund machte ihn auf derartige Unterstellungen aufmerksam. Ihm erwiderte der Selige in einem Brief vom Frühjahr 1828 hierüber folgendes:

„Dein Urteil über diese Predigten lasse ich dahingestellt; aber über das andere, was Du mir von einem guten

Freund schreibst, kann ich kaum schweigen. Ich kann dieses Urteil nicht annehmen, ich mag es betrachten, wie ich will. Ich soll die Heilige Schrift überbieten! Ich bin mir dessen nicht bewußt. Kann man die Schrift überbieten oder ihre Lehren verstärken? Man kann ja ohnehin das Beste, was in einem liegt, nicht herausgeben; es ist unaussprechlich. O, wenn man mein elendes Gestammel ein ‚Überbieten wollen' heißt, so weiß ich nicht, was ich denken soll. Das ist wahr, darauf arbeite ich und gewiß jeder, der im Weinberge Gottes nach Kräften zu arbeiten sucht, hin, die Lehren der Bibel herauszuheben, so gut ich kann. Dies ist oft eine schwere Geburt, bis ich die Art gefunden habe, wodurch ich am besten eine Wahrheit dem Menschen deutlich und eindrücklich machen kann. Ich gebe mir nicht geringe Mühe damit. Aber ist das nicht Schuldigkeit, daß ich an das Herz zu kommen suche, so gut ich kann? Schlafen sie nicht, wenn ich es nicht tue, wie ich es schon erfahren habe? Soll ich so langweilig wie möglich über den Heiland sprechen? O! ich wollte, ich könnte noch mehr überbieten, wenn man es so heißen will; ich wollte, ich könnte meine Worte zu Spießen und Nägeln machen für Verstand und Herz meiner Zuhörer. Dieses Urteil kann ich nicht annehmen.

Er sagt weiter: ich fasse den Zustand des Menschen anders auf als Christus und die Apostel. Hat er wohl auch schon Römer 3 gelesen? und Römer 7? und auch schon in sein stinkendes Herz geblickt? Ach, man ist in unseren Tagen weit vom Glauben und von der Einfalt der Väter abgekommen. Ich denke nicht daran, so zu reden und rede auch nicht so und kann's auch nicht so wie Arndt, Spener, Francke, Brastberger und unsere alten Württemberger. Man kann's nicht mehr so. Dort sehe man, wie diese den Menschen genommen haben! Man lese Luther! Aber es ist alles verwässert und in Vernunftbegriffe hineingedreht, aus der Wahrheit und Einfalt heraus. Die Alten sind bis jetzt ein Muster gewesen; aber wer kann die Einfalt der Alten erreichen in dieser Zeit, in diesem Zeitgeist, der allenthalben laut und still auf uns einwirkt!

Was nun endlich ‚die Bekämpfung der Neologen' (der Lehrer des Unglaubens) betrifft, so ist sie auf meiner Stelle und in meiner Lage sehr nötig und zur Erweckung dienlich und treibt viele Seelen ins Gebet. Denn mein Wirkungskreis geht drei bis vier Stunden weit in die Umgegend. Auch habe ich verschiedene Leute vor mir. Auch achte ich es für nötig, dem Landvolk zu sagen, wieviel Uhr es ist. Soll man warten und schweigen, bis der Antichrist kommt, der nicht so ferne sein mag! Ich glaube, man muß die Lügen des Teufels enthüllen. Und gibt es keine Neologen unter dem Landvolk! Hat nicht der Geist der Zeit alles durchdrungen und alle angesteckt, Magister, Schreiber, Doktoren und Pfaffen, Soldaten und Bauern! Ist nicht die Furcht vor Gott, vor der Hölle, vor dem Jüngsten Tag größtenteils verschwunden! Herrschen nicht die Dämonen des Leichtsinns in der Luft! – Kein Wort von diesem Urteil kann ich annehmen.

Wenn jemand sagt: es sind schlechte Predigten der Form nach, der Ton ist nicht würdig, zu frech, zu keck, zu absprechend usw., siehe, das nehme ich gerne an. Aber wenn sie mir meine Materien angreifen, das ist mir nicht erträglich. Denn ich habe nicht aus törichten, leichtfertigen Einfällen heraus gesprochen, sondern ich hoffe, daß ich mir, wenn mir Gott Kraft schenkt, für meine Überzeugung den Kopf herunterschlagen lassen wollte.

Nicht wahr? ich bin doch sehr gereizt geworden. Halte mir's zugute. Es mag wohl Eigenliebe dahinter stecken; aber es steckt doch auch etwas von Wahrheitsliebe darunter. O Bruder, es ist mir recht wehmütig ums Herz, wenn ich in diese neologische Zeit hineinblicke. Ich will einseitig werden, ganz einseitig, ganz auf die Seite des Herrn Jesu treten, der hochgelobt sei in Ewigkeit, trotz aller Feinde und Widersacher. Der Heiland wolle mir die Gnade erweisen, daß er mich auch einst an seinem Tage zu seiner Rechten stehen lasse!"

Der Verewigte ahnte, während er diese Zeilen schrieb, es geschah am Abend des Osterfestes 1828, nicht von ferne, daß er bereits am Morgen jenen Tages seine letzte Predigt gehalten hat. Und doch war es so. Den ganzen vorangegangenen Winter über hatte er zwar dem äußeren Anschein nach eine ziemlich gute Gesundheit genossen, aber von Neujahr an, wo er sich durch einen zurückgetretenen Schweiß erkältete, bereits im verborgenen zu kränkeln angefangen. Jede Nacht wurde er von leichtem Fieberfrost und darauf folgendem Schwitzen heimgesucht, was seine Lebenskraft insgeheim verzehrte. Den ganzen Tag über war er munter, widmete sich der Seelsorge und predigte fast alle Sonntage bis ins Frühjahr. An den drei großen Festtagen, Palmsonntag, Karfreitag, Osterfest, geschah dies zum letzten Mal. Seit dem letzteren Tage, an dem „Jesus der Todesüberwinder" der Gegenstand seines Vortrags war, die Predigt ist in diesem Buch wiedergegeben, betrat er Kanzel und Kirche nicht mehr. Eine heftige Brustentzündung warf ihn in der darauffolgenden Woche hart danieder, und obwohl es nach einiger Zeit wieder besser mit ihm wurde, so trat dennoch infolge der allgemeinen Schwäche bald eine Wassersucht an ihre Stelle, die ihm unaussprechlich viele Leiden verursachte.

Gerade zu Beginn dieser neuen Trübsalszeit fügte es Gott, daß der jüngste Bruder Wilhelm, der in jenem Frühjahr die Universität verließ, als Vikar bei ihm eintreten konnte. Diesem wurde nun die gesegnete Aufgabe zuteil, nicht nur die ersten Versuche in der geistlichen Amtstätigkeit unter der treuen Leitung und Beratung des Bruders zu machen, sondern ihm auch als Zeuge seiner Vollendungsleiden in den letzten acht Monaten seines Lebens zur Seite zu stehen. Im Mai versuchte der Selige es zwar noch mit einer Erholungsreise nach Stuttgart, wo er abermals ungemein viel Liebe genoß und zugleich auch die meisten seiner gleichgesinnten Amtsbrüder bei einer zahlreich besuchten Konferenz zu sehen bekam. Er kehrte aber kränklicher und schwächer von Stuttgart zurück, wo ihn Gott zweimal auf ärztlich verordneten Spazierfahrten aus augenscheinlicher Lebensgefahr errettet hatte. Er sah auch hierin einen Wink, sich nicht länger halten zu lassen, sondern alsbald nach Hause zurückzukehren. Hier aber begannen seine Leidenstage erst recht. Die Brust wurde sehr beengt, die Schwäche nahm zu, das Wasser häufte sich immer mehr an. Zwar versuchte man, dem Wasser einen Ausweg in den Füßen zu öffnen. Nun aber entstand hier der heftigste Schmerz. Die Füße wurden durch den Ausfluß des beizenden Wassers, das sich immer wieder ersetzte, im Innersten angegriffen. Jede, auch die leichteste Hülle, wurde unerträglich, jedes Ruhen und Verweilen im Bett peinvoll. Mehrmals schien zwar eine Besserung eintreten zu wollen; doch kaum glaubte er selbst und seine Umgebung, wenn auch nicht für Wiederherstellung seiner Gesundheit, doch wenigstens für ein noch längeres Verweilen auf Erden, Hoffnung schöpfen zu dürfen, so wurde diese stets wieder schnell zunichte. Seine Kraft verzehrte sich zusehends, und seine Erlösungsstunde rückte unter mancherlei Zwischenfällen, wodurch er das Schwanken zwischen Furcht und Hoffnung, zwischen Sterbensfreudigkeit und erneuter Lebenslust abwechselnd zu erfahren bekam, immer näher heran.

Im September, gerade zu einer Zeit, wo eine Erleichterung seiner Umstände eingetreten war, schrieb er an seine näheren Freunde: „Ich bin nun ein halbes Jahr lang krank, zuzeiten sehr beschwerlich. Wodurch ich in dieser Zeit in meinem Inneren gegangen bin, wäre zu weitführend zu schreiben. Der Herr zog mich viel aus, gleich zu Anfang meiner Krankheit. Ich konnte mich recht arm dem Erbarmer nahen. Als ich Ende Juli meinte, es gehe der Besserung entgegen, schlug die Sache plötzlich um. Ich schwoll wieder an mit Wasser, so daß ich im Bett liegen mußte, wie man mich legte. Der Tod schien sehr nahe. Da freute ich mich sehr und erhoffte im Blick auf Jesus als der Ärmste die Seligkeit. Gott aber wendete es nun wieder anders, indem ich mich seit einiger Zeit von Woche zu Woche wohler fühle. Und nun bringe ich den Tag in einem Sessel, die Nacht im Bette zu. Aber wie selig war ich damals, als ich zu sterben hoffte, gegenüber jetzt, da dieses arme Leben wieder zum Fenster hereinguckt. Ach Heiland, Du weißt es! Mit der Besserung bekam dieses Leben im Geist wieder eine lichtere Farbe, und der Heiland mit seinem Himmel trat in den Hintergrund. Ich schäme mich sehr vor ihm. Indessen bin ich noch nicht über den Graben und immer noch wassersüchtig. Mein Glaube wird oft klein, nicht so wegen der Krankheit wie durch innere Zerstreuung. Der Tag ist lang, wenn man gar nichts zu tun hat und auch nichts tun kann. So ist es schwer, bei sich selbst zu bleiben. Was soll ich sagen; ich hoffe auf Barmherzigkeit zum ewigen Leben. Liebe Brüder! Ob ich Euch noch einmal in diesem Erdental sehen werde, weiß ich nicht. Es wäre nicht unmöglich, doch ist's eben nicht sehr wahrscheinlich. Ich wünsche, daß Jesus Euch und mich unsere paar Lebenstage vollends an der Hand behalten möge! Die Menschheit geht Zeiten entgegen, die voll der wichtigsten Veränderungen, aber auch voll Jammers sein werden. Da kann man einander nichts Besseres wünschen, als nur nicht von der Hand Jesu gewichen! Dieses werde an uns wahr! Jesus mache es wahr! Immanuel!"

Auch diese eingetretene Besserung, wovon der Verewigte hier spricht, war nur eine scheinbare; die Krankheit schlug bereits nach wenigen Tagen wieder um. Die Beschwerden häuften sich, so daß er bis zu seinem Tode, acht Wochen lang, Tag für Tag, Nacht für Nacht in seinem Sessel ausharren und den Kelch der Leiden bis zur Neige trinken mußte.

Was seinen inneren Gang unter diesen tiefen Leidenserfahrungen betrifft, so ging die Arbeit des Geistes Gottes bei ihm stets dahin, ihn, wie er selber sagt, mehr und mehr auszuziehen, ihn von seiner eigenen Gerechtigkeit zu entkleiden, ihn recht niedrig und klein in seinen eigenen Augen, ihn immer kindlicher und anschmiegsmer gegen den Heiland zu machen und seinen Glauben an die freie Gnade Gottes in Christus Jesus immer fester zu gründen. Sein Geist beschäftigte sich deshalb auch oft und viel mit Betrachtungen, die auf das versöhnende Leiden und Sterben des Herrn Bezug haben. Ja, noch in seinen letzten Tagen wies er oft auf ein an der Wand hängendes Bild des mit Dornen gekrönten Heilands mit den Worten hin: das ist mein Mann. Eine besondere Erquickung auf seinem dornenvollen Pfad war ihm der oft wiederholte Genuß des Leibes und Blutes Christi, dessen er im Heiligen Abendmahl teilhaftig wurde. Sein Bruder Wilhelm reichte es ihm von Zeit zu Zeit in den stillen Nächten, die er pflegend und tröstend an seiner Seite durchwachte. Auch Besuche, die er aus der Nähe oder entfernterer Gegend, mehrmals sogar weit her aus dem Ausland empfing, reichten ihm oft ein wohltuendes Labsal dar durch das geistliche Manna, das sie mitbrachten. Namentlich waren es einige im Worte Gottes und in eigener geistlicher Erfahrung wohlgegründete Christen aus dem Gewerbsstande, die ihn durch ihren bewährten Glauben und gesalbten Zuspruch oft aufrichteten und auf den manchmal nur noch glimmenden Docht seines zerschlagenen Geistes das nährende Öl des Trostes träufelten. Wie er stets an der brüderlichen Gemeinschaft mit den Gläubigen ohne Unterschied des Standes und der besonderen christlichen Färbung festhielt, so bekam er auch den besonderen Segen dieser Gemeinschaft bis an sein Ende reichlich zu genießen.

Die Grundstimmung seines Herzens aber, die unter allen Abwechslungen im Inneren und Äußeren die vorherrschende blieb, und mit der er auch getrost der Ewigkeit entgegenging, können wir wohl nicht besser bezeichnen als mit den eigenen Worten des Seligen, die in einem kurz vor Anfang seiner letzten Krankheit geschriebenen Brief an seine Freunde enthalten sind. Er sagt darin: „Wenn ich auf den Christus *in uns* meine Zuversicht bauen müßte, so wäre ich verloren. Das freut mich, daß das Blut Christi und seine Gerechtigkeit gilt und für mich spricht, ohne mein Zutun. Was werde ich bringen können, wenn ich zu Dir komme, mein Heiland? Verleugnungen, Kämpfe, Gebetskraft, Treue, Liebe, Glauben? Nein, ich kann nichts bringen als Dich. Wenn Dein Auge dann in Gnaden auf mich sieht, so bin ich geborgen. Siehst Du aber in Ungnade auf mich, was ich millionenmal verdient habe, so muß ich in die ewige Finsternis. Doch Du bist die Liebe, das ewige Erbarmen!“ Dies blieb der Anker seiner Hoffnung bis ans Ende. Jenes beugende Gefühl seiner eigenen Untüchtigkeit und Fluchwürdigkeit hinderte ihn jedoch nicht, oft kräftige Züge aus dem Becher der göttlichen Gnade zu tun. Er versicherte selbst, daß er sie in dieser schweren leidensvollen Zeit mit einer Kraft wie niemals vorher an seinem Herzen erfahren habe. Durch Gottes Gnade konnte er sich an das Verdienst seines Heilandes so fest anklammern, daß er freudig rühmte, daß er auch seine Schuld bezahlt, auch seine Sünden getilgt und ein Lösegeld hinterlegt habe, das auch für ihn in Ewigkeit gelte. Seinem Ende sah er mit wachsender Sehnsucht entgegen. Als ein Knabe des Dorfes einmal in das Zimmer trat und beim Anblick der blassen, abgezehrten Leidensgestalt erschrocken zusammenfuhr, da erklärte er ihm mit großer Freundlichkeit, wie dieses auffallende Aussehen, das ihn so betreten mache, für ihn, den Kranken, nichts Erschreckendes, sondern vielmehr etwas Erfreuliches und Trostreiches sei; denn darin liege die Bürgschaft, daß er nun bald zum Heiland kommen werde, wo er sein altes, so unkenntlich gewordenes Pilgerkleid mit einem viel schöneren und herrlicheren vertauschen dürfe. Besonders wurde in den letzten Tagen, wo die Fluten körperlicher Leiden über seinem Haupt zusammenschlugen, seine Sehnsucht, bei Christus zu sein und Vater und Mutter und viele im Glauben vorangegangene Freunde zu schauen, immer brünstiger.

Je mehr die Kräfte schwanden, um so heftiger wurde der Kampf der sinkenden Hülle. Husten, Brustbeklemmung, allgemeine Schwäche füllten den Leidenskelch bis oben hin. Die wunden Füße gestatteten keine Ruhe. Sitzend, wie angekettet an seinen Sessel, mußte er ausharren. Der Tag brachte keine Linderung, die Nacht kein Ende. Da vernahm man dann aus seinem lispelnden Munde, denn laut reden konnte er nicht mehr, Worte der Sehnsucht nach seinem Heiland, daß er doch bald kommen und seinem Elend ein Ziel setzen möchte. Überwältigt von seinen Leiden stammelte er oft: „Es ist genug, Herr, so nimm nun meine Seele!“

Um seine Empfindungen und Seufzer bei der überhandnehmenden Schwäche besser festhalten zu können, hatte er einige Wochen vor seinem Ende angefangen, sie mit Bleistift auf kleine Papierstreifen zu schreiben. Einige wurden nach seinem Tode noch vorgefunden. Ihr Inhalt möge auch hier stehen: „4. November: Heute hat mir der Heiland eindrücklich gemacht, daß er blutigen Schweiß für mich geschwitzt hat. Ach Herr, gib mir einen unvergeßlichen Eindruck! Schreibe Deine blutigen Wunden brennend in mein Herz hinein! Leider ist der ganze übrige Tag ohne weitere Eindrücke vorübergegangen. –
5. November: Mein Jesus, laß mich heute nicht leer, obwohl ich es verdient habe! – 6. November: Gestern abend wollte ich ins Bett, um besser zu ruhen; aber wen Gott in den Sessel gesetzt hat, der soll nicht ins Bett wollen. Ich werde wohl im Sessel sterben müssen. Um 10 Uhr saß ich schon wieder im Sessel wegen furchtbarer Schmerzen. O Herr, gib Geduld und einen Sinn, der spricht: wer seinen Hochzeitstag schon vor sich sieht, der ist um anderen Tand nicht mehr bemüht.“ Auf einem mit zitternder Hand an einem der letzten Schmerzenstage geschriebenen Blatt war zu lesen: „Die mit Tränen säen, werden mit Freuden ernten. Mein Gott, führe mich zu dieser Freudenernte, nachdem Du mich in diese schwere Tränensaat geführt hast! Es ist genug, Herr, so nimm nun meine Seele!“

Wie er bereits im Laufe des Sommers in Beziehung auf eine schlichte Leichenfeier die nötigen Anordnungen getroffen hat, so blieb das künftige Schicksal seines gemütskranken Bruders Maximilian bis zu seinem Ende ein Gegenstand seiner treusten Fürsorge. Mit großer Geduld und Nachsicht hatte er schon in Tübingen und nachher in Stuttgart diesen in immer tiefere Geisteszerrüttung dahinsinkenden Unglücklichen getragen; mit viel Treue und Liebe, solange ein Schimmer der Hoffnung auf seine Wiedergenesung vorhanden war, an seiner Gemütsaufhellung gearbeitet. Bei seiner Übersiedlung nach Rielingshausen nahm er ihn in sein Haus auf. Das war ein Entschluß, der, wie sich leicht denken läßt, nicht nur eine neue Sorgenlast, sondern auch bei den mancherlei Krankheitsausbrüchen, denen der Unzurechnungsfähige unterworfen war, eine Menge der erschütterndsten und angreifendsten Gemütsbewegungen zur Folge hatte. Der Selige wurde aber nicht müde, sondern wandte dem Unglücklichen besonders seit dem Tode der Mutter eine verstärkte Liebe zu. Er konnte nicht sterben, bevor er über das zukünftige Los dieses Bruders volle Beruhigung hatte. Die wurde ihm dann auch besonders von seinem ältesten Bruder, der ihn in seiner Krankheit oft besuchte und auch bei seinem Tode anwesend war, auf die befriedigendste Weise gewährt.

In den letzten 24 Stunden, als die Beklemmungen in der Brust immer höher stiegen, bat er seine Umgebung mehrmals mit lispelnden Lippen, den Herrn dringend um seine Auflösung anzuflehen. Am Morgen des 18. November wiederholte er diese Bitte mit einer gewissen Hast unter Hinzufügen: „Jetzt kann ich es nicht mehr aushalten." Auf die Erwiderung, er werde doch jetzt nicht erst zaghaft werden wollen, da er so nahe am Ziele sei; der Herr sei bisher so treu gegen ihn gewesen und habe ihn nicht versucht werden lassen über Vermögen; auch in diesen letzten paar Stunden werde er ihm gewiß vollends durchhelfen, feuchteten sich augenblicklich seine Augen, und eine Träne der Buße glitt über seine Wangen unter den Worten: „Daß ich nur so etwas Ungeduldiges denken, geschweige denn reden konnte!"

Später verlangte er aus einem Erbauungsbuch einen

Zuspruch. Sein Bruder schlug den 18. November auf. „Wo ich bin, da soll mein Diener auch sein!" lautete der für diesen Tag verzeichnete Bibelspruch. Diese trostreiche Verheißung, daß sein Ende gewiß nicht mehr ferne sei, und er den Abend des Tages wahrscheinlich im Himmel feiern dürfe, machte einen tiefen, wahrhaft erfreuenden Eindruck auf ihn. Man bot ihm an, ihn zu Bett zu bringen, damit er wenigstens in einer besseren Körperlage sterben könne. Er lehnte es ab mit der Bemerkung: „Ich sterbe Euch sonst unter den Händen unterwegs." Einmal nahm er zu seiner Erquickung etwas kaltes Wasser zu sich; aber sogleich fragte er, ob er sich damit nicht schade, denn er wolle und dürfe sich, wenn es schädlich sei, das Ende um keine Minute beschleunigen.

Gegen 12.00 Uhr mittags trat mehr Ruhe ein. Die Kräfte sanken schnell. Er fühlte die Annäherung des Todes. Nach 2.00 Uhr sprach er: „Ich wandle im Todestal." Auf den Zuspruch, daß der Herr sein Stecken und Stab sei, erwiderte er freundlich: „Ich fürchte mich nicht." Bald darauf arbeitete er seine längst kalten, starren Hände auf sein Oberbett hervor, um sie, so gut er noch konnte, zu falten und lispelte: „Betet, betet!" Nun wurden unter Handauflegung über ihn zuerst der Segen des dreieinigen Gottes und dann noch folgende Heimgangsverse gesprochen:

Herr, mein Hirt, Brunn aller Freuden!
Du bist mein, ich bin Dein,
Niemand kann uns scheiden.
Ich bin Dein, weil Du Dein Leben
Und Dein Blut, mir zugut,
In den Tod gegeben.

Du bist mein, weil ich Dich fasse,
Und Dich nicht, o mein Licht,
Aus dem Herzen lasse.
Laß mich, laß mich hingelangen,
Da Du mich und ich Dich
Ewig werd' umfangen!

Wenn es am allerbängsten
Mir wird ums Herze sein,
So reiß mich aus den Ängsten
Kraft Deiner Angst und Pein!

Wenn mein Herz bedenkt,
Daß es ist besprengt
Mit des Heilands Blut,
Hoch es sich erfreut
Und den Tod nicht scheut,
Stirbt mit gutem Mut.

Bis hierher war er stets bei vollem Bewußtsein, was er deutlich an den Tag legte. Seine Lippen bewegten sich noch zuletzt, um das Wort „Heiland! Heiland!" lispelnd auszusprechen. Da stockte der Atem, und er entschlief sanft und in stillem Frieden Gottes am 18. November 1828, 14.30 Uhr.

Die Zeit seiner Wallfahrt auf Erden dauerte nur 30 Jahre, 7 Monate, 3 Tage. Zur Erde bestattet wurde er am 21. November, nachmittags. Zwei seiner Freunde sprachen Worte des Lebens dabei. Sein Leib harrt neben dem der Mutter der Auferstehung entgegen. Ein einfacher Gedächtnisstein bedeckt beide Gräber. Auch im Tode sind sie beide vereinigt, die das Leben so fest verbunden hatte. Nun wird er vom Siege singen und einstimmen in das Triumphlied der vollendeten Gerechten.

Er wird nun Freudengarben bringen,
Denn seine Tränensaat ist aus.
Welch heller Jubel wird erklingen
Und süßer Ton im Vaterhaus!
Schmerz, Seufzen, Leid, Tod und dergleichen
Wird müssen fliehn und von ihm weichen.
Er wird nun seinen König sehn.
Der wird beim Brunnen ihn erfrischen,
Die Tränen von dem Auge wischen.
Wer weiß, was sonst noch wird geschehn!

Nachtrag

Ein Rundbrief des Verewigten an seine inländischen Mitbrüder vom 22. Juni 1827 enthält den Kern der Lehre und des Glaubens, woran er im Leben und im Tode festhielt, insbesondere die Begründung und Wahrung der Rechtfertigungslehre gegen die abweichenden Meinungen einiger Brüder über die Heiligungslehre. Der Inhalt ergänzt das von ihm im vorstehenden Gesagte und bekundet zugleich die Entschiedenheit, die er seither erlangt hatte. Die hierher gehörigen Worte lauten:

„Eure Briefe haben mich mit tiefer Wehmut erfüllt. Die Kontroverse über die Rechtfertigungslehre, das heißt, über das Zentrum des Evangeliums, ist sehr weit gediehen. Ich bezweifle es, ob beide Teile so weit zurückgehen und die Waffen niederlegen können, daß ein, wenn auch nur temporärer Friede dadurch erzielt wird. Es handelt sich nämlich in diesem Punkt um nichts Geringeres, als um den Weg, den jeder bis zu seinem Tode einzuschlagen im Sinne hat, um die Methode unserer inneren Führung, um den Trost im Leben, Leiden und Sterben, und, je nachdem man es auffaßt, um die Ehre unseres hochgelobten Erlösers, mit einem Wort: um unsere Religion. Kein Punkt greift tiefer in das eigentliche, innerste Wesen des Christentums ein als eben dieser; und es entsteht die Frage, ob, wenn Einigkeit hierin fehlt, ein Zusammenschmelzen der Geister in wahrhaft brüderlicher Liebe denkbar sei. Wir sind auch bei weitem nicht so nahe beisammen, wie einige von uns meinen. Was ist zu machen? Ich bin fest überzeugt, daß, was unsere tiefsten Seelenerfahrungen betrifft, sich fortan ein großer Unterschied zeigen werde; denn dieser Punkt des Evangeliums hat es unmittelbar mit der innersten Seelengestalt zu tun. Wenn einer sagen wird: ‚Es ist nicht auszusprechen, welch traurige, entsetzliche Dinge ich in meinem Herzen finde; aber ich halte mich doch kindlich an das Verdienst des Heilandes, an das, was er, das Lamm Gottes, schon lange für mich vollbracht hat, und ich bin dessen gewiß, daß meine Vollendung in ihm, nicht in mir liegt‘, so wird vielleicht ein anderer sagen: ‚Ich verstehe Dich nicht; was Du redest, sind mir böhmische Dörfer; Deine Vollendung liegt darin, daß durch Gemeinschaft mit Christus und durch den Genuß seines Fleisches und Blutes der alte Mensch in Dir ertötet und Du Christus in Sinn und Wandel ähnlich wirst.‘ Da haben sie denn gewissermaßen beide recht; nur gehen beide ganz verschiedene Wege, und es kommt nun darauf an, welcher zum Ziele führt. Beide machen ganz verschiedene Erfahrungen. Der eine glaubt, der andere hofft; aber er hofft, wie ich aus mannigfacher Erfahrung weiß, bis ans Ende und erlangt es nicht.

Seitdem die Menschheit eine Sünderin, d. h. ein dem Fluche verfallenes Geschöpf in den Augen Gottes geworden ist, hat sie nach dem Ratschluß Gottes einen ganz anderen Weg zur Herrlichkeit als die ungefallenen Geister. Durch die Geister letzterer Klasse soll Gott verherrlicht werden. Sie sind in einem beständigen Wachstum ihrer heiligen Natur und haben keinen Fall zu beweinen. Die gefallene Menschheit aber muß, seitdem sie durch das Opfer des Sohnes Gottes erkauft ist, gleichsam unter sich wachsen, wenn sie wieder etwas werden soll zum Lobe der göttlichen Herrlichkeit. Ihre Übung besteht vornehmlich in fortwährender Erkenntnis ihres Falles, und das dient zur Verherrlichung Christi. Wir können jetzt nicht mehr in anerschaffener Naturkraft von einer Stufe zur anderen steigen wie die Ungefallenen. Das ist uns nicht mehr unmittelbar möglich, sondern wir müssen durch das Armsünderseingefühl, und darin Christus finden, und aus diesem Gefühl darf die erlöste Seele nicht mehr heraus, weder in Zeit noch in Ewigkeit; denn dieser Gefühlsgrund ist ein vortrefflicher Ballast, weil sich der Herr nur hier in seiner völligen Gnade und Wahrheit zu erkennen gibt, sonst nirgends. Wenn ich sehe, daß man Christus nur als Heiligmacher gelten läßt, so muß ich sagen, man setzt ihn in das gleiche Verhältnis zu uns wie Gott zu den Engeln und läßt uns nur etwa noch das für uns Notwendige an ihm gelten, daß uns durch den Kanal seiner Menschheit die Heiligungskräfte mitgeteilt werden, die Gott den Engeln unmittelbar mitteilen kann. Ich halte das für eine sehr einseitige und niedrige Ansicht von der Sache Christi und glaube fest, daß man bei dieser Ansicht weder die Tiefe unseres Falles noch die Heiligkeit Gottes jemals im Licht erkannt habe.

Was ist nun zu machen? Ich bekenne hiermit und will es vor Euch allen, Ihr Brüder, bekannt haben, daß ich den Mann, der am Kreuze geschändet wurde, für die einzige Ursache meiner Seligkeit halte in Zeit und Ewigkeit. Das nicht bloß insofern, daß ich durch seine Todes- und Auferstehungskraft zu irgendeiner Tüchtigkeit im Reiche Gottes gelangen kann; das kann er mir geben, wenn er will; aber er soll, wenn er's gibt, es nur vor meinen Blicken verbergen, damit ich kein Luzifer werde: ja einzig und allein darum, weil er mir die Seligkeit verdient hat und ich ein Lohn seiner Schmerzen werden darf, was ich als die höchste Gnade erkenne. Ich will als ein armer Sünder selig werden, als ein Schächer, dem die blutigen Wunden des Sohnes Gottes die Bahn gebrochen haben vor achtzehnhundert Jahren."

Der Selige warnt dann noch vor allem Spekulieren und Disputieren und schließt: „Der Herr treibe uns alle von der Spekulation in die Erfahrung."

Im nächsten Rundbrief vom 22. November desselben

Jahres freut er sich über das Aufhören des Streites, obwohl es sich hier um einen Punkt handle, der ihm bei jedem Krankenbesuch, besonders bei Erweckten, stets wieder in seiner großen Wichtigkeit vor die Seele trete und fügt die eigene Erfahrung bei:

„Alles, alles als Gnade ansehen lernen, alles Gute als freies Geschenk aus der Hand Gottes, und zwar um Christi willen annehmen, erfahren, wie ich geistlich tot bin in mir selbst, und auch, wenn der Heiland nach seiner Treue ein göttliches Lebensfünklein in mich legt, zu bemerken, daß ich es allezeit wieder mit meinem Tode zu töten bereit bin; kurz, täglich zu finden, daß ich arg und des höllischen Feuers wert bin und dabei täglich die Seligkeit geschenkt annehmen und mich über meinen Tod hinaus in das Verdienst Christi hineinglauben, daß dort, nämlich in ihm, nicht in mir selbst und meinem elenden Werk, meine ewige Loskaufung und Erlösung liegt: das geht der selbstgerechten Natur gar sauer ein und ist im ganzen doch ein seliger Weg.

O daß ich mich niemals durch meine eigene Vernunft daraus verrücken ließe! Aber da kommt immer die Vernunft mit ihrem Juristenkopf und verrückt mir mein Konzept. Zion muß allerdings durchs Recht erlöst werden und seine Gefangenen durch Gerechtigkeit; aber dieses ist am Heiland geschehen."

Zum Andenken an Ludwig Hofacker

Abrahams Geschlecht kann sterben,
Doch nicht in Todesnot verderben,
Das Sterben ist ihm nur Gewinn.
Kreuzgestalt für äuß're Sinnen,
Doch lichte Herrlichkeit von innen,
So fährt der Geist zu Christus hin.
Nach bangem Pilgerlauf tut sich die Heimat auf
Himmlisch helle! Der Leib zerstäubt.
Das Leben bleibt dem Lebensfürsten einverleibt.

O, was dann im Haus der Wonne!
Das schaut kein Aug' – vor jener Sonne
Senkt sich ein Vorhang noch herab.
Aber sehet hin! Wir haben
Den Lehrer und den Freund begraben,
Wie Gott der Welt nicht viele gab.
Groß war des Lebens Müh', drum nahm sein Gott
Ihn früh in die Arme. Da darf er nun
Im Frieden ruhn.
Wie wohl wird ihm die Ruhe tun!

Ach, wer so im Frieden ruhte, wie er,
Der Vielgeprüfte, Gute,
Des Hügel nun erhoben steht!
Mit dem Fleisch ward nichts gesprochen,
Da er sich seine Bahn gebrochen
Und einen Führer sich erfleht.
Für einen ew'gen Kranz mein armes Leben ganz!
War die Losung. Ganz war der Mann,
Da er begann,
Ganz, da sein Lebenshauch zerrann.

Ganz hat Jesus ihn gezogen,
Mit Liebeskräften ihn überwogen,
Und sich erbarmend ihm vermählt.
Dann sah man die Flamme steigen,
Sah, wie er diesen treuen Zeugen
Von Mutterleibe sich erwählt
Zu schöner Ritterschaft, mit großer Heldenkraft
Ihn umgürtet. Dann floß sein Wort
Am heil'gen Ort
Wie eine Lebensquelle fort.

Zeugt es, die ihr ihn gehöret,
Ihr Väter, die er einst gelehret,
Ihr Mütter, die Ihr ihn beweint!
Zeugt, Ihr Töchter und Ihr Söhne,
Die er durch seine mächt'gen Töne
Erweckt und um das Kreuz vereint.
Ich weiß, Ihr zeuget gern:
Der war ein Licht vom Herrn, schön und herrlich,
Und dennoch klein,
Weil er allein vom Herrn erborgte seinen Schein.

Wie er einst mit sanften Mienen
In Gottes Haus dem Volk erschienen,
Vergessen werdet Ihr es nicht.
Demut, Friede, Lieb' und Feuer
Für seinen Mittler und Befreier,
Das sprach aus seinem Angesicht.
Da drang durch manches Herz
Wohl ein zweischneidig Erz, wenn er dastand
Und Sündentrug und Hoffartsflug
Mit Waffen Gottes niederschlug.

Wenn, von Inbrunst übernommen,
Sein Geist zu Jesu Kreuz gekommen
Und niedersank auf Golgatha,
Dort war seine Lieblingsstätte,
Wenn nichts mehr ihn erfreuet hätte,
Dort sang er noch Halleluja!
Dort fand er seinen Gott,
Dort Heilkraft für die Not aller Sünden;
Dorthin gewandt hob er die Hand
Und wies den Weg zum Vaterland.

Heimweh nach dem Vaterlande,
Der Wehmut Hauch im Schwachheitsstande,
Wen hat's nicht angeweht bei ihm?
O der Wonne, heil sich wissen,
Nicht mehr den Herrn betrüben müssen,
Daheim bei seinen Seraphim,
Vollendet, rein und schön durch seine Himmel gehn
Und ihn schauen,
Davon entglüht war sein Gemüt,
Das war sein Lenz, der ewig blüht.

Denn kein Frühling sollt' ihm werden in dieser Welt;
Ihm ward auf Erden
Ein reiches Leidensmaß gehäuft.
Große Last bei sel'ger Gnade,
So wurden seine Lebenspfade
Mit stillen Tränen wohl beträuft.
Die Eltern gingen hin,
In Krankheit sahn wir ihn früh hinwelken;
Doch ward die Last still aufgefaßt;
Hienieden wollt' er keine Rast.

Das ist heil'ges Zeugenleben,
So hat er ganz sich hingegeben,
Und Wege seinem Gott gemacht.
Nicht bald Eigenwerk, bald Gnade,
Bald breiten Weg, bald schmale Pfade,
Nicht salbungsloser Worte Pracht!
Schmach hätt' ihn das gedeucht!
In leere Luft gestreicht hat er niemals.
Wer Christus kennt und für ihn brennt,
Der bleibt in diesem Element.

Also wußt' er, wem er lebte,
Wonach er zielte, rang und strebte,
Was war es? – Neue Kreatur!
Den erkennen, suchen, lieben,
Der von Barmherzigkeit getrieben
Aus Gottes Himmeln niederfuhr,
Der sich zum Bürgen bot, der unsern Fluch und Tod
sterbend wegnahm;
Das lehrt' er sich, das lehrt' er Dich,
Ja,lieben lehrt' er Dich und mich.

Heil'ge Liebe, wo Du glühest,
Wo Du ein Herz nach oben ziehest,
Wes ist der Ruhm? nur Dein, nur Dein!
Was aus diesem Geist geflossen,
Was wir in ihm geliebt, genossen,
Dafür sollst Du gepriesen sein!
Er wollte keinen Ruhm; in Deinem Heiligtum
Gilt kein Selbstlob,
Was Du gelehrt, was Du beschert,
Das nur war ihm des Rühmens wert.

Ja, in Dich, o Liebe, strömen,
Wenn Menschen von Dir Gnade nehmen,
Die Quellen Deines Heils zurück.
Seine Lieb' und Herzensstille,
Sein Dulden, sein gebrochner Wille,
Der tiefe Geist in seinem Blick,
Der treue Zeugensinn, der Reichtum,
Der Gewinn vollen Glaubens –
Du hast durch ihn es uns verliehn,
Nun Jesu, nimmst Du's wieder hin.

Ihm ist ewig nichts verloren;
Durch Sterben ward er ausgeboren
In Deiner Lebensherrlichkeit.
Still, vereint mit Dir, dem Sohne,
Im Blick auf Deine Dornenkrone,
So ging der Pilger aus der Zeit;
Ging durch das Todestal im lichten Hoffnungsstrahl,
Ohne Fürchten; Ernst war der Gang!
Doch ist nicht bang,
Wer schon mit Dir zum Leben drang.

Der Du uns und ihn versöhnet,
Mit Heil sein sterbend Haupt gekrönet,
Und Deinen Knechten herrlich lohnst,
Laß uns einst in Deinen Händen,
O Herr, wie diesen Bruder enden,
Und dorthin kommen, wo Du wohnst,
Wo selig blühend steht, was Deine Hand gesät.
Er wird blühen!
Wir beten an – Licht ist die Bahn.
Fahr wohl, mein Bruder Jonathan!

A. Knapp

1. Am ersten Sonntag des Advents

Da sie nun nahe an Jerusalem kamen, gen Betphage an den Ölberg, sandte Jesus seiner Jünger zwei und sprach zu ihnen: Gehet hin in den Flecken, der vor euch liegt, und alsbald werdet ihr eine Eselin finden angebunden und ein Füllen bei ihr; löset sie auf und führet sie zu mir! Und so euch jemand etwas wird sagen, so sprechet: Der Herr bedarf ihrer; sobald wird er sie euch lassen. Das geschah aber alles, auf daß erfüllet würde, was gesagt ist durch den Propheten, der da spricht: „Saget der Tochter Zion: Siehe, dein König kommt zu dir sanftmütig und reitet auf einem Esel und auf einem Füllen der lastbaren Eselin." Die Jünger gingen hin und taten, wie ihnen Jesus befohlen hatte, und brachten die Eselin und das Füllen und legten ihre Kleider darauf und setzten ihn darauf. Aber viel Volks breitete die Kleider auf den Weg; die andern hieben Zweige von den Bäumen und streuten sie auf den Weg. Das Volk aber, das vorging und nachfolgte, schrie und sprach: Hosianna dem Sohn Davids! Gelobt sei, der da kommt in dem Namen des Herrn! Hosianna in der Höhe! Matth. 21, 1 - 9

Gott sei Dank in aller Welt,
Der sein Wort beständig hält,
Und der Sünder Trost und Rat
Zu uns her gesendet hat.
Was der alten Väter Schar
Höchster Wunsch und Sehnen war,
Und was sie geprophezeit,
Ist erfüllt mit Herrlichkeit.

In diesen zwei Versen ist die ganze Bedeutung unseres heutigen Festes ausgesprochen. Advent ist ein lateinisches

Wort und heißt auf deutsch „Ankunft.“ Wir feiern heute das Fest der Ankunft des Herrn. Daß der Messias gekommen ist; daß er noch kommt im Worte, in den Sakramenten, durch den Geist; daß er wiederkommen wird in der Herrlichkeit; mit anderen Worten, daß es eine Anstalt zur Errettung und Beseligung der Sünder, ein Reich Gottes gibt, auf dessen völligen Anbruch man von dem Fall der Menschen an fast 4000 Jahre lang warten mußte, das in Christus offenbar geworden ist, das noch fortbesteht und fortbestehen wird, bis es durch die nochmalige Erscheinung Christi in ein Reich der Herrlichkeit verwandelt werden wird – dies, liebe Zuhörer, ist die große Wahrheit, die in der Adventszeit unseren Herzen zum Dank, zur Freude und zum Genuß werden soll.

Der Messias ist gekommen. Der Mann, auf den die Väter des Alten Bundes sehnsuchtsvoll warteten; der Mann, auf den die Juden noch bis auf die heutige Stunde warten, weil die Decke Moses vor ihren Augen hängt; dieser ist gekommen. Lasset uns freuen und fröhlich sein; wir dürfen nun keines andern mehr warten; der Immanuel ist da; sein herrliches Gnadenreich ist da. Das haben wir im vergangenen Kirchenjahr an unseren Herzen erfahren. Dies sollen wir auch in diesem neuen Kirchenjahr aufs neue inne werden, und heute, gleich am Anfang, eben diese große Wahrheit ins Auge fassen, daß der Messias erschienen sei. Wir wollen den fünften Vers unseres evangelischen Abschnittes näher betrachten, und ich werde über die Worte reden:

Saget der Tochter Zion: Siehe, dein König kommt zu dir sanftmütig.

O Immanuel, Du Sonne der Welt, laß es an uns nicht umsonst sein, daß Du aufgegangen bist und scheinst. Treib uns aus den finsteren Löchern, wohin wir uns allezeit wieder verkriechen möchten, weil wir finster sind von Natur. Du kennst unsere Finsternis. Öffne uns die Augen und durchscheine uns bis auf den Grund, sonst bleiben wir Kinder der Nacht. Amen.

Sechs Tage vor seinem blutigen Tode zog der Heiland feierlich als der König Israels in Jerusalem ein. Die näheren Umstände dieses letzten feierlichen Einzuges beschreiben uns die Evangelisten sehr umständlich. In Betphage, unweit Jerusalems, sandte er zwei seiner Jünger in einen benachbarten Flecken, daß sie ihm von dort ein Eselsfüllen bringen sollten, auf dem noch nie ein Mensch gesessen hatte. Als sie seinen Befehl ausgerichtet hatten, setzten sie ihn auf dieses Eselsfüllen, und so fing er an, sich Jerusalem reitend zu nähern. Das Volk aber, das dabei gewesen war, als er Lazarus von den Toten auferweckt hatte, ging mit ihm und rühmte die Tat. Aus diesem freudigen Rühmen entstand bald durch die Anregung des Heiligen Geistes eine noch größere Bewegung. Sie breiteten ihre Kleider auf den Weg, auf dem Jesus einherritt. Sie hieben Zweige von den Bäumen und streuten sie auf den Weg; und endlich brach die Menschenmenge, die vorging und nachfolgte, in lautes freudiges Jauchzen aus. Sie schrieen und sprachen: „Hosianna dem Sohne Davids (Herr, hilf dem Sohne Davids, daß er nämlich sein Reich einnehmen kann); gelobt sei, der da kommt im Namen des Herrn! Hosianna in der Höhe!“ Sie erkannten den Heiland als den Messias, als den König Israels; aber sie fühlten auch, daß sein Reich nur mit besonderer göttlicher Hilfe durch alle entgegenstehenden Schwierigkeiten, besonders hinsichtlich seiner Feinde, durchbrechen könne. Auch eine große Menge Kinder gesellte sich zu den Alten, und sie schrieen, als er schon durch die Tore eingeritten und im Tempel angekommen war, unaufhörlich fort: „Hosianna dem Sohne Davids!" Über diese Sache kam die ganze Stadt Jerusalem in große Bewegung und Aufregung. „Wer ist der?" fragte einer den anderen; und da war die Antwort: „Das ist Jesus, der Prophet von Nazareth in Galiläa." So ist Jesus seinem Volk als sein König, sein längst verheißener König, dargestellt worden. Dies alles aber ist geschehen, setzt der Evangelist Matthäus hinzu, auf daß erfüllt würde, das gesagt ist durch den Propheten *(Sach. 9, 9)*, der da spricht: „Saget der Tochter Zion: Siehe, dein König kommt zu dir sanftmütig, und reitet auf einem Esel und auf einem Füllen der lastbaren Eselin." Oder, wie es eigentlich im Propheten heißt: „Du Tochter Zion, freue dich sehr, und du, Tochter Jerusalem, jauchze! Siehe, dein König kommt zu dir, ein Gerechter und ein Helfer, arm, und reitet auf einem Esel und auf einem jungen Füllen der Eselin."

Schon lange hatte die Tochter Zion, d. h. die Kirche Gottes vor Christus nach der Erscheinung ihres Königs geseufzt. Sie hatte die Verheißung, daß er kommen werde. Aber er kam lange nicht. Im Paradies schon war den gefallenen Menschen der Weibessame versprochen worden, der der Schlange den Kopf zertreten sollte. Sie warteten mit Sehnsucht auf ihn. Als Eva ihren ersten Sohn gebar, da meinte sie, dieser schon werde der verheißene Sohn Gottes sein. Sie nannte ihn deshalb Kain; „denn", sprach sie, „ich habe einen Mann (einen männlichen Nachkommen) erlangt, nämlich den Herrn" *(1. Mos. 4, 1)*. Aber Kain war so wenig der Schlangentreter, daß er vielmehr zum Samen der Schlange gehörte. Lamech, der Vater Noahs, hieß seinen Sohn Noah, d. h. Trost; „denn", sprach er, „dieser wird uns trösten in unserer Mühe und Arbeit auf Erden, die der Herr verflucht hat *(1. Mos. 5, 29)*. Offenbar hoffte er, dieser Sohn werde der verheißene Erlöser der Menschen sein. Aber er kam noch nicht. Das alte Menschengeschlecht wurde durch Wasser verdorben, und ein neues Geschlecht kam auf aus den Söhnen Noahs. Von nun an wurden die Verheißungen bestimmter. Abraham erfuhr, daß der, durch den alle Geschlechter auf Erden gesegnet werden sollten, aus seinen Nachkommen sein werde *(1. Mos. 22, 16 - 18)*. Jakob, als er seine Füße aufs Bett zusammenlegte, um zu sterben, und vorher seine Söhne segnete, sah im Geiste den Messias aus dem Stamme Juda emporsteigen, den Helden, den Friedefürsten, dem die Völker anhangen werden, und weissagte von ihm *(1.Mos. 49, 10)*. Moses weissagte von dem großen Propheten, den der Herr erwecken, und dem er seine Worte in den Mund geben werde *(Apg. 3, 22; 5. Mos. 19, 18 - 19)* und verstand darunter den Heiland. David schlug seine Harfe gar oft zu Ehren seines großen Enkels und Nachfolgers auf seinem Stuhle, wie in den Psalmen zu lesen ist. Alle Propheten weissagten von ihm, und nicht nur die Propheten, sondern das ganze Alte Testament. Da war das Gesetz, durch das man nicht gerecht werden konnte; da war die Schattenanstalt des levitischen Gottesdienstes, wo unter mancherlei Bildern und Gestalten die Herrlichkeit des neutestamentlichen Hohenpriestertums abgebildet war, welche aber doch die Gewissen nicht vollenden konnte; da war so mancher innere und äußere Druck, so daß sich durch die ganze alttestamentliche Zeit hindurch immer lauter und lauter in den Herzen der wahren Israeliten der Seufzer entwickelte: Ach, daß der Herr käme und sein gefangenes Volk erlösete! Aber der Herr kam lange nicht. Ein Jahrzehnt um das andere, ein Jahrhundert, ja ein Jahrtausend um das andere liefen ab, ohne daß er erschien. Vielen Propheten und Königen, die ihn zu sehen begehrten *(Luk. 10, 24)*, wurde dies nicht zuteil; sie mußten dahinfahren, ohne die Verheißung zu sehen, darum, daß Gott etwas Besseres für uns zuvor ersehen hatte, damit sie nicht ohne uns vollendet würden. Endlich kam er, der längst Ersehnte, und darum bricht der Prophet in so große Freude aus, wie er ihn im Geiste kommen sieht: „Du, Tochter Zion, freue dich sehr und du, Tochter Jerusalem, jauchze! Siehe, dein König kommt zu dir", oder wie es im heutigen Evangelium heißt: „Saget der Tochter Zion, saget es ihr, verhehlet es ihr nicht, verkündet es ihr doch, die große, die angenehme, die herrliche Nachricht: dein König kommt zu dir", oder wie Jesaja seine unaussprechliche Freude über dieses große Ereignis kund werden läßt: „Zion, du Predigerin, steig auf einen hohen Berg; Jerusalem, du Predigerin, hebe deine Stimme auf mit Macht, hebe auf und fürchte dich nicht; sage den Städten Judas: Siehe, da ist euer Gott" *(Jes. 40, 9)*.

Liebe Zuhörer, dies Wort des Propheten „siehe, dein König kommt zu dir" geht auch uns an. Die Tochter Zion ist nicht nur die Kirche des Alten Testamentes, sondern auch die Kirche des Neuen Testamentes. Und nicht nur einmal ist der Heiland zu seinem Zion als König gekommen; sondern er bietet sich seit 1800 Jahren, seit er sich zur Rechten des Vaters gesetzt hat, den Menschen immerwährend als König an, will seinen königlichen Einzug immerwährend in die Herzen halten. Wie er hier Jerusalem sagen läßt, daß er zu ihr komme, so läßt er in der ganzen neutestamentlichen Zeit durch seine Apostel und die nachfolgenden Zeugen und Knechte den Menschen sagen, daß er gern in ihr Herz als ihr König einziehen möchte. Wie er sich hier Jerusalem nähert, so nähert er sich seit 1800 Jahren den Herzen all derer, die sein Wort hören. Wie er hier zu den Toren Jerusalems voll Sanftmut und Liebe als der König des Friedens einzieht, so macht er Wohnung in allen Herzen, die sich ihm aufschließen. So ist's am ersten Pfingsttage an den Aposteln und vielen anderen geschehen; so ist's schon an vielen Millionen Seelen geschehen, die bereits vor dem Thron Gottes und des Lammes stehen; und so soll es auch an uns geschehen. Wer ihn als den rechtmäßigen Herzenskönig anerkennt, wer ihm eben darum willig die Tür auftut, zu dem geht er ein und hält das Abendmahl mit ihm. Was hier in Jerusalem geschah, das ist ein Bild und eine äußere Darstellung seines unsichtbaren Kommens in die Herzen. Es gilt seit 1800 Jahren, und wird gelten, bis er kommen wird in den Wolken des Himmels mit großer Kraft und Herrlichkeit – bis dahin wird der Ausspruch des Propheten gelten: „Saget der Tochter Zion, siehe , dein König kommt zu dir!" Ja, was sage ich? Heute, heute gilt es; heute darf ich es predigen und meine Stimme getrost erheben und darf mir und euch sagen: Seelen, unser König kommt zu uns und will Einzug in unsere Herzen halten; Seelen, freuet euch und jauchzet; Jesus steht vor der Tür.

O, was ist es doch für eine Gnade, daß er zu uns kommt, daß er die Verbindung anknüpft, daß er uns die Hand reicht. Wenn er nicht zu uns käme, zu ihm könnten wir nimmermehr kommen. Wir sind Sünder, und die Sünde hat eine Scheidewand gezogen zwischen uns und unserem Gott. Sie hat uns von seinem Angesicht hinweggescheucht. Sie hat die Gemeinschaft zwischen uns und ihm zerrissen. Wir könnten sie nicht mehr anknüpfen, wenn er es nicht täte. Wir sind Sünder, und das ist viel gesagt. Sind wir Sünder, so sind wir dem Fluche des Gesetzes verfallen; so ist der Fluch des Gesetzes, der Heiligkeit Gottes uns in das Herz geschrieben; so haben wir also nur Furcht und Schrecken vor Gott in unserem Herzen, nicht Liebe und

Vertrauen und Hoffnung zu ihm. Dies muß man erfahren, ehe man es glauben kann. Der Grund des Herzens muß vorher aufgerührt werden; die Lügenbilder der Eigenliebe und der fleischlichen Weichlichkeit, die auf der Oberfläche des Herzens schwimmen, müssen vorher weichen. Es muß der Seele ernst werden, zur Gemeinschaft ihres Gottes zurückzukehren. Dann erst glaubt und weiß sie es, daß Gott dem Sünder ein schrecklicher Gott ist, und daß eine Scheidewand daliegt, die keine Kreatur durchbrechen kann. Aber das ist nicht alles. Wir mögen auch nicht zu ihm kommen. Wir haben keine Freude an ihm, keine Lust zu ihm. Wir haben andere Götter, und diesen frönen und dienen wir lieber als dem lebendigen Gott. O liebe Zuhörer, bedenkt es doch, wie weit wir von Gott weggekommen sind durch die Sünde, wie wir so gar verirrt und verdunkelt und verloren sind in das, so nicht Gott ist! Da ist der eine verloren in das, der andere in etwas anderes; der eine macht dies, der andere das zu seinem Götzen; der eine sucht die Freude seines Herzens an seinen Feldern und Gütern, der andere an seinem Gelde, ein dritter an seinem Gewerbe, ein vierter liebt sein Weib, ein fünfter seine Kinder mehr als Gott und den Heiland, ein sechster hat seine Freude am Fressen und Saufen, ein siebenter an der Ehre bei Menschen, ein achter an schönen Kleidern, ein neunter an hoher Erkenntnis, ein zehnter an seinen natürlichen Gaben und Anlagen, ein elfter an allerhand Tugenden und Gerechtigkeiten, die er sich zu eigen gemacht zu haben glaubt, ein zwölfter sogar an geistlichen Gaben, die ihm Jesus geschenkt hat; und dieser letztere Götzendienst ist noch der gefährlichste. In diesen und anderen Dingen treiben sich die Menschen um; darin weiden sie sich; darin gefallen und spiegeln sie sich; und gewöhnlich hat ein Mensch nicht bloß einen Götzen, sondern zehn und hundert und noch mehrere. Seht, so elend sind wir; wir könnten nicht zu Gott kommen, wenn er nicht zu uns käme. Da müßten wir verlorene und verirrte Schafe bleiben, verloren und verirrt in unseren eigenen Wegen, eingeschlossen und gebannt in die Sünde, hineingebunden mit Ketten in die Werke der Finsternis, unter der Herrschaft der Sünde, des Teufels, des Todes und der Hölle. Dies wäre unser Los, wenn er nicht zu uns gekommen wäre und käme.

Dies glauben viele Menschen nicht, hauptsächlich zweierlei Menschen. Dies glauben nicht die toten Sünder, die aber ehrbar sind und einen guten Namen vor der Welt haben, die hingehen und machen sich einen Vorsatz, dies und das zu lassen oder zu tun, und führen diesen Vorsatz auch aus. Solchen Leuten dünkt es, daß sie durch sich selbst einen offenen Weg zu Gott haben, daß unser Herr Gott eher vor ihrer Rechtschaffenheit und Tugend erschrecken und sich entsetzen müsse, als sie sich vor seiner Heiligkeit. Die Türen des Himmels müssen sich einmal weit und geschwinde öffnen, wenn ein solcher Ehrenmann kommen wird. So träumten sie. Und da sind viele neuere Lehrer dazugekommen und haben aus diesem Wahn der menschlichen Torheit und Eigenliebe eine Lehre gemacht. Sie haben den Willen des Menschen unmäßig herausgestrichen und erhoben und den Menschen eine natürliche Kraft und Anlage zu allem Guten zugesprochen, ja auf gute Werke, auf Werke der stinkenden Eigenliebe, auf natürliche Tugenden den Himmel gesetzt. Aber wir haben nichts mit ihnen zu schaffen. Wir lassen sie fahren. Sie sind blinde Leiter der Blinden. Es gibt aber noch eine andere Art Menschen, die das, was ich oben gesagt habe, nicht glauben. Das sind erweckte Seelen, die am Anfang der Bekehrung stehen. Wenn ein Mensch die große Entdeckung an seinem Herzen macht, daß eine Scheidewand zwischen ihm und seinem Gott liegt durch die Sünde – wie greift er es gewöhnlich an, um diesen Übelstand zu beheben? Er will die Scheidewand niederreißen, er zerarbeitet sich elendiglich daran, er will durch sein Wollen und Wirken in den Himmel und in die Gemeinschaft Gottes hineinsteigen. Aber das hilft nichts. Mit unserem Tun können wir es nicht erlangen. Ich wüßte nicht, wozu der Heiland geboren wäre; ich wüßte nicht, wozu er seinen Lauf, seinen Leidenslauf bis Golgatha, und von da ins Grab, und von da in die Herrlichkeit des Vaters gemacht hätte; ich wüßte nicht, warum wir solch eine erbarmungsvolle Stätte hätten, die man das Reich Gottes nennt; ich wüßte nicht, warum es in unserem Text hieße: dein König kommt zu dir; ich wüßte überhaupt nicht, was ich aus der ganzen Bibel machen sollte, wenn wir es tun könnten, wenn es an unserem Rennen und Laufen läge. Nein! Er muß es tun, er muß es anfangen, fortsetzen und vollenden. Und wir haben uns nur dazu herzugeben und es uns gefallen zu lassen. Das ist unsere ganze Sache. Steig deshalb nur herunter von Deinen selbstgebauten Türmen und Türmlein. Sie sind Heuchelgebäude und mögen vor seinen Augen nichts taugen. Laß dich nur in die Niedrigkeit herunter. Je weniger du kannst, desto mehr kann er. Je weniger du wirkst, desto mehr wirkt er. Je weniger du hilfst, desto mehr hilft er. Je tiefer du herabsteigst, desto näher bist du deinem Heiland, desto gewisser kommt er zu dir.

O, wer ein offenes Herz für ihn hätte und ihn einließe, wie selig wäre solcher Mensch! Wieviel Ursache zur Freude hätte ein solches Herz, nicht nur an seinen Festtagen, nicht nur in der Kirche, sondern zu Hause, in seiner Kammer, in seinen Geschäften, in seinen täglichen Umständen; denn allenthalben begegnet er den Seinen. Er kommt immer; er kommt seit 1800 Jahren zu der Tochter Zion; er kommt in seinem Wort; er kommt in seinem Geist; er kommt in seinem Abendmahl; er kommt zu den verschiedensten Zeiten, bei den verschiedensten Gelegenheiten; er kommt in guten und bösen Tagen, durch Leiden und durch Freuden. Seine Gnadenstimme ist überall hörbar, auf der Gasse, auf dem Felde, wenn du im Schweiß deines Angesichts dein Brot ißt, so gut, wie wenn du auf deinem Lager ausruhst. Er begegnet uns oft in den geringsten Umständen. Er kommt immer; aber er kann nicht immer beikommen. Die Türen sind ihm oft verschlossen, weil sein Feind in dem Herzen haust. Sein Anklopfen, der Fußtritt des Kommenden wird überhört. Das innere Geräusch ist zu groß, das Geschrei ist zu groß. Der Markt, der Sündenmarkt, der Markt mit Dingen dieser Erde ist zu groß im Herzen. Der Sündenschlaf ist zu schwer, man kann ihn nicht hören. Das Herz ist zu irdisch, zu stolz; es will den demütigen Menschensohn, der als Friedenskönig in der Niedrigkeit einziehen will, nicht anerkennen. Jerusalem hatte einen herrlichen Tempel, und schöne Gottesdienste darin, und vornehme Priester und Hohepriester, und einen großen Stolz; darum verachtete es den Jesus von Nazareth, der nicht mit Heereskraft und Herrlichkeit, sondern in Niedrigkeit kam. Einen solchen König und ein solches Messiasreich wollten sie nicht. Und so geht es jetzt noch den armen Menschenherzen. Aber werde nur still; laß dich nur klein machen und dein Herz in den Staub beugen; verabscheue nur alles in dir, was sich aufblähen will und dem Sinne Jesu entgegen ist, so wirst du den Ruf des Geistes „dein König kommt zu dir“ vernehmen und ihm mit Freuden dein Herz öffnen. Und dein König wird zu dir kommen und in deinem Herzen herrschen.

Dein König kommt zu dir. In der Welt gibt es auch

Könige; aber sie sind Menschen wie ihre Untergebenen. Es kommt eine Stunde, wo der, der über Millionen geherrscht hat, um nichts besser daran ist als der, der nicht auf dieser Welt hatte, wo er sein Haupt hätte hinlegen können. Im Tode fällt Krone und Zepter und Würde und Ehre und alles, was in dieser Welt glänzt, zusammen. Und der Mensch, der am höchsten gestanden hat, muß hinaus in die Ewigkeit und vor den Richterstuhl eines gerechten Gottes ebenso wie ein Bettler; denn er ist ein Mensch. Aber nicht so der König, der zur Tochter Zion kommt. Er ist ein König, dem kein König gleicht, ein König aller Könige, ein Herr aller Herren. Als noch nichts da war von all dem, was da ist, als noch alles im tiefen Schlaf der Ewigkeiten ruhte: da war er und hatte Herrlichkeit bei dem Vater. Er hat die Erde geschaffen, und die Himmel sind seiner Hände Werk. Er sprach: „Es werde Licht!" Und es ward Licht. Er hat die Sterne, die in ungemessenen Bahnen über uns hinziehen, geschaffen. Er hat diese Weltkugeln in seine starke Hand genommen und sie wie eine Handvoll Sand hinausgestreut in die unendliche Leere. Er hat ihnen ihre Bahn gewiesen. So stehen sie alle vor ihm wie ein Scherflein, das in der Waage bleibt. Sein Vermögen und seine starke Kraft sind so groß, daß es nicht an einem fehlen darf. Er erhält den Weltbau, daß er nicht aus seinen Angeln weiche. Er trägt alle Dinge mit seinem Kraftwort. Wenn er seine Kraft zurückzöge, so würde in einem Augenblick die ganze Welt in das Nichts zurücksinken, aus dem sie hervorgegangen ist. Alles Wesen, alles Leben und alle Kräfte sind in seiner Hand. Wer hat das Band der sieben Sterne zusammengebunden? Wer führt den Morgenstern herauf zu seiner Zeit? Wer regiert den Himmel? Ist's nicht der, so da heißet A und O, Anfang und Ende, der da ist, der da war, und der da kommt, Jesus Jehova? Siehe, Zion, das ist der Mann, von dem der Prophet sagt: „Dein König kommt zu dir."

Es müssen wichtige Ursachen vorhanden sein, daß er zu uns gekommen ist und noch zu uns kommen will. Diese Erde ist ein sehr unbedeutender Punkt in seiner großen Schöpfung, und was sind wir auf dieser Erde, wir armen Staubmenschen! Was ist der Mensch, die Made, und das Menschenkind, der Wurm *(Hiob 25, 6)*? Wenn er von dem Thron seiner Herrlichkeit auf uns herab geblickt hätte, so müßten wir wichtige Ursachen vermuten, wieviel mehr nun, da er seinen Thron verlassen hat und ist zu uns gekommen und bietet sich uns als unser Herzenskönig an. Wenn ein irdischer König seine Residenz verlassen, in ein armes Dörflein kommen und dort eine bestimmte Familie besuchen würde, wir würden ja wichtige Ursachen vermuten, die ihn zu diesem Schritt bewogen hätten. Aber seht, dieser Vergleich ist noch viel zu schwach; denn was ist der größte irdische Monarch gegen den Gott aller Götter! Warum ist er denn zu uns gekommen? Und warum kommt er noch zu uns? Hat er von uns lernen wollen? Haben wir ihm Heimlichkeiten zu offenbaren gehabt? Hat er einen besonderen Nutzen von uns erwarten können? Sind wir seine Freunde gewesen, und sind wir es noch? Nein, von dem allen nichts, gar nicht das mindeste. Er ist die selbständige, die allgenugsame Weisheit; und wir sind seine Feinde. So verhält es sich. Was waren und sind denn die Gründe, die er zu diesem unbegreiflichen Schritt hatte? Ich will es euch sagen. Die Elendesten waren und sind wir in seinem ganzen Reich, die Allerbedauernswürdigsten, die Allerkränksten, die Allerhilfsbedürftigsten. Dies hat seine Blicke vorzüglich auf uns gerichtet. Dies hat sein Herz aufgeregt und gegen uns besonders entzündet. Dies hat den Reichtum seiner ewigen Gotteserbarmungen geöffnet und gegen uns ausbrechen lassen.

Nichts, nichts hat dich getrieben
Zu mir vom Himmelszelt,
Als das geliebte Lieben,
Damit du alle Welt
In ihren tausend Plagen
Und großer Jammerlast,
Die kein Mund kann aussagen,
So fest umfangen hast.

Dieses unendliche Lieben hat ihn ins Fleisch getrieben, ihn in Not und Tod getrieben. Dies treibt ihn, daß er uns heute sagen läßt: „Dein König kommt zu dir", daß er heute vor unserem Herzen steht und eingelassen zu werden begehrt, nicht um seinetwillen; denn er bedarf unser nicht, sondern bloß um unsertwillen.

Siehe, dein König kommt zu dir, Zion. Seele! Er will nichts bei dir holen, außer etwa deine Sünden. Er will nicht reich werden durch dich; er will alles selbst mitbringen. Er will dich reich machen; er will dich selig machen; er will dich herrlich machen. Jesus kommt zu dir, der Mann, der allen Kummer stillt; der Mann, der das innerste Verlangen deines Geistes befriedigt; der Mann, nach dem du, dir vielleicht unbewußt, aus der Tiefe deines Herzens schon oft geseufzt hast; denn nach ihm geht das Verlangen der ganzen Kreatur. Siehe, was du schon lange begehrt und nicht gefunden hast; was du in der Welt und ihrem Wesen gesucht, aber nicht gefunden hast; was du in deiner selbstgemachten Tugend, in deinen unzähligen guten Vorsätzen, die du dir gemacht hast, gesucht, aber nicht gefunden hast; was du mit großer Anstrengung, mit unmäßiger Arbeit gesucht, aber nicht gefunden hast, siehe, das soll dir nun auf einmal zuteil werden; denn Jesus bietet sich dir an. Was treibt die Menschen um in dieser Welt, was macht ihnen so viel vergebliche Unruhe? Was jagt sie mitten in den Strudel der Sünde und der Welt hinein? Was scheucht ihnen oft den Schlaf aus den Augen? Was suchen sie? Sie suchen etwas, was ihr Herz zufriedenstellen soll; aber sie finden es nicht. Es ist ein leerer Raum in uns, liebe Zuhörer, den wir allezeit ausfüllen wollen; aber mit Zeitlichem, mit Eigenem kann man ihn nicht ausfüllen. Man wirft in diesen leeren Raum Augenlust, aber sie füllt nicht aus; man wirft Fleischeslust hinein, aber sie füllt nicht aus; man wirft hoffärtiges Wesen hinein, aber es füllt nicht aus; man müht sich sehr ab, diese Dinge hineinzuwerfen, aber es hilft alles nichts, er wird nicht voll. Man wirft Geld hinein, aber es füllt nicht aus; man wirft Berufstreue hinein, die besten Vorsätze, Rechtschaffenheit und Tugend, man wirft Geschwätz von der Gottseligkeit hinein; aber es füllt alles nicht aus. Man denkt, wenn ich nur mein tägliches Brot ohne Nahrungssorgen hätte, dann wäre ich glücklich; und wenn man es hat, so ist man doch nicht zufrieden.Man denkt, wenn ich soundso viel Vermögen hätte, dann wollte ich mich zufrieden geben; und wenn man es hat, so ist man doch nicht zufrieden. Man denkt, wenn ich diese oder jene sündliche oder unsündliche Freude genießen könnte, dann würde mir nichts zu wünschen übrigbleiben; und wenn man sie genießt, so findet man es nicht darin, was man gesucht hatte, nämlich Befriedigung und Sättigung des armen Herzens. So tappt der arme Mensch nach Schatten, wird oft alt und grau über diesem Tappen und muß wieder bei jedem neuen Versuch erkennen, daß er sich getäuscht hat. O liebe Zuhörer, dieses unbekannte Etwas, das wir bis jetzt gesucht, aber nicht gefunden haben; dieses Etwas, das unseren innersten Geist stillen, unsere Leere ausfüllen kann, dieses Etwas verkündige ich euch heute. Es ist Jesus. Und dieser Jesus steht vor eurer Tür und will eingelassen werden. Wollen wir ihm die Tür nicht öffnen, wir, die wir ohne ihn die Elendesten sind?

Er hat ein Recht an uns, liebe Leute, ein ewig gültiges Recht. Er ist der rechtmäßige König unserer Herzen. Nicht der Mammon ist dein König und Herr, nicht deine Äcker und Güter sind es, nicht der Teufel ist's oder die Welt; Jesus ist's! Sonst niemand als Jesus! Du gehörtest ihm, als du noch in deiner Mutter Leibe lagst; du gehörtest ihm, als du in diese Welt hineingeboren wurdest; du gehörtest ihm in den Tagen, da du ferne von ihm nur deinem eigenen Willen und deiner Lust folgtest. Heute, heute gehörst du ihm. Und ob dich Satan mit tausend Stricken gebunden hätte, du bist doch ein Untertan und Eigentum Jesu; denn er hat dich geschaffen, und noch mehr, er hat dich erlöst, erworben und gewonnen von allen Sünden, vom Tode und von der Gewalt des Teufels, nicht mit Gold oder Silber, sondern mit seinem heiligen teuren Blut und mit seinem unschuldigen Leiden und Sterben, auf daß du sein eigen seist. Er ist dein König. Wer will ihm dieses Recht streitig machen? Wer will mit ihm streiten? Arme Kreatur, du wirst es doch nicht wollen?

Ja, liebe Zuhörer, wenn er mit dem Donner seines Gerichtes vor unserem Herzen stände, wenn er in der Offenbarung seiner Gottesherrlichkeit uns heimsuchte, so würden sich freilich alle Herzen vor ihm verschließen, und wir müßten vor seinem Angesicht fliehen, wenn wir auch nicht wollten. Aber, dein König kommt zu dir sanftmütig, als der sanftmütige Menschensohn, als das sanftmütige Lamm Gottes. So zieht er zu den Toren von Jerusalem ein. Nicht als der, der gekommen ist zu richten, sondern als der Seligmacher; nicht auf einem streitbaren Pferde, sondern reitend auf einem Eselsfüllen, als der König des Friedens. Man sieht es ihm an, daß er gesandt ist, den

Elenden zu predigen, die zerbrochenen Herzen zu verbinden, zu predigen den Gefangenen eine Erledigung, den Gebundenen eine Öffnung; das zerstoßene Rohr wird er nicht zerbrechen und den glimmenden Docht wird er nicht auslöschen, bis daß er das Gericht ausführe zum Siege: das sieht man ihm gar wohl an. Man sieht es ihm an, daß er nicht verderben, sondern heilen, stillen und erfreuen will. Denn die Strahlen seiner Gottesmajestät sind gebrochen in seiner Menschheit. Aus seinem Angesicht leuchtet die Leutseligkeit und Freundlichkeit des Vaters. Siehe, das ist dein König, und in dieser Gestalt steht er vor der Tür deines Herzens. So du ihm auftust, so wirst du ihn so erfahren, ja noch besser, als es dir alle Worte beschreiben könnten.

So du ihm aber nicht auftust, so bleibst du elend. Ja, was sage ich? Wenn wir den sanftmütigen Menschensohn verachten, wenn wir das Wort verachten, das durch seine Propheten und Apostel, ja durch ihn selbst gepredigt ist, was bleibt uns dann übrig? Nichts als ein schreckliches Warten des Gerichtes und des Feuereifers, der die Widerwärtigen verzehren wird!

Verachtet man Gottes ein'gen Sohn,
So ist ja das der verdiente Lohn,
Daß man muß unter dem Zorne bleiben;
Denn denen nur, die an Jesus gläuben,
Ist Heil bereit.

Er wird wiederkommen. Jesus wird wiederkommen. Aber nicht mehr wie das erste Mal in der Niedrigkeit, sondern in der Herrlichkeit; nicht mehr, um die Sünder zu locken, sondern um zu richten; nicht mehr auf einem Eselsfüllen, sondern auf einem Streitrosse. „Und ich sah den Himmel aufgetan", sagt Johannes *(Offbg. 19)*, „und siehe, ein weißes Pferd. Und der darauf saß, hieß Treu und

Wahrhaftig, und er richtet und streitet mit Gerechtigkeit." Wer wird aber den Tag seiner Zukunft erleiden mögen, den Tag, der brennen wird wie ein Ofen! Ja, sie werden ihn sehen; alle, die ihn gestochen haben, werden ihn sehen und werden heulen.

O Du Herr aller Herren, Du Richter alles Fleisches, Du sanftmütiger Menschensohn, davor bewahre uns! Hilf uns, daß wir Dich jetzt in unsere Herzen aufnehmen und Deine Gnade darin wirken lassen; damit, wenn Du erscheinen wirst, wir Freudigkeit haben und nicht zuschanden werden vor Dir und Deiner Zukunft! Amen.

2. Am zweiten Sonntag des Advents

Wenn aber des Menschen Sohn kommen wird in seiner Herrlichkeit und alle heiligen Engel mit ihm, dann wird er sitzen auf dem Stuhl seiner Herrlichkeit, und werden vor ihm alle Völker versammelt werden. Und er wird sie voneinander scheiden, gleich als ein Hirte die Schafe von den Böcken scheidet, und wird die Schafe zu seiner Rechten stellen und die Böcke zur Linken. Da wird dann der König sagen zu denen zu seiner Rechten: Kommt her, ihr Gesegneten meines Vaters, ererbet das Reich, das euch bereitet ist von Anbeginn der Welt! Denn ich bin hungrig gewesen, und ihr habt mich beherbergt. Ich bin nackt gewesen, und ihr habt mich bekleidet. Ich bin krank gewesen, und ihr habt mich besucht. Ich bin gefangen gewesen, und ihr seid zu mir gekommen. Dann werden

ihm die Gerechten antworten und sagen: Herr, wann haben wir dich hungrig gesehen und haben dich gespeist? oder durstig und haben dich getränkt? Wann haben wir dich als einen Gast gesehen und beherbergt? oder nackt und haben dich bekleidet? Wann haben wir dich krank oder gefangen gesehen und sind zu dir gekommen? Und der König wird antworten und sagen zu ihnen: Wahrlich ich sage euch: Was ihr getan habt einem unter diesen meinen geringsten Brüdern, das habt ihr mir getan. Dann wird er auch sagen zu denen zur Linken: Gehet hin von mir, ihr Verfluchten, in das ewige Feuer, das bereitet ist dem Teufel und seinen Engeln! Ich bin hungrig gewesen, und ihr habt mich nicht gespeist. Ich bin durstig gewesen, und ihr habt mich nicht getränkt. Ich bin ein Gast gewesen, und ihr habt mich nicht beherbergt. Ich bin nackt gewesen, und ihr habt mich nicht bekleidet. Ich bin krank und gefangen gewesen, und ihr habt mich nicht besucht. Da werden sie ihm auch antworten und sagen: Herr, wann haben wir dich gesehen hungrig oder durstig oder als einen Gast oder nackt oder krank oder gefangen und haben dir nicht gedient? Dann wird er ihnen antworten und sagen: Wahrlich ich sage euch: Was ihr nicht getan habt einem unter diesen Geringsten, das habt ihr mir auch nicht getan. Und sie werden in die ewige Pein gehen, aber die Gerechten in das ewige Leben. Matth. 25, 31 - 46

Daß ein Gericht, eine göttliche Entscheidung unseres ewigen Schicksals, die durch unser inneres und äußeres Verhalten in dieser Welt bestimmt wird, auf uns wartet, wovon unser Evangelium ausführlichen Bescheid gibt, das braucht man den Menschen nicht zu beweisen. Eine tiefe Ahnung dieses zukünftigen Gerichtes ist dem Menschen in das Herz geschrieben. Auch die Heiden, die noch nichts vom Gesetz wissen, haben diese Ahnung. Denn ihre Gedanken, die sich in ihrem Herzen untereinander entschuldigen und verklagen, zielen auf einen Tag hinaus, an dem Gott das Verborgene der Menschen richten wird durch Jesus Christus *(Röm. 2, 15 - 16)*. Jede innere Bestrafung unseres Gewissens ist eine Anzeige dafür, daß ein Gerichtstag bevorsteht. Die Lehre vom Jüngsten Gericht gehört darum auch unter die Lehren, die die Menschen leicht glauben. Es gehört eben keine Erleuchtung des Heiligen Geistes dazu. Das Gewissen des natürlichen Menschen ist Zeugnis genug für die Wahrheit dieser Lehre.

Aber die Menschen sind Lügner. Auch die natürlichen, schon durch Vernunft und Gewissen begründeten Wahrheiten würden nach und nach unter ihren unreinen Händen entstellt, durch Betrug der Sünde verdunkelt, durch die Bosheit und Täuschung der finsteren Kräfte verkehrt oder ganz in Vergessenheit gebracht werden, wenn nicht Gott von jeher diesem Unheil vorgebeugt hätte. Wie weit es die menschliche Verkehrtheit in dieser Hinsicht treiben kann, davon haben wir ein wichtiges Beispiel an dem Wege aller Heiden. Lest das erste Kapitel des Briefes an die Römer und erkennt daraus, wie durch den Unverstand, die Finsternis und die Bosheit der Menschen die Offenbarung, die Gott von seiner ewigen Kraft und Gottheit in der Schöpfung gegeben hat, in Lüge und Torheit verwandelt worden ist. Und wahrlich! auch unsere Zeit ist an dem Punkt, durch die überhandnehmende Ungerechtigkeit und Lüge unter dem Schein der Weisheit sogar das, was man natürlicherweise durch das Gewissen, die Vernunft und den gesunden Menschenverstand wissen kann, zu verkehren und zu verdrehen.

Weil nun der himmlische Vater gesehen hat, daß wir Menschen verkehrten Herzens und von dem Geist der

Lügen durchdrungen sind; weil er gesehen hat, daß auch die Lehre von einem künftigen Gericht, die doch tief in das Herz des Menschen eingeschrieben ist, nach und nach durch Ungehorsam gegen die Wahrheit verdunkelt oder gar verdrängt werden würde, so hat er es den Menschen von jeher sagen lassen, daß ein Gericht auf sie warte. So hat schon Henoch, der siebente von Adam, vom zukünftigen Gericht geweissagt *(Jud., 14 - 15)*; so finden wir diese Lehre von einem zukünftigen Gericht des Herrn häufig im Alten Testament *(z. B. Pred. 12, 14; Dan. 7, 10 + 26)*. Und im Neuen Testament haben der Heiland und seine Apostel nicht bloß in der Stelle unseres Evangeliums, sondern auch sonst an vielen Stellen ausführliche Zeugnisse davon niedergelegt. Doch eins der ausführlichsten Zeugnisse gibt unser heutiges Evangelium an die Hand. Wir wollen es deshalb genau betrachten, und ich will euch mit Gottes Hilfe vorstellen

das zukünftige letzte Gericht.

Wir wollen hierbei ins Auge fassen

I. **den Richter und die gerichtet werden,**
II. **den Maßstab, nach dem gerichtet werden wird,**
III. **den Ausspruch oder das Urteil des Richters.**

O Jesus, Du Richter alles Fleisches, hilf uns, daß wir uns von Deinem Wort und Geist hier schon richten lassen, damit wir nicht dem unerträglichen Zorn Gottes anheimfallen! Amen.

I. Liebe Zuhörer! Gegenwärtig ist es noch nicht so in der Welt, wie es sein wird, wenn unser heutiges Evangelium einmal in Erfüllung geht. Gegenwärtig ist noch alles untereinander, Gute und Böse, Gläubige und Ungläubige, Kinder Gottes und Kinder der Welt, Schafe und Böcke. Alles läuft in bunter Mischung durcheinander. Des Menschen Sohn, der nach unserem Evangelium in der Herrlichkeit kommen wird, ist gegenwärtig noch von einigen geachtet, von anderen verachtet. Einige glauben an ihn, andere glauben nicht an ihn. Vielen ist er der gleichgültigste Mann. Die Gesegneten des Vaters, die das Reich ererben sollen, das ihnen bereitet ist von Anbeginn der Welt, sind noch verborgen, man kennt sie nicht; man verkennt sie häufig; man schätzt sie gering; sie sind verachtete Lichtlein; sie sind Brüder und Schwestern dessen, der auch einst durch die Welt ging, und die Welt kannte ihn nicht, ob er wohl der Eingeborne des Vaters war. Die Verfluchten, die dann in das ewige Feuer gehen müssen als Teilnehmer der Strafe des Teufels, sehen jetzt noch gar nicht solchen Verfluchten gleich. Sie sind oft in äußerem Ansehen; sie sind oft in äußerem Wohlstand; sie lassen es sich oft wohl sein in dieser Welt; sie sind oft als die rechtschaffensten, ehrlichsten, klügsten, sogar menschenfreundlichsten Leute geachtet. Ja, sie stehen oft im Geruch der Frömmigkeit; sie können oft über die Maßen gut vom Christentum und vom Heiland reden; sie können oft recht schön beten; man hält sie oft für Schafe, obwohl sie nichts sind als Böcke. So geht alles dahin in dieser Erdenzeit. Der Böse ist immerhin böse, und der Unreine ist immerhin unrein. Der Fromme aber ist immerhin fromm, und der Heilige ist immerhin heilig. Es geht alles in einem Zuge fort. Man sieht es dem Betragen der Menschen nicht an, daß es auf so eine ernste Entscheidung hinzielt. Man sieht es dieser Weltzeit nicht an, daß sie eine Saatzeit ist, auf die eine so ernsthafte, eine so feierliche Ernte folgen wird. Der Tag der Offenbarung, des Gerichtes, der Scheidung und der

Entscheidung ist noch nicht gekommen.

Aber dieser Tag wird kommen. So gewiß wir ein Gewissen in uns haben, und Gedanken, die sich untereinander verklagen und entschuldigen; so gewiß Jesus das erste Mal in seiner Niedrigkeit erschienen, so gewiß er von den Toten auferstanden und zum Vater gegangen ist; so gewiß von seinen Worten bis jetzt keins gefehlt hat: so gewiß wird auch dieses Wort nicht fehlen; der Tag wird kommen, der Tag, der brennen soll wie ein Ofen, an dem die Gottlosen und Verächter Stroh sein werden; der Tag, an dem der Schlangensame und der Weibessame auseinandergelesen wird und diesem die ewige Freude, jenem aber die ewige Pein zugewiesen werden wird. Des Menschen Sohn wird kommen in seiner Herrlichkeit und alle heiligen Engel mit ihm. Und er wird sitzen auf dem Stuhl seiner Herrlichkeit, und werden vor ihm alle Völker versammelt werden; und er wird sie voneinander scheiden, gleich als ein Hirte die Schafe von den Böcken scheidet.

Wie ganz anders wird es dann sein, als es vor 1800 Jahren war, und als es jetzt noch ist! Vor 1800 Jahren kam Jesus als ein armer Mensch. Als er zu den Toren von Jerusalem einritt, konnte ein Weltauge von seiner Herrlichkeit wenig oder nichts sehen. Bald darauf übergab er sich in die Hände seiner Feinde, die den Mutwillen und die Bosheit ihres finsteren Herzens an ihm verüben durften. Er starb am Kreuze, wie ein Missetäter stirbt – nackt, in der alleräußersten Verachtung hing er da am Kreuz, zum Spott und Hohn seiner Feinde, und starb. Aber auch jetzt noch sieht ein Weltauge nichts oder wenig von seiner Herrlichkeit. Er hat sich verborgen in Gott. Sein Reich ist ein Kreuzreich. Sein Leben ist allenthalben unter der Schwachheit des Fleisches versteckt, durch die Niedrigkeiten des Kreuzes verächtlich gemacht vor den Augen der stolzen Welt. Die Welt mit ihrer Lust, mit ihrer vergänglichen Pracht und Hoheit, ja das glänzt in die Augen, das brüstet sich; aber die Herrlichkeit des Reiches Jesu zu sehen, dazu gehören schon andere Augen als die Vernunft hat. Es muß geoffenbart sein vom Vater; denn diese Herrlichkeit ist verborgen, ist inwendig, ist eine Herrlichkeit des Glaubens. Und was man glaubt, sieht man nicht.

Aber es wird anders werden an jenem Tage. Des Menschen Sohn wird kommen in seiner Herrlichkeit, in der Herrlichkeit, die er hatte, ehe die Welt war, die er nun wieder angenommen hat, seit er sich gesetzt hat zur Rechten der Kraft. Mit dieser Herrlichkeit wird er aus seiner Verborgenheit herausbrechen, und es wird ihn sehen jedes Auge. Der Mann, der in Bethlehem geboren wurde, der schon in seiner Kindheit vor Herodes fliehen mußte; der Mann, der in Nazareth mit seinem Pflegevater im Handwerk arbeitete; der Mann, den sein Volk von sich stieß; der Mann, den sie ins Angesicht schlagen durften mit den Worten „weissage uns Christe, wer ist es, der dich schlug?“ der sich unter allen diesen Mißhandlungen und Bosheiten als das sanftmütigste Lamm bewies; der unbekannte Mann, den ich euch immerwährend predige, der aber allen weltlich gesinnten Menschen unbekannt ist und bleibt und mit dem Hereindringen des Geistes dieser Zeit immer mehr wird: dieser Jesus von Nazareth wird wiederkommen in seiner Herrlichkeit. Er wird wiederkommen in dem Leibe, den er auf Erden an sich getragen hat; in dem Leibe, der die Gestalt des sündlichen Fleisches hatte; als Menschensohn wird er wiederkommen; an seinen fünf Wunden, die er noch an sich trägt, die er in die Unvergänglichkeit seines Wesens aufgenommen hat als ewige Zeugnisse dafür, daß er der Hohepriester der Menschheit ist – an seinen fünf Wunden wird man ihn erkennen. Aber sie werden nicht mehr von Blut triefen wie auf Golgatha; sondern sie werden mit unendlicher Gottesmajestät und Herrlichkeit allen Menschen in die Augen leuchten, den Gläubigen zwar zu unbeschreiblicher Freude, den Ungläubigen aber zu schreckensvoller Pein. „Diese", heißt es, „werden sehen, in welchen sie gestochen haben, und werden heulen; ja heulen werden alle Geschlechter der Erde" *(Offbg. 1, 7)*.

So wird er kommen vom Himmel mit einem Feldgeschrei, mit der Posaune Gottes und mit der Stimme des Erzengels. Alle heiligen Engel werden mit ihm sein. Diese, seine Diener, deren Dienst er verlängert hatte, da er in der Niedrigkeit des Fleisches wandelte; die Engel, die gleich bei seiner Geburt ihre Loblieder sangen, die ihn, da er auffuhr zum Vater, mit Jauchzen empfingen *(Ps. 47, 6)*; diese Tausendmaltausend, die um seinen Thron stehen und ihm die Ehre geben, diese werden ihn begleiten. Und dann wird er sitzen auf dem Stuhl seiner Herrlichkeit als der Richter.

Da werden dann vor ihm versammelt werden alle Völker, beide, Kleine und Große, Knechte und Freie, Reiche und Arme, Gläubige und Ungläubige; alles, was Mensch heißt von Adam an bis auf den letzten, der vor seiner Zukunft geboren wird, wird vor ihm stehen und ihn sehen müssen. O meine lieben Zuhörer, da werden wir auch dabei sein; auch uns wird seine Herrlichkeit in die Augen strahlen. Wird man da auch noch zweifeln können? Wird man da auch noch spotten können? Wird man da auch noch leugnen können? Wird man da auch noch die Nase rümpfen können über den Glauben an sein Wort, wie man es hier getan, und die Kraft seines Wortes mit einem hochmütigen selbstweisen Lächeln von sich abgewiesen hat? Oder wird man da fliehen können, wie man etwa jetzt flieht vor der scharfen Zucht seines Geistes, und mag nicht in die wüsten Abgründe seines Herzens und Lebens und dem treuen Heiland nicht in die Augen sehen? Wird man da auch noch heucheln oder sich schminken können? Wird man da auch noch seine Blöße decken können mit ein paar eitlen Trostgründen, womit man sich selbst getröstet hat, mit seiner selbstgemachten und seiner selbst zusammengetragenen und zusammengeflickten Religion? Nein! Sehen werden wir ihn müssen; in sein feuerflammendes, in sein königliches, in sein richterliches, sonnenhelles Auge werden wir hineinsehen müssen. Siehe, wenn du dich dann krümmst wie ein Wurm in der Sonnenhitze, wenn sie am Mittag brennt: hier mußt du stehen, hier mußt du aushalten, hier kannst du nicht von der Stelle weichen; hier mußt du ins Licht und mußt dich vom Lichte richten und durchscheinen lassen. Wie Jesus sich dann offenbaren wird, so mußt du auch offenbar werden.

O liebe Zuhörer, jetzt kann noch mancher die Schande seiner Blöße verbergen und sich und andere mit Heuchelschein betrügen. Es befindet sich gegenwärtig noch mancher unter den Schafen, der eigentlich seinem Herzensgrunde nach ein Bock ist. Ja, mancher steht selbst im Wahn, als ob er zur Herde Christi gehöre, obwohl er nicht dazugehört. Durch lang getriebenen Ungehorsam gegen die Zucht des Geistes kann man es endlich bis zu diesem Selbstbetrug bringen. Es ereignet sich auch zuweilen in dieser Welt, daß ein Bock vor einer Herde Schafe einhergeht in Schafskleidern und leitet sie und führt sie an, und ist doch ein Bock. Aber wenn Jesus kommen wird in seiner Herrlichkeit, dann wird es nicht mehr so sein. Er wird sie voneinander scheiden, gleich wie ein Hirte die Schafe von den Böcken scheidet. Der Anblick des Königs wird jedem sein Urteil im voraus sprechen. Seine Sonnenaugen, die unsichtbare Gottesgewalt, die ihn umgibt, wird jedem seine Stelle anweisen. Mit unwiderstehlicher Macht wird jeder hineingetrieben werden zur Rechten oder zur Linken. Da werden die Larven herunterfallen; die Larve der bürgerlichen Ehrbarkeit und Rechtschaffenheit, die Larve der sogenannten Bildung, die Larve des vergänglichen Reichtums oder des höheren Standes, die sich selbstliebende, selbstgesponnene Tugendlarve, alles wird weichen; nur die Kleider der Gerechtigkeit Christi werden den Flammenblick des Richters ertragen. Wer sie aber nicht aufweisen kann, der wird dastehen in der Schande seiner Blöße. Da sind wir alle, wie wir sind, und werden um kein Haar besser aussehen, als wir sind. Deine Gedanken, deine Anschläge, deine verborgenen Herzensgedanken und Begierden, alles, was die Finsternis bedeckt oder dein Mund als dein tiefstes Geheimnis verschwiegen hatte, dein ganzer innerer Mensch samt allen seinen Werken und Früchten wird äußerlich, wird offenbar. Bist du in Wahrheit ein Schaf gewesen in dieser Welt, so wirst du unter den Schafen stehen; bist du ein Bock gewesen, so wirst du auf die linke Seite gehen müssen, du magst wollen oder nicht; denn bei Gott ist kein Ansehen der Person.

„Wir müssen offenbar werden vor dem Richterstuhl Christi", sagt Paulus. O das ist ein schreckliches, Mark und Bein durchschneidendes Wort. Es kommt eine Zeit, wo das Scheinen aufhört. Wer bedenkt das recht! Was meinst du, wenn nur das, was in deinem Herzen seit gestern abend bis heute morgen vorgegangen ist, was du gedacht, gefühlt, in deine Einbildungskraft aufgenommen hast in dieser kurzen Zeit; ich sage, wenn nur dieses Stück deines inneren Lebens vor dieser ganzen Versammlung herausgesagt, allen diesen Menschen preisgegeben würde – wie viele sind unter uns, die, wenn das geschähe, sich nicht entsetzen, nicht zittern, nicht in den Boden sinken müßten vor Scham! An jenem Tage aber wirst du mit deinem ganzen Leben, in der wahren Gestalt deines Herzens offenbar werden. Du selbst mit deinem ganzen Wesen wirst offenbar werden. Was ist eine zeitliche Schande, der doch die Menschen, auch die groben Sünder und Übeltäter, so eifrig zu entgehen suchen, im Vergleich zu der großen Schande jenes Tages! Was ist eine zeitliche Ehre, die doch die Menschen so eifrig suchen, im Vergleich zu der Ehre jenes Tages!

II. Wenn nun die Böcke von den Schafen geschieden sein werden, dann wird der Richter richten. Aber nach welchem Maßstab wird er es tun?

Wird er nach unserem guten Namen fragen, den wir unter den Menschen gehabt haben? Oder wird er danach fragen, ob du ein guter Haushalter oder eine gute Haushälterin gewesen bist? Oder ob du dich zu den sogenannten Frommen gehalten hast? Liebe Zuhörer, diese Dinge sind alle gut, aber danach wird der Richter doch nicht hauptsächlich fragen. Was meint Ihr? Meint ihr, es werde sich darum handeln, ob wir das Christentum und den Glauben an den Heiland gut im Kopfe gehabt haben? Oder meint ihr, der Richter alles Fleisches werde Schule halten an seinem großen Tage und uns über die Sprüche abhören, die wir auswendig können? Oder meint ihr, das werde den Ausschlag geben, wenn wir vom Christentum gut reden oder schwatzen konnten? Ja, es wird einen Ausschlag geben in der Waage des Richters, einen mächtigen Ausschlag, wenn wir aus seiner Heilslehre, aus seinem Evangelium ein Geschwätz gemacht haben, ein saft- und kraftloses Geschwätz, wenn wir die Gottseligkeit für ein Gewerbe gehalten und handwerksmäßig betrieben haben. Aber der Ausschlag wird nicht zu unserem Vorteil ausfallen, sondern zum ewigen Schaden.

Wonach wird denn der König vornehmlich fragen? Antwort: Zu denen zu seiner Rechten wird er sagen:

„Ich bin hungrig gewesen, und ihr habt mich gespeist; ich bin durstig gewesen, und ihr habt mich getränkt; ich bin ein Gast gewesen, und ihr habt mich beherbergt; ich bin nackt gewesen, und ihr habt mich bekleidet; ich bin krank gewesen, und ihr habt mich besucht; ich bin gefangen gewesen, und ihr seid zu mir gekommen. Denn was ihr getan habt einem unter diesen meinen geringsten Brüdern, das habt ihr mir getan." Zu denen zu seiner Linken aber wird er sagen: „Ich bin hungrig gewesen, und ihr habt mich nicht gespeist; ich bin durstig gewesen, und ihr habt mich nicht getränkt; ich bin ein Gast gewesen, und ihr habt mich nicht bekleidet; ich bin krank und gefangen gewesen, und ihr habt mich nicht besucht. Denn was ihr nicht getan habt einem unter diesen Geringsten, das habt ihr mir auch nicht getan." Wie sollen wir dies verstehen?

Es hat in unseren Tagen Leute gegeben und gibt noch solche, die das ganze Christentum in diese guten Werke, die der Heiland hier anführt, in ein menschenfreundliches, artiges, gefälliges, mit Werken der Liebe gegen den Nächsten verbundenes Betragen gesetzt haben und noch setzen. Sie sagen: „Auf das Glauben kommt es eben nicht an, sondern auf das Tun. Glaube, was du willst, tue, was du kannst." Sie berufen sich, um ihrem Irrtum einen rechten Anstrich zu geben, eben auf solche Stellen in der Heiligen Schrift, wie die ist, die wir heute betrachten, und wollen behaupten, man sehe es ja hier gar zu deutlich, daß der Heiland auch alles auf Liebeswerke setze. Liebe Zuhörer, es ist hier nicht der Ort, diesen groben Irrtum zu widerlegen; es ist auch nicht der Mühe wert. Das wissen wir doch alle, daß einem hungrigen Menschen ein Stück Brot zu reichen oder einem Durstigen einen Trunk Wasser, oder hin und wieder einen Kranken zu besuchen, oder überhaupt seinem Nächsten Gefälligkeiten zu erweisen , das wissen wir, sage ich, daß dies alles noch keinen Christen macht. Dies alles wird und muß ein wahrer Christ tun, ja noch mehr als dies. Geizig und hart gegen den Nächsten sein und ein Christ sein, das paßt nicht zusammen. Aber wenn auch ein Mensch nicht geizig ist, so ist er doch darum noch kein wahrer Christ. Wie viele Leute gibt es in der Welt, die gutherzig und wohltätig sind gegen Arme und Elende und Barmherzigkeit üben, ja, die als Menschenfreunde gelten, und sind doch Kinder der Hölle, zwiefältig mehr denn andere. Merkt also wohl: so dürft ihr die Worte unseres Evangeliums nicht verstehen, als ob der Heiland am Jüngsten Tage nach etlichen äußerlichen Werken richten werde. Das sei ferne von ihm, der doch der gerechte Richter allen Fleisches ist. Würde er danach richten, so wüßte ich nicht, warum überhaupt Menschen zu seiner Linken stehen sollten. Denn es ist wohl kein Mensch in der Welt, der nicht hin und wieder einen Hungrigen gespeist oder einen Durstigen getränkt oder einen Kranken besucht hätte. Nein! Der Heiland wird an seinem Tage ein viel tieferes, ein viel einschneidenderes Gericht halten.

Er wird sagen: „Ich bin hungrig gewesen, und ihr habt mich gespeist; ich bin durstig gewesen, und ihr habt mich getränkt usw. Was ihr getan habt oder nicht getan habt einem unter meinen geringsten Brüdern, das habt ihr mir getan oder nicht getan." Auf die Worte „ich, mich, mir, mein" müssen wir merken. Der Heiland wird so richten nach dem Sinn, den wir für ihn und die Seinen in dieser Welt gehabt haben. Und das ist ein Gericht, wodurch nicht die Oberfläche, sondern der Grund des Herzens gerichtet wird.

„Wer euch aufnimmt", sagt der Heiland zu seinen Jüngern, „der nimmt mich auf, und wer mich aufnimmt, der nimmt den auf, der mich gesandt hat. Wer einen

Propheten aufnimmt in eines Propheten Namen (darum, daß er ein Prophet ist), der wird eines Propheten Lohn empfangen. Wer einen Gerechten aufnimmt in eines Gerechten Namen (darum, daß er ein Gerechter ist), der wird eines Gerechten Lohn empfangen. Und wer dieser Geringsten einen nur mit einem Becher kalten Wassers tränkt in eines Jüngers Namen (darum, weil er ein Jünger ist), wahrlich ich sage euch: es wird ihm nicht unbelohnt bleiben" *(Matth. 10, 40 - 42).*

O meine lieben Zuhörer, bedenkt dieses schwere, dieses nicht fleischliche, sondern geistliche, Herz und Nieren prüfende Gericht. Nicht die Größe oder äußere Gestalt unserer Handlungen gibt ihnen ihren Wert oder Unwert, sondern der Sinn, der darunter liegt. Der Trieb, aus dem sie hervorgegangen sind, bestimmt ihr Gewicht. „Wenn ich alle meine Habe den Armen gäbe", sagt der Apostel, „und ließe meinen Leib brennen, und hätte der Liebe nicht, so wäre es mir nichts nütze." Man kann vieles tun aus Rücksicht auf das Urteil anderer, oder auch um den Forderungen, die man an sich selbst stellt, Genüge zu leisten; man kann sich im Dienste Gottes und des Nächsten verzehren aus Eigenliebe und Eigengerechtigkeit, während man aus lauterer Liebe zum Heiland, aus einfältigem Gehorsam gegen ihn keinen Strohhalm vom Boden aufzuheben imstande ist. Wie ganz anders wird darum dieses Gericht ausfallen, als es sich der Weltsinn einbildet! Da wird mancher pharisäische Mensch, der Unzähligen geholfen und als Menschenfreund in ganzen Ländern bekannt war, zur Linken stehen müssen und dem Feuer zugewiesen werden; während der Heiland auf der anderen Seite einen Becher kalten Wassers, den man um seinetwillen gereicht hat, ein Bekenntnis zu ihm und seinen geringsten Brüdern, das vielleicht nur in einem Blick oder

Wort bestand, nicht unbelohnt lassen wird. Wen die Vernunft oft fromm und selig preist, den hat er längst aus seinem Buch getan. Was aber nicht in die Augen fiel, was übersehen wurde, was wohl gar verächtlich angesehen wurde vom hochmütigen Weltgeist, was aus der Demut und dem lauteren Liebestriebe gegen den Heiland floß, das ist aufgezeichnet in den Büchern Gottes, das wird jener Tag offenbaren und der König aus Gnaden belohnen.

Wer ist denn nun tüchtig, solche Liebeswerke zu tun, die am Tage der Offenbarung bestehen mögen? Antwort: Nur die durch lebendigen Glauben Christus einverleibt sind. Wenn ein Mensch Jesus Christus wahrhaftig im Glauben ergriffen hat, so hängt er auch mit ganzem Herzen an Jesus. All seine Gedanken fließen auf Jesus zusammen, auf den treuen Heiland, der ihn vom ewigen Tode freigemacht und unverdient zur Seligkeit gebracht hat. In dieser herzlichen Liebe tut der Mensch alles um Jesu willen. Er liebt Jesus in seinen, wenn auch geringen und vor der Welt unansehnlichen Brüdern; er schämt sich dieser Glieder seines Heilandes mitten unter einem unschlachtigen und verkehrten Geschlecht nicht; er überwindet und zerbricht seine liebste Lust, um dem Heiland zu gefallen; er überwindet um Jesu willen Geiz, Bequemlichkeitsliebe, Menschenfurcht, Menschengefälligkeit und alle die tiefen und verborgenen, oft vom Weltgeist als Weisheit gerühmten Stricke, die der Liebe gegen die Brüder und dem Bekenntnis zu der oft so unscheinbaren Sache des Heilandes im Wege stehen. So wird um Jesu willen der Hungrige gespeist, der Nackte gekleidet, der Durstige getränkt, der Kranke und Gefangene besucht; so werden noch viele andere Werke getan. Man tut es um des Heilandes willen, meint nicht, daß man etwas Besonderes getan habe und vergißt es bald wieder.

Seht, das ist der Sinn, den wir haben müssen, wenn wir vom Richter unter die Gesegneten seines Vaters gezählt werden wollen. Seine Reichssache muß unsere Herzenssache sein. Das Geschwätz vom Christentum macht's nicht aus. Auch das macht's nicht aus, daß man aus Gewohnheit oder aus stinkender Eigenliebe dies und jenes Gute tue. Ein Gewächs der Gerechtigkeit, ein Gewächs des Glaubens, der in Liebe tätig ist, ein Gewächs der Wiedergeburt muß in unseren Herzen sein, daß die Prüfung dessen, der Augen hat wie Feuerflammen, aushalten kann. Wenn dieses nicht in uns erfunden wird an jenem Tage, so werden wir dem Feuer anheimfallen.

Und nun prüfe sich doch jeder, ob er in diesem Sinne stehe. Täusche sich doch ja niemand mit leeren Einbildungen! Siehe, wenn du nicht durch wahre Buße zum Glauben gekommen bist, wenn du nicht in der Gemeinschaft Jesu stehst, wenn du dich nicht täglich von ihm im Geiste erneuern läßt, wenn du nicht unter der Zucht seines Geistes stehst und durch tägliche ernstliche Buße und Vergebung deiner Sünden gehst, siehe, so hast du diesen Sinn nicht. Und wenn du diesen Sinn nicht hast, so bist du ein Kind des Verderbens, du seiest im übrigen, wer du seist. Nun prüfe dich doch; nun gehe auch einmal in einen Ernst ein in deinem Christentum; nun laß es dir auch einmal ein rechtes Anliegen sein, daß du die Kraft Jesu Christi erfahren mögest. Komm als ein armer Bettler zu ihm, bis er sich dir zu erkennen gibt. Siehe, es handelt sich um deine ewige Seligkeit; es ist wohl des Bittens und Anhaltens wert.

III. Denn was wird der König sagen zu denen zu seiner Rechten? „Kommet her, ihr Gesegneten meines Vaters, ererbet das Reich, das euch bereitet ist von Anbeginn der Welt.“ O liebe Zuhörer, was wird das sein, wenn man aus dem Munde des ewigen Königs diese Worte wird hören dürfen! Wenn er uns „Gesegnete seines Vaters“ heißt! Leute, auf denen der Fluch des Gesetzes gelastet hatte, den sie aber losgeworden sind durch den Glauben an Christus, auf denen nun das wohlgefällige Auge des Vaters ruht. Was wird es sein, wenn man den Segen, wenn man das Reich ererben darf, das der Vater in Christus den Menschen bereitet hat, wenn das Wort des Königs in Erfüllung geht, das er noch in den Tagen seines Fleisches dem Vater in das Herz gesagt hatte: „Vater, ich will, daß wo ich bin, auch die bei mir seien, die du mir gegeben hast, daß sie meine Herrlichkeit sehen, die du mir gegeben hast.“ Was wird das sein! Eingehen dürfen zur ewigen Ruhe, in die Stadt, wo kein Verbanntes, wo keine Sünde mehr ist, wo das Lamm ist, und seine Knechte, die ihm dienen und sein Angesicht sehen, und nicht mehr hinausgehen müssen; ewig geborgen, ewig aufgehoben, aus aller Fährlichkeit von innen und außen gerettet sein im ewigen Königreich unseres Gottes – was wird das sein!

Da wird man Freudengarben bringen,
Denn unsre Tränensaat ist aus.
Welch heller Jubel wird erklingen
Und süßer Ton im Vaterhaus!
Schmerz, Seufzen, Leid, Tod und dergleichen
Wird müssen fliehn und von uns weichen.
Wir werden unsern König sehn.
Er wird beim Brunnen uns erfrischen,
Die Tränen von dem Auge wischen,
Wer weiß, was sonst noch wird geschehn!

Aber wie schrecklich ist auch der andere Ausspruch aus dem Munde des Königs: „Gehet hin, ihr Verfluchten, in das ewige Feuer, das bereitet ist dem Teufel und seinen Engeln.“ Verfluchte nennt er sie; in das ewige Feuer weist er sie, das dem Teufel und seinen Engeln bereitet ist, nicht ihnen; denn Gott hatte sie nicht zum Zorn gesetzt, sondern die Seligkeit zu besitzen durch Jesus Christus. Aber das hatten sie nicht gewollt. O, es ist ein schrecklicher Ausspruch des Königs; es ist eine ganze Ewigkeit voll Zorn darin und kein Tröpflein Gnade darunter.

Liebe Zuhörer, dies ist das Endurteil; bei diesem Urteil hat es sein ewiges Verbleiben. Über wen dieses Urteil gefällt ist, über den fällt der Richter fernerhin kein Urteil mehr. Wir lesen von keiner künftigen Abänderung oder Milderung in der Bibel. O, laßt uns das wohl bedenken! Jetzt leben wir noch in der Gnadenzeit, in der Bußzeit, in der Zeit der Aussaat. Wenn ein Mensch bis heute verkehrten Sinnes gewesen wäre, und er würde heute umkehren und Gott ernstlich suchen, so kann er noch Gnade finden und noch sein Plätzchen zur Rechten erhalten. Dann aber, wenn der Tag des Herrn erscheint, ist es vorbei, auf ewig vorbei; dann ist die Gnadenzeit verscherzt; dann hat der Mensch sich selbst verloren, auf ewig verloren. Bedenkt, was das heißt, sich selbst, nicht sein Geld oder Gut, nicht seinen Leib, sondern sich selbst auf ewig unwiederherstellbar verloren zu haben.

Ich weiß nicht, was uns nüchtern machen sollte, zu bedenken, was zu unserem Frieden dient, wenn es diese zentnerschwere Wahrheit nicht tut. Darum besinne sich, wer sich besinnen kann! Amen.

3. Am dritten Sonntag des Advents

Da aber Johannes im Gefängnis die Werke Christi hörte, sandte er seiner Jünger zwei und ließ ihm sagen: Bist du, der da kommen soll, oder sollen wir eines andern warten? Jesus antwortete und sprach zu ihnen: Gehet hin und saget Johannes wieder, was ihr sehet und höret: die Blinden sehen und die Lahmen gehen, die Aussätzigen werden rein und die Tauben hören, die Toten stehen auf und den Armen wird das Evangelium gepredigt; und selig ist, der sich nicht an mir ärgert. Da die hingingen, fing Jesus an, zu reden zu dem Volk von Johannes: Was seid ihr hinausgegangen in die Wüste zu sehen? Wolltet ihr ein Rohr sehen, das der Wind hin und her bewegt? Oder was seid ihr hinausgegangen zu sehen? Wolltet ihr einen Menschen in weichen Kleidern sehen? Siehe, die da weiche Kleider tragen, sind in der Könige Häusern. Oder was seid ihr hinausgegangen zu sehen? Wolltet ihr einen Propheten sehen? Ja, ich sage euch, der auch mehr ist denn ein Prophet. Denn dieser ist's, von dem geschrieben steht: „Siehe, ich sende meinen Engel vor dir her, der deinen Weg vor dir bereiten soll." Matth. 11, 2 - 10

In unserem heutigen Evangelium wird uns die Verhärtung des menschlichen Herzens gegen die Kraft der göttlichen Wahrheit auf besondere Weise vor die Augen geführt. Die zwei Jünger des Johannes, die ihr Meister zu Jesus sandte, hatten vorher die Zeugnisse, die der Täufer von Christus ablegte, mit angehört. Es war auch zu ihnen die Kunde von den Taten des Heilandes gedrungen, und doch können sie den Heiland fragen: Bist du der Messias, oder sollen wir eines andern warten? So wenig waren die triftigsten Zeugnisse imstande gewesen, ihren im Unglauben und in allerhand Ärgernissen, die sie an Christus nahmen, verhärteten Sinn zu beugen und ihre zweifelnden Gedanken zur Stille und zu einem festen, siegenden Schluß, oder mit anderen Worten, zum Glauben zu bringen. Die ungläubige, schwankende Gemütslage dieser zwei Jünger des Johannes gab dann dem Heiland Veranlassung, bei ihrem Weggehen zum Volke von der Art zu reden, wie es den Täufer, diesen größten unter allen Propheten, aufgenommen habe; wie es durch ihre Lüste Ärgernis an ihm genommen und sich in heillosem Unglauben von seinem Wort gewendet habe.

O meine lieben Zuhörer, die Worte, die der Herr Jesus in unserem Evangelium und im ganzen übrigen elften Kapitel des Matthäus hierüber zum Volk spricht, sind sehr bedeutsam und gehen uns sehr nahe an. Zwar haben wir, die wir im neunzehnten Jahrhundert leben, uns nicht an dem Täufer Johannes schuldig gemacht wie das jüdische Volk; aber ob wir mit dem uns gepredigten Wort Gottes nicht eben so heillos umgegangen sind oder umgehen wie jene, ob wir nicht großenteils auch die Wahrheit in Ungerechtigkeit aufhalten wie jene, das ist eine andere Frage. Die Absicht, warum uns Gott sein Wort verkündigen läßt und zu dem Wort den Geist gibt, ist keine andere, als daß die Menschen, und zwar jeder einzelne, in das durch die Sünde verlorene Ebenbild Gottes erneuert werden möchten. Die Menschen sollen durch das Wort und den Geist gerührt, aber nicht nur oberflächlich gerührt, sondern auch wirklich aus ihrem Sündenschlaf erweckt werden; aber nicht nur erweckt, sondern auch zum Genuß des Verdienstes Christi, zur Vergebung der Sünden durch den Glauben an Jesus gebracht werden; aber nicht nur zum Glauben an Jesus gebracht werden, sondern auch im neuen Leben wandeln als Kinder Gottes. Dies ist die Absicht

Gottes. Aber an wie vielen erreicht er diese liebevolle Absicht ganz? An wenigen. Warum? Hauptsächlich darum, weil es den Menschen unbequem ist, sich sowohl nach ihrem Herzen als auch nach ihrem Verstande unter das Wort Gottes zu beugen; weil sie lieber das Wort Gottes nach ihren verborgenen oder offenbaren Lüsten und nach ihren Vorstellungen, geschwinden Einfällen und guten Meinungen selber biegen; mit anderen Worten, die Kraft des Wortes Gottes wird an den Menschen aufgehalten durch allerlei Ärgernisse.

Doch wir wollen diesem Gedanken weiter nachgehen, und ich will mit Gottes Hilfe angeben

einige Hindernisse, warum es bei vielen Menschen

I. zu keiner Rührung durch das Wort Gottes kommt,
II. wenn sie auch gerührt werden, zu keiner wirklichen Erweckung,
III. wenn sie auch erweckt werden, zu keinem Frieden mit Gott durch Christus,
IV. wenn sie auch Frieden finden, zu keinem rechtschaffenen Wesen in Christus kommen.

Liebreicher Heiland! Du tust unaussprechlich viel an uns, begegnest uns allenthalben und trachtest, uns unser Herz abzugewinnen. Wir aber sind großenteils so fremd gegen Dich und schließen die Tore unseres Herzens vor Dir zu als vor einem Feinde. Ach, offenbare doch unseren Herzen die große Abneigung und Widrigkeit gegen Dich, worin wir gefangen sind. Zeige uns im Lichte Deiner Wahrheit die verborgenen Ursachen dieser Widrigkeit; zerstöre die Befestigungen der Eigenliebe, der Lüge, der falschen Tröstungen; richte Dir eine Bahn an in unseren Herzen und ruhe nicht, bis Dir alles darin zu Deinen Füßen liegt! Amen.

I. Das erste, was mit einem Menschen vorgehen muß, an dem die Absicht, die Gott mit seinem Wort hat, erreicht werden soll, ist das, daß er durch die Kraft des Wortes Gottes gerührt und auf seinen verlorenen Zustand aufmerksam gemacht werden muß. Dies lag im Auftrag Johannes des Täufers. Er sollte den Israeliten ihre Sünde vorhalten; er sollte eine Bewegung unter ihnen anrichten durch das Wort Gottes, das er predigte; er sollte Bahn machen; das Höckerige sollte sein Wort eben und das Krumme gerade machen, damit der Heiland einen offenen Weg in die Herzen fände. Dieses Geschäft ist ihm auch an vielen Menschen gelungen. Viele wurden durch das Wort des Propheten erschüttert, von der Ungerechtigkeit ihrer Wege überzeugt und ließen sich taufen mit der Taufe der Buße zur Vergebung der Sünden. Aber an vielen richtete das Wort des Täufers nichts aus. Und so ist es noch jetzt mit dem Wort; auf viele macht es keinen, auch nicht den ersten Eindruck.

Woher kommt das? Wenn man diese Frage beantworten soll, so muß man im voraus sagen, daß es überhaupt als ein großes Wunder zu achten ist, wenn ein Menschenherz einen Eindruck von der göttlichen Wahrheit bekommt. Dies ist ein Wunder, das nur durch die göttliche Lebenskraft, die im Worte liegt, erklärbar wird. Denn unsere Herzen sind von Natur kalt, tot, undurchdringlich für das Göttliche, wie Stein. Der Heiland redet in unserem Evangelium von Blinden, Lahmen, Tauben, Aussätzigen, die er geheilt hat und versteht darunter leiblich Kranke. Aber wie diese Menschen äußerlich am Leibe gelitten haben, ehe sie der Heiland heilte, ebenso, ja noch viel mehr leiden alle Menschen von Natur am Geiste. Ich könnte Stellen der

Heiligen Schrift anführen, die euch beweisen sollten, daß wir von Natur geistlich blind, geistlich lahm, geistlich aussätzig, geistlich taub sind, nämlich in Beziehung auf Gott und das Leben in Gott; denn in Beziehung auf die Welt und das Leben in der Welt hat unsere Seele gesunde Sinne und Kräfte. Es würde mich aber zu weit führen und auch nicht viel nützen. Denn bevor ein Mensch erleuchtet und lebendig gemacht wird durch den Heiligen Geist, glaubt er nicht, daß er so elend ist. Und eben in dieser Hinsicht sind wir dem Geiste nach kränker, als es jene Kranken dem Leibe nach waren; denn sie fühlten doch ihr Elend; sie seufzten unter ihrer Last; es trieb sie zum Heiland, zum Arzt. Wir aber fühlen es nicht einmal; kennen es nicht; es ist uns keine Last, bevor der Heiland durch seinen Geist eine Erkenntnis unseres Verderbens in uns anregt und ein Verlangen nach etwas Besserem in uns erweckt. Daß ich es kurz sage: wir sind von Natur tot in Sünden. Einen Toten aber aufzuerwecken, das ist Gottes Werk. Darum habe ich gesagt, es sei überhaupt als ein großes Wunder zu achten, wenn ein Menschenherz einen Eindruck von der göttlichen Wahrheit bekommt.

Indessen gibt es Herzensstellungen und Gemütszustände, die den Menschen für die Kraft des Wortes Gottes doppelt unzugänglich machen. Dieser Fall tritt ein, wenn eben jener erstorbene Herzenszustand für Weisheit oder für Frömmigkeit ausgegeben wird. Ein entsetzlicher, aber unter den Menschen sehr häufiger Betrug der Sünde! Die Kälte und Entfremdung des Herzens gegen Gott, die Blindheit in Hinsicht auf göttliche Wahrheiten wird dann so wenig als etwas Drückendes gefühlt, daß man sich ihrer vielmehr entweder als der wahren Weisheit rühmt oder sie, nachdem man sie in die Schranken der bürgerlichen Rechtlichkeit und der äußerlichen Gottesdienstlichkeit gezwungen hat, für die wahre Frömmigkeit, für das wahre Leben aus Gott ausgibt. So ist der Mensch zweifach erstorben, nämlich erstens von Natur, und zweitens dadurch, daß er seinen Tod für das Leben hält *(Joh. 9, 41)*.

Um euch dies aber deutlicher zu machen, will ich es euch so sagen: Die für die Kraft des Wortes Gottes unbesiegbarsten Menschen, die Menschen, die noch einmal soviel Bollwerke gegen Gottes Wort in ihrem Herzen haben als andere, sind die Sadduzäer und die Pharisäer. Von diesen zwei Sekten waren die Leute, denen der Herr *(Matth. 21, 32)* das scharfe Wort sagte: „Johannes kam zu euch und lehrte euch den rechten Weg, und ihr glaubtet ihm nicht; aber die Zöllner und Huren glaubten ihm. Und ob ihr's wohl sahet, tatet ihr dennoch nicht Buße, daß ihr ihm darnach auch geglaubt hättet."

Die Sadduzäer waren gebildete Weltleute, Leute, die ihre eigene Religion hatten, die Volksreligion für Aberglauben hielten und sich weit über den Pöbel hinaufdachten mit ihren aufgeklärten Religionsansichten. Weil der fleischliche Mensch, dessen Trieb auf das Sichtbare geht, keine Freude am Unsichtbaren hat und der Gedanke an eine Geisterwelt und Ewigkeit mit einem unheimlichen Gefühl für ihn verbunden ist, so hatten es sich die Sadduzäer bequem gemacht. Sie entfernten aus ihrer selbstgemachten Religion alles, was nur von ferne an eine unsichtbare Welt erinnerte. Sie verwarfen eigenmächtig das göttliche Ansehen aller alttestamentlichen Bücher bis auf die fünf Bücher Moses, in denen, wie sie behaupteten, der Wahnglaube an eine Auferstehung nicht eingedrungen sei *(Matth. 22, 29 - 32)*; sie glaubten keinen Engel noch Geist, keine Auferstehung der Toten, vielleicht nicht einmal eine Unsterblichkeit der Seele. Dies alles hatte viel zu sehr die Gestalt des Aberglaubens oder konnte dazu Anlaß geben.

Sie scheinen den Grundsatz gehabt zu haben, der auch in unseren Tagen den sogenannten aufgeklärten Religionsansichten auf eine offenbarere oder verstecktere Weise zugrunde liegt, daß nichts zu glauben sei, was nicht in die fünf Sinne falle. Diesen aus dem Fleische, aus tiefer Blindheit des Herzens und aus den gröbsten, sinnlichsten Begriffen entsprungenen Wahn nannten sie Weisheit, Aufklärung, geistigere Religionsansicht. Dabei suchten sie natürlich ihr Teil in dieser Welt, trachteten nach Ehre, nach Geld, nach Wollüsten. Die Welt und was die Welt gibt, das war ihnen groß. Das Unsichtbare war nichts in ihren Augen, und so sehr sie sich feiner und geläuterter Religionsbegriffe rühmten, so grob dienten und frönten sie den Lüsten und Begierden des Fleisches.

Ihr seht, liebe Zuhörer, daß eben nicht viel Kunst und Weisheit dazu erforderlich ist, um ein Sadduzäer zu sein. Auch könnt ihr das sehen, daß die Sadduzäer gegenwärtig überhand genommen haben in der Welt. Wie sehr aber eine solche Denkweise gegen die züchtigende und ergreifende Kraft des Wortes Gottes das Herz verschließt, werde ich euch nicht erst beweisen dürfen. Was mag Johannes der Täufer für ein verächtliches Lichtlein in den Augen dieser aufgeblasenen Leute gewesen sein, was muß die einfältige Predigt des Evangeliums für ein törichtes Ding vor einem solchen Weltweisen sein! Wie wenig kann der Geist Gottes durch das verworfene und für einen Aberglauben gehaltene Wort einem solchen stolzen Herzen beikommen! Wahrlich! Es war schon viel, wenn solch ein weiser Mann nur hinausging, um den armseligen Propheten in der Wüste zu hören. Es war viel, wenn er den Bußprediger nicht ins Angesicht hinein auslachte. Und wenn je ein oder das andere Wort des Täufers einen solchen Sadduzäer traf, so war der Eindruck von seinen Freunden bald wieder weggelacht oder weggespottet. Die zweite Denkungsart, die das Herz gegen die Kraft des Wortes Gottes besonders verriegelt, ist die der Pharisäer. Sie wickelten sich in ein äußeres Scheinbild von Gerechtigkeit, nannten dieses die wahre Gerechtigkeit, obwohl sie die Gerechtigkeit, die vor Gott gilt, nicht kannten und auch mit keinem Finger berührten. Das Gesetz ist geistlich und richtet die innersten Triebe und Gedanken des Herzens. Dies ist dem fleischlichen Menschen, der die Sünde lieb hat, unbequem. Um nun doch ihrem Gewissen, das die Unterwerfung unter das Gesetz fordert, einigermaßen Genüge zu tun, warfen sich die Pharisäer mit aller Macht auf die Beachtung des äußeren mosaischen Gesetzes und waren darin übertrieben genau, andächtig und gottesdienstlich. Hierbei fand das Fleisch immer noch seine volle Nahrung. Es wurde ihm kein Abbruch getan, wenn es sich nur in gewisse äußerliche Schranken fügte. So brachten sie einen Schein von Gerechtigkeit zustande und kamen so weit, daß sie diese fleischliche Gerechtigkeit für die Gerechtigkeit hielten, die vor Gott gilt. Sie hielten sich sehr viel darauf zugute, und alle, die nicht in eben diesem Lügenbild gefangen waren wie sie, den Heiland z. B. *(Matth. 11, 19; 9, 11; Luk. 15, 2)*, verachteten sie aufs tiefste. In solche eigengefällige und selbstgerechte Lügner hat, wie leicht einzusehen ist, das Wort der Buße keinen Eingang, wenn nicht Gott ein besonderes Wunder tut.

Wir dürfen aber nicht meinen, liebe Zuhörer, als ob es unter uns keine Pharisäer mehr gäbe und diese Denkungsart nur jener jüdischen Sekte angehört habe. O nein, auch in der Christenheit sind viele, erstaunlich viele Pharisäer. Nur die äußere Gestalt der Sache hat sich verändert, der darunter liegende Sinn ist der gleiche wie damals. Es gibt freilich keine Leute unter uns, die breite Denkzettel an ihren Kleidern tragen, die keinen Bissen Brot essen, ohne vorher die Hände zu waschen, und die aus diesen und dergleichen äußerlichen Beachtungen und Übungen eine Gerechtigkeit zusammenflicken, die vor Gott gelten soll. Solche Dinge haben in der christlichen Kirche ihren Wert und ihr Ansehen verloren und passen nicht mehr zu unseren Sitten. Aber gibt es nicht auch Menschen unter uns, die in ihrer Herzensblindheit das, was äußerlich im Christentum ist, für das Wesentliche ansehen und die Förderungsmittel der Gottseligkeit, die Gnadenmittel, für die Gottseligkeit und Gnade selbst halten? Wie viele mögen wohl unter uns sein, jawohl, unter uns, die sich auf ihre Frömmigkeit, auf ihr rechtschaffenes Christentum etwas zugute halten; und weil sie fleißig zur Kirche und zum Heiligen Abendmahl gehen, weil sie in der Bibel lesen und zu ihren Zeiten ihre Gebete verrichten, sich für gute Christen halten und meinen, die Aufforderung zur Bekehrung gehe sie nicht an, indem sie solches nicht nötig haben! Seht, das sind die gleichen Pharisäer wie zu der Zeit Christi. Sie wickeln sich wie jene in ein äußeres Scheinbild der Gerechtigkeit und nennen es die wahre Gerechtigkeit. Und was soll ich von den tugendhaften Leuten dieser Zeit sagen, die die Gerechtigkeit und das Verdienst Christi meinen entbehren zu können und eben darum das Wort vom Kreuz, wenn es ihnen ohne Schminke angeboten wird, schnöde von sich weisen? Ist es denn eine wahre Tugend, deren sie sich rühmen? Nein! nur ein elendes Flickwerk von allerhand eigenliebigem Selbstbetrug, von allerhand vermeintlichen Vorzügen, die das eigengefällige Herz sich selbst zugesprochen hat oder die es, auf die heuchlerischen Schmeichelworte anderer hin, an sich zu finden glaubt; eine Mischung von natürlicher Gutmütigkeit, Stolz, Torheit und Unbekanntschaft mit dem Willen Gottes, die erst das Feuer jenes Tages zersetzen muß. Diese Pharisäer sind gewöhnlich Sünder, die es mit dem Sündigen ins Große und Grobe getrieben haben und treiben. Ich habe schon die Gelegenheit gehabt zu bemerken, daß Leute, die es im Lügen und Betrügen, in allerlei Unzuchtshändeln, im Verleumden, im Spott und Verachtung des Nächsten, im Fressen und Saufen und in anderen Werken des Fleisches weiter gebracht haben als andere, sich am meisten mit ihrer Tugend brüsten, nicht bloß, um sich vor den Menschen einen guten Schein zu geben, sondern aus eigener innerer Überzeugung. Dieser Widerspruch kommt daher, weil der Dienst der Welt und der Sünde das Gewissen abstumpft und dessen Licht verdunkelt. Der ganze Ruhm solcher Leute besteht darin, daß sie sich auf eine artige, abgeschliffene Weise gegen ihresgleichen betragen; ferner in einigen, wie sie es nennen, guten Taten, von denen sie in neueren Schriften lesen, daß man dadurch selig werde, und darin, daß sie noch niemand totgeschlagen haben; denn alle übrigen Gebote haben sie in der Regel oft und vollständig übertreten. Bei ihren Sünden, die sie Fehler und Schwachheiten nennen, haben sie es doch immer gut gemeint, obwohl sie oft verkannt worden sind, und so das Bild der verkannten Tugend haben darstellen müssen. Die Ewigkeit, meinen sie, wird das Rätsel lösen, warum die Tugend hienieden öfters leiden muß. Das ist das Pharisäertum unserer Zeit, vermischt mit sadduzäischen Grundsätzen. Solche Leute sind unzugänglich für das Wort Gottes, mit Lügen zehnfach verschanzt gegen die Wahrheit, zweifach erstorben.

Diese Pharisäer haben keine Erkenntnis des Evangeliums. Es gibt aber auch Pharisäer, die christliche Erkenntnis haben, die Heilslehre wohl kennen, schon vieles vom Heiland gehört, wohl auch selbst von ihm geredet haben, und sind doch tot im Herzen. Diese halten ihre

Erkenntnis, ihre Sprüche, ihre Verse, die sie im Kopfe haben, ihr Anerlerntes, das auf der Oberfläche ihres Herzens schwimmt und niemals in ihr Blut und Leben eingedrungen ist, für das wahre, ihnen eigentümliche göttliche Leben. Diese sind wohl die Unzugänglichsten für die Kraft des Wortes. Was sie davon lesen oder hören, das ist ihnen schon bekannt und eine alte ausgemachte Sache. Ist das Wort Gottes scharf, so denken sie, das ist gut für die Unbußfertigen. Ist das Wort tröstend, so deuten sie es ganz auf sich. Redet das Wort von Gläubigen, von Kindern Gottes, so sind sie damit gemeint. Ist von Ungläubigen die Rede, so sind andere darunter verstanden. So wird die Kraft des Wortes ganz an ihren Herzen gebrochen und abgestumpft. Sie meinen, sie hätten den Himmel gepachtet. Ein jämmerlicher Herzenszustand!

Wer ist denn nun empfänglich für die Kraft des Wortes Gottes? Antwort: den Armen wird das Evangelium gepredigt. Und am Ende des elften Kapitels des Evangeliums Matthäus, aus dem der evangelische Abschnitt des heutigen Sonntags genommen ist, sagt der Heiland: „Kommet her zu mir, ihr Mühseligen und Beladenen, ich will euch erquicken." Wer in einem äußerlichen Leidensdruck steht, in wem Zweifel an seiner eigenen Weisheit erwachen, wer in seinem Gewissen beunruhigt ist, solche Seelen sind dazu vorbereitet, durch die Kraft des Wortes Gottes getroffen zu werden. Wo aber dies alles nicht eintrifft, da findet die bittere und demütigende Wahrheit keinen Raum. Und wenn ein solcher Mensch doch durch das Wort Gottes erschüttert wird, so ist es, wie oben gesagt wurde, ein doppeltes Wunder.

II. Aber freilich bei den ersten Rührungen darf es nicht bleiben. Es muß zu einer eigentlichen Erweckung kommen bei einem Menschen, wenn der Zweck, den Gott mit seinem Wort und Geist hat, an ihm erreicht werden soll. Gott will mit der Kraft seines Wortes nicht bloß einen oberflächlichen Eindruck auf das Herz des Menschen machen, nein, es soll auch tiefer dringen. Es soll hinunter dringen auf des Herzens Grund; es soll des Herzens innerste Gestalt offenbaren; es soll schneiden, bis daß es scheide Seele und Geist, auch Mark und Bein *(Hebr. 4, 12)*. Wenn du einen Menschen, der sorglos am Rande eines tiefen Abgrundes schläft, hundertmal anstoßen und zu ihm sagen würdest: „Freund, wach auf und bedenk deine gefährliche Lage!" und er würde hundertmal die Augen aufschlagen und sprechen: „Du hast recht, ich will aufstehen", würde aber jedesmal die Augen wieder schließen und weiterschlafen, was würde zuletzt aus ihm werden? Über kurz oder lang würde er trotz all dieser Anmahnungen, von seinem schweren Schlaf überwältigt, in den Abgrund stürzen. So ist's auch nicht genug, daß ein Mensch durch das Wort Gottes gerührt werde; man muß aufwachen von seinem Sündenschlaf, vom Schlaf der Sorglosigkeit und natürlichen Sicherheit; man muß auch die Augen offen behalten und sein Elend, seinen gefährlichen, seinen verzweifelt gefährlichen Seelenzustand kennenlernen; sonst kann man nicht errettet werden aus der Obrigkeit der Finsternis und fällt doch über kurz oder lang der höllischen Verdammnis anheim.

Liebe Zuhörer, dieses völlige Wachwerden ist aber eben keine angenehme Sache für das Fleisch. Ihr wißt ja, wie es mit dem leiblichen Schlaf ist. Wenn man gerade in tiefem, festem Schlaf liegt, und es kommt jemand und weckt und spricht: „Steh auf, du hast dies und das zu tun", so ist das etwas Unangenehmes. Es kostet Überwindung, sich aus seinem tiefen und festen Schlaf herauswecken zu lassen, die Augen aufzutun und völlig wach zu werden. Viel lieber würde man, wenn der Weckende weggegangen ist, sich auf die andere Seite legen und den Schlaf von vorne anfangen. So ist es auch im Geistlichen. Wenn das Wort Gottes das Herz rührt, wenn die Weckstimme des Sohnes Gottes an das Herz dringt, so ist es viel angenehmer, diese Stimme, wenn sie verhallt ist, wieder zu vergessen und sich seiner vorigen fleischlichen Sicherheit zu überlassen. Ja, wenn es wie ein Donner in die Ohren getönt hat: „Steh auf, du Kind des Verderbens!" so erschrickt man zwar, fährt erschrocken auf; aber bald kommt die vorige Schläfrigkeit wieder; der Schreckenseindruck verwischt sich; die Augen fallen wieder zu, und es kann kommen, daß man auf eine so kräftige Rührung hin wieder schläft und schnarcht, daß es in der Nachbarschaft gehört wird. Es kostet allerdings einige Überwindung; es kostet Verleugnung, wahrhaft geistlich wach zu werden und sein Elend, sein Verderben, seinen Aussatz kennenzulernen. Man muß die Eindrücke, die das Wort Gottes auf das Herz gemacht hat, in sich erneuen und erneuern lassen; man muß unter der Zucht des Geistes Gottes aushalten; man muß sich einige Gewalt antun. Das ist dem Fleisch nicht eben bequem. Auch hat man indessen etwa schöne Träume gehabt; man hat geträumt von allerlei Dingen, die dem Fleische wohlgefallen; man hat geträumt von Sündlichem oder nicht gerade Sündlichem; man hat sich etwa in seinen Träumen im Sündenschlamm gewälzt; man hat vielleicht auch geträumt von ewiger Seligkeit und einem himmlischen Tugendlohn. Und nun aus allen diesen Träumen heraus die schreckliche Wirklichkeit zu sehen, daß man ein verdammter, verlorener, ein der Hölle zueilender Mensch sei, dies, liebe Zuhörer, man kann es nicht leugnen, ist eben keine angenehme Sache für das Fleisch.

Und das ist eben das Hindernis, das viele nicht über

die ersten Rührungen hinauskommen läßt. Daß das Wort Gottes alle Sonntage einen Eindruck auf ihr Herz mache, das können sie schon leiden; aber daß es Wurzel in ihnen fasse, daß es seine durchsuchende, läuternde, scheidende und schneidende Kraft an ihren Herzen beweise, dazu lassen sie es nicht kommen. Dazu haben sie keine Geduld, dazu sind ihre Gedanken zu ausschweifend, dazu haben sie das Eitle zu lieb; in einen Ernst zu Gott mögen sie nicht eingehen. Mit dem Christentum zu spielen, es zu einer Sache zu machen, an der man gewissermaßen seine Freude, aber freilich nur spielend und tändelnd, eine Zeitlang hat, das läßt sich die Natur schon noch gefallen; aber es zur Hauptangelegenheit des Herzens zu machen, mit Bitten und Flehen und Anhalten um die Gabe des Heiligen Geistes vor Gott zu treten, sich seine Sünden und Schanden willig ins Licht stellen zu lassen, das ist wenigen bequem.

Weil aber doch durch das Wort der Wahrheit einige Unruhe in das Herz gekommen ist, so sucht man dieser Unruhe auf anderen Wegen abzuhelfen. Man tröstet sich selbst, daß es doch so schlimm nicht mit einem stehe; man habe doch seine Freude am Worte Gottes und möge auch gerne davon reden hören, oder man sucht seine Ruhe in allerlei Werken. Man sucht sie im Lesen erbaulicher Bücher, was viele in ihrem Unverstand Beten heißen; oder man sucht sie darin, daß man zu anderen Leuten geht, die vom Christentum reden, und mit ihnen redet; oder man sucht sie in allerhand Aufopferungen, die man sich um des Reiches Gottes willen gefallen läßt. Dabei übt man die groben Werke des Fleisches nicht mehr aus, wie man es vorher getan hatte. Man flucht niemals; man säuft niemals; man treibt niemals Unzucht oder Ehebruch wie vorher. Und so richtet man ein Gebäude auf, das man Christentum nennt, das aber nur von weitem betrachtet so aussieht. Auf diesen Schein hin fängt man an, sich unter die Frommen, unter die Bekehrten zu rechnen. Man will, daß man von jedermann dafür angesehen werde und wirft sich zuletzt gar zu einem Unterweiser und Leiter der Blinden, zu einem Lehrer anderer auf, obwohl man tot in Sünden ist. Das ist schrecklich. Solche Leute sind an dem Punkt, die grimmigsten Feinde des Heilandes zu werden, unter lauter Selbstbetrug und Schein des Christentums.

Seht die Juden an, wie sie es mit Johannes dem Täufer trieben. Scharenweise strömten sie zu ihm hinaus in die Wüste. Es wurde, ich darf mich ja wohl dieses Ausdrucks bedienen, Mode unter dem Volk, zu Johannes zu gehen und ihn zu hören. Das ganze jüdische Land war voll von dem Ruhme des Täufers. Unzählige wurden durch sein ernstes Bußwort getroffen. Aber dabei blieb es auch bei den meisten. Wenn sie in ihrem fleischlichen Sinn hätten verharren können, wenn es nicht die Ruhe, die Sorglosigkeit und Sicherheit des Fleisches gegolten hätte, so wäre ihnen Johannes und seine Bußpredigt schon recht gewesen. Solange es auch mit einem oberflächlichen Beifall ausgerichtet zu sein schien, war der Täufer bei ihnen sehr gerühmt. Als aber die Sache tiefer gehen sollte, als man sah, daß man nicht mit einer geschwinden Buße abgefertigt und so des unangenehmen Dinges, das man Bekehrung heißt, auf einmal überhoben sei und auf einmal mit allen Unarten des alten Menschen ein Bürger des Messiasreiches werde, sondern daß es mit der ganzen Sache, und auch mit dem Auftreten des von Johannes bezeichneten Messias, auf eine gründliche Herzensänderung angelegt und abgesehen sei, auf eine Herzensänderung, wobei man, unter geduldigem Ausharren, durch die Erkenntnis der Wahrheit und Verleugnung seines irdischen Sinnes frei werde – da wurden sie irre, von da an war Johannes nicht mehr ihr Mann. Da hatten sie allerlei an ihm auszusetzen. Die einen hätten gewünscht, wenn er nur auch höflicher wäre; die anderen meinten, er sei doch gar zu streng und unbeugsam. Ein Rohr, das vom Winde hin und her geweht wird, hätten sie lieber gehabt. Andere gingen so weit, daß sie sagten, er ist besessen, er ist ein verrückter Kopf *(Matth. 11, 18)*. Da sehen wir, wo es mit den Rührungen hinausläuft, wenn man dabei stehenbleibt und es nicht zu einem wirklichen Ernst bei sich kommen läßt.

O meine lieben Zuhörer! Ich weiß ja, daß viele Seelen unter uns sind, auf die das Wort Gottes einen starken Eindruck gemacht hat; aber ich fürchte gar sehr, es möchten wenig wahrhaft Erweckte darunter sein. Nicht wahr? wenn es mit dem oberflächlichen Beifall, den man der Sache gibt, ausgerichtet wäre; oder wenn es genug wäre, das Wort zu hören und dann zu sagen, das ist eine rechte Predigt gewesen; oder wenn es damit ausgerichtet wäre, daß man zusammensitzt und vom Christentum redet; oder auch, wenn das Christentum darin bestünde, daß man eine richtige Erkenntnis der Heilswahrheit erlangt, nicht wahr? dann wären die meisten unter uns auf dem Wege der Seligkeit. Aber obwohl alle diese Dinge gut sind, so glaubt doch nur nicht, daß damit die Sache abgetan sei; da würdet ihr euch elend betrügen.

Grund muß erst gegraben werden,
Eh' man Türme bauen mag,
Und das Korn muß in die Erden,
Eher kommt kein Erntetag.

Ich bitte daher um Jesu willen jeden, dem Gott einigen Willen ins Herz gegeben hat, ein anderer Mensch zu werden, daß er doch diese große Sache nicht leichtsinnig ansehen, sondern sich seinen verlorenen und unseligen

Herzenszustand durch den Heiligen Geist aufdecken lassen möchte, daß er zu dem Ende doch recht angelegentlich um den Heiligen Geist bete. Der Heiland hat gesagt: „So ihr, die ihr arg seid, könnt euren Kindern gute Gaben geben, wie viel mehr wird euer Vater im Himmel den Heiligen Geist geben denen, die ihn darum bitten." Wir wollen ihn bei diesem Wort fassen; auf dieses Wort hin wollen wir es tun. Glaubt sicherlich, das Schwatzen vom Christentum macht die Sache nicht aus. Im Gegenteil, wenn sich ein Mensch hierauf legt, so wird er nach und nach reif zum höllischen Feuer, mehr als andere. Ein Nachfolger des Heilandes sagte einmal, er wüßte sich keinen größeren Schmerz, keine größere Schmach, die Gott über ihn kommen lassen könnte, zu denken (er bitte daher inständig um Abwendung davon), als wenn er ohne Gnade, ohne Kraft und Salbung vom Heiland schwatzen lernte. Er sagt in seiner derben, altertümlichen Sprache:

Ich meine, Jesus Christus nennen,
Und seinem Herzen ferne sein,
Sich selber nicht im Grunde kennen,
Und also nicht um Gnade schrein,
Und weil sich's Fleisch und Blut kommode,
Und niemals gerne sauer macht,
Ein Christentum auf seine Mode
Zu führen, wie's die Welt erdacht.

Das kann man noch für keinen wesentlichen Segen im Amte des Wortes halten, wenn viele gerührt werden. Aber wenn ein einziger Mensch ernstlich suchend, still, in sich gekehrt wird, das ist Freude im Himmel und auf Erden. Denn auf diesem Wege wird man arm am Geist, und den Armen kommt der Trost des Evangeliums zustatten, den anderen nicht. Die Armen werden versiegelt zu Kindern Gottes, die anderen nicht. Sind sie aber Kinder, so sind sie auch Erben; so sind sie auch gerettet für alle Ewigkeit.

III. Aber es fragt sich, warum viele, die doch wirklich erweckt sind, oft so lange nicht zur Gnade hindurchdringen, immerzu nur über ihr Verderben zu klagen haben und sich nicht auch ihres Heilandes freuen können. Unter erweckten Seelen sind solche zu verstehen, die durch das Licht und die Zucht des Heiligen Geistes zu dem klaren Bewußtsein gebracht worden sind, daß sie, als in sich selbst verdammte und verlorene Geschöpfe, ohne das Erbarmen Gottes in Christus Jesus der verdammenden Gerechtigkeit Gottes anheimfallen. Zwischen solch einer Seele und ihrem Erbarmer steht eigentlich nichts Scheidendes mehr, und es sollte, nach dem Ausdruck eines gesalbten Schriftstellers, keine Viertelstunde vergehen, bis eine Seele, die zu dieser Erkenntnis gelangt ist, ihres Heils froh und gewiß wäre. Was ist denn nun die Ursache, daß viele Erweckte so lange nicht zum Bewußtsein und Genuß des Friedens mit Gott hindurchdringen?

Einige, die wohl erweckt sind, sind nicht gründlich erweckt. Wenn ein Mensch des Herrn Jesus teilhaftig werden will, so muß er mit seinem innersten Willen aus der Gemeinschaft mit der Sünde austreten. Er muß mit seiner Finsternis in das Licht des Heilandes kommen. Es muß ihm darum zu tun sein, im Lichte Gottes mehr und mehr die Finsternis und die verborgensten Fäden der Finsternis in seinem Herzen zu entdecken und nichts vor dem Herrn zu verhehlen. Diesem Offenbarwerden weichen viele lange Zeit aus. Vielleicht, weil sie sich fürchten, ihre eigene Gerechtigkeit einzubüßen; vielleicht, weil sie die Sünde noch heimlich nähren und pflegen, neben dem Leben aus Gott auch noch ein Leben des eigenen Ichs führen, mit anderen Worten, zwei Herren dienen und kein ganzes

Eigentum des Herrn Jesus werden mögen. So muten sie dem Heiland zu, er solle über ihren verborgenen Fleischessinn den Mantel seiner Gerechtigkeit ziehen und ihnen seinen Frieden schenken, obwohl sie die Finsternis noch lieb haben und sich die feinere und verborgenere Gemeinschaft mit ihr nicht ins Licht stellen lassen mögen. Aber dies geschieht nimmermehr. Auf diese Art entstehen geistliche Zuckungen und Krämpfe. Der Geist Gottes offenbart der Seele diese oder jene Unart. Die Seele aber will diese Unart nicht für so bedeutend ansehen, als sie in den Augen des Herrn ist. Sie will sich darunter nicht schuldig geben; will nicht anerkennen, daß die Gemeinschaft mit dieser vielleicht sehr gering scheinenden Sünde ihr den Zugang zu der Gnade verschließe; sucht lieber die Ursache anderswo und bleibt so in ihrem trüben Herzenszustand. Eure Untugenden, unter die ihr euch nicht schuldig geben wollt, scheiden euch und euren Gott voneinander. Wer aber seine Sünde bekennt, dem wird sie vergeben. Er kann eben unter solchem sich Schuldiggeben seinen Versöhner und Bürgen, und eben dadurch auch die Kraft finden, die Sünde zu überwinden.

Oft sind es auch bloße Vorurteile, falsche Begriffe, die den Erweckten den Weg zur Gnade verschließen. Eine solche falsche Vorstellung, die häufig diesem Übelstande zugrunde liegt, ist die, daß man meint und sich beredet, die Erfahrung müsse dem Glauben vorangehen, da doch der gewöhnliche Weg Gottes gerade umgekehrt ist. Gott sagt: zuerst glaube, dann wirst du erfahren! Der eigensinnige Mensch aber sagt: nein! ich will nicht glauben, bevor ich erfahren habe. So hat es Thomas gemacht, und so weit kann es überhaupt die Vernunft bringen. Was ich einmal erfahren und gesehen habe, das will ich glauben; so liegt es in unserer Vernunft. Dieser für das Reich Gottes untaugliche Schluß, der ohnehin fest genug in allen Menschen sitzt, wird oft noch von außen her befestigt. Da kommt einer daher und erzählt, wie es ihm bei seiner Begnadigung ergangen sei; wie er vorher in große Finsternis, in eine Art Hölle hineingeführt worden sei; wie er beinahe verzweifelt sei; wie dann das Licht auf einmal bei dieser oder jener Gelegenheit in seinem Herzen aufgegangen sei. Er setzt nicht hinzu, wie er nach und nach mitten in seiner Finsternis zum Glauben, und durch den Glauben zum Anbruch des Tages in seinem Herzen vorbereitet worden ist. Er kann dies vielleicht auch nicht auseinanderwickeln und entziffern, weil, was in des Herzens Grund von Gott gewirkt wird, oft nicht in die äußere Wahrnehmung fällt. Er sagt nur, wie ihm aus der Finsternis das Licht aufgegangen sei, und wie er dann habe glauben können, was ihm vorher unmöglich gewesen sei. Neben diesem Erzähler sitzt eine redliche Seele, hört zu, erschrickt und denkt, so etwas hast du noch nie erfahren, und faßt den festen Entschluß bei sich selbst, ehe du nicht auch eine solche Buße und fühlbare Begnadigung erfährst, kannst und willst du nicht glauben, daß du Frieden mit Gott hast durch Jesus Christus. Aber dieser Schluß ist falsch. Es ist ja gewiß, daß manche auf jenem beschriebenen Wege und durch solche fühlbaren und plötzlichen Begnadigungen geführt werden; allein, mußt du deshalb ebenso geführt werden? Bläst nicht der Wind, wie und wo er will? Hat die Weisheit Gottes nicht die verschiedensten Wege, auf denen sie ihre Kinder zur Herrlichkeit führen kann?

Seht, deswegen kommen manche so lange nicht aus ihrem elenden, trüben Herzenszustand heraus, weil sie sich ein Bild in ihrem Kopf festsetzen, wie es kommen müsse und namentlich meinen, der Heiland müsse ihnen vorher recht empfindbar nahe werden; und dann erst hätten sie ein Recht, die Vergebung ihrer Sünden zu glauben. Aber wo steht denn dieses geschrieben? Nirgends. Wenn du dich in deiner Verdammungswürdigkeit, in deinem Sündenelend fühlst, so hebe deine Augen auf zu der am Kreuz erhöhten Liebe und fange an zu glauben, so gut du eben kannst. Glaube es, wie wenn du ein Kind wärest, dem diese große Sache eben erst erzählt würde. Nimm sie auf in dich; behalte und bewege sie in deinem Herzen; fange an, dich darüber schüchtern zu verwundern, daß du einen solchen vollgültigen Versöhner und Bürgen hast; fange an, dich darüber zu freuen; halte das Verdienst Christi deinem eigenen ungläubigen Herzen und den feurigen Pfeilen des Bösewichts als einen Schild entgegen. Gewiß, du wirst bald etwas von göttlicher Kraft spüren; du wirst bald inne werden, daß der Heiland wirklich nicht so ferne von dir steht, als du gemeint hattest, und daß er dich in solchem Geschäft unterstützt. Sodann fahre fort in dieser Glaubensarbeit; dann wirst du zuletzt versiegelt werden mit dem Heiligen Geist zu einem Kind und Erben Gottes, wie es geschrieben steht: „Da ihr glaubtet, wurdet ihr versiegelt", nicht umgekehrt, „da ihr versiegelt waret, glaubtet ihr."

Eine andere falsche Vorstellung, die man sich gerne macht, ist die Meinung, der Heiland sei ein Heiland für die Frommen, nicht für die Sünder. O, wie lange kann sich ein armes Herz mit dieser Vorstellung plagen und abplagen! Ein Heiland für die Tadellosen ist zwar ein sich selbst widersprechender Begriff. Es steht auch nichts deutlicher in der Bibel als die Wahrheit, daß Jesus ein Heiland der Sünder, der Verlorenen sei. Der Name des Heilandes, seine Menschwerdung, sein Lauf, seine Worte, sein ganzes Evangelium: alles setzt Sünder voraus, wirkliche Sünder, d. h. Feinde und Beleidiger Gottes, die der Hölle wert sind.

Dies wissen wir, dies meinen wir auch zu glauben;

aber recht betrachtet, wird diese Wahrheit von wenigen geglaubt. Da höre ich jemand seufzen: wenn ich es nicht übertrieben hätte mit Sündigen, so wollte ich gern glauben! Ein anderer meint: wenn ich nur jetzt nicht so untreu wäre, so wollte ich wohl glauben; aber ich muß mich in allen Stücken schuldig geben und unter die Sünde gefangen bekennen. Ein dritter sagt: ehe er sich zum Glauben anschicken könne, müsse er notwendig vorher bußfertiger, zerknirschter sein. Allenthalben tritt das Streben hervor, in irgend etwas eine Würdigkeit herauszuzwingen, die man vor den Heiland bringen könne, weil er ein Heiland der Würdigen, nicht der Unwürdigen sei. Aber, liebe Seelen, lernt doch dies alles aus dem rechten Lichte anzusehen. Wahre Treue und wahre Buße entspringen erst aus dem Glauben. Nur wenn man dem Heiland in sein erbarmendes Herz geblickt hat, hat man einen Trieb, sich ihm aufzuopfern, und weiß auch, was man für ein Sünder ist in seinen Sünden. Mit deiner Untreue, mit deiner Unbußfertigkeit, mit deinem geistlichen Tode bist du ja eben recht für den treuen und lebendigen Heiland. Das will dir ja der Geist des Herrn gerade offenbaren, daß du ein arger Sünder bist, und nicht nur gewesen bist in den Tagen deiner Blindheit, sondern daß du eben jetzt noch ein blindes, totes, unreines Herz habest, worin kein Gehorsam, keine Aufrichtigkeit, keine Liebe zu Gott, sondern das Gegenteil wohnt, das sich nicht einmal über sein Verderben beugen kann, wenn es ihm der Heiland nicht schenkt; mit anderen Worten, daß du tot bist in Sünden. Aber wozu will dir der Geist Gottes solches offenbaren? Um dich von Jesus wegzutreiben? Nein, um dich zu ihm zu treiben, daß du ihn als deinen vollgültigen Versöhner und Bürgen ansehen sollst, der dich als einen undankbaren, als einen toten Sünder annimmt und selig macht; nicht um deinetwillen, auch nicht, weil du dich gebessert hast, sondern nur um seinetwillen, um seines Gehorsams, um seiner heiligen Büßung am Ölberg, um seiner Liebe zum Vater, um seiner Schmerzen, um seines Todes willen. Er muß dein ganzer Heiland werden. Er muß ganz die Ehre haben. Wenn du der Frömmste wärest, so wird dich Gott nicht anblicken um deinetwillen; aber in Christus und um Christi willen wird er dich als einen Sünder, als einen Gottlosen selig machen, so du ihm die Ehre gibst und solches zutraust *(Röm. 4, 5)*.

Seht da einige Hindernisse des Glaubens bei Erweckten. Es ist aber nicht möglich, alle diese oft so verborgenen Stricke der Sünde oder des Gesetzes anzugeben. Jeder wende sich selbst an seinen Erbarmer, erzähle ihm seinen Herzenszustand, begehre seinen Rat und seine Hilfe, so wird er gewiß aus der Finsternis nach und nach einen Ausweg in das Licht finden und gewisse Tritte tun. Nur Jesus kann unseren Gang gewiß machen, nicht Menschen. Mit ihm müssen wir bekannt werden und unsere Sache vor ihm abhandeln, so wird das Gericht endlich zum Siege hinausgeführt.

IV. Es ist noch übrig, davon zu reden, warum viele, die etwa Frieden und Vergebung der Sünden gefunden haben, doch zu keinem rechtschaffenen Wesen in Christus kommen. Diese Frage will ich kurz und im allgemeinen beantworten. Es gibt besonders zwei Hauptabwege für solche Seelen, daß sie entweder in einen weltförmigen oder in einen gesetzlichen Sinn zurückkehren; der rechte Weg aber ist, beim Heiland und in der Gemeinschaft seines Kreuzes zu bleiben.

Viele werden bald, nachdem sie Vergebung der Sünden erlangt haben, lau, leichtsinnig, vergessen das Wachen und Beten. Dazu trägt viel die Meinung bei, daß sie, wenn sie diese ersten Gnadenbezeugungen des Heilands erfahren haben, sich alsbald für ausgemachte Leute und Christen ansehen. Sie werden wieder sicher; sie verwickeln sich wieder in die Elemente des Weltgeistes; sie spielen mit der Sünde, sie haben ja Gnade; es hat ja im ganzen seine Richtigkeit bei ihnen; so haben also, wie sie meinen, kleinere Übertretungen nichts zu sagen. So werden sie nach und nach wieder gefangen unter die Sünde, verlieren auch den Genuß der Gnade, und endlich sind sie imstande, es zu einer Lehre zu machen, daß ein Christ ein Knecht der Sünde bleiben müsse. Das gibt, wenn es gut geht, ein sieches, kränkelndes, kraftloses Christentum, das zwar einigermaßen aussieht wie Christentum, aber nichts weniger ist als ein rechtschaffenes Wesen in Christus Jesus.

Andere verirren sich auf einen anderen Abweg. Sie können sich nicht darein finden, daß, nachdem sich ihnen der Heiland so herrlich in seiner Gnade geoffenbart habe, die alte sündliche Natur sich noch immerwährend in ihnen regen soll. Das treibt sie wieder in das Gesetz zurück. Sie wollen durch eigenes Wollen und Wirken, durch selbst gefaßte Anläufe und allerhand Erfindungen dem Übelstand abhelfen. Dadurch entfernen sie sich aus der Gemeinschaft des Todes Jesu und geraten in eigene Wege. Auch haben sie etwa aus der Zeit, wo sie den Frieden Gottes zuerst suchten, allerlei gesetzliche Vorstellungen und Bilder in ihren Gnadenstand mit herübergenommen. Diese alten, aus dem Gesetz und der Vernunft kommenden Bilder erheben sich wieder in der Seele und drängen sie aus dem Gnadenstand hinaus. So wird man wieder elend, saft- und kraftlos, meint, man sei ernstlicher als unter dem sanften Regiment der Gnade, und steht doch nicht wahrhaftig in der Gemeinschaft des Sohnes Gottes. Von diesem Abweg zeugt der ganze Brief an die Galater.

Selig die Seele, die an sich erfährt, was der selige

Luther von Gott gerühmt hat, indem er spricht: „Der mir täglich und reichlich meine Sünden vergibt!" Hierin liegt das ganze Geheimnis der Heiligung. Der Herr führe uns alle auf den schmalen Weg um seines Namens willen. Amen.

4. Am vierten Sonntag des Advents

Und dies ist das Zeugnis des Johannes, da die Juden sandten von Jerusalem Priester und Leviten, daß sie ihn fragten: Wer bist du? Und er bekannte und leugnete nicht; und er bekannte: Ich bin nicht Christus. Und sie fragten ihn: Was denn? Bist du Elia? Er sprach: Ich bin's nicht. Bist du der Prophet? Und er antwortete: Nein! Da sprachen sie zu ihm: Was bist du denn? daß wir Antwort geben denen, die uns gesandt haben. Was sagst du von dir selbst? Er sprach: Ich bin eine Stimme eines Predigers in der Wüste: Richtet den Weg des Herrn! wie der Prophet Jesaja gesagt hat. Und die gesandt waren, die waren von den Pharisäern. Und sie fragten ihn und sprachen zu ihm: Warum taufst du denn, so du nicht Christus bist noch Elia noch der Prophet? Johannes antwortete ihnen und sprach: Ich taufe mit Wasser; aber er ist mitten unter euch getreten, den ihr nicht kennet. Der ist's, der nach mir kommen wird, welcher vor mir gewesen ist, des ich nicht wert bin, daß ich seine Schuhriemen auflöse. Dies geschah zu Bethabara jenseits des Jordans, wo Johannes taufte. Des andern Tages sieht Johannes Jesus zu ihm kommen und spricht: Siehe, das ist Gottes Lamm, welches der Welt Sünde trägt! Dieser ist's, von dem ich gesagt habe: Nach mir kommt ein Mann, welcher vor mir gewesen ist; denn

er war eher denn ich. Und ich kannte ihn nicht; sondern auf daß er offenbar würde in Israel, darum bin ich gekommen, zu taufen mit Wasser. Und Johannes zeugte und sprach: Ich sah, daß der Geist herabfuhr wie eine Taube vom Himmel und blieb auf ihm. Und ich kannte ihn nicht; aber der mich sandte, zu taufen mit Wasser, der sprach zu mir: Auf welchen du sehen wirst den Geist herabfahren und auf ihm bleiben, der ist's, der mit dem Heiligen Geist tauft. Und ich sah es und zeugte, daß dieser ist Gottes Sohn.

Joh. 1, 19 - 34

Der Täufer Johannes war der erste Evangelist des Neuen Bundes. Als solchen hat er sich besonders in unserem heutigen Evangelium bewiesen. Denn als die Juden zu ihm kamen und ihn fragten, ob er Christus oder Elias oder ein Prophet sei, so bezeugte er und leugnete nicht. Er bekannte: „Ich bin nicht Christus, nicht Elias, nicht ein Prophet, sondern ich bin eine Stimme eines Predigers in der Wüste: bereitet dem Herrn den Weg." Wie eine Stimme verhallt und keine Bedeutung hat, so wollte Johannes auch nur eine Stimme, ein Wegweiser sein auf Christus, der vom Alten Bunde hinüberweisen und hinüberleiten sollte auf den Mittler des Neuen Bundes. Darum war es seine große Botschaft an das Volk Israel: „Bereitet dem Herrn den Weg. Machet die Tore weit, damit der König der Ehren einziehe; dieser ist's, des ich nicht wert bin, daß ich seine Schuhriemen auflöse." Und des andern Tages, als er Jesus an den Ufern des Jordans herzuwandeln sah, da reckte er seine Hand aus und rief: „Siehe, das ist Gottes Lamm, das der Welt Sünde trägt." So wies er als ein rechter Evangelist auf Christus, das Lamm Gottes; und so will auch ich, was ja das Hauptgeschäft eines evangelischen Predigers sein soll, euch auf ihn hinweisen, indem wir unter dem Beistand

Gottes den Ausspruch des Täufers betrachten:

Siehe, das ist Gottes Lamm, das der Welt Sünde trägt!

O Lamm Gottes, das der Welt Sünde trägt, erbarme Dich über uns. Hilf uns, daß wir Deine große Jesusliebe recht betrachten. Richte unsere Herzen nur allein auf Dich selber, so werden wir Frieden finden! Amen.

„Siehe, das ist Gottes Lamm, das der Welt Sünde trägt!" so rief Johannes der Täufer seiner Umgebung zu, als er Jesus sich ihm nahen sah. So riefen die Apostel der Menschheit zu. So wird noch jetzt nach dem Willen und durch die Barmherzigkeit Gottes den tief gefallenen, aber teuer erkauften Seelen, den Armen und Elenden zugerufen durch das Wort und die Sakramente, durch die Kirche und durch manche gerettete Seele. Der Inhalt dieser Worte ist aber auch der Kern der ganzen Heiligen Schrift. Davon zeugen das Gesetz und die Propheten, der Alte und der Neue Bund. Wenn der Heiland zu seinen Jüngern sagt: „Nehmet hin und trinket, das ist mein Blut, das vergossen wird zur Vergebung der Sünden", wenn Petrus in seinem Brief schreibt: „Er hat unsere Sünden selbst geopfert an seinem Leibe auf dem Holz, durch welches Wunden ihr seid heil geworden", wenn Paulus an die Epheser schreibt: „Wir haben an ihm die Erlösung durch sein Blut, nämlich die Vergebung der Sünden", wenn Johannes in seinem Brief sagt: „Er ist die Versöhnung für unsre Sünden, nicht allein aber für die unsern, sondern auch für die der ganzen Welt", seht, so heißen diese Worte alle nichts anderes als: er ist das Lamm Gottes, welches der Welt Sünde trägt. Und wie viele Worte des Neuen Testamentes müßte ich sonst noch anführen, wenn ich euch alle die Stellen sagen wollte, worin von Jesus als dem Lamm Gottes die Rede ist. Die ganze Gestalt des levitischen Gottesdienstes zeugt davon und ist ein Schatten dieser großen neutestamentlichen Offenbarung. Das Passahlamm, das jährlich geschlachtet und gegessen wurde, war ein Hinweisen auf das neutestamentliche Lamm Gottes. Lest nur die Propheten, lest besonders den Propheten Jesaja, wie herrlich er den Heiland als das Lamm Gottes beschreibt! Lest im Neuen Testament, ihr werdet nicht leicht eine Seite finden, in der nicht auf nähere oder entferntere Weise darauf hingewiesen wäre, daß Jesus das Lamm Gottes sei, das der Welt Sünde trägt. Allenthalben sucht Gott in seinem Wort, die Menschen auf diese große Wahrheit aufmerksam zu machen, sie darauf hinzuleiten, sie ihrem Herzen eindrücklich zu machen. Ja, man kann sagen, diese Wahrheit ist der Mittelpunkt aller Offenbarung Gottes an die Menschen. Und das ist eigentlich das Geschäft der Zeugen Jesu, daß sie dieses bezeugen, daß sie es sich und den Seelen, die ihnen anvertraut sind, zurufen: Hier ist das Lamm Gottes, Jesus Christus; hier ist Immanuel; hier ist Trost; hier ist Kraft; hier ist Friede und Freude; hier ist Vergebung der Sünden und ewiges Leben; hier ist alles, was dein Herz in Ewigkeit suchen und begehren mag. Unaufhörlich sollen wir bezeugen: Siehe, das ist dein Heiland, dein Erlöser, der dich nicht mit Gold oder Silber erkauft hat, sondern mit seinem heiligen teuren Blut und mit seinem unschuldigen Leiden und Sterben. Und so will auch ich am heutigen Sonntag es wagen, euch und mir das teure Wort der Versöhnung vorzuhalten und zuzurufen: „Siehe, das ist Gottes Lamm, das der Welt Sünde trägt."

Vor allen Dingen müssen wir hier betrachten das Wörtlein „Siehe!" Johannes der Täufer erschien endlich nach langem Harren und Hoffen der Israeliten auf einen

Messias. Er predigte, daß nach ihm einer kommen werde, des er nicht wert sei, seine Schuhriemen aufzulösen. Er bezeugte, daß er dieser Christus nicht sei. Als er aber des andern Tages Jesus nahen sah und ihn kaum erblickte, da deutete er mit den Fingern auf den längst Erwarteten, auf den Trost Israels, auf den schon Simeon und Hanna harrten; da rief er den Juden zu: „Siehe, das ist Gottes Lamm, welches der Welt Sünde trägt", siehe, das ist dein versprochener König! Welche Ergreifung unter den Menschen, die dies hörten, welch heilige Aufmerksamkeit mußte die persönliche Erscheinung, das persönliche Wandeln des Menschensohnes unter den Zuhörern des Johannes verursachen! Da durfte Johannes keine lange Beschreibung machen und sagen: so und so ist er; diese oder jene Gesinnung hat er; so und so beweist er sich, er ist sanftmütig und von Herzen demütig; er durfte da nur sagen: siehe, da ist er; da seht ihn selber; hebt eure Augen auf; lernt ihn selber kennen; das ist der Messias; das ist der Versöhner; er ist mitten unter euch getreten; lernt ihn nur kennen! Da konnte es sich gleich durch den Anblick bei einer jeden Seele entscheiden, ob dieses Lamm Gottes ihr anziehend sei, ob sich Liebe oder Abneigung gegen den Heiland rege, ob Glaube oder Widrigkeit gegen ihn sich des Herzens bemächtige.

Es ist nicht zu leugnen, liebe Zuhörer, Johannes hatte insofern den gegenwärtigen Evangelisten etwas voraus, die den Seelen das Erbarmen Gottes eindrücklich machen wollen, daß sie Jesus als ihren Heiland annehmen und die freie Gnade in seiner Versöhnung für sich begehren als ihren Schmuck und ihr Ehrenkleid; Johannes hatte etwas der gegenwärtigen Zeit voraus; denn er konnte mit Fingern auf den persönlich erschienenen Christus hinweisen, was zu unserer Zeit unmöglich ist, weil der Heiland nach

Vollendung seines Opfers eingegangen ist in das Allerheiligste und hat sich in die Verborgenheit zurückgezogen, bis er einst wieder hervorkommen und sich öffentlich darstellen wird. Bis dahin kann man ihn nicht sehen. Wenn man daher die Seelen zum Heiland locken will, wie er selbst befiehlt, und will ihnen zurufen: siehe, das ist Gottes Lamm, kommt zu ihm, nehmt ihn als eure Weisheit und Gerechtigkeit an, laßt euch durch ihn versöhnen mit Gott, wenn man ihnen dieses „Siehe, dieser ist's, dies ist das Lamm Gottes" eindrücklich machen will, so kann man nicht anders, man muß eine Beschreibung von ihm vorausgehen lassen, damit die Menschen wissen, von wem man redet. Denn es findet hier das Wort seine Anwendung: „Er ist mitten unter euch getreten; aber ihr kennet ihn nicht."

Aber wie soll man ihn beschreiben? Soll man in den Himmel hinauffahren und Christus herabholen? Soll man seine unaussprechliche Macht und Majestät, soll man den unermeßlichen Umfang seines Königreiches und seiner Herrschaft, soll man den Gottesglanz, der ihn umgibt, vor dem alle Kreatur anbetet und einst Himmel und Erde zusammengerollt werden wie ein eingewickeltes Buch, soll man seine Schöpfermacht und Herrlichkeit und wie er sitzt über Cherubim zur Rechten Gottes beschreiben? Soll das der Gegenstand der Beschreibung, dies das Gemälde sein, das man von ihm entwirft? Oder sollen wir hinab in die Tiefe fahren und ihn von den Toten holen und den Seelen zeigen, wie er nun alles in allem erfüllt, soll man sein Richteramt und wie er Augen hat wie Feuerflammen und alles an das Licht bringen wird, was im Finstern verborgen ist, wie er den Rat der Herzen offenbaren wird, und wie vor ihm alle Welt wird erscheinen müssen und ihn sehen werden alle Augen und die ihn gestochen haben, soll man ihn mit großer Kraft und Herrlichkeit wiederkommend in den Wolken des Himmels beschreiben? Allerdings muß man das auch von ihm sagen. Auch Johannes zeugte in unserem heutigen Evangelium von seiner Gottesmajestät. Auch die Apostel haben mit großer Freudigkeit davon gezeugt, daß Gott einen Tag gesetzt habe, an welchem er richten will den Kreis des Erdbodens mit Gerechtigkeit durch einen Mann, in welchem er es beschlossen hat, und jedermann vorhält den Glauben, nachdem er ihn hat von den Toten auferweckt. Aber dieses sind doch nicht seine Haupteigenschaften, die die Apostel herauszuheben pflegen, wenn sie die Seelen zu seiner Gemeinschaft reizen und locken wollen. Johannes sagt es uns deutlich in unserem heutigen Text, wie man ihn beschreiben müsse, nämlich als das Lamm Gottes, als das Versöhnungslamm, das große Passahlamm, das unbefleckte Lamm Gottes, das für die Sünden der Welt geopfert ist. Der Heiland hat nach seiner Auferstehung seinen Jüngern selbst die Art und Weise in den Mund gelegt, wie sie von ihm zeugen und predigen sollten, nämlich: „Also mußte Christus leiden", sagte er, „und auferstehen von den Toten am dritten Tage, und predigen lassen in seinem Namen Buße und Vergebung der Sünden unter allen Völkern" *(Luk. 24, 46 - 47)*. Diese Art haben auch die Apostel überall beachtet. Sie predigten von Christus, dem Gekreuzigten und Auferstandenen. Sie verkündigten, daß es eine Liebe gebe, die uns zuerst und bis zum Tod am Kreuz geliebt habe; und Paulus rühmt es vor den Galatern, daß er Christus Jesus, den Gekreuzigten, ihnen vor die Augen gemalt habe und nichts wisse, dessen er sich rühmen könnte, als des Kreuzes Christi. Denn er spricht: „Es sei ferne von mir, mich zu rühmen, denn allein von dem Kreuz unsers Herrn Jesu Christi, durch welchen mir die Welt gekreuzigt ist und ich der Welt."

Drum Seele, geh nach Golgatha,
Setz dich unter Jesu Kreuze,
Und bedenke, was dich da
Für ein Trieb zur Buße reize;
Willst du unempfindlich sein,
O, so bist du mehr als Stein!

Seele, folge mir einmal auf die Höhen Golgathas! Hier ist das Lamm Gottes, das der Welt Sünde trägt. Betrachte hier im Geiste das blutige Schauspiel, das sich deinen Blicken darbietet. Siehe, da hängt er am Stamme des Kreuzes. Sie haben auf ihn alle Schmach gelegt, die sie erdenken und ersinnen konnten; der Fürst des Lebens hängt da als ein verfluchter Missetäter, von Gott und Menschen verlassen; es ist nichts Gesundes an seinem Leibe, von der Fußsohle bis zum Haupt ist nichts Gesundes an ihm, sondern Wunden, Striemen und Eiterbeulen, die nicht geheftet noch verbunden noch mit Öl gelindert sind; sie haben ihm eine Dornenkrone in sein heiliges Haupt hineingedrückt; sie haben ihn ausgezogen und um seine Kleider das Los geworfen; sie haben ihm seine Hände und Füße durchgraben; er ist ein Wurm und kein Mensch, ein Spott der Leute und Verachtung des Volkes; er ist ausgeschüttet wie Wasser; alle seine Gebeine haben sich zertrennt; seine Kräfte sind vertrocknet wie eine Scherbe; seine Zunge klebt ihm an seinem Gaumen. Er ruft: „Mich dürstet!" Da reichen sie ihm Essig in seinem großen Durst. Schau an, o Seele, deinen Bürgen, wie er um deine Seele wirbt. Siehe, das waren deine Schmerzen. Er duldete sie für dich, du sündige, du der Hölle werte Seele. Ach, bedenk es doch, schreibe es doch in dein Herz mit dem lebendigen Griffel des Geistes, laß es dir doch niemals aus dem Geiste weichen, wie er dich geliebt hat.

Schaue doch das Jammerbild
Zwischen Erd und Himmel hangen,
Wie das Blut in Strömen quillt,
Daß ihm alle Kraft vergangen!
O wie häufet sich die Not,
Es ist gar mein Heiland tot!

Siehe, das ist Gottes Lamm, das der Welt, das deine Sünden trägt. Ja, in diesem Haupt voll Blut und Wunden, voll Spott und voller Hohn, in diesem Haupt, zu Spott gebunden mit einer Dornenkron; in diesem Angesichte, in diesem bespieenen Angesichte, sonst voll Gottesmajestät, voll Klarheit und voll Huld, davor sonst das ganze Weltgewichte erschrickt und sich scheut; in diesem Angesichte, das nun durch die Faustschläge so schändlich mit Beulen zugerichtet ist, in diesem Angesichte, in das der Tod, der Missetäterstod, der Tod eines Verfluchten, so tiefe, so schreckliche Todesfurchen gezogen hat; in diesem Angesicht, auf dem der Todesschweiß steht, da erkennt der Glaube seinen Bürgen, seinen Versöhner, den Bezahler aller seiner Schulden, das Lamm Gottes, das der Welt Sünde trägt. Ach, daß es dem Geiste Gottes gelänge, meinem und eurem Herzen diese seine Versöhnergestalt recht einzuprägen; so einzuprägen, daß sie unauslöschlich darin lebte; daß in unserem Herzensgrunde sein Name, sein teurer Jesusname, sein Kreuz allein funkeln und leuchten möchte; daß wir zu aller Zeit, daß wir unter den Versuchungen der Sünde, daß wir unter der Angst des Gewissens, daß wir, wenn der Feind das Leben verklagt, im bösen Stündlein, daß wir beim Blick und Gang in die Ewigkeit und vor den Thron des ewigen Richters allezeit uns selber sagen und vorhalten könnten: siehe, das ist Gottes Lamm; hier ist Immanuel, der nicht nur der Welt, sondern auch deine Sünden getragen, gebüßt, aufgehoben und auf ewig versöhnt hat.

Ach, drückten Jesu Todesmienen
Sich meiner Seel auf ewig ein!
O möcht der Blick auf sein Versühnen
In meinen Blicken sichtbar sein!
Denn ach, was hab ich ihm zu danken!
Ich koste ihn sein teures Blut;
Das heilt mich, seinen armen Kranken,
Und kommt mir ewiglich zugut.

O wenn der Herr nach seiner Gnade Jesus, den Gekreuzigten, in meinem und eurem Geiste so verklären wollte, daß es uns die lieblichste Gewohnheit würde, unsern Versöhner und Bürgen in seiner Todespein für die Sünden seiner gefallenen Brüder, und in seiner Liebesglut, die ihn in den Rachen des furchtbarsten Todes getrieben hat, zu betrachten, dann würden wir nicht mehr da oder dorthin denken; dann würde der Sünde und dem Gesetz ihr Stachel genommen sein in uns; dann würden wir Tag und Nacht nur darauf bedacht sein, den, der uns zuerst und so sehr geliebt hat, unsern Blutsbräutigam, zu lieben, ihm zu leben, ihm zu leiden, ihm zu sterben; dann würde er Ehre an uns haben, und die Liebe würde völlig bei uns werden und eine vollkommene Freudigkeit schaffen auf den Tag des Gerichts.

„Siehe, das ist Gottes Lamm, das der Welt Sünde trägt.“ Dieser verspottete, dieser ans Kreuz erhöhte Heiland ist das Lamm Gottes, von dem Johannes predigte, von dem wir heute reden. Laß den anderen den Ruhm an Menschen und an den Götzen dieser Welt; laß sie gaffen nach den eitlen Dingen dieser Welt; laß sie das Heil ihrer Seelen um Linsengerichte, wie Esau seine Erstgeburt, verscherzen; laß sie spielen und tanzen und springen, und so fortfahren, bis der Tag des Herrn kommt. Betrachte du deinen Blutsbräutigam, betrachte deinen Bürgen, deinen Jesus, ergib dich, den zu lieben, der Immanuel heißt. Er, der sich für dich hat erwürgen lassen; er, dem kein Blutstropfen zu teuer war, den er nicht hingegeben hätte für dich; er allein ist's wert, daß du ihm dein Herz schenkst; er hat's verdient; er hat's ja erworben; er hat sich daran das Recht erkauft, nicht mit Gold oder Silber, sondern, da er das Lamm Gottes wurde, das der Welt Sünde getragen und versöhnt hat.

Zu den Zeiten des Alten Bundes gab es auch Gelegenheiten, wo Lämmer geopfert wurden. Jenes Lamm, das Passah, mit dessen Blut die Türpfosten der Israeliten in Ägypten bestrichen wurden, verhinderte ja den Einbruch des Würgeengels, als er die Erstgeburt der Ägypter schlug. Aber alle jene Opfer und auch das Blut des Passahlammes hatten nur seine Bedeutung und seinen Wert in dem Opfer des neutestamentlichen Lammes, in dem Opfer Jesu Christi. Dieser ist das wahrhaftige Osterlamm, von Gott dazu ausersehen vor den Weltzeiten, erschienen in der Fülle der Zeit, auf daß er eine ewige Erlösung fände. Opfer und Gaben hatte der Vater nicht gewollt, aber den Leib hatte er ihm bereitet, um ein Opfer zu werden für das Leben der Welt. Da ging denn Jesus Christus hin, rein und ohne Sünden, und ließ sich willig würgen für die Sünden seiner Brüder. Er tat seinen Mund nicht auf, wie ein Lamm, das zur Schlachtbank geführt wird, das verstummt vor seinem Scherer. Es war ein Bild der Sanftmut und der Demut, ein Muster der Geduld und Langmut. Sie schlugen ihn, er litt es; sie höhnten ihn, er hörte es und schalt nicht wieder; sie logen gegen ihn, er ließ es geschehen, denn er wußte, all dies Leiden war notwendig zum Heil seiner Brüder; sie schlugen ihn ans Kreuz, er betete für sie: Vater, vergib ihnen, denn sie wissen nicht, was sie tun." Sie taten ihm alles Übel, er liebte sie und erlöste sie mit dem Blute, das durch ihre Mißhandlungen floß, sie, seine Peiniger selber; denn es floß auch für sie, ohne daß sie es wußten.

Wo ist ein Freund, der je, was er getan,
Der so, wie er, für seine Feinde sterben kann!

„Siehe, das ist Gottes Lamm, das der Welt Sünde trägt." Mit seiner Aufopferung, mit seiner Geduld, mit seinem Harren auf Gott, mit seiner Liebe bis zum Tode, mit seinem Todeskampf und blutigen Schweiß hat er die Welt versöhnt, die von Gott abgefallene Welt, die Welt, auf der der Zorn Gottes ruhte; denn er, der Mittler zwischen Gott und den Menschen, trug unsere Sünden und hat den ganzen Zorn Gottes gegen die Sünde auf sich genommen. O schreckliche Last, die Sünden aller Sünder! Aber Gott Lob! das Lamm hat gesiegt; es hat ausgehalten, es hat sie getragen; das Opfer ist vollendet; es bedarf keines Opfers mehr; dem Übertreten ist gewehrt, die Sünde versiegelt; die Missetat versöhnt und die ewige Gerechtigkeit gebracht *(Dan. 9, 24)*. Er hat eine ewige Erlösung erfunden. Jesus Christus hat die Sünden getragen und aufgehoben, so daß ihrer nicht mehr gedacht werden soll vor dem Angesicht des Vaters. O es ist ein gar schöner, bezeichnender Ausdruck, den Johannes davon gebraucht: „das der Welt Sünde trägt", oder vielmehr durch sein Tragen wegnimmt. Sie sind also nicht mehr vorhanden; sie sind also ins Meer der Vergessenheit versenkt; sie dürfen also nicht mehr zwischen mich und meinen Gott scheidend hineintreten; sie sind begraben, bedeckt, verhüllt, versöhnt in den Wunden des Lammes.

O Abgrund, welcher alle Sünden
In Christi Tod verschlungen hat!
Das heißt, die Wunden recht verbinden,

Da findet kein Verdammen statt,
Weil Christi Blut beständig schreit:
Barmherzigkeit, Barmherzigkeit!

Siehe, das ist Gottes Lamm, das der Welt Sünden wegnimmt, der Welt Sünden. Wie allgemein, wie weit umfassend! Also nicht nur die Sünden seiner Landsleute, nicht nur die Sünden des Volkes Gottes, nicht nur die Sünden dieses oder jenes frommen Menschen, nicht nur die Sünden seiner ausgezeichneten Knechte, ach nein, der Welt Sünden hat er weggenommen. Also sind die Seelen aller Menschen erworben, gewonnen, erlöst und versöhnt. Die Sünden aller Nationen in der Welt, der schwarzen, der braunen, der weißen Menschen hat unser Heiland getragen. Seele, betrübte Seele! das sind frohe Worte, das ist eine frohe Botschaft, daß die Sünden der Welt hinweggenommen wurden. So geht es also auch auf dich, auch auf mich. Auch ich bin mit eingerechnet; auch an meine arme sündige Seele hat der treue Heiland gedacht, als er seinen schweren Gang nach Gethsemane und Golgatha antrat. Ist es möglich, auch an mich? Und doch ist es so! Johannes bezeugt es, die Apostel rufen es aus: „Dieser ist die Versöhnung für die Sünden der Welt.“ Das sagen sie getrost. Es ist ein allgemeines Erbarmen, es ist eine allgemeine Gnade, die also auch über mich geht, frei und ganz. Das ist etwas zum Anbeten, das ist zum Loben, das ist ein Gegenstand zum unaufhörlichen Preisen. Nun darf kein Sünder mehr verzagen. Wer verzagt, der verkleinert Gottes Ehre. Wer Buße tut, und er sei, wer er wolle, der soll zu Ehren kommen; ob seine Sünden blutrot wären, sie sollen schneeweiß werden; und ob sie wären wie Scharlach, sie sollen doch weiß werden wie Wolle im Blute des Lammes.

„Siehe, das ist Gottes Lamm, das der Welt Sünde trägt.“ Ei, wie sollte uns das Herz hüpfen und springen; wie sollten wir ganz Liebe und Dank und Anbetung werden bei dieser frohen, seligen Botschaft vom Lamme Gottes. Aber man hört diese Botschaft jahraus, jahrein; man ist daran gewöhnt; man glaubt, es müsse so sein; man ist nicht verlegen über seine Sünden; sie drücken einen nicht; darum ist es den meisten gleichgültig, ob sie vorhanden oder weggenommen sind. O liebe Brüder und Schwestern! Laßt uns doch aus diesem Kaltsinn, aus dieser Gleichgültigkeit aufwachen; denn dies ist die größte Schmach, die wir dem Heiland antun können; laßt uns doch auch einmal rühmen von dem Lamm, das geschlachtet ist; laßt uns doch auch einmal ihm die Ehre geben!

Kommt, Sünder, und blicket dem ewigen Sohne
Ins Herz, in die Nägelmal', unter die Krone,
Und sucht euch noch mehrere zuzugesellen,
Die sich mit euch vor den Gekreuzigten stellen.

Wer aber dieses verwirft, wer die Erlösung durch Christus verachtet, wie soll dem geholfen werden! Wem es entweder zu unbequem oder zu abgeschmackt ist, ein Nachfolger Christi zu werden, wie soll dem geholfen werden! Wer um der Augenlust, Fleischeslust, um des hoffärtigen Wesens willen, wer aus Anhänglichkeit an das Irdische Jesus verwirft, wie soll dem geholfen werden! Wer nur für sich selbst vor Gott erscheinen will, da doch Christus allein uns Sündern den Weg bereitet hat, wie soll dem geholfen werden! Ach, seine Sünde bleibt über ihm; der Zorn Gottes, der hinunter brennt bis in die unterste Hölle, der Zorn des Heiligen, der der Sünde ernstlich feind ist, bleibt über ihm. Oder sollte einer unter uns sein, der da in dem bewußten oder unbewußten Wahn stände, der Heiland sei für die Langeweile gemartert worden und habe für die Langeweile die Sünden der Welt gebüßt, der mag die Folgen seines Irrtums auf sich selber laden. Nein, liebe

Brüder und Schwestern, der Herr fordert von uns seinen Schmerzenslohn, der wir selber sind. Er fordert für seine Aufopferung nichts als uns selber, unser Herz ganz und ungeteilt. Seele, zögere nicht länger, gib's ihm, er hat's verdient!

O was wird es einst sein, ihm zu seinen Füßen zu danken in der frohen Ewigkeit mit den Scharen der vollendeten Gerechten!

Die Augen, seinen Mund,
Den Leib, für mich verwund't,
Da wir so fest drauf bauen,
Da werd ich alles schauen,
Und innig herzlich grüßen
Die Mal' an Händ' und Füßen.

O was wird es für ein Tag sein, wenn eine Seele auf dem Berge Zion neben der anderen steht und ihr den Erlöser zeigen und sagen wird: „Siehe, das ist Gottes Lamm!" Doch keine Seele wird dies nötig haben; jede Seele wird das Lamm Gottes selber sehen; denn er wird selbst die Sonne sein, und die Sonne wird man doch dann schauen im ewigen Licht. Ja, da wird man ihm die Ehre geben.

Ja, das werde ich zu Jesu Füßen
Mit ew'ger Beugung bekennen müssen,
Weil's Wahrheit ist!
Lamm, dein Blutvergießen und bittres Leiden
Und dein am Kreuze für mich Verscheiden
Hat mir's verdient.

Da werde auch ich sagen, wenn ich an den Toren des neuen Jerusalems bin:

Eins nur hat mich durchgebracht,
Lämmlein, daß du ward'st geschlacht'.

Ach, liebster Heiland! Laß uns doch das recht fassen, daß uns Dein Blut durchbringen kann. Führe uns hinein in die ewigen Friedensauen, ins himmlische Kanaan, wo Du alle hineinbringen willst, die hinein wollen. Amen.

5. Am Christfest
(Erste Predigt)

Es begab sich aber zu der Zeit, daß ein Gebot von dem Kaiser Augustus ausging, daß alle Welt geschätzt würde. Und diese Schätzung war die allererste und geschah zu der Zeit, da Cyrenius Landpfleger in Syrien war. Und jedermann ging, daß er sich schätzen ließe, ein jeglicher in seine Stadt. Da machte sich auf auch Joseph aus Galiläa, aus der Stadt Nazareth, in das jüdische Land zur Stadt Davids, die da heißt Bethlehem, darum daß er von dem Hause und Geschlechte Davids war, auf daß er sich schätzen ließe mit Maria, seinem vertrauten Weibe, die war schwanger. Und als sie daselbst waren, kam die Zeit, daß sie gebären sollte. Und sie gebar ihren ersten Sohn und wickelte ihn in Windeln und legte ihn in eine Krippe; denn sie hatten sonst keinen Raum in der Herberge. Und es waren Hirten in derselben Gegend auf dem Felde bei den Hürden, die hüteten des Nachts ihre Herde. Und siehe, des Herrn Engel trat zu ihnen, und die Klarheit des Herrn leuchtete um sie, und sie fürchteten sich sehr. Und der Engel sprach zu ihnen: Fürchtet euch nicht! siehe, ich verkündige euch

große Freude, die allem Volk widerfahren wird; denn euch ist heute der Heiland geboren, welcher ist Christus, der Herr, in der Stadt Davids. Und das habt zum Zeichen: ihr werdet finden das Kind in Windeln gewickelt und in einer Krippe liegen. Und alsbald war da bei dem Engel die Menge der himmlischen Heerscharen, die lobten Gott und sprachen: Ehre sei Gott in der Höhe und Friede auf Erden und den Menschen ein Wohlgefallen! Luk. 2, 1 - 14

Heute feiern wir das Geburtsfest unseres hochgelobten Erlösers. Dieses Fest ist der Grund aller übrigen christlichen Feste. Wenn wir diesen Tag nicht feiern dürften, so würden alle anderen christlichen Feste ungefeiert bleiben. Ja, was sage ich? wäre Christus nicht geboren, ich achte, die Welt würde nicht mehr sein, der rächende Eifer des Allmächtigen hätte sie schon lange in ihren Sünden verzehrt. Aber Gott Lob! der Herr ist geboren. Ehre sei Gott in der Höhe! der Heiland ist geboren.

In unseren Gegenden paßt die Bedeutung dieses Festes und die Zeit, in der es gefeiert wird, recht gut zusammen. Wir haben gegenwärtig die kürzesten Tage, viel Nacht, wenig Tag. So sah es aus, als Christus auf Erden erschien. So sieht es noch jetzt allenthalben und in jedem Herzen aus, wo noch nichts von der Menschwerdung Gottes gehört und erfahren worden ist. Finsternis deckt eben das Erdreich und Dunkel die Völker und die Herzen. Es ist Winter im Herzen, bevor die Sonne der Gerechtigkeit darin aufgeht. Aber die Sonne des Lebens hat sich dem armen Menschengeschlecht zugewendet. Wie gegenwärtig die Sonne anfängt, sich der Erde wieder zu nähern, wenn man so sagen darf, denn der kürzeste Tag ist schon vorüber; so hat sich in Christus die Sonne der Geister der Welt zugewendet und genähert, eine alles belebende, erleuchtende, erwärmende Sonne, ohne die alles tot und erstarrt in Sünden ist und bleibt.

O liebe Zuhörer! Was für eine Wohltat ist uns widerfahren in dem, daß der Sohn Gottes Mensch wurde!

Wär uns dies Kindlein nicht geboren,
Wir wären allzumal verloren.

Welche Zeit wird lang genug sein, um die Größe dieser Wohltat, dieser ewig unaussprechlichen, dieser herablassendsten Barmherzigkeit Gottes hinlänglich zu erfassen und zu erwägen! Wo werden die Geister der vollendeten Gerechten Worte hernehmen, um Gott für sein in Christus offenbar gewordenes ewiges Erbarmen zu preisen! Auch wir sind zu diesem seligen Geschäft berufen. Wir haben Ursache dazu, so gut wie die, die schon sein Angesicht schauen. Darüber wollen wir weiter nachdenken, indem wir von der Botschaft, die der Engel nach unserem Evangelium den Hirten gebracht hat, die Worte betrachten:

Fürchtet euch nicht, siehe, ich verkündige euch große Freude, die allem Volk widerfahren wird; denn euch ist heute der Heiland geboren.

O hochgelobter Heiland! Heute feiert die Christenheit Dein Geburtsfest, heute mußt Du uns auch einen rechten Christtags-Segen geben. Sieh an unsere Armut. Sieh an, wie kalt und winterlich es in unseren Herzen aussieht. Wir bedürfen wohl einer Auffrischung und Erneuerung im Geiste, das weißt Du. Ach Herr, so schenke uns, was wir bedürfen, aus Gnaden und um Deiner heiligen Geburt und Menschwerdung willen! Amen.

„Fürchtet euch nicht“, so begann die Rede des Engels an die erschrockenen Hirten, „fürchtet euch nicht!“ Der

Grund, warum sich die Hirten fürchteten, war sehr natürlich; denn kurz zuvor hieß es: „Siehe, des Herrn Engel trat zu ihnen, und die Klarheit des Herrn umleuchtete sie." Wir müssen uns in die Lage der Hirten hineindenken. Sie hüteten ihre Herde auf dem Felde in aller Ruhe. Schon viele Nächte hatten sie auf dem Felde zugebracht, ohne daß ihnen etwas Besonderes begegnet wäre. Nun verbreitet sich auf einmal ein himmlischer Glanz um sie her. Es wird sonnenhell in der finsteren Nacht. Die Klarheit des Herrn umleuchtet sie, und ein himmlischer Bote tritt zu ihnen. Da fürchteten sie sich, wie es geschrieben steht, mit einer großen Furcht. Durch die Sünde sind wir in das Fleisch gesunken, und dieses Fleisch kann sich nun nur entsetzen, wenn sich ihm etwas aus einer höheren Welt, das nicht Fleisch an sich hat, nähert. So entsetzten sich die Hirten beim Anblick der himmlischen Erscheinung; daher die Worte des Engels: „Fürchtet euch nicht!"

Aber es ist doch sehr merkwürdig, daß die Botschaft, die den Eintritt des Herrn in die Welt verkündigte, ihr Evangelium mit den Worten anfing: „Fürchtet euch nicht!" Denn wie das folgende in den Worten „euch ist heute der Heiland geboren" einen tieferen, allgemeineren Sinn hat und sich eigentlich nicht bloß auf die Hirten, sondern auf die ganze Menschheit bezieht; wie, wenn ich mich so ausdrücken darf, die Hirten bei den Worten „euch ist heute der Heiland geboren" nur die Repräsentanten der ganzen Menschheit waren, so auch hier bei dem Wort „fürchtet euch nicht!" Dieses Wort ist der ganzen Menschheit gesagt. Es ist, wie wenn der Engel des Herrn uns und allen Menschen am heutigen Tage zuriefe: „Ihr Menschenkinder, fürchtet euch nicht!"

Liebe Zuhörer! Seit Adam von Gott abfiel und sein Geschlecht den Namen der Sünder führt, seitdem lebt der

Mensch, der die Versöhnung durch Christus nicht empfangen hat, in lauter Furcht und Angst. Er ängstet sich und fürchtet sich vor Gott, wie sich ein Missetäter vor dem Richter und Scharfrichter fürchtet. Er fürchtet sich vor dem Tode, was die tägliche Erfahrung zeigt und auch die Schrift bestätigt *(Hebr. 2, 15)*; er fürchtet sich vor dem Gericht und der Offenbarung seines Inneren; es ist in jedem Menschen, auch in dem rohesten, ein heimliches Warten, ein heimliches Ängsten und Unwohlsein auf den Tag des Gerichtes und des Feuereifers, der die Widerwärtigen verzehren wird. Dazu kommt noch viel Angst und Furcht, die aus dem Äußerlichen entsteht, durch die Feindseligkeit und den Schrecken der Elemente, durch andere Menschen, durch Glücksumstände und dergleichen, so daß es ein erprobtes Wort ist, was die Bibel sagt: „Des Menschen Leben ist lauter Furcht, Sorge, Hoffnung." Dieser Zustand des Menschen hat einen wahren Grund im bösen Gewissen. Vor dem Fall fürchtete sich der Mensch vor nichts; denn er stand in der innersten Gemeinschaft mit seinem Schöpfer, und „ist Gott für uns, wer mag wider uns sein?" Nach dem Fall fürchtet er sich vor allem, denn er hat ein böses Gewissen. Weil er ein Sünder ist, so traut er seinem Gott keine Friedensgedanken, sondern lauter Gedanken des Zornes und der Rache über ihn zu. Seht unsere ersten Eltern im Paradiese! Als sie in die Sünde gewilligt hatten, da hörte das vertrauliche Verhältnis zwischen ihnen und dem Herrn auf. Sie verkrochen sich vor ihm, als sie seine Nähe merkten. Und Adam gab als Grund dazu an: „Ich hörte deine Stimme im Garten und fürchtete mich." Seht, das ist unser Zustand; so ist's geschrieben in unserem Inneren. Solange eine Seele die Versöhnung unter dem Kreuz Christi nicht geschmeckt hat, solange steht sie in einer knechtischen, unerträglichen

Furcht vor dem Herrn. Es ist kein Zutrauen zu ihm vorhanden, auch nicht das mindeste.

Ich weiß wohl, unsere, wie sie meint, aufgeklärte Christenheit leugnet diese Wahrheiten in unseren Tagen. Man spricht viel von einem guten Vater, der so gutmütig sei, daß er seinen ungezogenen und mißratenen Söhnen kein finsteres Gesicht machen könne, der aus sich machen lasse, was seine boshaften Buben nur wollen. Man spricht auch viel von gutgearteten Kindern, die freilich ihre Schwachheiten an sich haben, mit denen sie es indessen nicht so genau zu nehmen brauchen, weil der herzensgute Vater es nicht so genau damit nimmt. Man muß, wenn man die Neueren hört, darüber erstaunen, was die geborenen Sünder und Kinder des Zornes und des Teufels für eine Liebe zu Gott haben, in welch gutem Einverständnis sie mit ihm leben müssen. Liebe Zuhörer, alle diese Lügen sind nichts als Versuche, die die Kinder der Verdammnis anstellen, um die innere Angst ihrer Seele und das laute Schreien nach Erlösung und nach Vergebung der Sünden, das in jedem Menschen ist, er mag es glauben oder nicht, zum Schweigen zu bringen, um die Stimme der Wahrheit im Herzen zu betäuben. Und das nennen sie Weisheit. Aber überfirnißt nur euer Inneres; legt nur eure, wie ihr meint, heilenden Pflaster auf euren bösen Schaden; stellt euch nur, wenn ihr diese Pflaster aufgelegt habt, wie wenn ihr rein und gesund wäret; fahrt fort in eurem Wahn, solange ihr könnt; siehe, es kommt ein Tag, ein Tag der Wahrheit, ein Tag der Offenbarung, da wird die Schminke herunterstäuben von eurem Totengesicht, und ihr werdet offenbar werden als das, was ihr seid, als Leute des Verderbens, als Verfluchte, die dem anderen Tod verfallen sind.

Liebe Zuhörer! Zu der Nachricht, daß der lebendige Gott Mensch geworden und auf dieser Erde erschienen sei, gehört das Wort: „fürchtet euch nicht!“ Wenn uns Sündern die Botschaft gebracht würde, der allmächtige Gott ist auf diese Welt gekommen, und es würde nicht noch etwas Tröstliches zu dieser Botschaft hinzugesetzt werden, was würde wohl der erste Gedanke unseres Herzens dabei sein? Gewiß würde jeder, der bei sich selber ist, der nicht gerade im Traume, im Sündentraume wandelt, jeder denkende und gottesfürchtige Mensch würde sich grausam entsetzen. Er würde denken: der Herr ist zum Gericht gekommen. Er will unsere Sünden, meine alten Sündenschulden will er heimsuchen. Aber nun hört den Engel: „Fürchtet euch nicht!“ Dies ist sein erstes Wort; dies steht vorne an der Nachricht von der Menschwerdung Gottes. Fürchtet euch nicht, ihr armen Hirten. Fürchte dich nicht, du Volk Israel, das durch lange Zeiträume hindurch den Zorn des Herrn auf sich geladen hat und zu seinen Gerichten heranreift. Fürchtet euch nicht, ihr Sünder, ihr großen Sünder, ihr alten Sünder, ihr schrecklich verschuldeten Sünder, ihr Leute, die ihr den Fluch angezogen hattet wie ein Hemd, ihr Seelen, denen Moses schon den Stab gebrochen hat, fürchtet euch nicht!

Der Geburtstag unseres Herrn ist nicht ein Tag der Furcht, sondern ein Tag der Freude. „Siehe, ich verkündige euch große Freude!“ Merkt auf, will der Engel sagen, nichts Schreckliches, nichts, davor ihr euch entsetzen müßt, nichts, das eure geängsteten Seelen noch mehr ängstet, so etwas verkündige ich euch nicht. Eine andere Botschaft habe ich euch zu bringen, eine herrliche Freudenbotschaft. Doch nicht nur euch geht sie an, sie geht alles Volk an. Sie geht das Volk Israel an; sie geht die Heiden an; sie soll gepredigt werden an allen Enden der Erde; sie soll hindurchdringen auch nach Deutschland, auch nach Württemberg, auch an unseren Ort. Und nicht nur wir sollen an dieser Freude teilnehmen, nein! alles, was Mensch heißt, soll sie genießen. Das Feuer dieser Freude soll sich verbreiten über alle Inseln und Meere, über die fernen Inseln; die Erde, von einem Ende zum anderen, soll ein einziger großer, zusammenhängender Freudenplatz werden.

Ach, was ist diese arme Erde ohne dieses Wort von der großen Freude! Wahrlich nichts als ein Schauplatz des Jammers und des Elendes, ein Ort der Zerrüttung, eine Stätte, die der Herr verflucht hat, und da man nichts tun könnte als weinen, weil wir so gar verstoßen und elend sind. Gibt es ein Plätzchen auf der bewohnten Erde, gibt es ein Dörfchen, gibt es eine Familie, wo nicht diese oder jene Art von Elend und Zerrüttung wäre, wo nichts zu beseufzen, nichts zu wünschen übrig bliebe? Auf dem Staube der vorangegangenen Geschlechter stehen wir und wollen unser Glück darauf bauen. Unsere Nachkommen werden auf unserem Staube stehen und vielleicht das gleiche begehren, wenn sie sich von Gott nicht weiser machen lassen als ihre Väter. Ein Geschlecht um das andere muß hindurch durch die Angst dieses Lebens, durch die Angst des Todes. In der Tat, man muß ein rechter Wollüstling sein, wenn man, wie die Neueren, dieses arme, jämmerliche Leben ein Leben im Paradiese heißen will. Wo sind denn die Glücklichen, von denen man so vieles redet? Ich habe derer noch keinen gesehen; aber eine große Menge habe ich gesehen von solchen, die ihren Nächsten um ein Glück beneidet haben, das sie nicht hatten, die sich einen Zustand vorgestellt und gewünscht haben, der nirgends anzutreffen ist. Das sind Träume! Es gibt kein Glück in dieser Welt als den Frieden Gottes durch Jesus Christus. Seht die Leute an, die Christus nicht haben und doch aussehen, als wenn sie vergnügt und glücklich wären. Was macht's, daß sie so fröhlich und aufgeräumt sind? Sie haben etwa eine gute Mahlzeit zu sich genommen; oder sie haben sich hinaufgesteigert durch Wein und andere Getränke; oder sie haben es zu einer Fertigkeit gebracht, daß sie allen Ernst und alle Wahrheit in sich dämpfen können; oder sie haben andere Mittel angewendet, um des Gedankens an ihr Elend, an ihre Sorgen, an ihren wahren Zustand sich zu erwehren. Alle Freude außer Christus ist nichts als ein augenblickliches Vergessen des eigenen Zustandes; gelingt aber das nicht, so ist alle Freude verdorben. Wenn aber auch die Erde ein Paradies und kein Elend darin wäre, die Ewigkeit, liebe Zuhörer, die ernste Ewigkeit und die Ahnung derselben in des Menschen Brust, und die Furcht des Sünders davor, wahrhaftig, dies wäre hinlänglich, um das Lachen der Freude aus dem Angesicht ganz hinwegzutreiben. Ach, was wäre dieses Leben ohne einen Heiland! Aber seht, hört, liebe Brüder! in diese arme Welt herein, diesen armen Geschöpfen, die Menschen genannt werden, uns ruft der Engel in unserem heutigen Evangelium zu: „Fürchtet euch nicht! Siehe, ich verkündige euch große Freude."

Inwiefern aber so große Freude? Ist irgend etwas Irdisches im Spiele, daß die Freude so groß sein soll? Soll unserer Armut abgeholfen werden? Oder soll uns eine gute Erbschaft zufallen? Oder sind wir zu einem fröhlichen Gastmahl geladen, wo wir nicht bezahlen dürfen? Oder soll uns irgend ein irdischer Wunsch erfüllt werden? Nein! von dem allen nichts; „euch ist heute der Heiland geboren!" Sollte es auch der Mühe wert sein, diese Nachricht ein Wort der großen Freude zu nennen? Ja, leider, man muß so fragen. Wie manchen in der sogenannten Christenheit ist diese große Botschaft so gleichgültig, als wenn ihnen berichtet würde, daß dem Kaiser von Japan ein Sohn geboren sei. Wie viele sind unter uns, ach, ich vermute, es möchten sehr viele sein, die, wenn ihnen heute ein Engel erscheinen und sagen würde: „Es ist dir ein Heiland geboren!“ in ihrem Inneren dächten, so, ist’s nur das, sonst nichts? Wenn’s nur das ist, so hätte der Engel zu Hause bleiben können. Aber, nicht wahr? wenn es durch solch eine Erscheinung angekündigt würde, da oder dort sei ein Schatz zu heben, wodurch wir reich werden könnten, da könnten wir nicht mehr schlafen vor Freude und Erwartung der Dinge, die da kommen sollen. Ist’s nicht so? Ich frage, ist eine einzige Seele unter uns, die durch die Ankündigung eines zu hebenden Schatzes nicht in die lebhafteste Freude versetzt würde? Und wie viele sind da, denen es wirklich eine Freudenbotschaft ist, daß ein Heiland geboren ist? O mein Heiland, wir sind sehr irdisch gesonnen, und du bist sehr wenig gekannt unter dem Volk, daß sich nach deinem Namen nennt.

Ich will euch eine Geschichte erzählen, eine sehr merkwürdige Geschichte, die merkwürdigste Geschichte, die geschehen ist seit Erschaffung der Welt. Doch ich merke aus eurer ungewöhnlichen Aufmerksamkeit, zu der ihr euch anschickt, daß ihr auf eine Fabel wartet. Aber dem ist nicht also. Die Geschichte, die ich erzählen werde, ist wahr, ganz wahr. Eher wird Himmel und Erde vergehen, als daß von ihrer Wahrheit etwas abgedungen werden könnte. Hört also: Vor achtzehnhundert Jahren ist zu Bethlehem im jüdischen Lande der Schöpfer aller Dinge von einer Jungfrau als ein armes Menschenkind geboren worden. Er wurde mit den Jahren ein Knabe, ein Jüngling, ein Mann. Er lebte als ein Gast und Fremdling hienieden. Er ging endlich hin und litt den bittersten Tod. Und das alles um unsertwillen, um uns zu erlösen; nicht zunächst vom leiblichen Elend, denn das hört ja ohnedies selber auf, sondern von der Herrschaft der Sünde, des Teufels, der Hölle und des Todes. Das ist unser Herr, der uns, der mich verlornen und verdammten Sünder erkauft, gewonnen und erworben hat, nicht mit Silber oder Gold, sondern mit seinem eigenen teuren Blut, auf daß ich sein eigen sei und in seinem Reich unter ihm lebe, und ihm diene in ewiger Gerechtigkeit, Unschuld und Seligkeit. Wer Ohren hat zu hören, der höre!

Diese große Freude verkündige ich euch. Euch geht es an, ihr bekümmerten und verlegenen Seelen, die ihr zwar wohl bis jetzt etwas von eurem Elend, aber noch nichts oder noch wenig von einem Heiland im Herzen erfahren habt. Heute sollt ihr die Worte des Engels tief zu Herzen nehmen und es einmal wagen, euch auch darüber zu freuen, daß ihr einen Heiland habt, da ja des Klagens wohl schon lange genug ist. Euch geht es an, ihr begnadigten Geister! Heute sollt ihr euch eures Erbarmers aufs neue freuen. Der Geburtstag eures Königs und Erlösers soll ein besonderer Fest- und Gnadentag eures Herzens werden. Euch geht es an, ihr jungen Leute, du armes, du unter die Sünde verkauftes Volk, du arme Jugend, die du einen unsinnigen Tanz, eine viehische Befriedigung deiner Lüste für dein höchstes Lebensglück hältst, höre es doch! Ein Heiland ist dir geboren, ein Mann, der dich aus den Stricken des Teufels in einem Augenblick losmachen kann, ja, der dich aus der Hölle, der du so blind entgegenläufst, erretten kann, und zwar heute noch. O Sünder, o Mitsünder! Laßt uns im Staube anbeten; denn uns ist heute ein Heiland geboren – ein Heiland! Wenn einer im tiefen Kerker schmachtete und hätte keine Hoffnung auf Erlösung, und es würde ihm von einem Manne gepredigt, der ihn erlösen könne und wolle, würde er sich denn nicht freuen und mit beiden Händen zugreifen? Wenn einer in einem großen Wasser schwämme und wäre am Versinken, und es zeigte sich eine helfende Hand, würde er sie denn von sich stoßen? Gewiß nicht. Aber wir, wir sind die Leute im Kerker. Wir sind die Männer des Todes, denen das Wasser an die Seele geht, sie zu ersäufen und dem ewigen Tode zu übergeben. Jesus ist der Heiland, ist der Erretter; wollen wir ihn von uns stoßen? Soll es verloren sein an uns, daß der große Gott, der Schöpfer aller Dinge, ein armes Menschenkind geworden ist und im Fleische die Wiederherstellung der gefallenen Kreatur hinausgeführt hat? Soll an uns allein das seine Kraft nicht beweisen, was nach dem Vorsatz Gottes als heilende Arznei für die ganze todkranke Menschheit bestimmt ist? Mein Gott! Welche Verantwortung! Nein, liebe Brüder! Es ist erschienen die heilsame Gnade Gottes allen Menschen, also auch uns. Jesus ist gekommen, die Sünder selig zu machen, also auch uns.

Wohlan denn, wer es gut mit sich meint, der greife zu! Sieh, Seele, hier ist dein Heiland, dein Erbarmer! Er hat sich in unser Fleisch und Blut gekleidet, ob er gleich der Eingeborne des Vaters ist. Er ist ein armes Kindlein geworden, ob er gleich der Herr aller Herren ist. Sehr verachtet und niedrig ist er geworden; in einem Stall ward er geboren, in einer Krippe lag er; in ärmliche Windeln war der gewickelt, der Herrlichkeit bei dem Vater hatte, ehe der Welt Grund gelegt ward. O wie groß ist die Liebe Gottes gegen ein fluchwürdiges Sündergeschlecht! Wie groß muß unser Schaden sein, da es eines solchen Weges des Sohnes Gottes bedurfte, um ihn zu heilen! Glaubst du das? Wenn du es noch nicht glauben kannst, so bitte nur ihn um den Glauben; denn er allein kann ihn dir schenken. Dränge dich hin zu ihm, du seist, wie du seist.

Ihr dürft, so wie ihr seid, zum Heiland kommen,
Und kommt ihr nur, so werd't ihr angenommen.

Ihr mögt so sündig sein, so voller Schanden,
So ist ein dürstend Herz nach euch vorhanden.
Wer nur ein Sünder ist in seinem Wesen,
Und sucht aus eigner Kraft nicht zu genesen,
Und liegt zu Jesu Füßen als erstorben,
Von solchen ist kein einz'ger noch verdorben.

O du ewige Liebe! Du ewiges Leben, das sich in unser Elend aus Liebe gegeben hat, was für ein Trieb hat Dich doch bewegen müssen! Was konntest Du mehr tun, was konntest Du mehr an uns wenden, als Du an uns gewendet hast, nämlich Dich selbst! Aber siehe, es rührt uns nicht; es nimmt unser Herz nicht in Anspruch, daß Du uns so geliebt hast. Wir bleiben kalt und gefühllos dagegen. Es ist unverantwortlich, es ist entsetzlich, was wir für ein finsteres, totes, kaltes Herz gegen Dich haben. Sollte denn nicht jeder Pulsschlag ein Dank und jeder Odem ein Gesang werden! Sollte nicht dieses arme Herz unaufhörlich mit den allermächtigsten Liebestrieben zu Dir hingezogen werden! Aber es ist nicht so. Wir feiern alle Jahre Deine Feste, das Fest Deiner Geburt, das Fest Deines Todes, Deiner Auferstehung und Himmelfahrt; aber wahrlich, Du bist doch sehr vergessen unter uns, wohl gar oft verachtet mit Deiner großen Liebe. O laß den Donner Deines Gerichtes noch nicht über uns hereinbrechen, Du Löwe aus Juda, da Dich die Herzen als das Lamm Gottes nicht annehmen wollen. Habe vielmehr Geduld mit uns, und sende und gieße aus Deinen Heiligen Geist über uns. Räume alle Hindernisse weg; mache selbst Bahn in uns; brich durch, Du Durchbrecher aller Bande, bis alles, alles zu Deinen durchgrabenen Füßen liegt, und alle Zungen Dir zuschwören: „Im Herrn habe ich Gerechtigkeit und Stärke!“ Amen.

6. Am Christfest
(Zweite Predigt)

Text: Luk. 2, 1 - 14 (s. erste Predigt, S. 171)

Wir danken dir, Immanuel,
Du Lebensfürst und Gnadenquell,
Du Himmelsblum' und Morgenstern,
Du Jungfraun-Sohn, Herr aller Herrn.
Wir bringen Dir mit der Engel Heer
Aus aller Kraft Lob, Preis und Ehr,
Daß du, so lang gewünschter Gast,
Dich nunmehr eingestellet hast!

Der Herr hat Großes an uns getan, des sind wir fröhlich! Das Volk, so im Finstern wandelt, siehet ein großes Licht, und über die, so da wohnen im finstern Lande, scheinet es helle; denn der Morgenstern ist heute aufgegangen über Israel, und sein Glanz verbreitet sich über alle Völker. Der Herr der Herrlichkeit, den aller Weltkreis nie beschloß, der liegt in Mariens Schoß; in unser armes Fleisch und Blut verkleidet sich das ew'ge Gut. Er ist arm geworden, damit wir reich seien; er ist ein schwaches Kindlein geworden, damit wir stark seien; verachtet wurde er, damit wir wieder zu Ehren kämen.

Was hast du unterlassen
Zu meinem Trost und Freud,
Als Leib und Seele saßen
In ihrem größten Leid?
Da mir das Reich genommen,
Wo Fried und Freude lacht,
Da bist du, mein Heil, kommen,
Und hast mich froh gemacht!

Ich lag in schweren Banden,
Du kommst und machst mich los;
Ich stand in Spott und Schanden,
Du kommst und machst mich groß;
Und hebst mich hoch zu Ehren,
Und schenkst mir großes Gut,
Das sich nicht läßt verzehren,
Wie irgend Reichtum tut.

Darum lobe den Herrn, meine Seele, und was in mir ist, seinen heiligen Namen; lobe den Herrn, meine Seele, und vergiß nicht, was er dir Gutes getan hat: der dir alle deine Sünden vergibt und heilet alle deine Gebrechen; der dein Leben vom Verderben erlöst, der dich krönet mit Gnade und Barmherzigkeit! Lobe den Herrn, meine Seele! Laßt uns ihn noch einmal loben mit dem Singen der drei ersten Verse des Liedes: Gelobet seist du, Jesus Christ.

An dem heutigen Geburtstag unseres Heilandes wird die Gnade Gottes, der seinen Sohn in dies elende Leben gesendet hat, damit er Sünder zur Seligkeit führe, von vielen Millionen Zungen gepriesen. Die obere und untere Gemeinde, die Gemeinde der Heiligen und die Gemeinde der Sünder, stimmen heute Loblieder an zum Preise des, der unser Elend nicht verschmäht, sondern uns in Gnaden angesehen hat; der selbst gekommen ist, um Sünde, Tod, Teufel und Hölle zu überwinden und uns armen Menschen Trost und Hoffnung und ewiges Leben zu bereiten. Ach, daß uns doch die Feier dieses Tages recht zum Segen werden möchte, zu erquicken die Beladenen und Mühseligen, zu heilen, die zerschlagenen Herzens sind, aber auch zu zerschlagen, die noch störrisch sind in ihrem Sinn und die Gnade des Herrn mit Füßen von sich stoßen! Das möge er doch geben, der nach seiner unbeschreiblichen

Kraft auch das ärmste Wort zu segnen weiß, wenn es zu seiner Ehre gesprochen wird! Was können wir aber an dem heutigen großen Feste Passenderes zu unserer Erbauung wählen, als wenn wir

> **die unbeschreibliche Liebe Gottes gegen die Menschen, die sich in der Menschwerdung seines Sohnes geoffenbart hat,**

uns recht zu Gemüte führen. Ich will mit euch

I. diese Liebe selbst näher betrachten,
II. einige Anwendungen daraus auf unser Herz machen.

O großer und hochgelobter Gott, himmlischer Vater! Wie können wir Dir genug danken, daß Du Deinen Sohn, unsern Herrn Jesus Christus, hast Fleisch werden lassen und ihn in unsere Menschheit einverleibt, daß Du ihn in alle Niedrigkeiten und in alles Elend dieses Lebens hingegeben hast, damit wir in diesem Elend nicht zugrunde gingen als eine Beute des Satans, sondern das ewige Leben durch ihn haben möchten! Was mußt Du doch für eine unbeschreibliche Liebe zu uns armen, sündigen und elenden Menschen haben, daß Du uns nicht verschmäht, sondern uns in dem Geliebten gnädig angesehen hast! Ach, wir bitten Dich demütig, laß solche hohe Gnade und Barmherzigkeit an unseren Herzen nicht verloren sein; sondern gib, daß wir nichts anderes mehr begehren und suchen, als dieser Deiner Barmherzigkeit recht froh zu werden und durch unseren Heiland, Deinen Sohn, zu Dir zu kommen. Dazu hilf uns um Deiner ewigen Liebe willen! Amen.

I. Geliebte, wenn ich die Welt ansehe und auf ihr gewöhnliches Treiben und Tun achte, und sehe ihre Eitelkeit, Pracht, Wollust und Hoffart, und daß sie nicht nach Gott fragt, sondern nur ihren bösen Fleischeswillen zu vollbringen sucht, dann wird es mir klar und deutlich, wie schrecklich die Macht der Sünde ist, wie sehr wir entfremdet sind von dem lebendigen Gott. Tod und Finsternis wohnen in uns, solange wir natürliche Menschen bleiben. Und was das Schlimmste ist, wir wissen nicht einmal, wie sehr wir der Finsternis anheimgefallen und in die Ketten des Teufels verstrickt sind, bis ein Funke des göttlichen Lichtes in unsere toten Herzen fällt und uns die Schlangenbrut, die darin verborgen ist, recht beleuchtet vor die Augen stellt. Denn dieser geistliche Tod und diese geistliche Finsternis wird nur dem, der sein eigenes Herz und Gewissen von dem Licht Gottes durchsuchen läßt, recht klar und augenscheinlich. O welche Abgründe der Sünde, welche höllischen Gedanken und Begierden, welche durch und durch verdorbene Sinnesart muß eine Seele in sich finden, die sich vor dem Angesicht Gottes gewissenhaft erforscht! Wie wird ihr da ihr Elend, ihre Sündhaftigkeit, Verdorbenheit, Nichtswürdigkeit ins Licht gestellt! Da kann man nicht mehr an der menschlichen Verdorbenheit zweifeln, kann nicht mehr sein schreckliches Elend mit dem Trost eigener, wenn auch nur heimlicher Gerechtigkeiten zudecken; da muß man dastehen als ein elender, nichtswürdiger, gottloser, verfluchter Sünder, muß bekennen und sagen: „Schau her, hier steh ich Armer, der Zorn verdienet hat!“ Ist aber schon das Elend groß, in das wir durch die Sünde versunken sind; so wird es noch größer durch die Sehnsucht nach etwas Besserem und Höherem, durch das Verlangen nach dem lebendigen Gott, das bei aller Sünde doch in unseren Herzen verborgen liegt.

Es mag einer noch so verdorben und verwildert sein, im innersten Grunde seiner Seele liegt doch ein göttlicher Funke, dem das Vergängliche nicht genügt, weil er sich nach dem Unvergänglichen sehnt und strebt, der ihn beständig anmahnt und erinnert, Ruhe und Frieden zu suchen bei dem lebendigen Gott. Da steht nun der Mensch zwischen zwei verschiedenen Welten und Kräften. Der Geist, der zur Unsterblichkeit geschaffen ist, zieht ihn himmelwärts und heißt ihn nach der Vereinigung mit seinem Schöpfer ringen; das Fleisch aber, das gelüstet wider den Geist, sucht ihn an diese Erde zu fesseln und lockt und reizt ihn zur Sünde. Ja, wenn er sich auch erheben und aufmachen wollte, zu seinem Vater zurückzukehren wie der verlorne Sohn, seine Sünden, die Schuld, die er auf sich geladen hat, würden zwischen ihn und Gott treten, würden ihn zurückscheuchen vor dem Anblick der Herrlichkeit Gottes, würden eine ewige Scheidewand ziehen zwischen ihm und seinem Schöpfer. O wie unglücklich wäre der Mensch, wenn ihm nicht Heil und Rettung angeboten wären in Christus Jesus! Wo sollte er denn hingehen? Wo sollte er Ruhe finden für seine Seele? Woran könnte er sich halten? Worauf sich stützen? Arm und verlassen und bloß, mit der eigenen Verdammnis im Herzen, müßte er dahingehen ohne Gott, müßte trostlos der ewigen Finsternis, der ewigen Verbannung von dem heiligen Angesicht des Herrn entgegensehen. Seht, so stände es mit uns ohne Christus.

Aber ihm sei ewig Lob und Dank dafür! unser Gott wußte Rat und Mittel zu finden, um uns aus unserem Elend herauszureißen. Zwar hätte er das vollkommenste Recht dazu gehabt, uns untreue, abtrünnige Geschöpfe auf immer von seinem heiligen Angesicht zu entfernen; denn wie häßlich müssen wir in Gottes Augen sein, wir sündigen und verdorbenen Geschöpfe in den Augen dessen, der lauter Licht ist, und in dem keine Finsternis wohnt, der der allein Selige, allein Gewaltige, der Unvergängliche und allein Weise ist; vor dem die Seraphinen unaufhörlich lobpreisen und rufen: „Heilig, heilig, heilig ist unser Gott, der Herr Zebaoth, alle Lande sind seiner Ehre voll!" Was könnten wir sagen, wenn dieser heilige Gott einen Ekel an uns sündigen Menschen hätte fassen und uns in die Gesellschaft der bösen und unreinen Geister, mit denen wir in dieser Welt schon so viel Gemeinschaft haben, hätte verstoßen wollen! Ja, wenn er, der Allmächtige, uns nur einen einzigen Gnadenblick gönnen wollte, müßten wir nicht dadurch in unserm innersten Herzensgrund beschämt werden, müßten wir nicht mit David ausrufen: „Was ist der Mensch, daß du seiner gedenkest und des Menschen Kind, daß du dich sein annimmst!" Ja, in der Tat, groß wäre schon die Gnade, wenn er uns eines einzigen Blickes würdigen wollte!

Nun aber hat er keinen Ekel an uns gefaßt, hat uns nicht in die ewige Finsternis verstoßen, da wir es doch verdient hätten; nein, nur Barmherzigkeit und Gnade hat er walten lassen. Durch die ganze Zeit des Alten Bundes hindurch hat er sich mit rührender Geduld und Treue der törichten und blinden Menschen angenommen, hat sich zu ihrer Schwachheit herabgelassen, hat sie im Elend getröstet, im Leiden erquickt, hat sie väterlich und mehr als väterlich gezüchtigt und gestraft und unaussprechliche Mühe mit ihnen gehabt. Alle Schriften des Alten Bundes zeugen von dieser Herablassung des ewigen Gottes zu den sündigen Menschen. Das war ihm aber noch nicht genug. Als die Zeit erfüllt war, hat er seinen Sohn, seinen eingebornen Sohn, das Liebste, das er hatte, den Abglanz seiner Herrlichkeit, das Ebenbild seines Wesens herniedergesandt in der Gestalt des sündlichen Fleisches, hat ihn in unsere

Menschheit eingepflanzt, hat ihn allen Leiden und Mühseligkeiten dieses Lebens ausgesetzt, hat ihn zuletzt erwürgen und am Kreuze verschmachten lassen, damit wir elenden, an Leib und Seele zugrunde gerichteten, unter dem Fluch liegenden Geschöpfe erlöst würden von der Knechtschaft der Sünde, des Todes, des Teufels und der Hölle.

Das hat er alles uns getan,
Sein große Lieb zu zeigen an;
Des freu sich alle Christenheit
Und dank ihm des in Ewigkeit!

Nicht die Natur der Engel hat der große König, dessen Stuhl der Himmel und die Erde der Schemel seiner Füße ist, den alle Himmel und aller Himmel Himmel nicht erfassen, den alle Engel Gottes anbeten, vor dem sich beugen alle Knie derer, die im Himmel und auf Erden und unter der Erden sind, nicht die Natur der Engel hat Jesus Christus angenommen; sondern er ward ein Mensch wie wir. In unser Fleisch und Blut hat er sich verkleidet, hat sich nicht geschämt, uns seine Brüder zu heißen. An Sündern wollte er den Reichtum seiner Barmherzigkeit kund machen. Sünder wollte er zu der göttlichen Würde führen. Sünder hatte er sich vorgenommen, bis in den Tod zu lieben, sie mit seinem eigenen Blute zu erkaufen, und dann mit ihnen als mit einer Beute seines Kreuzes vor seinem Vater und allen Engeln zu prangen. Darum gelüstet es auch die Engel, in dies Geheimnis zu schauen. Darum müssen auch gleich bei seiner Geburt die Engel Loblieder anstimmen zur Ehre Gottes. Darum muß auch die ganze Hölle erzittern und erbeben vor der Ankunft dieses Königs, und der ganze Himmel anbeten und niederfallen vor dem Stuhl des Lammes. O große Liebe, die sich hier geoffenbart hat! Meine Brüder, was sind wir, daß sich der große Gott so an uns verherrrlichen wollte, daß er sich vorgenommen hat, uns arme Kreaturen so zum besondersten, ausgezeichnetsten Gegenstand seiner Erbarmungen zu machen!

Drum so danke, wer da kann,
Gott, dem Vater aller Gnaden,
Betet seinen Heiland an,
Der uns hilft aus allem Schaden;
Ehre sei Gott in der Höhe,
Und des Satans Reich vergehe!

II. Laßt uns nun aus dem Bisherigen einige Anwendungen auf unser Herz machen. Der Engel, der den Hirten in unserem heutigen Evangelium erschien, sagte zu ihnen: „Fürchtet euch nicht, siehe, ich verkündige euch große Freude, die allem Volk widerfahren wird; denn euch ist heute der Heiland geboren!" Dieses Wort rufe auch ich euch heute zu. O meine lieben Mitbrüder und Mitchristen, fürchtet euch nicht! Freilich, wenn wir in unser Herz und Gewissen gehen, haben wir genug Ursache, uns zu fürchten vor dem heiligen und gerechten Gott, dessen Gebote wir alle so mannigfaltig übertreten, den wir alle so schrecklich und so oft beleidigt haben. Aber fürchtet euch nicht! Es ist ja der gekommen, der uns alle Furcht aus unseren Herzen verscheuchen und uns als der Friedensfürst den Frieden schenken will, den wir uns selbst nicht zu geben vermögen. Denn was wollten die Engel mit ihrem „Friede sei auf Erden!" anderes singen, als daß man unter diesem neugeborenen König Frieden, gründlichen, völligen, dauerhaften Frieden haben solle mit Gott; daß er seine Untertanen zu Kindern des Friedens machen, sein Volk mit ewiger Ruhe und mit Glückseligkeit segnen, alle Angst und alle Furcht des Herzens und alle Not der Sünde aufheben und ein wahrhaftiges Salem, eine Friedensstadt, wo Gerechtigkeit wohnt, gründen werde. Die Feindschaft gegen Gott hat er getötet durch sich selbst. Er hat eine Versöhnung gestiftet in seinem eigenen Leib und in unser erstorbenes Gebein wieder göttliches Leben und göttlichen Frieden hereingebracht, so daß jetzt jeder, der sich an ihn, den wahrhaften Salomo, hält, zu der Bürgerschaft von Zion und Salem gesammelt und in das Buch des Lebens eingetragen wird. Darum fürchte dich nicht, mein lieber Mitbruder! Dir, auch dir ist heute der Heiland geboren; auch du hast Teil an dem Segen, der sich von Bethlehem aus über die ganze, bis jetzt noch unter dem Fluch seufzende Erde verbreitet; auch du darfst dich einschreiben lassen in die Zahl seiner Glieder und der Genossen seines Reiches. Ja, wenn er in großer Pracht und Herrlichkeit erschienen wäre, so hätte unser blödes Herz noch einiges Recht, vor ihm zu erschrecken, ihn zu scheuen und zu fürchten. Wir hätten noch einige Ursache zu glauben, daß der Ruf der Gnade und der Versöhnung, der seit seiner Geburt über die ganze Erde erschallt, uns armen, verdorbenen Leute nicht anginge.

Aber siehe, nun ist er ein Kind geworden wie wir. Ja, er hat noch größere Erniedrigungen und Schwachheiten durchgemacht, als wir alle durchmachen können, damit wir in unserer Armut und Schwachheit und in unserem Elend doch ein rechtes Herz zu ihm fassen könnten. Oder hat irgend ein Mensch Ursache, sich vor seinem Bruder zu fürchten? Darf ein Bruder nicht getrost hinzunahen zu seinem ihn liebenden Bruder? Wir aber sind Brüder Christi nach dem Fleische, und so wir uns ihm ergeben, auch nach dem Geiste. Darum fürchtet euch nicht, denn euch ist heute der Heiland geboren! Da darf nun keiner, auch nicht der ärgste Sünder, verzagen. Keiner, der Mensch heißt, ist ausgeschlossen von dem Gnadenrat Gottes und von dem Frieden, den der Heiland geben will denen, die ihn lieb haben. Alle, alle hat er versöhnt, nicht nur die Hirten in Bethlehem, an die zuerst die evangelische Botschaft erging, nicht nur die Kinder Israel, denen der Heiland selbst das Wort vom Reiche zuerst predigte, nicht nur die Jünger und Apostel des Herrn, nicht nur diejenigen, die ihm von Jugend an gedient und beständig in seinen Wegen gewandelt sind, nein, alle, alle haben Teil an diesem Kinde, das heute geboren ist. Und wenn einer von uns bis in sein hohes Alter hinein ein Knecht der Sünde, ein Diener des Teufels, ein Dieb, Räuber, Mörder, Trunkenbold, Hurer, Ehebrecher gewesen sein sollte, wenn er am heutigen Tage umkehrt und wendet sich an den neugebornen König von Salem, der durch seine tiefe Erniedrigung sogar dem Teufel die Macht genommen hat, wenn er heute umkehrt und bekehrt sich zu ihm, so darf man ihm zurufen: dir, dir ist heute der Heiland geboren! Das sind die Früchte seiner Geburt und seiner Menschwerdung, daß er die erlöste, so durch Furcht des Todes im ganzen Leben Knechte sein mußten, sie erlöste zu der herrlichen Freiheit der Kinder Gottes, daß sie in kindlichem Geiste rufen dürfen: Abba, lieber Vater! Seht, welch eine Liebe hat uns der Vater erzeigt, daß wir Gottes Kinder sollen heißen! O, eine unaussprechliche Liebe und Gnade!

Aber der Engel in unserem heutigen Evangelium sagte nur zu den einfältigen Hirten, die wahrscheinlich auf den Trost Israels hofften, nur zu diesen kindlichen, einfältigen Hirten sagte er: fürchtet euch nicht! Zu denen aber, denen das Evangelium gepredigt ist, die wissen, daß der Heiland geboren und in die Welt gekommen ist, Sünder selig zu machen, die aber doch diese Seligkeit, diese Liebe nicht achten, sondern auf ihrem unwiedergeborenen, störrischen Sinn beharren und das Wesen dieser Welt lieber haben als die Ehre bei Gott, zu diesen muß ich am heutigen Geburtstag des Herrn, der ein Tag der Freude sein sollte, ich muß ihnen, weil mich mein Amt und Beruf dazu auffordern, ich muß ihnen zurufen: fürchtet, fürchtet euch, erzittert und erbebt; denn der Tag der Rache ist vor der Tür! Gott läßt sich nicht spotten! Denn so er der Engel, die gesündigt haben, nicht verschont hat, sondern hat sie mit Ketten der Finsternis zur Hölle verstoßen und sie übergeben, daß sie zum Gericht behalten werden, wie wollen denn wir entfliehen, so wir eine solche Seligkeit nicht achten! Es kommt ein Tag, wo dieses schwache Kindlein, das heute geboren worden ist, als der Richter der ganzen Welt erscheinen wird. Kaum der Gerechte wird an jenem Tage erhalten werden; wo will dann aber der Gottlose bleiben! Was will es für ein Ende nehmen mit denen, die dem Evangelium nicht glauben! Jener Tag wird dem Pharisäer und Heuchler die Larve von seinem Gesicht herunterreißen, wird alle Schande und Bosheit, die noch im Herzen verborgen ist, aufdecken und zur Schau stellen vor der ganzen Welt, daß die Verfluchten mit verzweiflungsvollem Geheul hinausfliehen werden in die ewige Finsternis. So steh doch still, Sünder, und besinne dich. Wohin eilst du, wohin gehst du? Was ist das für eine breite Straße, auf der du einhergehst? Ja, sie führt zum Verderben, zum ewigen Verderben! Hier tritt hin an die Krippe des neugebornen Königs und laß dich von ihm zu dem Weg, der zum Leben führt, leiten! Du meinst vielleicht, er sei zu schwer für dich. So versuch es nur einmal, tu nur einmal einen einzigen Schritt auf dem schmalen Pfade, und du wirst erfahren, daß der Weg nicht so schwierig ist, wie du dir's vielleicht vorstellst.

Du darfst ja nur ein Kindlein sein,
Du darfst ja nur die leichte Liebe üben.
O blöder Geist, schau her, wie gut er's mein',

Das kleinste Kind kann ja die Mutter lieben;
Drum fürchte dich nun ferner nicht so sehr,
Es ist nicht schwer.

Wem soll ich aber mit dem Engel zurufen: ich verkündige euch große Freude, freuet euch! Das kann ich nur denen unter uns sagen, die den Herrn Jesus Christus lieb haben. Ja, freuet euch, ihr, die ihr den Herrn kennt. Freuet euch, ihr Liebhaber des Heilands; freue dich, du Tochter Zion, stimme ein in den Lobgesang der heiligen Engel, singe dem neugebornen König einen freundlichen Willkomm entgegen; denn dir ist heute dein Heiland geboren! Schon Abraham wünschte seinen Tag zu sehen, die ganze Schar der Väter des Alten Bundes harrte mit Sehnsucht auf ihn. „Ach, daß der Herr aus Zion käm, und unsre Bande von uns nähm!" seufzten sie. Und siehe, jetzt ist er geboren, und was noch mehr ist, uns ist er geboren. Das sollte doch eine wahre Weihnachtsfreude in unseren Herzen erregen, das sollte uns doch antreiben, uns von der Weihnachtssonne, von Jesus, recht beleuchten und bestrahlen zu lassen. Wir leben in einer Jahreszeit, wo die natürliche Sonne nur selten und schwach scheint; desto kräftiger sollten wir uns von der himmlischen Sonne, die ist Jesus Christus, durchscheinen und durchleuchten und durchwärmen lassen.

Laß dich erleuchten, meine Seele,
Versäume nicht den Gnadenschein!
Der Glanz in dieser kleinen Höhle
Streckt sich in alle Welt hinein;
Er treibet weg der Höllen Macht,
Der Sünden Kreuz- und Todesnacht.

Wenn ein irdischer König zu uns käme, uns in unseren Häusern besuchen, sich mit uns darüber, was unserem Herzen am nächsten ist, unterhalten, uns Mut zusprechen, uns zu Freunden und Brüdern machen wollte, wie sehr würde uns das ehren. Sollten wir uns nicht auch freuen, sollten wir uns nicht auch geehrt fühlen über der Gnade des himmlischen Königs, der heute zu unserem Besten ein kleines, schwaches Kind geworden ist, der heute, heute von jedem, der ihn sucht, sich finden lassen will; er will eines jeden, auch des gröbsten Sünders Freund und Bruder, ja Retter, Seligmacher, Heiland sein!

Besonders sollten wir das recht zu Herzen nehmen, die wir jetzt sein Abendmahl begehen wollen. Dreiunddreißig Jahre stand es von dem Tag seiner Geburt an, bis er sein Werk vollendete und den Tod für die Sünder starb, dessen Andenken wir im Abendmahl begehen. Was hat der getreue Heiland in dieser langen Zeit nicht für unsere Seelen erduldet und gelitten! Durch wie viele Erniedrigungen, durch wie viel Schmach und Elend hat er hindurchgehen müssen! Sein ganzes Leben war eine Reihe von Entbehrungen, Entsagungen und Leiden. Und was soll ich erst von den Tagen sagen, wo die Schmach derer, die ihn schmähten, über ihn fiel; wo er seinen Rücken darhielt denen, die ihn schlugen, und seine Wangen denen, die ihn rauften, und sein Angesicht nicht verbarg vor Schmach und Speichel; wo er sein Angesicht darbot als einen Kieselstein, wie er durch den Mund des Propheten sagt, wo ihn Hunde umgaben und der Bösen Rotte sich um ihn gemacht hatte; wo seine Kräfte vertrocknet waren wie eine Scherbe, und er lag in des Todes Staub und war ein Wurm und kein Mensch um unsertwillen!

Das wollen wir doch recht erwägen in unserem Herzen, wollen uns ihm mit unserem ganzen Elend, mit unserer Gleichgültigkeit und Kälte gegen ihn und mit unserem Undank und Ungehorsam ganz zu Füßen legen und als bußfertige Bekenner seines Namens, obwohl in der Schwachheit und Armut, doch im Glauben an ihn und im Blick auf seinen Tod sein Mahl halten, bis wir einst nach vollendeter Prüfungszeit das neue Mahl mit ihm halten werden in seines Vaters Reich.

O Du hochgelobter Heiland, dazu kannst uns nur Du durch Deine Kraft bringen. So bereite denn unsere Herzen Dir selbst zu einem Dir wohlgefälligen Tempel! Amen.

7. Am zweiten Weihnachtsfeiertag

Ehre sei Gott in der Höhe und Friede auf Erden und den Menschen ein Wohlgefallen! Luk. 2, 14

Ich will heute zu euch von dem Lobgesang der himmlischen Heerscharen reden, den die Hirten in der heiligen Geburtsnacht Christi vernehmen durften. Wir wollen die drei Teile des Lobgesanges nach ihrer Ordnung miteinander betrachten.

I. Ehre sei Gott in der Höhe,

oder wie es eigentlich im Grundtext heißt: „in den höchsten Höhen." Dies ist das erste Wort, das die Schar der Engel mit auf diese Erde herabbringt und womit sie das Loblied über die Geburt Christi beginnt. Sie fahren mit ihren reinen heiligen Engelsgedanken zuerst hinauf in die höchsten Höhen. Sie fangen mit ihrem Lobgesang bei Gott an, der den eingebornen Sohn auf die Erde sandte und das ganze große Heilsgeschehen in der Menschwerdung Jesu

Christi getroffen hat. Sie sehen mit ihren Blicken auf das, was gegenwärtig geschieht und auf das Zukünftige; da erkennen sie im Geiste, wie dieses ganze große Ereignis, daß ihr König, ihr angebeteter Monarch, als ein armes Menschenkind geboren wurde, zu nichts anderem ausschlagen könne als zur größten Verherrlichung Gottes. Darum beginnen sie ihren Lobgesang mit den Worten: „Herrlichkeit oder Ehre sei Gott in den höchsten Höhen!"

Ehre sei Gott in der Höhe! Ja, in den höchsten Höhen wird ihm allezeit Ehre gegeben. Die tausendmal Tausend, die um seinen Thron sind, die heiligen Engel und Geister, sie hören nicht auf, den, der da ist, und der da war und der da kommt, zu verherrlichen und zu preisen. „Heilig, heilig, heilig ist Gott, der Herr Zebaoth!" so tönt's in den höchsten Höhen. Sie preisen ihn, wenn sie sein Angesicht sehen, und die ewige Gottesmajestät und Klarheit, die ihn umgibt, anbetend erblicken, wenn sie in die Abgründe seiner Gottesvollkommenheiten hineinschauen. Sie preisen ihn aber auch über seinen Werken, über der Schöpfung und Erhaltung der Welt. Darüber loben ihn die Morgensterne und alle Kinder Gottes. Auch hier unten auf Erden dient und muß alles dienen zur Verherrlichung und zur Ehre des Schöpfers. Die unvernünftige Kreatur preist ihn, ohne daß sie es weiß. Der Vogel, der auf dem Zweige sitzt und sein Morgenlied anstimmt, preist den, der ihn gemacht und erhalten hat und ihm sein tägliches Futter gibt. Jede Kreatur ist ein Lobpsalm auf den, der sie gemacht hat. Der Grashalm, der auf dem Boden wächst ohne Menschenhilfe, die Blume auf der Wiese, über die wir im Sommer und Frühling hinschreiten, ohne sie zu bemerken, der Regentropfen, der vom Himmel fällt, alles predigt die Ehre Gottes. Alle Kreatur, die vom Himmel ist und auf Erden und unter der Erde und im Meer, und alles, was darinnen ist *(Offenb. 5, 13),* alle Lande, alle Welt, die sichtbare und die unsichtbare, vom höchsten Himmel herunter bis auf den Wurm, der im Staube kriecht, alles ist seiner Ehre voll. Alles Geschaffene ist nur eine einzige große Harmonie, ein einziges großes Loblied auf den Schöpfer, und dieses Loblied heißt: „Ehre sei Gott in den höchsten Höhen!"

Aber unter diesen Kreaturen Gottes, die alle zu seiner Verherrlichung bestimmt sind, war ein Geschlecht, das in dieses Loblied nicht einstimmte und nicht einstimmen konnte, das Geschlecht Adams, der Menschen. Auch sie waren zur Verherrlichung Gottes geschaffen gewesen; aber sie hatten sich von Gott losgerissen, hatten ihm den Gehorsam aufgekündigt, hatten sich von ihrer Pflicht, ihn zu verherrlichen, selbst entbunden, waren aus der Reihe der übrigen Kreaturen herausgetreten und Rebellen geworden. Gott hatte sie besonders ausgezeichnet; sie waren zu seinem Bilde geschaffen gewesen. Sie sollten ein Meisterstück seiner allmächtigen Liebe sein; aber sie waren abgefallen und hatten das Ebenbild Gottes verscherzt. Sie hatten sich mit der Sünde verbunden. O ein armes Geschlecht, ein elendes, sterbliches Sündergeschlecht! Moder und Verwesung war ihr Teil geworden für ihren Abfall. Der wahrhaftige Lebensgeist war von ihnen gewichen. Der Fluch der beleidigten Majestät Gottes lastete auf ihnen. Da sah der Herr von seinem Himmelsthron diesen großen Riß, der durch Satans Neid in seiner Schöpfung angerichtet war. Er sah das Elend und den Jammer, den geistlichen und leiblichen Tod, unter dem wir seufzten, und wodurch wir zu seiner Verherrlichung untauglich, ein Abscheu vor seiner Heiligkeit, ein Abscheu vor allen heiligen Geistern wurden.

Da jammert' Gott von Ewigkeit
Das Elend über die Maßen;

Er dacht' an sein Barmherzigkeit,
Und wollt' uns helfen lassen.
Er wandt' zu uns sein Vaterherz,
Es war bei ihm fürwahr kein Scherz;
Er ließ's sein Bestes kosten.

Auch diese Söhne Adams, auch dieses Sündergeschlecht sollte wieder herumgeholt werden; auch sie sollten wieder in den Genuß und Besitz ihrer vorigen Seligkeit, die sie verscherzt hatten, gebracht werden. „Ich will mich ihrer annehmen", sprach er, „denn es jammert mich ihrer." Darum sagt er zu dem Sohne, wie es in jenem Liede heißt:

Fahr hin, mein's Herzens werte Kron,
Und sei das Heil dem Armen,
Und hilf ihm aus der Sündennot,
Erwürg für ihn den bittern Tod,
Und laß ihn mit dir leben.
Der Sohn dem Vater g'horsam ward;
Er kam zu mir auf Erden,
Von einer Jungfrau rein und zart,
Er wollt' mein Bruder werden.
Gar heimlich führt' er sein Gewalt,
Er ging in einer armen G'stalt,
Den Teufel wollt' er fangen.

Liebe Zuhörer, was im Rat der ewigen Liebe beschlossen worden ist, das ist erfüllt, das ist Tat und Wahrheit geworden am Christtag. Der eingeborne Sohn Gottes ist als ein armes Menschenkind zu Bethlehem geboren in unser armes Fleisch und Blut. Und das hat er deswegen getan, damit er für die arme Menschheit einstehen, für sie leiden und sterben könnte; damit er sie erretten könnte von Sünde, Tod, Teufel und Hölle; damit er ihr das wieder erwerbe und wiederherstellte, was sie in Adam verloren hat. Der Erlöser ist nun da; der Goel ist da; der Loskäufer ist da; der Retter ist da; der Helfer ist da; Immanuel ist da; da liegt er in Bethlehem in der Krippe als ein armes Kind; der Schöpfer aller Dinge ist da; Jesus ist da; Halleluja! Wer ihn im Glauben aufnimmt, der tritt wieder in sein ursprüngliches Verhältnis zu Gott, der hat an Gott wieder seinen Gott; der wird erlöst von dem Bann und Fluche, der auf den Menschen lastet; der kommt wieder in die Reihe der Geschöpfe, die zur Verherrlichung Gottes gereichen. Die Menschheit ist erlöst. Der Mensch gewordene Sohn Gottes, der als ein Kind in Bethlehem liegt, er hat's getan und ausgeführt; die Menschheit ist versöhnt, Halleluja!

O liebe Zuhörer, was soll ich sagen? Gott hat freilich Ehre von der Schöpfung und von der Erhaltung der Welt; aber daß er den Schaden, den die Sünde angerichtet, wieder gut gemacht hat, daß er die Rebellen, wie wir sind, die Menschen, nicht aufgerieben hat, sondern hat sie mit Jammer angesehen, so daß er seines Eingebornen nicht verschont hat, sondern hat ihn in diese arme, arge Welt hinein gegeben und hat ihn dahingegeben in ein Menschenleben, in ein Knechtsleben, ja in den Missetäterstod hinein, um die arme Menschheit, die Rebellen, zu begnadigen, um sich ihnen als ihr Vater wieder darstellen zu können: dies Wunder ist noch viel größer als das der Schöpfung der Welt. Denn in der Schöpfung hat er hauptsächlich seine Allmacht, Weisheit und Liebe, hier aber hat er sein Erbarmen, sein ewiges Erbarmen kundgetan. In dieser Geschichte hat sich allen Himmelsbewohnern ein neuer unbekannter Abgrund seiner Vollkommenheiten geöffnet, indem sein Erbarmen, sein zärtliches, sein höchstes Erbarmen offenbar geworden und gegen ein fluchwürdiges Geschlecht herausgebrochen ist. Das wußte man vorher nicht, daß ein solches Erbarmen in Gott mit seiner Kreatur sei, bis es durch die Sünde hervorgelockt und in Christus offenbar geworden war. O Wunder über alle Wunder!

Dies alles nun sahen die Engel. Sie sahen den Strom der Erbarmungen Gottes hervorbrechen. Sie sahen die große vollkommene Hilfe, die den Sündern in Christus widerfahren ist. Sie sahen, wie auf diesem weisheits- und gnadenvollen Wege Gottes der schnöde Sünderhaufen wieder in die Reihe der übrigen ungefallenen Kreaturen hineinversetzt wurde. Sie hatten wohl vorher auch mit Jammer auf diese arme, von der Sünde und ihren Folgen verunstaltete Erde, auf diese Werkstätte des Teufels und des Verderbens herabgesehen. Ihre Seelen waren wohl vorher auch bewegt worden durch das Elend der sterblichen Menschen. Nun auf einmal sehen sie den Rat der Ewigkeit, den Rat der ewigen Liebe und Barmherzigkeit in Christus verwirklicht, auf eine so besondere, auf eine so ausgezeichnete, auf eine so anbetungswürdige Art verwirklicht, daß sie zum Staunen und Anbeten hingerissen werden. Darum brechen sie in ihrem Gesang gleich zu Anfang in ein herrliches Lob Gottes aus und sagen: „Ehre sei Gott in der Höhe, ja in den höchsten Höhen!" Man fühlt es, man hört es, sie wollen Gott die Ehre geben, so gut sie es können. Es ist ihnen gar zu eindrucksvoll, gar zu groß, daß Gott Mensch werden und im Fleische die Wiederherstellung der gefallenen Kreatur hinausführen will. Darum erheben sie sich mit ihren Gedanken, so hoch sie können, und rufen: „Ehre sei Gott in den höchsten Höhen!" Alles, was in uns und an uns ist, der ganze Himmel, die Seraphim und Cherubim sollen ihm darüber die Ehre geben.

O liebe Zuhörer, wollen wir nicht auch in diesen Lobgesang einstimmen? Bei uns geht es freilich noch schwach her; wir sind sehr gehemmt und gebunden durch das Fleisch und durch die Sünde, die uns immerdar anklebt.

Aber ich meine doch, bei der guten Nachricht, die uns aufs neue von den Engeln gebracht wird, bei der Nachricht, daß der Sohn Gottes Mensch wurde, da könnte und dürfte sich doch auch etwas von Lob Gottes in unseren Herzen regen und von unserem Munde zu Gott empordringen. Hier bei der Krippe zu Bethlehem, in der das liebe Jesuskind liegt, das uns alten und jungen Sündern zugute geboren wurde, das die alten Sünder wie die jungen aus dem Staube der Sünde, aus der Furcht des Todes, aus den Schrecken der Hölle, aus der Gewalt des Teufels erretten kann und will und wird, wenn wir uns nur dazu hergeben, ich meine, da könnte, da dürfte wohl auch ein Lob Gottes über unsere Sünderlippen gehen. Wir haben das Recht dazu, in diesen Tagen Gott zu loben, ein vollkommenes Recht, wenn wir auch noch schüchtern und blöde und schwach im Glauben sind. Wir haben das Recht dazu, ihn zu loben über all dem Guten, das er durch Christus der Menschheit, und also auch uns, erzeigt hat und noch erzeigen wird.

Ja, Ehre sei Gott in der Höhe, der Herr ist geboren!
Lasset uns singen, o Brüder, sind wir nicht erkoren,
Hier schon uns sein, seiner Erbarmung zu freun?
Ist er nicht uns auch geboren?

II. Ehre sei Gott in der Höhe und Friede auf Erden!

Dies letztere ist der zweite Teil des Lobgesangs der Engel. Sie kehren sich nun mit ihren Gedanken von dem Himmel, von den höchsten Höhen herab auf die niedrige Erde. Wenn die Engel, diese heiligen Heerscharen Gottes, auf die Erde heruntergesehen haben, so muß ihnen das das Entsetzlichste und Abscheulichste gewesen sein, daß sie sahen, daß kein Friede in den Wegen der Menschen war; kein Friede im Herzen, kein Friede und keine Liebe der

Menschen untereinander, sondern inwendig Unruhe und auswendig Streit und Feindschaft, Haß und Neid und Rotten, Geschrei und Mord und Krieg. Im Himmel, an dem Ort, wo sich diese heiligen Geister aufhalten, da ist Friede, da ist Ruhe, da ist Stille. Da herrscht das Gesetz der Liebe, da ist Seligkeit. Und wenn sie heruntersahen oder herunterkamen auf die Erde, so trafen sie da ein Geschlecht an, das voll inwendigen Mißmutes, um seine Leidenschaften und finsteren Begierden zu befriedigen, sich selbst untereinander verzehrte und aufrieb. Da sahen sie Mörder und Neider und Schmäher und Rachsüchtige, und überhaupt Geschöpfe, die von innerer Herzensunruhe gequält, von manchen finsteren Begierden umgetrieben, nicht einmal mehr recht wußten, was Liebe ist. Ach, wie verschieden war dieser Anblick von dem himmlischen Frieden, von der seligen Harmonie, die in ihrem Inneren wohnte und den ganzen Himmel belebte! Es muß dieser Anblick ein Schmerz, ein besonderer Schmerz für sie gewesen sein. Darum frohlocken sie bei der Ankunft des großen Erlösers, des Erbarmers, ihres Königs in diese Welt: „Friede auf Erden!“ Sie trauen es ihm gleichsam zu, weil sie ihn schon kennen; sie hoffen es zuversichtlich von ihrem König, daß er Frieden schaffen werde auf Erden; daß er komme, um die Erde umzuwandeln in einen Friedensort, wie der Himmel es ist. Sie denken, daß, da Gott eine so außerordentliche Anstalt in Christus treffe, dies zu nichts anderem als zur Herbeiführung des Friedens, zur Wiederbringung der Liebe auf den durch den Unfrieden und die Feindseligkeit der Menschen entweihten Erdboden ausschlagen könne. Darum singen sie: „Friede auf Erden, Friede in den Herzen der Menschen, Friede den Menschen untereinander!“

Aber, liebe Zuhörer, haben sich die Engel in dieser

ihrer Erwartung nicht getäuscht? Ist denn Friede auf Erden? Ist denn Friede im Gewissen der Menschen? Ist denn kein Streit, kein Zank, kein Krieg mehr unter ihnen, seitdem der Fürst des Friedens erschienen ist? Es scheint allerdings, sie haben sich getäuscht. Blickt umher auf dieser Welt; nirgends ist ja Friede. Wie viele gehen noch dahin als elende Sklaven der Sünde, ohne Frieden in ihrem Gewissen, ohne Trost, ohne Hoffnung, obwohl Christus erschienen ist, obwohl ihnen die Friedensbotschaft, das Evangelium verkündigt wird, bleiben sie dennoch in der Unseligkeit und im Zwiespalt ihres Herzens. Und wie steht es mit dem äußerlichen Frieden, mit dem Frieden der Menschen untereinander? Seht, bald nach der Geburt des großen Friedensfürsten läßt der König Herodes die Kinder in Bethlehem töten. War es da Friede? War's Friede, als sie den Heiland, den Fürsten des Friedens, verwarfen und mit unsinnigem Geschrei seine Kreuzigung forderten? War es Friede, als er am Kreuze hing und in seiner Schmach und Verachtung von ihren Lästerzungen noch verhöhnt und verspottet wurde? War es Friede, als man bald nach der Ausgießung des Heiligen Geistes seine Jünger und Gläubigen verfolgte, als man einen Stephanus steinigte, als man die Christen von einem Gefängnis ins andere schleppte, als erfüllt wurde das Wort des Heilandes: „Ich bin nicht gekommen, Frieden zu bringen, sondern das Schwert?" War es Friede in den ersten drei Jahrhunderten nach Christus, als die Christen zehn Verfolgungen über sich ergehen lassen, und Unzählige ihren Glauben mit dem Tode versiegeln mußten? War es Friede, als das Papsttum aufkam und trunken wurde von dem Blute der Zeugen Jesu? War's Friede auch in den Weltreichen auf Erden seit Christi Geburt? Ist nicht seither ein jedes Jahrhundert mit unzähligen Blutspuren bezeichnet? Und wie steht es denn jetzt? Ist es Friede in der Welt, wo im Westen und Osten von Europa die Fackel des Krieges und des Aufruhrs brennt, wo Tausende unserer Mitchristen im Morgenlande unter den Händen der Mörder dahinsterben? Und ist's Friede in unseren Häusern? Herrschen hier Friede und Eintracht, Verträglichkeit und Wohlwollen in allen Familien? O meine lieben Zuhörer, wir müssen sagen: Es ist nicht Friede auf Erden, sondern Krieg.

Aber wie konnten denn die Engel in ihrem Loblied singen: „Friede auf Erden!" wenn doch allenthalben nichts als Krieg ist? Haben sie sich nicht getäuscht? Nein, das sei ferne! Ist doch durch die Menschwerdung des Sohnes Gottes in manches Herz, das vorher in der jämmerlichsten Entzweiung mit sich selbst gelebt hat, der Friede gekommen, der Friede Gottes, welcher höher ist als alle Vernunft. O wie viele Menschen, die sich betrugen wie Bären und Löwen und Hunde und Säue, sind schon in Kinder des Friedens umgeschaffen worden durch den Fürsten des Friedens! Lest nur einmal, wie groß Johannes *(Offenb. 7, 9 - 10)* die Zahl derer beschreibt, die aus allen Heiden und Völkern und Sprachen vor dem Stuhle Gottes und des Lammes stehen, mit weißen Unschuldskleidern angetan, und Friedenspalmen in ihren Händen, und dem die Ehre geben, der auf dem Stuhle sitzt, unserem Gott und dem Lamme. Seht, all diese sind errettet aus dem Kriege ihrer Herzen und dieser Welt, und das Verdienst des Friedensfürsten ist ihnen zugute gekommen. Aber auch noch jetzt werden noch manche zu Kindern des Friedens umgeschaffen, die es vorher nicht waren. Es werden doch auch etliche Seelen hier sein, die eine solche Veränderung an ihrem eigenen Herzen wahrgenommen haben. Ihr werdet mir Zeugnis geben, liebe Seelen, daß man aus einem Kinde des Unfriedens, aus einem Menschen, der ein böses

Gewissen und keinen Frieden mit Gott hat, ein Kind des Friedens werden kann durch Christus, daß man den wahren, dauernden göttlichen Frieden erlangen kann durch ihn, daß es jetzt schon seine Kraft hat, das Wort der Engel: „Friede auf Erden." O meine lieben Zuhörer, was gibt es Köstlicheres, Größeres als den Frieden des Gewissens; wenn es einem wohl ist im Herzen; wenn man nichts zu fürchten braucht, keinen Tod, keine Trübsal, nicht den Jüngsten Tag, sondern weiß, daß man ein Kind Gottes, ein durch Christus beglückter Erbe des ewigen Lebens ist. Wollt ihr nicht auch dieses Friedens teilhaftig werden? Seht, heute bietet ihn euch Christus an. Ihr müßt doch zugestehen, daß die Sünde und die Welt und der irdische Sinn keinen Frieden geben, sondern daß in solchen Dingen eitel Jammer und Herzeleid sind. Aber hier durch Christus könnt ihr Frieden erlangen; ihr könnt versöhnt werden mit Gott; ihr könnt ein seliges, ein vergnügtes Herz finden. Geht nur zu diesem Kinde, das in der Krippe liegt. Laßt es nicht umsonst geboren sein für euch; nehmt es auf in euer Herz; denn das liebe Jesuskind möchte aufs neue geboren werden in euch und alle Gnadenschätze des ewigen Lebens, Friede und Seligkeit, ja den ganzen Himmel mitbringen in euer armes, leeres Herz. Seht, wenn ihr ihn aufnehmt und Frieden findet in ihm, so wird auch der Friede besser in euren Häusern einkehren. Woher kommt der Zank und Streit unter uns? Woher die Feindschaft, in der manche oft jahrelang miteinander leben? Woher kommt es, daß Ehegatten oft zum größten, ja ewigen Schaden ihrer eigenen Seelen und ihrer armen Kinder in so mancher Zwistigkeit leben? Nur daher, weil man den Fürsten des Friedens nicht aufgenommen hat. Würde nur einer einmal recht anfangen und sich mit Ernst anschicken, den Heiland in sich aufzunehmen, so würde der andere über kurz oder lang nachfolgen müssen; so würde Sanftmut, Geduld, Liebe, Freundlichkeit in den Häusern einkehren; so würde man in jedem, auch dem ärmsten Hause, in jeder, auch der ärmsten Familie, ein Vorbild des Himmels sehen, einen Vorschmack des Himmels haben, der ein Ort des Friedens ist. Aber freilich, solange man den Lüsten und Begierden in seinem Herzen die Oberhand läßt, solange der Teufel Meister im Herzen ist, solange wird er und will er und muß er es auch im Hause sein. O das wäre ein rechtes Christgeschenk, das wir einander machen könnten, wenn jeder für sein Teil daran arbeiten würde, daß der Friedenskönig angebetet, und Friede würde auf Erden.

Aber freilich, auf der ganzen Erde ist noch nicht Friede, wenn es auch hier und da in einem Herzen oder Hause Frieden ist. Und insofern ist das Wort der Engel: „Friede auf Erden!" noch nicht ganz erfüllt. Der Teufel darf noch sein Unwesen treiben. Der Prozeß ist ihm gemacht, aber noch nicht an ihm ausgeführt; darum ist's noch nicht Friede auf der ganzen Erde. Aber es wird noch erfüllt werden, was die Engel gesungen haben. Freuet euch, ihr Gerechten, es wird noch Friede werden auf Erden. Wenn einmal Satan gebunden sein wird, wenn die Reiche der Welt Gott und seinem Christus anheimfallen werden, dann wird's Friede werden auf der Erde, und noch mehr auf der neuen Erde, die Gott aus dem verbrannten Stoff der alten bereiten wird. Hört, wie es dann sein wird: „Siehe da, eine Hütte Gottes bei den Menschen, und er wird bei ihnen wohnen, und sie werden sein Volk sein, und er selbst, Gott mit ihnen, wird ihr Gott sein; und Gott wird abwischen alle Tränen von ihren Augen; und der Tod wird nicht mehr sein, noch Leid, noch Geschrei, noch Schmerzen wird mehr sein. Denn das Erste ist vergangen; und sie werden keiner Sonne noch des Mondes bedürfen, denn die Herrlichkeit Gottes erleuchtet sie, und ihre Leuchte ist das Lamm, der Friedefürst." Noch eine Ruhe ist vorhanden dem Glaubensvolk, ein sicherer Friedenshafen, in den sie einlaufen dürfen nach manchem Sturm und großer Gefahr. Da sollen sie im Frieden ruhn, wie wohl wird's tun!

III. Ehre sei Gott in der Höhe und Friede auf Erden und an den Menschen ein Wohlgefallen!

Denn so muß es heißen nach dem Grundtext: an den Menschen, und nicht den Menschen. Das war den lieben Engeln ebenfalls sehr merkwürdig, daß Gott und sie nun wieder ein Wohlgefallen an den Menschen haben könnten. Man kann sich bei diesen Worten recht in ihren himmlischen Standpunkt hineinversetzen. Durch die Sünde waren wir ein Gegenstand des Abscheus geworden vor den Augen Gottes und der heiligen Engel. Nun freuen sie sich, daß wir wieder ein Gegenstand des göttlichen und ihres Wohlgefallens geworden sind in Christus.

O meine lieben Zuhörer, wenn der Heiland nicht unser Heiland geworden wäre, so könnte Gott nimmermehr ein Wohlgefallen an uns haben. Denn was sind wir? Finstere, trübe, schnöde Sünder, verdorbene, verunreinigte Kreaturen, mit einem Leibe umgeben, der der Verwesung, dem Tode unaufhaltsam entgegeneilt. Gott aber ist der Lebendige; er ist der Heilige, und ist keine Finsternis in ihm. Wie könnte er Wohlgefallen finden an solchen Staubwürmern, wie wir sind, an Würmern, die nicht dazu bestimmt und geschaffen waren, Würmer zu sein; sondern die das Ebenbild Gottes an sich trugen, es aber schändeten und verunstalten durch die Sünde? Wie könnten seine Augen mit Wohlgefallen auf uns ruhen, auf uns, die wir eigentlich Mißgestalten und Ungeheuer unter seinen Geschöpfen sind, verkrüppelte und vergiftete Pflanzen in seinem Garten, die er als rechte Pflanzen gepflanzt hatte, die aber durch eigene Schuld Giftpflanzen geworden sind? Wie könnte er Wohlgefallen an uns haben? Erbarmen, ewiges Erbarmen hat er gegen uns gehabt, aber kein Wohlgefallen. Denn das würde streiten gegen die Natur seiner Heiligkeit.

Aber in Christus sind wir wieder angenehm gemacht. Das ganze Herz des Vaters, das sich vorher, obwohl es mit den innigsten Trieben des Erbarmens zu uns, seinen armen Geschöpfen, sich herabneigte, doch nicht gegen uns Arme recht äußern konnte, kann jetzt nach dem ganzen Reichtum seines Wohlgefallens, seiner ewigen, unergründlichen Liebe, wieder gegen uns ausbrechen. Wir sind nun angenehm gemacht in dem Geliebten. Wir sind Gegenstände, an denen er den unerforschlichen Reichtum seiner Barmherzigkeit beweisen und verherrlichen kann. Gott hat sich in uns ein Eigentumsvolk erlesen; denn er, der König, will ein priesterliches Volk haben, das ihm dient in heiligem Schmuck, auf dem sein ganzes, ungeteiltes Wohlgefallen ruhen kann. Das ist sein seliger Zweck mit uns. O liebe Brüder und Schwestern, das ist Gnade, große Gnade! Wer dürfte sich in seinen kühnen Hoffnungen so weit wagen; wer dürfte als sündiger Staubmensch sich zu so großen Gedanken erheben, wenn er nicht selber durch die heilige Menschwerdung des eingebornen Sohnes die Bürgschaft und das Recht uns dazu verliehen hätte! Dafür sei ihm Ehre und Macht und Preis in den höchsten Höhen von nun an bis in Ewigkeit! Amen.

8. Am dritten Weihnachtsfeiertag
(Erste Predigt)

Uns ist ein Kind geboren, ein Sohn ist uns gegeben, und die Herrschaft ist auf seiner Schulter; und er heißt Wunderbar, Rat, Kraft, Held, Ewig-Vater, Friedefürst. Jes. 9, 6

Man kann am besten ermessen, was wir an dem Heiland haben, dessen Geburt wir feierten, wenn man die Namen betrachtet, die ihm in der Heiligen Schrift beigelegt werden; denn jeder seiner Namen drückt ja das aus, was er wirklich ist, und was ein gläubiges Herz in ihm findet. Wir wollen deshalb von den Namen, die ihm der Prophet Jesaja in unserem Text beilegt, uns einen nach dem anderen vornehmen und zu unserer Erbauung betrachten.

Das erste Merkmal, das der Prophet Jesaja an dem großen König und Herrn bemerkt, den ihn der Geist der Weissagung schauen läßt, ist: Wunderbar.

„Wunderbar" heißt Jesus. Wie pünktlich diese Weissagung an ihm in Erfüllung gegangen ist und noch an ihm in Erfüllung geht, das wissen alle, die nur einigermaßen seine Geschichte kennen, die nur einigermaßen auf ihr eigenes Herz und Leben achten.

Wunderbar war schon in ihm die Menschwerdung Gottes, daß das Wort Fleisch ward, daß durch ihn Gott geoffenbart ist im Fleisch. Dies ist ja noch bis auf diese Stunde der Stein des Anstoßes für die ungeheiligte Vernunft, über den sie mit aller menschlichen Weisheit nicht hinüberkommen kann, den sie anläuft und sich ärgert.

Wunderbar war sein Eintritt in die Welt. Es schien durch lauter wunderbare Widersprüche hindurch zu gehen. Er, der Schöpfer aller Dinge, wird ein schwaches Kindlein. Er, die Quelle alles geistlichen und äußerlichen Reichtums, wird arm, auf daß wir reich würden. Er hat bei seinem Eintritt in die Welt in einem Winkel der Erde, ja in dem Winkel eines Stalles, nichts als eine Krippe zu seinem Lager. Und zu gleicher Zeit verkündigen die himmlischen Heerscharen der Erde den Frieden in diesem Kinde, an das die Welt gar nicht denkt, um das sie sich gar nicht kümmert. Ist das nicht wunderbar? Ja wunderbar war sein ganzer mühseliger Lauf durch diese Zeit; wunderbar war seine Verborgenheit und Handwerkstreue bis ins dreißigste Jahr; wunderbar war sein dreijähriges Lehramt, wo er sich als ein Prophet erwies, mächtig in Worten und Taten vor Gott und allem Volk; wunderbar war, daß er, der Fürst des Lebens, durch die Knechtsgestalt, durch die tiefste Erniedrigung, durch den Gehorsam bis zum Tode, ja bis zum Tod am Kreuz hindurchging; wunderbar war es, daß seine tiefe Erniedrigung der Weg zu seiner Erhöhung und zu unserer Seligkeit war, daß er durch die Leidens-, Todes- und Grabesnacht hindurch der Herzog der Seelen, der Erzhirte der Schafe, der Hohepriester seiner Gläubigen, der König aller Könige werden und zu der Herrlichkeit gelangen sollte, die er bei dem Vater hatte, ehe der Welt Grund gelegt war. O ungebahnter Steg, o wunderbarer Weg!

Und wie seine Geschichte eine Reihe von wunderbaren Dingen ist, so beweist er sich auch wunderbar in den Führungen der Seinen. Bezeugt es alle, die ihr ihn kennt; bezeugt es, daß euer himmlischer Führer wunderbar ist in seinen Wegen. Da geht es nicht nach den Gesetzen, die die Vernunft und gute Meinung stellen, nicht nach menschlicher Weisheit und Klugheit, nicht nach der gewöhnlichen Ordnung der Dinge, nicht nach dem Laufe dieser Welt; da geht es wunderbar zu, durch Gefangenschaft zur Freiheit, durch Leiden zur Herrlichkeit, oft krumm und doch gerade, oft dunkel und doch hell, oft verborgen und doch offenbar. Da wo die Finsternis am dichtesten scheint, da bricht oft das Licht hervor; da wo alles mit tausend Riegeln verschlossen scheint, da öffnet sich auf sein Geheiß oft unerwartet eine weite, herrliche Tür; da wo wir am schwächsten sind, da ist er oft am mächtigsten und wirkt mit Kraft durch unsere Schwachheit. Ein wunderbarer Gott, wer kann ihn ergründen! Wer muß nicht, wenn er seine Wege im Lichte der Wahrheit betrachtet, ihm die Ehre geben, wer muß nicht mit jenem Liede sagen:

So führst du doch recht selig, Herr, die Deinen,
Ja selig, und doch meistens wunderlich.
Wie könntest du es böse mit uns meinen,
Da deine Treu nicht kann verleugnen sich!
Die Wege sind oft krumm und doch gerad',
Darauf du lässest deine Kinder gehen.
Da pflegt's oft wunderseltsam auszusehen,
Doch triumphiert zuletzt dein hoher Rat!

Liebe Zuhörer, es wird wohl keine Seele unter uns sein, die ihn nicht als den Wunderbaren erfahren hätte; denn auch die, die sich ihm noch nicht ganz ergeben haben, ja auch die, die ihn noch gar nicht kennen und noch ganz ferne von ihm sind, stehen unter seiner wunderbaren Leitung. Das wird ihnen oft erst nachher, wenn sie zu besserer Erkenntnis seines Heils gekommen sind, klar und deutlich, so daß sie sich wundern müssen, wie sie ihr Hirte, den sie noch nicht kannten, noch nicht liebten, ja dem sie auswichen, da oder dort, bei dieser oder jener Gelegenheit so wunderbar, so herrlich geführt habe. Darum wird wohl keine Seele unter uns sein, die, wenn sie so viel Licht hat, sich und ihren Gang im Lichte Gottes zu erforschen, nicht sagen müßte: Sein Rat mit mir war wunderbar bis auf diese Stunde, über all mein Denken und Empfinden, über all mein Bitten und Verstehen wunderbar und herrlich. Ist er aber bis jetzt wunderbar gewesen, so wird er es auch fernerhin sein und bleiben. Ach, wo eine Seele ist, die keinen Ausgang mehr in ihren Wegen sieht, die da ängstlich fragt, wie's doch fernerhin gehen und werden wird, vor ihren Augen ist's verborgen, wo eine Seele ist, die da erkennt, daß ihr nur durch die wunderbare Führung des Herrn geholfen werden kann, o sie möge sich nur ihm ergeben. Er heißt Wunderbar und wird sich, wie in der ganzen Weltgeschichte, so auch in der Führung einer jeden einzelnen Seele als den Wunderbaren beurkunden und bewähren. Wenn auch nichts Besonderes auf uns in der Zukunft wartet, so benötigen wir doch sehr seiner wunderbaren Führung, wenn wir glücklich durch diese Welt voll Sünde, voll Ärgernis und voll Versuchung hindurch und in das himmlische Vaterland hinein gebracht sein wollen, das er, der ewig Treue, auch jeder Seele tun wird, die es treu und ohne Falsch mit ihm meint. So ergib dich denn ihm, meine Seele, ihm, der Immanuel heißt, und du wirst finden, wenn du dich ergebungsvoll in seine Arme wirfst, wie er dich so wunderbar leiten und dich hinaus-, hindurch- und hineinbringen und alles, was dir begegnet, dir zum Besten dienen lassen wird.

Wunderbar heißt Jesus; aber er heißt auch Rat. Wer seine Schwachheit und seine Kurzsichtigkeit kennt, dem tut es wohl, wenn er vernimmt, daß es einen Mann gibt, bei dem man sich in allen Fällen einen guten und weisen Rat holen kann, der Weisheit und Verstand genug besitzt, um in den vorkommenden Verlegenheiten zu raten und zu helfen. Nun aber ist es ja klar, und ich darf es euch wohl nicht beweisen, in wie viele Umstände und Verlegenheiten wir in diesem Erdenleben hineingeraten, aus denen wir uns nicht heraushelfen können, die oft wie lastende Berge auf einem Herzen liegen, so daß es ängstlich fragt: „Was muß ich doch tun, was soll ich doch wählen, was ist das Beste, was ist das Nützlichste für mich und andere?“ Namentlich ist dies der Fall bei dem Werk der Seligkeit, bei dem Werk der Wiedergeburt, daß hier in unseren Seelen anfangen und zur Reife gedeihen muß, wenn wir Erben des ewigen Lebens werden wollen. Ach, da fühlt man erst seine völlige Blindheit und Ratlosigkeit, seine geistliche Untüchtigkeit und sein natürliches Unvermögen zu dem, was himmlisch ist und göttlich. Da kommt man erst oft ins Gedränge hinein, daß man nicht mehr weiß, wo aus und wo ein, daß man unschlüssig fragt, wie man es doch anzugreifen habe, um aus dieser oder jener drückenden Gemütslage herauszukommen. Da wird man oft wie verwirrt; man kann sich selbst nicht mehr zurechtfinden. Alle Ausgänge sind wie verriegelt. Da steht man und weiß nicht, was man tun oder denken soll. Von der einen Seite kommt die Welt, von der anderen unser eigenes Herz und das verdammende Gewissen, von der dritten der Satan; und diese drei Feinde stürmen auf die arme Seele ein. Und es ist auf nichts anderes abgesehen, als die Seele zur Verzweiflung zu bringen, ihr den Glauben zu nehmen, und so den letzten Faden zu zerschneiden, an dem ihr Vertrauen auf Gott hängt. Wer solche Gemütsverfassungen schon erfahren hat, der wird mir darin beistimmen, daß es in solchen Fällen wohltut, einen Heiland zu haben, der nicht nur Wunderbar, sondern auch Rat heißt.

Nun, liebe Zuhörer, wer weiß von uns, in welch mißliche innere und äußere Lagen einer oder der andere hineinkommen wird. Ist es ja doch das große Gesetz in der Welt, daß jeder sein Teil Verlegenheit und Plage hinnehmen muß, daß besonders die, die nach dem Himmlischen trachten, nur durch viel Trübsal ins Reich Gottes eingehen können. An wen wollen wir uns in diesen Verlegenheiten wenden? An Menschen? O es ist sehr erquickend, wenn ein Mitpilger seinen Mitpilgern in solchen Fällen Mut und Trost zuspricht und der verlegenen Seele guten Rat erteilt. Aber wir wissen ja, daß Menschen nicht für alle Fälle raten können, weil sie nicht Weisheit, nicht Erfahrung, nicht Umsicht, oft auch nicht Liebe und Geduld genug haben, ja, daß sie oft sogar einen falschen, einen verkehrten Rat geben. Darum ist es mir sehr erfreulich, daß der Heiland es mir und jedem von euch zurufen läßt: Fürchte dich nicht, liebe Seele; ich kann dir Rat geben; ich bin imstande, deiner Schwachheit mit meiner Weisheit zu Hilfe zu kommen; denn siehe da, mein Name ist Rat.

Rat heißt unser Herr Jesus. Schon Jesaja hat von ihm geweissagt, daß auf ihm ruhen werde der Geist des Herrn, der Geist der Weisheit und des Verstandes, der Geist des Rats und der Stärke, der Geist der Erkenntnis und der Furcht des Herrn *(Jes. 11, 2)*. Ja, er ist die selbständige Weisheit. Alle Schätze der Erkenntnis und Weisheit sind in ihm verborgen. Wo Weisheit ist, da ist sie von ihm. Darum scheint vieles in seiner Haushaltung wunderbar, ja ist sogar oft töricht vor den Augen der Menschen, weil sie seine Weisheit nicht fassen, weil sie die Tiefen seiner Gotteserkenntnis nicht ergründen, die niemand ergründet als nur er selbst. Siehe, er hat aus seiner Weisheit die ganze Schöpfung herausgeboren; er hat den ewigen Ratschluß zu unserer Erlösung erfunden und nach seiner Weisheit in der Zeit ausgeführt; wie weise hat er, solange er auf Erden lebte, den Ratlosen geraten! Wo er hinkam, da erfuhr man es alsbald, daß der rechte Ratgeber erschienen ist, der den rechten Fleck der Verlegenheit sogleich zu erkennen und zu beheben wisse; und nun dürfen wir uns an ihn in allen unseren inneren und äußeren Verlegenheiten wenden. Denn auch dazu ist er erschienen. Darum hat er ein Leben wie wir durchlebt, auf daß er in allen Stücken ein wohlversuchter Hoherpriester würde, der da Mitleiden haben könnte mit unserer Schwachheit, von dem man nicht, wie von so manchem Menschen, ratlos und trostlos entlassen wird, sondern der alle unsere Verhältnisse durchblicken, und weil er selbst in allen Stücken erprobt ist, unserer Schwachheit zu Hilfe kommen, uns trösten und erquicken, uns heben und tragen und durchbringen kann.

Liebe Seele, die du vielleicht gegenwärtig dich in irgendeiner Verlegenheit befindest oder dich vielleicht auch noch in manche versetzt sehen wirst, bedenke es, ein Kind ist dir geboren, ein Sohn ist dir gegeben, und sein Name heißt Rat. Es gibt einen Hohenpriester, es gibt einen Freund, der sich deiner in allen Fällen annehmen, der dich aus allen Sorgen herausreißen, der mit seiner Weisheit deine Schwachheit unterstützen kann, dem es gar lieb ist, wenn du ihn so oft als möglich um Rat angehst. Der wird nicht müde, dich anzuhören, der auch in den verwickeltsten Fällen zu raten weiß, der auch in den dunkelsten Nächten ein neues Licht des Trostes und der Hilfe dir aufgehen lassen kann. O wenn du der Maria nachahmen würdest, die sich zu Jesu Füßen niederließ, wenn du dir von ihm raten ließest und von der Sichtbarkeit hinweg auf die Unsichtbarkeit dein Augenmerk richtetest, wie würde da der Nebel der inneren und äußeren Sorgen vor deinen Augen verschwinden, da würdest du mit David sprechen: „In deinem Lichte sehe ich das Licht.“

Doch wenn Jesus nur raten und nicht auch helfen könnte, so wäre uns wenig geholfen. Aber er kann auch helfen; er ist beides, Rat und Tat, Rat und Kraft. „Ich heule, aber meine Hilfe ist ferne von mir“, so hat einst David geschrien, und nach ihm haben schon manche

Menschen um Hilfe geseufzt, und es schien, als ob sie ferne von ihnen sei. Solange freilich ein Mensch sich selbst noch nicht kennt, solange er noch durch Gottes Gnade vor peinvollen Nöten bewahrt geblieben ist, solange ihm seine Hilf- und Kraftlosigkeit noch nicht klar geworden ist, o da ist der Mensch stark. Da weiß er für alles Rat; da weiß er sich, wie er sagt, aus allen Nöten herauszureißen; da fehlt es nicht an einem bei ihm. Was er sagt, das muß, wie Assaph sich ausdrückt, wie vom Himmel herab geredet sein. Was er spricht, das muß gelten auf Erden. Leider hat unsere Zeit Überfluß an solchen unsinnigen Kraftmenschen, die in ihrer eingebildeten Stärke dessen nicht zu bedürfen meinen, der da Kraft heißt, die sich lieber selbst starke Geister nennen. In ihrem Hochmut und in ihrer Losgerissenheit von Gott bedürfen sie keines Heilandes, keines Beistandes von oben, und darum fürchten und scheuen sie weder Gott noch Menschen. Aber wenn die Tage über sie hereinbrechen, die ihnen nicht gefallen, siehe, da geschieht es, daß sie durch ihre Verzagtheit, durch ihr Trauen und Bauen auf das Sichtbare, ihre Schwäche nur zu deutlich verraten. Sie halten sich für stark und meinen, sie haben gar satt, also daß sie sich über sich selbst erheben; aber ihre Augen sind nur verblendet durch des Teufels List, so daß sie nicht erkennen, daß sie arm sind und elend, jämmerlich, blind und bloß. O laßt uns doch nicht mit solchen hohen Gedanken von uns selbst von einem Jahr in das andere hinübergehen, laßt uns vielmehr demütig erkennen und bekennen, daß wir arme, hilflose und ratlose Geschöpfe sind, die es hoch vonnöten haben, daß ihnen ein Sohn gegeben ist, der da Kraft heißt.

Jesus heißt Kraft. Als solche hat er sich bewiesen bei der Schöpfung der Welt, die er hervorgerufen hat aus dem Nichts durch sein allmächtiges Kraftwort. Als Kraft hat er sich bewiesen während seines Wandels auf Erden; denn durch sein Kraftwort sahen die Blinden, hörten die Tauben, wandelten die Lahmen; und der Tod gab seinen Raub wieder heraus auf sein Geheiß. Als Kraft hat er sich bewiesen, solange er zur Rechten des Vaters sitzt; denn allmächtig hat er den Gang seiner Gemeinde durch so viele Jahrhunderte hindurch, trotz aller Hindernisse, geordnet und geleitet, sie gegen alle Pforten der Hölle geschützt und geschirmt; ja, er hat den Gang jeder einzelnen Seele, die sich ihm ergeben hat, trotz aller Versuchungen und Lokkungen durch seine Kraft zu einem herrlichen und seligen Ziele geleitet; denn er ist stärker als der, der in der Welt ist. Darum, wer seine Kraft und seine Stärke anderswo herholen will als von ihm, der sich so unwidersprechlich als den allein starken und unvergänglichen König erwiesen hat, der ist ein Abgöttischer und traut auf das Geschöpf mehr als auf den Schöpfer. Und verflucht ist, wer Fleisch für seinen Arm hält; denn sein allein ist die Kraft. O liebe, mühselige, beladene Seele, die du unter der Last des Lebens seufzest, der es um Kraft und um Hilfe bange ist, siehe, hier ist Jesus. Er heißt Kraft, und diesen Namen hat er sich nicht umsonst beilegen lassen; er sollte ein wahrhaftiger Zeuge sein von dem, was er ist und verheißt und auch gewißlich hält.

Was trauerst du, wenn dir des Lebens Pfad
Nur Dornen beut, der Prüfung Stunde naht,
Kein Freund dir mehr im Kampf zur Seite steht,
Dein Tag sich neigt, die Sonne untergeht?
Vertraue dem, der alles Gute schafft,
Sein ist die Kraft.

Jesus heißt aber auch der Held, jawohl der Held, der Held aus dem Stamme Davids. Laßt andere von anderen Helden rühmen; wir rühmen uns dieses Helden, der nicht mit fleischlichen Waffen gesiegt hat wie menschliche Helden, der nicht über Schlachtfeldern und Leichengefilden, nicht über Blutströmen und menschlichen Jammer und Elend seine Siegespaniere aufgerichtet hat, der nicht groß geworden ist durch die Unterdrückung seiner Brüder. Dies waren nicht seine Waffen, dies nicht sein Ruhm; so hat er sein Heldenamt nicht geführt. O unser Held ist ein ganz anderer. Durch Leiden und Stillesein, durch Gehorsam bis zum Tod, ja bis zum Tod am Kreuze, durch die tiefste Erniedrigung, durch seine große Sanftmut und Geduld, durch die Lammesart, die er dem höllischen Drachen entgegengesetzt hat, durch seine Schmach, durch seine Entäußerung aller Kraft hat er überwunden. Ja, so hat überwunden der Löwe aus dem Geschlechte Juda; darum wurde er gekrönt mit Preis und Ehre; darum hat ihm der Vater einen Namen gegeben, der über alle Namen ist. Andere Helden schmükken sich herrlich; sie prangen mit äußerem Glanz und äußerer Herrlichkeit; sie werden bis an den Himmel erhoben um ihrer Siegestaten willen; aber von dem allen weiß unser Held, unser Jesus nichts. Seine Schöne ist seine Marter- und Kreuzesgestalt. Sein Schmuck sind die Denkmale seiner erlittenen Pein. Seine Beute ist die durch ihn erworbene Gemeinde, ja jede einzelne Seele, die ihm als der Lohn seiner Schmerzen zufiel; denn auch die einzelne Seele ist hoch geachtet in seinen Augen.

Und wie er gesiegt und überwunden hat durch Leiden und Sterben als der große Dulder auf Golgatha; so hat er sich seit achtzehnhundert Jahren als der Held erwiesen in der Beschützung und Leitung seiner Gemeinde, die zwar unter der Gestalt des Kreuzes, unter Demütigung und Schmach dahingegangen ist, die er aber doch stets als der Held beraten und besorgt, an der er das Wort erfüllt hat: „Die Pforten der Hölle sollen sie nicht überwältigen."

Wir leben in einer großen bedenklichen Zeit und stehen an der Schwelle eines neuen Jahres und wissen nicht, was die Zukunft für das Reich Gottes herbeiführt. Die Feinde Christi wüten und toben und legen es darauf an, auch jetzt noch seine Kirche auszurotten und zu verderben. Wir haben zwar jetzt Frieden und Ruhe; jeder kann sich ungestört und ungehindert bekehren zu dem lebendigen Gott. Wir dürfen seinen Namen preisen und die Menschen zu seiner Gemeinschaft rufen. Aber ach, der Freund des Reiches Gottes muß ja bei allem Erfreulichen, das sich dem Blick darbietet, doch mit jedem Jahr besorgter in die Zukunft blicken; denn es läßt sich nicht leugnen, daß sich furchtbare Ungewitter in der Ferne zusammenziehen, und es wird jeder gläubigen Seele recht nahegelegt, zum Herrn zu rufen:

Ach bleib bei uns, Herr Jesus Christ,
Weil es nun Abend worden ist;
Dein göttlich Wort, das helle Licht,
Laß ja bei uns auslöschen nicht!

Aber getrost, ihr Freunde des Lichts! Er, der Held, der im Himmel sitzt, lacht seiner Feinde, und der Herr spottet ihrer. Er lebt noch; er sitzt noch im Regiment; er ist der Held, vor wem sollten wir uns fürchten? Er ist unsere Kraft und Stärke, vor wem sollte uns grauen? Und wenn auch die ganze Welt und die ganze Hölle sich wider ihn empörte, so wird er doch der Held bleiben; denn er ist der Vater der Ewigkeit.

Vater der Ewigkeit, welch großes majestätisches Wort! Er ist selbst ewig und hat die Ewigkeit aus sich herausgeboren. Er steht als der Vater der Ewigkeit hoch über den Abwechslungen der Zeit und wird alle Zeiten so hinausführen, wie es seinen ewigen Zwecken und Absichten gemäß ist. Die Menschen vergehen, ein Geschlecht verdrängt das andere. Auch die Empörer und Rebellen gegen seine allerheiligste Majestät fahren dahin, und ihre Stätte kennt man nicht. Er aber bleibt in Ewigkeit, und zwar, wie er ist, derselbe „Jesus Christus, gestern und heute und derselbe in Ewigkeit!" O großes Trostwort, große Hoffnung! Wie ich ihn bisher und heute erfahren habe, so werde ich ihn auch in Ewigkeit erfahren als Rat, Kraft und Held. Wie er sich seit Grundlegung der Welt erwiesen hat, so wird er sich fernerhin erweisen. Wie er von jeher der Seinen und seiner Kirche Schirmvogt war, so wird er es auch bleiben, bis sie durch alle Schwierigkeiten und Hindernisse hindurchgebrochen sind zur Freiheit der ewigen Heimat. Ja, wenn auch Ewigkeiten abgelaufen sind, so wird er noch derselbe sein, wie er war von Anfang an. Da wird er erst recht der Friedefürst heißen, als den er sich jetzt schon erweist. In einer Welt, wo der Krieg und Zwiespalt, der Zank und Streit sein Unwesen treiben, wo es der Seele bange wird, unter denen zu wohnen, die den Frieden hassen, wo das Herz selbst von innerer Unruhe und allerhand unsteten Gedanken hin- und hergeworfen wird, da tut es wohl, von einem Manne zu wissen, der den Frieden schenken kann, den die Welt nicht zu geben vermag, der der König und Fürst des Friedens ist in Ewigkeit. Darum kommt heran, ihr, die ihr Frieden sucht und ihn nicht finden könnt; die ihr gerne Ruhe hättet für eure Seele, und doch voll Unruhe seid; heran zum Friedensfürsten, ihr, die ihr gerne im Frieden fahren möchtet eure Straße, wenn euer Stündlein vorhanden ist. Seht, er steht vor der Tür und bringt euch einen segensreichen Friedensgruß, und sein Herz wallt euch entgegen mit großer, unendlicher Liebe. Wer nun seine Stimme hören und ihm die Tür auftun wird, zu dem will er eingehen und das Abendmahl mit ihm halten, und er mit ihm. Amen.

9. Am dritten Weihnachtsfeiertag
(Zweite Predigt)

Da sie nun das Mahl gehalten hatten, spricht Jesus zu Simon Petrus: Simon Jona, hast du mich lieber, denn mich diese haben? Er spricht zu ihm: Ja, Herr, du weißt, daß ich dich liebhabe. Spricht er zu ihm: Weide meine Lämmer! Spricht er wieder zum andernmal zu ihm: Simon Jona, hast du mich lieb? Er spricht zu ihm: Ja, Herr, du weißt, daß ich dich liebhabe. Spricht er zu ihm: Weide meine Schafe! Spricht er zum drittenmal zu ihm: Simon Jona, hast du mich lieb? Petrus ward traurig, daß er zum drittenmal zu ihm sagte: Hast du mich lieb? und sprach zu ihm: Herr, du weißt alle Dinge, du weißt, daß ich dich liebhabe. Spricht Jesus zu ihm: Weide meine Schafe! Wahrlich, wahrlich ich sage dir: Da du jünger warst, gürtetest du dich selbst und wandeltest, wohin du wolltest; wenn du aber alt wirst, wirst du deine Hände ausstrecken, und ein anderer wird dich gürten und führen, wohin du nicht willst. Das sagte er aber, zu deuten, mit welchem Tode er Gott preisen würde. Und da er das gesagt, spricht er zu ihm: Folge mir nach! Petrus aber wandte sich um und sah den Jünger folgen, welchen Jesus liebhatte, der auch an seiner Brust beim Abendessen gelegen war und gesagt hatte: Herr, wer ist's, der dich verrät? Da Petrus diesen sah, spricht er zu Jesus: Herr, was soll aber dieser? Jesus spricht zu ihm: So ich will, daß er bleibe, bis ich komme, was geht es dich an? Folge du mir nach! Da ging eine Rede aus unter den Brüdern: Dieser Jünger stirbt nicht. Und Jesus sprach nicht zu ihm: „Er stirbt nicht", sondern: „So ich will, daß er bleibe, bis ich komme, was geht es dich an?" Dies ist der Jünger, der von diesen Dingen zeugt und dies geschrieben hat; und wir wissen, daß sein Zeugnis wahrhaftig ist. Joh. 21, 15 - 24

Wenn wir unser ganzes Evangelium betrachten, so müssen wir dem Apostel Johannes beistimmen, der sagt *(Joh. 13, 1)*: Wie der Heiland hatte geliebt die Seinen, die in der Welt waren, so liebte er sie bis ans Ende. In der Tat, wenn man nur einen flüchtigen Blick auf das Evangelium wirft, so wird es klar, mit welcher Liebe und Sanftmut er die Seinen behandelte, solange er bei ihnen war. Wird er es jetzt, nachdem er hingegangen ist zum Vater, anders machen? Nein, er ist und bleibt derselbe; er behält immer die gleiche Gesinnung gegen die Seinen. Wer zu ihm in die Schule gehen will, der wird ihn noch immer als den liebenden, sanftmütigen, gern verzeihenden und vergebenden, und doch scharfen und zur Wahrheit haltenden Herrn erfahren, als der er im heutigen Evangelium erscheint. Laßt uns hierüber weiter nachdenken, indem wir unser heutiges Evangelium selbst zum Leitfaden nehmen, um zu lernen, wie der Herr mit den Seinen umgeht, und wie sich die Seinen gegen ihn betragen sollen, oder mit anderen Worten, laßt uns aus unserem heutigen Evangelium näher betrachten

die Beschaffenheit der Schule, in die Jesus Christus die Seinen zu führen pflegt.

Du aber, auferstandener König und Herr, sprich Deinen Segen über unsere heutige Zusammenkunft! Amen.

Da sie nun das Mahl gehalten hatten, spricht Jesus zu Simon Petrus, wie es in unserem Text heißt: „Simon Jona, hast du mich lieber, denn mich diese haben?“ Er spricht zu ihm: „Ja, Herr, du weißt, daß ich dich liebhabe.“ Spricht er zu ihm: „Weide meine Schafe!“ Es war eine der letzten Zusammenkünfte des Herrn mit seinen Jüngern, die uns der Evangelist hier erzählt. Der Herr war schon auferstanden von dem Tod, da hatten nun gerade einmal die Jünger im See Genezareth die ganze Nacht hindurch vergeblich gefischt. Am Morgen, da es anfing, hell zu werden, sahen sie am Ufer des Sees ihren auferstandenen Herrn und Meister stehen, der sich ihnen, wie er verheißen hatte, hier in Galiläa offenbarte und ihnen zurief, sie sollten das Netz auf die rechte Seite des Schiffes auswerfen, was sie auch befolgten und hierauf eine ansehnliche Zahl Fische fingen. Ihr könnt denken, geliebte Zuhörer, welche Freude es in den Herzen der Jünger erregt haben muß, als sie ihren Herrn sahen, der sich ihnen durch das Wunder des großen Fischzuges noch deutlicher zu erkennen gab. „Es ist der Herr!“ sprach Petrus und warf sich, weil ihm das Schiff, auf dem er sich befand, zu langsam ans Ufer gestoßen wäre, sogleich ins Meer, um zu seinem geliebten Meister hinzuschwimmen. Da sie nun alle am Ufer angekommen waren, setzte sich der Heiland zu den Jüngern nieder und verzehrte mit ihnen das Frühstück, das aus Fischen bestand. Dabei muß es ziemlich still hergegangen sein; denn die Jünger waren zu sehr gespannt auf die Worte, die sie von ihrem Meister vernehmen sollten, und fingen daher nicht zu reden an. Der Heiland aber sprach auch nichts, wahrscheinlich, um die Erwartung der Jünger noch höher zu steigern. Erst als die Fische verzehrt und das Mahl gehalten war, wandte er sich an Petrus, der sich vor Ungeduld, in der Nähe des Heilands zu sein, in den See geworfen hatte und zu ihm hingeschwommen war. Zu diesem wandte sich Jesus zuerst und sprach: „Simon Jona, hast du mich lieber, denn mich diese haben?“ Und diese Frage wiederholte er dreimal nacheinander. „Es scheint“, wollte der Heiland sagen, „es scheint, als ob du mich lieber hast als die anderen, weil du dich vor Ungeduld in das Wasser gestürzt hast und zu mir hergeschwommen bist; so scheint es; aber ist dem auch wirklich also? Hast du mich wirklich lieber, denn mich die anderen haben?“ Hiermit deutete der Heiland aber noch auf etwas anderes.

In jener Nacht nämlich, als er das Abendmahl stiftete und seine schrecklichen Leiden am Ölberg erduldete, hatte er voll Traurigkeit zu den Jüngern gesagt: „In dieser Nacht werdet ihr euch alle an mir ärgern; denn es steht geschrieben: Ich werde den Hirten schlagen, und die Schafe der Herde werden sich zerstreuen.“ Das dünkte nun damals dem Petrus, der sich selbst nicht kannte und eines raschen, feurigen Gemütes war, ganz unmöglich, daß es irgendeinen Fall geben könne, wo er seinen Herrn und Meister verlassen und sich an ihm ärgern sollte. Darum stellte er sich gleich aus den anderen Jüngern heraus und sprach: „Und wenn sich alle an dir ärgerten, wenn dich alle verließen, so will ich mich doch nimmermehr an dir ärgern, will dich nicht verlassen!“ Siehe, wollte er sagen, wenn auch alle anderen untreu werden, du hast doch noch einen Petrus unter deinen Jüngern! Der wird nicht von dir weichen, das ist ein Felsenmann, und er hat dich zu lieb, sein Herz hängt viel zu sehr an dir, als daß er jemals so schlecht sein könnte, dich zu verlassen! Ja, sollte es zum Tode gehen, für dich, mein Meister und Herr, will ich gern mein Leben lassen! Das meinte nun damals Petrus ganz redlich, es war ihm sehr ernst; aber der gute Jünger kannte sich bei alldem selber nicht. Denn als die Trübsal hereinbrach, als er seinen Meister von Soldaten umgeben sah, die ihn gefangennehmen wollten, da schlug er zwar anfangs mit dem Schwerte drein, solange er noch in der ersten Hitze war; dann aber wich er zurück, wurde mutloser, wollte seinen Herrn nicht gar verlassen und doch sich auch nicht dem Tode aussetzen, schlich sich hinterdrein, begab sich in des Hohenpriesters Palast, um sein dem Heiland gegebenes

Wort, daß er ihn nicht verlassen wolle, nicht zu brechen. Er sank aber daselbst immer tiefer und tiefer, bis er die schreckliche Sünde beging, seinen Herrn und Meister zu verleugnen und sich hoch und teuer zu beschwören, er kenne den Menschen nicht, diesen Menschen, der ihm so unaussprechlich viel Gutes getan hatte, und den er von Herzen liebte! O, wie tief sank damals Petrus durch das falsche Vertrauen, das er auf die Stärke seiner Liebe zum Heiland setzte! Wenn ein Jünger des Herrn in der Liebe zu ihm noch so fest gegründet ist, wenn die Stunde der Versuchung kommt, bedarf er doch jedesmal wieder der Unterstützung von der Kraft des Herrn. Ohne diese Kraft Gottes kann ein Christ keinen Augenblick bestehen. Auf eigenen Füßen zu stehen, das lernen wir verdorbenen Menschen unser Leben lang nicht; und es ist auch recht und gut, daß wir jeden Augenblick wieder an unsere Schwachheit erinnert werden. Dies erhält uns in der Armut.

Um nun wieder auf Petrus zurückzukommen, so richtete der Heiland jene Frage darum an ihn, weil er sich damals in seinem feurigen Gemüt so den übrigen Jüngern vorausgestellt hatte, als ob er sie alle an Liebe zum Herrn überträfe; und weil er, ungeachtet dieses Selbstruhmes, schlechter bestanden hatte und tiefer gefallen war als alle anderen, ja, weil es jetzt, da er sich so rasch in den See geworfen hatte und zu dem Heiland hingeschwommen war, wiederum hätte scheinen können, als ob er eine größere Liebe zum Herrn hätte als sie alle. Was wollte der Heiland mit dieser Frage anderes sagen als: „Sieh, lieber Petrus, dein rasches, vorschnelles Benehmen ist, wenn es mich betrifft, nicht gerade ein Beweis für deine größere Liebe; denn das ist bloß deine natürliche Art. Es kann einer sanfter und stiller sein als du und nicht so schnell zufahren, und er hat doch vielleicht eine ebenso große, ja noch eine größere Liebe zu mir als du mit deinem raschen Wesen."

Doch hatte sich Petrus bereits besser kennengelernt. Durch seinen tiefen Fall war er zur Selbsterkenntnis gekommen. Der Blick des Heilandes, den er ihm in des Hohenpriesters Palast zugeworfen hatte, hatte in ihm eine heilsame Zerknirschung und Buße gewirkt und ihm bittere Tränen ausgepreßt. Darum stellte er sich nun nicht mehr so voran, sondern antwortete auf die Frage „hast du mich lieber, denn mich diese haben?" ganz bescheiden und demütig: „Ja, Herr, du weißt, daß ich dich liebhabe; du weißt alle Dinge!"

O wie selig muß eine Seele sein, die, wenn der Herr diese gleiche Frage an sie richtet, offen und mit wahrhaftiger Einfalt des Herzens, ohne Verstellung antworten darf: Du weißt es selbst, daß ich dich liebhabe; du siehst in mein Herz, du durchschaust mich ganz und siehst, daß nur Liebe zu dir in mir wohnt! Geliebte, wenn vom Herrn an einen oder den anderen von uns diese Frage gerichtet würde: Hast du mich lieb? was würden wir ihm darauf antworten? Es ist leicht, auf diese Frage mit einem Ja herauszufahren; aber wenn man sich gründlich besinnt, so kann einem gar viel dabei einfallen, was einem dieses Ja gewaltig erschwert, sogar vorerst verbietet. Denn den Heiland wahrhaftig liebhaben, das will viel heißen. Dazu gehört nicht nur ein natürliches Gefühl von Zuneigung, das wir in unseren Herzen spüren; sondern der Herr will das ganze Herz, das ganze Gemüt, die ganze Seele, alle Kräfte des Leibes und der Seele zu seinem Eigentum. Und nur wer dies alles dem Herrn geschenkt und geopfert hat, nur ein solcher kann mit Petrus wahrhaftig sagen: Du weißt, daß ich dich liebhabe! O, wie viel läuft täglich zwischen die Liebe zum Herrn hinein! Ich rede hier nicht von solchen, die gar nicht wissen, was es heißt, den Heiland zu lieben, die ihm also noch fernestehen, noch tot sind in ihren Sünden, sondern ich rede von Jüngern des Herrn. Auch bei ihnen wird bald dieses, bald jenes dazwischen kommen, was der Liebe widerstreitet. Wenn man z. B. gerade daran ist, dem Herrn etwas aufzuopfern, ihm einen kleinen Gefallen zu erweisen, so hat uns der Teufel bald wieder an einer anderen Seite gefaßt, so daß man nicht sobald fertig wird. Und doch kann niemand zum Herrn kommen, der nicht wahrhaftige Liebe zu ihm hat. Da tut es also not, recht aufmerksam zu sein, recht zu achten auf sich selbst, zu beten und zu wachen, damit man zu festen, gewissen Tritten komme und nicht mehr aus der Festung vertrieben werde.

Als Petrus dem Herrn bekannt hatte, daß er ihn liebe, empfing er die Antwort: Weide meine Lämmer! und weiter unten: Weide meine Schafe! Das ist also zunächst ein Wort für die Lehrer des Evangeliums. Du hast schon die rechte Lehrart, wollte ihm der Heiland sagen, du weißt schon, was du jungen und alten Christen vorhalten sollst, nämlich Liebe zu mir, eine Liebe, die in deinem eigenen Herzen wohnen muß.

Geliebte Zuhörer, wenn ich mich nach diesen Worten des Herrn prüfe, die er zu Petrus sagte: hast du mich lieb? und dann: weide meine Schafe! und stelle mir vor, der Herr stände vor mir, wie er vor Petrus gestanden hat, was könnte ich ihm dann antworten? Ich bin euch das Geständnis schuldig, daß ich nicht mit Petrus sagen könnte: Herr, du weißt es! Ich wüßte in der Tat nichts zu antworten, als: Herr, gehe nicht ins Gericht mit deinem Knechte! Er, der barmherzige Heiland, möge doch ersetzen, was an meiner Kraft und an meinem Willen und an meiner Liebe zu ihm abgeht!

Aber nicht bloß den Lehrern des Evangeliums ist das

gesagt, nein, es gehört allen, die über andere Menschen gesetzt sind. Wie vermag ein Vater, eine Mutter ihre Kinder, die Lämmer, die ihnen der Herr zum Weiden geschenkt hat, aufzuerziehen in der Zucht und Vermahnung zum Herrn, wenn sie selber nicht innig am Heiland hängen, wenn nicht ihr ganzes Herz von Liebe zu dem durchdrungen ist, dem sie ihre Kinder zuführen sollen? Liebe zum Herrn ist der Kern und Stern des ganzen Christentums; ohne diese Liebe kann kein Mensch etwas Gutes wirken. Sie sollte mit uns aufstehen und mit uns niedergehen, sollte uns in allen unseren Geschäften begleiten. Dann würde alles, was wir tun und unternehmen, in ihm getan sein und durch seinen Segen hundertfältige Früchte tragen. Denn was in ihm getan ist, das muß ja bleiben und bestehen.

Die Frage an Petrus um seine Liebe wiederholte der Heiland dreimal. Das war also eine strenge Untersuchung, die er über den Herzenszustand seines Apostels anstellte. Es ist gut, geliebte Zuhörer, wenn wir uns ebenso streng und wiederholt vor dem Angesicht des Herrn prüfen, wie es um unsere Liebe zu ihm stehe. Das sollte nicht bloß dann geschehen, wenn wir äußerlich dazu aufgefordert sind, z. B. wenn wir zu Gottes Tisch gehen, wobei es einer besonderen Selbstprüfung bedarf. Nein, der Christ soll in täglicher Selbstprüfung stehen, soll sich täglich selbst richten, weil, wer sich selbst richtet, vom Herrn einst nicht gerichtet wird. Solch eine Prüfung muß mit Strenge und wiederholt vorgenommen werden; denn man kann bei der ersten Prüfung vielleicht gut durchkommen und bleibt in der zweiten oder dritten mit irgend etwas hängen, das noch in einem verborgenen Winkel des Herzens steckt und erst, wenn es hervorgezogen wird, als widergöttlich erscheint.

Da nun der Heiland den Apostel Petrus in solcher

Weise zu seinem künftigen Lehramt eingeweiht hatte, sprach er noch ferner zu ihm: „Wahrlich, wahrlich ich sage dir: Da du jünger warst, gürtetest du dich selbst und wandeltest, wohin du wolltest; wenn du aber alt wirst, wirst du deine Hände ausstrecken, und ein anderer wird dich gürten und führen, wohin du nicht willst." Das sagte er aber, zu deuten, wie der Evangelist hinzusetzt, mit welchem Tode er Gott preisen würde.

Ungefähr zur gleichen Zeit, da Paulus in Rom enthauptet wurde, etwa um das Jahr 66 nach Christi Geburt, mußte auch Petrus in Rom sterben. Damals war eine furchtbare Trübsal über die Christen ausgebrochen. Man ging aufs grausamste mit ihnen um und tat ihnen die schrecklichsten Marter an um des Zeugnisses und um des Namens Jesu Christi willen. So sollen damals viele um des Heilands willen lebendig mit Harz überzogen, an Pfähle gebunden und des Nachts statt der gewöhnlichen Straßenlaternen angezündet worden sein. Schon damals war Rom trunken vom Blute der Heiligen, wie es in der Offenbarung Johannes heißt. In dieser Trübsal nun, die über die ersten Christen erging, ergriff man auch den betagten Apostel Petrus und verurteilte ihn, als er frei bekannte, daß er Christus liebhabe und ihn für seinen Heiland halte, zum Kreuzestode. Petrus aber hielt sich nicht würdig, des nämlichen Todes wie sein Meister zu sterben, und bat darum seine Richter, daß man ihn nicht aufrecht, sondern das Haupt unter sich kreuzigen möchte. Diese Bitte wurde ihm auch gewährt, und es erfüllte sich das Wort des Herrn in unserem heutigen Evangelium: „Wenn du alt wirst, wirst du deine Hände ausstrecken, und ein anderer wird dich gürten und führen, wohin du nicht willst."

Fragt euch selbst, geliebte Zuhörer, wenn der Heiland um seiner Liebe willen uns solches zumutete, wenn er die unerhörtesten Qualen, den peinvollsten Tod zur Ehre seines Names und ihm zuliebe von uns forderte, wie würden wir dann bestehen? Wären wir wirklich gerüstet und bereit, ihm zu folgen durch Not und Tod und ihn nicht zu verlassen, auch wenn es unser Leben kostete? Wären wir bereit und entschlossen zu überwinden, wie er überwunden hat? Wir wissen nicht, was unsere Zeit mit sich bringt, ob nicht die wahren Christen in unserer Zeit noch ähnliche Trübsale durchgehen müssen. Wären wir nun gerüstet, um seines Namens willen alles was wir haben, Äcker, Wiesen, Haus, Hof, Weib und Kinder zu verlassen, und einem elenden Tode entgegenzugehen? Können wir mit Luther sagen:

Nehmen sie uns den Leib, Gut, Ehr, Kind und Weib,
Laß fahren dahin! Sie habens kein Gewinn,
Das Reich muß uns doch bleiben! – ?

O, was gehört dazu, so im Glauben zu stehen! Freilich, wenn ein Kind Gottes in solche Fälle kommt, so ist der Herr gewiß nahe bei denen, die ihn anrufen. Er hilft ihnen mit seiner Kraft, hilft ihnen überwinden und die Krone des Lebens davontragen. Aber soll er aushelfen, so muß es uns Ernst sein. Wir müssen wirklich und fest in seiner Gnade gegründet stehen, müssen uns recht gerüstet haben zum Streit. Wir müssen angetan sein mit jener Waffenrüstung Gottes, die Epheser 6 beschrieben wird, wenn wir die feurigen Pfeile des Bösewichts auslöschen wollen. Wir müssen, solange die Vorbereitungszeit dauert, uns vom Herrn führen lassen auch dahin, wo wir nicht hinwollen, müssen unseren Willen ihm ganz und gar hinopfern lernen.

Solange man freilich ein Anfänger im Christentum ist und bleibt, pflegt man sich selbst zu gürten und zu wandeln, wohin man selbst will. Man wählt sich eigene Wege; aber der Herr weiß, die Seinen in seine Wege zu leiten, sie zu führen, wohin sie nicht wollen, ihren Eigenwillen zu brechen und sie zu seinen wahrhaftigen Knechten zu machen, wenn sie an ihm bleiben. Denn darauf kommt es an, Geliebte, daß wir an ihm bleiben, an ihm, dem treuen Heiland. Es ist in dieser Hinsicht sehr merkwürdig, daß er im heutigen Evangelium zu Petrus sagt: Folge mir nach!

Folge mir nach! hatte er gleich anfangs zu seinen Jüngern gesagt, als er sie zu seiner Jüngerschaft anwarb, und jetzt, nachdem sie drei volle Jahre bei ihm in der Schule gewesen sind, nachdem er dem Petrus das dreimalige Geständnis, daß er ihn liebhabe, abgenommen und ihn zum Hirten und Bischof seiner Schafe und Lämmer von neuem eingesetzt hatte, jetzt heißt es wieder: Folge mir nach!

Was mag wohl der Grund hiervon sein? Wir können uns keinen anderen denken als diesen, daß das ganze Christentum nach seinem Anfang, Fortgang und Ende darauf beruht, daß wir Jesus nachfolgen, ihn ergreifen und ihm unzertrennlich anhängen. Wenn ein Anfänger fragen würde: Was muß ich tun? so ist die Antwort: Folge Jesus nach! Ist einer schon weiter gekommen, so hat er darauf zu sehen, daß er beim Heiland bleibe und sich im Festhalten an ihm beständig erneuere. Ist einer endlich am Ziel, so läuft es auch am Ende noch auf nichts anderes hinaus, als daß er an Jesus hänge. „Ich jage ihm nach", sagt der Apostel Paulus, „ob ich es ergreifen möchte, nachdem ich von Jesus ergriffen bin." So war also auch dieser erfahrene, weit geförderte Apostel immer noch im Nachfolgen und Nachjagen begriffen.

Es gibt freilich verschiedene Arten, dem Herrn nachzufolgen. Unser heutiges Evangelium stellt uns in Johannes und Petrus zwei solche verschiedenen Nachfolger vor. Petrus folgte zwar dem Herrn nach; aber er sah zu viel seitwärts oder rückwärts und fragte dabei: was soll aber dieser? als er den Herzensjünger des Heilandes ihm folgen sah. So läßt sich mancher in seinem Ernst, dem Herrn nachzufolgen, durch Dinge, die ihm in den Weg kommen, aufhalten, sieht zu viel auf andere, vergißt darüber sich selbst und den Herrn und wird von der Einfältigkeit in Jesus Christus verrückt. Wie ganz anders benimmt sich da Johannes, den der Herr liebhatte, wie es so oft von ihm im Evangelium heißt. Der Aufruf, folge mir nach! ist nicht zunächst an ihn ergangen; aber er folgt ihm dennoch. Er weiß, daß ihn sein Herr lieb hat, und daß er sich also ohne Bedenken an ihn halten darf. Er folgt still, unverrückt, einfältig und ohne Zaudern. Darum wurde er auch der näheren und höheren Offenbarung Jesu Christi gewürdigt. „So ich will, daß er bleibe, bis ich komme, was geht es dich an?" sagte der Heiland zu Petrus und deutete damit auf die Offenbarung, die nachher Johannes auf der Insel Patmos empfing, wo der Herr in voller himmlischer Gottesherrlichkeit vor ihn trat, um ihm zu zeigen, was in zukünftigen Tagen geschehen sollte. Seine getreue, unverrückte Nachfolge war also der Grund, warum er nachher vom Heiland, von seinem Leben und Taten berichten und ein unvergängliches Zeugnis von ihm ablegen durfte, wie er selbst in seinem Evangelium sagt: „Dies ist der Jünger, der von diesen Dingen zeugt und dies geschrieben hat; und wir wissen, daß sein Zeugnis wahrhaftig ist." Solche Nachfolger und Jünger hat der Heiland lieb, die sich freiwillig unter seine Fahne stellen, nicht viel fragen, was soll dieser oder jener, sondern sich unverrückt an ihn selbst als den wahren Felsen des Heils halten. O, daß wir alle solche Nachfolger würden! Dann würden wir immer näher mit dem Herrn bekannt, stets tiefer in seine Liebe hineingeführt werden; und er würde sich uns stets herrlicher offenbaren.

Wir würden dann würdig sein, auch vor anderen ein wahrhaftiges und dauerndes Zeugnis von ihm abzulegen.

Welch eine Ehre ist es, von diesem König ein Zeugnis abzulegen, seinen Namen bekennen zu dürfen vor der ganzen Welt und sagen zu dürfen, ich bin ein Christ, ich bin ein Erlöster meines Herrn, der mich geliebt und sein Leben für mich gegeben hat! Darum, weil er das für mich getan hat, schweige ich nicht, sondern rede laut. Ich schäme mich seines Namens nicht! Soll aber dies bei uns möglich werden, so müssen wir feststehen in ihm, uns innig an ihn angeschlossen haben, von seiner Kraft durchdrungen sein, ihm uns völlig zum Eigentum übergeben. Dazu helfe uns sein Heiliger Geist!

O wertes Licht, gib uns deinen Schein,
Daß wir Jesum Christum erkennen allein,
Daß wir an ihm bleiben, dem treuen Heiland,
Der uns bracht hat zum rechten Vaterland! Amen.

10. Am Sonntag nach dem Christfest

Und da die Engel von ihnen gen Himmel fuhren, sprachen die Hirten untereinander: Laßt uns nun gehen gen Bethlehem und die Geschichte sehen, die da geschehen ist, die uns der Herr kundgetan hat. Und sie kamen eilend und fanden beide, Maria und Joseph, dazu das Kind in der Krippe liegen. Da sie es aber gesehen hatten, breiteten sie das Wort aus, welches zu ihnen von diesem Kinde gesagt war. Und alle, vor die es kam, wunderten sich der Rede, die ihnen die Hirten gesagt hatten. Maria aber behielt alle diese Worte und bewegte sie in ihrem Herzen. Und die

Hirten kehrten wieder um, priesen und lobten Gott um alles, was sie gehört und gesehen hatten, wie denn zu ihnen gesagt war. Luk. 2, 15 - 20

Das Geburtsfest des Heilandes ist ein Freudenfest. Dies sehen wir auch aus unserem Evangelium, worin uns der fernere Verlauf der Christtagsgeschichte auf eine liebliche Weise erzählt wird. Wir vernehmen hier, wie die Hirten, denen der Engel des Herrn die Geburt des Heilands verkündet hatte, sich sogleich nach jener himmlischen Erscheinung auf den Weg nach Bethlehem gemacht und Maria und Joseph und das neugeborne Jesuskind gefunden haben, wie sie darüber in ein freudiges Lob Gottes ausgebrochen sind und das Wort, das zu ihnen von dem Kinde gesagt war, allenthalben zu jedermanns Erstaunen ausgebreitet haben.

Liebe Zuhörer, ich kann an die Freude, die die Geburt des Sohnes Gottes bei Engeln und bei Menschen erregt hat, nicht denken, ohne zugleich einen Blick auf mich und euch zu werfen, ohne an mein und euer Herz die Frage zu richten: Armes Herz, ist dir der Christtag auch zu einem solchen Freudentag geworden wie etwa diesen Hirten, die doch gewiß viel unbekannter mit der unendlichen Wichtigkeit und dem eigentlichen Zweck dieser Begebenheit waren, als du es bist? Der Christtag liegt nun hinter uns, und wir können aus unserer Erfahrung eine richtige Antwort auf diese Frage geben. Ich bitte jeden unter uns, sich um einige Tage zurückzuerinnern und sich selber die Frage vorzulegen: Hat sich mein Herz am Christtag auch recht innig der Geburt Christi gefreut? Hat die große Geschichte, daß Gott im Fleisch geoffenbart und als ein Menschenkind geboren worden ist, bei mir das gleiche Freudengefühl hervorgebracht wie bei den Hirten die himmlische Botschaft und das Finden des Heilandes in der Krippe zu Bethlehem, oder, damit ich euch auf etwas Anschaulicheres führe, wie bei meinen Kindern oder den Kindern meines Nachbarn, die paar Kleinigkeiten, die ihnen gekauft und am heiligen Christtag geschenkt worden sind? Ich weiß gewiß, daß die meisten unter uns, wenn sie ehrlich antworten wollen, nein! antworten müssen.

Was mag die Ursache sein, daß die meisten unter uns Alten sich der Geburt Christi nicht so sehr freuen konnten, wie die Kinder sich ihrer Christtagsgeschenke, die doch nur Erinnerungszeichen an jene große Begebenheit sind oder sein sollen, gefreut haben? Man könnte vielleicht verschiedene Ursachen angeben, man könnte vielleicht sagen: Die Menschen sind zu zerstreut, zu gedankenlos, zu sehr ins Sichtbare verloren, als daß sie sich über etwas, das sie nicht sehen, freuen sollten. Man könnte vielleicht noch viel anderes sagen, was alles wahr und gegründet wäre; aber die Hauptursache dieser Stumpfheit liegt wohl darin, daß sie nicht wissen, daß es ihnen nicht offenbar ist im Herzen, was ihnen der Vater in seinem Sohn geschenkt hat; mit anderen Worten, daß sie nicht wissen, was das Wörtlein „Heiland" in sich fasse; daß es ihnen nicht klar ist im Herzen, was das Wort des Engels bedeute: Euch ist heute der Heiland geboren. Solange man noch zum Geld oder zu einer Scholle Erde spricht: du bist mein Trost, solange man noch sein Vertrauen auf sich selber und seine Hoffnung auf seine eigenen Werke stellt, also noch sein eigener Heiland zu sein meint, solange man Jesus nicht ganz Jesus und Heiland sein läßt, solange kann man sich über die Geburt Christi nicht von Herzen freuen.

Da unser Evangelium nur eine Fortsetzung des Christtagsevangeliums ist, so will ich bei dieser Christtagsbetrachtung für diesmal stehenbleiben und den Gedanken weiter entwickeln, daß nur dann unsere Christtagsfreude rechter Art und vollkommen werde, wenn uns Jesus ein Jesus oder ein wirklicher, wahrhaftiger Heiland und Seligmacher ist. Ich will dazu vorerst zeigen, was es heiße, an Jesus einen Heiland zu haben, und dann, wie dies zu einer ewigen und innigen Geistesfreude ausschlagen müsse. Damit ihr aber das, was ich euch sagen will, besser fassen könnt, so will ich es euch mit anderen Worten, und zwar mit folgenden vier Sätzen vor die Augen stellen:

I. Wir finden die Ursache unserer Seligkeit nicht in uns,
II. auch nicht halb in uns und halb in Christus, sondern
III. ganz und allein in Christus, und
IV. nur, wenn uns Christus die alleinige Ursache unserer Seligkeit geworden ist, kommt wahre Freude an ihm in unser Herz.

O wie weit ist unser armes Herz von Dir und Deiner Erkenntnis entfernt, einziger, vollkommener Heiland! Wie sind wir in unserem Eigendünkel verblendet und gefangen! Alles glauben wir eher von Dir als das, daß Du unser Heiland bist, die einzige Ursache unserer Seligkeit. Zerstöre doch die Befestigungen unserer stolzen Vernunft und die gutgemeinten Einfälle und Vorsätze, die aus dem Fleische kommen und Deine überschwengliche Erkenntnis aufhalten. Du weißt, daß wir ohne Deine allmächtige Hilfe auf ewig in unseren eigenen Gedanken, Wegen und Machwerken verdorren müssen. So tu Barmherzigkeit an uns, und hilf uns aus unseren Wüsteneien heraus an die Heilsquellen, die in Dir allen Sündern eröffnet sind. Amen.

I. Wir finden die Ursache unserer Seligkeit nicht in uns und unserem Tun; wir sind nicht und können nicht unsere eigenen Heilande und Seligmacher sein. Dies ist die erste Wahrheit, die wir betrachten wollen.

Man sollte freilich diese Wahrheit in einer christlichen Gemeinde nicht mehr abhandeln dürfen. Wofür hat Gott seinen Sohn in die Welt gesandt, wenn nicht Christus, sondern wir selbst die Ursache unserer Seligkeit sein sollen? Wofür feiert man einen Christtag, überhaupt ein christliches Fest, wenn wir durch unser eigenes Rennen, Wollen und Laufen die Seligkeit erobern können, wenn unsere Gerechtigkeit und Tugend zur Erlangung der Seligkeit hinreichend sind? Man braucht auch eben nicht sehr durch den Heiligen Geist erleuchtet zu sein, ein Heide selbst kann durch geringe Aufmerksamkeit auf die Spur kommen. Man kann es zur Not noch mit seinen Vernunftsaugen erkennen, daß unsere Gerechtigkeit höchst mangelhaft und jämmerlich ist und vor dem heiligen Gott nichts taugt. Aber dessen ungeachtet ist diese Wahrheit doch eine weit und breit unbekannte Wahrheit.

Fragt ein Kind und sprecht: Kind, welche Kinder werden selig? Welche Kinder kommen in den Himmel? Ihr werdet gewiß die Antwort erhalten: die guten, die artigen Kinder, die Kinder, die nicht eigensinnig, nicht ungehorsam sind. Fragt einen alten Sünder, einen groben Sünder, sprecht: Mensch, wodurch wird man selig? Wenn er ernsthaft antwortet, so wird er sagen: wenn man sich nach seinem Gewissen hält und tut, was recht ist. Fragt, wen ihr wollt, fast allenthalben werdet ihr die gleiche Antwort erhalten. Denn das einige sagen, man wird durch den Glauben an Christus selig, geschieht meistens nur aus obenhingeklebter Wissenschaft, die keine Wurzel in ihnen hat; wenn man weiter bei ihnen forscht, so findet es sich bald, daß sie die Seligkeit eben auch auf das Tun des Menschen setzen.

Aber du sprichst: sollte dies eine so gar unvernünftige Meinung sein? Antwort: das eben nicht; im Gegenteil, die Vernunft weiß von keinem anderen Weg zur Seligkeit als durch ihre Tugend. Und wenn nur die Menschen, die so viel von diesem Wege reden, einmal anfingen, ihn ernstlich zu betreten, so würden sie ja bald auf etwas Besseres kommen nach dem Spruch Christi: „Wer da will den Willen dessen tun, der mich gesandt hat, der wird erkennen, daß meine Lehre aus Gott sei." Unvernünftig ist also dieser Weg durchaus nicht, sondern vielmehr sehr vernünftig; aber nichtsdestoweniger können wir doch durch unser Tun nicht selig werden. Ich will euch die Ursache sagen, warum dies unmöglich ist. Sie ist ganz einfach folgende: weil wir Sünder sind und mit aller Anstrengung die Gerechtigkeit in uns nicht zustande bringen können, die vor Gott gilt, und die Gott auch allein gelten läßt.

Liebe Zuhörer, wir haben vielleicht manches an uns, das uns des Wohlgefallens der Menschen würdig macht. Wir haben etwa eine menschliche, bürgerliche Gerechtigkeit; aber eine Gerechtigkeit, die vor Gott gilt, um welcher willen Gott ein Wohlgefallen an uns haben könnte, hat niemand. Wenn ein Mensch nicht stiehlt, nicht raubt, nicht mordet; wenn ein Mensch ordentlich, fleißig, sparsam ist; wenn er Steuern und Abgaben recht entrichtet; wenn er kein Raufer, kein Weinsäufer, kein Tyrann gegen das Vieh und kein Plagegeist gegen seine Mitmenschen ist; wenn er ein stilles, zurückgezogenes Leben führt: so ist dies wohl eine feine äußerliche Zucht; so haben vielleicht Menschen gern mit ihm zu tun; seine Nachbarn, seine Hausgenossen, seine Freunde, die Obrigkeit, alle, die ihn kennen, lieben ihn vielleicht; er hat eine bürgerliche, eine menschliche Gerechtigkeit; aber eine Gerechtigkeit, die vor Gott gilt, ist das nicht; das Wohlgefallen Gottes kann er damit nicht verdienen. Und wenn er hingeht und versteift sich auf seinen guten Wandel und meint, Gott werde ihn um so lieber haben, weil er sich bürgerlich gut aufführt, und legt sich wohl gar hin auf sein Totenbett und spricht: Ich kann ruhig in die Ewigkeit gehen, denn ich habe ein gutes Gewissen, so ist er ein Narr, der sich in seiner Eigenliebe und Blindheit selbst um seine Seligkeit betrügt.

Zu einer Gerechtigkeit, die vor Gottes Augen taugt, gehört mehr als ein bürgerlich gutes Leben. Siehe, lieber Mensch, wenn du mit deinem Verdienst vor Gottes heiligen Augen ausreichen wolltest, so müßtest du das Gesetz erfüllen und erfüllt haben; du müßtest, weil das ganze Gesetz in der Liebe Gottes und des Nächsten steht, eine Liebe zu Gott und dem Nächsten haben, wie sie vom Gesetz gefordert wird. Das Gesetz sagt: „Du sollst Gott lieben von ganzem Herzen, von ganzer Seele, von ganzem Gemüte, aus allen Kräften." Du kannst dir leicht vorstellen, daß zu einer solchen Liebe zu Gott es nicht genug ist, hin und wieder an Gott zu denken, hin und wieder zu Gott zu beten, hin und wieder etwas in seinem Herzen zu fühlen, das aussieht wie Liebe oder Dankbarkeit gegen Gott; sondern zu einer solchen Liebe zu Gott wird gefordert, wie du in deinem Konfirmationsbüchlein liest, daß du Gott für das höchste Gut achtest, ihm mit dem Herzen anhangst, immer in Gedanken mit ihm umgehst, das größte Verlangen nach ihm trägst, das größte Wohlgefallen an ihm hast, ihm dich ganz und gar ergibst und um seine Ehre eiferst. Zentnerschwere Worte! Wer ist, der sich im Lichte dieser Wahrheiten für rein halten kann? Das Gesetz sagt ferner: „Du sollst deinen Nächsten lieben als dich selbst." Du kannst dir wieder vorstellen, daß zu einer Nächstenliebe, wo man den Nächsten lieben soll als sich selbst, es nicht genug ist, seinen Nächsten nicht zu beißen oder zu fressen *(Gal. 5, 15)*; sondern zu einer Nächstenliebe gehört das, was wieder unser Konfirmationsbüchlein sehr schön auslegt, wenn es sagt: „Den Nächsten lieben heißt: es nicht nur mit ihm getreulich meinen, ihm alles Gute von Herzen gönnen und wünschen, mit Worten und Gebärden sich freundlich gegen ihn bezeugen und mit Trost, Rat und Tat ihm beispringen, sondern auch seine Schwachheit mit Geduld ertragen und durch sanftmütige Bestrafung seine Besserung suchen." Es prüfe sich doch jeder nach diesen Worten und sehe zu, wie viel eigene Gerechtigkeit und Tugendruhm ihm noch übrig bleiben. Und siehe, wenn du auch finden solltest, daß du dies alles gehalten hast, so würde zu einer Gerechtigkeit, die vor Gott gilt, noch überdies erfordert, daß das alles bei dir aus einem freiwilligen Geist geflossen wäre und flösse, daß sich diese Gesetzeserfüllungen aus deiner Natur so natürlich hervorgetrieben hätten, wie sich bei sonst günstigen Umständen aus einem Traubenstock Trauben hervortreiben. Man darf es ja dem Traubenstock nicht befehlen, daß er Trauben und keine Holzäpfel tragen soll; er tut es von selbst. Es ist seine Natur, Trauben zu tragen. Siehe, so müßte es auch deine Natur, deine Lust, ein Ergebnis deiner innersten Lebenstriebe gewesen sein, Gott und den Nächsten völlig und ganz zu lieben, wenn du dadurch eine Gerechtigkeit vor Gott zuwege bringen solltest. Ja, noch mehr, zu einer Gerechtigkeit, die vor Gott gilt, würde auch das erfordert, daß du in deinem ganzen Leben, von dem Augenblick an, wo du angefangen hast zu denken, bis in deinen letzten Atemzug hinein, niemals, auch mit keinem Gedanken, dich gegen das Gesetz der Liebe Gottes und des Nächsten verfehlt hättest. Nur unter diesen Bedingungen hättest du das Gesetz erfüllt; und nur dann hättest du eine Gerechtigkeit, die vor Gott gilt; nur dann könntest du durch dich und dein Tun selig werden. Solch eine Gerechtigkeit aber hat kein Mensch; nur Christus hat sie, sonst niemand; darum kann niemand sein eigener Heiland und Seligmacher sein.

Aber du sprichst: diese Forderung ist zu hoch. Wenn ich die Forderung nicht so hoch stelle, so kann ich mir doch einen Menschen denken, der sich durch seine redliche Anstrengung in dem Tun des Willens Gottes so sehr geübt und in die Gottähnlichkeit hineingeschwungen hätte, daß er der Seligkeit würdig wäre. Ich antworte: diese Forderungen macht das Wort Gottes und dein eigenes Gewissen, wenn du auf seine Stimme hören willst. Sie sind also nicht zu hoch. Willst du aber nicht nach dem Maßstab der Heiligen Schrift und der Erfahrung denken, so magst du dir in deiner Einbildung allerdings ein Bild von einem Menschen zusammentragen, der nicht nur erst sich in Gottähnlichkeit hineingeschwungen hätte, sondern von Natur schon engelrein wäre. Aber siehe, es ist dann eben ein Bild, das du in der Wirklichkeit nirgends antriffst, ein Lügenbild, ein Phantasiestück. Daher kommt das jämmerliche Tugendgeschwätz der blinden Blindenleiter, daß sie sitzen und sich in ihrem Kopf allerhand Bilder ausmalen von sich selbst und vom Menschen, wie er sei und sein sollte, dabei aber nicht auf ihr eigenes Tun und Herz merken; so gebären sie natürlich eine hochmütige Lüge um die andere.

Also sollte es aus sein, sprichst du, mit dem Verdienst meiner Tugend? Das soll mir also nichts austragen bei Gott, daß ich unsträflich gelebt habe von Jugend auf? Ich habe mich immerdar vor Sünden gehütet; ich habe mich jederzeit der Redlichkeit beflissen; ich habe mich in der Nächstenliebe geübt; ich bin meinem Nächsten mit Rat und Tat beigesprungen; ich bin kein Räuber, kein Mörder, nicht wie dieser oder jener Zöllner gewesen, soll mir das nichts austragen zu meiner Seligkeit? Antwort: nichts, gar nichts! Ohne Verdienst mußt du gerecht und selig werden, aus lauter Gnade, wie der gottloseste Zöllner. Aus ist's, ja ganz aus mit dem Verdienst der eigenen Tugend, womit sich die hochmütigen Sünder brüsten. Sie gilt nichts vor Gott; sie mag in den Augen der Menschen gelten; aber vor Gottes Augen nicht. Sie ist mit Sünde und Unreinigkeit durchdrungen; sie ist in ihrer ersten Quelle vergiftet; sie fließt nicht aus lauterer Liebe zu Gott und dem Nächsten, sondern aus allerlei Gesuch der eigenen Ehre, des eigenen Vorteils, des eigenen Vergnügens, häufig aus der allerboshaftesten Feindschaft gegen Gott und Jesus, dem man sich entgegenstellen will als selbststark, als selbstgut, als selbstheilig, mit einem Worte, mit der eigenen Tugend und ihrem Verdienst vor Gott ist es aus, weil sie das Gesetz nicht erfüllt und größtenteils aus der Lüge kommt. Also die eigene Tugend und das Verdienst der Tugend, das ist nichts, und die Hoffnung darauf ein Greuel vor Gott. So sage nicht ich, sondern der Herr *(Matth. 5, 20; Joh. 3, 36; Röm. 3, 28; 4, 5 usw.)*.

Wir finden die Ursache unserer Seligkeit nicht in uns; aber auch

II. nicht halb in uns und halb in Christus. In diesem Irrtum, daß sie die Hoffnung ihrer Seligkeit halb auf sich, halb auf Christus gründen wollen, sind viele Menschen gefangen. Ich will nicht von denen sagen, die aus Christus einen bloßen Lückenbüßer machen, die sagen: es ist wahr, Christus hat uns erlöst, aber nur insofern, daß der Mensch das Seine tue, und für das übrige, das noch rückständig ist, das er nicht tun kann, Christus mit seinem Verdienst eintrete. Wer so spricht, der ist noch blind am Geist und kennt weder die Verdorbenheit der menschlichen Natur noch das Verdienst und die Liebe Christi. Aber es gibt auch gutmeinende, erweckte Seelen, die in dem elenden Wahn stehen, daß das Verdienst Christi nicht der einzige Grund unserer Seligkeit sei, sondern daß von unserer Seite noch viel dazu beigetragen werden müsse. Sie denken, wenn ich einmal so und so sein werde, wenn ich einmal von meinen Sünden gereinigt sein werde, wenn ich einmal keine Sünde mehr begehe, wenn ich einmal das Leben aus Gott recht in mir spüre, dann will ich hoffen, selig zu werden. Solange aber diese Dinge nicht bei mir zutreffen, kann ich keine gegründete Hoffnung haben. Sie setzen also, daß ich es kurz sage, ihr Vertrauen und ihre Hoffnung auf das Werk, das Gott durch Christus in ihnen anrichten will oder soll, nicht auf das Verdienst Christi außer ihnen. Dies ist aber verkehrt, so vernünftig es auch aussehe.

Es liegt dieser Ansicht, wenn man es recht betrachtet, der gleiche falsche Vernunftsgedanke zugrunde wie der falschen Meinung, die wir im ersten Teil betrachtet haben. Sie wollen eben durch das Gesetz gerecht werden. Sie wollen, wenn auch mit Christi Hilfe und seiner Kraft, einen Zustand in sich zuwege bringen, der des Wohlgefallens Gottes würdig wäre, und dann wollen sie glauben, daß dieses Wohlgefallen auf ihnen ruhe. Zu einem solchen Zustand läßt aber Gott die Sünder nicht kommen. Wehe dem Menschen, der endlich meint, sich in einen solchen Zustand hineingeschwungen zu haben! Ein solcher ist aus der Gnadenzucht des Heiligen Geistes gefallen und nahe am Gericht der Verstockung! Nein, solch einem Gesuch liegt eine tief verborgene Hoffart des Herzens zugrunde. Man möchte gern seine Seligkeit darin finden, daß man sich in seinem eigenen Bilde spiegeln könnte – Gott aber widerstehet den Hoffärtigen.

Weil er dies tut, muß eine Seele, die in diesem Irrwahn

gefangen ist, wenn sie es redlich meint, ein jämmerliches Christentum führen. Sie kommt zu keinen gewissen Tritten. Wie geht es? Wenn sie meint, sie habe sich einen Tag lang gut gehalten, so ist sie vergnügt und denkt, nun bist du doch dem Ziele deines Strebens um ein Gutes näher gerückt; das Wohlgefallen Gottes ruht auf deinem Gehorsam. Kann sie sich aber dieses Zeugnis nicht geben, so ist sie verzagt. Das eine Mal ist sie im Himmel, das andere Mal in der Hölle; das eine Mal im Glauben, das andere Mal im Unglauben; das eine Mal hat sie Freudigkeit zu Gott, das andere Mal flieht sie vor ihm. Das ist ein elendes, jämmerliches Treiben. Man denkt, wenn ich nur den Geist des Gebetes hätte, wenn ich nur auch in der Gegenwart Gottes bleiben und aushalten könnte, dann wäre es gewonnen. Nun strengt man sich an; man martert sich ab; man will es erzwingen; es gelingt vielleicht einmal einen Tag lang. Nun ist man fröhlich; nun hat man es doch gefunden; nun achtet man sich stark und ist ein ganzer Christ und möchte schon ein wenig auf andere, die es nicht so treiben können, herabsehen. Aber warte nur, liebe Seele, morgen geht es vielleicht aus einem ganz anderen Tone bei dir. Man hat es erzwungen einen Tag lang; man hat sich beruhigt zu Bett gelegt; man wacht des Morgens auf; man sucht sich im Geiste zu erneuern; man will es treiben wie den Tag zuvor; da kommt dieses, da kommt jenes dazwischen, es geht nicht. Man wird verlegen, irre an sich selbst und am Heiland; und, so hoch man den Tag zuvor gestanden hatte, so tief liegt man den Tag darauf im Staube. Ein anderer will die Hoffnung seiner Seligkeit auf allerhand innere Erleuchtungen, Begnadigungen, Erfahrungen der freundlichen Nähe des Heilandes gründen, will diese inneren Erfahrungen zu dem Grunde machen, der den Anker seines Glaubens ewig halten soll. Aber wie geht es? Er kann vielleicht heute in solch einem freudigen Glauben stehen, daß Leib und Seele sich freuen in dem lebendigen Gott, was eine große Gnade ist; aber wenn du heute die Liebe Gottes so empfindlich schmecken darfst, so folgt nicht daraus, daß es morgen oder nach einem halben Jahr ebenso in deinem Herzen sein müsse. Gott kann dich vielleicht in eine innere Wüste und Dürre führen; du kannst dich vielleicht selbst durch die Argheit und den Leichtsinn deines Herzens elend in die Finsternis hineinarbeiten. Sag, was soll dann deinen Anker halten, wenn dir das Angesicht Gottes verborgen ist? Ja, dann wird man konfus; man hat seinen Grund verloren; man macht den Schluß: weil ich die Freundlichkeit Gottes nicht spüre, so hat er keine Friedensgedanken über mich. Man ist in Gefahr, einen jämmerlichen Schiffbruch zu erleiden.

Seht, liebe Zuhörer, wir Menschen sind als solche einem beständigen Wechsel unterworfen; denn wir leben in dieser armen, den Elementen unterworfenen Welt. Heute ist es nicht wie morgen und morgen nicht wie heute. Es ist ein Wechsel in unserem Inneren wie in der äußeren Natur, wo heiteres und trübes Wetter, Sturm, Regen, Wolken, Schnee und Sonnenschein miteinander abwechseln. Wenn nun jemand an einem warmen, schönen Sommertag sein Haus abbrechen und seine Wohnung unter einem Baum aufschlagen würde und sagte: ich will hier bleiben; hier will ich ewig wohnen; der Himmel ist ja ganz heiter; es ist kein kühles Lüftchen da; was würden wir von solch einem Menschen denken? Wir würden denken, dem Menschen fehlt es im Kopfe. Wir würden zu ihm sagen: armer Mensch, was beginnst du? Denkst du nicht daran, daß auf den Tag die Nacht und auf das heitere Wetter Regenwetter und auf den Sommer der Herbst und Winter folgen? Aber die gleiche Torheit begehen die, die den Grund ihrer

Seligkeit in der Heiterkeit ihres Gemütes, in allerhand Begnadigungen, in allerhand Erquickungen oder gar in ihrer christlichen Liebe, in ihrem Eifer im Beten und Wachen usw. suchen und denken, es ist ganz anders mit dir geworden; darum kannst und darfst du glauben, daß du selig werden wirst. O, auf welch seichtem, veränderlichem Grunde bauen solche Seelen! Unser Herz bleibt sich nicht gleich. Es wird auch Winter im Herzen; es kommen auch Wetter; es kommt allerhand Ungestüm; es kommen Anfechtungen, Finsternisse; es ist nicht ein Tag wie der andere. Da muß man etwas Festeres haben, auf das man sich verlassen kann, als nur den heiteren Himmel.

Und sagt selbst, sind denn nicht die höchsten Gnadenbezeugungen Gottes, sind nicht unsere besten, vom Geiste Gottes gewirkten Werke mit Sünde und Unreinigkeit von unserer Seite vermischt? Wer will etwas Reines bei den Menschen finden? Wenn dir Gott seine Gnadensonne in das Herz scheinen läßt, regt sich dann niemals etwas Ungerades dabei? Welche egoistischen Bilder und Gedanken schießen oft bei den besten Sachen durch das Herz? Was muß man nur oft merken, wenn man im Gebet vor Gott liegt, was doch gewiß ein edles Werk ist! Wie leicht und unversehens werden die Gedanken, während das Herz nach Gott schreit, nach dem lebendigen Gott, auf andere, oft sehr unpassende, oft sogar sündliche Sachen hinweggeführt. Luther hat von sich bekannt, daß er sich nicht getraue, ein Vaterunser zu beten ohne dazwischenlaufende, fremdartige Gedanken. Wenn aber auch dies nicht geschieht, und du kannst vielleicht im Geiste und mit Inbrunst beten, stellt sich dann nicht zuweilen noch während des Gebetes der eigenliebige Gedanke in den Hintergrund deiner Seele: jetzt kannst du es, diesmal machst du es gut; oder vielleicht gar: es wäre der Mühe wert, daß dir jemand zugehört hätte!

Ist es dir noch nie geschehen, daß du vielleicht, eben nachdem du in deinem Kämmerlein gebetet und von deinem Vater Vergebung der Sünden erfleht und empfangen hattest, herausgegangen bist unter deine Hausgenossen und hast den oder jenen von deinen Mitknechten würgen und sprechen wollen: „Bezahle mir, was du mir schuldig bist"? Vielleicht hat die Gnade den Ausbruch deiner Unbarmherzigkeit verhindert; aber es hat doch in deinem Herzen gelegen.

O wir armen, elenden Sünder, wir durch und durch verdorbenen Leute, die wir nicht tüchtig sind, etwas Gutes zu tun aus uns, und das Gute, das Gott in uns wirken will, beschmutzen und verunreinigen, was für eine Torheit begehen wir, wenn wir die Hoffnung unserer Seligkeit auf das Reinste und Beste, das in uns ist oder vorgeht, setzen wollen! Nein, wir müssen unseren Anker tiefer werfen, sonst wird uns der Sturm in die offene See treiben, und wir werden endlich Schiffbruch erleiden. Jenes Lied sagt:

Ich habe nun den Grund gefunden,
Der meinen Anker ewig hält;
Wo anders als in Jesu Wunden,
Da lag er vor der Zeit der Welt,
Der Grund, der unbeweglich steht,
Wenn Erd und Himmel untergeht.
Es ist das ewige Erbarmen,
Das alles Denken übersteigt,
Des, der mit offnen Liebesarmen
So gnädig sich zu Sündern neigt,
Dem jedesmal das Herze bricht,
Wir kommen oder kommen nicht.

III. Dieses Erbarmen aber liegt nicht in uns, sondern außer uns in Christus. Gelobt sei Gott und der Vater unsers Herrn Jesu Christi, der uns nach seiner großen Barmherzigkeit wiedergeboren hat zu einer lebendigen Hoffnung! Wodurch? Durch unsere Gerechtigkeit oder Frömmigkeit oder Heiligkeit? Nein! durch die Auferstehung Jesu Christi von den Toten, durch das, was schon vor achtzehnhundert Jahren an Christus geschah und auch uns noch angeht. Gelobt sei Gott, daß er uns erlaubt, unseren Hoffnungsanker in den ewigen Grund zu senken, der immerdar besteht, und, wie der Apostel Petrus sagt, doch nicht nur Petrus, sondern alle Apostel: unsere Hoffnung ganz und lauter auf die Gnade zu setzen, die uns angeboten ist in Christus Jesus.

Gott sah wohl unser Elend, unsere Schwachheit, unseren Unglauben, unsere Unbeständigkeit. Er wußte wohl, daß es bei uns niemals rein und heilig zugeht, auch wenn es uns der redlichste Ernst damit ist. Darum hat er Christus vorgestellt zu einem Gnadenstuhl durch den Glauben, zu einem ewigen Gnadenstuhl. Seht Jesus an, dessen Geburtsfest wir vor einigen Tagen gefeiert haben; seht dies Kind an. In ihm ist die Gnade offenbar geworden. Dieses Kind ist die Vergebung der Sünden; dieses Kind ist die Gnade; dieses Kind ist die Seligkeit und Hoffnung darauf. Von diesem Kind, das dann ein Knabe, ein Jüngling, ein Mann wurde, das dann litt, blutete und starb, können wir nichts hinwegtun. Von dieser ganzen großen Tat der Liebe Gottes können wir nichts hinwegtun durch unsere Untreue, durch unsere Unbeständigkeit; aber auch nichts dazutun durch unsere guten Sachen, die wir haben oder zu haben meinen. Jesus, wie er in der Geschichte dasteht, bleibt Jesus. Wir seien, wie wir seien; das Leben, Leiden, Sterben, die Auferstehung, die Himmelfahrt Christi sind in die Geschichte eingezeichnet; etwas Geschehenes, das nicht ungeschehen gemacht werden kann, ist eine ewige Zuflucht, eine tägliche Zuflucht, eine gewisse und bleibende, unwandelbare Zuflucht aller armen Sünder.

Wenn also ein Mensch selig werden will, so muß er sein Vertrauen bloß und lauter auf Christus und auf das Werk, das Christus für die Menschen, seine Brüder, vollbracht hat, stellen. Er darf von nichts Eigenem mehr etwas wollen. Er darf nicht meinen, daß der Vater noch etwas anderes annehme als Christus; er darf keinen anderen Grund wissen, warum er von Gott erhört werden sollte, als Christus; er muß alle seine guten Werke, und wenn es die heiligsten wären, für Schaden und Kot achten lernen; er muß als ein Gottloser an den glauben lernen, der die Gottlosen gerecht macht um Christi willen. So jemand diesen Weg einschlägt, so wird er gewiß des Friedens Gottes teilhaftig werden. Aber diesen Frieden Gottes darf er wieder nicht zu einem Grunde seiner Hoffnung machen; sondern er muß, wenn er auch Frieden mit Gott gefunden hat, wieder keinen anderen Grund des Wohlgefallens Gottes oder seiner Freudigkeit im Gebet wissen als das Verdienst Christi. So stirbt man immer mehr der eigenen Gerechtigkeit ab und wird in den Schmuck der Gerechtigkeit Jesu eingekleidet; so lernt man die in Christus dargebotene Hoffnung immer fester ergreifen; so wird man geheiligt an Leib und Seele. Denn so wird der Name Gottes in uns geheiligt, wenn er uns alles ist. So dringt man immer tiefer ein in die Gemeinschaft Gottes und wird fruchtbar an guten Werken, weil die Kraft Gottes in den Schwachen mächtig ist. Aber alles dieses ist dann wieder nicht der Grund unserer Seligkeit; sondern das Verdienst Christi ist und bleibt die einzige, die ewige Ursache.

Unsere Gerechtigkeiten
Wachsen nicht mit unsrer Kraft,
Weil ihr Grund vor allen Zeiten
In dem Opfer Jesu haft't.

Dies heißt mit anderen Worten, der heiligste, der geförderts te Christ hat darum keine gegründeteren Ansprüche an die Seligkeit als der Sünder, der heute Gnade findet und Vergebung. Das Lamm, das geschlachtet ist, was vor Grundlegung der Welt im Rate Gottes beschlossen war und vor achtzehnhundert Jahren von Christus ausgeführt und vollendet worden ist, das ist und bleibt die einzige Ursache unserer Seligkeit in alle Ewigkeiten.

Nur Christus ist's, was uns durchbringt, liebe Zuhörer! Sein Leben muß es tun, nicht mein Leben, seine Liebe, nicht meine Liebe, seine Geduld, nicht meine Geduld, sein Gebet tut's, nicht mein Gebet. Eins muß uns durchbringen, uns alle, einen Petrus so gut als den Schächer, der am Kreuze den Lohn seiner Missetaten empfängt; die heilige Mutter Jesu so gut als die Sünderin, die zu den Füßen Jesu um Gnade weint. Eins muß uns durchbringen, uns alle, nämlich, daß ein Lamm ist, das auf die Welt kam und sich schlachten ließ für das Leben der Welt. Das muß uns durchbringen, nicht nur einmal, sondern alle Tage. Täglich muß man von sich ausgehen und das Leben in Christus suchen; es täglich umsonst und als Geschenk aus der in Christus eröffneten Gnadenfülle annehmen. So glaubt man sich durch mit dem Verdienst Christi durch alle Finsternis, durch alle Schwachheit, durch das tägliche Elend und Gefühl der Sünde. Man glaubt sich durch bis vor den Thron Gottes und weiß vor dem Throne Gottes keinen anderen Grund, warum man selig ist, als Christus, wie folgendes Lied sagt:

Ja, das werde ich zu Jesu Füßen mit ew'ger Beugung
Bekennen müssen, weil's Wahrheit ist:
Lamm, dein Blutvergießen und bittres Leiden
Und dein am Kreuze für mich Verscheiden
Hat mir's verdient.

Glaubt nicht, liebe Zuhörer, daß dieser Weg zu leicht sei. Dieser Weg ist wahrlich für die Natur ganz unzugänglich. Nur der Geist der Wahrheit kann durch allmächtige Kraft einen Sünder auf diesen Weg bringen und darauf erhalten. Hier mußt du deine besten Werke verleugnen, deine besten Meinungen, all deine eigenen Machwerke, ja dich selbst, damit Jesus seine Ehre als Jesus behalte. Ein schwerer, ja ungangbarer Weg für hochmütige Sünder und Vernunftsgeister, aber gangbar für an sich selbst verzagende arme Sünder, für Unmündige, für Kinder!

Aber du sprichst: das möchte ich wohl glauben; aber wie mache ich es, daß ich mich aus meinen eigenen Wegen heraus und in diesen seligen Stand hinein finde? Antwort: dies können freilich weder ich noch du. Auch hierzu muß dir Jesus wieder ganz und allein verhelfen; denn er ist ein vollkommener Heiland, in allen Stücken Heiland. Wolle dir nur nicht mehr selbst helfen; hör nur auf, den Glauben erzwingen zu wollen; wolle nur keine eigene Gerechtigkeit mehr aufrichten; lasse nur deine eigene Hand kraftlos sinken, denn du schaffst doch nichts. Aber gib dem Heiland die Ehre, daß er solch ein vollkommener Heiland aller Sünder sei, der dir helfen könne und wolle, und warte auf seine Hilfe und seufze darum. Laß dich deine Sünde und Sündigkeit nicht abschrecken, auf ihn zu blicken. Seufze zu ihm, so gut du kannst; erzähle ihm deinen Schaden; aber wolle ihn nur nicht mehr selbst heilen. Ehe du dich versiehst, wirst du deinen Anker auf die ewige Gnade werfen können, und dein Anker wird Grund fassen.

IV. Es wird kaum nötig sein, liebe Zuhörer, euch noch etwas darüber zu sagen, mit welch großer, mit welch unaussprechlicher Freude ein Herz sich an Jesus freut, das in ihm auf die beschriebene Weise seinen Heiland anbetet. Da wird der Dank mitten aus dem Gefühl des Elends und der sündlichen Schwachheit heraus geboren, da hat man alle Tage Stoff zum Dank und zur Beugung, wieviel mehr an einem Christtag oder einem anderen Fest, das dem Andenken an den Heiland geweiht ist. Da heißt es wohl im Herzen: wie soll ich dich empfangen, wie soll ich dir begegnen, du Schönster, du Größter, du Anfänger und Vollender, du meine einzige Gerechtigkeit, meine einzige Seligkeit, du Liebe, du! Und eben darin liegt ein Hauptgrund, warum der größte Teil von uns am Christfest kein Freudenfest feiert, weil den meisten unter uns die Gerechtigkeit Christi noch wie ein versiegeltes Buch ist, weil wir noch auf gröbere oder feinere Weise unsere eigene Gerechtigkeit aufzurichten trachten und die Gerechtigkeit nicht kennen, die vor Gott gilt, welche Jesus heißt. Darum sind wir hauptsächlich so elend im Geiste, so leer, so trocken, so freude- und friedelos, so undankbar gegen die ewige Liebe, die Mensch wurde und ihr Leben für uns gelassen hat.

O erbarmungsreicher Heiland, vergib uns diese große Schuld, die aus unserer selbstgerechten Blindheit entspringt! Du weißt, daß wir ewig in unserer Torheit bleiben müssen, wo Du uns nicht die Augen auftust, daß wir unsere Schnödigkeit sehen und Deine Gerechtigkeit. Großer Erbarmer, öffne uns die Augen! Hilf uns aus unserer Schwachheit und Verwirrung heraus zum Leben im Glauben des Sohnes Gottes. Werde nur nicht müde an uns um unseres Unverstandes willen, womit wir allezeit Dein Licht aufhalten, sondern mache Deine Züge kräftiger, je unbeholfener wir uns gebärden, auf daß Du uns überwindest.

O Gotteslamm! Mein Element
Sei einzig Dein Erbarmen,
Dein Herz, das nach mir wallt und brennt

Mit offnen Liebesarmen,
Dein Blut, das von dem Kreuze floß
Und alle Welt mit Heil begoß.
Ich weiß von keinem andern Trost;
Ich müßt in Sünden sterben;
Der Feind ist wider mich erbost;
Die Welt will mich verderben;
Mein Herz ist unrein, blind und tot,
O tiefes Elend, große Not!
Die eigene Gerechtigkeit,
Das Tun der eignen Kräfte
Macht mir nur Schand und Herzeleid,
Verzehrt des Lebens Säfte.
Wohlan, es ist kein andrer Rat
Als der, den Dein Erbarmen hat.

Das versiegle Du in uns allen, o Jesus! Amen.

11. Am Neujahr
(Erste Predigt)

Und da acht Tage um waren, daß das Kind beschnitten würde, da ward sein Name genannt Jesus, welcher genannt war von dem Engel, ehe denn er in Mutterleibe empfangen ward. Luk. 2, 21

Wir treten heute ein neues Jahr an. Laßt uns einen kurzen Rückblick auf das verflossene Jahr tun. Welche Summe von Wohltaten Gottes, von geistlichen und leiblichen, begegnet unserem Blick! Er hat uns unser Leben gefristet und uns das tägliche Brot beschert, uns manche Freude zuteil werden lassen. Er hat uns sein Wort gegeben und es uns predigen lassen; er hat uns etwa auch mit Leiden heimgesucht. O wie manche Züge des Geistes Gottes sind wohl unter inneren und äußeren Schickungen, in dieser Kirche oder zu Hause, auf dem Felde oder auf dem Zimmer an euer Herz gedrungen!

Bald mit Lieben, bald mit Leiden
Kamst du, Herr, mein Gott, zu mir,
Nur mein Herze zu bereiten,
Sich ganz zu ergeben dir.

Wie viel, welch unaussprechliche Langmut und Geduld hat er mit unseren Schwachheiten, Versäumnissen, Bosheiten und Tücken des Herzens getragen! Wie hat er unser geschont, uns wegzuwerfen als unfruchtbare Reben und hat Gnade für Recht ergehen lassen bis auf diese Stunde! Denn was hatten wir verdient, wie sind wir mit seiner Gnade umgegangen! Laß jeder sein eigenes Gewissen antworten. Wer bei sich selbst ist, wer nicht gerade schläft oder träumt, der wird gewiß mit Jakob sagen müssen: „Herr, wer bin ich? Ich bin viel zu gering aller Treue und Barmherzigkeit, die du an mir getan hast." Dies alles haben wir dem zu verdanken, der unser Mittler und Hoherpriester, unser Jesus ist.

Wie sollen wir nun in das neue Jahr eintreten? Wie sollen wir die aus der Ungewißheit der Zukunft entspringende Furcht überwinden? Wie werden wir durch das, was in diesem Jahr auf uns wartet, uns so durchschlagen, daß wir nicht Schaden an der Seele nehmen? Und welchen Anfang sollen wir zu dem Ende machen? Antwort: Mit dem Namen Jesus wollen wir das neue Jahr beginnen. Wenn dieser Name unser Licht und Leitstern durch die dunkle Zukunft ist, so wird es uns nicht fehlen. Wir nehmen daher aus unserem Evangelium Gelegenheit, unter dem Beistand Gottes zu betrachten

den Namen Jesus.

Ich will reden

I. von der Bedeutung und Kraft des gebenedeiten Jesusnamens,

II. wie wir ihn beim Antritt des neuen Jahres gebrauchen sollen.

Hochgelobter Jesus, vor dem sich alle Knie beugen sollen, mach doch uns allen heute Deinen Jesusnamen zur Kraft; gib jedem für sein Teil etwas davon zu schmecken; fülle Deine Priesterhände und segne uns! Amen.

Heute am Neujahrstage feiern wir zugleich das Namensfest des Heilandes. Es war beim jüdischen Sakrament der Beschneidung der gleiche Brauch wie bei dem neutestamentlichen Sakrament der Taufe, daß man nämlich den Kindern dabei ihre Namen gab. So erhielt der Mensch gewordene Sohn Gottes bei der Beschneidung, der er sich als Israelit nach dem Fleisch unterwarf, den Namen Jesus. Dies war aber nicht bloß ein ungefährer Einfall Josephs und der Maria, wie es bei uns zu gehen pflegt, wo sich etwa die Eltern eines neugebornen Kindes über seinen Namen besprechen, an ihre Familie oder Verwandtschaft oder an den Paten dabei denken und sich endlich über einen Namen eins werden; sondern dieser Name wurde dem Heiland nach dem unmittelbaren Willen Gottes gegeben. Der Vater wollte, daß sein Mensch gewordener Sohn Jesus heißen, daß er als Jesus dreiunddreißig Jahre lang leben, als Jesus sterben, als Jesus auferstehen, als Jesus gen Himmel fahren, als Jesus sich zu seiner Rechten setzen, als Jesus angebetet werden sollte; daß sich im Namen Jesu beugen sollen alle Kniee derer, die im Himmel und auf Erden und unter der Erde sind. Es war des Vaters Wille, daß man den, den er in die Welt gesandt hatte, den er zur Errettung der sündigen Menschheit herausgegeben hatte aus seinem Herzen als sein größtes Kleinod, daß man diesen Jesus nennen sollte und am Namen Jesus erkennen in allen Ewigkeiten. Und darum sandte er seinen Engel zu Joseph und ließ ihm sagen, daß Maria einen Sohn gebären werde aus dem Heiligen Geiste; und er solle diesen Sohn Jesus heißen, worauf auch unsere Textworte zurückweisen, wie es schon im Propheten vom Messias geschrieben steht: „Der Herr hat meines Namens gedacht, da ich noch im Schoß der Mutter war“ *(Jes. 49, 1)*.

Es ist eine eigene Sache um die Namen. Durch die Namen unterscheidet man die Menschen voneinander. Wenn die Einrichtung mit den Namen nicht wäre, wie viel Mühe hätten wir, wenn von einem Dritten geredet würde, einander begreiflich zu machen, von wem eigentlich die Rede sei. Darum hat auch der, der zur Errettung einer gefallenen Sünderwelt gekommen ist, einen Namen angenommen, damit jedermann sogleich erkenne, von wem die Rede ist, wenn der Name Jesus ausgesprochen wird. Im Alten Bunde hieß der, der im Neuen Bunde Jesus heißt, Jehova. Denn als er seinem Knecht Mose auf dem Berg Horeb im feurigen Busch erschien, um ihn zu den Kindern Israel, die unter der Knechtschaft Ägyptens seufzten, zu senden, und Mose ihn fragte, unter welchem Namen er ihn denn den Kindern Israel bekannt machen solle, da antwortete er: „Ich werde sein, der ich sein werde“, mit anderen Worten: „Jehova heiße ich, so sollst du mich nennen“ *(2. Mos. 3, 13 - 14)*. Im Neuen Testament heißt dieser Jehova Jesus. „Denn“, sagt der Engel, „er wird sein Volk selig machen von ihren Sünden.“ Unsere Namen sind meistens ohne Bedeutung und Kraft, bloße Unterscheidungszeichen. Die Namen des Sohnes Gottes aber im Alten und Neuen Testament sind voll Kraft und voll Leben, voll Klarheit und Wahrheit.

Jehova heißt der Sohn Gottes im Alten Bunde, und dies ist ein Name, der seine ewige Gottesmacht und Herrlichkeit, seine unveränderliche Beständigkeit bezeichnet. Wenn die Natur, das Wesen Gottes, bezeichnet werden soll, so gibt es keinen treffenderen Namen dafür als den Namen Jehova. Es liegt in diesem Namen das, was Mose im 90. Psalm sagt: „Ehe denn die Berge wurden und die Erde und die Welt geschaffen wurden, bist du, Gott, von Ewigkeit zu Ewigkeit.“ Es liegt das darin, was der Heiland *(Offb. 1, 17 - 18)* von sich selbst sagt: „Ich bin der Erste und der Letzte und der Lebendige.“ Die ganze Schöpfersherrlichkeit Gottes, worüber ihm von allen Kreaturen die Ehre gegeben wird *(Offb. 4, 11)*, liegt in dem großen Namen Jehova.

Aber dieser Name hat eben keinen Trost für arme Sünder, wie wir sind; im Gegenteil, es liegt etwas Erschreckendes, etwas Entsetzliches für uns darin, etwas, das eine geheime Sehnsucht erweckt nach den Bergen, daß sie über uns fallen, und nach den Hügeln, daß sie uns bedecken möchten, daß wir nicht offenbar werden müssen vor dem schrecklichen Jehova. Denn ist Gott der Ewige, der Unveränderliche, der Beständige, so ist er auch unveränderlich in seiner Heiligkeit, in den Rechten und Forderungen seiner Gerechtigkeit; so ist er unveränderlich in seinem Zorn über die Sünde; so brennt sein Zorn unerträglich und ewig hinab bis in die unterste Hölle und läßt nicht nach. Und da mögen wir wohl erschrecken, da mag es wohl wahr sein, was einst ein gewisser Jünger des Herrn gesungen hat: „Wer Gottes Wesen weiß, weiß seinen Tod." Wer das Wesen, die Eigenschaften Gottes, wer seine Eigenschaften als unendlicher Geist weiß, wer seine Ewigkeit, Allmacht und Heiligkeit weiß, der weiß, daß er ein Mann des Todes, ein verlorner, ein ewig verlorner Mensch ist. „Wer's Herze kennt", heißt es weiter in jenem Lied, „der ist aus aller Not." Wer das Herz Gottes nicht bloß weiß, sondern aus lebendiger Erfahrung kennt, der ist aus aller Not, der fürchtet nichts mehr. Dieses Herz Gottes aber hat sich ausgesprochen im Namen Jesus.

Wie soll man das Herz Gottes beschreiben, die ewigen, die zärtlichen Erbarmungen, die sich in dem Vaterherzen regten und regen gegen ein fluchwürdiges Sündergeschlecht? Dies ist nicht möglich. Paulus führt die Epheser *(Kap. 3, 18)* ein wenig hin an die Länge und Breite und Höhe und Tiefe dieser Liebe; aber sie ist unermeßlich, sie ist unerschöpflich. Wie Gott unendlich ist, so ist auch seine Liebe unendlich, sie ist nicht zu beschreiben. Luther sagte einmal: „Wenn jemand Gott malen und treffen wollte, der müßte solch ein Bild treffen, das eitel Liebe wäre, als sei die göttliche Natur nichts anderes als ein Feuerofen und Brunst solcher Liebe, die Himmel und Erde erfüllt." Ein anderer sagte einmal: „Wenn das ganze Firmament lauter Papier wäre, so wäre es nicht genug, um die Liebe Gottes darauf zu beschreiben." Aber dies alles, dies Unnennbare, dies nie Ausgesprochene ist vereinigt, ist beisammen in zwei Silben, im hochgebenedeiten Namen Jesus. Als ein gewisser, durch sehr viele Schriften berühmter Liebhaber des Heilands auf dem Totenbett lag, soll er befohlen haben, wenn er sonst nichts mehr werde fassen können, so solle man ihm nur den Namen seines Erlösers zurufen, dies werde ihm genug Kraft und Erquickung geben. Dieser

Mann hat verstanden, was im Namen Jesus liegt.

Jesus heißt also die große Person, deren Geburtstag wir vor acht Tagen gefeiert haben, deren Namenstag wir heute feiern. Der, der die Wiederaufrichtung der gefallenen Sünderwelt vollbrachte; der, von dem allein unser Heil abhängt in Zeit und Ewigkeit; der, welcher zur Rechten Gottes sitzt und wartet, bis alle seine Feinde zum Schemel seiner Füße gelegt werden; der, welcher seine Gemeinde sammelt und wohl auch in deinem Herzen schon oft eine heilsame Unruhe verursacht hat, dein Verkläger in deinem Gewissen, heißt Jesus. Man kann das Wörtlein wohl ins Deutsche übersetzen, aber nicht ausschöpfen. Es heißt: Heiland, Seligmacher, Erlöser, Erretter, oder wie du willst. Alles dies und noch weit mehr liegt im Namen Jesus. Es bedeutet den Freundlichsten und Holdseligsten unter den Menschenkindern; es bedeutet den Schönsten unter den Menschenkindern; es bedeutet den weltbekannten Sünderfreund, der selbstgerechten Tugend Feind; es bedeutet alles, was Jesaja in der Abendlektion vom Sohne Gottes sagt; es bedeutet den Wunderbaren, den, der Rat, Kraft, Held, Vater der Ewigkeiten, Friedefürst heißt; es ist der Name Jesus ein unaussprechlicher, ein unerschöpflicher, ein unausdenklicher, ein unausfühlbarer Name. Es liegt ein unendlicher Abgrund göttlicher Erbarmungen darin. Der Sünder, der zermalmt zu den Füßen seines Erbarmers liegt und etwas von der Vergebung schmeckt, weiß etwas davon. Und die Gerechten, die vor seinem Angesicht wandeln, haben diesen Namen noch nicht begriffen. Wenn sie in den tiefen Ewigkeiten ihre Lobgesänge vor seinen Thron bringen werden, so wird doch das, was nach dem Ablauf von tausend Ewigkeiten ihm gesungen wird, nicht mehr, nicht höher, nicht tiefer sein als der Name Jesus. Alle jene Lobgesänge werden sich doch noch zusammenfassen lassen in dem Wort Jesus. Großer Name! Anbetungswürdiger Name! Er ist eine ausgeschüttete Salbe voll köstlichen Wohlgeruchs für arme, für elende, für in sich verlorene Sünder, für Leute, die den Höllengestank der Sünde lange genug eingeatmet haben. Es ist Lebensluft in diesem Namen, himmlische Lebensluft. Jesus heißt unser Gott und Heiland, Halleluja! weil er ein barmherziger Hoherpriester ist, weil er ein Erlöser ist von Sünde, Tod, Teufel und Hölle. Man kann es eigentlich den Menschen nicht begreiflich machen, was in dem Namen Jesus liegt. Es muß geglaubt, erfahren, gefühlt werden. Man kann nichts sagen als: suche Jesus, und wenn du ihn findest, so wirst du wissen, was du an seinem Namen hast.

Sünder, wenn ich euch bloß das predigen müßte, was im Alten Testament steht, wer von uns wollte dann bestehen! Wenn ich euch nur von Jehova sagen dürfte, ach, wer wollte bestehen! Aber Gott Lob! so darf ich nun nicht predigen. Liebe Mitsünder, unser Gott, unser Richter heißt Jesus, weil er sein Volk selig macht von ihren Sünden; weil er das Seufzen der Elenden nicht verachtet; weil er die Mühseligen und Beladenen annimmt und erquickt; weil er ein Herz für die Sünder hat; weil er die Schuld aller Schuldner auf sich genommen hat; weil er die Sünder, die wirklichen, nicht bloß, wie der selige Luther es ausdrückt, dic gemalten, sondern die realen Sünder erlöst von ihren Sünden und deren ewigen Folgen. Ach, welches Tor ist in diesem Namen für uns geöffnet, für uns, die wir arg sind! Ihr Ehebrecher, hört's; ihr Trunkenbolde, hört's; ihr Diebe, ihr Fresser, ihr Flucher, ihr losen, ihr gottlosen Leute, die ihr im Sinne habt, euer Teil dahinzunehmen in diesem Leben, hört, hört: Es gibt noch einen Jesus für euch, der Kraft hat, euch frei zu machen, wovon ihr vielleicht durch unzählige Vorsätze nicht frei werden könntet. Frei machen wird er euch, wenn ihr zu ihm gehen und ihn wirken lassen wollt, frei von euren harten Sündenketten, frei vom ewigen Tode. Armes, verirrtes Schäflein, siehe doch, hier ist dein Hirte, Jesus; arme, verzagte Seele, sieh, hier ist Jesus, dein Helfer; seht, er hat nichts Schreckliches, nichts Abstoßendes; seht doch dieses Kind in der Krippe, seht ihn am Kreuz in unaussprechlicher Geduld dahinsterben. Er hat nichts Abschreckendes für arme, bußfertige Sünder. Doch was braucht's langer Beweise, ich sage nichts als: Er heißt Jesus, und das ist Einladung genug.

Jesus heißt unser Gott! Nun dürfen wir auch nicht mehr erschrecken vor seinem Jehova-Namen, wenn wir ihn einmal als Jesus kennengelernt haben, so wird es uns zu lauter Trost, zu lauter erquickender Freude, daß dieser Jesus Jehova ist. Frohlockt und freut euch, ihr Gerechten, denn euer Heiland ist ein ewiger, ein allmächtiger, ein unveränderlicher Jesus. Er ist Jesus Jehova, Jesus Christus, gestern und heute und derselbe in Ewigkeit. Wie er war in den Tagen seines Fleisches, so ist er in Ewigkeit. Er hat alle seine Jesus-Eigenschaften in die Unveränderlichkeit seines Wesens aufgenommen. Wie du ihn heute erfährst, so wird er bleiben in alle Ewigkeiten. Was er dir im alten Jahr gewesen ist, dein Erbarmer und Sündentilger, das wird er dir auch im neuen Jahr sein; ja noch mehr, denn solange Jesus der Herr bleibt, solange er Jehova bleibt, wird's alle Tage herrlicher.

Aber wie gehen wir mit diesem Namen um? Wie hätten sich die Väter des Alten Bundes gefreut, wenn sie gewußt hätten, was wir wissen. Es ward ihnen manches offenbar, das sehen wir in der Abendlektion; aber das wußten sie nicht; dieses Geheimnis sollte erst in der Fülle der Zeit und uns Armen geoffenbart werden, daß der, den sie erwarteten, der König von Israel, Jesus heiße!

Aber wie gehen wir damit um? Man muß sagen, es ist fast nichts verkannter, nichts vergessener als dieser große Name. Kaum spricht ihn jemand mit Herzensempfindung aus, so sieht man ihn in der sogenannten Christenheit sogleich mit scheelen Augen an, als ob er zu irgendeiner Sekte gehöre. Wenn nicht hin und wieder einem dieser Name im Schrecken entführe, und wenn man nicht Leute dafür besoldete, ihn von Zeit zu Zeit auszusprechen, so wäre er wohl, wie zu vermuten ist, schon längst vergessen. O arme Christenheit, armes Herz, was hast du nur von dieser Seite für Verschuldung auf dir!

Wollen wir auch wieder als solche Leute ins neue Jahr eintreten? Ach nein! Was ein gewisser Jünger des Heilands gesungen hat,

Schreibe deinen süßen Jesusnamen
Brennend in mein Herz hinein,

das wünsche ich mir und euch zum neuen Jahre. Ach, daß der Herr seinen Heiligen Geist sendete, daß er den großen, den süßen Jesusnamen mit seinem lebendigen Griffel unauslöschbar in unser armes Herz eindrückte! Das könnte ich gebrauchen; denn wenn dies nicht in meinem Herzen vorgeht, so bin ich nichts als ein tönend Erz und eine klingende Schelle. Das könnten die Lehrer der hiesigen Schule gebrauchen, damit sie die ihnen vom Herrn anvertrauten Lämmer auf die rechte Weide zu führen imstande wären. Das könnten die Ortsvorsteher gebrauchen, damit es auch im Rathaus nach dem Sinn des Heilandes zuginge. Das könnten wir alle, alle gebrauchen, damit unser Ort endlich einmal aufhörte, eine Behausung der unreinen Geister zu sein, damit das Reich Gottes allenthalben in den Häusern, auf den Gassen, auf den Feldern und in den Wäldern mit Gerechtigkeit, mit Friede und Freude im Heiligen Geist hervorbräche und sichtbar würde.

Seht, liebe Zuhörer, unsere Zeit eilt dahin, wir sind wieder ein Jahr älter geworden. Ach, wir haben umsonst gelebt, geschwitzt, gearbeitet, uns abgemüht; das ist alles für gar nichts, für weniger als nichts, wenn nicht der Name Jesu in uns verklärt wird durch den Heiligen Geist, wenn wir nicht im Glauben und in der Liebe des Sohnes Gottes durch die Welt gehen.

Ich fordere euch auf, ihr Leute dieser Welt, die ihr selbst bekennt, daß ihr es seid, die ihr es höchst übelnehmen würdet, wenn man euch unter die Frommen rechnete, also ihr gottlosen Leute, wie ihr selbst zugebt, ihr seid nun etwa 20, 30, 40, 50, 60, 70 Jahre alt, sagt selbst, was habt ihr von dieser Lebenszeit gehabt? Habt ihr auch eine wahre Freude gehabt, habt ihr auch einen wahren Genuß gehabt, habt ihr jemals von der Sünde etwas gekostet, ohne daß es versalzen gewesen wäre? Gewiß nicht! Nun, was habt ihr denn davongetragen von eurem Leben bis jetzt? Antwort: daß es dahingeflohen ist wie ein Geschwätz; daß sich beim Rückblick darauf und beim Hinblick auf die Ewigkeit viel Unruhe in eurem Herzen regt; daß ihr vielleicht mit Kummer und Sorgen in dieses neue Jahr eingetreten, und vielleicht alt und grau geworden seid, ehe eure Tage etwas Gutes erlebt haben. Ach, es ist so gar nichts um ein Menschenleben, wenn es nicht mit dem Heiland geführt wird. Da wird's Winter und Sommer, Tag und Nacht, man arbeitet auf seiner Hantierung, im Weinberge, auf dem Acker, man will etwas erwerben, man kann nicht; man will sich wenigstens schuldenfrei machen, es geht wieder nicht; dazwischen kommt viel Kummer und Elend hinein, viele Sorgen und Sünden; es ist nichts elender und jämmerlicher als solch ein Leben; man ist nichts als ein Lasttier. Wer aber Jesus kennt, der geht durch diese Zeit hindurch und weiß auch, warum er auf der Erde ist.

Und am Ende wirft man die ausgetretenen Schuhe der modernen Lebenszeit hinweg und fährt zu Jesus, den die Seele liebt, an dem das ganze Herz hängt. O, daß wir weiser würden zur Seligkeit!

Wer sagt von den vorigen Geschlechtern etwas? Siehe, sie sind vergessen, wie man eines Toten vergißt. Seht, ungefähr 54 Generationen haben gelebt und sind hingegangen, seitdem Christus geboren ist. Sie haben einst auch gesorgt und gekämpft auf dieser armen Erde, sie sind leichtsinnig und ernsthaft gewesen, haben Gott gefürchtet und nicht gefürchtet, Jesus geliebt und nicht geliebt. Manche haben auf viele Jahrhunderte hinaus bauen wollen und das Gedächtnis ihres Namens verewigen; aber was ist's nun? Ihre Namen sind schon lange vergessen, und ihre Leiber sind vermodert in dem Grabe, ihre Seelen aber sind am Ort der Vergeltung. Nur das hat Wert und bleibt, was in dem Namen Jesu, im Glauben und in der Liebe des Sohnes Gottes geschieht.

Liebe Zuhörer, wir stehen am Anfang eines Jahres. Was dieses Jahr für uns mit sich bringt, wissen wir nicht. Es kann Krankheit und Trübsal für manchen bringen, der es sich heute nicht träumen läßt. Es kann und wird den Tod bringen für viele aus dieser Gemeinde. Es werden manche hier sein, die das nächste Neujahr nicht mehr feiern werden. Im vorigen Jahr starben in dieser Gemeinde 30 von 920. Wer sind diese Dreißig, die dem gewöhnlichen Gang der Natur nach in diesem Jahr von hinnen fahren werden? Ach, meine Brüder, was soll uns denn durch die Trübsal bringen, was soll uns im Tode erquicken, wenn nicht der Name Jesus in unserem Herzen lebt! Jesus muß ins Herz, die Kraft seines Namens muß uns erfüllen, sonst sind wir die elendesten unter allen Kreaturen.

So wollen wir doch heute anfangen; ich und meine

Gemeinde wollen heute anfangen, dem Herrn zu dienen. „Es ist ja in keinem andern Heil, ist auch kein anderer Name unter dem Himmel den Menschen gegeben, darin wir sollen selig werden, als allein der Name Jesus." Also, was zögern wir? Also auf! Beugt heute eure Knie vor Jesus und fleht ihn heute an um seinen Heiligen Geist, daß er die Kraft seines Namens, die Kraft seines Verdienstes in uns groß mache.

Es sind manche angefaßten Seelen unter uns, die wenigstens keine Ruhe mehr haben im elenden Wesen dieser Welt. Seelen, wann soll es denn zu einem Ausschlag kommen, wie lange hinkt ihr auf beiden Seiten, wann soll Jesus euch ein Jesus werden?

Es ist aber auch noch eine große Menge sicherer Sünder da. O Sünder, hört, solange ihr könnt, hört, ehe die Stunde schlägt, da Jesus selbst wiederkommen wird, ehe die Posaune des Gerichts in euren Ohren tönt, ehe der Tod kommt! Wir sind ja jetzt um ein Jahr näher an dieser Entscheidungsstunde. Jesus ruft euch, hört! Amen.

12. Am Neujahr
(Zweite Predigt)

Text: Luk. 2, 21 (s. erste Predigt, S. 255)

So hätten wir also durch Gottes Gnade wieder ein neues Jahr angefangen. Wie schnell ist das verflossene Jahr zu Ende gegangen! Kaum glaubt man, in eine Zeit eingetreten zu sein, so ist sie schon wieder vollendet; denn unsere Tage fahren dahin, und wir bringen unsere Jahre zu wie ein Geschwätz. Meine lieben Mitchristen! Wenn die Zeit so unwiderruflich dahineilt, wenn alles, was uns umgibt, so schnell dahinfährt, wenn unsere eigene Hütte von Jahr zu Jahr älter wird, wenn wir mit jedem Augenblick dem Stündlein näher rücken, wo wir von hinnen scheiden sollen; was soll uns das lehren? Soll es uns nicht antreiben, bei der Vergänglichkeit des Irdischen und bei der Hinfälligkeit unseres eigenen Lebens uns umzusehen nach unvergänglichen und bleibenden Hütten, zu ringen, daß wir uns immer fester auf den ewigen Grund gründen, auf Jesus Christus? Himmel und Erde werden vergehen; er aber bleibt, und wer in ihm ist, der bleibt auch, und wird bei ihm sein, und niemand wird ihn aus seiner Hand reißen. Darum, liebe Seelen, was kann, was mag ich heute, was mag ich allezeit anderes tun, als euch zu ihm hinzuweisen, zu ihm, dessen Gnade und Treue alle Morgen neu ist, und der uns auch heute um seiner Gnade willen wieder hier zusammenkommen läßt. O meine lieben Mitchristen, geht hin zu ihm! Er meint es so herzlich gut mit euch. Ihr könnt für das Jahr, das ihr nun wieder angetreten habt, keinen treueren Freund, Bruder und Wegweiser finden. Was habt ihr davon, wenn ihr eure Jahre, die so schnell dahinfahren, ohne ihn zubringt? Ich sage euch, wenn es so wäre, ihr hättet umsonst, ja zu eurem ewigen Schaden und Verderben gelebt. Nur wer in ihm, dem treuen Heiland, lebt, der lebt recht und weiß, warum er lebt, und weiß, wohin er kommt, wenn er ausgelebt hat. Wir werden das neue Jahr, in das wir eingetreten sind, gewiß nicht besser anfangen können, als wenn wir

den Namen Jesus, der dem Heiland in der Beschneidung beigelegt wurde,

näher betrachten und im Herzen erwägen.

O liebster Heiland, siehe, wir sind hier vor Dir versammelt an diesem Neujahrsmorgen als Deine Schafe, die Du, der getreue Hirte, weiden willst. Wir sind Schafe Deiner Hand. Du hast uns schon unzählige Beweise Deiner Gnade und Treue gegeben; darum ist es unglaublich, daß Du uns in dem neu angetretenen Jahr verlassen wirst. So weide uns denn auch heute bei dem Eintritt in das neue Jahr; leite uns zu den lebendigen Wasserbrunnen, die aus Deiner Fülle hervorströmen; gib uns Dich selbst zu genießen, auf daß wir satt werden! Amen.

Wir dürfen nicht glauben, als ob der Name Jesus dem Heiland aus menschlicher Willkür und Gutdünken gegeben worden sei. Nein, als der Engel Gabriel der Jungfrau Maria verkündete, daß sie erlesen sei, den Messias zu gebären, da gab er ihr zugleich auch die Anweisung, daß sie ihn Jesus heißen sollte. Und nun heißt er wirklich Jesus. Jesus heißt der, den wir als unseren Herrn und Heiland kennen; Jesus heißt der, der jetzt zur Rechten des Vaters, zur Rechten seiner Majestät sitzt, der, welcher Augen hat wie Feuerflammen und ein Angesicht wie die Sonne, wenn sie scheint in ihrer Macht. Jesus heißt der, der lebt und regiert von Ewigkeit zu Ewigkeit, welcher ist der Anfang und das Ende, der Erste und der Letzte, der Herr der Herrlichkeit. Der allmächtige, unendliche Gott heißt Jesus. Man muß dies den Menschen unserer Zeit laut und deutlich sagen, sie glauben es sonst nimmer; und wenn sie es glauben, so haben sie Ohren, und hören nicht den Ruf des Evangeliums, der so mächtig durch die ganze Welt hindurchdringt, haben Augen, und sehen nicht die Herrlichkeit des Vaters, die sich in dem Angesicht des Sohnes spiegelt. Denn sie sind verstockt und blind und halten die Augen mutwillig zu vor dem Licht, das ihnen in Jesus scheint.

Warum aber heißt der allmächtige Gott Jesus? Da gibt es keinen anderen Grund, als weil er aus lauter Liebe und Barmherzigkeit auf diese arme Erde herniedergekommen ist, uns ein Jesus, ein Erlöser zu werden, uns arme Sünder zu befreien von dem Fluch der Sünde, von der Furcht des Todes, von der Gewalt des Teufels, von der ewigen Finsternis und Hölle. Seht, darum heißt er Jesus! Er hat seinen Namen von dem, was er getan hat, weil er uns erlöste und ein so kostbares Lösegeld für uns gegeben hat; weil er überwunden hat als der Löwe aus dem Stamme Juda, so bleibt ihm auch der süße, Mark und Bein durchdringende Name, vor dem sich beugen müssen alle Kniee und alle Zungen bekennen, daß er der Herr sei; es bleibt ihm der Name Jesus. O, ein süßer Name für die, so ihn fassen, denen er verklärt ist in ihren Herzen, denen die Decke hinweggenommen ist, daß sie mit unverwandtem Angesicht hineinschauen in das große Geheimnis des Namens Jesus, daß sie von einer Jesusfreude in die andere, von einer Jesusliebe in die andere hineingeführt werden, bis endlich dieser teure Name mit dem lebendigen Griffel des Geistes in ihre Herzen eingeschrieben und ihr ganzes Herz in Liebesflammen entzündet ist und es heißt: es soll nur, nur Jesus sein!

Nicht nach Welt, nach Himmel nicht
Meine Seele wünscht und sehnet;
Jesus wünscht sie und sein Licht,
Der mich hat mit Gott versöhnet,
Der mich frei macht vom Gericht,
Meinen Jesum laß ich nicht.
Jesum laß ich nicht von mir,
Steh ihm ewig an der Seiten;
Denn er wird mich für und für
Zu den Lebensbächlein leiten.

Selig, der mit mir so spricht:
Meinen Jesum laß ich nicht!

Wodurch aber kommt eine Seele zu solcher süßen und innigen Liebe zu Jesus? Sie kommt durch nichts anderes dazu, als wenn sie den hohen Jesusnamen in seiner ganzen Bedeutung auffaßt und sich zueignet, was aber freilich ein Werk des Geistes ist, der in alle Wahrheit leitet, und nicht auf Menschenkraft beruht. Jesus heißt ein Erlöser, und der Heiland ist ein Erlöser, ja es gibt sonst keinen Erlöser; denn er erlöst uns von Sünde, Tod, Teufel und Hölle. Laßt uns dies näher betrachten.

Der Heiland ist ein Erlöser von Sünde. Von Anfang war die Sünde nicht in der Welt; aber durch des Teufels Trug und List sind unsere ersten Eltern verführt worden, daß sie die Finsternis mehr liebten als das Licht, und durch ihren Ungehorsam eine Schuld auf sich luden, die nur durch das Blut des eingebornen Sohnes Gottes getilgt werden konnte. Denn von diesem ersten Fall an verbreitete sich das Verderben wie ein Strom über das ganze Menschengeschlecht. Tod und Finsternis lagerten sich auf der Erde; Tod und Finsternis nahmen Platz in unseren Gebeinen. O, ein unabsehbares Elend folgte durch die Sünde auf das frühere Glück der Menschen, auf ihr Leben bei Gott und in Gott, ihrem Schöpfer. Da sah Gott voll Erbarmen und Mitleiden herab auf die verfluchte Erde, wo der Satan seinen Stuhl aufgeschlagen hatte, um mit höllischer Freude zu verderben, was er verderben konnte. Gott sah herab. Es jammerte ihn der armen Menschen. Er hatte inniges Mitleiden mit ihnen, und im Drang seiner Erbarmungen sandte er seinen Sohn, Sünder selig zu machen. Siehe, das war Gottes Lamm, das der Welt Sünde trug, das war Jesus! O wie viel hat der Heiland, solange er auf Erden war, durchgemacht! Von den meisten seiner Leiden haben wir Sünder gar keinen Begriff. Die Sündenlast der ganzen Welt wurde auf ihn, den einzigen Reinen, geworfen. Er mußte sie tragen, mußte sie seufzend hinauftragen auf den Hügel Golgatha, um da an dem Fluchholz ein Fluch zu werden an unserer Statt, um als ein Gerechter zu sterben für die Ungerechten, um mit seinem Blut die große Schuld aus dem Schuldbuch Gottes auszulöschen, um die Handschrift, die wider uns war, vernichten zu können, um uns in ihm als Heilige und Gerechte seinem Vater vorzustellen. „Er hat unsere Sünden selbst hinaufgetragen an seinem Leibe auf das Holz", sagt Petrus, „auf daß wir, der Sünde abgestorben, der Gerechtigkeit leben; durch welches Wunden ihr seid heil geworden."

O große Lieb, o Lieb ohn alle Maße,
Die dich gebracht auf diese Marterstraße!
Ich lebte mit der Welt in Lust und Freuden,
Und du mußt leiden.

O Seelen, hierher! Hierher, verstockte Herzen, schaut an den Herrn der Herrlichkeit! Er ist erwürgt um euretwillen; um eurer Sünden, um eurer Verstockung willen ist er getötet; er wird gegeißelt und mit Dornen gekrönt, ins Angesicht geschlagen und verhöhnt; er wird mit Essig und Galle getränkt, ans Kreuz gehenket. So kommt doch, ihr mühseligen und beladenen, ihr armen und abgematteten Seelen, flieht, flieht auf den Hügel Golgatha, umschlingt des Gekreuzigten Füße und laßt euch Leben und Gnade zuströmen aus seinen tiefen Wunden! Denn wer zu ihm kommt, der wird weiß und hell gewaschen in seinem Blut; er wird gerecht und heilig und rein von aller Sünde und erhält einen freien Zutritt zu der Gnade Gottes und wird aus einem Feind ein Kind des Höchsten und darf sich der Kindschaft Gottes rühmen. Seht, das tut der Heiland, und darum heißt er Jesus!

Wenn wir aber der Sünde Sold empfangen sollen, der der Tod unseres Leibes ist, siehe, so ist Jesus wieder da und errettet von dem Tode. Schon Jesaja zeugt *(Kap. 25, 8)* von ihm, daß er den Tod verschlingen werde ewiglich. Und im Neuen Testament wird es uns noch deutlicher geoffenbart, wie Jesus dem Tode die Macht genommen und Leben und unvergängliches Wesen an das Licht gebracht habe. Meine lieben Zuhörer, es ist keine Kleinigkeit, aus dieser Welt hinweggerissen zu werden, unsere bisherige, obwohl gebrechliche Hütte, verlassen zu müssen. Zwar solange die Menschen bei Kräften sind, denken sie wenig daran; aber wenn die Schrecken des Todes über eine Seele fallen, und sie kennt nicht den Todesüberwinder und kann sich nicht an ihn halten und kann sich nicht verbergen in seinen Wunden und kann ihren Geist nicht seinen getreuen Heilandshänden befehlen, und sie soll hinausgehen in die Finsternis, in ein Land, das ihr völlig unbekannt ist, soll hingehen, um vor dem Richterstuhle Gottes zu stehen, um den Lohn ihrer Taten zu empfangen, offenbar zu werden mit all ihren Werken vor seinem Angesicht, o meine lieben Mitchristen, könnt ihr euch ein fürchterlicheres Elend denken? Hier ist nun auch wieder Jesus dem, der an ihn glaubt, die einzige Hilfe, aber eine gewisse, feste Hilfe, ein wahrhaftiger Weg, der sicher hinüberleitet in das andere Leben. Der Heiland ist die Auferstehung und das Leben; wer an ihn glaubt, der wird leben, ob er gleich stürbe, und wer da lebet und glaubet an ihn, der wird nimmermehr sterben. Darum, mein lieber Mitbruder, weil du auch einmal, sei es früher oder später, die Stunde wissen wir ja nicht, diesen Weg antreten und dahinfahren sollst auf deiner letzten Straße, so sieh dich vorher als ein kluger Mensch nach einem gewissen Wegweiser um, der dich sicher hinüberführt; der ist niemand anders, denn Jesus

Christus, auf daß er dich, wenn dein Stündlein kommt, bei der Hand nehme und leite dich durchs finstre Tal des Todes zu den ewigen Friedenshütten. Wer sein Wort hält, der wird den Tod nicht sehen ewiglich. O große und unaussprechlich gewisse Wahrheit: wer sein Wort hält, der wird den Tod nicht sehen ewiglich; sondern er fährt und sinkt dahin, ehe er sich des Todes versieht, weil er weiß, daß sein Erlöser lebt, der ihn hernach wird auferwecken von der Erde, daß er in seinem Leibe Gott sehen möge von Angesicht. Durch seinen männlichen Streit, den er in Gethsemane bestanden, durch seinen heißen Kampf auf Golgatha, durch die Angst seiner Seele, wo er Gebet und Flehen mit starkem Geschrei und Tränen geopfert hat, durch seinen Angstruf: es ist vollbracht! durch seinen Tod hat er den Tod getötet und die, so sich an ihn halten, von aller Furcht des Todes erlöst. Darum heißt er Jesus. Darum:

Wenn mein Stündlein vorhanden ist
Und ich soll fahrn meine Straße,
So g'leit du mich, Herr Jesu Christ,
Im Tod mich nicht verlasse;
Mein Seel an meinem letzten End
Befehl ich, Herr, in deine Händ;
Du wirst sie wohl bewahren!

Aber er hat uns auch von dem Teufel erlöst. Durch die Verführung unserer ersten Eltern, durch ihre Torheit, da sie ihm mehr gehorchten als der Stimme ihres Schöpfers, durch das Verderben, das sich über alle verbreitete, durch die Liebe zum Ungöttlichen und durch den Haß gegen das Göttliche, der in allen natürlichen Herzen wohnt, mit einem Wort: durch die Finsternis, in der wir leben und die wir lieben, sind wir Genossen des Reiches geworden, das dem Teufel gehört. Er glaubte, ein Recht zu haben auf unsere armen Seelen, und glaubt es noch, hielt uns für seine Untertanen und hält uns noch dafür. Darum hat er von jeher so schrecklich gegen das Reich Gottes getobt und gewütet, hat es von jeher so übel genommen, wenn ihm eine Seele entrinnen wollte, hat von jeher alle möglichen Hindernisse in den Weg gelegt, damit das Licht der Wahrheit nicht in die Herzen dringe; denn er ist ein Lügner von Anfang und haßt die Wahrheit. Darum ist er so grausam mit unserem Heiland umgegangen, hat ihn auf alle Weise zu Fall bringen wollen, hat seine ganze Bosheit, seine ganze Gewalt auf ihn geladen, hat ihm mit Locken und Schelten, mit Freuden und mit Pein und Qualen zugesetzt, damit das große Erlösungswerk nicht vollbracht würde. Aber der Herr hat überwunden; es hat überwunden das Lamm Gottes, das der Welt Sünde trägt, durch seine Geduld, durch sein Stillesein, als die ganze Wut der Finsternis an ihm ausbrach, dadurch, daß er seinen Mund nicht auftat wie ein Lamm, das zur Schlachtbank geführt wird, und wie ein Schaf, das verstummt vor seinem Scherer. Durch sein geduldiges Leiden hat überwunden der Löwe aus dem Stamme Juda und die alte Schlange unter seine Füße getreten. Wer sich nun an ihn, den wahrhaftigen Heiland, hält, den kann der Arge nicht mehr antasten; sondern er ist gerettet aus dem Reich der Finsternis, hinübergerettet in das Licht des Lebens, und der Teufel muß, trotz aller seiner List und Gewalt, doch stille zusehen, wie ihm eine Seele um die andere entrissen wird. Ja, mag er sich auch noch so sauer stellen, er tut uns doch nichts, wenn wir in Christus Jesus sind, das macht, er ist gerichtet, ein Wörtlein kann ihn fällen. Das hat der Heiland vollbracht, und darum heißt er Jesus.

Was soll ich von der Hölle sagen, von dem Totenbehälter? Ihr wißt, daß sie ein Ort der Unseligen ist, daß sie der Aufenthalt all derjenigen ist, von denen es heißt *(Offenb. 22, 15)*: „Draußen sind die Hunde und die

Zauberer und die Hurer und die Totschläger und die Abgöttischen und alle, die liebhaben und tun die Lüge." Sie, die alle Toten verschlungen hatte, ehe er kam, hat er getötet durch seinen Tod; ja er ist selbst hinabgefahren und hat ihre Pforten erschüttert und hat ihre Toten, die seine Predigt im Gefängnis annahmen *(1. Petr. 3)*, erlöst durch seine große Kraft, so daß jetzt, wer sich an ihn hält, nicht mehr von ihr angetastet wird, sondern sogleich daheim sein darf bei dem Herrn. Auch das Totenreich hat er für die Seinen getötet durch seinen Tod. Es darf die Toten nicht mehr behalten, sondern Auferstehung und Leben ist durch den Sieg des Lammes ans Licht gebracht worden. Der Tod ist verschlungen in den Sieg; Tod, wo ist dein Stachel, Hölle, wo ist dein Sieg? Gott aber sei Dank, der uns den Sieg gegeben hat durch Jesus Christus,unsern Herrn!

Das sind die Gründe, warum der Heiland Jesus heißt. Freilich, der natürliche Mensch weiß es nicht zu fassen, und es ist ihm eine große Torheit; aber dem geistlichen Menschen ist's eine Gotteskraft. Es sind unaussprechliche Herrlichkeiten in diesen Siegen des Lammes, das Jesus heißt, verborgen; aber nur der vermag sie zu schmecken, der überhaupt geistlich fühlen und urteilen kann, und auch für diesen ist hier nur ein Vorschmack gegeben. Aber es wird ein Tag kommen, der alles offenbaren und die Siege des Lammes in ihrer ganzen Größe und Herrlichkeit aufdecken wird. Wenn alles, was erlöst ist, wird einstimmen in das Lob des Herrn, und der ganze Himmel widerhallen wird vom Gesang erlöster Sünder; dann erst wird der Name Jesus ganz verklärt werden. Unterdessen ist seine Herrlichkeit noch verdeckt vor den Augen der Welt, bis er sich einst ganz wird offenbaren können als der Bräutigam seiner erlösten und erkauften Braut, seiner Gemeinde.

Aber jedes Jahr, das wir beenden oder anfangen,

bringt uns wieder einen Schritt näher an jenen Tag. Ach, daß wir alle, meine lieben Mitbrüder und Mitchristen, diesen Tag mit Freudigkeit erwarteten, daß unseren Herzen allen der Name Jesus recht kostbar und groß und unauslöschlich eingeprägt würde! Das wünsche ich euch zum neuen Jahr. Ich weiß für euch nichts Besseres. In Jesus müßt ihr dieses Jahr anfangen, Jesus müsse euch hindurchführen, in ihm müßt ihr es beschließen; ja, sollte einem oder dem anderen von uns das Stündlein kommen, da er von hinnen gehen soll, so müsse es nur an der Hand Jesu geschehen. Es ist alles umsonst, was euch gepredigt wird, es ist alles Bibellesen, alles Beten und alle Erbauung umsonst, wenn nicht Jesus euch dadurch groß und wichtig und unentbehrlich wird. Ach, daß doch sein teurer Name in der hiesigen Gemeinde recht verherrlicht würde; daß er verherrlicht würde in diesem Hause des Herrn; daß er verherrlicht würde in den Häusern und auf den Straßen und auf den Feldern und in den Wäldern; daß er besonders verherrlicht würde in jedem innersten Herzensgrunde; daß wir ihm alle einverleibt würden als lebendige Glieder seines Leibes; daß keines von uns dahinten bleiben möchte; daß einst keinem von uns dieses Jahr, das wir antreten, zur Last gelegt werden möchte vor dem Throne Gottes; daß wir alle wachsen möchten im Glauben an Jesus, in der Liebe zu Jesus und in der Hoffnung auf Jesus! Das sind meine Wünsche, die ich bei diesem neuen Jahr für diese Gemeinde im Herzen vor Gott trage. Der Herr möge Kraft, Gedeihen und Segen dazu geben! Er möge alle Obrigkeiten unseres Landes, besonders aber unseren König, mit Weisheit und Kraft ausrüsten. Und weil alle Weisheit und Kraft nichts nützen ohne Jesus, so möge er alle, denen die Sorge um das Wohl anderer Menschen obliegt, und überhaupt alle Menschen wahrhaftig bekehren; er möge die Kräfte der

Finsternis, den Unglauben, der sich überall verbreiten will, die Gottlosigkeit und Gottesvergessenheit unter allen Ständen nach seiner Gnade dämpfen; möge rechtschaffene Diener seines Wortes in seine Ernte senden; möge seiner kleinen Herde, wie bisher, Ruhe widerfahren lassen; möge besonders die Vorsteher der hiesigen Gemeinde mit seiner Kraft und seiner Liebe ausrüsten und sie recht innig in seine Gemeinschaft ziehen, damit Zucht und Ordnung walte unter uns! Er möge den hiesigen Schullehrern Geduld, Weisheit und Liebe und den wahrhaftigen Heilandssinn schenken; möge die Reichen in seine Gemeinschaft ziehen, die Armen mit seinem Troste erquicken; möge uns alle bewahren vor der Stunde der Versuchung; möge die Kranken heilen oder ihnen eine friedliche Heimfahrt gewähren; möge geben, daß keiner einst beschämt werde vor seinem Angesicht!

Aber, was sind unsere Wünsche ohne Dich, Du lebendiger Heiland! Du allein kannst Kraft und Nachdruck geben. Du allein weißt, was uns wahrhaft nützlich und gut ist. Dein ist beides, Weisheit und Stärke; bei Dir ist lauter Licht und Klarheit. Wir aber wandeln noch hienieden. Herr, verkläre in uns Deinen Namen, bekehre uns ganz zu Dir, so sind wir bekehrt! Wir wissen nicht, was Du über uns beschlossen hast, wissen nicht, was dieses Jahr mit sich bringen wird nach Deinem allweisen Ratschluß; nur Deinen Namen verkläre in uns, auf daß wir uns allezeit gerüstet und bereit halten, vor Dir zu stehen! Dein, Du seliger und allein gewaltiger König aller Könige und Herr aller Herren, der allein Unsterblichkeit hat, der da wohnt in einem Lichte, wo niemand zukommen kann, müsse unsere Seele sein als Dein teuer erkauftes Gut. Dein müsse sie sein im Leben und im Tode, in Zeit und Ewigkeit, hier im Lande der

Prüfung und dort in Deiner neuen Stadt, wohin Du uns, um Deiner Gnade willen, führen wollest, nach wohl durchlaufener Kampfesbahn, o Herr, unser Gott! Amen.

13. Am Sonntag nach Neujahr

Im Anfang war das Wort, und das Wort war bei Gott, und Gott war das Wort. Dasselbe war im Anfang bei Gott. Alle Dinge sind durch dasselbe gemacht, und ohne dasselbe ist nichts gemacht, was gemacht ist. In ihm war das Leben, und das Leben war das Licht der Menschen. Und das Licht scheint in der Finsternis, und die Finsternis hat's nicht begriffen. Es ward ein Mensch, von Gott gesandt, der hieß Johannes. Dieser kam zum Zeugnis, daß er von dem Licht zeugte, auf daß sie alle durch ihn glaubten. Er war nicht das Licht, sondern daß er zeugte von dem Licht. Das war das wahrhaftige Licht, welches alle Menschen erleuchtet, die in diese Welt kommen. Es war in der Welt, und die Welt ist durch dasselbe gemacht; und die Welt kannte es nicht. Er kam in sein Eigentum; und die Seinen nahmen ihn nicht auf. Wie viele ihn aber aufnahmen, denen gab er Macht, Gottes Kinder zu werden, die an seinen Namen glauben; welche nicht von dem Geblüt noch von dem Willen eines Mannes, sondern von Gott geboren sind. Und das Wort ward Fleisch und wohnte unter uns, und wir sahen seine Herrlichkeit, eine Herrlichkeit als des eingeborenen Sohnes vom Vater, voller Gnade und Wahrheit. Johannes zeugt von ihm, ruft und spricht: Dieser war es, von dem ich gesagt habe: Nach mir wird kommen, der vor mir gewesen ist; denn er war eher als ich. Und von seiner Fülle haben

wir alle genommen Gnade um Gnade. Denn das Gesetz ist durch Mose gegeben; die Gnade und Wahrheit ist durch Jesum Christum geworden. Niemand hat Gott je gesehen; der eingeborene Sohn, der in des Vaters Schoß ist, der hat es uns verkündigt. Joh. 1, 1 - 18

Es kommt mich sauer an, heute an dieser Stätte zu der versammelten Gemeinde zu sprechen. Ihr wißt alle, was ich und mein Haus in diesen Tagen verloren haben. Bei dem Verlust der Seinen, bei den Wunden der Trennung, denn Wunden sind, wenn man sie auch voraussieht, immer Wunden, wenn des Hauses Haupt und Krone sinkt mit des Vaters Haupt, wo kann man sich in solchen Fällen hinflüchten? Nirgends anders hin, als in das Lied hinein, daß wir soeben gesungen haben:

Warum sollt ich mich denn grämen?
Hab ich doch Christum noch,
Wer will mir den nehmen?
Wer will mir den Himmel rauben,
Den mir schon Gottes Sohn
Beigelegt im Glauben?

Es ziemt sich nicht, daß ich an dieser Stätte viel von dem Verlust rede, den ich und mein Haus erlitten haben. Ich will daher in dieser Stunde nicht davon sprechen, sondern von der Gnade Gottes in Christus Jesus, und zwar von der freien Gnade Gottes in Christus Jesus, unserem Herrn. Dazu hat mich teils unser heutiges Evangelium veranlaßt, denn es predigt uns freie Gnade, freie Barmherzigkeit, den Ursprung des ewigen Ratschlusses Gottes, wie dieser Ratschluß in den tiefen Ewigkeiten seinen Grund und Anfang habe, bis zu seiner Ausführung und Vollendung im Herzen des einzelnen. Es hat mich aber auch noch etwas anderes dazu veranlaßt, nämlich das, daß mir die freie Gnade Gottes in Christus Jesus die ganze Woche über im Sinn gelegen hat, und namentlich dieser Gedanke an dem Kranken- und Sterbebette meines teuren Vaters tief in mein Herz gedrungen ist. Nämlich mein geliebter Vater ist ganz auf die freie Gnade, allein im Vertrauen auf die Gerechtigkeit Christi, nicht im Vertrauen auf seine eigene Gerechtigkeit, sondern im Vertrauen auf die freie Gnade in die selige Ewigkeit gegangen. Gott Lob! Ich danke Gott, daß ich zugegen war, daß ich mit eigenen Ohren hören und mit eigenen Augen sehen durfte, wie er die freie Gnade Gottes in Christus Jesus mit beiden Händen ergriffen hat und im Trost dieser Gnade in die Ewigkeit gegangen ist. Dies hat mich nun die ganze Woche in meinem Gemüt beschäftigt, und daher will ich heute, soweit es mir nach meiner Schwachheit möglich ist, etwas zu euch reden

von der freien Gnade Gottes in Christus Jesus.

Der Herr, der die Schwachen unterstützen und auch ein in Schwachheit geredetes Wort segnen kann mit seinem Segen, wolle uns dazu seinen Segen geben.

Wir rufen Dich darum an und bitten Dich, Herr Jesus, segne diese Stunde! Sei uns nahe mit Deinem Wort, wie Du verheißen hast. Zeige uns das Recht, das wir an Dir haben, damit wir ganz allein auf Deine Gnade bauen, damit wir auf sie leben, auf sie leiden, auf sie sterben, auf sie in den Himmel gehen! Lieber Heiland, räume alles aus unseren Herzen hinaus, das Dir nicht wohlgefällig ist, und mache uns zu armen Sündern, ja zu armen Sündern, die nichts als Dich wissen! Amen.

„Das Gesetz ist durch Mose gegeben; die Gnade und Wahrheit ist durch Jesum Christum geworden." So schreibt der Apostel Johannes in unserem heutigen Evangelium und bezeichnet eben mit diesen Worten den Unterschied des Alten und Neuen Bundes, der mit dem Finger Gottes auf steinerne Tafeln geschrieben war, und des Bundes, der durch den Heiligen Geist in die Herzen geschrieben werden soll; den Unterschied des Bundes, den Paulus die Nacht nennt, „die Nacht ist vergangen", und des Bundes, den er den Tag nennt, „der Tag aber ist herbei gekommen." Das Gesetz ist durch Mose gegeben.

Die ganze Anstalt des Alten Bundes war eine Anstalt des Gesetzes. Da hieß es immer: „Du sollst" und „du sollst nicht." „Du sollst den Feiertag heiligen, du sollst Vater und Mutter ehren, du sollst nicht töten, du sollst nicht ehebrechen, du sollst nicht stehlen", und so immer: „Du sollst" und „du sollst nicht!" Und hinter allen diesen „Du sollst und du sollst nicht" lag der Fluch: „Wer nicht hält alle diese Gebote, der ist verflucht! Und das ganze Volk spreche: Amen!" Es war etwas Nötigendes, etwas Zwingendes, mit Gewalt und durch die Triebfeder der Furcht Wirkendes im Alten Testament.

So ist es aber nicht im Neuen Testament; sondern Gnade und Wahrheit ist durch Jesus Christus geworden. Da heißt es nicht mehr: „Du mußt, oder du wirst verdammt", sondern: „siehe Sünder, das hat Gott für dich getan! Er hat seinen eingebornen Sohn aus herzlichem Erbarmen, aus Liebe zu dir, in diese Welt gesandt. Das tue ich für dich, was tust du für mich?" Nun wird der Sünder nicht mehr zurückgeschreckt von der Strafgerechtigkeit Gottes, wie es bei Mose war, aus dem die Strahlen der göttlichen Heiligkeit hervorleuchteten, daß er eine Decke über sein Angesicht hängen mußte, weil die Israeliten den Anblick nicht ertragen konnten. Nein, so ist es nicht im Neuen Testament. Aus dem Angesicht Jesu Christi leuchtet Lieblichkeit, Freundlichkeit, Sanftmut und die ganze Fülle des Reichtums der Liebe Gottes hervor. Da heißt es: „Kommt zur Hochzeit! Kommt her zu mir alle, die ihr mühselig und beladen seid, ich will euch erquicken."

Auch dürft ihr nicht erschrecken
Vor eurer Sündenschuld,
Nein, Jesus will sie decken
Mit seiner Lieb und Huld.

Das ist so eigentlich der Grundcharakter des Neuen Testaments: Gnade und Wahrheit!

Das heißt Gnade, das heißt Evangelium, welches nach dem Willen Gottes, unseres Herrn, aller Kreatur verkündigt werden soll, daß keine Seele, sie heiße, wie sie wolle, daß auch der gottloseste, der verruchteste Sünder nicht ausgeschlossen sei, daß auch er einen Platz habe im Herzen Gottes. Wenn er nur kindlich, nur aufrichtig ihn sucht, so wird ihm ewiges Erbarmen, ewige Seligkeit aus der Fülle Jesu Christi zuteil. Gnade! Das ist der Mittelpunkt des Neuen Testamentes! Gnade, ein Wort, das eigentlich für Sünder gemacht ist; ein Wort, das, wenn es mit lebendiger Geisteskraft in eine verdunkelte Seele hineinfällt, nur ewiges Leben, nur Friede, Freude, liebliches Wesen hineinbringt. Gnade für Sünder! O, aus Christus fließt für die elenden, gefallenen, rebellischen Sünder lauter Gnade, lauter Erbarmen heraus. Seht, diese Gnade hat sich geoffenbart an dem Gichtbrüchigen. Da lag er auf seinem Lager, krank, elend und abgezehrt, konnte nicht aufstehen, sich nicht rühren. Ach, und in seinem Inneren war der Jammer noch viel größer. Da fühlte er Reue über seine Sünden und dachte, ich werde nicht selig! Da lag er, und als man ihn vor den Heiland brachte, was tat dieser? „Sei getrost“, sprach er, „deine Sünden sind dir vergeben!“ Das war Gnade! Als jene große Sünderin zu den Füßen des Heilandes niederfiel, weil er ihr als ein so gnadenvoller Herr bekannt war, und nichts konnte, als seine Füße mit Tränen zu benetzen und sie mit den Haaren ihres Hauptes zu trocknen, da sprach er: „Gehe hin, deine Sünden sind dir vergeben!“ Und alle Sünden dieser großen Sünderin waren auf einmal weggetan und ausgetilgt. Sie durfte nicht mehr darüber angefochten werden. Das war Gnade! Als der Schächer, der vorher über den Heiland gelästert hatte, seine Sünden bereute und nichts wußte als: „Herr, gedenke an mich, wenn du in dein Reich kommst!“ da wandte sich der Menschensohn sogleich zu ihm hinüber und sprach: „Wahrlich, ich sage dir, heute wirst du mit mir im Paradiese sein.“ Das ist Gnade! Durch Gnade sind alle Seligen selig geworden, keiner ist durch sein eigenes Verdienst in den Himmel gekommen. Alle haben ihre Kleider gewaschen und helle gemacht im Blute des Lammes durch Gnade! Was waren die Korinther, die Epheser für Leute vor ihrer Bekehrung? Bedenkt nur, der Apostel sagt: „Ihr seid Diebe gewesen, ihr seid Lästerer gewesen, ihr seid Hurer und Zauberer gewesen; aber nun seid ihr abgewaschen und gereinigt durch den Geist unseres Gottes; nun seid ihr Kinder Gottes, nicht von dem Willen des Fleisches, noch von dem Willen eines Mannes, sondern von Gott geboren, und das aus lauter Gnade.“

Als ich in verflossnen Tagen
Blind hin zum Verderben lief,
Ließ er mir von Gnade sagen,
Die mich zu dem Leben rief.
Und ich steh durch sein Erbarmen
Heute noch in seiner Huld;

Trug er gestern mit mir Armen,
Trägt er heute noch Geduld.

O liebe Brüder und Schwestern, wenn nicht seine Gnade wäre, was wären wir! Wenn nicht seine Gnade aufginge über unserem armen Leben als der helle Morgenstern, was wäre unser armes Leben! Seht, mit Schmerzen wird der Mensch in diese Welt geboren und muß bald wieder von dannen ziehen. Unser Leben fährt schnell dahin, als flögen wir davon. Nackt muß er in diese Welt kommen; nackt liegt er auf dem Boden, wann er kommt, wann er nimmt seinen ersten Odem, nackt muß er auch hinziehen, wann er wird von der Erd als ein Schatten fliehen. Und wie viel Not, wie viel Trübsal gibt es in diesem armen Leben! Kaum meint man, man habe ein wenig Ruhe, so wird man sogleich wieder aus seiner Ruhe aufgeweckt. Es ist lauter Trübsal in der Welt, es gibt keine Ruhe, keinen Frieden, nein, es ist ein Jammertal. Was hätten wir, liebe Zuhörer, wenn nicht die Gnade unseres Herrn einen hellen Schein in unser Leben werfen würde, wenn sie nicht durch die dunkle Todespforte hindurch einen hellen Strahl des ewigen Lebens in das beängstigte Herz fallen ließe! Aber es gibt eine ewige Gnade und Erbarmung! O, wo eine Seele ist, ein Sünder, dem seine Sünden von Herzen leid sind, wo ein müder Pilgrim sich unter der Last seines Kreuzes beugt und krümmt, wo ein Mensch ist, der schon oft von dieser Gnade gehört, sie aber nicht angenommen hat, diesen allen und allen Kindern Gottes sei es verkündigt: Höre, lieber Mensch, es gibt eine Gnade, ein herzliches Erbarmen, eine ewige Erlösung und Vergebung!

Was uns aber am meisten freuen muß, ist, daß diese Gnade eine freie Gnade ist, daß man sie nicht verdienen, nicht erwerben kann, daß es nicht an jemandes Rennen oder Laufen liegt, sondern an Gottes Erbarmen. Ja, wir wären sonst übel daran; da wäre es nur gescherzt mit der Menschheit; es wäre nur ein unbarmherziger Spaß, den man mit den Elenden triebe, wenn man der Menschheit von Gnade sagte. Die Engel hätten bei der Geburt des Heilandes nicht gerufen: „Siehe, ich verkündige euch große Freude!" So hätten sie nicht sprechen dürfen, sondern vielmehr: „Siehe, ich verkündige euch große Trauer!" Gott hat alles getan, was er tun konnte; aber es reicht nicht zu. Etwas solltet ihr doch wenigstens zu eurem Heil beitragen; aber ihr könnt's nicht. Ihr habt nichts als Sünde an euch, und ihr solltet doch Gerechtigkeit haben; darum verzweifelt nur an eurer Rettung! Liebe Zuhörer, wenn es nicht eine freie Gnade wäre, so wäre sie gar nicht für uns. Das ganze Evangelium würde über den Haufen fallen. Wenn irgendwo die Reichtümer Gottes aufgestellt wären und oben daran stände geschrieben: diese Reichtümer kann sich der zueignen, der Sanftmut oder Geduld oder Liebe hat, da würde keiner von uns dazu gelangen; da ständen wir alle und würden immer dürsten und dürsten, und könnten niemals trinken; wir würden verzweifeln.

Aber es gibt eine freie Gnade umsonst. Umsonst ist sie uns gegeben von der göttlichen Barmherzigkeit; umsonst füllt Gott die Hungrigen mit Gütern; umsonst fallen die Schätze des Hauses Gottes den Sündern in den Schoß; denn diese Gnade läßt sich nicht erhandeln; umsonst haben alle Seligen ihre Kleider gewaschen und helle gemacht im Blute des Lammes; umsonst können die Sünder in die blutige Gerechtigkeit Christi eingekleidet werden; umsonst dürfen sie vereinigt mit ihm schon in dieser Zeit leben; umsonst dürfen sie mit ihm leiden, umsonst mit ihm sterben, umsonst in die selige Ewigkeit gehen; umsonst können alle Sünder, auch die alten grauen Sünder, diese Gnade erlangen. O, wenn auch solch ein alter grauer Sünder in dieser Kirche ist, grauer Sünder, umsonst kannst du heute noch diese Gnade empfangen! Siehe, ich biete sie dir an; aber nicht ich, sondern der Herr bietet sie dir an, umsonst! Ach, fasse es doch! Ja selbst die Verächter der Gnade können Gnade erlangen, Sünder, denen vom Fluch des Gesetzes ihre Gebeine vertrocknet und verzehrt sind, wie es im Psalm heißt: „Meine Gebeine sind mir vertrocknet und verzehrt von dem Zorn Jehovas", die von dem Donner des Gesetzes niedergedrückten Seelen können umsonst trinken von dem Wasser des Lebens.

Christi tief geschlagne Wunden
Strömen nur den Sündern Heil,
Und in ihren Jammerstunden
Ist er ihr verordnet Teil.
Wenn die Schmerzen glühn im Herzen
Und der Sünde Wunden schrecken,
Soll mich Jesu Blutstrom decken.
Sünder, nicht ein Selbstgerechter
Hat des Blutes Kraft geschmeckt;
Denn der ist des Bluts Verächter,
Den sein eigen Werk bedeckt;
Nackte, Bloße, Gnadenlose,
Solche Ärmsten von den Sündern
Macht dies Blut zu Gotteskindern.

Hört es doch, zu Gotteskindern, oder wie sich der Apostel ausdrückt, „er gab denen Macht, Gottes Kinder zu heißen, die an seinen Namen glauben." O große Gnade! Daß mir doch der Herr die Barmherzigkeit gebe, einen alten grauen Sünder unter uns zu erwecken und ihn zu seiner Gnade zu führen! Armer Sünder, der du bisher nichts von dieser Gnade gewollt, der du sie mit Füßen getreten hast, ach wie lange lebst du so? Umsonst kannst du Gnade genießen! Komm, nackt und bloß! Nackte, bloße, gnadenlose, arme Sünder macht dies Blut zu Gotteskindern. Es gibt eine freie Gnade umsonst. Das können wir an dem Schächer sehen, daß es eine freie Gnade gibt. Und eben dieser Schächer ist ein Beispiel für alle alten Sünder. Seht, der Schächer, was hatte er für eine Gerechtigkeit, für ein Verdienst? Keines; er war ein Dieb, ein Mörder, er lästerte den Heiland. Dann aber wurde er erweckt, fühlte Reue über seine Sünden, und der Heiland sprach zu ihm: „Heute wirst du mit mir im Paradiese sein!" Seht, so ging es dem Apostel Paulus. Wer war er? War er ein besonderer Liebhaber Gottes und Jesu Christi? Nein, er war ein Lästerer, ein Schmäher; er verfolgte die Kinder Gottes. Vielleicht sind auch unter uns solche Verfolger, die den Kindern Gottes gern etwas zuleide tun. Siehe, du Verfolger, auch du bist zur Gnade eingeladen. Der Apostel war ein Mann, dem recht wohl zumute war, als man den Stephanus steinigte. Er schnaubte, und da er gerade auf dem Wege war, einige Kinder Gottes ins Gefängnis zu führen, begegnete ihm der Herr und sprach zu ihm: „Saul, was verfolgst du mich?" Und er bekehrt sich, und der Herr nimmt ihn auf zu seinem Kinde und macht aus ihm ein auserwähltes Rüstzeug. Das alles kannst du auch werden wie Paulus.

O liebe Zuhörer, es gibt eine freie Gnade umsonst! Das ganze Jahr ist nun wieder verflossen. Wie vieles wurde in dem Jahr für teures Geld gekauft, wie viele Dinge, die wir nicht einmal brauchen, haben wir erhandelt für einen hohen Preis! Welch großer Luxus! Jetzt wollen wir auch einmal etwas umsonst annehmen. Seht, die irdischen Dinge, die uns ja nicht sättigen können, kauft man so teuer, und das Göttliche, das uns ewig beseligt, will uns Gott umsonst geben, und wir wollen es nicht annehmen? Wie töricht sind wir, was wir teuer bezahlen müssen, nach dem strecken wir die Hand aus; aber Schätze, die weder Motten noch Rost fressen, da die Diebe nicht nachgraben und stehlen, solche wollen wir nicht annehmen, an solchen gehen wir vorüber. Was sind wir für Verächter! Ach, daß doch alle heute diese Gnade annehmen möchten! Bedenk es doch, siehe, ohne Gnade kommst du, wenn du von hinnen fährst, nirgends anders hin als in die Hölle! Das steht in der Bibel von vorn bis hinten, daß alle, die ohne Gnade aus der Zeit gehen, zur Hölle fahren. O so nimm doch die Gnade an ganz umsonst, du darfst ja gar nichts dafür hergeben als deine Sünden. Bedenk es doch, laß nicht so viele Jahre vorbeistreichen! Siehe, die Jahre nehmen zu, die Lebenszeit nimmt ab. Du wirst immer älter und älter; du kannst heute noch sterben. Man kann so geschwind aus der Zeit gerissen werden. Aber du kannst auch heute noch Gnade finden; du kannst Friede finden bei deinem Heiland und Erbarmer, wenn du ihm nicht mehr so ausweichst, wie du ihm bisher ausgewichen bist. Dann kannst du dir noch heute ein seliges Ende bereiten, daß du in alle Ewigkeiten selig bist. Sei doch nicht so töricht, nimm dich zusammen, versäume dein ewiges Heil nicht, bitte den Herrn: „Herr, lehre mich bedenken, daß ich sterben muß und mein Leben ein Ziel hat und ich davon muß!" damit doch das teure Evangelium, das dir schon so oft verkündigt worden ist, einmal gute Früchte brächte.

Es gibt eine freie Gnade umsonst. Davon will aber die eigenliebige Natur nichts. Sie stutzt daran; sie flucht darüber; sie will ohne Gnade selig werden. Und doch ist dies die enge Tür, durch die wir eingehen müssen zum ewigen Leben. Wer anderswo hineinsteigt, der ist ein Dieb und Mörder und wird nicht hineinkommen. Seht, solange man sich noch in seiner Eigenliebe gefällt und umtreibt, solange man noch Gefallen an sich selbst hat in guten

Tagen, wo es einem ein gar angenehmes Gefühl ist, daß man so ein Christ ist, solange der schändliche Pharisäer noch nicht aus dem Herzen hinausgefegt ist, der Pharisäer, der immer, wenn auch nur heimlich, betet: „Ich danke dir, Gott, daß ich nicht bin wie andere Leute, wie der und jener", solange man seine Sünden, seine Greuel nicht im Lichte des Geistes erkennt, solange ist diese freie Gnade, dieses „ganz umsonst" dem Herzen ein Abscheu. Soll denn, denkt man, meine Tugend ganz umsonst sein? Sie ist doch auch kein leerer Wahn. All mein Beten und Singen soll umsonst sein? Bin ich denn nicht besser als andere Sünder? Oder wenigstens sieht man, wenn man meint, um die dritte Stunde in den Weinberg berufen zu sein, scheel auf diejenigen, die erst um die elfte Stunde berufen wurden, wenn sie auch einen Groschen empfangen wie die anderen, die des Tages Last und Hitze getragen haben. Armer Sünder, steh einmal still, besinne dich, siehe, dein Tugendkleid, dein Tugendwahn kann von dir genommen werden. Oder meinst du, es könnte dies nicht geschehen, du könntest dich in deine Tugend einhüllen, wie jenes unsinnige Sprichwort sagt: „Hülle dich in deine Tugend ein, wenn's stürmt."? Meinst du, dein Tugendkleid könne nicht von dir genommen werden? Wenn du es dir durch die Gnade Gottes nicht nehmen läßt, so wird es durch den Zorn Gottes von dir heruntergenommen werden. Gott wird dem Teufel Macht geben, es von dir herunterzuziehen und vor deinen Augen zu zerfetzen und zu zerreißen. Dann wirst du dastehen in deiner natürlichen Blöße und wirst nichts sehen als die Schande deiner Blöße. Vor den flammenden Augen Gottes können nur die bestehen, die ihre Kleider gewaschen und helle gemacht haben im Blute des Lammes. Glaub mir's, alle eigene Gerechtigkeit und Heiligkeit, wenn's gleich nicht bloß Heuchelschein, sondern treu gemeint wäre, gilt nichts. Wer die Gerechtigkeit Christi nicht ergriffen hat, der wird verdammt, und wenn er der Heiligste wäre.

All unsere eigne Gerechtigkeit,
Und wenn auch erlanget durch Kampf und Streit,
Ist nur Kot und Unrat in Gottes Augen;
Kein Selbstgerechter wird jemals taugen,
Er ist ein Fluch.

Wer nicht wie der Schächer selig werden will, sondern durch sein eigenes Verdienst, der wird auch nicht hinein kommen.

Wenn aber einer alles getan hat wie: gestohlen, gemordet, gehurt, die Ehe gebrochen, falsche Zeugnisse geredet und gegen alle Gebote gehandelt hat, und es wird ihm geschenkt, daß er die Gnade ergreifen kann, die in Christus Jesus ist, so wird er selig. Ich sage es mit Bedacht, es wird ihm geschenkt. Denn da könnten viele kommen und glauben, man dürfe nur so schnell nehmen und sprechen: ich will fortfahren im Sündigen; zuletzt ergreife ich die freie Gnade. Nein, lieber Mensch, es muß dir geschenkt werden. Und eben deswegen mußt du darum bitten. Man kommt nicht durch Faulheit und Trägheit des Fleisches zu dieser Gnade, wie viele glauben. Kannst du aber aus deinem innersten Herzensgrunde sagen,

Der Grund, auf den ich gründe,
Ist Christus und sein Blut,
Das machet, das ich finde
Das ew'ge wahre Gut.
An mir und meinem Leben
Ist nichts auf dieser Erd,
Was Christus mir gegeben,
Das ist der Liebe wert,

wenn du das in Wahrheit sagen kannst, so bist du los

vom Satan, und der Strick ist entzwei.

Das schreib dir in dein Herze,
Du hochbetrübtes Heer,
Bei denen Gram und Schmerze
Sich häuft je mehr und mehr.

Aber es möchte vielleicht jemand fragen, wie komme ich zu dieser Gnade? Wie mache ich's denn? Seht, darauf antwortet uns unser Evangelium: „Wie viele ihn aber aufnahmen, denen gab er Macht, Gottes Kinder zu werden." Es ist so ein leichter Weg; den Heiland dürfen wir nur aufnehmen, das ist das Ganze, was wir zu tun haben, oder mit anderen Worten, wir sollen an ihn glauben. Aufnehmen sollen wir den Heiland, annehmen, was er uns gibt. Er bietet uns Gerechtigkeit an, die sollen wir annehmen. Er bietet uns Frieden an, den sollen wir annehmen. Vergebung der Sünden und ein ewiges Leben bietet er uns an, dies sollen wir alles annehmen und unsere Ungerechtigkeit, unsern Unfrieden, den Fluch unserer Sünde und Missetat dadurch verschlingen lassen, und sollen keine Miene machen, als ob wir ihm für seine Gaben etwas geben wollten; sondern wir sollen es annehmen, wie Kinder aus den Händen ihres Vaters alles annehmen und nichts dafür tun, als daß sie dankbar sind. Das ist das ganze Evangelium.

Wie viele werden aber unter uns sein, die wohl auch schon daran gedacht haben, daß nichts dazu gehört als ein kindliches, dankbares Herz? Wir machen uns unseren Weg selbst schwer. Wie viele werden da sein, die schon jahrelang ohne eine ganze Gewißheit der Gnade dahingehen? Lieber Mensch, besinne dich doch! Wie lange ist es schon, daß du dich in einem heimlichen Gericht befindest, daß du nicht hindurchdringen und nicht Vergebung deiner Sünden erlangen kannst, daß du zu keiner Gewißheit kommst? Woher kommt diese Ungewißheit? Es möchte vielleicht die

Ursache haben, daß du deine Lieblingssünde nicht aufgeben willst. Es kann aber auch noch einen anderen Grund haben, es kann auch von deinem Unglauben herkommen, daß du diese Gnade nicht umsonst annehmen, daß du sie immer verdienen willst. Besinne dich, du traust es vielleicht Gott nicht zu, daß er dir umsonst nach seiner Gnade deine Sünde ausstreichen und sie dir vergeben könne. Du traust ihm nicht zu, daß er barmherzig sei. Du sprichst etwa, wenn ich nur dieses oder jenes hätte, wenn ich Liebe oder Demut oder Sanftmut hätte, dann wollte ich es glauben. Du kannst die Gnade nicht verdienen durch eigene Gerechtigkeit. Tu einmal den großen Sprung aus deiner eigenen Gerechtigkeit heraus und in die Gerechtigkeit Christi hinein! Es ist ein großer Sprung. Man meint, man falle hinunter in einen Abgrund; aber man fällt nicht hinunter, man fällt einem liebenden Vater ans Herz. Kommt, wir wollen es wagen und diesen großen Sprung machen! Kommt, wir wollen ausgehen von unserer Eigengerechtigkeit und hinüberspringen in die Gerechtigkeit Christi!

Alle unsre Schuldigkeiten,
Die Gott an uns fordern kann,
Sind hinaus auf alle Zeiten
Schon auf einmal abgetan.
Einer hat sie übernommen,
Alles steht in Richtigkeit,
Und seitdem der Bürg' gekommen,
Ist es nimmer Zahlungszeit.

Wie leicht ist der Weg! Nur annehmen dürfen wir den Heiland; der Weg ist so leicht, und wir meinen, er sei so schwer und machen ihn so schwer.

Aber es könnte einer denken, das ist doch zu leicht, da könnte es mir noch fehlen; wer bürgt mir da für meine Seligkeit? Es glauben ja alle Christen an Christus, auch die toten Maul- und Namenschristen. Das ist allerdings ganz richtig, geht nur in der heutigen Christenheit von Haus zu Haus. Alle oder die meisten werden sagen: ich glaube an Christus. Aber zeige mir deinen Glauben mit deinen Werken! Es kommt nicht auf den Kopfglauben an, sondern auf den Glauben im innersten Herzensgrunde. Wenn es wirklich einer Seele recht zu tun ist um ihre Seligkeit, dieser sage ich: „Glaube an den Herrn Jesus, so wirst du selig.“ Wenn sie aus innerem Bedürfnis, aus innerer Angst das Verdienst Christi ergreift, so sinkt sie nicht auf einen Sandgrund, sondern auf den Felsen nieder. Unser Glaube steht auf festen Gründen. Das heutige Evangelium spricht: „Im Anfang war das Wort, und das Wort war bei Gott, und Gott (unser Heiland) war das Wort. Dieses Wort ward Fleisch und wohnte unter uns; er kam in sein Eigentum, und die Seinen nahmen ihn nicht auf.“ Er litt, er verschmachtete am Kreuz; er fuhr auf gen Himmel und hat dadurch die ewige Erlösung ausgeführt. Unser Glaube steht auf einem festen Grund; wer kann ihn umwerfen? Der Satan hat ihn schon oft umstoßen wollen; aber ein Wörtlein kann ihn fällen. Er konnte es nicht tun; auf Christus, dem Löwen aus dem Stamme Juda, auf dem Lamme, das da würdig ist, das Buch aufzutun und seine Siegel zu brechen, steht unser Glaube. Auf Christus steht mein Glaube. Wer auf Christus vertraut, der hat gewiß nicht auf Sand gebaut. In einem alten Lied steht:

Sein Blut, der edle Saft,
Hat solche Stärk und Kraft,
Daß auch ein Tröpflein kleine
Die ganze Welt kann reine,
Ja aus des Teufels Rachen
Kann los und ledig machen.

Seht, das ist die Kraft des Verdienstes Christi; freie

Gnade ist in Christus. Das freut mich für alle, die schon hinübergegangen sind in die selige Ewigkeit. Das freut mich für meinen seligen Vater, der so ganz allein auf das Verdienst Christi gebaut und getraut hat. Das freut mich für alle meine Mitsünder, die bis jetzt noch ohne diese Gnade im Sündendienst dahingegangen sind. Sie dürfen sich nur hergeben, nur den Heiland aufnehmen, so wird ihnen die ewige Seligkeit und alles, was er durch sein Blut erworben hat, geschenkt. O liebe Zuhörer, laßt uns doch seine Gnade annehmen! Sollen ihm denn seine Wunden umsonst geschlagen sein? Sollen seine Hände und Füße umsonst durchgraben sein? Soll es umsonst sein, wenn er im Propheten sagt: „Ich hielt meinen Rücken dar denen, die mich schlugen, und meine Augen denen, die mich rauften, und mein Angesicht verbarg ich nicht vor Schmach und Speichel; denn der Herr hilft mir, darum werde ich nicht zu Schanden, darum habe ich mein Angesicht dargeboten als einen Kieselstein; denn ich weiß, daß ich nicht zu Schanden werde." Soll das umsonst sein? Soll seine Gerechtigkeit, die er uns durch sein Blut erworben hat, nichts gelten? Soll unsere Tugend, unsere elende Gerechtigkeit mehr gelten als seine Gerechtigkeit? Oder wollen wir in der Sünde beharren, auf daß seine Gnade desto mächtiger werde? Oder wollen wir wie der Schächer unsere Buße bis an den letzten Lebensodem anstehen lassen? O, wer weiß es, wenn wir solches tun, ob wir noch wie der Schächer durch die freie Gnade ins Paradies eingehen dürfen! Der Herr schenke doch allen einen rechten Eindruck von seiner Gnade in ihre Herzen. Er gebe es allen ins Herz, daß die Zeit da ist, aufzustehen vom Schlafe. Er gebe uns allen einen rechten lebendigen Stachel aus seinem Leiden und Tode, damit wir aufhören, uns selber, unserer eigenen Tugend und Heiligkeit zu leben, damit wir von nun an ihm leben, der für uns gestorben und auferstanden ist; denn ihm, dem Lamme, gebührt alle Ehre!

Halleluja, Preis, Ehr und Macht
Sei dem geschlachteten Lamm gebracht,
In dem wir sind erwählet,
Das uns mit seinem Blut erkauft,
Damit besprenget und getauft,
Und sich mit uns vermählet!
(ach daß es doch bei allen so wäre!)
Halleluja, Gott, Heilger Geist!
Sei ewiglich von uns gepreist,
Durch den wir neu geboren!
(ach daß es doch bei allen so wäre!)
Der uns mit Gaben ausgeziert,
Dem Bräutigam uns zugeführt,
Zum Hochzeitsfest erkoren!
(ach daß es doch bei allen so wäre!)
Eia, eia! Da ist Freude, da ist Weide,
Da ist Manna und ein ew'ges Hosianna!

O wir dürfen die beneiden, die schon eingegangen sind in die ewigen Hütten durch des Lammes Blut. Sie sind beneidenswert; denn da ist Freude, da weidet und leitet der gute Hirte seine Schafe zu den lebendigen Wasserbrunnen. Da ist Manna und ein ewiges Hosianna!

Ach, Herr Jesus Christus! Du großer Hoherpriester Deiner Gemeinde, der Du Dich in den Tod gegeben hast, um Deine Schafe zu erretten, wir danken Dir für Deine freie Gnade! Öffne doch allen unter uns die Herzen, damit sie Dich und Deine Gnade auf- und annehmen und Dir leben! Durch Deine heiligen Wunden, durch Deinen blutigen Schweiß, durch Deinen Tod und Deine Auferstehung, durch Deine Himmelfahrt hast Du eine ewige Erlösung gestiftet für alles Volk. Habe Dank dafür! Ich danke Dir, daß Du meinen seligen Vater zur Erkenntnis Deiner freien Gnade geführt hast. Ach Herr Jesus, führe uns alle dahin; treibe uns allen den hochmütigen Pharisäer aus, damit wir einst unter denen sein mögen, die Dir, dem geschlachteten Lamme, ewiglich Lob und Ehre bringen, damit wir Dir alles, ja uns selber weihen! Ja Lamm, Du bist's gar, Du bist's gar! Amen.

14. Am Fest der Erscheinung Christi

Mache dich auf, werde licht! denn dein Licht kommt, und die Herrlichkeit des Herrn geht auf über dir. Denn siehe, Finsternis bedeckt das Erdreich und Dunkel die Völker; aber über dir geht auf der Herr, und seine Herrlichkeit erscheint über dir. Und die Heiden werden in deinem Lichte wandeln und die Könige im Glanz, der über dir aufgeht. Hebe deine Augen auf und siehe umher: diese alle versammelt kommen zu dir. Deine Söhne werden von ferne kommen und deine Töchter auf dem Arme hergetragen werden. Dann wirst du deine Lust sehen und ausbrechen, und dein Herz wird sich wundern und ausbreiten, wenn sich die Menge am Meer zu dir bekehrt und die Macht der Heiden zu dir kommt. Denn die Menge der Kamele wird dich bedecken, die jungen Kamele aus Midian Weihrauch bringen und des Herrn Lob verkündigen. Jes. 60, 1 - 6

Der Prophet Jesaja in unserer Abendlektion, der sechshundert Jahre vor Christus geweissagt hat, verkündet mit großer Kraft und Klarheit das Licht, das über Israel und über die ganze Welt aufgehen werde. „Mache dich auf, werde licht! denn dein Licht kommt, und die Herrlichkeit des Herrn geht auf über dir." So ruft er der Stadt Jerusalem, der Tochter Zion zu. Aber er setzt hinzu, dieses Licht wird nicht allein in Judäa bleiben, sondern auch die Heiden werden darin wandeln, und die Könige (der Heiden) im Glanz, der über dir aufgeht. Dann geht er mit seinem Blick noch weiter hinaus bis auf die gänzliche Vollendung des Reiches Gottes. Davon heißt es: „Zu dieser Zeit wird dich die Menge der Kamele bedecken, die jungen Kamele aus Midian und Epha; sie werden alle zusammenkommen in der neu gebauten Stadt Gottes, aus Saba werden sie kommen, Gold und Weihrauch bringen und des Herrn Lob verkündigen."

Wir feiern heute das Heidenfest. Die Männer, die das heutige Evangelium *(Matth. 2, 1 - 23)* „die Weisen aus dem Morgenland" nennt, die Jesus, den neugebornen König der Juden, suchten, fanden und anbeteten, waren Häuptlinge der Heiden. Kein Mensch in Jerusalem, oder nur wenige Menschen, wußten von dem Heil der Welt, das von Bethlehem aufgegangen war. Ferne Heiden mußten aus entlegenen Ländern viele Meilen weit herkommen und sagen: „Der König der Juden ist geboren, wir haben seinen Stern gesehen." Dieses, was nach dem heutigen Evangelium geschehen ist, war ein Vorbild des Zukünftigen; denn wie die Heiden, die Weisen aus dem Morgenland, das Volk Israel auf den König der Juden aufmerksam machten, so werden die Heiden, die ursprünglich nicht zum Volke Gottes gehören, in der letzten Zeit die Juden auf ihren Messias aufmerksam machen.

Bei stillem Nachdenken über diese Wahrheit und unsere heutige Abendlektion war diesmal meinem Herzen der Gedanke am wichtigsten, daß in Christus der Welt das

Heil oder das Licht und der Tag angebrochen sind. Ich will also unter dem Beistand Gottes darüber,

wie in Christus der Welt der Tag angebrochen ist,

weiter zu euch reden. Zuvor aber wollen wir den Herrn um seinen Segen anrufen.

Lieber Heiland, Du König der Heiden! der Du den Heiden aufgegangen bist als der helle Stern, gehe auch in unseren Herzen auf und räume alle Finsternis hinaus, damit wir sehen mögen. Öffne die Augen der Heiden und laß sie im Glanz Deiner Herrlichkeit wandeln! Erleuchte uns mit Deinem Licht in dieser wichtigen Zeit! Amen.

Wir reden also davon, wie in Christus der Welt der Tag angebrochen ist. Das beweisen viele Stellen der Heiligen Schrift. Darauf weist auch unsere Abendlektion hin, wenn es heißt: „Mache dich auf, werde licht! denn dein Licht kommt, und die Herrlichkeit des Herrn geht auf über dir. Denn siehe, Finsternis bedeckt das Erdreich und Dunkel die Völker; aber über dir geht auf der Herr, und seine Herrlichkeit erscheint über dir. Und die Heiden werden in deinem Lichte wandeln und die Könige im Glanz, der über dir aufgeht." So weist also der Prophet darauf hin, daß der Heiland den Juden, aber nicht allein diesen, sondern allen Völkern geboren sei. So spricht auch Paulus, wenn er vom Heil in Christus Jesus redet: „Die Nacht ist vergangen, der Tag ist herbeigekommen." So sagt der Heiland selbst: „Ich bin das Licht der Welt; wer mir nachfolgt, der wird nicht in der Finsternis wandeln, sondern das Licht des Lebens haben." Er vergleicht sich also mit der Sonne. Wie man sich nicht stößt, will er sagen, wenn man am Tag, im

Sonnenlicht wandelt, also bin ich das Licht der Welt. Wer mir nachwandelt, wer das Licht, das ich ausstrahle, faßt und ergreift, der wird sich nicht stoßen, sondern das Licht des Lebens haben. Davon zeugt bis auf die heutige Stunde noch jede Seele, die durch Christus, durch seine Gnade, durch die von ihm erworbenen Kräfte gerettet wird aus der Obrigkeit der Finsternis und anfängt, im Licht der Wahrheit und Liebe, im Licht des Neuen Bundes zu wandeln. Jede Seele dieser Art ist ein deutliches Zeichen und ein heller Beweis des Ausspruches: die Nacht ist vergangen, der Tag ist herbeigekommen. Das haben auch alle Apostel gepredigt. Was war es, das sie verkündigten? Hört es, ihr armen, sündigen, elenden, in dem Bann der Finsternis gehaltenen Menschen! Der Tag ist angebrochen! Jesus Christus, euer Heiland, ist darum in die Welt gekommen, hat darum gelitten, ist darum gestorben und auferstanden, damit er euch das Licht brächte und die Finsternis zerstörte. Die Teufelswerke, die alten Sündenknoten, die Satan zusammengeschlungen hat, die niemand auseinanderreißen kann, da es von einer Schlangengeburt in die andere hineingeht, diese alten Sündenknoten kann er zerreißen; kann helle machen, wo es finster war; kann Freiheit schaffen, wo Knechtschaft des Todes war; kann helfen, wo sonst niemand helfen kann. Kommt zu ihm, die Nacht ist verschwunden, der Tag ist aufgegangen! Das predigen noch jetzt alle Zeugen Jesu, und man darf es allen Seelen verkündigen: der Tag ist angebrochen! Christus, euer Heiland ist geboren! Siehe, wir verkündigen euch große Freude, die allem Volk widerfahren ist; aber eine Freude, der ihr eure Herzen öffnen, der ihr euch hingeben, deren Licht ihr in euch eindringen lassen müßt; denn sonst bleibt ihr in der Finsternis!

Freilich, wenn man in die Welt, wenn man in die

Christenheit und in so manche Gemeinde hineinsieht, da könnte man denken, das Licht ist nicht aufgegangen, der Tag ist nicht angebrochen; denn viele wandeln, das sage ich mit Wehmut, nicht als Kinder Gottes, nicht als Kinder des Lichts; sondern sie wandeln in der Finsternis. Ihre Worte und Werke sind Worte und Werke der Finsternis, und doch sind sie nach dem Namen Jesu genannt. Und ach, wenn man in manche Seele, von der man glaubt, sie sei im Lichte, hineinsehen könnte, wie würde man erschrecken und denken: wenn da noch solche Finsternis ist, so kann man ja fast nicht glauben, daß das Licht, daß Jesus, die Sonne der Gerechtigkeit aufgegangen sein soll. Allein das darf uns nicht abschrecken. Die Sonne ist dennoch aufgegangen, und dies ist nur ein Beweis mehr für die Wahrheit der Schrift: „Das Licht scheint in die Finsternis, und die Finsternis hat es nicht begriffen." Ich will's euch sagen, warum in so vielen, die Christen heißen, das Licht Christi nicht scheint. Das kommt von dem Teufel, denn so spricht der Apostel: „Der Gott dieser Welt hat der Ungläubigen Sinne verblendet, daß sie nicht sehen das helle Licht des Evangeliums von der Herrlichkeit Christi, welcher ist das Ebenbild Gottes." Seht, wir sollen uns nicht daran stoßen. Wenn die ganze Welt blind ist, so ist doch der Tag angebrochen; wenn alle Menschen blind wären und das Sonnenlicht nicht sähen, und ein einziger Mensch hätte helle Augen zum Sehen, wem würden wir glauben? Den Blinden, die einmütig sagten: es gibt keine Sonne, oder dem Sehenden, der spräche: die Sonne scheint? Natürlich dem, der offene Augen hat. So ist jede Seele, die dem Strahl der Herrlichkeit ihr Herz öffnet, die im Lichte wandelt, ein Beweis davon, daß die Nacht vergangen ist und der Tag angebrochen, trotz der blinden Welt.

Ist aber die Sonne aufgegangen, und ist der Tag

angebrochen, so setzt dies voraus, daß es vorher Nacht gewesen sein muß. Und so ist es auch. Vor der Erscheinung Christi war es Nacht in der Welt. Ehe die Sonne der Gerechtigkeit in eine Seele hineinscheint, ist es stockfinstere Nacht darin, und wenn sie alle Weisheit der Welt besäße. Ich will nicht von den Heiden reden, die in der Eitelkeit ihres Sinnes, in Blindheit und ohne Gott in der Welt leben und die Herrlichkeit des unvergänglichen Schöpfers in tote Bilder der Kreatur verwandelt haben. Den Zustand der Heiden, ihre Abgötterei, ihre Sünden, ihre Trostlosigkeit, ihr Elend, wovon sie darniedergedrückt werden, faßt der Prophet kurz in die Worte zusammen: „Finsternis bedeckt das Erdreich und Dunkel die Völker." Er stellt sich gleichsam auf einen erhabenen Ort, sieht umher in der Welt, und was erblickt er? Dunkelheit, die dickste Finsternis. Er kann die Gegenden kaum unterscheiden, auf welchen solche dicke Nacht liegt. Seht, in dieser Nacht sind alle Heiden gewandelt, und noch jetzt wandeln viele Millionen darin. In dieser Nacht sind auch unsere Väter einst dahingegangen. O wie traurig sah es in den alten Jahrhunderten in Deutschland aus, in den deutschen Eichenwäldern! Nichts als Abgötterei, Grausamkeit, Trink- und Spielsucht, die größte Roheit und Sittenlosigkeit war da zu finden, wo jetzt Tempel des lebendigen Gottes stehen, wo der Name Gottes und des Lammes jetzt angebetet wird. In dieser Nacht sind auch die Völker vor Christus gewandelt, die man für gebildet hält. Unter dem gemeinen Volk herrschte der elendeste Aberglaube, die jämmerlichste Abgötterei, keine Liebe zu Gott, keine Anbetung Gottes im Geist, keine wahre Liebe des Nächsten, keine wahre Demut, sondern Hoffart und Stolz und Greuel der Finsternis waren bei ihnen an der Tagesordnung. Ihre verschiedenen Götter, die sie anbeteten, waren nach ihrer eigenen Religion die lasterhaftesten, sittenlosesten Wesen: Hurer und Huren, Ehebrecher und Ehebrecherinnen, Lügner, Betrüger, Diebe und Mörder. Die aber, so etwas weiter dachten, die die Torheit des Götzendienstes einsahen, was hatten sie für Götter? Antwort: Sich selbst, ihr eigenes Ich war zuletzt ihr Gott. „Finsternis bedeckte das Erdreich und Dunkel die Völker."

Aber auch bei dem Volk Israel war es Nacht. Zwar hatten sie die Offenbarung des Gesetzes und große Verheißungen; große Anstalten zum Heil waren unter ihnen vorhanden; Gott, der Herr, hatte sich ihnen nicht verborgen wie den anderen Heiden, die in der völligen Eitelkeit ihres Sinnes dahin gingen. Wo sich aber der Herr offenbart, da ist es nicht Nacht, sondern Licht; da kann der Tag nicht ausbleiben. Aber es blieb eben doch stets eine unvollkommene Offenbarung. Die Klarheit des Herrn war noch nicht recht da. Sie waren auf den hellen Tag wohl vertröstet, der im verheißenen Messias aufgehen sollte; aber die Decke Moses hing noch vor der Sonne, so daß man nicht in das Himmlische hindurchschauen konnte. Es blieb noch bei dem unvollkommenen Schatten- und Vorbild auf die zukünftigen Güter. Es kommt mir die Haushaltung des Alten Bundes vor, wie wenn in tiefer Finsternis hin und wieder Feuer angezündet werden. Die Leute, die um das Feuer her sind, können sehen, aber nicht ganz deutlich, nicht, als wenn es Tag wäre; denn die Feuer sind ein Beweis, daß es noch Nacht ist; und wenn es Tag geworden ist, bedarf man ihrer nicht mehr. So war es bei den alten Vätern. Sie sind im Glauben an das Wort der Verheißung entschlafen, wie der Apostel im Brief an die Hebräer sagt, da er ihren Glauben rühmt: „Diese alle haben durch den Glauben Zeugnis überkommen und nicht empfangen die Verheißung, darum daß Gott etwas Besseres für uns zuvor ersehen hat, daß sie nicht ohne uns vollendet würden." Es ging durch das ganze Alte Testament ein tiefes Seufzen nach dem großen Erlösungstag, nach dem Anbruch des Reiches des Messias. Da waren die Väter des Alten Bundes wie solche, die in einer langen Nacht auf den Tag harrten: ach, daß der Tag käme, daß die Morgenröte einmal aufginge! „Hüter, ist die Nacht schier hin?" das steht fast auf allen Blättern des Alten Testaments, immer in einer andern Gestalt. Es war, wie wenn ein Gefangener sich nach der Freiheit sehnt und man ihm zuruft: Warte nur, du sollst bald frei werden! Dies ist das Bild des Alten Bundes, immer mußten die Väter seufzen:

Ach, daß der Herr aus Zion käm
Und unsre Bande von uns nähm!
Ach, daß die Hilfe bräch herein,
So würde Jakob fröhlich sein!

Die große Stunde des Heils kam inzwischen näher und näher. Durch große Trübsale und Prüfungen bereitete der Herr die besseren Herzen im Volke vor auf seinen großen Tag und verstärkte ihre Sehnsucht, so daß vor der Geburt des Heilandes schon viele die Versicherung oder wenigstens eine lichte Ahnung in ihrem Inneren hatten: jetzt wird der Trost Israels kommen, und wir werden es noch erleben. Einem Simeon war schon die Antwort durch den Heiligen Geist geworden, er solle den Tod nicht sehen, bevor er den Christ des Herrn gesehen hätte. Und da er nun das Jesuskind im Tempel auf die Arme nahm, rief er aus: „Herr, nun lässest du deinen Diener im Frieden fahren; denn meine Augen haben deinen Heiland gesehen", den Heiland, auf den ich so lange gewartet habe. Es war unter denen, die auf die Stimme Gottes merkten in Israel, ein großes Warten auf das Heil Gottes, auf den, der da kommen sollte, wie auch im Lobgesang des Zacharias *(Luk. 1)*.

Endlich war Christus geboren. Das Licht der Welt erschien in Armut und Niedrigkeit, in geringer Gestalt, als ein armes Menschenkind; da war keine Nahrung für den fleischlichen Sinn, für die Augenlust. Nur wer Augen hatte zu sehen, erkannte das Licht. Aber neben dieser äußersten Niedrigkeit lief doch von Anfang bis ans Ende eine große Herrlichkeit her; so arm, und doch so reich! Während die Eltern für das Kind keinen Raum finden in der Herberge, kommen Engel vom Himmel zu den Hirten, loben Gott und sprechen: „Ehre sei Gott in der Höhe, und Friede auf Erden, und an den Menschen ein Wohlgefallen!" Das alles geschieht wegen des Kindes, das ärmlich in der Krippe liegt! Und einer von den Engeln tritt hervor, macht den ersten Evangelisten des Neuen Bundes und spricht: „Siehe, ich verkündige euch große Freude, die allem Volke widerfahren wird; denn euch ist heute der Heiland geboren, welcher ist Christus, der Herr, in der Stadt Davids." So wuchs das Kind auf, und wenige Juden wußten, daß dies der Messias, Gottes Sohn sei. Aus der Ferne mußten Männer kommen und ihm Gold, Weihrauch und Myrrhen bringen und den Juden zeigen, daß dies ihr neugeborner König sei. Sie scheuten sich nicht, diesem armen Kind als einem König ihre Anbetung darzubringen. Welch eine Überzeugung mögen sie in ihrem Herzen gehabt haben! Aber es währte noch dreißig Jahre, bis das ganze Volk von seinem Heiland und Erretter Kunde erhielt. Indessen waren die Väter entschlafen. Ein Simeon hatte sich zur Ruhe gelegt; denn er hatte seinen Heiland gesehen. Der Sohn Gottes selbst lebte still verborgen in Nazareth wie ein anderer Mensch, ja als ein armer Handwerksmann. Kein Mensch dachte mehr daran, daß so Großes im Anbruch sei. Wer böse war, der war immerhin böse, und wer unrein war, der war immerhin unrein; wer aber fromm war, der war immerhin fromm, und wer heilig war, der war immerhin heilig. Da trat auf einmal ein Mann hervor, Johannes der Täufer, ein Mann im Geist und in der Kraft Elias, und predigte: „Tut Buße, das Himmelreich ist nahe herbeigekommen! Bereitet den Weg des Herrn, und machet seine Steige richtig; denn er ist mitten unter euch getreten; aber ihr kennet ihn nicht.“ Und als er einmal am Jordan stand, der Menge des Volkes predigend, sah er Jesus von Nazareth am Ufer heraufwandeln und wußte, daß er der Messias sei; denn der Vater im Himmel hatte bei der Taufe gezeugt: „Dies ist mein lieber Sohn, an dem ich Wohlgefallen habe.“ Da reckte der große Zeuge und Vorläufer seines Herrn die Hand aus und deutete auf ihn und rief: „Siehe, das ist Gottes Lamm, welches der Welt Sünde trägt.“

Nun war der Herr dem Volke angekündigt. Nun trat er selber auf und lehrte und predigte vom Reiche Gottes und tat große Wunder und Zeichen und verherrlichte den Vater und bewies sich in der Kraft Gottes als den, der gekommen sei, „den Elenden zu predigen, die zerbrochenen Herzen zu verbinden, zu predigen den Gefangenen eine Erlösung, den Gebundenen eine Öffnung, zu verkündigen das angenehme Jahr des Herrn.“ Seine Fußstapfen troffen von Segen und seine Hände von Barmherzigkeit. Er war der liebevolle, segensreiche Jesus, der Heiland der Sünder, der Freund der Armen, nur den Lügnern gram; darum sagt der Apostel Johannes, wenn er den ganzen Wandel des Sohnes zusammenfaßt: „Wir sahen seine Herrlichkeit, eine Herrlichkeit als des eingebornen Sohnes vom Vater voller Gnade und Wahrheit.“ Aber wie ging es mit den Menschen? Er kam in sein Eigentum, und die Seinen nahmen ihn nicht auf; die Finsternis haßte das Licht. Die Kinder der Finsternis mochten das Licht nicht leiden, sie suchten es auszulöschen, und Gott ließ es zu, damit sein ewiger Ratschluß vollendet würde. Da ergriffen sie den Sohn des Vaters, führten ihn vor die Stadt hinaus und hängten ihn an das Holz. Nun schien es, als wäre das Licht erloschen und die Sonne der Welt untergegangen; aber es geschah wie bei Joseph: „Ihr gedachtet es böse zu machen, Gott aber gedachte es gut zu machen." Gerade aus dieser Bosheit und Grausamkeit ist der Menschheit das Heil erwachsen; die Finsternis hat unwissend das ewige Licht emporgebracht. In Gethsemane, wo er Gebet und Flehen opferte mit Tränen und starkem Geschrei; auf Golgatha, da er am Kreuze in der größten Verlassenheit und Verachtung hing, wo er als ein Betrüger von jedermann angesehen wurde, wo es mit seinem Werk auf immer aus zu sein schien, da ist das Licht erst recht aufgegangen; dahin weist der Heilige Geist alle Seelen, die nach göttlichem Lichte dürsten, denn dort ist es hell. Auf Golgatha ist die Sonne der Welt aufgegangen und Heil unter ihren Flügeln für alle, die den Namen des Herrn fürchten. Licht und Leben fließt von dort in die Herzen der armen Sünder. O wie selig sind die, die es recht fassen, daß dort die Klarheit des Herrn wohnt! Was in unserer Abendlektion steht, „mache dich auf, werde licht! denn dein Licht kommt, und die Herrlichkeit des Herrn geht auf über dir", das hat seine Erfüllung hauptsächlich auf Golgatha gefunden. Nirgends anders als hier kann man ausrufen: „Mache dich auf und werde licht!" Denn hier ist erfüllt worden, was Jesus sprach: „Ich bin gekommen, daß ich ein Feuer anzünde auf Erden; was wollte ich lieber, denn es brennete schon! Aber ich muß mich zuvor taufen lassen mit einer Taufe; und wie ist mir so bange, bis sie vollendet werde!" „Denn also mußte Christus leiden, und auferstehen am dritten Tage, und predigen lassen in seinem Namen Buße und Vergebung der Sünden unter allen

Völkern." Nun ist das heutige Wort des Propheten, nun sind andere Weissagungen erfüllt: „Zion, du Predigerin, steig auf einen hohen Berg; Jerusalem, du Predigerin, hebe deine Stimme auf mit Macht, hebe auf und fürchte dich nicht; sage den Städten Juda's: Siehe, da ist euer Gott! Mache dich auf, mache dich auf, Zion! Zieh deine Stärke an, schmücke dich herrlich, du heilige Stadt Jerusalem! Denn es wird hinfort kein Unbeschnittener oder Unreiner zu dir hineingehen. Schüttle den Staub ab, stehe auf, du gefangenes Jerusalem! Mache dich los von den Banden deines Halses, du gefangene Tochter Zion!" Das Feuer Gottes, das auf Golgatha angezündet wurde, hat am Pfingstfest gebrannt, und von da an bis auf unsere Tage heißt es: „Wie lieblich sind auf den Bergen die Füße der Boten, die da Frieden verkündigen, Gutes predigen, Heil verkündigen, die da sagen zu Zion: Dein Gott ist König!"

Dies war der Tag, der die finstere Nacht vertrieb; nun fing an, die Fülle der Heiden einzugehen. Unzählige aus allen Nationen und Geschlechtern, von Morgen, von Abend, von Mittag und Mitternacht kamen und wandelten im Lichte, das über Jerusalem aufgegangen war. Von Gott getröstet und erleuchtet im Glauben an das Versöhnopfer Jesu Christi, geheiligt mit dem Geiste der Wahrheit, sind schon Unzählige eingegangen und stehen bereits seit achtzehn, siebzehn, sechzehn Jahrhunderten vor dem Throne Gottes, angetan mit weißen Kleidern und Palmen in ihren Händen, und rufen: „Heil sei dem, der auf dem Stuhle sitzt, unserm Gott und dem Lamm!" Lauter Arbeitslohn Jesu, lauter Lichtskinder, die im Glanz der ewigen Lebenssonne gewandelt sind durch die irdische Trübsal und den Eingang erlangt haben in die ewigen Hütten durch das Blut der Versöhnung; und noch täglich werden immer neue hinzugetan.

Denk ich an jene Himmelschöre,
Die vor dem Thron des Lammes stehn,
Und Gottes und des Mittlers Ehre
Mit ew'gem Preisgesang erhöhn,
So wünscht mein Geist: o hört ich nah,
Was ich hier glaube – wär ich da!

Aber es ist noch nicht vollendet. Zwar brennt das Feuer Gottes an vielen Orten in der Welt, bald hier, bald dort; auch zu uns, Gott Lob, ist es hindurchgedrungen, auch in unseren Ländern ist das Panier des Kreuzes aufgerichtet. Schon eine lange Reihe von Jahrhunderten haben wir das Evangelium, das Licht, das über Jerusalem aufgegangen ist, und in der Tat, es wird einst schwere Rechenschaft gefordert werden, wie wir das Licht angewendet haben. Aber es ist doch noch nicht vollendet. Der Rat Gottes über die gefallene Menschheit ist noch nicht ganz ausgeführt. Sag es selbst, o Mensch, wie könnte sein Herz Ruhe haben, da du, der du auch Jesus sein Blut gekostet hast, der du auch in seinen Priesterschild gegraben bist, da du noch ferne von ihm stehst? Sünder, kann es Ruhe werden, kann der Rat Gottes vollendet heißen, solange nicht alle Reiche der Welt Gottes und seines Christus geworden sind?

Es kann nicht Ruhe werden, bis seine Liebe siegt,
Bis dieser Kreis der Erden zu seinen Füßen liegt,
Bis er im neuen Leben die ausgesöhnte Welt
Dem, der sie ihm gegeben, vors Angesicht gestellt!

Daher kommt es, daß in unseren Tagen so viele Evangelisten hinausgehen in die arme Welt, um ihr von dem Heil zu sagen, das in Christus ist, um denen, die in Finsternis und Schatten des Todes sitzen, den Tag anzurufen und von dem Lichte zu zeugen, das ihre Herzen erleuchtet hat, und das alle, alle Sünder erleuchten möchte. Liebe Brüder und

Schwestern, seht und bedenkt doch, was in unseren Tagen geschieht. Schließt doch eure Augen und Ohren nicht zu. Lest die Nachrichten von dem Werke Gottes unter den Heiden. Beherzigt sie und erkennt daraus, daß unsere Zeit groß, wichtig und bedenklich ist. Lest und erkennt, daß in unserer Zeit das Reich Gottes wie das des Satans unaufhaltsam vorwärts schreitet! Mit welchem Reich willst du vorwärts schreiten? Zur Hölle oder zum Himmel? Lest und erkennt daraus die große Liebesabsicht Gottes, der da will, daß allen Menschen geholfen werde, wie er die entferntesten Heiden zur Hochzeit des Lammes ruft! Ach, uns hat er schon so lange gerufen! Laßt uns auch endlich hören!

Im schönen Hochzeitskleide,
Von allen Flecken rein,
Führt er zu seiner Freude
Der Heiden Fülle ein;
Und welchen nichts verkündigt,
Kein Heil verheißen war,
Die bringen jetzt, entsündigt,
Ihm Preis und Ehre dar!

O Christ, bleibe doch nicht zurück! Die Heiden können dir weit vorankommen; ja, sie sind dir schon vorangekommen. Seht, wie in unseren Tagen die Heiden und Könige der Heiden das Lamm anbeten, das geschlachtet ward; lest es, wie sie ihre Kronen niederlegen zu seinen Füßen! Was hast du schon zu den Füßen deines Heilands niedergelegt? Hast du auch schon ein Vergnügen, einen Gewinn verleugnet um seinetwillen. Die Heiden gehen uns weit voran.

Aber es ist noch nicht vollendet. Noch schmachten sechs- bis achthundert Millionen unserer Brüder in der Finsternis, und während unter uns das Brot des Lebens mit vollen Händen ausgeteilt wird, hungern sie nach dem

Wort Gottes und haben nichts als Trostlosigkeit, Elend und Nacht im Leben, Leiden und Sterben. Soll und wird dies so fortgehen? Nein! Der Vater hat zum Sohn gesagt: „Heische von mir, so will ich dir die Heiden zum Erbe geben und der Welt Enden zum Eigentum." O was wird das für eine Zeit werden, wenn die Weissagung in der heutigen Abendlektion ganz erfüllt sein wird, wenn alle Reiche der Welt Gottes und seines Christus geworden sind! Da wird man singen vom Sieg in den Hütten der Gerechten; da werden sie das Lied Moses singen und des Lammes; von einem Ende der Erde bis zum anderen wird ein geistlicher Tempel sein, ein Tempel, darin der Name Jehova verehrt und angebetet wird; und alle Kniee werden sich in Jesu Namen beugen, und alle Herzen bekennen, und alle Zungen rufen: „Ehre, Preis und Anbetung sei dem Lamme, das geschlachtet ist, und unserm Gott!" Große, selige Zeit! Was wollen wir hierzu sagen, liebe Zuhörer? Zweierlei habe ich hier zu bemerken.

Gott hat uns in diese Zeit hineingeboren werden lassen; was ist's, wollen wir nicht auch das Unsere beitragen zum Bau Zions? Was sagt ihr dazu? Wie haben wir uns indessen gegen diese große Reichssache Jesu betragen? Frage dich, ist es dir in deinem Gebet seither auch ein Herzensanliegen gewesen, daß über die Heiden das Licht aufgehen möchte? Frage dich, hast du indessen auch mit Rat und Tat geholfen, oder bist du von ferne gestanden? Laßt mich deutlich mit euch reden. Was könnte getan werden, wenn jeder von seinem Überfluß etwas hergäbe, wenn er eine überflüssige Ausgabe weniger machte im Monat! Was könnte da geschehen! Wie viel Geld wird verschwendet im Dienst der Eitelkeit und des Teufels! Willst du nicht auch etwas deinem Heiland anleihen? Hierher gehört sein Wort: „Was ihr getan habt einem unter diesen meinen geringsten Brüdern, das habt ihr mir getan. Ich bin hungrig gewesen, und ihr habt mich gespeist. Ich bin durstig gewesen, und ihr habt mich getränkt." Das gehört vorzüglich hierher. Entschuldige sich doch keiner mit der Armut. Viele haben wohl, aber hierfür haben sie nichts, weil sie nicht wollen. Wenn du aber wirklich nichts geben kannst, so kannst du noch beten, wie Moses wider die Amalekiter stritt, als er die Hände emporhob. O es könnte dich noch in der Ewigkeit freuen, wenn dir dort vor Augen geführt würde, was das verborgene Gebet heiliger Seelen gewirkt hat. Und wie? Könntest du denn nicht zuweilen einen Groschen oder Pfennig erübrigen und dem Herrn geben? Nicht, daß er's bedürfte; aber er will dich dessen aus Gnaden würdigen. O liebe Zuhörer, ich achte dafür, an der großen Sache der Heiden will der Herr seine verschlafene Christenheit auf die Probe stellen. Wenn wir hier nicht Hand anlegen, wenn wir müßig und träge dafür sind, so wird, wie ich achte, das Evangelium uns genommen und den Heiden gegeben werden.

Das ist die eine Hauptsache, aber noch nicht das Ganze. Seht, dadurch, daß wir von unserem Überfluß etwas darreichen und zur Ausbreitung des Reiches Gottes beitragen, können wir den Himmel nicht verdienen; sondern wir, wir selbst sollen Licht werden. Was in unserer Abendlektion zunächst den Juden verkündigt wird, was die Apostel predigten, was unseren Vätern gesagt ward, was man den Heiden zuruft, das geht auch uns an, und ich stehe hier, um jeder Seele unter uns, sie sei alt oder jung, vornehm oder gering, zu sagen: „Mache dich auf, denn dein Licht kommt, und die Herrlichkeit des Herrn geht auf über dir!" Du hast vielleicht in anderen Dingen, in Menschenweisheit und Menschenlob dein Licht gesucht, aber nicht gefunden; sondern von einer Verdunklung in die andere bist du nur geraten; aber

Das Vernunftlicht kann das Leben dir nicht geben;
Jesus und sein heller Schein,
Jesus muß das Herz anblicken und erquicken;
Jesus muß die Sonne sein!

O ihr, die ihr bisher die Welt lieb gehabt, und wenn ihr auch nur noch an einem Faden an ihr hängt, macht euch auf! Satan kann euch nicht mehr gefangen halten; er geht euch nichts mehr an; zerreißt seine Stricke und gebt der Welt und ihrer Lust und euren bösen Herzensgedanken gute Nacht; so werdet ihr euch wundern über das Licht, das über euch aufgeht, so werdet ihr von Kraft zu Kraft, von Licht zu Licht, von Leben zu Leben steigen und hineindringen in die ewigen Hütten. Ach, und wenn irgendeine mühselige und beladene Seele unter uns ist, der rufe ich zu:

Solltest du dein tränendes Gesicht
Nur stets auf deine Sünden lenken,
An die der Vater selber nicht
Um seines Sohnes Blut will denken:
Du fändest keine Freudigkeit
Und weder Mut noch Kraft zum Streit,
Du müßtest dich mit Furcht und Zagen
Zu deines Heilands Unehr plagen.
Nein, lieber froh hinaufgeschaut,
Wo dir dein Heiland Hütten baut!

Lieber hinaufgeschaut, dein Heiland kommt zu dir! Das Licht ist über dir aufgegangen! Ach, gehe ihm entgegen!

Wie die zarten Blumen willig sich entfalten
Und der Sonne stille halten,

so stelle dich auch hin!

Ach, daß das Licht, das über Jerusalem erschienen ist, in allen Herzen aufginge! Wie oft ist schon allen davon gesagt worden, und wie viele sind noch in der Finsternis, daß sie, wenn man ihnen von einem Jesus sagt, glauben, man habe von einem Mann geredet, der tausend Stunden von ihnen entfernt sei. Wie viele sind, die ihn nicht kennen, denen er noch niemals nahe war!

Ach, er erbarme sich über alle und lasse doch seine Lichtsherrlichkeit auf sie nieder, so werden sie erstaunen über dieses Licht und sich wundern, was die Gnade tut. „Mache dich auf, werde licht! denn dein Licht kommt, und die Herrlichkeit des Herrn geht auf über dir!" Jesus selbst kommt zu dir. Und wenn du in der dicksten Finsternis liegst, wenn du mit Leib und Seele in der Sünde gefangen bist, er kann dich herausreißen, denn er ist die Herrlichkeit des Vaters selbst.

Treuer Heiland, Du bist das Licht der Welt. Ach, wecke uns auf! Laß doch niemand unter uns sein, der nicht den Ruf vernommen hätte: „Mache dich auf, werde licht!" Herr Jesus, wecke uns auf, damit wir in dieser bedenklichen, wichtigen, herrlichen Zeit, wo alles voranschreitet, auch vorwärtsschreiten mit Deinem Reich, damit wir nicht in Finsternis bleiben; und wenn Satan uns von Ruhetagen sagt in den Kämpfen und Mühseligkeiten dieser Tage, es nicht glauben, sondern mit ganzem Ernst ringen um unsere Seligkeit. Ach,

Wecke uns recht auf,
Daß wir unsern Lauf
Unverrückt mit dir fortsetzen,
Daß uns nicht in seinen Netzen
Satan halte auf;
Fördre unsern Lauf. Amen.

15. Am ersten Sonntag nach dem Erscheinungsfest

Und seine Eltern gingen alle Jahre gen Jerusalem auf das Osterfest. Und da er zwölf Jahre alt war, gingen sie hinauf gen Jerusalem nach Gewohnheit des Festes. Und da die Tage vollendet waren und sie wieder nach Hause gingen, blieb das Kind Jesus zu Jerusalem, und seine Eltern wußtens's nicht. Sie meinten aber, er wäre unter den Gefährten, und kamen eine Tagereise weit und suchten ihn unter den Gefreunden und Bekannten. Und da sie ihn nicht fanden, gingen sie wiederum gen Jerusalem und suchten ihn. Und es begab sich, nach drei Tagen fanden sie ihn im Tempel sitzen mitten unter den Lehrern, wie er ihnen zuhörte und sie fragte. Und alle, die ihm zuhörten, verwunderten sich seines Verstandes und seiner Antworten. Und da sie ihn sahen, entsetzten sie sich. Und seine Mutter sprach zu ihm: Mein Sohn, warum hast du uns das getan? Siehe, dein Vater und ich haben dich mit Schmerzen gesucht. Und er sprach zu ihnen: Was ist's, daß ihr mich gesucht habt? Wisset ihr nicht, daß ich sein muß in dem, das meines Vaters ist? Und sie verstanden das Wort nicht, das er mit ihnen redete. Und er ging mit ihnen hinab und kam gen Nazareth und war ihnen untertan. Und seine Mutter behielt alle diese Worte in ihrem Herzen. Und Jesus nahm zu an Weisheit, Alter und Gnade bei Gott und den Menschen.

Luk. 2, 41 - 52

Was in unserem heutigen Evangelium steht, ist das einzige, was wir vom Heiland nach seiner Flucht nach Ägypten, von seinem ersten bis zu seinem dreißigsten Lebensjahr wissen. Es sind zwar in der christlichen Kirche bald anfangs Erzählungen aufgebracht worden von Wundern und Taten, die der Heiland als Kind, Knabe und

Jüngling verrichtet haben soll, und wenn ich mich nicht täusche, sind auch unter unserem Volk solche Wunderbüchlein hin und wieder anzutreffen. Aber alle diese Erzählungen haben keinen hinlänglichen Grund in der Geschichte. Was wir aus dem Leben des Heilandes von seinem ersten bis dreißigsten Jahr mit Zuverlässigkeit wissen, ist alles im heutigen Evangelium enthalten.

Mit welchem Blick sollen wir nun in das heutige Evangelium hineinsehen? Von welcher Seite sollen wir es betrachten? Wohl hauptsächlich von der, die dem Apostel Paulus am ganzen Laufe des Herrn durch diese Welt so besonders auffiel, und die er aussprach *(Philipp. 2)*: „Christus, ob er wohl in göttlicher Gestalt war, hielt er's nicht für einen Raub, Gott gleich sein, sondern entäußerte sich selbst und nahm Knechtsgestalt an, ward gleich wie ein anderer Mensch und an Gebärden als ein Mensch erfunden. Er erniedrigte sich selbst und ward gehorsam bis zum Tode, ja zum Tode am Kreuz." Wir betrachten also unter Gottes Beistand nach unserem Evangelium in Verbindung mit diesem Ausspruch des Apostels

die tiefe Erniedrigung des Sohnes Gottes,

daß er

I. wie ein anderer Mensch und an Gebärden als ein Mensch erfunden wurde,

II. daß er Knechtsgestalt annahm.

Herr, tief erniedrigter Jesus, laß von Deiner Erniedrigung, daß Du ein Mensch, ja ein Knecht warst, heute einen Segen auf uns hochmütige Sünder herabfließen! Amen.

I. Wenn der Heiland nicht der Sohn Gottes wäre, so

könnte man nach dem heutigen Evangelium nicht von seiner Erniedrigung reden. Es kommen Dinge vor im Evangelium, die beweisen, daß Jesus ein außerordentlicher Mensch war; eine besondere Hoheit und Größe des Geistes blickt aus ihm heraus. Als ein zwölfjähriger Knabe wird er von seinen Eltern nach Jerusalem auf das Osterfest mitgenommen. Nach Beendigung des Festes verlieren sie ihn aus den Augen. Sie denken, er ist wohl mit den Bekannten vorausgegangen. Sie gehen eine Tagereise weit, finden ihn aber nirgends. Mit großer Angst kehren sie nach Jerusalem zurück und finden ihn endlich nach drei Tagen im Tempel, sitzend mitten unter den Lehrern des Volkes, daß er ihnen zuhörte und sie fragte. Gewiß eine sehr auffallende Sache für einen zwölfjährigen Knaben. Aber noch mehr, der Verstand, den er hier entwickelte, die Antworten, die er gab, waren so außerordentlich, daß sich alle Zuhörer darüber entsetzten, denn so heißt es eigentlich nach dem Grundtext. Voll Erstaunen über diese Sache spricht seine Mutter zu ihm: „Mein Sohn, warum hast du uns das getan? Siehe, dein Vater und ich haben dich mit Schmerzen gesucht." Und da gibt er dann die befremdende, für seine Eltern geheimnisvolle Antwort: „Wisset ihr nicht, daß ich sein muß in dem, das meines Vaters ist?" Welche Geistesblitze schlagen aus dem zwölfjährigen Knaben heraus! Man muß sagen, wenn der Heiland nicht der Sohn Gottes wäre, so könnten wir bei diesem Evangelium nur von der Hoheit und Größe des Geistes Jesu reden. Aber eine ganz andere Ansicht von diesem Evangelium gibt es, wenn ein Mensch glaubt, dieser Jesus, von dem im Evangelium die Rede ist, ist der Sohn Gottes, der Schöpfer aller Dinge, der, durch den der Vater einst sprach: „Es werde Licht", und es ward Licht; oder wie es im Propheten Jesaja steht: „der Vater der Ewigkeiten", der, so die Zeit und die Ewigkeiten trägt und aus sich selbst herausgeschaffen und geboren hat. Denn wenn er das ist, und das ist er, so können wir nicht anders, wir müssen uns über die Tiefe der Erniedrigung, in die sich der Sohn Gottes herabgelassen hat und die auch unser Evangelium predigt, verwundern und entsetzen. Ist er das, dann müssen wir auch bei diesem Evangelium mit dem seligen Hiller sagen:

Wie tief ließ Jesus sich herunter!
Kein Mensch, kein Engel war so klein.
Vor unsern Augen ist's ein Wunder:
Der Sohn soll so erniedrigt sein!

„Da Jesus zwölf Jahre alt war, heißt es in unserem heutigen Evangelium. Der Gott aller Götter, der Abglanz der Herrlichkeit des Vaters, das Ebenbild seines Wesens, der Jehovah, der bei dem Vater Herrlichkeit hatte, ehe der Welt Grund gelegt war *(Joh. 17, 5)* und dem nun alles unter seine Füße getan ist, alle Herrschaft, alle Gewalt, alle Macht, alle Fürstentümer und alles, was genannt werden mag, nicht allein in dieser Welt, sondern auch in der zukünftigen *(Ephes. 1, 21 - 22)*, mein Gott und mein Herr, war also einst ein Knabe von zwölf Jahren. Eine erstaunliche Wahrheit! Wir sind die Sache zu gewohnt; wir haben sie zu oft gehört; wir sind in diesen Begriffen aufgewachsen; man hat sie uns in der Schule und in der Kirche unzählige Male beizubringen versucht; wir fühlen die Kraft und Schwere dieser Wahrheiten nimmer recht. Es geht uns damit wie mit den Werken Gottes in der Schöpfung; man wächst so darin auf. Durch die Gewohnheit, durch die Zeit verlieren diese großen Offenbarungen Gottes nach und nach den Reiz der Neuheit und eben damit ihre Kraft an unseren Herzen. Wer unter uns wundert sich darüber, daß die Sonne täglich aufgeht, daß sie alles erleuchtet und erwärmt? Wer wundert sich darüber, daß, wenn man ein

Samenkorn in die Erde legt, ein Halm oder ein Baum daraus entsteht, obwohl es kein Weiser dieser Erde bis jetzt so weit gebracht hat, diesen Prozeß der Natur zu erklären? Es ist eine eigene Kraft Gottes dazu erforderlich. Ein jeder Fruchthalm, der aus der Erde herauskommt, ist ein Wort des allmächtigen Gottes an uns, und wahrlich! wir säen und ernten großenteils gedankenlos, weil wir es zu gewohnt sind. Wer wundert sich darüber, daß Gott die Erde mit Schnee bedeckt wie mit Wolle? Wir schreiten gedankenlos auch über diese Offenbarung Gottes hinweg, weil wir es gewohnt sind. Und so geht es auch mit dem Evangelium, mit den großen Wahrheiten der Bibel. Ich erinnere mich, in der Beschreibung der Reise eines Engländers in das Innere Afrikas einmal gelesen zu haben, daß der Reisende einem Afrikaner, der in den heißesten Gegenden geboren war, erzählte, in seinem, des Engländers Vaterlande, gebe es Zeiten, wo das Wasser so fest werde, daß man es mit einem Hammer zerschlagen müsse. Dies wollte der Afrikaner durchaus nicht glauben, weil es ihm gegen die Natur des Wassers zu streiten schien. Wie dieser Mensch die Erzählung vom festen Wasser, vom Eise, so hört ihr nun auch heute die große, die erstaunliche, die anbetungswürdige Wahrheit: das Wort, das von Anfang war und durch das alle Dinge gemacht sind, ist einmal ein Knabe von zwölf Jahren gewesen.

So unbegreiflich jenem Afrikaner die Erzählung vom Eise war, weil Festigkeit ihm gegen die Natur des Wassers zu streiten schien, so unbegreiflich, ja noch widersinniger für die natürliche, unerleuchtete Vernunft ist das, daß der Ewige, der vor aller Zeit ist, ein Knabe von zwölf Jahren gewesen sein soll. Aber, wollte Gott, diese Wahrheiten fielen euch nur einmal als recht widersinnig auf, daß ihr recht stutzig darüber würdet, so kämt ihr doch aus eurer

Gedankenlosigkeit heraus und in ein vielleicht ewig heilsames Nachdenken hinein. Nun hört weiter, ist er ein Knabe gewesen, so ist er vorher ein Kind gewesen und nachher ein Jüngling und ein Mann geworden. So hat er sich's so gefallen lassen, alle Entwicklungsstufen des Menschen hindurchzugehen, nach Leib und nach Seele. Man hat meistens falsche Gedanken hierüber. Wenn man sich den Heiland auch vorstellt als einen Knaben dem Körper nach, wenn man sich ihn auch als so klein denkt, wie ein Knabe ist, so denkt man sich doch seinen Geist nicht als knabenhaft. Man stellt sich die Sache meist so vor, wie wenn in diesem kleinen Körper ein Mannsverstand, ja noch mehr, göttliche Allwissenheit und Allmacht, göttliche Eigenschaften gelegen hätten. Ist's nicht so, liebe Zuhörer? Habt ihr nicht solche Gedanken von eurem Heiland? Ich frage die, die überhaupt schon über das Evangelium nachgedacht haben, nicht die, die an den großen Wahrheiten des Evangeliums bis jetzt vorübergegangen sind wie ein Lasttier, das an dem schönsten Kunstwerk vorübergeht und dabei nach seinem Futter seufzt. Die Nachdenkenden unter uns frage ich: haben nicht wenigstens einige unter euch sich bis jetzt den Heiland so gedacht, daß er ein Knabe gewesen sei dem Körper, aber nicht so dem Geiste nach? Allein seht, dies ist weit gefehlt. Jesus war in seinem zwölften Jahr ein Knabe, wie hier zwölfjährige Knaben sind. Er mußte wachsen an Körper und Geist, wie wir wachsen müssen. Er wußte nicht alles zum voraus. Wir sehen es in unserem heutigen Evangelium, wie er im Tempel drei Tage lang lernte. Er saß da unter den Lehrern des Volkes, ihnen zuzuhören und sie zu fragen. Es war ihm darum zu tun, etwas von ihnen zu lernen. Zwar kann man nicht leugnen, daß schon in diesem Kindesalter etwas Besonderes aus ihm herausgeblickt und gesprochen hat; eine besondere, für Knaben seines Alters ungewöhnliche Weisheit, Einfalt und Liebe zur Wahrheit, Blicke in die Wahrheit, wie sie nur in einem Menschen entstehen können, der nicht wie wir in Sünden empfangen und geboren ist, bei dem keine verborgene Lust noch Liebe zur Sünde das Auge von seiner Einfalt und Klarheit verrücken und den Blick in die Wahrheit verdunkeln konnte. Aber von göttlichen Eigenschaften war nichts zu sehen. Er hatte sich derselben entäußert; er hatte sie vor sich und anderen verborgen; der Heiland war eben ein Knabe und hatte alle übrigen Eigenschaften eines Knaben an sich bis auf die Sünde; ein heiliger Knabe, aber ein Knabe.

Liebe Zuhörer, lassen wir nun an unserem Blick den Sohn Gottes vorübergehen in seinen verschiedenen Entwicklungsstufen. Das muß vorausgesetzt werden, daß der Sohn Gottes aus Liebe zum gefallenen Menschengeschlecht beschlossen hatte, Mensch zu werden, sich in unser armes Fleisch und Blut einzukleiden. Diesen Entschluß vorausgesetzt, hätte er sogleich als vollkommener Mensch in diese Welt eintreten können wie Adam, nicht als Kind, sondern als Mann. Aber das wollte er nicht, das lag nicht im Ratschluß des Vaters. Er beschloß, alle Entwicklungsstufen der Menschheit durchzugehen; er wollte sich in allem seinen verlorenen Brüdern gleichstellen; er wollte geboren werden wie wir, ein Kind werden wie wir, ein Knabe werden wie wir, ein Jüngling werden wie wir, ein Mann werden wie wir. Er wollte die Zeit eines ganzen Menschenalters (denn zu einem Menschenalter rechnet man dreiunddreißig Jahre und etwas darüber, und so lange lebte der Heiland gerade auf der Welt) auf dieser Erde durchleben, auf daß er ein in allem wohl versuchter Hoherpriester würde, der Mitleiden haben könnte mit unserer Schwachheit, mit unserer Kinderschwachheit, mit unserer Knaben- oder

Mädchenschwachheit, mit unserer Jünglings- oder Jungfrauenschwachheit, mit unserer Männer- oder Weiberschwachheit, damit er die Sünden jedes Alters und jedes Geschlechts trüge, damit er für jedes Alter und jedes Geschlecht Kraft erwürbe, zu sein in dieser Welt, wie er in der Welt war, damit er ihm ein Volk zum Eigentum heiligte aus allen Altern und Geschlechtern. So kam er auf die Welt auf dem gleichen Wege wie wir; so lag er an seiner Mutter Brüsten, wie wir an unserer Mutter Brüsten gelegen sind; so war er ein ebenso schwaches und pflegebedürftiges Kind wie andere Menschen in ihren ersten Lebensmonaten; so erwachte er nach und nach zum Bewußtsein; so lernte er anfangs einige Worte aussprechen, sodann reden; so mußte er lesen lernen wie wir; so wurde er ein Knabe, entwickelte sich, wurde ein Jüngling, ein Mann, wie andere Menschen, nur ohne Sünde. Er wollte ganz unseren Gang durch diese Welt machen. Was Paulus von sich sagt *(1. Kor. 13, 11)*, ist ganz auf den Sohn Gottes anwendbar: „Da ich ein Kind war, da redete ich wie ein Kind und war klug wie ein Kind und hatte kindische Anschläge; da ich aber ein Mann ward, tat ich ab, was kindisch war." So auch der Sohn Gottes, doch ohne Sünde. Mit anderen Worten: Jesus Christus war ein wahrer Mensch, so gewiß ein Mensch, wie wir Menschen sind.

O Tiefe, da wir uns entsetzen!
Wir sehen dir nicht auf den Grund,
Doch füllt mit zitterndem Ergötzen
Der Glaube unsern schwachen Mund.
In solche Tiefe stieg der Sohn,
Gottlob! wir leben jetzt davon!

Liebe Zuhörer, wer das recht bedenkt und glaubt, der kann nicht anders, er muß in rechtes Staunen versinken über diese tiefe Erniedrigung des eingebornen Sohnes vom

Vater. Das beugt nieder, das beugt auf die Knie vor ihm. Das zerschmilzt und zerbricht alle Härte unseres hochmütigen Herzens. Sieh, liebe Seele, das Kind, das in Windeln gewickelt in der Krippe liegt in Bethlehem; das Kind, das nicht denken, keine Begriffe zusammenfassen kann, endlich lallen, endlich Worte herstammeln, endlich reden lernt; der Knabe, den du in Jerusalem siehst, dieser wahrhaftige Knabe, der Jüngling, der Mann Jesus, der wahrhaftige Mensch, siehe, das ist dein Gott, der Gott aller Götter. Das ist der, der die Sterne herausführt nach ihrer Zahl; das ist der, vor dem David steht und spricht: „Was ist der Mensch, daß du seiner gedenkest, und des Menschen Kind, daß du dich seiner annimmst?“ Das ist der, zu dem Abraham sagt: „Ich habe mich unterwunden, mit dir zu reden, ob ich gleich Erde und Staub bin.“ Das ist der, vor dem alle Engel anbeten, und zu dessen Füßen die Ältesten, die um seinen Thron sind, ihre Kronen hinwerfen, weil er allein der Krone und der Ehre würdig ist. Und woher diese Verwandlung? Woher dieses tiefe Herabsteigen in unsere Menschheit? Dies hat die Liebe getan, die Liebe zu uns.

Dies hat er alles uns getan,
Sein große Lieb zu zeigen an,
Des freu sich alle Christenheit
Und dank es ihm in Ewigkeit!

Aber, o welch harte Rede für die unerleuchtete Vernunft! Darüber stutzt und flucht die Natur. Es ist unerträglich. Es ist ihr ein Geruch des Todes zum Tode, ein tödlicher Totengeruch, vor dem ihr ekelt, darüber sie sich entsetzt, den sie nicht in ihrer Nase leiden mag. Man darf sich gar nicht wundern, wenn in unseren, wie sie sagen, erleuchteten Tagen dies große Wort von der Menschwerdung Gottes, daß Gott ein Mensch und uns in allem gleich geworden sei, als Unsinn, als törichter Unsinn, als die strafbarste Verletzung eines gesunden Menschenverstandes ausgeschrieen und ausposaunt wird, mündlich und schriftlich. Man darf sich nicht wundern, wenn es auf den großen Zorn Satans hinausliefe, so bliebe es nicht beim Schelten und Schimpfen. Es käme zu Beil und Feuer; denn dies letztere ist seine Lust *(Joh. 8, 44)*; aber er darf noch nicht. Der es aufhält, ist noch nicht hinweggetan.

Es ist immer noch so wie zur Zeit des Heilandes; es sind die Herzen so wie damals. Als Jesus, der Mensch Jesus, mit seinem Menschenkörper im Tempel stand und zu den Juden sagte: „Ich und der Vater sind eins", da hoben sie Steine auf, ihn zu töten. Und da er sprach: „Ehe Abraham war, bin ich", da hoben sie wieder Steine auf; und so gelüstet es sie noch jetzt, Steine gegen ihn oder wenigstens gegen seine Zeugen aufzuheben, wenn sie nur dürften. Aber was ist denn der Grund dieser Feindschaft, dieses Widerwillens gegen das Wort von der Menschwerdung Gottes? Antwort: „Der natürliche Mensch aber vernimmt nichts vom Geist Gottes; es ist ihm eine Torheit, und er kann es nicht erkennen; denn es muß geistlich gerichtet sein" *(1. Kor. 2, 14)*. Aber warum vernimmt er nichts davon? Antwort: „Weil er den Geist Gottes nicht hat." Aber warum hat er den Geist Gottes nicht? „Gott will ja, daß allen Menschen geholfen werde, und sie alle zur Erkenntnis der Wahrheit kommen." Antwort: weil er widerstrebt. Aber warum widerstrebt er? Antwort: weil der Geist Gottes ein Geist der Wahrheit ist, der in alle Wahrheit leiten will, der allen Trug, alle Lügen, alle Einbildungen des eigenen Herzens in ihrer Torheit aufdeckt, dessen Arbeit darauf hinausgeht, dem Menschen zu zeigen, was er ist, daß er nämlich ein fluch-, ein höllenwürdiger Sünder ist, das heißt, dem Menschen die Wahrheit zu zeigen. Seht, dies will man nicht gelten lassen; diese Wahrheit liegt, wie das

Herz wohl fühlt, auch in der Lehre von der Menschwerdung Gottes, und daher diese Empörung. Solange ein Mensch in einer, wenn auch nur stillen, verborgenen Einbildung von sich selbst steht, solange ist er im Grunde seines Herzens ein Feind dessen, der Mensch wurde, um Sünder selig zu machen. Er mag es glauben oder nicht, solange ist ihm das Evangelium ein Geruch des Todes zum Tode. O Seelen, geht doch nicht so gedankenlos dahin. Besinnt euch doch, wie ihr mit dem wunderbaren Jesus steht. Denkt darüber nach, was für Bewegungen in eurem Herzen während dieses Vortrags schon entstanden sind. Das sage ich, nur ein armer, ein recht blutarmer Sünder faßt, was ich bisher gesagt habe.

O ich Sünder, ich Verdammter!
Ich von Sündern Abgestammter!
Was wollt ich vom Troste wissen,
Wäre dieses weggerissen,
Daß ich einen Heiland habe,
Der vom Kripplein bis zum Grabe,
Bis zum Thron, da man ihn ehret,
Mir, dem Sünder, zugehöret!

Ja, ich muß es bekennen, wenn ich sollte gerettet, wenn mein sündiges Leben sollte gut gemacht und eine ewige Gerechtigkeit mir erworben werden, so war der ganze Lauf des Heilandes, meines Mittlers und Bürgen, von der Krippe bis zum Kreuz, die notwendigste Sache von der Welt. So ist kein Tritt von ihm zu viel, keine Erniedrigung zu groß, um die Größe meiner Schmach auszuwischen. O was für ein Trost liegt in dem Worte, das wir betrachtet haben, für einen armen Sünder! Was für eine Kraft liegt darin!

So hat also Jesus durch seine Kindheit meine Kindheit, durch sein Knabenalter mein Knabenalter, durch sein

Jünglingsalter mein Jünglingsalter, durch sein Mannesalter mein Mannesalter geheiligt. So ist er also durch jedes Alter hindurch für mich in den Riß getreten; so hat er mir für jede Altersstufe die Kraft erworben, in seine Fußstapfen zu treten, daß ich nicht mehr ein Knecht der Sünde sein muß, sondern sie überwinden kann durch die Kraft seines Verdienstes. Ein alter, erfahrener Christ sagte einmal in seiner Einfalt zu mir: „Es ist mir darum zu tun, daß mir all die Kapitalien, die mir durch seinen dreiunddreißigjährigen Wandel der Sohn Gottes auf Erden erworben hat, auch ausbezahlt werden möchten.“ Ein großes Wort! Der Reichtum Christi ist unerschöpflich. Wer klug ist, nimmt daraus Gnade um Gnade.

II. Laßt uns nun aber auch noch kurz nach unserem heutigen Evangelium betrachten, wie der Heiland ein Knecht wurde.

Was wir aus dem Leben des Heilands von seinem zwölften bis zum dreißigsten Jahr wissen, das ist alles beschrieben im heutigen Evangelium. Aus einer Stelle im Evangelium Markus *(Kap. 6, 3)* läßt sich noch Weiteres schließen. Dort sagen nämlich die Einwohner von Nazareth, wie sie den Heiland lehren hören: „Woher kommt diesem solche Weisheit? Ist er nicht der Zimmermann, dessen Vater und Mutter und Anverwandte wir kennen?“ So haben wir also die Nachricht vom Heiland, daß er von seinem zwölften bis zum dreißigsten Jahr in Nazareth gelebt, sich im Gehorsam gegen seine Eltern geübt und das Handwerk seines Vaters getrieben habe. Liebe Zuhörer, wir wollen nun noch ein wenig bei dieser Nachricht verweilen.

Die spitzfindige Vernunft sagt, warum ist mir nicht mehr von dem Leben des Sohnes Gottes beschrieben? Ich dächte doch, wenn er der Sohn Gottes ist, so sollte seine

Geschichte nicht so leicht achtzehn Lebensjahre überspringen. Warum ist also nicht mehr von ihm geschrieben? Antwort: weil er in dieser Zeit sonst nichts Merkwürdiges getan hat. Aber, sagt die spitzfindige Vernunft, warum hat er sonst nichts Merkwürdiges getan? Gab es denn keine Zimmerleute mehr in der Welt, die den Nazarenern ihre Häuser und Hütten bauen konnten? Was ist dies für eine Beschäftigung für den Mensch gewordenen Schöpfer der Welt? Antwort: so war es der Willle des Vaters. So war also die ewige Liebe achtzehn Jahre in der Welt, im verachtetsten Städtchen von Galiläa, in der Stille, in der Verborgenheit, als ein armer Handwerksmann, als ein seinen Eltern gehorsamer Mensch. Wohin ihn sein Vater schickte, dahin ging er. Was ihm aufgetragen wurde, das verrichtete er getreulich. So lebte er dahin, unbemerkt, unbekannt, unerkannt; vielleicht kein Nazarener erkannte ihn; selbst seine Brüder glaubten nicht an ihn *(Joh. 7)*; so sehr verbarg er seine Herrlichkeit – da möchte einem der Verstand still stehen.

Ja, steh nur still, Verstand. Du aber, Herz, staune, bete an, beuge dich zu den Füßen des Demütigsten unter allen Menschenkindern. O, was schaut aus diesem Betragen des Heilandes heraus! Welch ein Gehorsam gegen seinen Vater im Himmel, welch eine Demut, welch eine Liebe zu den Menschen! Er wußte schon in seinem zwölften Jahr, woher er kam und wer er war. Er sah diese achtzehn Jahre lang das Elend seines Volkes; er mußte Gotteskräfte in sich fühlen, und doch schweigt er; doch verhält er sich still und ruhig und arbeitet in seinem Handwerk, als wenn er nur dazu geboren wäre, und ist seinen Eltern gehorsam, obwohl er unendlich weiter sieht. Es ist erstaunlich. Dieser Gehorsam, diese Demut geht über alles menschliche Denken weit, weit hinaus. Was sind wir dagegen? Wie müssen wir uns schämen vor ihm! Kaum glauben wir, etwas besser zu wissen als unsere Umgebung oder Mitmenschen, so können wir unsere Weisheit schon nicht mehr zurückhalten. Sie muß heraus. Sie muß der Welt vor Augen gestellt sein. Das Herz oder der Kopf will uns zerspringen, bis unsere Weisheit ausposaunt ist. Er aber, der Weiseste unter allen, schweigt achtzehn Jahre, als wenn er nichts wüßte, weil es der Wille des Vaters so ist.

Da sieht man, daß er nicht seine Ehre gesucht hat, sondern die Ehre des Vaters, der ihn gesandt hatte. Denn hätte er das getan, so hätte er wohl anders gehandelt. O wie hat er dadurch unseren Hochmut gebüßt! Welch Beispiel der reinsten Demut hat er uns gegeben! Wie hat er uns zur Treue im Kleinen angewiesen! Welche wahre, unschwärmerische Liebe zu den Seelen der Menschen hat er hier an den Tag gelegt, indem er eben auf dem ihm vom Vater vorgeschriebenen Weg das Werk der Erlösung seiner gefallenen Brüder vollenden wollte!

Wie gefällt euch dieser Mann, liebe Seelen? Wie gefällt euch dieser gehorsame, dieser stille, dieser niedrige Nazarener? Wie gefällt euch dieser Zimmermann? Besinnt euch wohl, denn es kommt alles darauf an, in Zeit und Ewigkeit, wie euch dieser Mann gefällt. „Siehe, dieser ist gesetzt zum Fall und Aufstehen vieler, und zu einem Zeichen, dem widersprochen wird.“ O wie viele haben sich schon an seiner Niedrigkeit geärgert! Wie vielen ist schon dieser Zimmermann aus Nazareth zum Anstoß geworden, worüber sie auf ewig gefallen sind! Und wie viele haben sich schon an ihm aufgerichtet!

Lamm, Du bist's wert für Deine Todesmühe, für Deinen Gehorsam gegen Deinen Vater, für Dein verborgenes und verachtetes Leben, für Deine Treue im Kleinen, dafür, daß

Du ein Mensch, ja ein Knecht wurdest um unsertwillen, dafür bist Du's wert,

Daß Dich jeder Blutstropf ehre,
Daß das Herz stets nach Dir glüh,
Jeder Pulsschlag Dein begehre,
Und das Herz stets für und für
Hange ganz allein an Dir. Amen.

16. Am zweiten Sonntag nach dem Erscheinungsfest

Zu der Zeit kam Jesus aus Galiläa an den Jordan zu Johannes, daß er sich von ihm taufen ließe. Aber Johannes wehrte ihm und sprach: Ich bedarf wohl, daß ich von dir getauft werde, und du kommst zu mir? Jesus aber antwortete und sprach zu ihm: Laß es jetzt also sein! also gebührt es uns, alle Gerechtigkeit zu erfüllen. Da ließ er's ihm zu. Und da Jesus getauft war, stieg er alsbald herauf aus dem Wasser; und siehe, da tat sich der Himmel auf über ihm. Und er sah den Geist Gottes gleich als eine Taube herabfahren und über ihn kommen. Und siehe, eine Stimme vom Himmel herab sprach: Dies ist mein lieber Sohn, an welchem ich Wohlgefallen habe. Da ward Jesus vom Geist in die Wüste geführt, auf daß er von dem Teufel versucht würde. Und da er vierzig Tage und vierzig Nächte gefastet hatte, hungerte ihn. Und der Versucher trat zu ihm und sprach: Bist du Gottes Sohn, so sprich, daß diese Steine Brot werden. Und er antwortete und sprach: Es steht geschrieben: „Der Mensch lebt nicht vom Brot allein, sondern von einem jeglichen Wort, das durch den Mund Gottes geht." Da führte ihn der Teufel mit sich in die

heilige Stadt und stellte ihn auf die Zinne des Tempels und sprach zu ihm: Bist du Gottes Sohn, so laß dich hinab; denn es steht geschrieben: „Er wird seinen Engeln über dir Befehl tun, und sie werden dich auf den Händen tragen, auf daß du deinen Fuß nicht an einen Stein stoßest." Da sprach Jesus zu ihm: Wiederum steht auch geschrieben: „Du sollst Gott, deinen Herrn, nicht versuchen." Wiederum führte ihn der Teufel mit sich auf einen sehr hohen Berg und zeigte ihm alle Reiche der Welt und ihre Herrlichkeit und sprach zu ihm: Das alles will ich dir geben, so du niederfällst und mich anbetest. Da sprach Jesus zu ihm: Hebe dich weg von mir, Satan! denn es steht geschrieben: „Du sollst anbeten Gott, deinen Herrn, und ihm allein dienen." Da verließ ihn der Teufel; und siehe, da traten die Engel zu ihm und dienten ihm. Matth. 3, 13 - 17; 4, 1 - 11

Wie sie in Adam alle sterben, so werden sie in Christus alle lebendig. Durch Adams Sünde ist der Tod in die Welt gekommen; durch Christus ist die Rechtfertigung des Lebens offenbar geworden. Was der erste Adam, der erste Stammvater des menschlichen Geschlechts, schlecht gemacht und verdorben hatte, das mußte der zweite Adam, der zweite und geistliche Stammvater der Menschen, wieder gut machen. Wie nun unsere ersten Eltern durch die Verführung der Schlange im Paradies gefallen waren, so geziemte es dem, der gekommen war, den ungeheuren Riß, den die Sünde gemacht hatte, wieder herzustellen, auch Versuchungen der alten Schlange zu bestehen, nur viel größere, feinere, scheinbarere als bei unseren ersten Eltern.

So müssen wir die Geschichte ansehen, daß der Sohn Gottes nach seiner Taufe in die Wüste geführt und dort vom Satan versucht worden sei. Man kann diese Versuchungsgeschichte sehr gut vergleichen mit der aus dem

Paradies. Man findet, daß die alte Schlange das eine wie das andere Mal dieselbe ist, nur daß sie durch eine fast viertausendjährige Erfahrung viel schlauer geworden zu sein scheint. Oder wir wollen die Sache so ausdrücken, nach dem Willen Gottes durfte Satan den zweiten Adam viel schwerer versuchen. Jener wurde im Überfluß versucht, im Paradies; dieser im Hunger, in der Wüste. Bei jenem durfte Satan dem Worte Gottes offenbar und grob widersprechen: „Ihr werdet mitnichten des Todes sterben," hier wußte er für seine Zumutungen noch selbst ein Wort Gottes anzuführen. Dort durfte er sich offenbar als Feind Gottes zeigen; hier trat er als Freund Gottes auf, bis auf die letzte Zumutung, wo seine satanische Natur offenbar wurde. Dort waren seine Verheißungen sehr dunkel, es ließ sich nicht viel Bestimmtes dabei denken; hier aber sprach er die bestimmte Verheißung aus: „Dies alles will ich dir geben, so du niederfällst und mich anbetest." Viel stärker und feiner waren diese Versuchungen als jene im Paradies.

Liebe Zuhörer, an der Einfalt des Sohnes Gottes haben sich die Versuchungen Satans zerbrochen. Der Heiland hat ihn überwunden, nicht nur in der Wüste, sondern auch nachher, und auf Golgatha besonders. Aber darum dürfen wir nicht glauben, daß der Teufel nicht mehr tätig sei. Die Schrift belehrt uns eines anderen. „Wir haben", sagt Paulus, „nicht mit Fleisch und Blut zu kämpfen, sondern mit Fürsten und Gewaltigen, nämlich mit den Herren der Welt, die in der Finsternis dieser Welt herrschen, mit den bösen Geistern unter dem Himmel" *(Ephes. 6, 12)*. Es wird so fortgehen, bis diese Herren der Welt in den Abgrund gestoßen sind. Darum betrachten wir,

wie wir die Versuchungen des Teufels überwinden können.

Ich will

I. einiges reden von den Versuchungen des Teufels,

II. kurz davon, wie wir sie überwinden können.

O himmlischer Vater, Du weißt, in welch großer Gefahr der Seelen wir beständig sind wegen des Satans, der grimmig und listig und der menschlichen Natur weit überlegen ist. Weil wir so blöde Augen haben und so weit aus der Einfalt gewichen sind, so sehen wir den Künsten Satans nicht auf den Grund. Manches kommt uns schwarz vor, das weiß ist, und manches weiß, das schwarz ist. Wenn Du uns nicht an Deiner Hand leitest, so gehen wir zugrunde. O himmlischer Vater, so leite uns denn nach Deinem Wohlgefallen!

Gott der Vater! wohn uns bei
Und laß uns nicht verderben,
Mach uns aller Sünden frei
Und hilf uns selig sterben.
Vor dem Teufel uns bewahr,
Halt uns bei festem Glauben;
Und auf dich laß uns bauen,
Aus Herzensgrund vertrauen,
Dir uns lassen ganz und gar
Mit allen rechten Christen
Entfliehn des Teufels Listen,
Mit Waffen Gottes uns rüsten.
Amen, Amen, das sei wahr,
So singen wir Halleluja!

I. Ich rede also zuerst einiges von den Versuchungen des Teufels. Hier muß vor allem das bemerkt werden, daß der größte Teil der Menschen aus Knechten Satans besteht. Diese versucht er nicht, sie sind ihm gewiß genug. Sie tun seinen Willen; sie leben ihm zu Gefallen; wofür sollte er sie versuchen? „Die Welt liegt im Argen", sagt Johannes *(1. Joh. 5, 19)*, im Teufel, im Abgrund, ist eingeschlossen, eingefaßt, eingewickelt in die finsteren Kräfte Satans. Wofür sollte er sie versuchen, da er sie besitzt, beherrscht, umfaßt; da er ihr Fürst, ihr König, ihr Gott, ihr alles ist, wie er auch in unserem Evangelium sagt: „Dies alles, die Ehre und Herrlichkeit der Welt, will ich dir geben", und nach *(Luk. 4, 6)* setzt er hinzu: „Es ist mir übergeben, und ich gebe es, welchem ich will." Wofür sollte er die Welt versuchen, die ihm gehört? Ja, er kann sie nicht versuchen, sie ist ja eines Sinnes mit ihm. Wieviel tausend Menschen gehen täglich in die Ewigkeit, die vielleicht, ohne daß sie es wußten, die gehorsamsten Sklaven des Teufels gewesen waren; die er angetrieben, geleitet, am Stricke auf der breiten Straße zum Verderben hingeführt hat; die ruhig zugesehen haben, wie der Seelenmörder ihre Seele dahinmordete und haben noch ihr Ja und Amen dazu gesprochen und haben den größten Gefallen daran gehabt! Hat er ihnen etwas vorgespiegelt von Ehre unter den Menschen oder vom Haben und Besitzen oder von fleischlichen Genüssen – was er ihnen für ein Bild vorgehalten hat, dem sind sie nachgegangen und haben dabei Neid, Zorn, Feindschaft, Bosheit, Lügen, heimliche Tücke gegen den Nächsten, Rachsucht, Geiz, kurz, was sie wollten, ausgeübt. Solche Leute versucht Satan nicht. Da müßte er nicht der alte, listige Feind sein, wenn er diese versuchte.

Aber vielleicht segnet sich mancher und denkt, gottlob, daß ich nicht zu diesen gehöre! Liebe Zuhörer, ich will euch sagen, was es mit dieser Knechtschaft Satans für eine Bewandtnis hat. Solche Knechte des Teufels sind wir alle von Natur. Durch des Teufels List ist die Sünde in die Welt gekommen und ist zu allen Menschen hindurchgedrungen. Dadurch sind wir in Gemeinschaft getreten mit dem großen und ersten Sünder, mit dem Teufel. Weil er aber das Oberhaupt, der Fürst der Finsternis ist, so ist er auch unser Oberhaupt und Fürst geworden. Wir stehen von Natur unter seiner Herrschaft. Überhaupt gibt es nur zwei Reiche in der Geisterwelt, ein Reich des Lichtes und ein Reich der Finsternis. In einem von beiden müssen wir sein, es gibt kein drittes. Nun sind wir von Natur nicht im Reich des Lichtes, sondern wir müssen erst durch die Wiedergeburt hineingeboren werden. Also sind wir von Natur im Reich der Finsternis, also Knechte des Teufels von Natur, wie auch das Wort Gottes vielfach bezeugt *(Kol. 1,12-13)*. Nur wer nicht nach den Lüsten und geschwinden Einfällen seiner Natur lebt, nur wer in Feindschaft mit sich selber getreten ist, mit anderen Worten, wer ein Kind Gottes durch den Glauben an den Herrn Jesus geworden ist, nur wer ein mit dem Blute des Lammes besprengtes Herz in sich trägt, nur der ist kein Sklave des Satans mehr, nur der ist los von seinen schnöden Ketten und bleibt auch los, wenn er sich nicht aufs neue mit dem Teufel und seinen Werken einläßt. Dies ist die große Freiheit, die Freiheit der Kinder Gottes, die Freiheit, von der die Welt nichts weiß, die nur ein Kind Gottes kennt; eine Freiheit, nicht von weltlicher Ordnung und Obrigkeit, wie sie's gerne hätten, um ihre Lüste desto besser befriedigen zu können; sondern eine Freiheit des Geistes, eine Freiheit von des Teufels Sklaverei, eine Freiheit, von der der Heiland sagt: „Wenn euch der Sohn frei macht, so seid ihr recht frei." Aber wen der Sohn Gottes noch nicht frei gemacht hat, der ist noch ein Sklave. Merkt doch auf, prüft doch euer Inneres, fragt euch, ob ihr schon etwas von dieser Freiheit geschmeckt habt, fragt nicht danach, ob ihr schon Anfechtungen vom Teufel erfahren habt; denn gewiß manches werdet ihr für eine satanische Anfechtung halten, was es nicht ist; sondern fragt danach, ob euch die Sündenketten der Finsternis auch schon schwer geworden sind wie eine schwere Last; ob ihr darunter geseufzt und um Freiheit gebetet, und ob ihr sie dann auch wirklich erlangt habt im Blute Christi. Das sind wichtige Fragen, die wir an unser Herz stellen müssen, wenn wir nicht dahingehen wollen wie die Toren.

Nur die dem Heiland nachfolgen, erfahren Versuchungen vom Teufel. In der Wiedergeburt werden einem die Augen aufgetan durch den Heiligen Geist; die vorige Blindheit weicht; man fängt an zu sehen; man bekommt, wie sich der Apostel ausdrückt, erleuchtete Augen des Verständnisses. Und da erhält nun das meiste eine ganz andere Gestalt als vorher. Manches, das man vorher für eine satanische Versuchung gehalten hatte, das sieht man nicht mehr so an. Manches, das einem vorher als ein ganz natürlicher Einfall gekommen war, erkennt man im Licht der Wahrheit als satanische Versuchung. Wie natürlich ist der Einfall: da ich Hunger leide und schwach bin, will ich meine Gotteskraft gebrauchen und Steine zu Brot machen. Wenn es nicht dabeistände, der Versucher habe diesen Gedanken angeregt, so könnte man fast denken, dieser Einfall hätte dem Heiland selbst kommen können. Er kam aber vom Teufel. Ferner wird in diesem Lichte der Wahrheit manches, das man vorher für recht und gut gehalten hatte, und das alle Welt für recht und gut hält, als satanische Versuchung erkannt. Ich will zum vorigen Beispiel zurückkehren. Wenn der Herr ein Mensch gewesen wäre wie wir, so wäre ihm wohl der freundliche Rat des Teufels ganz recht und gut vorgekommen. Denn da wäre die Vernunft dazwischen getreten und hätte gesagt: es ist auch wahr, wofür brauchst du Hunger zu leiden? Du kannst dir ja helfen. Hätte Gott auch diese Kraft in dich hineingelegt, wenn es nicht sein Wille wäre, daß du sie anwenden solltest? Und siehe, jetzt ist gewiß der Zeitpunkt dazu gekommen; denn du leidest ja bitteren Hunger usw. Liebe Zuhörer, was ist natürlicher und vernünftiger als diese Gedanken? Und seht, alle diese Gedanken wären Gedanken des Falles und der Sünde gewesen; denn der Zustand des Heilandes war eine Glaubensprobe, worin er zeigen sollte, ob er der Führung des Vaters ganz und unbedingt vertraue. Seht, so werden unzählige Menschen vom Satan regiert unter dem Schein des Natürlichen, unter den Schlüssen der natürlichen Vernunft, und wissen es nicht, und es muß noch recht und gut getan heißen. Sie sind Feinde Gottes durch ihre Vernunft, durch ihre vernünftigen, wohl berechneten Gedanken, durch ihre natürlichen, aus dem Unglauben geborene Schlüsse, und wissen es nicht einmal. O wie viel Gebet, wie viel Einfalt, wie viel Umgang mit dem Wort Gottes gehört dazu, um nicht von seinen eigenen Gedanken und dadurch vom Teufel verführt zu werden, um allenthalben zu erkennen, welches da sei der gute, der heilige, der wohlgefällige Gotteswille.

Wir müssen uns aber diese Versuchungen des Teufels nicht so rein geistig denken, als ob er eben durch Begriffe und verkehrte sittliche Grundsätze unser Herz von der Wahrheit abzuführen suchte. Nein, er erregt Bilder in uns; er faßt die innersten, die tiefsten Bilder unserer Eigenliebe und unserer Lieblingssünden auf, gießt seinen Zauber darüber hin, die Seele soll ein Wohlgefallen daran bekommen und dadurch in den Willen des Teufels eingehen. Ein solches Erregen von Bildern kann aber mit größeren oder geringeren Bewegungen des Gemüts und Blutes verbunden sein. Diese seine Art bemerken wir an der Versuchungsgeschichte Christi. Man sieht, Satan ist sehr darauf aus, in der heiligen Seele des Herrn Jesus Bewegungen mittels gewisser Bilder hervorzubringen, die er dem Heiland vorhält, um ihn so das eine Mal zum Unglauben, das andere Mal zur Vermessenheit, das dritte Mal zur Abgötterei zu verleiten.

Jesus hatte vierzig Tage in der Wüste gefastet, da hungerte ihn. Zu diesem gefährlichen Zeitpunkt tritt der Versucher zu ihm und redet vom Brot: „Bist du Gottes Sohn, so sprich, daß diese Steine Brot werden.“ Wen von uns schon gehungert hat, der weiß, was das lebhafte Andenken an Brot, mit anderen Worten, das Bild des Brotes, in der Seele bewirken kann; welch Wohlgefallen sich nur beim Wort „Brot“ im Herzen regt, welch eine Begierde, ja eine Sehnsucht danach entsteht. Mit diesem Bild, das er dem Sohn Gottes vorhält, will der Teufel eine starke Begierde in der fleischlichen Natur erregen und dadurch das innere Anhalten an Gott, das innere Vertrauen auf die Führung des Vaters entkräften und so den Heiland zu einem eigenmächtigen Schritt verleiten, wodurch er ein Sünder geworden wäre. Die gleiche Verfahrensart finden wir bei der zweiten Versuchung. Sie standen auf der Zinne des Tempels. „Laß dich hinab“, sprach der Teufel, „wenn du Gottes Sohn bist.“ Hier suchte er, ein hoffärtiges Bild in der Seele des Herrn lebendig zu machen. Wie schön wäre es, wenn du da hinabschwebtest! Welch ein Aufsehen würde es machen! Jedermann würde dich für den Messias anerkennen! Dieses Bild hält er ihm vor die Augen, um ihn zur Vermessenheit, zur Versuchung Gottes durch ein unnötiges Wunder zu reizen. Zur Bestätigung seiner Zumutung führt er den Spruch an: es steht geschrieben: „Er wird seinen Engeln über dir Befehl tun, und sie werden dich auf den Händen tragen, auf daß du deinen Fuß nicht an einen Stein stoßest.“ Satan muß selbst gefühlt haben, daß sein Bild zu schwach und seine Zumutungen zu sehr gegen den Sinn des Heilandes seien, indem es sich hier nicht einmal um Hilfe in einer Not, wie das erste Mal, sondern nur um Ausführung eines geschwinden, eitlen Einfalles handelte. Oder hatte er dem Heiland bei der ersten Versuchung den tiefen Respekt vor dem Worte Gottes abgemerkt; genug, er mißbrauchte zur Bestätigung seiner Zumutung ein Wort Gottes, dessen Kraft er vielleicht schon bei manchen Gelegenheiten erfahren hatte, daß nämlich die Engel bei denen, die die Seligkeit ererben sollten, ihm sein Mordhandwerk eingestellt und sie auf ihren Händen davongetragen und herausgerissen hatten. Aber auch dieses Mal wurde er abgefertigt mit einem einfachen Wort Gottes. Die dritte Versuchung war wohl schwerer als die zweite. Auf einem hohen Berg zeigte er dem Heiland in einem Augenblick, wie es bei Lukas heißt, wohl durch magische Einwirkung in einem Blick, alles, was die Welt Prächtiges, Eitles und Herrliches hat. Ein harter Angriff auf die heilige Seele Jesu. Herrschsucht, Habsucht, Hoffart suchte er in dieser Seele zu erwecken und zugleich einen großen Respekt vor ihm, der nicht nur dies alles besitze und austeile *(Luk. 4, 6)*, sondern auch durch seine Kunst alles dies in ein einziges Bild zusammenzaubern könne. „Dies alles will ich dir geben, so du vor mir niederfällst und mich anbetest." O des großen Stolzes, der ungeheuren Erhebung in göttliche Majestät und Ehre hinein! Aber nun war er als Satan verraten. „Hebe dich weg, Satan", hieß es, „denn es steht geschrieben: du sollst anbeten Gott, deinen Herrn, und ihm allein dienen." So sehen wir, daß Satan jedes Mal durch ein vorgespiegeltes Bild eine unreine Gemütsbewegung zu bewirken und dadurch den Sohn Gottes zu Fall zu bringen suchte.

Groß und sehr fein waren die Versuchungen, die der Heiland bestand; aber im ganzen versuchte ihn der Satan doch damit, womit er auch uns versucht, mit Bildern aus der Fleischeslust, aus dem hoffärtigen Wesen, aus der Eigenliebe, aus der Augenlust, dem Geiz, der Habsucht, der Herrschsucht. Die Welt ist in diesen satanischen Bildern gefangen; die Gläubigen werden damit versucht.

„Habt nicht lieb die Welt, noch was in der Welt ist", sagt Johannes *(1. Joh. 2, 16).* Denn alles, was in der Welt ist: des Fleisches Lust und der Augen Lust und hoffärtiges Leben, ist nicht vom Vater, sondern von der Welt. Und die Welt vergeht mit ihrer Lust; wer aber den Willen Gottes tut, der bleibt in Ewigkeit." Wer den Vater nicht liebt, der liebt die Welt. Wer nicht wiedergeboren ist aus dem lebendigen Wort Gottes durch den Heiligen Geist, der ist in den Bildern Satans gefangen. Sie sind ihm nicht nur keine Versuchungen, sondern er lebt darin. Das Leben seiner Seele bewegt sich darin. Er treibt sich darin um als in seinem Eigentum. Er hängt diesen Bildern mit Lust nach. Sein geistliches Leben ist mit ihnen verwachsen, mit anderen Worten: er liegt im argen, im Satan. Er zieht seine geistliche Lebenskraft aus dem Satan, aus der Hölle. Seht doch die Welt an, wie sie im Argen liegt, wie Augenlust, Fleischeslust, hoffärtiges Wesen alles durchdrungen, alles durchzogen, alles vergiftet haben, wie alle Kräfte und Bewegungen der Welt davon geleitet werden, wie daraus die Beweggründe fließen zu allen Handlungen der Menschen in dieser Welt. Man sagt im Sprichwort: „Geld regiert die Welt." Wie wahr dies ist! Aber ist's denn nach dem Willen Gottes so? Soll nicht die Liebe die Welt regieren statt des elenden Mammons? Seht doch, wie die Handlungen der meisten Menschen, ihre Anschläge, ihre geheimen Pläne, die sie mit ihrem Herzen abmachen auf ihrem Lager, ihre Wünsche entweder aufs Haben oder Besitzen oder aufs Erwerben oder auf fleischliche Genüsse oder aufs Höherhinaufkommen, auf Ehre und Ansehen unter den Menschen oder auf Herrschsucht und Befestigung derselben im Kleinen oder Großen zielen. Wie man eben darum neidisch, ungerecht, gewalttätig, ein Übertreter des Gesetzes wird; wie man eben darum lügt, sich ausredet, wohlredet, zankt, Rache übt, sich alle Beschwerlichkeiten nach Leib und Seele gefallen läßt. Man darf ja nur die Augen auftun, um zu sehen, daß die Welt im Teufel liegt, daß er ihr Fürst und Regent ist. Laßt uns auf unser eigenes Herz merken. Liebe Brüder, warum arbeiten wir? Wofür lassen wir es uns sauer werden? Wofür schwitzen wir? Wofür mühen wir uns zu Tode? Was für ein Zweck liegt dabei zugrunde? Etwa das Gebot Gottes, daß wir im Schweiße unseres Angesichts unser Brot essen sollen, welchem Gebot wir einfältig nachgehen und das übrige dem Herrn überlassen, wie es sich für Christen geziemt? Liebe Zuhörer, etwa dieses? Fragt euch, tut man dabei nichts auf eigene Faust? Ist keine Absicht dabei, diese oder jene Schuld los zu werden, soundso viel zu erwerben, seinen Kindern dies und das zu hinterlassen? Und ist man dabei des Willens Gottes gewiß? Oder tut man's ohne Gott im Unglauben und verleitet durch dieses oder jenes Bild, das der Seele vorschwebt und nicht vom Vater ist? Mit anderen Worten, was treibt uns in unserem Beruf, der Wille Gottes oder der unseres Ichs, also des Teufels? Fragen wir uns ferner, was haben wir für Bilder in unseren Herzen, die uns am häufigsten in unsere Gedanken kommen und eine Art Wohlsein in uns verbreiten? Was haben wir für Bilder von uns, von unserm Verstande, von unserer Geschicklichkeit, von unserer Kunst, von unserer Rechtschaffenheit, von unserem christlichen Sinn? Was haben wir für Bilder von anderen Dingen? Sind keine Bilder der Fleischeslust in uns? Was halten wir für das höchste Glück und für das Wünschenswerteste? Ach, ich vermute, wenn ich herumfragen würde, und ihr alle solltet ehrlich antworten, die meisten würden sagen: für das höchste Glück halte ich ein bequemes, sorgenfreies, fleischliches Leben. Ach, wie sind wir gefangen, wie sind wir zusammengebunden, zusammengeschnürt in den Ketten Satans!

Liebe Zuhörer, wer nicht verloren gehen will und ein Sklave des Argen bleiben, der muß ein anderer Mensch werden. Ein neues Leben, neue Ansichten, neue Triebe, neue Bilder, neue Wünsche, eine andere Liebe muß in unser Herz. Wir müssen wiedergeboren werden, sonst können wir das Reich Gottes nicht sehen. Wenn sich aber ein Mensch mit Ernst nach dieser neuen Geburt ausstreckt, wenn das göttliche Leben wirklich in ihm Wurzel faßt, so kann es nicht fehlen, Satan wird ihn versuchen. Denn wer sich in die christliche Kirche begibt, sagt eine alte Taufagende, der begibt sich in einen geistlichen Streit. Es ist eine große Geschäftigkeit im Reiche des Teufels *(1. Petr. 5, 8)*; eine Seele, die daraus errettet ist, muß dagegen auf ihrem Wachposten sein. Es ist der Finsternis eins, wie sie zu Falle bringt, wenn ihr dieses nur gelingt. Bald wendet sie dieses, bald jenes Mittel an; bald will sie das Wort Gottes verdächtig machen wie hier beim Heiland: bist du Gottes Sohn? Wie zweifelhaft er das Wort des Vaters „dies ist mein lieber Sohn, an welchem ich Wohlgefallen habe", hinstellt! Das andere Mal will der Teufel Kindern Gottes den Trost der Kindschaft rauben, wie hier dem Heiland die Gewißheit, daß er der Sohn Gottes sei. Bald sucht er das Vertrauen zum Vaterherzen Gottes in der Not zu vernichten und den Menschen oft kurz, ehe die Hilfe von oben erscheint, zur verzweifelten Selbsthilfe zu reizen, wie hier den Heiland; bald soll die Eitelkeit des Herzens erregt und der Mensch dadurch zu besonderen, zu vermessenen Schritten gereizt werden; ein anderes Mal sucht er die Ehre und

Herrlichkeit der Welt recht groß und die Ehre bei Gott recht klein zu machen. Kurz, es ist nichts, das Satan nicht versucht, um die Seele vom geraden, schlichten Weg nach dem Wort Gottes abzuziehen. Will man im Glauben das Verdienst Christi ergreifen, so spricht er: du bist zu sündig; will man in die Fußstapfen des Heilandes treten, so wendet er ein: du mußt doch als Sünder selig werden, nimm's nicht so genau; hat man eine Sehnsucht im Herzen, aufgelöst und bei Christus zu sein, so ist er imstande, den Rat zu erteilen: nimm dir selbst das Leben, so wird deine Sehnsucht gestillt.

Es hat aber jede Zeit ihre eigenen Versuchungen, also auch die unsere. Jede Zeit hat ihre Zeichen. Die Zeit des Elia hatte Zeichen vom Himmel, die Zeit des Heilandes hatte Zeichen auf der Erde. Unsere Zeit hat auch ihre Zeichen. Wer darauf merkt, hat eitel Lust daran. So hat auch jede Zeit ihre besonderen Versuchungen. Der Hauptcharakter unseres Zeitgeistes in dieser Beziehung ist leichtsinniger und hochmütiger Unglaube. Unsere Zeit ist weit vorwärts geschritten in der Ausbildung des Verstandes. Man ist in vielen Dingen erstaunlich klug geworden; aber in Hinsicht auf das Göttliche ist der Ausspruch des Paulus an unserer Zeit wahr geworden: „Da sie sich für weise hielten, sind sie zu Narren geworden."

Wie viele sind, die noch eine Kraft, einen Finger Gottes in der Natur anerkennen? Wie viele glauben fest, daß fruchtbare und unfruchtbare Zeiten vom Herrn kommen, und daß er sich hierbei nach dem Verhalten der Menschen richte? Nein! Alles meint man ausrechnen, alles zum voraus bestimmen zu können, als wenn die Welt nur eine Maschine wäre, in der alles nach längst bestimmten Ordnungen abliefe; eine Maschine, in der Gott nicht mehr nach seiner Freiheit wirkte und waltete. Dies wäre ihnen recht, und dies behaupten sie auch. Fürchtet Gott und gebt ihm die Ehre! Es steht geschrieben: daß, wenn die letzten Gerichte und Heimsuchungen Gottes durch die Natur über das Reich des Antichrists ergehen werden, die Menschen ihre Zungen vor Schmerz zerbeißen und doch nicht Buße tun werden, daß sie Gott die Ehre gäben *(Offenb. 16)*. Woher diese ungeheure Verhärtung? Antwort: vom Unglauben. Sie werden nicht glauben, daß solches von Gott komme. Und das ist schon jetzt der Geist dieser Zeit. Nahrung und Gewerbe stocken jetzt allenthalben in der Welt; wie viele sind, die darüber dem Herrn die Ehre geben, daß sie seine Übermacht anerkennen und seinen Willen, seine Heimsuchungen in dieser Not der Zeit finden möchten? Ach, wenige. Man sucht die Gründe da und dort, man schimpft über die Obrigkeit, man entdeckt Ursachen, die fast nicht unwahrscheinlicher sein könnten. So weit geht aber selten jemand, daß er spräche: „Die Plage ist vom Herrn“, darum tun sie auch nicht Buße. Man ist in unseren Tagen erstaunlich darauf aus, den Geist dieser Zeit hervorzuheben als einen Geist der Klugheit und der Vernunft. Man spricht von einem beständigen Fortschreiten der Menschheit. Man hält es für das größte Verbrechen, dem Zeitgeist nicht zu huldigen. Man gibt sich alle Mühe, daß das sogenannte Licht des Zeitgeistes recht weit verbreitet, ja nicht mehr verdunkelt werde. Dies alles wäre ganz recht, wenn es keinen Teufel gäbe. Aber aus der Bibel wissen wir, daß er der Gott dieses Zeitlaufes ist, daß die Hauptbildung des Zeitgeistes von ihm ausgeht. Und wahrlich! Er hat es so weit gebracht, daß in den Herzen der Menschen dieser Zeit das Unsichtbare wie ein nichtsbedeutender Schatten, das Sichtbare aber wie das einzig Wesentliche dasteht. Die Vorsehung, das Wirken Gottes, sein Wort, seine Verheißungen, seine Drohungen, alles, was nach der Bibel groß ist, das dünkt manchem, als wären es Märlein; Märlein, über die man in großer Klugheit, ich möchte fast sagen, im Schlafe aburteilen kann; Märlein, die, wie es den Menschen dieser Zeit scheint, schon längst bei allen vernünftigen und denkenden Köpfen als solche gelten, an die nur noch das dumme Pöbelvolk glaubt. Nur was in die Augen fällt, Nur Sinneslust, nur was den Gaumen und den Magen reizt, nur was Ehre und Ansehen unter den Menschen bringt, nur das gilt etwas, nur das ist groß, nur das ist des Nachdenkens und der ganzen Aufmerksamkeit wert; die unsichtbaren Dinge aber sind nichts. Mit vollem Recht könnte man den Geist dieser Zeit mit den Worten des Paulus bezeichnen *(Phil. 3, 18 - 19)*: „Viele wandeln als Feinde des Kreuzes Christi, welcher Ende ist die Verdammnis, welchen der Bauch ihr Gott ist, und deren Ehre zu Schanden wird, die irdisch gesinnt sind." Seht, so weit hat's der Teufel gebracht, dessen Dasein sie als einen alten Aberglauben verwerfen. Aber dies ist ein Meisterstreich von ihm, daß er den Glauben an sein Dasein und an seine Wirksamkeit aus den Herzen entfernen konnte; denn nun hat er gewonnenes Spiel. Es nimmt sich niemand in acht vor ihm. Es kämpft und betet niemand gegen ihn. Er kann tun, was er will. Sein Schwarzes muß allenthalben als Weißes gelten.

Glaubt aber nicht, liebe Zuhörer, als ob dies alles nur auf den sogenannten Herrenstand ginge. Nein, dieser Zeitgeist hat um sich gefressen wie ein Krebs und alles durchdrungen. Es fehlt eben auch unter uns an der Furcht, an dem Respekt vor Gott und seinem Wort. Ich will nicht von den großen Schriftverdrehern reden, die in unserer Zeit fast ihr ganzes Leben damit zubringen, das Wort Gottes zu verfälschen, zu verunstalten, in ein falsches Licht zu stellen als den größten, unglaubwürdigsten Unsinn darzustellen, denen wieder Unzählige mit unmäßiger Freude zuhören; von diesen besonderen Werkzeugen des Teufels rede ich nicht. Aber sind denn keine Schriftverdreher unter uns? Gehen wir mit der Bibel so ehrerbietig um, wie es sein soll? Demütigen wir uns unter ihre Worte? Suchen wir niemals einen anderen als den einfachen Sinn, um unserer Lüste willen? Und suchen wir auch alle Wahrheiten in der Heiligen Schrift mit unserem Glauben zu vermengen, ohne das auszulassen, was uns nicht gefällt? O wie werden auch von vielen, die ernstlich nach dem Reich Gottes trachten, Menschenworte über das Wort Gottes gestellt!

II. Wie sollen und können wir alle diese Versuchungen überwinden? Durch eigene Kraft einmal nicht, dazu sind wir viel zu schwach und Satan viel zu mächtig. Kann auch jemand, der ins Wasser gefallen ist, sich am Schopfe nehmen und selbst herausziehen? Wir brauchen also eine andere hilfreiche Hand; wir brauchen Christus, der den Starken überwunden hat.

In der Offenbarung *(Kap. 12)* wird angezeigt, wie die alte verführerische Schlange, der Verkläger der Brüder, von den Brüdern überwunden worden sei. „Sie haben", heißt es dort, „ihn überwunden durch des Lammes Blut und durch das Wort ihres Zeugnisses und haben ihr Leben nicht geliebt bis an den Tod." Hier werden uns drei Mittel zur Überwindung Satans gegeben.

„Sie haben ihn überwunden durch des Lammes Blut", durch die Kraft des Blutes Christi. Diese Kraft muß das Herz erfahren haben; es muß davon durchdrungen worden sein. Es muß im Genuß des versöhnenden und heiligenden Blutes Christi stehen. Es muß wissen, aus lebendiger Erfahrung wissen, was an dem Spruch ist: „das Blut Jesu Christi, des Sohnes Gottes, macht uns rein von aller Sünde." Dann kann es die Versuchungen des Argen sehen und überwinden. „Werdet ihr mein Blut nicht trinken, so habt ihr kein Leben in euch", sagt der Heiland. Von solchen Seelen sagt Johannes: „der Arge wird euch nicht antasten." Wenn ein Sünder in seiner Not etwas von der Vergebung schmeckt, so erfährt er etwas von dieser Kraft des Blutes, das auf Golgatha floß. Und wenn die Seele fortfährt und an Christus bleibt, so erfährt sie immer mehr davon; sie wird immer tiefer hinein versenkt. Die Kraft dieses Blutes, der Welt verborgen und darum von ihr gering geschätzt, wird einem Nachfolger des Heilandes immer größer, immer unentbehrlicher und notwendiger zur Bewahrung auf dem Wege des Mörders *(Ps. 17, 4)*, zu jedem Schritt und Tritt, in jeder äußeren oder inneren Not, im Leben, Leiden und Sterben. Jesus hatte kein Adamsblut in sich. Er war der einzige Mensch ohne Sünde. Er hatte alle Versuchungen Satans überwunden. Es ist dem Satan nicht gelungen, sein Gift dem reinen Menschensohn einzuflößen. Die Schlange durfte ihre ganze Bosheit und Grausamkeit an ihm auslassen; er aber setzte ihr nur die sanftmütige Lammesart entgegen. Es kam der Fürst dieser Welt und hatte nichts an ihm. Und so vergoß er sein Blut zur Versöhnung der Sünden aller Welt. Wer nun als ein armer Sünder Vergebung findet durch den Glauben an den Heiland und eben damit der Kraft seines Blutes teilhaftig wird, der hat etwas in sich, dem Satan nicht widerstehen kann, vor dem er flieht als vor dem Angesicht Gottes. Wenn die Kräfte der Finsternis hereindringen, so muß die Seele zur Kraft des Blutes und Kreuzes Christi zurückfliehen, und Satan ist überwunden. Herrliche, große, unaussprechliche Kraft dieses Blutes! In einem alten Lied wird sie auch gepriesen:

Sein Blut, der edle Saft,
Hat solche Stärk und Kraft,
Daß auch ein Tröpflein kleine

Die ganze Welt kann reine,
Ja aus des Teufels Rachen
Frei, los und ledig machen.

Sie haben ihn überwunden durch des Lammes Blut und durch das Wort ihres Zeugnisses, durch das Wort, von welchem sie Zeugnis gaben, durch das Wort Gottes. Ich muß mich schämen vor dem Heiland, wenn ich sehe, wie er, der Sohn Gottes, das Wort handhabt; wie er alles darauf setzt; wie er es als Schwert des Geistes, als Wehr und Waffe gebraucht gegen die Versuchungen des Teufels. Ist es so auch bei uns? Sind wir auch so bewandert im Worte? Stehen wir auch so in der Nüchternheit, daß der Geist Gottes uns zur rechten Stunde einen Spruch einfallen lassen kann, dadurch unsere Augen zu stärken und gegen den hereindringenden Geist der Finsternis zu bewahren? Satan verstellt sich oft in Lichtengelsgestalt, wie auch hier bei der Versuchung des Heilandes, so namentlich in unserer Zeit. Da lehrt uns nur das Wort und der fleißige Umgang damit das Rechte erkennen.

Endlich haben sie ihn überwunden dadurch, daß sie ihr Leben nicht lieb hatten bis an den Tod. Sie haben alles daran gesetzt, auch das Liebste, was der Mensch hat, das Leben. Obwohl es für jetzt nicht so aussieht, als ob wir dies auch ausüben sollten, so muß doch der Sinn, der darunter liegt, auch unser Sinn werden. Wir müssen uns den Sinn schenken lassen von dem Herrn, daß wir alles daran setzen, um dem Heiland nachzufolgen und in seiner Gemeinschaft zu bleiben, um von ihm als wachend erfunden zu werden, wenn er kommt. Das laue, das lahme, das halb erstorbene Christentum ist im Grunde kein Christentum, sondern eine Knechtschaft des Teufels. Satan hat seine Freude daran. Aber wer recht wacker wird im Laufe, der wird die Künste Satans kennenlernen, und sie auch überwinden.

Was wollen wir zu dem allem sagen? Das wollen wir sagen:

Wollen wir nicht bleiben des Teufels Beute,
So müssen wir werden des Heilands Leute! Amen.

17. Am dritten Sonntag nach dem Erscheinungsfest (Erste Predigt)

Und am dritten Tage ward eine Hochzeit zu Kana in Galiläa; und die Mutter Jesu war da. Jesus aber und seine Jünger wurden auch auf die Hochzeit geladen. Und da es an Wein gebrach, spricht die Mutter Jesu zu ihm: Sie haben nicht Wein. Jesus spricht zu ihr: Weib, was habe ich mit dir zu schaffen? Meine Stunde ist noch nicht gekommen. Seine Mutter spricht zu den Dienern: Was er euch sagt, das tut. Es waren aber allda sechs steinerne Wasserkrüge gesetzt nach der Weise der jüdischen Reinigung, und ging in je einen zwei oder drei Maß. Jesus spricht zu ihnen: Füllet die Wasserkrüge mit Wasser! Und sie füllten sie bis obenan. Und er spricht zu ihnen: Schöpfet nun und bringet's dem Speisemeister! Und sie brachten's. Als aber der Speisemeister kostete den Wein, der Wasser gewesen war, und wußte nicht, woher er kam (die Diener aber wußten's, die das Wasser geschöpft hatten), ruft der Speisemeister den Bräutigam und spricht zu ihm: Jedermann gibt zum ersten guten Wein, und wenn sie trunken geworden sind, alsdann den geringeren; du hast den guten Wein bisher behalten. Das ist das erste Zeichen, das Jesus tat, geschehen zu Kana in Galiläa, und offenbarte seine Herrlichkeit. Und seine Jünger glaubten an ihn. Joh. 2, 1 - 11

Wir treffen heute den Heiland auf einer Hochzeit an. Es gibt Leute, die sich fast daran ärgern und denken, was tut doch der Heiland auf einer Hochzeit? Schickte sich das auch für ihn? Es gibt aber wieder andere, die sich darüber freuen und sprechen: da sieht man deutlich, daß die finsteren Köpfe Unrecht haben, die sich ein Gewissen daraus machen, an allerhand Lustbarkeiten teilzunehmen. Ein heiteres Christentum, sagen sie, das ist dem Heiland angenehm, keine Kopfhängerei. Antwort: Wenn der Heiland auf die Hochzeit zu Kana gegangen wäre, um sich dort zu belustigen, so hätten diejenigen recht, die sich an ihm ärgern; und die leichtsinnigen Weltlinge, die sich heitere Christen nennen, hätten auch recht, wenn sie sich auf ihn berufen. Aber hatte der Heiland diese Absicht? Unser Evangelium belehrt uns eines ganz anderen. Hier offenbarte er das erste Mal seine Herrlichkeit, eine Herrlichkeit voller Gnade und Wahrheit. Dies war seine Hauptabsicht.

Es gibt Leute, die meinen, auf einer Hochzeit tauge das Christentum nicht. Wenn man sich auch allenthalben als Christ, als Nachfolger Jesu beweise, so sei es doch billig, bei einer Hochzeit oder einer anderen gleichen Gelegenheit eine Ausnahme zu machen. Wenn sie deshalb etwas Unanständiges, Unchristliches, Sündliches an sich und anderen bei solchen Gelegenheiten bemerken, so sind sie viel nachsichtiger in ihrem Urteil als sonst. Da heißt es, man muß dies zur Hochzeit rechnen, das geht in die Kirchweih, das geht in den Herbst usw. Sie meinen, es gebe Zeiten und Umstände, wo es eher erlaubt sei, ein Narr oder ein Heide zu sein als zu anderen Zeiten. Manche verlegen ihr Christentum bloß in die Kirche oder in eine andere christliche Versammlung. Im Hause, beim Handwerk, hinter dem Pflug, da brauche man das Christentum nicht, da sei man Hausvater oder eine Hausmutter, ein Handwerksmann, ein Bauer usw., aber kein Christ. Wer aber kein Christ ist hinter dem Pflug, der ist auch keiner in der Kirche; denn das Christentum ist nicht ein Rock, den man nach Belieben aus- und anziehen kann.

Aber wie muß man es denn machen, um in seinem täglichen Leben und äußeren Beruf, der ja meistens gar keinen Bezug aufs Himmlische hat, ein Christ zu sein? Antwort: Man muß seinen äußeren Beruf und die Vorkommnisse des täglichen Lebens zu einem Gottesdienst machen. Dies will ich weiter ausführen, indem ich zeige,

wie unser tägliches Leben und äußerer Beruf ein Gottesdienst werden müsse.

Ich will davon reden,

I. was das heißt, sein tägliches Leben und seinen äußeren Beruf zu einem Gottesdienst zu machen;

II. was es für ein Segen ist, wenn man dies tut.

Liebreicher Gott! Wir kennen Deine Wege nicht, weil wir von Natur blind sind. „Lehre uns tun nach Deinem Wohlgefallen, denn Du bist unser Gott! Dein Heiliger Geist führe uns auf rechter Bahn!“

I. Wenn man an Christi Statt die Menschenkinder bittet, daß sie doch ihrer Seelen Heil bedenken und zur Hochzeit des Lammes kommen möchten, so hat man häufig Gelegenheit, die Beobachtung zu machen, daß sie sich entweder laut mit Worten oder nur in ihrem Inneren vor ihrem eigenen Gewissen mit ihrer äußeren Lage entschuldigen. Ich kann mich, heißt es dann, mit dieser Sache nicht einlassen, ich habe einen Acker gekauft, ich muß hinaus gehen und ihn besehen; oder: ich habe fünf Joch Ochsen gekauft, ich muß hingehen, sie zu besehen; oder: ich habe ein Weib genommen *(Luk. 14, 18. 20)*; oder: ich habe ein großes Gut und Vermögen zu verwalten, ich muß meine Gedanken hierauf richten; oder: ich bin ein armer Mann, ein armes Weib, ich habe genug zu tun, um nur für das tägliche Brot zu sorgen; oder: ich bin ein Dienstbote, ich habe einen unruhigen Dienst, ich kann keine Zeit für das Geistliche erübrigen; oder: mein Ehegatte, mein Nachbar wird von einem feindseligen Geist gegen mich umgetrieben, wie kann da ein Segen vom Wort Gottes aufkommen in meinem Herzen? Kurz, meine Verhältnisse machen es mir unmöglich, mich zu bekehren. Ein Geistlicher, meint mancher, hat in dieser Hinsicht eine günstige Lage; denn sein Beruf bringt es schon mit sich, daß er sich mit Gottes Wort beschäftige, für seine und seiner Beichtkinder Seligkeit sorge, aber ich, wo sollte ich Zeit hernehmen zu diesem Geschäft? Diese und dergleichen Vorwände und Entschuldigungen sind unter den Menschen sehr gewöhnlich, und wenn sie solch einen Grund ihrem eigenen Gewissen entgegenhalten oder den Ruf zur Bekehrung, der von außen her an sie erging, auf diese Art abgewiesen haben, so pflegen sie im Wahn zu stehen, sie hätten eine äußerst triftige Entschuldigung vorgebracht, gegen die kein Mensch mehr etwas einwenden könnte.

Aber, lieber Mensch, wenn du deine äußere Lage zum Vorwand deiner Unbußfertigkeit machst, so fällt die Schuld der letzteren auf Gott zurück. Denn wer hat dich in deinen Beruf und in deine Lage hineingesetzt? Wer hat das Gebot gegeben: im Schweiß deines Angesichts sollst du dein Brot essen? Wer hat dich arm oder reich gemacht? Ist's nicht Gott? Siehe, auf Gott wirfst du die Schuld deiner Unbußfertigkeit, wenn du sie auf deine äußere Lage schiebst. Und der Gott, der da will, daß allen Menschen geholfen werde, der eben, um ihnen zu helfen, seines eingebornen Sohnes nicht verschont hat, sondern hat ihn für uns dahingegeben in Not und Tod – dieser Gott soll daran schuldig sein, daß du dich nicht bekehrst und also verloren gehst? Das sei ferne! Nein, du selbst bist der Mann des Todes. Du bist in irdischen Sinn versunken. Deine Neigung, deine Liebe geht auf die Welt und auf das, was von der Welt ist, und du willst dir nicht einmal aus diesem Elend helfen lassen. Wenn das Wort Gottes Wurzel fassen will in dir, so kommen die Dornen des vergänglichen Mammons und die Sorgen und Wollüste des Lebens und das Geschwätz und das Weltleben und ersticken den guten Samen in dir, und du läßt ihn ersticken. Hierin liegt die Schuld deiner Unbußfertigkeit, nicht aber in der äußeren Lage.

Daß aber die Menschen ihre Gottlosigkeit gerade mit ihrer äußeren Lage entschuldigen mögen, kommt daher, weil sie ganz falsche Vorstellungen vom Leben in Gott und vom äußeren Leben haben und es als etwas Bekanntes voraussetzen, daß gottselig leben in dieser Welt und seinem irdischen Beruf obliegen zwei ganz verschiedene Dinge seien, daß ein Mensch sein und ein Christ sein, das Leben in dieser Welt und das Leben für die Ewigkeit etwas Verschiedenes, ja Unvereinbares sei. Dieser Wahn ist ziemlich allgemein unter den Menschen. Was denken sich die meisten unter wahrer Frömmigkeit? Verstehen sie nicht eine Gemütslage darunter, wo man an gar nichts mehr denkt als an himmlische Dinge, wo man sich um das Irdische gar nicht mehr kümmert, also fast untüchtig wird zu jeder Besorgung eines anderen als eines geistlichen Geschäftes? Zwar haben die lauen und weltlich gesinnten Christen und die neueren aufgeklärten Lehrer eines heiteren Christentums, von denen ich anfangs geredet habe, dieser Vorstellung ziemlich Abbruch getan und viele Menschen durch ihren Wandel und durch ihre Worte auf das Gegenteil, nämlich zu der Ansicht gebracht, daß die Liebe zur Welt und zu dem, was dem Fleisch gefällt, sich wohl mit dem wahren Christentum reimen lasse, ja nach dem Willen Gottes dazu gehöre. Aber doch steckt das Vorurteil, daß der irdische und himmlische Beruf eines Menschen sich nicht miteinander vereinigen lassen, noch in vielen und muß bei all denen entstehen, die zwar den rechten Begriff von der Größe des himmlischen Berufes haben, aber dabei die irdischen Verhältnisse nicht auf Gott zurückführen, sondern sie nur als etwas Zufälliges, als einen Tummelplatz unserer Leidenschaften und unseres Eigenwillens betrachten.

Von diesem Vorurteil ist es hergekommen, daß bald einige Jahrhunderte nach Christi Geburt in der Kirche die Meinung herrschte, wer wahrhaft gottselig leben wolle, der könne sich unmöglich mehr mit den irdischen Geschäften einlassen; er müsse sich aus dem Geräusch der Welt entfernen und in die Einsamkeit gehen, um dort seine ganze Zeit für Gebet, Betrachtung der Heiligen Schrift und andere Andachtsübungen zu verwenden. So ist es zuweilen gekommen, daß Ehegatten, die durch den Heiligen Geist zum Trachten nach dem Reich Gottes erweckt worden waren, auseinander gegangen sind, der Mann rechts in die Wüste, die Frau links in die Wüste, haben sich von ärmlicher Kost genährt und ihre ganze Zeit im Gebetsumgang mit Gott zugebracht, auch wohl einander die Tage ihres Lebens nicht mehr gesehen. Das hieß man ausgehen aus der Welt. Allein das rechte Ausgehen aus der Welt besteht nicht darin, daß man in die Wüste geht, wo man sich selbst auch mit hinausnimmt, sondern darin, daß man seinem Pharisäer und seinem Sadduzäer und seinem falschen Propheten und seinem Antichrist und seinem Weltling, den man im eignen Herzen herumträgt, täglich abstirbt, was mitten im Sturm und Geräusch des Lebens geschehen mag, und nicht durch Rennen und Laufen, sondern durch Gottes Gnade und Erbarmung vollbracht wird.

Glaubt aber nicht, liebe Zuhörer, daß es jetzt keine Leute mehr gebe, die ihr Christentum in der Wüste führen möchten wie in den ersten Jahrhunderten. Wie mancher Anfänger im Christentum seufzt noch jetzt in seinem Inneren: ach, wenn ich nur ein eigenes Häuschen hätte, ein eigenes Stübchen, wo ich einsam und allein sein könnte! Da wollte ich mich hineinsetzen und Welt Welt sein lassen; da wollte ich mich einzig mit dem Herrn beschäftigen; wie fromm wollte ich werden! Aber durch meinen äußeren Beruf werde ich immer gestört; ich werde durch allerhand vorkommende Umstände aus der Andacht des Herzens herausgerissen; ich werde zu viel herumgestoßen in dieser Welt und kann nicht so fromm sein, wie ich wünschte. O lieber Mensch, du solltest Gott danken, daß du nicht so fromm sein kannst, als du wünschtest; das ist dir gerade gesund, wenn du ordentlich herumgestoßen wirst. So offenbart sich, was in deinem Herzen steckt, so wirst du vielleicht noch tüchtig zum seligmachenden Glauben, zum Glauben an den, der die Gottlosen gerecht macht. Siehe, wenn du das falsche Bild von Frömmigkeit, das du in dir hast, an dir selbst wahr machen könntest, wer könnte dann noch bleiben vor deiner großen Gerechtigkeit! Was muß man zuweilen an Krankenbetten für Beobachtungen machen! Wenn ein Vater, eine Mutter, ein Sohn oder eine Tochter, oder sonst ein Verwandter krank oder todkrank ist, was tun die Gesunden, wenn es anders ehrbare Leute sind? Antwort: Sie entfernen vom Kranken alles, was ihn an seinen irdischen Beruf und andere Sorgen erinnern könnte. Nun, das ist recht gut; so bekommt der Geist Gottes eher Raum, die Seele des Kranken auf ihren eigenen

Zustand und auf ihr Verhältnis zu Gott aufmerksam zu machen. Aber wenn dann der Kranke, der vielleicht seinem äußeren Beruf in der Furcht Gottes obgelegen, der vielleicht über seine äußeren Angelegenheiten fleißig mit dem Herrn geredet und den Willen Gottes auch in seinen häuslichen und anderen Geschäften zu treffen gesucht hatte, ich sage, wenn solch ein Kranker auf seinem Totenbett noch nach der oder jener irdischen Angelegenheit fragen will, was wird ihm entgegnet? Da kommt die Antwort: laß das fahren, du sollst an nichts Irdisches mehr denken; du hast nun nichts zu tun, als für deine Seele zu sorgen; gerade als wenn das Sorgen für die Seligkeit ein Geschäft wäre, das man besorgen kann, wie ein Tagelöhner seine Arbeit besorgt. O liebe Zuhörer, die Gottseligkeit ist kein Gewerbe; auch liegt es nicht an jemandes Wollen oder Laufen, sondern einzig und allein an Gottes Erbarmen.

Von diesem Vorurteil, daß man den himmlischen und irdischen Beruf einander als verschieden entgegensetzt, kommt es her, daß viele Menschen sich selbst für wahre Christen halten, die es doch nicht sind, und bei denen der Lebenswandel vom Gegenteil Zeugnis gibt. Weil sie nämlich wohl einsehen, daß das, was sie sich unter Frömmigkeit denken, nämlich ein Herzenszustand, wo man im Blick auf das Unsichtbare alle irdischen Verhältnisse vergißt und geringschätzt, in dieser armen Welt nicht ausführbar ist, indem die Notdurft unseres gebrechlichen Leibes und oft heilige Pflichten für den Mitmenschen unseren Blick immerdar wieder von der Höhe auf den Boden herabziehen, so haben sie einen anderen Ausweg gefunden. Sie bilden sich nämlich ein, Gott, der ja unser irdisches Elend, unsere Notdurft und Gebrechlichkeit wohl kenne, treibe es mit seinen Forderungen auch nicht aufs höchste, sondern er sei zufrieden, wenn man gewisse Zeiten zum Dienst Gottes und die übrige Zeit zum Dienst des Eitlen anwende. Die erste und Hauptzeit, die zum Gottesdienst nach der Meinung dieser Menschen bestimmt ist, ist der Sonntag. Des Sonntags gehen sie also zur Kirche, etwa auch in eine christliche Versammlung, erbauen sich wohl noch aus einem geistlichen Buch; an den übrigen Tagen bekommt der Herr noch etwa eine Viertelstunde des Morgens und eine Viertelstunde des Abends, wenn anders die Geschäfte nicht zu dringend sind, und vor und nach dem Essen noch ein paar Augenblicke. Das ist der Gottesdienst dieser Leute. Glaubt nicht, liebe Zuhörer, daß ich diese Übungen tadeln wollte. Sie sind sehr gut und heilsam. Wollte Gott, die Christen möchten sich alle zu diesen Übungen bequemen! Es würde mehr Gottesfurcht in der Welt sein als gegenwärtig vorhanden ist. Das ist also nicht fehlerhaft, daß man dem Andenken an den Herrn, dem Gebet, der Betrachtung des Wortes Gottes besondere Zeiten widmet; aber das ist fehlerhaft, wenn man meint, dadurch sei Gott abgefertigt, die übrige Zeit gehöre dem Dienst der Welt und der Eitelkeit. Und das meinen viele. Mit Macht stürzen sie sich, wenn sie ihrer Schuldigkeit gegen ihren Schöpfer Genüge getan zu haben glauben, in das irdische Leben hinein; denken nun hinfort an nichts mehr als ans Irdische, bis wieder die Zeit zum sogenannten Gottesdienst kommt. Ja sie erlauben sich Ausbrüche der Sünde und geben sich ganz den finsteren Bewegungen ihres Herzens, den Einflüssen der Geister der Bosheit preis, ohne Wachsamkeit, ohne Anhangen an Gott und ohne Aufmerksamkeit auf die Stimme des Geistes der Wahrheit. Kaum hat ein solcher Mensch den Heiland zu Gast gebeten und gesprochen: „Komm, Herr Jesu, sei unser Gast und segne, was du bescheret hast“, so setzt er sich zu Tisch und fängt etwa Zank über dem Essen an, oder er erlaubt sich Unmäßigkeit im Essen und Trinken, was die

Bibel Fressen und Saufen heißt. Eben hat er gebetet: „Vergib mir meine Schuld, wie ich vergebe meinen Schuldigern“, so fängt er an, über seinen Nächsten zu schmähen oder über ihn afterzureden oder seine Laune oder seinen Grimm an ihm auszulassen und meint doch, er sei ein rechter Christ. Das gibt sonderbare Christen. Da kann man Christen sehen, die armen Erdwürmern oder grimmigen Löwen oder wütenden Hunden gleich sind, die jeden Vorübergehenden beißen, oder unersättliche Geizhälse, oder Fresser und Säufer oder Betrüger usw., und meinen doch, sie seien Christen. Warum? Sie geben in ihrer Blindheit Gott, was Gottes ist, und so gebührt nun nach ihrem Wahn auch dem Fleische, was des Fleisches ist. O mein lieber Zuhörer, meine nicht, als ob du über diesen Irrtum so weit erhaben seist. Er steckt viel tiefer, als sich viele Menschen einbilden. Was für ganz andere Leute sind wir oft in der Kirche als außerhalb der Kirche, in einer christlichen Versammlung oder Gemeinschaft als in unserem Hauswesen, zwei Tage vor dem Genuß des heiligen Abendmahls als in der übrigen Zeit!

Ich hoffe, liebe Zuhörer, ihr seht ein, daß das wahre Christentum nicht darin besteht, daß man sich aus der Welt entferne, aber auch nicht darin, daß man sechs Tage lang ein Heide sei und am siebenten ein Christ sein wolle. Nein, das Christentum und der äußere Beruf gehören zusammen. Beide müssen so miteinander verwoben werden, daß du am Werktag so gut ein Christ bist wie am Sonntag und hinter dem Pflug so gut, als wenn du auf den Knieen liegst und betest. Wie mag solches zugehen? Der Heiland sagt: „Trachtet am ersten nach dem Reiche Gottes und nach seiner Gerechtigkeit, so wird euch das übrige alles zufallen.“ Der himmlische Beruf ist also der vorzüglichere, der irdische aber ist der geringere. Damit nun der irdische nicht den himmlischen verdränge, denn solches kann er leicht in uns tun, die wir Fleisch sind von Fleisch geboren, so muß der irdische in die Natur des himmlischen verwandelt, oder, wie ich oben gesagt habe, unser tägliches Leben und äußerer Beruf muß ein Gottesdienst werden. Dies wird aber geschehen, wenn wir das Wort des Apostels in Ausübung bringen lernen: „Alles, was ihr tut mit Worten oder mit Werken, das tut alles im Namen des Herrn Jesu, und danket Gott und dem Vater durch ihn."

Seht, liebe Zuhörer, Gott hat jeden unter uns in die äußere Lage, in die Verhältnisse, in den Wirkungskreis gesetzt, wo wir uns eben jetzt befinden. Manchmal setzt sich auch ein Mensch durch seinen eigenen Willen in eine Lage und einen Beruf hinein ohne Gottes Führung; aber Gott läßt es ihm zu und macht ihm gerade die Lage, in die er sich durch seinen Eigenwillen selbst hineingeführt hat, zu einer Erziehungsanstalt für die Ewigkeit. Anders verhält es sich freilich da, wo ein äußeres Verhältnis an sich schon sündig ist. Hier hat der Mensch sobald wie möglich auszutreten und seine Seele zu erretten; denn Gott ist nicht mit ihm. Aber wo dies nicht der Fall ist, da sollen ihn eben sein tägliches Leben und die darin sich ereignenden Umstände zu Gott führen und im Anhangen an Gott befestigen. So ist es der Wille Gottes. Gott hat in die Vorkommnisse des täglichen Lebens so viele Beziehungen auf ihn verflochten, daß ein aufmerksames Herz dadurch unaufhörlich auf den Herrn zurückgewiesen wird. Wie viel Gelegenheit an Gott zu denken findet nur z. B. ein Landmann in seinem irdischen Beruf, in den Dingen, die ihn umgeben! Wer läßt die Pflanzen aus der Erde wachsen! Wer gibt Regen und Sonnenschein! Wer gibt das Gedeihen zum Vieh! Wer gibt Kräfte zur Arbeit! Wer beschert das tägliche Brot! Ist nicht jeder Grashalm, der aus dem Boden wächst, ein Fingerzeig, der zu Gott hinaufweist? So ist es aber in jedem ehrlichen Stande. Wer schickt dem Kaufmann die Käufer? Wer gibt dem Handwerksmann Arbeit und somit sein tägliches Brot? Wer schickt dieses oder jenes Leiden? Ist's nicht Gott? Und was will er damit? Das sind lauter Fäden, die er an unser irdisches Leben knüpft, um uns dadurch nach oben zu ziehen. Solch ein Faden war die Anwesenheit des Heilandes auf der Hochzeit zu Kana. Ein neuer Faden war die Not, die bei den Brautleuten entstand. Und ein dritter Faden war die herrliche Hilfe durch den Sohn Gottes. O, wer hierauf genug merkte! Wie würde ihm Gott allenthalten begegnen, der Gott, ohne dessen Willen kein Haar von unserem Haupt fällt!

Aber nicht nur er begegnet uns in unserem täglichen Leben; wir sollen auch ihm darin begegnen; und das gibt erst die rechte Haltung in unser irdisches Leben. Jeder soll in seiner Art, in seinem Wirkungskreis, in seinen Umständen, in seinen Widerwärtigkeiten Treue und Geduld beweisen in der Kraft, im Namen Jesu. Um Jesu willen soll er sich darin vor Sünden und Versäumnissen hüten und sich dazu Weisheit und Kraft von oben erbitten, damit er, wenn der Heiland kommt, als treuer Haushalter erfunden werde, und er ihm sagen könne: „Ei, du frommer und getreuer Knecht, in wenigem, im Irdischen, im täglichen Leben, in geringen Umständen, die der hoffärtige Weltgeist weit übersieht, bist du treu gewesen; ich will dich über viel setzen; gehe ein zu deines Herrn Freude.“ So wird das Leben wahrhaft christlich.

Wenn also eine Magd die Stube auskehrt oder ihren Stall reinigt, so kann sie solches tun im Unmut, mit Murren, im Knechtsgeist um des Lohnes willen, aus Gewohnheit, und in diesem Fall wird sie durch ihr Geschäft von Gott abgeführt, wenigstens nicht zu ihm hingezogen. Sie kann es aber auch tun um des Herrn willen. Sie kann es aus Liebe und Gehorsam gegen den Heiland tun, der sie in solchen Beruf gesetzt hat. Sie kann dabei um des Herrn willen Fleiß und Treue und Genauigkeit beweisen, und so nicht nur ihr Auskehren und Reinigen, sondern alle ihre übrigen Geschäfte dem Heiland heiligen. Ist sie an diesem Punkt bei ihren Geschäften, so wird ihr ihr ganzer Beruf zur wahren Förderung ihres inneren Wachstums, und sie ist, wenn sie das niedrigste Geschäft in diesem Sinne vollbringt, dem Herrn angenehmer, als wenn sie zu der Zeit, wo sie solches Geschäft hätte tun sollen, auf ihren Knieen gelegen und gebetet hätte. Und wenn eine Hausfrau Kinder hat und muß diese Kinder waschen und ihre Kleider flicken und ihren Unarten wehren und muß nebenbei noch kochen und ihrem schweren Haushalt vorstehen, wo zuweilen eins um das andere daherstürmt, so hat sie allerdings in ihrem täglichen Leben viel Reizung zur Ungeduld und zu allerhand Ausbrüchen übler Laune. Aber, so wie sie sich besinnt und den festen Entschluß in sich faßt und spricht in ihrem Herzen: du hast mir diesen Stand angewiesen, lieber Heiland, und weil diese Sachen von dir kommen, so will ich es nun versuchen um deinetwillen, ob ich nicht Treue und Fassung und Geduld darunter beweisen und behaupten kann. Gib mir nur Weisheit dazu und Kraft aus deinem Heiligtum in dieses mühselige Leben und Treiben herein! Und sie geht hin und greift in Jesu Namen das Werk, wozu sie Gott bestimmt hat, wieder frisch an. Siehe, so tut sie einen Gottesdienst und ist so fromm, wie wenn sie in der Kirche wäre und hätte die schönsten Rührungen in ihrem Herzen. Und wenn ein Weber hinter seinem Webstuhl sitzt und wirft sein Weberschifflein hin und her und denkt bei sich selbst in seinem Herzen, es ist zwar eine etwas langweilige und ungesunde Arbeit um das Weben; auch ist der Verdienst nicht eben groß; aber wenn ich dir nur in meinem geringen Teil durch mein Weben Ehre machen könnte, großer Heiland, so würde ich mich überglücklich schätzen. Ach, gib mir doch die gehörige Weisheit und Treue, daß ich dem, der sein Tuch bei mir weben läßt, mein Geschäft so gut und genau wie möglich besorge; auch bewahre mich davor, daß ich ihm durch Unachtsamkeit oder durch Eigennutz nichts veruntreue. Ich sage, wenn ein Weber so denkt und wendet also um Jesu willen den größtmöglichen Fleiß auf seine Arbeit, so macht er aus seinem äußeren Beruf einen wahren Gottesdienst und aus seiner Weberstube eine Kirche und ein Heiligtum Gottes. Und wenn ein Bauer seine Stiere zum Markt treibt, und er befiehlt die Sache vorher dem Heiland, und es ist ihm um des Heilandes willen darum zu tun, daß er doch beim Verkaufen ja nicht lügen, nicht übermäßig loben, keine unnützen Worte machen, sondern seine Rede möchte „ja, ja! nein, nein!" sein lassen und möchte lieber Schaden leiden als seinem Nächsten Schaden zufügen, alles aus Gehorsam und Liebe zum Heiland, so hat er aus seinem Handel einen Gottesdienst gemacht. Braucht's noch mehr Beispiele? Ich hoffe, ihr versteht jetzt wohl, was ich meine. Alle Arbeit, bei jedem Beruf, er mag Namen haben wie er wolle, muß vor dem Herrn geschehen. Denn nicht das, was man tut, es sei so hoch oder niedrig wie es wolle, sondern der Sinn, mit dem man es tut, gibt allein vor ihm den Ausschlag. Seht, so kann man aus allem einen Gottesdienst machen, aus Essen und Trinken, Schlafen und Wachen, Reden und Schweigen, Laufen und Sitzen, Arbeiten und Ruhen, ja, was sage ich, so müssen denen, die Gott lieben, alle Dinge zum besten, zum Vorschub dienen, und weder Teufel noch Welt kann das hindern. Und wenn wir auch tausend Fehler in diesen Übungen machen, was nicht anders sein kann; denn unsere besten Werke sind nicht vollkommen gut, sondern sämtlich mit Beweisen unseres Falles und unseres Elends durchwirkt, so treiben ja die sündlichen Fehler und Schwachheiten, die ein Christ an sich bemerkt, ihn wieder zu Gott, so daß er Tag und Nacht nicht aus der Schule kommt. Solch ein Leben heißt man ein christliches. Nun laßt uns

II. sehen, was es für ein Segen ist, wenn es so bei uns wird. Wenn jemand seinen äußeren Beruf und seine irdischen Verhältnisse von diesem Gesichtspunkt ansehen und in solch eine geistliche Übung einführen lernt, so hat er einen gesegneten, seligen Stand. Zwar, das darf man nicht verhehlen, auch ein Christ hat bei dem allen ein mühevolles Pilgerleben und manche bittere Erfahrung darin. Die Himmlischen nennen dieses Leben die große Trübsal *(Offbg. 7,14)*, und dies ist es auch. Je mehr ein Mensch mit seinem Sinn von der Welt geschieden wird, desto mehr fühlt er hier den Druck der Fremdlingschaft. Aber dessen ungeachtet hat ein Christ viel Trost in aller Mühe und Arbeit. Wenn man seinen Lauf mit dem Heiland und zur Ehre des Heilandes vollenden möchte, so spricht der Geist der Wahrheit dem Herzen manch süßes Trostwort zu. Da öffnen sich Wasserquellen in der Wüste, und das Brot vom Himmel stärkt die ermatteten Kräfte bis zur Heimat hin; denn der Herr läßt es den Seinen nicht an dem fehlen, das sie bedürfen *(Ps. 23)*. Der Gang eines Christen ist bei aller Mühe ein gesegneter Gang.

So sind die Gottlosen nicht. Sie fühlen die Plage dieses Lebens zehnfach. „Sie haben viel Plage", spricht der Herr. Wenn ein Mensch sein irdisches Leben und seinen äußeren Beruf ohne Gott führt, so ist eitel Unsegen in seinen Wegen. Welch ein stumpfes, kaltes, langweiliges, totes Gewohnheitsleben führen die meisten Menschen! Es ist kein Licht und keine Kraft weder in ihrem Aufstehen noch in ihrem Zubettgehen, weder in ihrem Arbeiten noch in ihrem Ausruhen, sie wissen nicht, wozu sie in der Welt sind, außer etwa zum Abmühen oder Absorgen, um ihr Brot zu erwerben und ihre übrigen tierischen Bedürfnisse befriedigen zu können. Dazu kommen viele Plagen. Der eine ist arm, wie viel Not hat er dadurch! Ein anderer ist reich, wie viel Sorgen macht ihm das! Der eine will erwerben und gewinnen, aber heute entschlüpft ihm dieser Vorteil, morgen ein anderer; heute heckt er einen klugen Plan aus, morgen wird ihm seine Rechnung durchstrichen. Und wenn ihm auch manches gelingt, so bleibt doch die Begierde seines Herzens ungestillt, weil der Geiz unersättlich ist. O, das ist eitel Herzeleid! Ein anderer legt es in seinem Leben hauptsächlich auf Gemächlichkeit, Bequemlichkeit, auf sogenannten Lebensgenuß an. Aber, o besondere Einrichtung Gottes! Der Weg zu diesem Ziel führt die meisten Menschen durch lauter Ungemächlichkeit, Unbequemlichkeit, Anstrengung. Und wie viele Dinge sind, die hindernd und hemmend im Wege stehen! Ein anderer wird wieder von einer anderen Hauptbegierde umgetrieben; aber er trifft auf lauter Hindernisse und Anstöße. So wird man mürrisch, verdrossen, neidisch, streitsüchtig, sucht die Schuld da und dort, verachtet, haßt seinen Nächsten, betrachtet ihn als bloßes Mittel, um seine Zwecke durch ihn zu erreichen, tritt ihm feindselig entgegen, wenn solches nicht gelingt, und tröstet sich zuletzt mit seinem Verstand, mit seiner Geschicklichkeit, mit seiner Rechtschaffenheit, macht aber eben, nachdem man sich so getröstet hat, einen Mißgriff, ärgert sich darüber, stürzt sich wieder mit neuer Wut in seine Geschäfte. Kurz, der Gottlosen Weg ist lauter Unsegen, Unfrieden von innen und außen, eitel Unfall und Herzeleid. Es ist ein Jammerleben, wenn man ohne Christus lebt.

Doch die Menschen haben Auswege erfunden. Weil nämlich dem Fleisch, das im täglichen Leben und Umtrieb seine Nahrung sucht, eben darin fast beständig etwas zuwiderlaufen und weh tun muß, so suchen sie sich auf andere Weise schadlos zu halten. Es gibt allerhand solcher Auskunfts- und Erholungsmittel. Diejenigen, die Geld haben, suchen ihre Entschädigung für die Plage des Lebens im Essen und Trinken oder vielmehr im Fressen und Saufen. Andere wollen sich mit allerhand Liebhabereien des Lebens Bitterkeit versüßen. Die kein Geld haben, müssen sich meistens mit der Hurerei begnügen, entweder mit der feineren oder mit der gröberen; die letztere folgt doch immer der ersteren nach. So gibt es Leute, die aus Fressen und Saufen und allerhand Reizungen des Geschmacksinnes ein Gewerbe machen, die den Tag für verloren achten, an dem sie von diesem Geschäft abgehalten wurden. So gibt es Selbstgefällige, die ohne sonstige Rücksicht ihren Liebhabereien nachhängen. So wird Unzucht getrieben in Worten, in Gedanken, mit Augen, mit losen oder doch faulen Gesprächen, in der Tat, außer und in dem Ehestand; denn auch im Ehestand kann man Hurerei treiben. Alles, damit man sich das arme, ungesegnete Leben ein wenig versüße. Obendrein hat man zu eben diesem Zweck, sich des Lebens Bitterkeit zu versüßen, noch andere Dinge erfunden. In den Städten gibt es Schauspiele, allerhand Reizungen der Neugierde, der Augenlust, der feineren Fleischeslust, deren Befriedigung sie zum guten Ton rechnen, allerhand Verbindungen, Zusammenkünfte, wo es, wie sie sagen, auf geistigen Genuß ankommt. Das nennen sie die Würze des Lebens. Aber wenn das Fleisch, wenn der Hochmut, die Lästersucht, die Fleischeslust usw. ihre Nahrung nicht dabei finden, so haben sie wenig sogenannten geistigen Genuß dabei. In den Dörfern gibt es auch solche Zusammenkünfte. Man erzählt abgeschmackte oder sündliche Geschichten. Man schmäht über Abwesende; man hetzt die Menschen aufeinander, um die teuflische Freude zu haben, einem Krieg zuzusehen; man vergnügt sich in allerhand unzüchtigen Worten, oder es gibt andere Lustbarkeiten, hin und wieder eine Hochzeit, die Kirchweihe und dergleichen andere. Dies soll die Entschädigung für die Plage des Lebens sein, die allerdings schwer auf ihnen lastet, weil sie dieselbe ohne den Heiland tragen.

Aber was sind es für Entschädigungen? Wenn die Brautleute in Kana keine Freunde des Herrn Jesus gewesen wären und also den Heiland nicht zu ihrer Hochzeit eingeladen hätten, wie wäre es dabei zugegangen? Man hätte sich niedergesetzt, man hätte gegessen, getrunken, gescherzt, gelacht, sündliche und faule Geschwätze geführt; denn bei solchen Gelegenheiten halten sich auch sonst ernsthafte Leute auffallendere Ausbrüche ihrer Torheit zugute: aber auf einmal wäre der Wein ausgegangen. Welch ärgerliche Unterbrechung! Gesetzt aber, der Wein wäre auch nicht zur Neige gegangen, welch ein Ende hätte es genommen? Der Speisemeister sagt es selber, man hätte sich endlich betrunken, da wäre dann die natürliche Wildheit, Roheit und Gemeinheit der Natur herausgebrochen. Man hätte sich vielleicht zuletzt bei den Haaren gepackt und einander die Strafe des wüsten Lebens selbst auf den Rücken zugemessen. Aber wenn auch dieses nicht geschehen wäre, was hätte man endlich vom ganzen Handel gehabt? Wäre etwas gewonnen gewesen für die Ewigkeit oder nur auch für das Leben in dieser Zeit? Hätte nachher der arme Hausvater seine Lebenslast leichter getragen? Hätte nachher der Mensch, der in einer unfriedlichen Ehe lebt, sein Kreuz lieber auf seinen Rücken genommen? Nein, die ganze Ausbeute hätte darin bestanden, daß man nachher hätte sagen können: es ging recht vergnügt zu, wir haben viel gelacht und allerhand Possen getrieben, auch recht gut gegessen und getrunken, daß man also nachher wieder etwas mehr Stoff zur Unterhaltung und zum faulen Geschwätz gehabt und noch überdies eine Saat weiter ausgestreut hätte auf die künftige Ernte des Verderbens *(Gal. 6, 8)*. Seht, das sind die besten Sachen, die die Welt hat. Da ist man arm im Reichtum, freudenlos in der sogenannten Freude. Da muß man ein ungesegnetes, gemeines Leben führen, und wenn man ihm einen noch so vornehmen und geistreichen Anstrich gibt.

Hingegen, wenn man in Christus lebt und mit ihm und für ihn arbeitet und sich erholt, so wird alles ganz anders. Das Schwere wird erträglich, das Bittere genießbar und das Süße noch süßer. Wie wahrhaft freudenreich mag es auf dieser Hochzeit zugegangen sein! Die Gegenwart Jesu verscheuchte wohl alles Unanständige, Gezwungene und Gezierte. Wie wird alles vom Geiste einer anständigen Heiterkeit durchdrungen gewesen sein! Können wir uns es anders denken? Und als sich Not bei den Hochzeitsleuten einstellte, weil es anfing, an Wein zu gebrechen, als sie in eine Ehrenverlegenheit kamen um ihrer Armut willen, mit welcher Zuversicht konnte sich Maria an ihren Sohn wenden, und wie herrlich half er! Seht, das heißt gelebt! Wenn man Christus bei sich hat, so ist man reich auch in der Armut, getrost auch in der Verlegenheit. Man ist entfernt von aller Niederträchtigkeit und Gemeinheit, auch wenn man einen groben oder geflickten Rock auf dem Leibe trägt.

Würden wir aus den täglichen Vorkommnissen unseres Lebens und Berufs einen Gottesdienst machen, das heißt, würde das unsere erste Sorge sein, daß wir den Heiland bei uns hätten, und würden wir sodann Treue um des Heilands willen beweisen in unseren geringen Sachen, wie gesegnet würde unser Gang durch dieses arme Leben werden! Da würde unser Christentum nicht aus so vielen abgerissenen Bruchstücken bestehen, wo zwischendurch wieder ganz große Teile von allerhand fremdartigen Dingen, von Lauheit, Trägheit, Zerstreuung, allerhand beschämendem und ärgerlichem Ausbruch des in uns wohnenden Verderbens anzutreffen sind. Es würde alles mehr in einem Zuge fortgehen. Die Treue, die man um Jesu willen beweist, würde sich als ein Faden durch unseren ganzen Lauf ziehen und unserem Lauf das unverkennbare Siegel eines Christenlaufs aufdrücken. Wie weit würden wir dann auch im täglichen Leben von dem ungläubigen und unseligen Treiben und Jagen entfernt sein, wo man aus Eigennutz oder sonst einer unreinen Triebfeder alles aufbietet, um nichts zu versäumen, und doch oft das Beste versäumt! Wie würden wir in friedlicher Stille das Unsere schaffen und das übrige getrost Gott anheimstellen! Wie würde uns Gott in unserem täglichen Leben begegnen! Da fänden wir täglich Gelegenheit genug zum Danken, zum Lob der Güte Gottes, zum Bitten und Flehen, und diese Gelegenheit dürfen wir nicht erst aus der Kirche holen; sondern dein Säen, dein Ernten, dein Dreschen, dein Vieh, dein Weben, deine Kinder, dein Kochen, dein Waschen, dein Wasserholen, dein Dienen und Befehlen, dein Sonntag und Werktag, dein Sommer und Winter, dein Arbeiten und die Erholungen, die dir Gott gönnt und beschert, alles würde dich zu Gott führen. Da könnten wir auch unser Herz kennenlernen, da hätten wir täglich viel Anlaß zur Buße und zur Vergebung der Sünden. Seht, das hieße christlich leben.

Solange man freilich durch wahre Buße und Bekehrung keine wahre Herzensfreude an Jesus erlangt hat, ist es unmöglich, in solchen seligen Christenstand zu kommen.

Denn wie kann man dem Heiland etwas zu Gefallen tun, wenn man ihn nicht kennt oder nicht liebt. Aber fange nur einmal jemand mit den geringen Übungen des täglichen Lebens an und suche, wo nicht aus Liebe zum Heiland, doch aus Gehorsam gegen ihn, in diesem oder jenem Stück, Treue im Kleinen zu beweisen, so wird er an der Hand des treuen Gottes weiter geleitet werden. Gott wird ihm unter solchen Übungen Erkenntnis seines Herzens und Buße schenken und nachher auch den Reichtum der Erbarmungen Jesu eröffnen. Wer aber das nicht will, der muß ein umhergeworfenes, umhergestoßenes, umhergetriebenes, umhergescheuchtes, armes Geschöpf bleiben, das Essen und Trinken und sonstige sinnliche Genüsse als sein elendes Teil dahinnimmt und in der Ewigkeit nichts hat. Amen.

18. Am dritten Sonntag nach dem Erscheinungsfest
(Zweite Predigt)

Text: Joh. 2, 1 - 11 (s. erste Predigt)

Unser heutiges Evangelium erzählt uns etwas äußerst Seltenes und Seltsames, nämlich eine erbauliche Hochzeit. Wenn man die eitle Welt fragt, so muß es bei diesen und dergleichen anderen Gelegenheiten recht lustig zugehen. Man muß womöglich seiner eitlen und bösen Lust ganz den Zügel schießen lassen und sich alle Gedanken an seinen Schöpfer aus dem Sinne schlagen, damit man ja nicht in seiner Freude gestört werde. So pflegt es die Welt zu halten oder der Fürst dieser Welt, der in seinen Untertanen so gern alle göttlichen Gedanken unterdrückt. Aber die Gottlosen haben nicht Frieden, spricht mein Gott. Sie wollen sich Frieden erhaschen und erjagen, wollen sich Freudentage machen durch Fleischeslust, Augenlust und hoffärtiges Wesen und durch alles, was von der Welt ist und nicht vom Vater. Aber diese Welt vergeht mit ihrer Lust, und alle die, so der Welt dienen, müssen dahinfahren; denn sie sind wie Spreu, die der Wind zerstreut, wie ein Rohr, das vom Winde hin- und herbewegt wird. Die Gottlosen, und wenn sie ihr ganzes Leben hindurch in Freude und Überfluß leben, haben doch nicht Frieden. Ja, und wenn auch die Dinge dieser Welt lauter Herrlichkeiten wären, wie uns der Teufel so gern bereden möchte, zuletzt müssen doch diese Herrlichkeiten ein Ende nehmen. Und was läßt der arglistige Feind denen, die er ihr ganzes Leben hindurch beherrscht und betrogen hat, was läßt er diesen armen Seelen zuletzt anderes übrig, als ein schreckliches Warten des Gerichts und des Feuereifers, der die Widerwärtigen verzehren wird. Darum bleibt es dabei: die Gottlosen haben nicht Frieden, spricht mein Gott.

Wer hat denn aber Frieden, wer hat vollkommene und und unvergängliche Freude? Das hat niemand als ein wahrer Christ. Auf Frieden und Freude gehen freilich alle Menschen aus, glücklich und selig wollen alle werden. Es ist dieser Wunsch zu tief in das menschliche Herz eingegraben. Aber die Gottlosen suchen ihr Glück da, wo es nicht zu finden ist, in der Eitelkeit und im Vergänglichen. Sie suchen Wasser in vertrockneten Brunnen und mühen sich ab, bis sie endlich selbst hineinfallen und die Grube über ihnen zusammenstürzt. Aber hier ist der Friede nicht zu suchen. Da muß man zu den lebendigen Wassern gehen, die aus der Fülle und aus den Wunden Jesu Christi hervorströmen, muß nehmen von dem Lebenswasser, das in Ewigkeit hinüberströmt, das allen, so da dürsten, umsonst gegeben wird, muß das Brot des Lebens genießen, das vom Himmel herniedergekommen ist, und ihn, der für der Welt Sünden in den Tod gegeben ist. Dann erst kommt Frieden und vollkommene Freude ins Herz.

Laßt uns weiter hierüber nachdenken, indem wir unter dem Beistand des göttlichen Geistes, nach Anleitung unseres heutigen Evangeliums miteinander betrachten,

woher es kommt, daß Christen selige Leute sind.

Ich will zeigen,

I. **was der Heiland dabei tut,**

II. **was die Christen dabei tun.**

O liebster Heiland, Du wünscht nach Deiner unergründlichen Liebe nichts mehr als die Seligkeit Deiner Geschöpfe. So gib, daß wir alle, alle dieser Seligkeit, die Du Deinen Erlösten bereitet und verheißen hast, recht teilhaftig werden, nicht durch eigene Gerechtigkeit und nicht durch die Werke des Fleisches Dein Werk, das Du in unseren Seelen anrichten willst, stören, sondern als einfältige Kinder aus Deiner Fülle nehmen Gnade um Gnade. Weil Du das Licht der Welt, sei unsres Lebens Licht, o Jesu, bis uns dort Dein Sonnenlicht anbricht! Amen.

I. Was tut der Heiland dazu, daß Christen selige Menschen sind? Das ist die erste Frage, die wir beantworten wollen. Eigentlich sollte man zuerst fragen: Was hat der Heiland zu diesem Zweck getan? Viel, unaussprechlich viel hat er dazu getan. Aus freier Liebe und herzlichem Erbarmen gegen die Sünder hat er, der das Leben in ihm selber hatte, er, das Ebenbild Gottes, der allerlauterste Abglanz der Herrlichkeit des Vaters, der eingeborne Sohn, der in des

Vaters Schoß war von Ewigkeit zu Ewigkeit, er hat es nicht für einen Raub angesehen, Gott gleich zu sein; sondern er hat sich selbst erniedrigt und Knechtsgestalt angenommen und ein Werk übernommen, das in lauter Elend, Niedrigkeit, Schmach, Leiden, Pein ausgerichtet werden sollte; und hat es auch ausgerichtet und vollendet und ist ein Hoherpriester geworden für die Sünden der ganzen Welt. Seht, das hat der Heiland schon getan, uns zu seligen Menschen zu machen. In dem, was er bereits für uns getan hat, liegt der ganze Grund unserer Seligkeit, unserer Ansprüche, unserer Hoffnung, unseres Glaubens, unserer Liebe, unseres unverwelklichen Erbes, das uns im Himmel aufbehalten wird. Darin, daß er eingegangen ist in das Allerheiligste durch sein eigenes Blut und hat ein Opfer für die Sünden geopfert, das ewiglich gilt, und ist ein Mittler worden des Neuen Testaments und hat eine ewige Erlösung erfunden: darin liegt der Grund, daß Christen, die seiner teilhaftig geworden sind, hintreten dürfen zu dem Gnadenthron mit wahrhaftigem Herzen, in völligem Glauben zu dienen dem lebendigen Gott, und daß sie sich rühmen dürfen der Hoffnung der künftigen Herrlichkeit. Das also, was der Heiland für uns bereits getan hat, das ist der Grundstein, das Fundament, auf das sich unser ganzer Glaube, unsere ganze Seligkeit stützt.

Aber jetzt, nachdem er hingegangen ist zum Vater und sitzt zur Rechten Gottes und wartet, bis daß seine Feinde zum Schemel seiner Füße gelegt werden, jetzt hat er die Seinen nicht allein gelassen, hat ihnen nicht die Erlösung durch sein teures, kostbares Blut nur so hingegeben und ihnen den Gebrauch dieser Erlösung selbst überlassen; nein, er hat es selbst gesagt, daß er bei ihnen sein und bleiben wolle, bis dieser Zeitlauf abgelaufen sein werde, daß er sein Erlösungswerk in ihren Herzen verklären, sie dadurch immer fester in seine heilige Gemeinschaft ziehen, und sie eben darum in Zeit und Ewigkeit immer seliger machen wolle. Er befolgt aber hierin, in der Führung der Seinen, immer noch die Art wie zur Zeit seiner Erniedrigung, und insofern können wir wohl aus dem heutigen Evangelium lernen, was der Heiland dazu tut, daß Christen selige Menschen sind.

Der Heiland hatte die Seinen kaum zu seiner Jüngerschaft berufen, so führte er sie auch sogleich nach Kana auf eine Hochzeit. Ja, auf dieser Hochzeit fing er erst an, seine Herrlichkeit vor ihren Augen zu offenbaren. Damit wollte er wahrscheinlich zeigen, daß er kein Täufer Johannes und nicht gekommen sei, um in der Wüste zu predigen; daß er die Gesellschaft der Sünder nicht verschmähe und Sünder und Zöllner gern zur Buße rufe; daß er die Seinen nicht aus der Welt hinausjage, sondern wolle, daß sie in der Welt bleiben und sich von ihr unbefleckt erhalten sollen durch seine Hilfe, Kraft und Nähe. Aber dabei hatte er gewiß noch andere Absichten.

Seine Jünger waren vor wenigen Tagen zu seiner Nachfolge berufen worden. Sie hatten um seinetwillen Haus und Hof, Weib und Kind, Vater und Mutter, kurz, alles verlassen, was ihnen teuer und wert war; aber ihr Glaube war noch gar nicht erstarkt. Ja, sie scheinen dem Heiland mehr aus einem unbewußten Zug des Geistes als aus Glaubensgründen nachgefolgt zu sein. Darum sollten sie nicht mit ihm sogleich des Tages Last und Hitze tragen, damit nicht ihr Glaube gar wieder auslöschte; sondern er behandelte sie nach ihrer Schwachheit, ließ sich herunter zu ihrem noch jungen und zarten Glauben und nahm sie deswegen mit auf die Hochzeit zu Kana. So macht er's noch mit den Seinen. Wenn ein armer Sünder durch die Gnade Gottes zu ihm kommt und im Angstgefühl seiner Sünden Frieden sucht in den Wunden des Lammes, dann offenbart sich der Heiland der Seele meistens zuerst mit der Fülle seiner Gnade. Es gibt da eine Hochzeitsfreude. Er geht ein, das Abendmahl zu halten und die Seele zu versichern, daß sie ihm gehöre, daß er sie sich zum Eigentum erkauft und erworben habe. Da wird die Liebe Gottes ausgegossen ins Herz, die Früchte der Erlösung, das kräftige Versöhnen wird dem Sünder zu schmecken gegeben. Der Heilige Geist gibt Zeugnis dem Geist des Menschen, daß er ein Kind Gottes sei und versiegelt ihn zum Eigentum und zur Braut des Lammes, zum Kind und Erben dessen, der da lebt von Ewigkeit zu Ewigkeit. Und das tut der Heiland auch deswegen, weil man viele böse Gewohnheiten lassen, vieles, was der Seele bisher Vergnügen machte, meiden, die breite Straße verlassen und den schmalen und steilen Pfad antreten muß. Da versüßt er den Seinen diese Verleugnung durch seine freundliche Nähe, stärkt ihren Glauben durch den Heiligen Geist und gibt ihnen die Kräfte der zukünftigen Welt zu schmecken, damit sie eine rechte Sehnsucht nach der ewigen Stadt Gottes haben und sich nimmer zurücksehnen mögen nach den Gütern dieser Welt, wie die Kinder Israel in der Wüste sich zurücksehnten nach den Fleischtöpfen Ägyptens. Das sind nun freilich recht selige Stunden, worin eine Seele solches erfährt. Aber es ist dies alles auch das Angeld für die, die in seine Jüngerschaft treten wollen.

Man war zwar eine Zeitlang vergnügt auf jener Hochzeit, aber am Ende ging der Wein aus. „Sie haben nicht Wein!" hieß es da mit kläglicher Stimme. Ihr könnt euch denken, Geliebte, in welche Not die Brautleute gekommen sein werden, als ihnen der Wein ausging, und sie mit Schanden vor den geladenen Gästen zu bestehen fürchteten. Das mag keine geringe Not gewesen sein. Darum wandte sich Maria sogleich an ihren Sohn mit der Bitte, er möchte doch in dieser Not aushelfen, was er auch reichlich und redlich tat.

Erblicken wir aber hier nicht auch das nämliche im Laufe der Christen? Wenn oft anfangs ein Übermaß von Gnade vorhanden ist, nach und nach verschwindet die große Freude im Geist. Man muß des Tages Last und Hitze tragen, muß arbeiten und wirken, darf nicht immer genießen, muß mit den Kindern Israel in die Wüste, wo es oft an Wasser gebricht, oder mit den Jüngern und der Maria unter das Kreuz, wo ein Schwert durch die Seele geht. Man muß in den Kampf, muß sein eigenes Elend, seine Schwachheit fühlen, wird bald da, bald dorthin gestoßen in seinem geistlichen Leben, der Herr prüft, erforscht, läutert die Seinen, des Herzens Grund soll mehr und mehr an den Tag kommen. Und wie im Inneren, so oft auch im Äußeren; der Herr führt die Seinen oft in schwere Glaubensproben hinein, wo das innere und das äußere Elend über ihnen zusammenschlägt, wo sie keinen Ausweg mehr sehen, das Herz öde und freudenleer ist, wo aller Glaube wie hinweggenommen zu sein scheint aus dem Herzen. Und doch ist dies alles, wenn man es recht betrachtet, lauter Liebe. Das sind die seligsten Zeiten für uns, zwar nicht in unseren Augen, aber in den Augen des Herrn, so wir anders die Probe bestehen im Kämpfen durch Geduld, bis wir das himmlische Kleinod erjagen. Denn da wird der Glaube des Christen gereinigt, alle heimliche Selbstgerechtigkeit, alles heimliche Selbstvertrauen herausgestellt. Man wird recht zum armen Sünder, lernt recht von der Gnade leben. Und ob es auch schmerzlich wäre für den Anfang, der Herr hilft tragen, bis man bewährt wird durchs Feuer wie das Gold, das durchs Feuer geläutert und gereinigt wird.

Ein Hauptaugenmerk des Heilands aber, wenn er uns in solche Not kommen läßt, ist, daß er uns antreiben will, ihn recht innig und herzlich um Hilfe anzurufen. Wer ihn anruft in der Not, den will er erretten. Kaum hatte Maria gegen ihn einige Worte fallen lassen, so half er auch sogleich aus der Not. Und da sind ihm dann die Seinen nicht zu gering, daß er nicht sollte um ihretwillen durch ein inneres oder äußeres Wunder seine Herrlichkeit offenbaren, wie im heutigen Evangelium. O selig, wer zu den Seinen gehört! Ihm wird nichts mangeln; und ob wir auch wandelten im finsteren Tal, so fürchten wir kein Unglück; denn er ist bei uns, sein Stecken und Stab trösten uns. Seht, solch einen Herrn haben Christen. So haben sie von ihm nichts als Gutes, und mitten im Elend nichts als Segen zu erwarten. Da kann man wohl mit dem Lied sagen:

Solange Jesus bleibt der Herr,
Wird's alle Tage herrlicher.

Ja, wer unter dem Zepter dieses Jesu steht, bei dem muß es alle Tage herrlicher werden. Ein großer, ein wichtiger Spruch, daß ein Christenmensch, und wenn er mitten im Ofen der Trübsal sitzt, doch im Glauben sagen können soll: Es wird durch meinen Jesus bei mir alle Tage herrlicher.

Die Kinder der Welt, wenn sie gute Tage haben, müssen immer denken: daß es doch immer so wäre! Sie lassen sich den guten Wein zuerst aufstellen. Sie genießen ihr Gutes in dieser Welt, und dann, wenn sie trunken worden sind von ihrer eigenen Torheit, trunken von den eitlen Weltfreuden, trunken von dem Wein ihrer Zuchtlosigkeit und ihres eigenen Elendes, dann kommt der schlechtere Wein, und immer schlechter und schlechter, bis er in ihrem Mund so bitter wird wie Wermut, bis die Tage über sie fallen, die ihnen nicht gefallen mögen, und bis sie in *die* Welt eintreten, wo man nicht mehr nach Tagen, sondern nach Ewigkeiten rechnet, wo Nacht und Grauen über sie kommen, und das Jammern der Hölle sie zu spät aufweckt von dem Taumel ihrer Trunkenheit. Das ist nicht der Weg, den der Heiland mit den Seinen zu gehen pflegt. Denn bei ihm wird's alle Tage herrlicher und herrlicher, solange ihr Jesus lebt. Sie gehen immer größerer Seligkeit, immer größerer Freude entgegen. Ja, und wenn sie auch verachtet scheinen in dieser Welt, weil das Kreuz sie niederdrückt, der Heiland zählt sie doch zu den Seinen, sie dürfen doch laut rühmen und sagen, daß sie sein sind, daß ihr Wandel, ihr Schatz im Himmel ist, und daß sie eine unvergängliche und ewige Freude erwarten bei ihrem Herrn. Wenn der Heiland sie lange genug beglückt und ihnen ihren Lauf durch dies Jammertal versüßt hat, dann heißt es am Ende: Er hat den guten Wein bis jetzt zurückbehalten, am Ende kommt noch das Beste. Denn was ist nicht verheißen denen, so da überwinden durch des Lammes Blut! Der Überwinder des Todes hilft auch ihnen aus zu seinem himmlischen Reich, wo die Hochzeitsfreuden erst recht angehen werden, weil dann die Hochzeit des Lammes gekommen ist. Da wird sich erst seine Herrlichkeit recht offenbaren, besser und vollkommener, als es hienieden geschehen konnte. Er wird seine Verheißung erfüllen, daß alle, die ihm der Vater gegeben hat, sollen bei ihm sein und seine Herrlichkeit sehen.

Dort ist kein Tod mehr und kein Grab,
Er trocknet alle Tränen ab
Von seiner Kinder Wangen.
Dort ist kein Leid mehr, kein Geschrei,
Denn er, der Herr, macht alles neu,
Das Alte ist vergangen.
Freundlich gibt sich den Erlösten, sie zu trösten,
Der zu kennen, den sie hier schon Vater nennen.
O, der auserwählten Stätte,
O, der Seligen Revier!
Ach, daß ich doch Flügel hätte,

Mich zu schwingen bald von hier
Nach der neuerbauten Stadt,
Welche Gott zur Sonne hat!

Seht, das sind Christen-Hoffnungen und Christen-Aussichten; und darum sind Christen glücklich und hier schon selig, denn der Herr macht sie selig. Laßt uns nun

II. auch kurz betrachten, was die Christen zu ihrer Seligkeit beitragen. Wenn die Brautleute auf der Hochzeit zu Kana den Heiland nicht zu sich gebeten und eingeladen hätten, so wäre er wohl schwerlich auf die Hochzeit gekommen. Wer also ein Christ, oder was eins ist, ein seliger Mensch werden will, der muß ihn einladen, muß ihn bitten, daß er zu ihm komme. Und wer ihn ernstlich bittet, zu dem wird er auch kommen, das Wasser der menschlichen Natur in den Wein der göttlichen zu verwandeln und seine Herrlichkeit zu offenbaren an der Seele des Sünders. Da darf man nicht denken, meine Sünden gehen über mein Haupt, sie sind zu groß, ich bin zu sehr verunreinigt, als daß ich den König und Herrn des Himmels zu mir in meine sündige Hütte einladen könnte und dürfte. Nein, lieber Mensch, bitte ihn nur zu dir, stelle ihm dein Elend recht vor! Er wird gewiß kommen, um aus dir, der du unter dem Fluch und dem Zorn Gottes liegst, ein seliges Kind Gottes zu machen. O, wir haben einen freundlichen, liebevollen Herrn, der immer vorher geneigt ist, uns unsere Sünden zu vergeben, als wir geneigt sind, Buße zu tun für sie. Wir haben einen Herrn, der die ärgsten, gottlosesten Sünder unaussprechlich liebt; nur sollen sie ihn einladen und bitten, daß er zu ihnen komme, wie es in dem Lied heißt:

Mein Heiland nimmt die Sünder an,
Die unter ihrer Last von Sünden
Kein Mensch, kein Engel trösten kann,
Die nirgends Ruh noch Rettung finden.

Wenn aber der Heiland so freundlich ist gegen Sünderherzen, warum wandeln doch so viele ohne ihn? Warum trifft man doch so selten eine Seele an, die wahrhaftig vor ihm im Licht wandelt? Ja, viele laden den Heiland zu sich ein, wollen ihn, wenn ihnen ihre Sünden schwer auf das Gewissen fallen, zum Sündentilger gebrauchen, wollen sich in sein Gnadenreich hineindrängen, bis sie von ihrer Sündenangst befreit sind, um dann mit desto leichterem Gewissen ihre bisherigen Werke forttreiben zu können. Aber Christus ist uns nicht bloß gemacht zur Gerechtigkeit, sondern auch zur Heiligung und zur Erlösung. Darum sind die Seelen, die es also treiben, sehr zu bedauern. Die züchtigende Gnade treibt sie zum Herrn, aber das Fleisch ist auch mächtig und drängt sie wieder zurück. Sie bleiben auf halbem Wege stehen, kommen zu keiner rechten Ruhe, zu keinem rechten Frieden, wollen zwei Herren auf einmal dienen; zuletzt aber verhärtet und verstockt sich ihr fleischlicher Sinn immer mehr gegen die Gnadeneinflüsse des Heiligen Geistes, sie werden entweder bloße Herr-Herr-Sager oder wirkliche Feinde des Herrn und zuletzt verstoßen von dem Angesicht Gottes. Es muß zu etwas Ganzem bei uns kommen, liebe Seelen! Die Halbheit kann der Heiland noch weniger leiden als die Kälte. Man darf den Heiland nicht einladen mit Worten und ihn dann mit Werken wieder von sich treiben. Die es so machen, laden ein schweres und immer schwereres Gericht Gottes auf sich.

Von anderen will ich gar nicht sagen, die zwar auch sprechen: „Herr, Herr“, aber nicht daran denken, was sie sagen; die alle Tage den Herrn zu Gast bitten, aber wahrhaftig erschrecken würden, wenn er wirklich einmal käme, weil er ihnen ein gar unerwünschter Gast wäre, der sie in ihrer fleischlichen Ruhe störte. Diese befinden sich noch ganz im Reich der Finsternis. Da ist noch kein Funke des göttlichen Lichtes in das Herz gefallen, sonst müßten sie über sich selbst erschrecken und eilen, ihre Seele zu erretten. Darum, mein lieber Mitbruder, geh in dein Inneres und sieh, warum es bei dir zu keinen wahrhaftigen christlichen Früchten kommen will, warum du nicht recht selig sein kannst, warum immer so viel Unruhe des Herzens bei dir vorhanden ist. Prüfe dich, ob du nicht bis jetzt ein bloßer Herr-Herr-Sager und ein saft- und kraftloser Zweig an dem Baume Jesu Christi gewesen bist, ob du den Heiland auch recht zu dir bittest, ob es auch dein herzlicher Wunsch ist, in ihm erfunden zu werden, und ob du diesen Wunsch nicht bloß in Worten, sondern in deinem ganzen Wandel auszudrücken suchst. Denn es kann nicht fehlen, wem es ein Ernst ist um die Seligkeit, wer den Heiland ernstlich sucht, der findet ihn auch und ist von der Stunde an, da er ihn gefunden hat, ein begnadigter, überaus seliger Mensch, und, wenn er nicht hat, da er sein Haupt hinlege, reicher als alle Könige auf Erden.

Aber ist man Christi einmal teilhaftig geworden durch aufrichtiges, ernstliches Bitten, so muß man auch darauf sehen, daß man in ihm bleibe, daß man das angefangene Wesen bis ans Ende festbehalte. Es gibt viele Prüfungen und Proben des Glaubens; aber: halte, was du hast! ist der Rat des Heilands selbst. Nur mit seiner Hilfe kann man auch das, was man hat, behalten. Ja, man kann und wird, so man anders treu ist und sich nicht abbringen läßt von dem einfältigen Blick auf Christus, durch eben diese Prüfungen und Proben hindurch wachsen und zunehmen an dem inwendigen Menschen. Treue ist denen not, die Christus einmal ergriffen haben. Ja, und sollten sie auch hin und wieder fallen auf ihrer Bahn, sollten sie sich auch von diesem oder jenem Fehler übereilen lassen, durch dieses oder jenes aus der Verbindung mit ihrem Herrn kommen, wenn sie sich nur wieder sogleich und ohne Zaudern zu ihm wenden, nur wie Maria im heutigen Evangelium, ihre Herzensnot ihm sogleich wieder klagen und eben darum mit immer einfältigerem Blick auf ihn, der ihre Weisheit, Gerechtigkeit, Heiligung und Erlösung ist, auf ihn, ihr alles, sehen lernen. Wer sich aber von der Einfältigkeit auf Christus abbringen läßt, seinen eigenen Gedanken nachhängt, die Zucht des Geistes vernachlässigt und sich auf dieses oder jenes hintreiben läßt, wodurch er aus der Gemeinschaft des Heilandes und aus seinem Frieden abgezogen wird, der steht in großer Gefahr und wird in der Stunde der Versuchung als eine unreife, ungeschickte Frucht abfallen.

Aber ist es uns daran gelegen, festzuhalten bis ans Ende, ist das der redliche Wunsch unseres Herzens, den Heiland nicht mehr zu verlassen, sondern bei ihm zu bleiben und in ihm erfunden zu werden, ist es eine Sorge unseres Herzens, daß wir ihm, dem getreuen Heiland, der uns bracht hat ins rechte Vaterland, auch wiederum treu sein, daß wir einst nicht als Weichlinge und als Verzagte ausgestoßen, sondern als wahrhaftige Überwinder gekrönt werden möchten: ist das unseres Herzens höchster und einziger Wunsch, dann wird uns auch hierzu der Heiland stets behilflich sein und unsere Seelen so führen, daß wir entweder in keine zu starken Versuchungen hineingeraten, oder er wird in den Versuchungen uns nahe bleiben mit seiner Kraft, daß wir im Aufblick auf sein Kreuz überwinden können, gleichwie er überwunden hat. O, ein getreuer, überaus getreuer Heiland, Jesus Christus, gestern und heute und derselbe in alle Ewigkeit! Er läßt uns nicht, so wir ihn nicht lassen. Er führt alles herrlich hinaus. Ihm werden wir noch danken, daß er unseres Angesichts Hilfe und unser Gott ist.

Aber kämpfen müssen wir über unserem Glauben, damit er uns nicht entrissen werde, daß wir nicht aus unserer Festung hinausgeworfen werden, nicht von unserem Grund, auf den wir gründen, von Jesus Christus getrennt werden, sondern bis ans Ende beharren. Wer überwindet und bis ans Ende ausharrt, der wird alles ererben. Die Krone der Gerechtigkeit, die der Glaube empfängt, wird solch einer Seele hier schon beigelegt. Sie kann triumphierend von hinnen fahren, weil die Glaubenszeit beendet ist, und das Schauen seinen Anfang nimmt. Sie darf ja zum Herrn, an den sie hier geglaubt, den sie hier geliebt hat, obwohl sie ihn nicht sah. Da heißt es dann:

Wach auf, mein Geist, zu jubilieren,
Begürte dich, zu triumphieren,
Wach auf, es kommt dein Jubeljahr!
Wie freuet sich mein ganzer Sinn,
Daß ich schon eingeschrieben bin
In der verlobten Glieder Zahl
Durch meines holden Königs Wahl!
Wie gerne mach ich mich mit nichts gemein,
Weil ich ein reines Glied der Braut will sein!
Drum überwind't mein Glaube weit
Im Geist die alte Nichtigkeit;
Er wartet auf die neue Stadt,
Die lauter neue Sachen hat.
Im Blut des Lamms ererb ich alles mit:
Das ist der Sieg, darum ich sehnlich bitt.

Liebe Mitchristen! Was geht uns die Welt an und der Friede, den uns die Welt verheißt! Wir wissen, daß diese Welt vergehen muß mit all ihrer Lust, und daß alle, die die Welt lieb haben, mit ihr vergehen müssen und nicht bleiben. Aber es gibt etwas, das da bleibt, wenn auch Himmel und Erde vergehen. Das ist die Liebe. Liebe Seelen! Die

Liebe höret nimmer auf. So laßt nun der Welt ihre Freuden, laßt ihr ihren Raub, um den sie sich so kümmerlich plagt. Laßt ihr ihren Flitterstaat, ihre vergänglichen, verweslichen Güter; sie haben's kein Gewinn. Laßt der Welt das Ihre und schickt euch an, den zu lieben, der da heißt Immanuel. O, daß wir seine unaussprechliche Liebe zu uns nur von ferne zu erblicken gewürdigt würden! Keine Zunge vermag's auszusprechen, wie sehr er uns Sünder liebt. Meine Lieben, es hat niemand größere Liebe, denn die, daß er sein Leben lässet für seine Feinde; er aber hat uns also geliebt. Wir sind teuer erkauft, nicht mit vergänglichem Gold oder Silber, sondern mit seinem kostbaren Blut selbst. Leiden umgaben ihn für uns ohne Zahl, für uns verging er in Schmerz und Pein, verschmachtete für uns am hohen Kreuzesstamm. Wenn sie seine Liebe wüßten, würden alle Menschen Christen!

Was hab ich denn, o Welt, zu schaffen
Mit deiner leichten Rosenkron,
Fleuch hin und gib sie deinen Affen,
Laß mir des Kreuzes Dorn und Hohn!
Besitz ich Jesum nur allein,
Ist alles Wünschenswerte mein! Amen.

19. Am vierten Sonntag nach dem Erscheinungsfest

Seid niemand nichts schuldig, als daß ihr euch untereinander liebet; denn wer den andern liebt, der hat das Gesetz erfüllt. Denn was da gesagt ist: „Du sollst nicht ehebrechen; du sollst nicht töten; du sollst nicht stehlen; du sollst nicht falsch Zeugnis geben; dich soll nicht gelüsten", und so ein

anderes Gebot mehr ist, das wird in diesem Wort zusammengefaßt: „Du sollst deinen Nächsten lieben wie dich selbst." Die Liebe tut dem Nächsten nichts Böses. So ist nun die Liebe des Gesetzes Erfüllung. Röm. 13, 8 - 10

Als der Heiland einmal gefragt wurde, welches das vornehmste Gebot im Gesetz sei, sagte er: „Du sollst lieben Gott, deinen Herrn, von ganzem Herzen, von ganzer Seele und von ganzem Gemüte. Dies ist das vornehmste und größte Gebot. Das andere aber ist ihm gleich: Du sollst deinen Nächsten lieben wie dich selbst. In diesen zwei Geboten hanget das ganze Gesetz und die Propheten." Unter allen Lügen, die der Vater der Lügen aufgebracht hat, ist eine der größten, schädlichsten, am meisten um sich fressenden die Lüge, daß man sich mit einer toten Erkenntnis Gottes und Jesu Christi begnügen zu dürfen glaubt, daß man wähnt, es sei nicht so sehr nötig, daß man ein Täter des Wortes sei und die Liebe durch Handlungen, Gedanken, Worte und Werke ausübe. Es wird an dem Tage des Gerichts eine große Rechenschaft geben über die Versäumnisse der Liebe an unseren Brüdern. Indem ich diesem nachdenke, will ich heute zu eurer und meiner Erbauung und Ermunterung mit euch reden

von der großen, zu bedenkenden, schweren Rechenschaft, die wir an dem Gerichtstage Gottes ablegen müssen wegen der Versäumnisse der Liebe zu unseren Brüdern.

O Sohn Gottes, Herr Jesus Christ, Du weißt es weit besser als wir, daß Glauben ohne Liebe ein leeres Geschwätz ist, daß der rechte Glaube in Liebe tätig sein muß. Erwecke uns nun, daß wir mit Ernst Dein Hauptgebot der Liebe betrachten. Laß uns in dieser Stunde ermuntert werden, Barmherzigkeit und Liebe an unseren Brüdern zu beweisen. Amen.

Ich vermute, es werden solche, vielleicht nicht wenige, unter uns sein, die da meinen, das, wovon ich nun zu reden im Begriffe bin, möchte sie nicht treffen. Manche, die sich selbst ein gutes Zeugnis von ihrer Nächstenliebe zu geben wagen, manche, die selbst an dem großen, bedenkenswerten Rechenschaftstage, an dem die große Auseinandersetzung der Schulden vorgenommen wird, wo die, deren Schulden nicht allesamt ausgelöscht und getilgt sind in dem Blute des Lammes, vor dem Angesicht dessen, der auf dem Stuhle sitzt, nicht bestehen können werden, sondern fliehen müssen, ich vermute: manche werden selbst an diesem großen Rechenschaftstage mit ihrer Liebe, derer sie sich rühmen, auszureichen hoffen, ja vielleicht gar noch einen reichen Lohn erwarten. Da gibt es Menschen, die etwa eine gute Erziehung genossen und gehört haben, welch ein reines Vergnügen es gewähre, wenn man hier und da eine Träne trockne und den Dank von Notleidenden, denen man Hilfe geleistet habe, einernte; oder Menschen, die sich eine rechte Summe von Liebeswerken auf den zukünftigen Vergeltungstag sammeln wollen, um eine recht hohe Stufe der Seligkeit zu ersteigen; oder Menschen, die da wünschen, den Namen von Wohltätern der Menschheit oder von besonderen Menschenfreunden zu besitzen; oder Leute, die in Wollust leben und in Schwelgerei, aber doch zuweilen etliche Brosamen ihren notleidenden Brüdern zufallen lassen; oder Leute, die gesund und vergnügt sind und in ihrem Wohlbefinden auch anderen etwas Gutes tun; die von Natur eine gewisse Heiterkeit und Aufgeräumtheit des Gemütes an sich haben, freundlich sind, ein schwaches

Herz haben und niemand etwas abschlagen können, oder was für Triebfedern noch im Spiele sein mögen: kurz, die hingehen, hin und wieder etwas von ihrem Überfluß hergeben und da und dort damit eine Not stillen. Das nennen sie Liebe. Damit meinen sie sich Schätze für die Ewigkeit zu sammeln. Das nennen sie Tugend. Damit meinen sie auszureichen auch vor den Augen dessen, der auf das Herz sieht, der Augen hat wie Feuerflammen, der in das innerste Leben und in die innersten Triebfedern des Geistes und in das innerste Gewebe der Gedanken, wohin wir selbst nicht sehen, hineinschauen kann, vor dem die dichteste Finsternis und jeder Heuchelschein daliegt wie der helle Mittag. Solange freilich ein Mensch gesund und wohl ist, solange er in äußerem Wohlstand lebt, solange man ihn nur betrachtet, wie er sich außerhalb seiner täglichen Umgebung, außerhalb dessen, was täglich in seinem eigenen Hauswesen für Anstöße, Reibungen und Verdrießlichkeiten vorkommen, wie er sich bei dieser oder jener Gelegenheit benimmt, wo er ein gutes Werk vollbringt, solange kann man freilich glauben, solch ein Mensch habe viel Liebe. Aber ist es denn nicht leidige Erfahrung, daß oft gerade solche Menschen in ihrem eigenen Hauswesen, namentlich gegen ihre Untergebenen, hart und mürrisch, ja oft fast unerträglich und tyrannisch sind? Ist es denn nicht traurige Erfahrung, daß oft gerade solche Menschen nur da Barmherzigkeit üben, wo sie mögen, im übrigen aber oft wahrhaft roh und grausam sind, ihren Brüdern ihre Fehler gegen sie nicht vergeben, oder wenn sie es auch zuweilen tun, sich oft leicht ermüden lassen und bald die Geduld verlieren und mit Petrus fragen: „Herr, ist's genug siebenmal?" Und doch geht man in dem eitlen Wahn dahin, daß man Nächstenliebe übe und will nicht nur vor den Menschen, sondern vor dem allwissenden Gott, dem Herzenskündiger, als einer gelten, der Nächstenliebe habe, täuscht sich vielleicht bis in den letzten Atemzug hinein und geht ganz ruhig und in dem Bewußtsein, den Willen Gottes in dieser Welt vollbracht zu haben, hinüber in die Ewigkeit vor den Thron dessen, der alle Werke ans Licht bringen und den Rat der Herzen offenbaren wird, vor dem den Heuchlern ihr falsches Tugendkleid abgerissen und die Schande ihrer Blöße offenbar werden wird. Man hat ja die Ehe äußerlich nicht gebrochen, man hat niemand totgeschlagen, man hat nicht gestohlen, man hat keinen falschen Eid geschworen, man ist niemals vor Gericht verklagt worden wegen einer offenbaren Ungerechtigkeit, man hat also dem Nächsten gegeben, was des Nächsten ist, man konnte keinem Tier weh tun: darum hat man das Gesetz erfüllt und kann ruhig aus der Welt gehen zum großen Offenbarungstage, wie man meint, und bedenkt nicht, daß man sein Leben lang ein eigenliebiges, hochmütiges, eigensinniges Geschöpf gewesen ist, das so tief in der Finsternis und Blindheit lag, daß es nicht einmal wußte, was Liebe heißt.

Darin besteht die Liebe nicht, liebe Zuhörer, daß man den Nächsten ungekränkt läßt an seiner Ehre, an seinem guten Namen, an seinem Leben, an seinem Vermögen; obwohl, wer sich selbst darüber redlich prüft, finden wird, daß er auch in diesem Stück schuldig sei. Das ist aber noch nicht die Liebe, die der Apostel in unserer Abendlektion des Gesetzes Erfüllung heißt. O wie vielen, die da meinen, das Gesetz erfüllt zu haben, wenn sie ihrem Nächsten nichts Böses getan haben, wird an dem großen Tag der Offenbarung der Herrlichkeit des großen Gottes und unseres Heilands Jesus Christus aus dem Munde des Richters als eine in die unselige Ewigkeit hineinverweisende Donnerstimme entgegentönen: „Ich bin hungrig gewesen, und ihr habt mich nicht gespeist; ich bin durstig gewesen, und ihr habt mich nicht getränkt; ich bin nackt gewesen, und ihr habt mich nicht bekleidet; ich bin krank gewesen, und ihr seid nicht zu mir gekommen." Oder sind wir etwa damit zufrieden für uns selbst, wenn uns nichts Böses geschieht? Wünscht nicht unser Herz, daß uns Gutes und Barmherzigkeit folge unser Leben lang? Ist es also genug, reichen wir aus vor dem Angesicht des allwissenden Gottes, wenn wir dem, den wir lieben sollten wie uns selbst, nichts Böses getan haben? Richtet selber: könnten wir von der Liebe Christi predigen und rühmen, wenn sein ganzes Verdienst um uns sich nur darauf beschränkte, daß er uns nichts Böses getan hat, obwohl er mehr Ursache gehabt hätte, uns Böses zu tun, als wir Ursache haben, unseren Brüdern zu schaden, er, der Reine, der Heilige, den Unreinen und Sündern? Aber er tat uns Gutes, er tat an uns Barmherzigkeit. Er sah über alle unsere Mängel und Sünden und Schulden hinaus und tat etwas an uns, was in Ewigkeit der Gegenstand der Anbetung und des Dankes sein wird, den der ganze Himmel und die ganze unzählbare Schar seiner Erlösten ihm darbringen wird.

Darin besteht die Liebe auch nicht, daß wir nur denen, die uns gewogen sind, wohlwollen, obwohl man oft ein großes Rühmen davon macht, wenn ein Mensch in freundlichem Einvernehmen mit seinen Hausgenossen, Freunden, Vorgesetzten oder Untergebenen steht. So ihr liebt, die euch lieben, was tut ihr Sonderliches? Die wahre Liebe umfaßt die ganze Welt, betet für die ganze Welt. Von ihr ist kein Mensch, keine Kreatur ausgeschlossen. Das Wohl oder Wehe ihrer Mitmenschen ist ihr Wohl oder Wehe; sie weint mit den Weinenden und freut sich mit den Fröhlichen; sie übt Barmherzigkeit an den größten Sündern, ja an ihren Feinden; denn sie liebt die Feinde, wie Christus sie geliebt, der sein Blut für sie vergossen hat und uns ein Vorbild gelassen hat, daß wir sollen nachfolgen seinen Fußstapfen. Das ist Liebe, und wenn wir alle Welt durchlaufen und alle Zeitläufe der Weltgeschichte durchsuchen würden, ein besseres, ein herrlicheres, ein treffenderes Urbild der Liebe würden wir nicht finden als das Lamm Gottes, das sich hat schlachten lassen, als den großen Jesus, der die böse, die arge Welt geliebt, mich geliebt und euch geliebt hat, der aus Liebe zu uns ein heiliges Versöhnopfer geworden ist. Denn er war die Liebe, die sich selbst vergessende Liebe.

Wer sein Eigenes, wenn auch nur auf entfernte Weise sucht, der ist nicht in der Liebe. Wer einen Menschen um dieses oder jenes Fehlers willen gering schätzt und stellt sich selbst über ihn und kann noch richtend sprechen über die Fehler seiner Brüder, der ist nicht in der Liebe. Wer den ärgsten Bösewicht, weil er solch einer ist, verachtet und nicht vielmehr mit Barmherzigkeit ansieht und die Hoffnung aufgibt, der ist nicht in der Liebe; denn wer nicht mehr hofft bei einem Menschen, der liebt auch nicht mehr. Die Liebe hoffet alles. Wer den Geringsten unter den Brüdern Christi um seiner Niedrigkeit willen, um seines etwa noch schwachen, erkenntnisarmen Glaubens willen verachtet, der ist nicht in der Liebe. Wer sich noch am Rock, am Stand, am Beruf oder an der Armut aufhält, so daß er den Niedrigen nicht mit demselben Herzen behandelt wie den Höheren, wie bleibt die Liebe dessen bei ihm, der uns geboten hat, alle zu lieben, und der der rechte Vater ist über alles, was Kinder heißt im Himmel und auf Erden? So nun jemand dieser Welt Güter hat und sieht seinen Bruder neben sich darben und schließt sein Herz vor ihm zu, in dem ist nicht die Liebe des Vaters; und so jemand in den Wollüsten dieses Lebens dahin geht und hat alle Bequemlichkeit und kann ruhig zusehen, wie sein armer Mitbruder neben ihm ein elendes Leben dahinschleppt und sucht nicht zu helfen durch Rat und Tat und Fürbitte, wie mag in solch einem die Liebe sein? O, da magst du noch so fest an das Evangelium glauben, du magst noch so fromme Gefühle haben und vorgeben, du liebest Gott, siehe, es ist dir nichts nütze, du bist doch unter denen, von denen der Herr sagt: „Es werden nicht alle, die zu mir sagen: Herr, Herr! in das Himmelreich kommen." Sollte das ein Gottesdienst sein, der dem Herrn wohlgefällt, daß ein Mensch die Gnade Gottes suchen sollte und der Liebe Gottes und seines Wortes sich rühmen, und schlösse doch sein Herz zu vor dem Elend seiner Brüder, und wäre zu bequem oder geizig oder zu stolz, um wahre Nächsten- und Bruderliebe zu üben und dem Beispiel Christi nachzuahmen, der sich selbst gegeben hat für alle zur Erlösung? „Das ist ein Gottesdienst, den ich erwähle, spricht der Herr; laß los, welche du mit Unrecht gebunden hast; laß ledig, welche du beschwerst; gib frei, welche du drängst; reiß weg allerlei Last; brich dem Hungrigen dein Brot, und die, so im Elend sind, führe ins Haus; so du einen nackt siehst, so kleide ihn, und entzieh dich nicht von deinem Fleisch. Alsdann wird dein Licht hervorbrechen wie die Morgenröte, und deine Besserung wird schnell wachsen, und deine Gerechtigkeit wird vor dir her gehen, und die Herrlichkeit des Herrn wird dich zu sich nehmen" *(Jes. 58, 6 - 8)*. Es sei ferne von mir, damit einen neuen Weg in den Himmel machen zu wollen; aber es bleibt doch dabei: „Wer seinen Bruder nicht liebt, den er sieht, wie kann er Gott lieben, den er nicht sieht? Wer seinen Bruder hasset, der ist ein Totschläger, und wer da sagt, er liebe Gott, und hasset seine Brüder, der ist ein Lügner." Das hat der Geist der Wahrheit ausgesprochen, und er läßt sich nichts davon abdingen. Eher werden die Berge einstürzen und die Welt vergehen, als die Worte des Herrn vergehen werden. Ihr alle, die ihr vorgebt, Liebe zu haben, und habt doch immer etwas, bald dies, bald jenes, wider eure Brüder, ihr seid Lügner und Heuchler und werdet der Heuchler Lohn empfangen. Es wird eine Zeit kommen, wo euer ganzer Ruhm, daß ihr Gott liebt, zunichte und eure ganze Blöße wird offenbar werden. Wie Christus in der Welt war, so sollen auch wir in der Welt sein. Das soll wenigstens unser Bestreben, das große Ziel unseres Laufens, unseres Gebetes, unseres Flehens, unseres Sehnens, unserer Anstrengung sein. Christus war aber auf der Welt als die Liebe. Wo war eine Not, die er nicht behoben hätte? Wo war ein Sünder, dessen er sich nicht erbarmt hätte? Wo war ein Feind, den er nicht geliebt hätte? Wo war ein armer, niedriger Mensch, dessen er sich geschämt hätte? Wann hat er sich durch Bequemlichkeitsliebe oder durch Geiz oder durch Eigenliebe oder durch gekränktes Ehrgefühl abhalten lassen, die Sünder, die arge Welt zu lieben? Wer hätte mehr Ursache gehabt, uns zu verachten, als er? Er tat es aber nicht. Wer hätte mehr Ursache gehabt, an seinen Feinden oder an seinen Jüngern, die ihn oft nicht verstanden, müde zu werden? Mußte er doch einmal selbst zu ihnen sagen: „Schon so lange bin ich bei euch, und ihr kennet mich noch nicht!“ Er hatte Geduld mit ihnen, mild und sanftmütig blieb er bis an das Ende. Als ein Lamm bewies er sich bis in seinen peinvollen Tod hinein. Die Liebe blieb er durch sein ganzes Leben hindurch; ja die treue, geduldige Liebe ist er noch jetzt; noch jetzt liebt er mich und dich.

Das heißt Liebe. Ach, man hätte es ja vergessen auf dieser argen, von so manchem Bruderblut gefärbten und entweihten Erde, was Liebe heißt, wenn er nicht unter uns als die lautere Liebe gewandelt wäre. Wer aber nun sich ihm ergibt, in den wird seine Liebe ausgegossen, und in der

Liebe zum Heiland und in seiner Kraft kann er auch den Bruder lieben um deswillen, der uns zuvor geliebt hat. Ja, er hat uns die Kraft erworben, daß wir unsere armen Mitbrüder als Kinder desselben Vaters, als Miterlöste, als solche betrachten können, die teilhaben an derselben Verheißung, weil sie wie wir den Heiland sein Blut gekostet haben, und sind ihm sauer geworden, und haben ihm Arbeit gemacht mit ihren Sünden wie wir, und sind Gegenstände seines Erbarmens, solange sie noch in der Gnadenzeit leben, so gut wie wir. O, was gibt das für einen geschmeidigen, demütigen Sinn! Was gibt das für eine Sorgsamkeit für das Heil der Miterlösten, wenn man sie um Christi willen und in Christus liebt! Ja, wenn man also Barmherzigkeit erlangt hat, und hat die Gnade und Wahrheit erkannt, die über uns selbst waltet, die aus ihrer unerschöpflichen Fülle auch uns, die elendesten und unwürdigsten Sünder, angesehen und begnadigt hat, und man stellt sich gern unter die schlechtesten seiner Brüder und fühlt Barmherzigkeit gegen sie, da vergeht das hochmütige Richten und Afterreden, da lernt man das Vergeben und das Nachgeben. Man sieht durch Gottes Gnade so wenig Gutes an sich selbst, daß man den Nächsten höher hält als sich, und wer sich so in die Liebe Christi hat hineinziehen lassen, der achtet auch die Seele seiner Brüder hoch und teuer. O, der wird sich hüten, durch ein Wort oder eine Miene oder Gebärde seinen Brüdern ein Ärgernis zu geben und die Seele seines Nächsten zu betrüben oder zu verderben, für den doch der Heiland sein Leben gelassen hat. Aber freilich, solange man das ungöttliche Wesen, solange man Geiz und Neid und irdischen Sinn und hoffärtiges Wesen in sich herrschen läßt, solange wird auch die Pflanze der Nächstenliebe nicht in unserem Herzen gedeihen können. Christus und Belial taugen ja nie zusammen.

Was dünkt euch nun, liebe Zuhörer, seid ihr noch so bald fertig mit dem Selbstruhm, daß ihr Liebe habt? Ja, wenn eine geschwinde Aufwallung der Gutmütigkeit, ja, wenn ein paar Almosen bereits Liebe wären; ja, wenn es genug wäre, daß man einem Notleidenden von seinem Überfluß geschwind etwas zuwirft; ja, wenn es hinlänglich wäre, daß du von Natur friedliebend und allem Streit und Zank abhold bist und deswegen niemand zu beleidigen und mit allen Menschen im Frieden auszukommen suchst; wenn das Liebe wäre, dann wollte ich es gelten lassen. Aber das sind nicht Gottes Gedanken. Gott richtet nicht nach Menschenweise. Er sieht das Herz an. Er sieht das innerste Gewebe der Gedanken; er sieht auf den Seelengrund und durchschaut, ob Selbstsucht dein Herz leitet und deine Hand regiert, oder ob Liebe in dir ist. Nach deines Herzens Grund aber wird er dich richten. Ach, großer Gott, wie mancher wird glauben, sich einen großen Schatz gesammelt zu haben auf den Tag des Gerichts, und er wird zu leicht erfunden werden auf der Waage Gottes, und es werden offenbar werden die Truggebilde seines Herzens und die Schande seiner Blöße. Wie wird er erschrecken vor sich selbst! Er wird den Wurm in sich spüren, den er pflegt und gepflegt hat, den Wurm, der nicht stirbt. Er wird von dem Herrn das entsetzliche Wort hören müssen: „Weiche, du Übeltäter, ich weiß nichts von dir. Ich habe dich nie erkannt. Du gehörst nicht zu den Meinen, gehe hin in das Feuer.“ Denn wohin gehört die satanische Art des Geizes, der Lieblosigkeit, der Selbstsucht, die du nicht lassen willst? Wohin anders als zu den Teufeln, die die Liebe verlassen haben und von Gott, der die Liebe ist, gewichen sind, und denen daher das ewige Feuer bereitet ist von Anbeginn der Welt!

Liebe fordert der Herr von uns, uneigennützige, tätige,

aufopfernde, sich selbst vergessende, reine Liebe, die den Nächsten liebt wie sich selbst, eine Liebe, die nicht säumt, ihr Bestes herzugeben für die Brüder, ja eine Liebe, die das Leben läßt für die Brüder. Das ist seine Forderung an dich, und da er weiß, daß du dazu untüchtig bist, daß du kalt und tot bist von Natur, so zeigt er dir seine Liebesfülle in Christus und gibt dir die Erlaubnis, um Liebe zu bitten. Aber weichen von seiner Forderung an dich – das wird er nicht in alle Ewigkeit.

Schon im Alten Testament war das Gebot der Liebe ein Hauptgebot. Und als der Heiland von seinen Jüngern schied, so wollte er, daß man sie daran erkennen sollte, daß sie sich dadurch von der Welt unterscheiden sollten, daß sie Liebe haben gegeneinander. „Daran wird jedermann erkennen", sprach er, „daß ihr meine Jünger seid, so ihr Liebe untereinander habt." Wer also nicht in der Liebe lebt, der lebt nicht als im Tage des Neuen Testaments; der ist ein Kind der Finsternis; der kommt nicht dahin, wo das Reich der Liebe blüht, nicht in die ewigen Hütten, die Gott den Genossen seiner Liebe, seinem priesterlichen Volk aufbehalten hat um Christi willen.

Ich weiß wohl, der Mensch hat verschiedene Ausflüchte, warum er die Liebe nicht so ausübt, wie sie der Herr, sein Gott, von ihm fordert. Das eine Mal ist's weise Klugheit, wie er sagt, im Grunde aber steckt eine böse Leidenschaft dahinter; das andere Mal hat man anderes zu schaffen; das dritte Mal wälzt man die Schuld auf die gegenwärtigen Zeiten, der Druck ist zu groß, und die Leute sind zu schlecht geworden, man darf ihnen nicht mehr trauen; das vierte Mal ist es gegen den Stand und Beruf; und mit diesem allem entschuldigt und beschönigt man sein liebloses, bequemes Herz und zieht einen schönen Schleier über die Schlangenbrut, die man in der Brust trägt.

Aber wenn einmal unsere Schuld an dem großen Tag des Gerichts zusammengerechnet und uns offenbar werden wird, was wir versäumt haben; wenn der Richter der Welt die ärmlichen Kleider und Lappen der guten Werke, die wir über die Schande unserer Blöße hereinziehen, wegreißen und uns unsere wahre Gestalt zeigen wird; wenn einmal all die Seufzer, die du den Brüdern ausgepreßt, oder vor denen du wenigstens dein Ohr verschlossen hast, da du sie hättest heben können; wenn einmal dies alles und noch viel mehr gegen dich zeugend und verklagend auftreten wird: wirst du dann auch noch deine Schande beschönigen können?

Die Greu'l in Finsternissen,
Die Brandmal im Gewissen,
Die Hand, die blutvoll war,
Das Aug voll Ehebrüche,
Das frevle Maul voll Flüche,
Das Herz des Schalks wird offenbar.
Wo wird man sich verstecken,
Was wird die Blöße decken,
Wer schminkt sich da geschwind?
Wen kann die Lüge schützen?
Was wird dein Werkruhm nützen?
Da sind wir alle, wie wir sind!

Ja, du Wollüstling, der du, wenn auch nur mit einem buhlerischen Auge, den Keim der Sünde in dieser oder jener Seele angefacht oder vermehrt hast; du arge Brut, die du dem oder jenem ein Ärgernis gegeben, daß er Schaden nahm an seiner Seele, die doch Christus bis in den Tod geliebt hat, und dem treuen Hirten sein Eigentum, sein Schaf, entrissen hast; du Geiziger, der du das Seufzen deines Bruders nicht gehört und dein Geld oder den schnöden Gewinn lieber gehabt hast als die Seele deines Bruders; du Schlemmer, der du dich voll gefressen und gesoffen hast und deinen Bruder neben dir hast darben lassen; ihr alle, die ihr die Liebe mehr oder weniger verletzt habt, wie wollt ihr bestehen an dem schrecklichen Tage des Herrn, wo alle eure Lüste, Freuden, Güter und Genüsse hinter euch liegen werden wie ein schon längst zerflossener Nebel? Wie wollt ihr gutmachen, was ihr versäumt habt? Was wollt ihr machen, wenn der große Richter sein Auge zornig auf euch wendet – und wir wissen, daß sein Zorn unerträglich ist und hinunter brennt bis in die unterste Hölle – was wollt ihr machen, wenn er zu euch spricht: dein ganzes Christentum war ein Geschwätz; denn du hast deine Brüder nicht geliebt, für die ich doch mein Leben gelassen habe?

Es ist wahrlich hohe Zeit, daß wir aus dem Maulglauben ausgehen. Es ist Zeit, daß wir hienieden bekennen, wer wir sind und unsere Sünden bereuen und durch die Kraft des Heilands zu lieben suchen. Es ist hohe Zeit, daß wir zu den Wunden fliehen, die uns ausgesöhnt haben, die uns Kraft zum Leben geben, damit nicht erst der große Tag der Offenbarung unsere Schande darstelle und uns einst ewige Beschämung treffe! Amen.

20. Am fünften Sonntag nach dem Erscheinungsfest

So ziehet nun an, als die Auserwählten Gottes, Heiligen und Geliebten, herzliches Erbarmen, Freundlichkeit, Demut, Sanftmut, Geduld; und vertrage einer den andern und vergebet euch untereinander, so jemand Klage hat wider den andern; gleichwie Christus euch vergeben hat, also auch ihr. Über alles aber ziehet an die Liebe, die da ist das

Band der Vollkommenheit. Und der Friede Gottes regiere in euren Herzen, zu welchem ihr auch berufen seid in einem Leibe; und seid dankbar! Lasset das Wort Christi unter euch reichlich wohnen in aller Weisheit; lehret und vermahnet euch selbst mit Psalmen und Lobgesängen und geistlichen lieblichen Liedern und singet dem Herrn in eurem Herzen. Und alles, was ihr tut mit Worten oder mit Werken, das tut alles in dem Namen des Herrn Jesu, und danket Gott und dem Vater durch ihn. Kol. 3, 12 - 17

Es ist eine häufige Erfahrung, daß Menschen, die niemals zum Leben, das aus Gott ist, gekommen und ihr Leben lang im eitlen Wandel nach väterlicher Weise dahingegangen sind, doch mit einer großen, dem Auge des Christen schauerlichen Ruhe und Sorglosigkeit in die Ewigkeit hinübergehen, als hätten sie alles getan, was der Herr von einem Auserwählten und von einem Erben seines unbeweglichen Reiches erwartet, als hätte es mit ihrem Schuldbuch und dessen Tilgung seine volle Richtigkeit, und es könnte sie auf ihrem Wege durchs Todestal nicht das Geringste anfechten. Das sind solche Seelen, denen es überhaupt an aller Erkenntnis des wahren Gottes fehlt, und die sein Wort niemals in seiner Heiligkeit und Unverbrüchlichkeit kennen und achten gelernt, großenteils sich auch nie die geringste Mühe gegeben haben. Da bilden sie sich denn einen Gott nach ihrer Eigenliebe, nach ihrem verzogenen weltlichen Gefühl, nach ihrer Gemächlichkeit und Unwissenheit und fahren auf den Namen dieses selbstgemachten Götzen dahin. Ach, was werden sie empfangen, diese sorglosen Seelen, denen man so oft mit dem Worte Gottes nicht zu nahe kommen durfte, ohne ihren Widerwillen und Widerspruchsgeist aufzureizen; die es nicht hören und nicht wissen wollten, das unwiderrufliche Wort des Herrn Jesus, daß ohne ein hochzeitliches Kleid keiner zum Hochzeitsmahl des großen Gottes kommen und niemand ohne Wiedergeburt in das Himmelreich eingehen dürfe! Laßt uns anziehen, meine Lieben, den Schmuck, der den Auserwählten Gottes gebührt, das hochzeitliche Kleid des wahren Glaubens und der ungefärbten Liebe; laßt uns nicht den Toren gleichen, die nicht wissen, was sie Böses tun, und die sich rein dünken, da sie doch nicht gewaschen sind von ihrem Unflat. Denn eben der Mangel an rechtschaffenen Früchten, besonders aber der Mangel an Liebe ist es, woraus man erkennt, daß die wenigsten Menschen der göttlichen Natur teilhaftig sind. Das will ich heute weiter auseinandersetzen und nun

I. den Beweis führen, daß die meisten Christen keine Liebe haben; sodann
II. zeigen, warum es so ist und woher es kommt.

I. Ich habe also den Beweis zu führen, daß die meisten, die sich Christen nennen, ohne Liebe sind. So wenig schwer es mir werden sollte, ganz klar und deutlich auseinanderzusetzen, daß die Welt im argen liegt, daß die meisten Menschen und Christen unter der Botmäßigkeit des Teufels stehen und ihm als ihrem Herrn dienen, bis er sie in ihrer Verblendung in sein Elend und in sein ewiges Feuer hinabziehen kann – so leicht es mir werden sollte, das hier Gesagte deutlich und klar zu beweisen, so will ich es doch nicht tun; sondern nur nach unserer Epistel euch einige Merkmale zu Gemüte führen, an denen man erkennen kann, wie die Menschen beschaffen sind, die nicht im argen liegen, wonach dann jeder unter uns nach seinem Gewissen sich selbst richten und seinen eigenen Stand gegen Gott beurteilen und sehen möge, ob er ein guter Baum sei, der gute Früchte bringt, oder ein fauler Baum, der arge Früchte oder gar keine trägt; ein Baum, dem die Axt zum Abhauen schon an die Wurzel gelegt ist; ob er ein Baum sei, der zum Verbrennen reif, oder ein Baum, der da hoch gesegnet, auserwählt und geliebt ist von Gott; ob er, nach dem heutigen Evangelium, zu dem Unkraut gehöre, das in den Acker Gottes hineingesät ist und den Platz versperrt, oder zu dem guten, schönen, vollen Weizen, der da würdig ist, in die Scheunen des himmlischen Vaters gesammelt zu werden. Oder gibt es etwas, das wichtiger, das anziehender, das des Aufmerkens und der Sorge eines Menschen würdiger wäre als die ernste, große Frage: Wie stehe ich gegen Gott? Wofür sieht Gott mich an? Was denkt er von mir? Was wird mein Schicksal sein, wenn ich nach meiner von Gott mir bestimmten Zeit in die Ewigkeit hinübertrete? „An den Früchten sollt ihr sie erkennen", hat der Heiland gesagt; und obwohl er mit diesem Ausspruch nur seine Jünger unterwiesen hat, wie sie auf die Früchte der falschen Propheten hinschauen sollten, so kann doch auch jeder einzelne Christ aus den Früchten, die er selbst hervorbringt, seine eigene Natur erkennen und erfahren, von welcher Art und Natur er ein Baum sei. Ja, diese Untersuchung sollte eines Menschen heilige, unablässige Sorge sein.

Der Apostel führt in unserem Text mehrere Früchte des Glaubens, der neuen Geburt aus Gott, der Kindschaft Gottes an, die wir nun miteinander durchgehen und unserem Gewissen vorhalten wollen.

Die erste Frucht ist die Liebe. „Über alles", sagt er, „ziehet an die Liebe, die da ist das Band der Vollkommenheit", d. h. die Liebe, ohne die alle anderen Tugenden und guten Eigenschaften nichts sind; die Liebe, die ihnen erst ihren wahren Wert erteilt; die Liebe, die durch alles, was gut und göttlich ist in einem Menschen, als ein lebendiges

Licht hingeht, dasselbe verbindet und zu einem schönen Ganzen vereinigt; die Liebe, ohne die aller Glaube, alle Erkenntnis und Wissenschaft und alle guten Werke Schaum sind; die Liebe, die bei einem Christen alles erst recht weihen und heiligen muß. Worin die Liebe besteht, haben wir schon früher gesehen. Der Apostel aber führt in der heutigen Abendlektion mehrere Eigenschaften und Merkmale der Liebe an.

Da ist erstens herzliches Erbarmen. O welch eine schöne, erquickliche, köstliche und erfreuliche Pflanze ist dieses herzliche Erbarmen, wenn es in einem von Natur so kalten und finsteren Sünderherzen wurzeln und gedeihen kann! Welch ein seltener Fund ist es, wenn man es auf dieser erkalteten und verfinsterten Welt antrifft! Wie wohl tut's, ein Herz zu finden, in dem aller Zorn, Neid, Haß, Afterreden, alles Bittere in das herzliche Erbarmen verschmolzen ist! So war es Erbarmen, reines Erbarmen, was das Herz Gottes bewegte, als er dich und mich in unserem Blute, in unserer Feindschaft gegen ihn, in unserer Sklaverei der Sünde und des Satans, in unserem selbstgemachten Elend liegen sah und uns sein ewiges Heil in Christi Wunden zur Erlösung und Befreiung darbot und uns zum Leben rief, das in ihm ist. So war es Erbarmen, was das Herz des Königs bewegte, da er mit seinem Knecht rechnen wollte und der verschuldete Knecht vor ihm niederfiel und er dem Elenden die ganze Schuld auf einmal nachließ. So war es herzliches Erbarmen, was das Herz des Heilands bewegte, als er das Volk ansah, wie sie zerstreut waren und keinen Hirten hatten, und zu seinen Jüngern sprach: „Die Ernte ist groß, aber der Arbeiter sind wenige; darum bittet den Herrn der Ernte, daß er mehr Arbeiter in seine Ernte sende." So war es herzliches Erbarmen, was dem Heiland Tränen entlockte, als er Jerusalem vor sich liegen sah und bedachte, welche Strafgerichte Gottes diese gegen ihn so feindlich gesinnte, nach seinem Blute dürstende Stadt durch die Nichtachtung der Stimme Gottes auf sich lud. So war es herzliches Erbarmen, was ihn auf seinem letzten Gang zum Kreuze den Weibern Jerusalems zuzurufen bewog: „Weinet nicht über mich, sondern weinet über euch selbst und über eure Kinder." So war es herzliches Erbarmen, was den Apostel antrieb, über dieses sein armes, verblendetes Volk, das ihn verfolgte, das ihn von einer Stadt in die andere trieb, das ihn schlug und spottete und sich gegen sein Leben verschwor, zu seufzen und zu bekennen: „Ich habe große Traurigkeit und Schmerzen ohne Unterlaß in meinem Herzen, und habe gewünscht, verbannt zu sein von Christo für meine Brüder" *(Röm. 9, 2 - 3)*. Herzliches Erbarmen ist es noch bis auf die heutige Stunde, was der Herr Jesus noch über dich, du armer Mensch, der du ihn täglich mit deinen Sünden kreuzigst, in seinem Herzen trägt, wenn er deiner schont, für dich bittet, damit du noch nicht abgehauen werdest, wenn er dir nachgeht und dich durch Freude wie durch Leid lockt, seine Ruhe nicht zu versäumen und deine Seele zu retten, dieweil es noch Zeit ist. Das heißt herzliches Erbarmen. Findest du das in dir, lieber Mensch? Hast du die Neigung in dir, keinen Menschen, er sei, wer er wolle, auch den größten Sünder, auch deine Feinde nicht zu verachten und alles Widrige, alle Beleidigungen, allen Grimm, alle Erbitterung, in das Erbarmen, in die Fürbitte, in die gänzliche Vergebung hineinzuführen, gleichwie Christus auch dir vergeben hat oder vergeben will? Prüfe dich, denn wer nicht barmherzig ist, der ist kein Christ und wird auch keine Barmherzigkeit erlangen.

Ein zweites Merkmal der Liebe ist nach unserem Text die Freundlichkeit; nicht eine verstellte, gemachte, nicht eine Freundlichkeit, die nur aus einer natürlichen Gutmütigkeit fließt, sondern eine Freundlichkeit und Milde, die aus inniger Liebe, die aus dem Frieden Gottes, die aus der Erfahrung der Barmherzigkeit Gottes an uns selbst, die aus dem Bewußtsein kommt, daß Gott alle Menschen liebt und will, daß allen geholfen werde; aus dem Bewußtsein, daß Christus für alle sein Leben gelassen hat, daß sie alle teuer erkauft sind; eine Freundlichkeit, die keinen Unterschied macht zwischen Hohen und Niedrigen, Armen und Reichen, Bekannten und Unbekannten, Bösen und Guten, Freunden und Feinden; eine Freundlichkeit, aus der das Bild des liebevollen, barmherzigen, milden Heilandes hervorleuchtet. Wohnt diese Freundlichkeit in dir, oder strebst du danach? Oder kannst du, wenn dir etwas wider deine Pläne und Ansichten geht, besonders gegen deine Untergebenen mürrisch, unfreundlich, bitter, gehässig sein? Ach, siehe, das wäre nicht nach der Ähnlichkeit Christi. Das ist ja die Natur Kains, das ist ja die Art des Feindes Gottes und der Menschen, der nur sein Eigenes sucht, aber niemals das Gute, das des anderen ist.

Ein drittes Merkmal ist die Demut. Alle Liebe hat nur in der Demut ihren Grund. Und wer nicht demütig ist, der hat noch nicht die wahre, echte Liebe. Oder woher kommt so viel Zank und Streit, woher kommt die Mißlaune, obwohl man diese meistenteils einer äußeren, oft auch einer körperlichen Ursache zuschreibt, woher kommt es, daß du so bald gereizt, so bald verwundet, so übelnehmend und empfindlich bist? Woher kommt es, daß du deinem Nächsten so schwer verzeihst, daß so wenig Erbarmen gegen deine fehlenden Mitbrüder in dir wohnt? Kommt es nicht daher, weil du nicht demütig bist, weil du deine Sünde, deine Schwäche, deine Fehlerhaftigkeit, dein Elend nicht erkennst? O, würdest du demütig, ließest du dich vom

Geist Gottes in die Wahrheit leiten, so würdest du ja gerne Liebe üben, gerne dich deines Mitbruders erbarmen, gerne dich unter alle deine Brüder stellen und froh sein, wenn du nicht gar verstoßen würdest, was du ja wohl verdient hättest. Glaubst du das? Siehe, alles zänkische, neidische, bittere, launische Wesen fließt allein aus dem Hochmut. Wie findest du dich in diesem Spiegel? Und der Herr begehrt wahre Demut, lautere, aus lebendiger Buße und Selbsterkenntnis, aus Erfahrung seiner Barmherzigkeit fließende Demut. Hast du diese?

Ein viertes Merkmal ist die Sanftmut. „Selig sind die Sanftmütigen, denn sie werden das Erdreich besitzen." Das sind seltene Leute, die des Heilandes sanftmütigen Lammessinn angezogen haben, die, gleichwie er nicht schalt, nicht schelten, wenn sie gescholten werden, nicht drohen, wenn sie leiden, sondern alles dem anheimstellen, der da recht richtet. Da geht es nicht: Auge um Auge, Zahn um Zahn; nicht nach der Härte des Rechts, sondern nach der duldenden, schweigenden Liebe. Das ist keine alttestamentliche, das ist, wie auch die ganze in unserer heutigen Abendlektion vorgeschriebene Liebe, eine wahrhaft neutestamentliche Tugend. Hast du nun diese sanftmütige Art an dir, lieber Mensch? Hast du den stillen Lammessinn, der bereit ist, alles zu tragen, zu dulden, zu vergeben? Oder geht es bei dir, wie es in der Welt geht, wovon das Sprichwort sagt: „Wie man in den Wald hineinschreit, so hallt es wieder heraus", oder: „wer mich haßt, den hasse ich auch", oder: „wie man mir tut, so will ich wieder tun?" Siehe, das ist die kainitische, die teuflische Art; das wäre ein Beweis, daß du noch in den Ketten des Mörders von Anfang liegst, so gut du im übrigen sein möchtest; das wäre ein Beweis, daß du Christus noch nie gesehen, noch nie erkannt hättest; das wäre ein Beweis, daß du keinen Teil hättest an dem Blute der Versöhnung, das für alle Sünder, auch für die Feinde, um Barmherzigkeit schreit und besser redet denn Abels Blut.

Ein fünftes Merkmal ist die Geduld. „Die Liebe", sagt der Apostel, „trägt alles, sie duldet alles, sie läßt sich nicht erbittern noch ermüden." Sie harrt aus; sie läßt sich nicht so bald umstoßen oder aufbringen; sie hat vom himmlischen Vater, dem Gott aller Geduld und Langmut, gelernt, geduldig zu sein auch bei den Fehlern, auch bei den Schwachheiten, auch bei den Sünden und Bosheiten der andern und auf den zu hoffen, der auch das verhärtetste Herz erweichen, auch das unbeugsamste Gemüt noch beugen kann. Unter allem, was wir vom himmlischen Vater durch Christus haben, unter allem, was für einen Menschen, der sich in der Schule und Zucht des Heiligen Geistes befindet und sich der Kindschaft Gottes zu erfreuen hat, wichtig und groß und anbetungswürdig ist bis hinein vor den Thron Gottes, ist eine der größten, göttlichsten Eigenschaften, eine der heiligsten Erweisungen seines versöhnten Vaterherzens seine Geduld und seine unermüdliche Langmut. Darum spricht auch der Apostel: „Die Geduld des Herrn achtet für eure Seligkeit." Ich will nicht von der Welt reden, nicht von denen, die Christus täglich durch ihr ganzes Leben hin mit Sünden kreuzigen. Ach, diese Geduld Gottes erweist sich ja groß und herrlich an ihnen, daß er sie so lange hingehen läßt, sie nicht wegrafft und ihnen ihre Gnadenzeit verlängert. Wenn aber ein Christ sich betrachtet in seiner Untreue, in seinem oft so kalten, schläfrigen Sinn, wenn wir bedenken, wie der gute Hirte so lange uns nachgegangen ist, so lange uns gesucht hat, wie er so oft an unseren Herzen angeklopft und begehrt hat, darin einzukehren, und erwägen, was wir dagegen waren, wie viel Treue, Pflege und Mühe an uns gewendet worden ist, und wie wir so ungeschickt waren, so ungehorsam, so unfolgsam, so verhärtet gegen ihn, so feindselig gegen ihn, der nur unser Bestes, unser wahres, ewiges Heil suchte, wenn ein Christ sich so betrachtet und bedenkt, was der liebevolle Vater noch täglich an ihn wendet, ach, dann wird ihm die Geduld des großen Gottes groß und heilig und anbetungswürdig, dann möchte man niedersinken und es anbetend bekennen: Ja, Herr, du bist ein gnädiger Gott, von großer Geduld und Treue; so hast du dich auch an mir bewiesen! Aber üben wir nun auch die Geduld an denen, mit denen wir Geduld haben sollen nach dem Willen Gottes? Macht die Geduld, die Gott mit uns hat, den heilsamen Eindruck auf uns, daß wir auch unseren Nächsten mit Langmut behandeln? Oder sind wir etwa so geartet, daß wir einst vor dem Angesicht des Richters den Ausspruch hören müssen: „Du Schalksknecht, so viel Geduld habe ich mit dir gehabt, und du hast dich nicht auch deines Mitknechtes erbarmt?“

„Einer vertrage den andern“, ist ein weiteres Merkmal der Liebe. „Einer trage des andern Last.“ Ja, sprichst du, wenn mein Nächster, den ich vertragen soll, nur nicht gerade so wäre, wenn er nur auch andere Fehler hätte und nur nicht eben diese, die er hat, wie gerne wollte ich ihn vertragen. Aber so ist es unmöglich. Wenn ich ihn nur ansehe, wenn ich nur bemerke, wie er dies und jenes tut, so ist es mir unerträglich. Es geht mir ein Stich durch das Herz, und was dergleichen mehr ist. Lieber Mensch, der du so sprichst, weißt du auch, daß du ein hochmütiges, ein eigenliebiges, ein gegen Gott ungehorsames Geschöpf bist, daß du nicht einmal erkennst, was wahre Nächstenliebe heißt? Siehe, hier in der Schrift steht es mit deutlichen, nackten Worten: „Vertrage einer den andern!“ Wer also den Nächsten nicht trägt oder nicht tragen will, wer sich gegen das von Gott ihm auferlegte Kreuz, das für uns oft in einem andern, oft in den nächsten Umgebungen liegen kann, wehrt und sträubt, der schließt sich eben damit vom Reich Gottes aus, das ein Reich der Geduld, ein Reich der Langmut, ein Reich der Liebe ist. Darum prüfe dich vor Gott, ob du deinen Nächsten, er heiße wie er wolle, mit Geduld trägst!

„Vergebet euch untereinander, wie Christus euch vergeben hat.“ Dieses Wortes Erfüllung ist ein weiteres Merkmal der Liebe. Ach, man bittet täglich: „Vergib uns unsere Schuld, wie wir vergeben unsern Schuldigern“, und wenn es darauf ankommt, ist man nicht imstande, ich will nicht sagen, einen Schlag, eine grobe Beleidigung, deren der Heiland unzählige erduldet, mit göttlicher Sanftmut auf sich genommen und vergeben hat, sondern auch nur ein Wörtlein zu vergessen, ein Wörtlein zu überhören. O was gräbt und tobt oft ein einziges Wörtlein in einem Herzen, wenn dadurch die Eigenliebe und der Eigennutz auch nur auf das entfernteste angegriffen ist! Soll aber das bei einem Christen sein, der so viel, so unaussprechlich viel Vergebung empfangen hat und täglich bedarf? Auch danach prüfe dich, o Mensch. Darfst du einst über jenem Gebet, das du Gott täglich vorgesagt hast, freudig oder beschämt und zitternd vor ihm erscheinen? Ist dir's ein Anliegen, ein erbarmungsreiches, alles gern zum Besten kehrendes Herz zu bekommen und auch dann zu segnen, zu lieben, zu vergeben, wenn du beleidigt bist?

Liebe Zuhörer, ich werde es euch nicht fernerhin zu beweisen brauchen, es wird euch von selbst einleuchtend sein, daß die meisten Christen keine Liebe haben. Es fragt sich nun: woher kommt diese traurige Erfahrung? Woher kommt es, daß diese Erfahrung namentlich in unserer Zeit so häufig gemacht wird, daß die Liebe namentlich in unserer Zeit so häufig erkaltet ist, daß namentlich in unseren Tagen statt der wahren Liebe bei vielen Tausenden nur der Eigennutz, die Eigenliebe, der empörendste Hochmut herrscht, und daß man sogar dies alles noch mit dem Gewand der Tugend und Moral, des edlen Selbstgefühls und der löblichen Klugheit zu überdecken imstande ist, daß man im Vertrauen auf diese falsche Lehre und in der Lüge so häufig aus der Zeit in die Ewigkeit hinübergeht, ruhig und getrost, und seine Pflichten erfüllt zu haben glaubt, wenn man es dabei ließ, daß man niemand totschlug, niemand öffentlich bestahl und niemand um das Seine in unrechter Weise gebracht hat? Da hat man freilich einen leichten, dem Fleisch bequemen Weg in den Himmel gemacht, wobei man keine Verleugnung, kein anhaltendes Gebet, keine Wachsamkeit, keine Kraft aus der Fülle Jesu bedarf. Der Weg ist lustig und breit und „viele sind ihrer, die darauf wandeln."

II. Aber woher kommt dies alles? Der erste Grund liegt wohl hauptsächlich darin, daß keine Furcht Gottes und eben darum keine Erkenntnis und keine Achtung seiner heiligen Gesetze und Forderungen an uns in den meisten Menschen dieser Zeit herrscht. Wenn man die heutige Abendlektion betrachtet, so fühlt man es ihr ab, wie sehr der Apostel von der Ehrfurcht gegen Gott und seine heiligen Gesetze durchdrungen ist, wie sehr es ihm angelegen ist, daß die Kolosser, an die er schrieb, die Forderungen Gottes an sie recht erkennen und diesen gemäß auch leben und alles zur Ehre des Heilands tun möchten. „Alles, was ihr tut", schreibt er ihnen, „das tut in dem Namen des Herrn Jesu, und danket Gott und dem Vater durch ihn." Aber dieses sanfte Joch Jesu haben gar viele abgeschüttelt. Sie gehen dahin in ihren eigenen Wegen, nach ihres Herzens Gedanken. Sie haben sich ein Christentum zusammengemacht nach ihrem Belieben; sich einen Gottesdienst erdacht nach ihren verkehrten Meinungen und wie es dem Fleische wohltut; es ist ihrem Freiheitssinn nicht angemessen, das heilige Gesetz dessen, der über uns waltet, anzuerkennen, und darum wollen sie auch den hochgelobten Namen Jesu nicht mehr über sich dulden, nichts davon wissen, daß sie dem Herrn Jesu leben, sein Evangelium als Richtschnur ihres Denkens, Wollens und Wandelns ehren sollen; das ist ihnen zuwider, das rechnen ja viele, viele in die Zahl der alten, abgeschmackten Fabeln; das halten ja viele in ihrem ungeheuren Hochmut, in ihrer Losgerissenheit von Gott, in ihrer schrecklichen Finsternis für erniedrigend und ihrem Stande, ihren Einsichten, ihrem aufgeklärten Geist ganz unangemessen. Da ist's denn freilich kein Wunder, wenn, ich will nicht sagen, die Liebe, sondern das Streben nach Liebe von so vielen Menschen dieser Zeit gewichen ist und sie in ihrer entsetzlichen Selbstverfinsterung, die sie Licht nennen, gar nicht einmal mehr wissen, was Liebe, was Sanftmut, was Demut und Geduld heißt, sondern in allem ungestört dem finsteren Grund ihres bösen Herzens folgen und sich doch dabei auf ihre Tugend, ihren Edelsinn etwas zugute tun. Ach, wenn der Mensch die lebendige Quelle aller Wahrheit verläßt, so ist's ja kein Wunder, daß er in die größte Torheit, Selbsttäuschung und Liebe hineingerät und endlich das Licht für Finsternis, die Finsternis für Licht achtet!

Aus diesem Streben, sich von dem lebendigen Gott loszureißen, ist dann auch die Verachtung des Wortes Gottes hervorgegangen. „Lasset das Wort Christi unter euch reichlich wohnen in aller Weisheit", schreibt der Apostel, „lehret und vermahnet euch selbst mit Psalmen und Lobgesängen und geistlichen lieblichen Liedern und singet dem Herrn in eurem Herzen." O, wo das Wort des

Herrn so betrieben wird, wie viel mag da dem Satan der Ungeduld, des Hasses, der Bitterkeit, des Neides, des Geizes, der Eigenliebe und der Selbstsucht schon Gewalt genommen worden sein! Wie köstlich ist es, wenn das Wort Gottes so fein und lieblich betrachtet und in den Herzen bewahrt wird! Aber, sagt es selbst, wenn der Apostel Paulus diese Ermahnung an manche Gesellschaft von Leuten, die sich Christen nennen, wenn er sie an manche Familie, die sich christlich nennt, ergehen ließe, was würde darauf folgen? Was anders als vielerorts ein vornehmes Achselzucken, ein spöttisches Nasenrümpfen oder gar ein elender schlechter Spott. Denn es ist ja so weit gekommen, daß nicht allein aus mancher Gesellschaft, sondern sogar aus mancher Familie das Wort Gottes wie verbannt ist, und wenn solch eine Seite berührt wird, die nur von ferne auf das innere Leben mit Gott und Christus hindeuten könnte, sogleich alles in Verlegenheit oder Widrigkeit gerät. Ist das recht unter Christen? Können wir es auch verantworten vor dem, der über uns wohnt, der uns sein Wort zur Seligkeit gegeben hat, daß wir es so gering halten, übersehen, weglegen, wegstoßen? Welch eine Rechenschaft mag das nicht geben am großen Tag des Zorns! Und warum ist denn der Friede, die Eintracht, die Liebe aus so manchen Familien ganz gewichen? Ist's nicht darum, weil kein Wort Gottes mehr unter ihnen getrieben wird? Ach, würden manche Eltern, anstatt diesen oder jenen elenden Gesellschaften, anstatt dieser oder jener hohlen Lustbarkeit nachzuziehen und ihre armen Kinder auch damit von Jugend auf in die Ketten des Weltgeistes zu liefern, eifrig miteinander die Heilige Schrift lesen und im Hause das Wort des Herrn kund werden lassen und sich nicht schämen, ihre Hausgenossen damit zu erbauen, würden sie fleißig miteinander auf die Knie fallen und den Heiland um Kraft und Liebe anrufen und ihre Kinder in solchem Geiste aufziehen in der Zucht und Vermahnung zum Herrn: wie würde da der Segen Gottes einkehren, wie würden da die Teufel der Laune, des Unfriedens, der Lieblosigkeit weichen müssen und der Friede, und mit dem Frieden und der Liebe auch Jesus Christus sich zu solchen Menschen wenden und Segen, Heil und Leben daraus aufgrünen für Zeit und Ewigkeit.

Aber freilich, der Hauptgrund der Lieblosigkeit liegt noch tiefer. Man ist darum nicht barmherzig, weil man die Erbarmung Gottes nicht kennt noch an seinem Herzen erfahren hat. So will auch der Apostel nur darum, daß die Kolosser Liebe üben sollten. Er mutet das ihnen nur deswegen zu, weil sie Gottes Auserwählte, Heilige und Geliebte seien. Ach, nur wer die Barmherzigkeit Gottes an seinem eigenen Herzen erfahren hat, nur wer mit Beugung erkennt, daß er aus keinem andern Grund als um der Erbarmung willen, die alles Denken übersteigt, angenommen ist von Gott, und daß die freie Gnade noch täglich über ihm unaussprechlich waltet, nur wer als ein armer Sünder die Größe des Verdienstes Christi erkennt und den Reichtum der Liebe Gottes, ihre Länge, Breite, Tiefe und Höhe einigermaßen eingesehen hat, mit einem Worte: nur wer gewiß ist, daß er zu den Auserwählten Gottes gehört, nur der ist auch imstande, Liebe zu üben und den köstlichen Schmuck der Auserwählten Gottes anzuziehen, der da ist Liebe, Demut, Sanftmut, Mitleid und Geduld. Aber freilich, solange das bei dir nicht ist, solange du Gott nicht liebst, wie kannst du da deinen Nächsten lieben! Darum, liebe Seele, wenn du bei dir findest, daß du das Gesetz der Liebe so vielfach übertreten hast, so suche doch den Grund dafür ja in nichts anderem als darin, daß du die Liebe Gottes noch nicht kennst, suche den Grund darin, daß du noch nicht zu den Auserwählten Gottes gehörst, daß du deinen Heiland noch nie recht erkannt und gesehen hast. Ach, darauf dringe los; das wollen wir unser Bestreben sein lassen, daß wir unseren Beruf und unsere Erwählung fest machen und in den Wunden Christi unsere Gnadenwahl finden, damit wir aus aller Ungewißheit heraus und zu einem ganzen, völligen Herzen in Christus Jesus und zu der wahren Liebe gelangen, ohne welche ja doch niemand den Herrn sehen wird.

Weil aber in der heutigen Epistel geboten ist, herzliches Erbarmen anzuziehen, so will ich nun aus herzlichem Erbarmen auch heute zu der ewigen Liebe Gottes alle einladen, die sie noch nicht kennen. Meine armen Mitbrüder und Mitschwestern, die ihr in der Eigenliebe, im verkehrten Sinn euch noch gefallt, die ihr bis jetzt noch das sanfte Joch des Heilands nicht auf euch genommen habt und darum noch in argen Gedanken wandeln müßt als arme, mühselige Geister, ihr Armen, deren Herz den Frieden und die Liebe Christi noch nicht kennt und darum noch voll Grimm, Bitterkeit und Bosheit ist, ach, laßt euch erbitten durch die Erbarmungen Gottes, daß ihr euch dem Lamme hingebt, das auch für eure Sünden geschlachtet ist und alle eure Bitterkeit, all euren Grimm gebüßt hat! Kommt zu ihm, so wird er euch das böse Herz wegnehmen und euch ein neues schaffen, darin sein Friede und seine Liebe wohnen, und eure Seele wird Ruhe finden. Amen.

21. Am sechsten Sonntag nach dem Erscheinungsfest

Text: Luk. 2, 41 - 52 (s. 15. Predigt)

Aus dem heutigen Evangelium, das uns die liebliche Geschichte von dem zwölfjährigen Jesuskind erzählt, will ich Veranlassung nehmen, zu euch Alten und Jungen zu reden

von der Gnade, daß wir sein können in dieser Welt, wie Jesus in der Welt war.

Ich will zeigen,

I. **was es heißt: sein in dieser Welt, wie Jesus in der Welt war,**

II. **wie man so wird.**

I. Was heißt sein in dieser Welt, wie Jesus in der Welt war? Das heißt nicht ein Erlöser sein, wie Jesus ein Heiland war. Es heißt auch nicht ein Wundertäter sein, wie er einer war. Es heißt auch nicht ein Prophet sein, mächtig von Wort und Tat. Es heißt auch nicht hingehen und sich für die Sünden der Welt kreuzigen lassen, wie Jesus sich als der gute Hirte in den Tod dahingab. Ich darf euch wohl nicht erst zeigen, daß solches alles zu dem besonderen Auftrag gehörte, den der Herr vom Vater hatte, den wir aber nicht haben und nimmermehr bekommen werden. Sein in dieser Welt, wie Jesus in der Welt war, heißt nichts anderes als in die Fußstapfen Jesu zu treten, die er uns als Mensch zurückgelassen hat; in unseren Umständen so denken, so fühlen, so reden, so handeln, so sich betragen wie Jesus, wenn er in unseren Umständen gewesen wäre, gedacht, gefühlt, geredet, gehandelt, sich betragen hätte. Sein in dieser Welt, wie Jesus in der Welt war, heißt mit anderen Worten: ein Mensch sein, in dem das Bild Christi widerstrahlt, dem man es ansieht, daß er ein Jünger des Heilands und in seiner Schule gewesen ist, daß er von seinem Geist empfangen hat. Der Psalmist sagt: „Deine Kinder sollen dir geboren werden wie der Tau aus der Morgenröte." Und so soll es sein bei denen, die in der Welt sind, wie Jesus in der Welt war. Wenn ihr nämlich im Sommer auf das Feld hinausgeht, während der Tau noch liegt, so werdet ihr finden, daß in jedem einzelnen Tautröpflein das Bild und die Klarheit der Morgenröte oder der Sonne sich spiegeln. Wer nun einem solchen Tautröpflein gleicht, in wem die ewige Lebenssonne Jesus Christus ihr Bild abspiegelt, wer etwas vom Bild seiner Herrlichkeit, seines Lichtes, seiner Klarheit, seiner Liebe in sich trägt, von dem kann man sagen, er ist in dieser Welt, wie Jesus in der Welt war.

Aber, liebe Zuhörer, wenn wir werden sollen, wie er in der Welt war, so müssen wir vorerst wissen, wie er gewesen ist. Hierüber gibt uns unser Evangelium die schönste Anweisung. Als seine Eltern ihn nach drei Tagen im Tempel gefunden hatten, da sprach er zu ihnen: „Wisset ihr nicht, daß ich sein muß in dem, das meines Vaters ist?" Das ist der Grundzug in der Seele unseres lieben Heilands gewesen, solange er auf dieser Erde pilgerte, daß er sein wollte und mußte in dem, das seines Vaters ist. Zunächst geht freilich dies Wort nur auf den Tempel zu Jerusalem, als wollte er seinen Eltern sagen: warum habt ihr mich so lange und vergebens gesucht? Ihr hättet doch leicht denken können, daß ich nirgends anders bin als in meines Vaters Hause. Im Tempel, da hättet ihr mich zuerst suchen sollen. Aber diese Worte des Heilands haben auch noch eine weitere Bedeutung. „Ich muß sein in dem, das meines Vaters ist", heißt auch: was sich auf meinen Vater bezieht, wo es die Ehre meines Vaters gilt, das ist mein Element. Mein Geist muß leben und lebt in der Sache meines Vaters, ja in meinem Vater. Ich kenne nichts Höheres auf dieser Welt, ich weiß von keinem größeren Vergnügen; es dringt mir nichts so sehr an das Herz; es ist mein einziges auf dieser Welt, die Ehre, die Verherrlichung, die Erkenntnis meines Vaters, der Umgang mit ihm. Er will eigentlich damit dasselbe sagen, was er einmal später zu seinen Jüngern sagte: „Das ist meine Speise, das ist meine Nahrung, das ist mir so unentbehrlich wie Essen und Trinken für den irdischen Menschen, daß ich tue den Willen dessen, der mich gesandt hat." Man sieht dabei, wie die Erkenntnis und Liebe des Vaters beim Heiland den Überschwang hatte. Aus diesem Sinn heraus, weil der Vater sein ganzes Herz ausfüllte, ist es auch allein erklärbar, wie der Heiland als ein zwölfjähriges Kind drei Tage im Tempel bleiben mochte, mitten unter den Lehrern, daß er ihnen zuhörte und sie fragte. Es war ihm eben ganz allein darum zu tun, den Vater recht kennenzulernen. Der Vater war der einzige Mittelpunkt, um den sich seine Seele bewegte, der Vater der einzige Magnet, dem sein ganzes Wesen zugekehrt war.

Liebe Zuhörer, wie Jesus in der Welt war, so sollen auch wir in dieser Welt sein. Wie sein ganzes Streben, seine ganze Liebe, seine ganze Kraft, sein ganzer Trieb, sein ganzes Leben auf den Vater ging, so soll auch unser Streben mehr und mehr auf den Vater und auf ihn, den Heiland selber gehen. Es soll uns zur anderen Natur werden, mit dem Vater und mit dem Sohne umzugehen, ihn in allen Dingen für das höchste Gut zu achten, mit einem Wort: ihn zu lieben. Das heißt sein in dieser Welt, wie Jesus in der Welt war.

Vor Jesu Augen schweben,
Ist wahre Seligkeit;

Ein unverrücktes Leben
Mit ihm schon in der Zeit,
Nichts können und nichts wissen,
Nichts wollen und nichts tun,
Als Jesus folgen müssen,
Das heißt im Frieden ruhn.

Liebe Zuhörer, ist es so bei uns? Ach, die meisten unter uns sind nicht einmal auf dem Wege dazu. Etwas ganz anderes ist vielen unter uns noch zur anderen Natur. Wo trifft man die meisten unter uns den Tag über an? Im Hause des Vaters, mit dem Herzen beim Heiland? Sind viele unter uns, bei denen, wenn man sie den Tag über suchen würde aus diesem oder jenem Grunde, man vermuten könnte, vielleicht ist er oder sie in der Kammer, vielleicht in einem abgelegenen oder einsamen Winkel des Hauses und betet und redet mit dem Heiland? Wie viele sind wohl unter uns, die sich kein Gewissen daraus machen, darauf zu sinnen, wie sie sich beim Handel und Wandel ein unrechtmäßiges Vorteilchen zuwenden, oder die sich mit ihrem Herzen und ihren Gedanken, oft auch mit ihrem Munde und Gliedern, in allerhand Unzuchtshändeln umtreiben, oder die den ganzen Tag, ja oft die ganze Nacht über nirgends anders sind als in ihren Geschäften, in ihrem irdischen Betrieb, in dem sie mit Herz und Sinn wühlen und sich bewegen! Was würden solche Leute für eine Antwort geben, wenn man ihnen darüber Vorhaltungen machte? Was bekommt ein Lehrer und Seelsorger, der solche armen Leute ermahnt und bittet und ihnen sagt: arme, verirrte Schafe, schon so lange sucht euch Jesus mit Schmerzen, und ihr laßt euch nicht finden, was bekommt er für eine Antwort? Was denken solche armen Knechte und Mägde des Verderbens in ihrem Herzen, wenn sie um Jesu willen gebeten werden, daß sie doch ihrer Seelen Heil bedenken möchten? Ich will es euch sagen: Was ist's, denkt ein solcher Mensch, daß der Heiland mich sucht? Der da oben auf der Kanzel kann mir lange schwatzen. Ich werde es nicht anders machen als andere Leute, die auch selig werden wollen. Ich will eben in dem bleiben, worin ich bisher gewesen bin, das heißt mit anderen Worten: ich will bleiben in dem, was des Teufels ist.

O ihr armen Knechte und Mägde des Verderbens, ihr habt recht, ihr habt ganz recht. Ihr müßt sein in dem, das des Teufels ist. Er ist euer Vater, und er hat euch gebunden mit unauflöslichen Ketten der Finsternis, aus denen ihr nicht loskommen könnt, wenn ihr euch nicht durch Jesus losmachen laßt. Aber sagt mir doch, wann soll denn eure Erlösungsstunde schlagen? Wollt ihr denn reifen für das ewige Feuer? Nein, wie euch jetzt der Dienst der Sünde und der Ungerechtigkeit zur anderen Natur geworden ist, seht, so muß euch der Dienst der Gerechtigkeit, so muß euch die Liebe zum Heiland zur anderen Natur werden, daß es euch befremdend vorkommt, wenn man euch noch anderswo mit eurem Herzen sucht als beim Vater und beim Heiland, wie es euch jetzt befremdend vorkommt, wenn man euch noch anderswo sucht als in den Stricken der Finsternis und der Sünde. Dann seid ihr wahrhaftig, wie Jesus in der Welt war und habt teil an dem Erbe, das er im Himmel bereitet hat.

Aber auch ihr unter uns, die ihr bereits etwa auf dem Wege seid, Jünger des Heilands zu werden, o liebe Seelen, wie müssen wir uns schämen, wenn wir uns mit dem Sinn des zwölfjährigen Jesuskindes vergleichen! Lebt der Heiland immer in unserem Herzen? Kommt er uns nie aus dem Sinn? Ist es uns jeden Augenblick unwohl im Inneren, wenn wir seiner vergessen? Wird er nie durch andere sündliche Gedanken oder durch unnütze Reden, Scherze und

Narrenteidinge aus unserem Herzen verdrängt? Ist es uns auch abzufühlen, daß wir Leute des Herrn Jesus, daß wir seine Lichter sind mitten unter einem verkehrten und unschlachtigen Geschlecht? Können wir auch mit dem Apostel Paulus sagen: „Ich achte alles für Schaden gegen der überschwenglichen Erkenntnis Christi Jesu meines Herrn, um welches willen ich alles habe für Schaden gerechnet, und achte es für Kot, auf daß ich Christus gewinne“? Können wir mit demselben Apostel sagen: „Was ich lebe im Fleisch, das lebe ich im Glauben des Sohnes Gottes, der mich geliebt und sich selbst für mich dargegeben hat“? Ist es so bei uns, wie es doch bei uns werden soll? Ach, liebe Zuhörer, wir müssen wahrlich noch ganz andere Leute werden. Damit ist es noch nicht ausgerichtet, daß man immerfort anerkennt und immerfort bekennt, ich bin noch nicht bekehrt, ich bin noch nicht wiedergeboren. Nein, wir müssen danach ringen und darum kämpfen. Die Stunde ist da, aufzustehen vom Schlafe; denn der Tag ist herbeigekommen und das Licht leuchtet in die Finsternis. Wir müssen anhalten mit Bitten und Flehen, daß Jesus uns zur Gnade, zur Freiheit der Kinder Gottes durchbrechen lassen wolle. Mit dem faulen Geschwätz von seiner Sündigkeit und seinem bösen Herzen ist es nicht ausgerichtet. „Sei nicht so faul“, sagt Luther, „fall auf deine Knie, rufe Gott an um seinen Heiligen Geist, flehe und bitte, suche, so wirst du finden, und wenn das Suchen nicht hilft, so bitte, und wenn das Bitten nicht hilft, so klopfe an; auf dem Faulbett ist noch keiner in den Himmel gekommen.“

Doch was erzählt uns das Evangelium noch weiter? „Jesus ging hinab mit seinen Eltern nach Nazareth und war ihnen untertan.“ Er trieb das Gewerbe seines Pflegevaters bis in das dreißigste Jahr. Hier können wir wieder sehen, wie Jesus in der Welt war.

Fürs erste können wir daraus lernen seine Ergebung in des Vaters Willen. Was meint ihr? Der Heiland, der schon im zwölften Jahr wußte, wer er war, geht mit seinen Eltern hinab nach Nazareth, wächst da unter ihnen auf, treibt ein Handwerk bis ins dreißigste Jahr, ist still und lebt im verborgenen, in dem unschlachtigen Nazareth. Was meint ihr, ist das nicht ein besonderer Gehorsam gegen seinen Vater gewesen? Hat er hier nicht die größte Probe von Ergebung in des Vaters Willen abgelegt? So wollte es der Vater haben, und darum war es ihm, dem Sohne auch recht. Er war damit zufrieden, in der Armut, in der Verborgenheit, in täglicher Selbstverleugnung, unter Berufsgeschäften, im Gehorsam gegen seine Eltern aufzuwachsen und zu bleiben bis ins dreißigste Jahr, achtzehn Jahre lang, und das alles nur, weil es der Vater so wollte. Liebe Zuhörer, so müssen wir uns auch in den Willen des Vaters ergeben lernen. So müssen wir auch mit allem zufrieden werden, was der Vater schickt. Dem Heiland ist gewiß in seinem verborgenen Lauf auch manches schwer gefallen. Oder glaubt ihr, es werde in jenen achtzehn Jahren bei ihm alles ohne Anstoß, ohne Kämpfe vorbeigegangen sein? Glaubt ihr nicht, es werde mancher saure Tritt für ihn zu machen, manche Last zu tragen, manches Beschwerliche zu überwinden gewesen sein? O wie viel haben wir darin von ihm zu lernen, o wie weit bleiben wir zurück hinter seinen heiligen Fußstapfen, wie ungeduldig sind wir, wenn uns etwas begegnet, das nicht nach unseren Wünschen und unseren Hoffnungen ist! Ich sage dies nicht von ungläubigen Menschen, denn diese lassen ihrem Unwillen über unangenehme Fügungen Gottes meistens ohnehin ganz Raum, und weil sie sich nicht an Gott vergreifen können, brechen sie über ihre Mitmenschen los. Da darf sich nicht viel gegen ihren Kopf ereignen, so teilen sie zornige Blicke und harte Reden an ihre

Mitmenschen aus, sie seien schuldig oder unschuldig. In wie manchem Haus ist ja selbst die Armut, die man sich durch Liebe und Sanftmut erleichtern und versüßen sollte, der beständige Zankapfel zwischen Mann und Weib, zwischen Eltern und Kindern. Von solchen Höllenkindern rede ich nicht, nein, ich rede von solchen, die schon etwas vom Heiland geschmeckt und erfahren haben. O wie schwer fällt es auch ihnen, sich in allen Stücken kindlich, einfältig und demütig in den Willen Gottes zu ergeben und auch bei dem Schweren, das ihnen begegnet, sich nur um so fester an die Hand des Herrn anzuschmiegen! Ach, seht dagegen unseren Herrn Jesus an, den sanften, stillen Jesus, den gehorsamen und ergebungsvollen Jesus.

O stiller Jesu, wie dein Wille
Dem Willen deines Vaters stille
Und bis zum Tod gehorsam war,
Also mach auch gleichermaßen
Mein Herz und Willen dir gelassen!
Brich meinen eignen Willen gar!
Mach mich dir gleichgesinnt,
Wie ein gehorsam Kind, sanft und stille,
Jesu, ei nu, hilf mir dazu,
Daß ich gehorsam sei wie du!

Ferner ist der Heiland in seinem achtzehnjährigen Wandel in Nazareth auch ein großes Muster von Herzensdemut und Berufstreue. Der Vater hat ihm den Beruf angewiesen, seinen Eltern zu gehorchen, und das erfüllte er ganz. Der Evangelist sagt von ihm: „Er war ihnen untertan.“ Er fügte sich dem Willen seiner Eltern, und als sein Pflegevater ihn zu seinem Handwerk anhielt, war er auch in diesem Stück gehorsam. Glaubt ihr wohl, er habe gemurrt, wenn ihm sein Pflegevater etwas befahl, er habe gezögert, wenn seine Mutter ihm etwas auftrug? Glaubt ihr wohl, wenn er im Tagelohn arbeitete, habe er die Leute, für die er arbeitete, durch Nichtstun um eine oder zwei Stunden zu bestehlen gesucht? Glaubt ihr wohl, er habe nur auf den Lohn gesehen und nicht auf die Arbeit, oder er habe nur den Dienst vor Augen versehen und nicht vor dem Angesicht seines himmlischen Vaters? Oder glaubt ihr, er habe im Unglauben gearbeitet und durch allerlei Handwerksvorteile getrachtet, noch etwas Weiteres zu erwerben? Oder meint ihr, er habe unter den Geschäften des Tages seines Vaters vergessen und nachher keine Zeit mehr gefunden zum Umgang mit ihm? O nein, er sah nur auf den Willen seines himmlischen Vaters. In friedsamer Genügsamkeit aß er sein tägliches Brot. Er arbeitete auch im Schweiß seines Angesichts; aber nicht mit der unruhigen Hast, mit der aufgeregten Heftigkeit, wie wir es oft tun, wenn wir befürchten, dieser oder jener Vorteil möchte uns entwischen. Nein, mit der größten Einfalt und in friedlicher Stille des Herzens tat er, was ihm befohlen war, im Namen seines himmlischen Vaters.

So wuchs der Heiland auf in Nazareth. So wurde er ein Jüngling und ein Mann. Hat er wohl da seine einzige Erholung im Umgang mit ausgelassenen Altersgenossen gesucht? Hat er wohl an den unehrbaren Volksgesängen teilgenommen? Hat er sich wohl bei den jährlichen Volksbelustigungen als den Ersten hervorgetan? Darin besteht ja der Ruhm der jetzigen Jugend, im Fressen und Saufen, im Tanzen und Springen der Vorzüglichste, in schandbarem Geschwätz und Gesang ein Meister und in gottlosem Leben ein Held zu sein. Hat uns wohl der Heiland solch ein Vorbild gelassen? Man muß so fragen, weil diejenigen, die in der Christenheit auf seinen Namen getauft sind, meinen und wähnen, alle jene argen Ausbrüche einer wilden Natur gehören zum Ruhm einer glücklich verlebten Jugend. Ja, man möchte wohl glauben, wenn man das Treiben und Toben der jetzigen Jugend betrachtet, der Heiland habe uns kein heiliges, sondern ein satanisches Vorbild gelassen.

O keuscher Jesu, all dein Wesen
War züchtig, keusch und auserlesen,
Von tugendvoller Sittsamkeit.
Gedanken, Reden, Glieder, Sinnen,
Gebärden, Kleidung und Beginnen
War voller lautrer Züchtigkeit.
O mein Immanuel, mach mir Geist, Leib und Seel
Keusch und züchtig!
Jesu, ei nu, hilf mir dazu,
Auch keusch und rein zu sein wie du!

Oder glaubt ihr wohl, der Heiland sei ein aufgeblasener junger Mensch gewesen, der da geglaubt habe, er könne Alte und Junge meistern und habe das Recht dazu, seinen Eltern zu widersprechen oder ihnen wohl gar den Gehorsam aufzukündigen? Wahrlich, er hätte Ursache gehabt, höher von sich zu denken als andere. Wenn je ein Mensch Ursache gehabt hätte, sich über andere hinweg- und sie hintanzusetzen, so wäre es gewiß er gewesen. Aber er war sanftmütig, einfältig und von Herzen demütig. O, wie müssen wir uns schämen und beugen vor der selbständigen Weisheit, vor dem, in dem verborgen lagen alle Schätze der Erkenntnis und Weisheit, wenn wir von ihm lesen, daß er sein Leben einrichtete nicht nach eigenem Gutdünken, sondern untertan war seinen Eltern in kindlicher Einfalt, nicht seinen eigenen Willen behauptete und durchsetzte, der doch heilig war und unsträflich, sondern sich im Gehorsam beugte unter den elterlichen Willen in allen Stücken.

Würdigster Jesu, Ehrenkönig!
Du suchtest deine Ehre wenig,

Du wandelt'st ganz ertieft auf Erden,
In Demut und in Knechtsgebärden,
Erhobst dich selbst in keinem Ding.
Herr, solche Demut lehr
Mich auch je mehr und mehr stetig üben!
Jesu, ei nu, hilf mir dazu,
Daß ich demütig sei wie du!

Seht, das ist unser Gott, das ist unser Heiland! Und wie viel hätte ich noch von ihm zu sagen; es mag aber damit genug sein. So sollen wir aber auch werden, wie er in der Welt war. Entschuldige sich keiner mit der Schwachheit des Fleisches! Diese Entschuldigung möchte etwa wohl gelten, wenn er nicht gekommen wäre, wenn er nicht gekämpft und uns damit die Kraft erstritten hätte, daß wir nachfolgen können seinen Fußstapfen. Aber er ist selbst vorangegangen und hat Gaben empfangen, Gaben zur Überwindung, Gaben zum Wandel in der Welt, wie er in der Welt war; und diese Gaben teilt er aus, allen, die ihn darum bitten.

II. Aber, liebe Zuhörer, wie bringt man es denn dahin, daß man ebenso in der Welt ist, wie Jesus in der Welt war? Wenn heute unter uns einer den Vorsatz faßte und mit aller Anstrengung danach trachtete, ebenso zu werden in der Welt, wie Jesus in der Welt war, ebenso ergebungsvoll, ebenso still, ebenso gehorsam gegen den göttlichen Willen, ebenso züchtig, ebenso gerecht, ebenso demütig; und wenn er nun glaubte, mit diesem Vorsatz sei es getan, jetzt wolle er mit Ernst an die Ausführung gehen, der würde einen gar verfehlten Weg einschlagen. Auf dem Weg des eigenen Wissens und Könnens werden die Füße gar bald matt. Man nimmt einen Anlauf um den andern, wagt es immer wieder auf seine eigene Kraft, aber bleibt doch ohne Frieden, ohne wahren Trost, ohne wahre Kraft.

Ich will euch einen andern Weg zeigen, einen Weg der Demütigung, aber einen Weg der Stärke, die von Gott dem Glauben dargereicht wird.

Frage dich, liebes Herz, kennst du dich
In der Natur so recht jämmerlich?
Kennst du dein Elend und Jesu Wunden,
Hast du Vergebung gesucht und gefunden
Durch ihr Verdienst?

Siehe, das ist die Hauptsache; denn der Glaube ist der Sieg, der die Welt überwindet. Durch den Glauben an Jesu Wunden wirst du in das Ebenbild des Sohnes Gottes verklärt werden von einer Klarheit zu der andern; durch sein Blut kannst du nach Leib und Seele genesen und dich reinigen, gleichwie er rein ist, auf daß du dich darstellst in der Welt, gleichwie er in der Welt war. Dazu helfe uns Gott um seines Namens willen! Amen.

22. Am Sonntag Septuagesimä

Da antwortete Petrus und sprach zu ihm: Siehe, wir haben alles verlassen und sind dir nachgefolgt; was wird uns dafür? Jesus aber sprach zu ihnen: Wahrlich, ich sage euch: Ihr, die ihr mir seid nachgefolgt, werdet in der Wiedergeburt, da des Menschen Sohn wird sitzen auf dem Stuhl seiner Herrlichkeit, auch sitzen auf zwölf Stühlen und richten die zwölf Geschlechter Israels. Und wer verläßt Häuser oder Brüder oder Schwestern oder Vater oder Mutter oder Weib oder Kinder oder Äcker um meines Namens willen, der wird's hundertfältig nehmen und das ewige Leben ererben. Aber viele, die da sind die Ersten, werden

die Letzten, und die Letzten werden die Ersten sein. Das Himmelreich ist gleich einem Hausvater, der am Morgen ausging, Arbeiter zu mieten in seinen Weinberg. Und da er mit den Arbeitern eins ward um einen Groschen zum Tagelohn, sandte er sie in seinen Weinberg. Und ging aus um die dritte Stunde und sah andere an dem Markte müßig stehen und sprach zu ihnen: Gehet ihr auch hin in den Weinberg; ich will euch geben, was recht ist. Und sie gingen hin. Abermals ging er aus um die sechste und neunte Stunde und tat gleichalso. Um die elfte Stunde aber ging er aus und fand andere müßig stehen und sprach zu ihnen: Was stehet ihr hier den ganzen Tag müßig? Sie sprachen zu ihm: Es hat uns niemand gedingt. Er sprach zu ihnen: Gehet ihr auch hin in den Weinberg, und was recht sein wird, soll euch werden. Da es nun Abend ward, sprach der Herr des Weinbergs zu seinem Schaffner: Rufe die Arbeiter und gib ihnen den Lohn und heb an an den letzten bis zu den ersten. Da kamen, die um die elfte Stunde gedingt waren, und empfing ein jeglicher seinen Groschen. Da aber die ersten kamen, meinten sie, sie würden mehr empfangen; und sie empfingen auch ein jeglicher seinen Groschen. Und da sie den empfingen, murrten sie wider den Hausvater und sprachen: Diese letzten haben nur eine Stunde gearbeitet, und du hast sie uns gleich gemacht, die wir des Tages Last und die Hitze getragen haben. Er antwortete aber und sagte zu einem unter ihnen: Mein Freund, ich tue dir nicht Unrecht. Bist du nicht mit mir eins geworden um einen Groschen? Nimm, was dein ist, und gehe hin! Ich will aber diesem letzten geben gleich wie dir. Oder habe ich nicht Macht, zu tun, was ich will, mit dem Meinen? Siehst du darum scheel, daß ich so gütig bin? Also werden die Letzten die Ersten und die Ersten die Letzten sein. Denn viele sind berufen, aber wenige sind auserwählt. Matth. 19,27-30; 20,1-16

Das heutige Evangelium ist sehr lieblich, sehr herzerhebend und herzergreifend; dies müssen wir alle bekennen. Die erste Veranlassung zu diesen Reden des Heilands gab der Vorfall mit dem reichen Menschen, der zu Jesus kam und ihn fragte: was muß ich tun, daß ich das ewige Leben haben möge? Jesus antwortete ihm: du weißt ja die Gebote, und diese sollst du halten. Der Jüngling sagte: diese alle habe ich gehalten von meiner Jugend auf, was fehlt mir noch? Da erwiderte Jesus: gehe hin und verkaufe, was du hast, und gib's den Armen, so wirst du einen Schatz im Himmel haben, und komm und folge mir nach! Der Heiland fühlte als der Herzenskündiger wohl, daß es dem Jüngling an redlicher Neigung, ihm nachzufolgen, fehle. Darum sagte er solches zu ihm, worauf dann der Jüngling traurig und betrübt von hinnen ging. Nun nahm Petrus das Wort und sprach zu Jesus: „Siehe, wir haben alles, unser Gewerbe, unsern Stand und Beruf, unser Eigentum verlassen und sind dir nachgefolgt, was wird uns dafür?" Damit wollte er zeigen, er gehöre nicht zur Klasse derjenigen, die den Gütern dieser Welt anhangen, und begehre für diese Verleugnung einen besonderen Lohn. Auf dieses hin gab nun der Heiland das Gleichnis in unserem Evangelium. Dieses Gleichnis böte uns eine angebrachte Gelegenheit, von der Lohnsucht und dem verkehrten Sinn: „was wird mir dafür?" zu reden; denn auch im täglichen Leben ist dieses die gewöhnlichste Frage, wenn ein Mensch seine Pflicht erfüllt: „was wird mir dafür?" Wir wollen aber diesmal nicht von der Lohnsucht reden, sondern

von Gottes Einladung zur Arbeit in seinem Weinberg,

und zwar

I. von der Arbeit im Weinberg,

II. von der Einladung dazu,

III. von dem Arbeitslohn.

O himmlischer Vater! Du bist beschäftigt, durch Deine große Liebe und Treue unsere armen Herzen zur Arbeit in Deinem Weinberg immer und immer wieder einzuladen. Wir danken Dir für Deine Geduld und Treue auch in dieser Stunde und bitten Dich, laß doch nicht ab, diejenigen einzuladen, die noch müßig stehen! Hilf uns allen, das Tagewerk, das Du uns verordnet hast, treulich zu vollbringen. Segne uns auch in dieser Stunde. Amen.

I. Es fragt sich zuerst, was unter der Arbeit im Weinberg des Herrn zu verstehen sei. Da glauben nun manche, die ganze Welt sei ein Weinberg Gottes. Wenn wir aber diese Welt betrachten, wie sie ist in ihrem gegenwärtigen verdorbenen Zustand, in dem sie seit dem Sündenfall liegt und aus dem sie sich auch nicht erheben wird bis auf die Stunde, da das Böse und alle Ärgernisse ausgelesen und ihrem bestimmten Ort zugewiesen werden, und bis alle Reiche der Welt Gott und seinem Christus anheimfallen zum Eigentum; wenn wir die Welt betrachten, wie sie im argen liegt und unter der Herrschaft und dem Einfluß des Argen durch so manche Zeitläufe schon dahingegangen ist und noch dahingeht bis auf diese Stunde; die Welt, in der das Unkraut überhand genommen hat und wo ein von Gott gepflanztes gutes Samenkorn, sobald es sich regt und gedeihen will, sogleich durch das üppige und alle Kraft an sich ziehende Unkraut überwältigt werden will; ich sage, wenn man diese Welt betrachtet, diese arme, verblendete, verfinsterte Welt, so kann man nichts weniger sagen, als daß sie ein Weinberg des guten heiligen Gottes sei, von ihm gepflanzt, an dem er seine Lust ersehen, an dem sein großer heiliger Name verherrlicht wird. Nein, liebe Zuhörer, das ist die Welt nicht, ein Weinberg Gottes ist sie nicht, das lehrt uns ein kurzer Anblick derselben.

Lieber möchte man sie mit einem verwüsteten Erdreich vergleichen, auf dem Satan seine Werkstätte hat und wo er seine Giftpflanzen hegt und pflegt, Giftpflanzen, denen er das böse Wesen, das in ihm selbst wohnt, eingehaucht hat, Giftpflanzen, die, wie sie andere verderben, also auch den Keim des Verderbens und des Todes in sich selbst tragen und auch nicht aufhören, zu verderben und verderbt zu werden, bis sie durch die Hand des großen Gottes und durch den Geist seines Mundes ausgerauft und dem ewigen Feuer überantwortet werden.

Diese Welt ist also nicht ein Weinberg Gottes, von dem in unserem Evangelium die Rede ist; denn es sind in ihr zu viele, zu viele Pflanzen, die der himmlische Vater nicht gepflanzt hat. Aber weil Gott dieses Verderben sah und es ihn der argen Verwüstung seiner Erde und Menschheit jammerte, so beschloß er, mitten in diesem Greuel der Verwüstung einen Weinberg anzulegen und zu bepflanzen, in den all die Pflanzen, die sich aus ihrem elenden, giftigen Zustand herausbringen und in wahre Gottespflanzen verwandeln lassen wollten, konnten und sollten versetzt werden; mit anderen Worten: er beschloß, ein Reich Gottes auf dieser Erde zu gründen, das neben dem Reich des Argen bestehen, und obwohl klein und unscheinbar, doch nach und nach mächtig und groß werden und heranreifen sollte bis zur völligen Wiedergeburt der Welt, bis zur völligen Umwandlung und Umgestaltung der Erde in einen Garten Gottes, in ein Land, auf dem Liebe und Gerechtigkeit wohnen und der Friede, der längst von der Erde verschwunden ist; mit einem Wort: bis das Reich Gottes durch Hinwegschaffung des Bösen ganz Raum gewinnen könnte, ja bis eine Hütte Gottes bei den Menschen sein und er bei ihnen wohnen und ihr Gott sein könnte und sie sein Volk. Darum sagt der Heiland zu Petrus: „Ihr, die ihr mir seid nachgefolgt, werdet in der Wiedergeburt, da des Menschen Sohn wird sitzen auf dem Stuhl seiner Herrlichkeit, auch sitzen auf zwölf Stühlen und richten die zwölf Geschlechter Israels.“ Also auf eine Wiedergeburt der Welt ist es abgesehen mit diesem mitten unter die Giftpflanzen hinein gepflanzten Weinberg Gottes; auf eine Zeit ist es abgesehen, wo erscheinen wird, der da spricht: „Siehe, ich mache alles neu!“ Darum ist der Weinberg oder das Reich Gottes mitten unter die Ärgernisse, mitten in die Welt hinein gepflanzt, damit, wenn auch durch viele Kämpfe hindurch, doch zuletzt das von Gott Gepflanzte bleibe, und wenn alles andere, das den Keim der Vernichtung in sich selbst trägt, weil es aus der Sünde kommt, längst wird vergangen sein, als etwas Göttliches und darum Ewiges fortdauere und durch den auf ihm ruhenden Segen den von der Erde gewichenen Segen, die herrliche Freiheit der Kinder Gottes, wieder auf sie zurückbringe.

Das ist meines Erachtens der Weinberg Gottes, von dem in unserem Evangelium die Rede ist. Im Alten Testament war alles, was von Gott getan und verordnet wurde, nur eine Voranstalt auf diesen Weinberg Gottes. Es wurde, daß ich mich so ausdrücke, nur das Feld zu diesem Weinberg auserlesen und bebaut, es wurde ein Zaun darum gemacht und alles zugerichtet, damit der Gärtner, wenn er einmal erscheine, ein Feld antreffe, das zu bebauen wäre, in das er seine Reben einsenken könnte, das schon hinlänglich gedüngt und fruchtbar gemacht wäre, damit Pflanzen der Gerechtigkeit darin wachsen und gedeihen könnten. In der Fülle der Zeit, als die von Gott zur Vorbereitung bestimmten Jahre und Jahrhunderte abgelaufen waren, erschien der rechte Gärtner Jesus Christus und baute und pflanzte den Acker mit eigener Hand. Seine Reben waren ihm so angelegen, daß er aus Liebe für sie und aus

Sorgfalt für seinen Weinberg das Leben ließ. Aber wenn auch der Gärtner weggegangen war, blieb sein Weinberg darum nicht verlassen, sondern der Herr hatte sich schon Leute ausgewählt, die mit Kraft von oben ausgerüstet des Weinbergs pflegten, die durch Lehre und Wandel leuchteten mitten unter einem verkehrten und ungeschlachten Geschlecht und Seelen gewannen für das Reich ihres Gottes und Christus groß machten unter den Menschenkindern und seine Erkenntnis beförderten. Sie arbeiteten oft unter großer Last und Mühe und mit viel Schweiß, ja setzten ihr Leben daran und überwanden die Welt und ihren Fürsten durch des Lammes Blut und durch das Wort seines Zeugnisses. So steht das Reich Gottes bis auf diese Stunde trotz aller An- und Eingriffe der Welt und ihres Fürsten, der sein Werk hat in den Kindern der Welt.

Die ersten Arbeiter im Weinberg Gottes waren die Apostel. Und wie diese des Tages Last und Hitze getragen haben, das lehrt uns die Geschichte. Es ging ja durch Arbeit, durch Fasten, durch Wachen, durch Hunger, durch Blöße, durch Hohn und Schmach, durch Schwert und alle möglichen Verfolgungen, bis ihnen endlich die Ehre widerfuhr, über ihrem heiligen Beruf ihr Leben zu lassen und einzugehen zu ihres Herrn Freude, zu ihm, der gebetet hatte: „Vater, ich will, daß, wo ich bin, auch die bei mir seien, die du mir gegeben hast, daß sie meine Herrlichkeit sehen." Und als sie heimgegangen waren, erweckte Gott an ihrer Stelle neue Arbeiter, die sich's wiederum von Herzensgrund angelegen sein ließen, den Weinberg Gottes zu bebauen, die wie die vorigen als Lichter in der Welt leuchteten und zum Heil der Seelen die Tugenden dessen verkündigten, der sie berufen hatte zum wunderbaren Lichte. Und wie in allen Zeitaltern, so hat der Heiland auch jetzt noch in dieser argen, ungläubigen Welt seine Arbeiter in seinem Weinberg. Er schenkt ihnen, wenn sie wollen, Kraft und Gnade, daß sie die Erbarmungen des großen Gottes und unseres Herrn Jesu Christi in der Welt ausrufen und ihn, den gekreuzigten und auferstandenen Fürsten des Lebens, dem Teufel und der Welt zum Trotz den Seelen anpreisen können, ob sich nicht einige aus der großen Menge, die verloren und ihrem ewigen Verderben entgegengeht, herausfinden und in den lieblichen Garten des Herrn verpflanzen lassen möchten. Sie rufen in seinem Namen den Menschen zu: Geht heraus aus dem großen Haufen, der auf dem Markt dieser Welt müßig steht, geht hin und arbeitet im Weinberg eures Herrn, so werdet ihr einen Gnadenlohn empfangen! Durch sie läßt der Herr ausrufen:

Ihr müden Seelen und ihr Frommen,
Versäumet nicht, heut einzukommen
Zu meiner Ruhe Lieblichkeit!

Doch würden wir uns sehr irren, wenn wir glaubten, nur die zum öffentlichen Lehramt Berufenen seien die Arbeiter im Weinberg Gottes, von denen in unserem Evangelium die Rede ist. Nein, das sei ferne, daß wir diesen Begriff so sehr beschränken sollten! Das wäre nicht nach der Absicht des Heilands. Ein Arbeiter in seinem Weinberg kann und soll jeder Christ sein, er habe einen Stand, Amts- und Berufsgeschäfte, welche er wolle, das trägt nichts bei zur Sache. Ein Arbeiter im Weinberge Gottes ist jeder, der zur Beförderung des Reiches Gottes in der Welt das Seine beiträgt, es sei durch Wort oder Tat oder durch Lehre oder durch Beispiel oder durch Wandel oder durch Gebet. Ja, liebe Zuhörer, dazu sind wir berufen. Dazu sind wir getauft, dazu schenkt uns der Herr sein Wort. Das ist seine Absicht, warum er oft so stark an unseren Herzen anklopft, die Absicht bei allem Erfreulichen, die Absicht bei allem Leiden, daß wir Arbeiter werden sollen in seinem Weinberg,

Leute, die des Teufels Reich in dieser Welt zerstören helfen, Knechte und Mitarbeiter Gottes an dem Heil der teuer erkauften Seelen. Zum Beispiel, du Vater und du Mutter, welche Arbeiter im Weinberg Gottes könnt ihr werden, wenn ihr eure Kinder auferzieht in der Zucht und Vermahnung zum Herrn, wenn ihr durch Wort und Wandel ihnen vorleuchtet, wenn ihr euch bestrebt, nichts von euren Kindern an euch bemerken zu lassen, als was aus der Liebe zu Jesus kommt! Wie werdet ihr euch dann der Früchte eurer Arbeit in die ewigen Ewigkeiten hinein, wenn die Erde mit all ihren Gütern nicht mehr ist, erfreuen können! Aber wie viele, ach wie viele Eltern werden sich wegen der heillosen Arbeit an ihren Kindern in die ewigen Ewigkeiten hinein tief zu schämen haben! Du, Jüngling, welch ein Arbeiter kannst auch du in dem Weinberg Gottes werden, namentlich in dieser elenden Zeit, wo der größte Teil der Jugend von frühe an den breiten Weg des Verderbens geht, wenn du dich treulich und kindlich hältst nach deines Gottes Wort, wenn du deinem Heiland dein Herz rechtschaffen ergibst und dadurch deinen jungen Mitpilgern ein Vorbild wirst, wie man auf dem Wege der Wahrheit wandeln soll; oder wenn du die, so sich ins Verderben, in den Tod der Lüste stürzen wollen, brüderlich und mit dem Liebesgeist Jesu zurückhältst, sie ermahnst und mit herzlichem Erbarmen zu ihm zu leiten suchst! Und so kann jeder ein Arbeiter im Weinberg Gottes werden. Er möge nur zurücksehen auf seine Verhältnisse, auf seinen Beruf, so wird er es leicht finden, wie und wo er's anzugreifen habe, daß er des Herrn Reich vermehre und des Teufels Reich vermindere, und wenn er es nicht findet, so bitte er den Herrn um Weisheit, der so gerne gibt einfältig jedem wahren Beter und rücket's niemand auf.

Nicht ist das so zu verstehen, als ob es nötig wäre, das

Evangelium auf den Gassen zu predigen, obwohl, wer möchte sogar dieses dem verargen, der Lust und Beruf, aber göttlichen Beruf, dazu hätte. Aber es ist nicht so zu verstehen. Ach, wir suchen das Christentum und die Arbeit für das Reich Gottes meistens außer unserem Hause und außer unseren nächsten Umgebungen, und wir können sie doch allernächst im Hause selber finden. Sei du nur in dem, was dir vorliegt, treu. Tu du nur, was du tun sollst, im stillen Aufblick auf den Heiland. Laß es dir nur ein Anliegen sein, deinen Dienst und deine Pflicht gegen des Nächsten Seele und Leib nach bestem Wissen und Gewissen zu tun. Zieh nur gegen deine nächste Umgebung und für alles, was dir vorkommt, herzliches Erbarmen an, Liebe, Demut, Sanftmut, Freundlichkeit, Lindigkeit, Geduld, Keuschheit und vergib, wo du etwas gegen deinen Nächsten hast, wie dir Christus vergeben hat, und vertrage deinen fehlenden Bruder, wie du willst, daß dich Jesus mit deinem Elend trage, und sei du im Kleinen treu. So wirst du ein Arbeiter im Weinberg Gottes sein, oft ohne daß du es weißt, und einst würdig, über Großes gesetzt zu werden.

Dieses alles setzt dann freilich voraus und schließt in sich, daß ein Mensch, der in Gottes Weinberg arbeiten will, selbst auf dem Weg der Wahrheit wandle, bei sich selbst anfange und es mit sich selbst genau nehme; denn sonst ist er ein tönendes Erz und eine klingende Schelle und wird nicht für das Reich Gottes aufbauen, sondern als ein Heuchler niederreißen. Wie manche Eltern begnügen sich einzig und allein damit, daß sie ihren Kindern gute Lehren und Ermahnungen geben, die sie selbst mit keinem Finger anrühren und gegen die sie in stockblinder Selbstzufriedenheit oft jeden Augenblick sündigen. Da wundern sie sich dann, wenn ihre Kinder nicht folgen, wenn sie aus der Art schlagen, und rechtfertigen sich sofort mit dem elenden

Trost: wir haben ihnen oft genug gepredigt, sie oft genug ermahnt, gewarnt und gebeten. Ja, hätten sie das nur zuerst an sich selbst getan! So aber dürfen sie sich über ihre schlechten Früchte nicht wundern; denn sie sind mit all ihren Worten und Ermahnungen selbst keine vom Heiland gedungenen Arbeiter. Sie preisen das Wort Gottes schlecht an; mit dem Munde reden sie es, aber mit dem Herzen und Wandel verleugnen sie seine Kraft, und so wirken sie nichts anderes, als daß sie ihre Kinder zu solchen Maulchristen und Heuchlern machen, wie sie selber sind. Nein, wer nicht selbst in der Wiedergeburt steht, der lasse es nur bleiben, für den Heiland arbeiten zu wollen! Das ist eine sehr unverdungene Arbeit, eine Anmaßung, wo man sich ihm mit einem heuchlerischen Herzen aufdrängt, aber gewiß übel von ihm darüber angesehen wird. Er will in seinem Reich keine solchen Leute haben. Sie sind ein Greuel in seinen Augen und werden sicherlich den Lohn der Heuchler empfangen. Ach, es ist eben keine Kraft da, Worte wohl, aber keine Kraft, keine Wahrheit, kein Leben. Wie manchem, der auf solche Weise des Teufels Reich zu zerstören sucht, möchte der Teufel antworten, was er den Juden *(Apg. 19, 14 ff.)* geantwortet hat, die sich vermaßen, den Namen des Herrn Jesu über Besessene auszurufen: „Jesus kenne ich wohl, und von Paulus weiß ich wohl; aber wer bist denn du?“ Wer bist du, daß du dich erkühnst, dich als einen Mitarbeiter Gottes, als einen Feind von mir zu gebärden?

Wer dagegen wahre Liebe zu Jesus, oder wenigstens den Ernst hat, ihm wohlgefällig zu werden, wer also in der Wiedergeburt steht und mit seinem Herzen sein ganzes Eigentum zu werden sich bestrebt, der wird auch ohne viele Worte, nur durch sein Beispiel, durch sein häusliches und öffentliches Leben, durch seine fast unbemerkten

Handlungen ein Arbeiter im Weinberg des Herrn sein und wird leuchten, weil er ein Licht ist, ohne weiter viel darauf auszugehen, daß er sein Licht leuchten lasse; denn es mag die Stadt, die auf einem Berge liegt, nicht verborgen sein und ein Licht, sei es auch ein kleines Licht, leuchtet. Insofern also dürften wir wohl sagen, ein Arbeiter in dem Weinberg des Heilandes werden, heiße: ein Kind des Lichts, ein Liebhaber und Nachfolger Jesu werden, weil jedes Kind des Lichts, jeder Liebhaber Jesu schon in sich selbst ein Zeuge seiner Gnade und Wahrheit vor der Welt, ein Arbeiter ist in dem Reiche Gottes.

II. Es fragt sich nun, an wen ergeht die Einladung zur Arbeit in diesem Reiche? In unserem Evangelium kommen Leute vor, die am Markte müßig stehen. Es gibt keine treffendere Bezeichnung der Leute, die da eingeladen werden, als diese. Auf dem Markt stehen sie, diese Menschen, ehe der Ruf des Hausvaters an sie ergeht: „Geht hin in den Weinberg!“ Auf dem Markt des Lebens, wo die Menschen ab- und zugehen, mitten im Gewühl der Welt stehen sie müßig da, tun nichts, bringen keine Frucht, gaffen bald nach diesem, bald nach jenem und bemerken nicht, daß sie zu einer großen Arbeit, zu einem heiligen Geschäft berufen sind. O das ist der Zustand der meisten Menschen, ehe der Herr sie dingt. In träger Sorglosigkeit und Schläfrigkeit, unbekümmert, ob sie auch für die Zukunft zu leben haben, ohne Kraft und Leben von oben, besteht ihr ganzes und hauptsächlichstes Geschäft darin, daß sie müßig stehen. Freilich, wenn's auf das Irdische ankommt, da sind sie nicht müßig. Da sind sie sehr geschäftig, emsig und sorgfältig. Da tragen sie des Tages Last und Hitze gern; aber für das Himmelreich sind sie erstorbene, unfruchtbare, müßige Bäume, wie es im Evangelium heißt, daß der Herr alle Jahre Frucht suchte an seinem Baum und fand sie nicht.

Ach, seht nur die Toren! Müßig für das Himmelreich, geschäftig für Schätze, die von Motten und Rost verzehrt werden; müßig für das Unvergängliche, geschäftig für das Vergängliche; müßig für das, was ewig glücklich macht, geschäftig für das, was Unruhe ins Herz bringt! Es werden wohl auch unter uns solche sein, die so müßig dastehen und noch nichts im Weinberg Gottes getan haben. Oder, gesteht es lieber, habt ihr denn bis jetzt im Weinberg des Herrn gearbeitet, ihr, die ihr bisher nach den Gütern der Welt getrachtet, die ihr bisher das Wesen dieser Welt lieb gehabt, die ihr bisher nur für euer Essen und Trinken und für die Wollüste des Lebens gesorgt, aber noch nie ernstlich gefragt habt: „Was soll ich tun, daß ich selig werde?" Ihr seid ja bisher unfruchtbar und müßig dagestanden und habt wohl oft obendrein diejenigen, die zur Arbeit in Gottes Weinberg gehen wollten, durch das Beispiel eures Müßiggangs, durch euren eitlen Wandel abgehalten, daß sie nicht hingingen, sondern in ihrer alten Trägheit blieben.

Warum aber stehen denn die Leute so müßig am Markte? Wir hören sie selbst darauf antworten im Evangelium: „Es hat uns niemand gedingt." Das also wäre der Grund. O wie gut wäre es, wenn auch die Müßigen unter uns dem Hausvater also mit gutem Gewissen antworten könnten! Aber, ich vermute, bei uns ist es nicht so. Müssen wir nicht bekennen, daß wir schon unzählige Male gerufen und gedingt worden sind vom Hausvater? Was ist sein Wort, das er uns bisher verliehen hat, was sind seine Sakramente, was sind die unzähligen Lockungen seines Geistes, was sind die Wohltaten und Leiden dieses Lebens, was ist unsere gegenwärtig so tief bewegte Zeit, was sind die großen Taten Gottes, was ist so manche einladende und erschütternde Stimme, die schon an uns ergangen ist, was ist die mächtige Ausbreitung des Reiches Gottes in unsern

Tagen, was sind alle diese Dinge anders als eben so viele Aufforderungen des Hausvaters an uns: „Geht hin in meinen Weinberg!“ Ich verweise jeden auf sein eigenes Herz und Leben, auf seine inneren und äußeren Verhältnisse, ob er nicht schon unzählige Male die Mahnung von Gott an sein Herz bekommen hat: was stehst du hier müßig? Sollte wohl auch eine Seele unter uns sein, die an jenem Tag, wenn der große Hausvater sie fragen würde: warum hast du müßig gestanden und bist nicht in meinen Weinberg gegangen? ihm sagen könnte: du hast mich nicht gedingt! Ich glaube nicht. Da fiele ja die Schuld auf Gott. Nein, nein, es hat andere Gründe, wenn wir müßig stehen bleiben. Es hat seinen Grund in unserem Herzen, das diesen Müßiggang, das diesen fleischlichen Sinn, diese Trägheit, die Weltliebe, die Liebe zum bequemen, gedankenlosen Marktleben nicht fahren lassen will. Es graut der Seele wohl vor der Arbeit im Weinberg. Sie müßte aus ihrer fleischlichen Bequemlichkeit heraus, müßte in einen ernsten, eines Christen würdigen Sinn hinein, müßte aufmerksam werden auf die Stimme des Geistes Gottes, dürfte nicht mehr sich selbst leben, sondern dem, der für sie gestorben und auferstanden ist. Das ist der Grund, warum so wenige rechte Arbeiter im Weinberg Gottes werden. Sie fürchten sich vor der Arbeit. Sie sind, wie der Apostel Paulus sich ausdrückt, faule Bäuche, denen die Schmach des Kreuzes Christi nicht gefällt, die sich jahraus, jahrein einladen lassen können und kommen doch nicht, die sich durch das Wort und die Predigt ein Jahr lang und wieder ein Jahr lang vorhalten lassen können, was Jesus Christus für sie getan hat, wie er sie erkauft und sich's unaussprechlich sauer hat werden lassen, sauer bis zum Todesschweiß, um ihre Seelen zu gewinnen; sie selbst aber mögen für ihn, daß sie ihm ihre Herzen zum wohlerworbenen Eigentum hingäben, kein Glied rühren, keinen Schritt tun. Und wenn der Hausvater hundertmal vor ihr Herz tritt und sie dingen will, so ist's ihnen eben nicht bequem; sie wollen vorher tun, was sie gelüstet, wollen vorher noch ihrem Fleisch gütlich tun, und dann, wenn sie sich satt gesoffen und gegessen haben an der Welt, am Ende noch geschwind den Himmel als eine Beute davontragen. Darum weisen sie den Hausvater ein Mal über das andere ab und sprechen: laß uns doch eine Weile müßig stehen, laß uns noch eine Stunde schlafen, dann wollen wir gehen! So läuft ihre Gnadenzeit mit großen Schritten zu Ende. Der Tod überfällt sie mitten im Traum, und sie empfangen den Lohn der Müßiggänger, die ewige höllische Verdammnis. Denn wer nicht sät, der wird auch nichts ernten, und wer auf sein Fleisch sät, wird vom Fleisch das Verderben ernten.

Dem sei aber wie ihm wolle, so stehe ich auch heute hier, um diese müßigen Seelen im Namen des Hausvaters, im Namen unseres Herrn Jesu Christi einzuladen und ihnen zuzurufen: Geht hin in seinen Weinberg! Geht hin und arbeitet im Weinberg meines Herrn, die ihr bis in die dritte oder sechste oder neunte Stunde müßig geblieben seid, die ihr vielleicht schon in der elften Stunde eures Lebens steht! Ihr alten, grauen Sünder, die ihr schon dreißig und fünfzig und sechzig Jahre eurer besten Zeit elendiglich vorbeigehen ließet, die ihr noch keine Früchte getragen habt, ihr armen Seelen, die ihr der höllischen Verdammnis zueilt, schaut an die Arbeit, die Jesus Christus um euer Heil gehabt hat, wie er spricht: „Mir hast du Mühe gemacht mit deinen Sünden und Arbeit mit deiner Missetat!“ Kommt in den Weinberg! Seid ihr denn nicht lange genug müßig gestanden? Ist es denn nicht genug, daß ihr so viele edle, teure Gnadenzeit versäumt habt, daß ihr so lange hingegangen seid ohne Gott, ohne Buße, ohne Arbeit, ohne

Liebe, ohne Treue, ohne Leben, ohne Hoffnung der Seligkeit? Wofür seid ihr denn in dieser Welt? Etwa zum Essen und Trinken, zum Schlafen und Träumen, zum Reichwerden und zur Wollust? Ach, dazu seid ihr nicht da, daß ihr auf dem Markt müßig steht; der Müßiggang ist nicht euer Beruf. Ihr seid berufen zu einem himmlischen, unbefleckten, unverwelklichen Erbteil, das euch Gott vorhält in Christus Jesus, und das ihr erreichen solltet. So laßt euch erbitten, laßt euch versöhnen mit Gott, geht hin in seinen Weinberg, und ihr sollt bekommen, was recht ist! Und auch euch, ihr Spötter und Feinde des Heilands und der Seinen, die ihr bisher nicht bloß müßig gestanden, sondern seinen Weinberg lieber niedergerissen und umgewühlt als bebaut habt, die ihr bisher in Hohn und Verachtung gegen ihn gewandelt seid, auch euch läßt er nach seiner grundlosen Barmherzigkeit einladen in seinen Weinberg! Kehrt um, kommt zu ihm, arbeitet für ihn, so sollt ihr noch angenommen werden! Schaut doch an seine Liebe und sein Erbarmen! Auch eure Sünde soll, wenn ihr kommt, getilgt und zugedeckt werden mit seinem teuren Blut, und ein Lohn der Gnade liegt für euch bereit, wenn ihr euch für ihn zu leben und zu wirken befleißigt! O welch eine Barmherzigkeit ist im Herzen des Hausvaters!

III. Wer in dem Weinberg Gottes arbeitet, der soll auch seinen Lohn bekommen. Ach, es herrschen so schlechte Begriffe hierüber unter den Menschen, und diese elenden Begriffe, die der Teufel ihnen vorspiegelt, mögen auch der Grund sein, warum sich so manche Seele nicht zur Arbeit im Garten Gottes entschließen mag. Viele denken, als ob ein Leben für den Heiland das peinvollste, das genußloseste Tagewerk sei, das man sich denken könne, wobei man keine Freude genießen, sondern ein trübseliges, elendes Leben führen müsse. Lauter Lügen des Satans! Gerade das

Gegenteil! Es gibt ja kein vergnügteres, kein herrlicheres Leben als ein Leben für das Reich Gottes; es kann kein glückseligerer Mensch sein als ein Christ, und zwar der fleißigste Arbeiter im Weinberg des Herrn ist auch der glücklichste; denn diese Arbeit hat unaussprechlich viel Seliges, und es ist ein Genuß dabei, den nur diejenigen wissen, die ihn erfahren. Sagt es nur selbst, ist's nicht im Kleinen schon so? Wer ist schon im Natürlichen glücklicher, der reiche Müßiggänger oder der Mensch, der seinen Garten oder Weinberg treulich anbaut und die Frucht seiner Arbeit im Frieden genießt?

Freilich, wer sich Christus ergibt und in seinen Weinberg geht, der hat auch des Tages Last und Hitze zu tragen. Es geht durch manche Entbehrung, sei es auch nur die, die darin besteht, daß er nicht mehr am Markt müßig stehen darf; aber die Einbildung, als ob nichts so angenehm sei, als auf dem Markt müßig zu stehen, und die elenden Freuden, die ein solcher Müßiggang mit sich führt, lernt man bald vergessen über der Süßigkeit der Arbeit im Weinberg und lernt sie mit Füßen treten. Und wenn dann der Hausvater, der Gärtner, zuweilen kommt und spricht dem müden Arbeiter Mut zu und erquickt ihn mit einem Labetrunk aus der lebendigen Quelle und hilft ihm in seiner Arbeit segnend fort, o was geht über diese Gnade, was ist mit dieser Wonne zu vergleichen! Nichts, nichts, es habe Namen wie es wolle! Ja, schon das Bewußtsein, einem solchen Hausvater anzugehören, welch eine Ehre und Wonne für einen armen Sünder, für ein so verdienstloses Geschöpf, auserlesen zu sein, das Reich Gottes in sich und außer sich zu bauen! Könnt ihr euch, liebe Zuhörer, etwas Größeres denken? Ach nein, den göttlichen Gedanken gäb ich nicht für alle Welten hin! Ja, angenommen, die Sonnenstrahlen brennen dir bei solcher Arbeit senkrecht auf dein Haupt, angenommen, du würdest müde und matt sein, du könntest dich kaum mehr tragen und deine Seele würde von den Trübsalswogen ganz überdeckt, was ist doch das alles, wenn du dem Heiland angehörst und ein Arbeiter in seinem Weinberg bist! Ach, es ist ja alles für nichts zu achten! Es bleibt bei seinem Wort: „Wer um meinetwillen verläßt Weib, Kinder, Haus, Hof, Güter und was es sei, der wird's hundertfältig wieder nehmen und dazu das ewige Leben ererben." Es ist wahr, was Luther sagt:

Nehmen sie uns den Leib,
Gut, Ehr, Kind und Weib,
Laß fahren dahin! Sie haben's kein'n Gewinn!
Das Reich muß uns doch bleiben!

O wenn uns nur das Reich bleibt, dann ist aller irdische Verlust für nichts zu achten! Und doch dürfen wir heutzutage ja nicht einmal so viel verlassen, sondern nur unser Herz sollen wir dem Herrn ergeben.

Und wenn dann solch ein müder Arbeiter Feierabend machen und seinen Pilgerstab niederlegen darf, wenn des Tages Last und Hitze getragen ist, und die ewigen Hütten im Glanze der Herrlichkeit tun sich vor ihm auf, was ist's doch dann? Wie ganz anders ist's ihm doch als jenem, der sein Leben lang müßig am Markt stand und endlich nur mit Unruhe und mit erschrockenem Herzen vom Markt vor den Richterstuhl treten muß! O ein köstlicher Arbeits- und Gandenlohn, der des treuen Arbeiters, des müden Streiters wartet! Da wird man sagen: „Ein Tag in deinen Vorhöfen, o Gott, ist besser denn sonst tausend! Es ist besser, die Tür hüten in deinem Hause, denn lange wohnen in der Gottlosen Hütten!"

So verleugnet nun die Welt und ihre Lüste und euch selbst. Bleibt nicht länger müßig bei dem großen Haufen stehen. Laßt euch erbitten, wenn ihr offene Ohren habt, und kommt in den Weinberg des Herrn! Ringet und arbeitet! Es wird euch wohl belohnt werden. Im Namen meines Herrn Jesu Christi sage ich euch: Geht hin, und wenn ihr auch mit Tränen sät, ihr werdet doch mit Freuden ernten!

Schenke, Herr, auf meine Bitte
Mir ein göttliches Gemüte,
Einen königlichen Geist,
Mich als dir verlobt zu tragen,
Allem freudig abzusagen,
Was nur Welt und irdisch heißt.
So will ich mich selbst nicht achten,
Sollte gleich der Leib verschmachten,
Bleib ich Jesus doch getreu,
Sollt ich keinen Trost erblicken,
Will ich mich damit erquicken,
Daß ich meines Jesu sei.

Wenn Du uns, o Jesus, durch die Kraft Deines Blutes einführen wirst in die ewigen Hütten, dann werden wir Dir unsere Freudengarben, unsern ewigen Dank und Lobgesang darbringen; aber hienieden gib uns doch den Sinn, daß wir nicht ernten wollen, wo wir nicht gesät haben. Amen.

23. Am Sonntag Sexagesimä

Es ist mir ja das Rühmen nichts nütze; doch will ich kommen auf die Gesichte und Offenbarungen des Herrn. Ich kenne einen Menschen in Christo; vor vierzehn Jahren (ist er in dem Leibe gewesen, so weiß ich's nicht; oder ist er

außer dem Leibe gewesen, so weiß ich's auch nicht; Gott weiß es) ward derselbe entzückt bis in den dritten Himmel. Und ich kenne denselben Menschen (ob er in dem Leibe oder außer dem Leibe gewesen ist, weiß ich nicht, Gott weiß es); der ward entzückt in das Paradies und hörte unaussprechliche Worte, welche kein Mensch sagen kann. Für denselben will ich mich rühmen; für mich selbst aber will ich mich nichts rühmen, nur meiner Schwachheit. Und so ich mich rühmen wollte, täte ich darum nicht töricht; denn ich wollte die Wahrheit sagen. Ich enthalte mich aber dessen, auf daß nicht jemand mich höher achte, als er an mir sieht oder von mir hört. Und auf daß ich mich nicht der hohen Offenbarungen überhebe, ist mir gegeben ein Pfahl ins Fleisch, nämlich des Satans Engel, der mich mit Fäusten schlage, auf daß ich mich nicht überhebe. Dafür ich dreimal zum Herrn gefleht habe, daß er von mir wiche. Und er hat zu mir gesagt: Laß dir an meiner Gnade genügen; denn meine Kraft ist in den Schwachen mächtig. Darum will ich mich am allerliebsten rühmen meiner Schwachheit, auf daß die Kraft Christi bei mir wohne. Darum bin ich gutes Muts in Schwachheiten, in Mißhandlungen, in Nöten, in Verfolgungen, in Ängsten, um Christi willen; denn, wenn ich schwach bin, so bin ich stark.

2. Kor. 12, 1 - 10

Unsere heutige Abendlektion ist außerordentlich reichhaltig. Vor allen Dingen ist zu bemerken, daß der Mensch, von dem Paulus sagt, er habe so große Offenbarungen des Herrn gehabt, so daß er entzückt wurde bis in den dritten Himmel, niemand anders ist als der Apostel Paulus selbst. Man könnte denken, Paulus habe sich doch gerühmt. Zwar sage er immer, er wolle sich nicht rühmen, aber man höre es ja, er rühme sich doch. Man würde aber nicht mit Recht so sprechen. Wenn einer unter uns solcher Offenbarungen gewürdigt würde, daß er entzückt würde bis in den dritten Himmel, bis in das Paradies, und würde unaussprechliche Worte hören, die niemand sagen kann, da würde es sich fragen, ob er vierzehn Jahre davon schweigen könnte. Der Apostel mußte davon reden, weil seine Feinde ihn dazu genötigt hatten. Sie hatten ihn an seiner Ehre gekränkt. Sie sagten, er sei gar kein rechter Apostel, und daher kam es denn, daß Paulus zu ihnen sagte: nun will ich euch doch etwas sagen von den Offenbarungen des Herrn.

Unter den vielen Gedanken, die mir schon über unseren heutigen Text gekommen sind, hat sich mir besonders einer aufgedrungen, nämlich folgender: Paulus war ein Apostel; vierzehn Jahre vorher, ehe er dieses schrieb, hatte er so große Offenbarungen des Herrn und vierzehn Jahre nachher hatte er einen Pfahl im Fleisch und wurde von Satans Engel gestäupt. Welche gewaltige Veränderung des inneren Lebens bei einem Apostel! Dieser Gedanke nun hat mich darauf geführt, davon zu reden, was unter dem Wechsel der irdischen Dinge und unter den Veränderungen unserer Gemütszustände uns Frieden und Trost und einen festen Grund gebe zum Ausruhen. Darüber wollen wir weiter nachdenken und sprechen

von dem ewigen Halt für unsere Seelen.

Oder wir wollen uns die Frage beantworten: Wo findet meine Seele unter den Abwechslungen meiner Gemütszustände und unter allen Stürmen des äußeren und inneren Lebens einen Grund, da sie ausruhen kann?

Großer Gott, wir bleiben stets im dunkeln, wo nicht der Gnade Strahlen funkeln, die unsere Finsternis vertreiben.

Wir bleiben stets im dunkeln und verfehlen den rechten Weg. Wir graben uns Brunnen, die kein Wasser geben und können nicht auf den rechten Grund kommen, wenn Du uns nicht darauf führst. O führe uns auf den rechten Grund. Überwinde die geistliche Torheit, die uns irreleitet, und gründe uns auf den dauernden Fels des Heils. Schenk uns Weisheit, Licht und Verstand. Herr, hilf uns und segne uns! Amen.

Soll unser armes Herz sich einigermaßen beruhigen können, sollen wir nicht ein Spielball der Umstände sein, nicht einem Schifflein gleichen, das auf dem wogenden Meer der Zeit von den brausenden Wellen hin und her geworfen wird, soll Haltung und Ruhe in unsere Seele kommen, sollen unsere innersten Bedürfnisse erkannt und befriedigt werden, so müssen wir einen Halt, einen festen Grund haben, in den wir unseren Anker senken, daran wir uns festhalten können. Wir müssen einen geistigen Felsen haben, auf dem wir trotz aller Abwechslung im Inneren und Äußeren ausruhen und uns fest erbauen können. Seht, jedes Ding in dieser Welt, das bestehen soll, hat seinen Grund, sein Fundament. Das Haus hat sein Fundament, die Berge und Hügel haben ihr Fundament, ein anderes Ding hat wieder sein Fundament, und so geht es fort bis auf den, der das Fundament aller Fundamente, der Grund aller Dinge ist, der alle Dinge trägt mit seinem lebendigen Kraftwort. So muß unsere Seele auch ihr Fundament haben, freilich nicht im Sichtbaren, sondern im Unsichtbaren.

Du hast ja dieses meiner Seele,
O Herr, gleich anfangs eingesenkt,
Daß sie in dieser Leibeshöhle
Nach was Unendlichem sich lenkt.
Sie sucht und wünschet immerzu
Und findet nirgends ihre Ruh.

Seht in die Welt hinein, wie sie ist. Nirgends findet ihr etwas Festes und Bleibendes. Schon die Natur bietet uns unaufhörlich Veränderung über Veränderung dar. Es ist gegenwärtig Winter, dann wird es Frühling, dann Sommer, dann Herbst und dann wieder Winter, und so geht es unaufhörlich fort. Seht die Pflanzen an. Sie keimen, sie wachsen, sie blühen, sie verwelken und sterben ab, werden dann wieder lebendig und verwelken wieder. So geht es durch unaufhörliche Abwechslungen. Nirgends ist etwas Bleibendes, lauter Veränderung. Täglich erprobt sich für den, der acht darauf hat, das Wort des Apostels: „was sichtbar ist, das ist vergänglich." Und das ist nicht nur in der Pflanzenwelt so, das ist auch bei den Körpern der Fall, von denen man glauben sollte, sie seien für eine ewige Dauer bestimmt, sie werden auf ewig bestehen. Berge weichen zuweilen und Hügel fallen hin, Felsen zerbrechen und zersplittern, bei einem Erdbeben weicht der Boden unter den Füßen der Menschen, es ist nichts Festes in dieser Welt. O es ist sehr unsicher auf dieser Welt. Bei den Überschwemmungen in der letzten Zeit hat es sich denen, die darauf achteten, in besonders helles Licht gestellt, daß es unsicher ist auf dieser Welt. Da hat es sich gezeigt, daß der Wut der Elemente, dem Hauch der Vernichtung nichts widerstehen kann, daß alles Zeitliche und Irdische veränderlich ist, daß das, was recht fest gegründet und gewurzelt scheint, doch über Nacht weggenommen, zerstreut und zerstört werden kann. Gegen diese Zerstörungsmacht in der Sichtbarkeit schützt nichts, nicht Ansehen, nicht Macht, nicht Herrschaft, nicht Reichtum, nicht Geld noch Gut, nicht Verstand noch Weisheit. So er spricht, so geschieht es; so er will, daß etwas fest stehe, so steht es da; so er will, daß die Felsen zersplittern, so geschieht es auch; so er will, so wird das Festeste locker, und was auf sicherem

Grund steht, zertrümmert; von dem Dauerndsten in dieser Welt kann es über Nacht heißen, was im 37. Psalm steht: „Da man vorüberging, siehe, da war er dahin; ich fragte nach ihm, da ward er nirgend gefunden." Und wenn alles das nicht wäre, so wissen wir ja doch, daß ein Tag kommt, an welchem die Himmel vergehen werden mit großem Krachen, da die Elemente werden vor Hitze zerschmelzen, da alles in Feuer aufgehen wird. Im Sichtbaren ist also der Grund nicht zu finden, auf dem unser Herz ausruhen kann.

Wie es aber in der Natur ist, so ist's auch in der Menschenwelt. Da ist nichts Bleibendes, nichts Festes, nichts Gewisses. „Predige!" hieß den Propheten Jesaja eine Stimme. „Und er sprach: was soll ich predigen?" Die Antwort aber lautete: „Alles Fleisch ist wie Heu, und alle seine Güte ist wie eine Blume auf dem Felde. Das Heu verdorrt, die Blume verwelkt; aber das Wort unseres Gottes bleibt ewiglich." Ein Geschlecht löst das andere ab. Der Herr läßt eine Generation nach der anderen dahinsterben und spricht: „Kommt wieder, Menschenkinder." Wer heute frisch und gesund ist, der kann morgen ein Raub des Todes sein, wer heute grünt wie ein Palmbaum, dessen Blätter können morgen verwelkt sein, wer fest zu stehen meint, kann bald am Boden liegen, ohne mehr aufstehen zu können, und wer heute in den Staub gedrückt ist, der kann morgen hoch erhaben sein. Es ist ein beständiger Wechsel. Wie verändern sich die Umstände, die Menschen nur in zehn Jahren! Wie ganz anders sieht es in einer Stadt aus, wenn man sie nach zehnjähriger Abwesenheit wieder sieht. Da sind manche gestorben, die vor zehn Jahren noch frisch und munter waren. Manche sind herunter gekommen, die damals oben waren. Nach Ablauf von ein paar Jahrzehnten tritt fast ein ganz neues Geschlecht ein. O wie veränderlich ist alles! Wo vorher die Herrlichkeit Gottes war, wo die Lade des Herrn stand, wo das Volk Gottes wohnte, wo der Heiland wandelte und die Propheten und Apostel, wo David geherrscht hat und ein Salomo, ein Hiskia, in Jerusalem, in der heiligen Stadt, da ist jetzt von dem allem nichts mehr. Jerusalem wird von den Heiden zertreten, bis daß der Heiden Zeit erfüllt ist. Und in unserem Deutschland, wo man vorher den Götzen gedient und den Götzen und Teufeln Menschen geopfert hat, da wird jetzt der Name des Herrn gepredigt, da gibt es eine Gemeinde des lebendigen Gottes, da gibt es Seelen, die von der Finsternis errettet, dem Herrn dienen in rechtschaffener Gerechtigkeit und Heiligkeit. Und was soll ich von unserer Zeit sagen? Unsere Zeit beweist ja deutlich, daß nichts bleibend ist unter den Menschen. Es ist in unseren Tagen offenbar auch vor den Augen der Ungläubigen, daß die gewöhnlichen Stützen wanken, daß nichts Gewisses mehr ist, nichts Sicheres. Gott führt es jedem Nachdenkenden deutlich vor die Seele, daß wir einen ewigen Grund haben müssen, wenn wir nicht in dem Strom der zeitlichen Veränderungen mit fortgerissen werden wollen. Was haben wir erlebt und erfahren? Was haben wir vom Aufstehen der Menschen und von ihrem Fall gesehen, von menschlicher Herrlichkeit und ihrem Dahinschwinden, und wie alles, auch das Herrlichste und Größte in dieser Welt ganz eitel ist? Was sehen wir bis auf die heutige Stunde noch? Nirgends Sicherheit, überall Mißtrauen, überall kein fester Halt im Zeitlichen, und wenn man sich in Felsen einzugraben scheint, auch da kein fester Halt. Es ist Wahrheit: „was sichtbar ist, das ist vergänglich." Und doch, liebe Zuhörer, gibt es viele Menschen, die sich auf das Sichtbare stützen. Der eine stützt sich auf sein Geld, der andere auf seine Freunde, ein dritter auf seinen Kredit, ein vierter auf seine Geschicklichkeit, ein fünfter auf seine Familie, auf brave Eltern und gut erzogene Kinder, ein sechster auf seine Hantierung: so kann sich der Mensch auf seine Stützen lehnen und glaubt es nicht, daß sie morsch zusammenbrechen können. Ihr dürft nicht glauben, daß ich hier nur von den groben Weltkindern oder nur von den reichen Leuten rede. Auch ein armer Mann kann sich auf solche sichtbaren Dinge stützen. Fragt nur einen armen Mann aus, wenn er gar nichts mehr hat, wenn er im tiefsten Elend sitzt, fragt ihn aus, ob er nicht auch noch solche Stützen habe. Wenn er ein Bettler ist und dem äußeren Anschein nach nichts mehr hat, worauf er sich verlassen kann, so hat er doch vielleicht noch diese Stütze, daß er bei einem vornehmen Mann betteln darf. Und dies ist auch oft bei Kindern Gottes zu finden. O da zeigt es sich oft, wenn der Herr die sichtbaren Stützen wegnimmt, daß sie neben dem lebendigen Gott noch andere Götzen herumzuschleppen pflegen, und dabei ist eben immer Sorge, Furcht, Hoffnung und zuletzt der Tod. Denn was ist das Herz des Menschen, wenn es keinen ewigen Halt hat? Wer seine Freude, sein Vergnügen, seinen Anker in etwas finden will, was sichtbar ist, der ist ein geplagter, ein armer, betrogener Mensch. Solchem ergeht es gerade wie einem Menschen, der auf offener See Schiffbruch erlitten hat. Er greift nach einem Balken, dieser aber wird ihm durch die Wut der Wellen entrissen, er greift nach einem Brett, und wenn ihm auch dieses entrissen wird, so greift er nach einer Stange. Aber auch diese wird ihm entrissen. Und so kämpft er, schwankt hin und her, will sich bald an diesem, bald an jenem noch halten, bis er endlich untergeht in den tiefen Wassern.

Deswegen sagt die Heilige Schrift: „Die Gottlosen haben nicht Frieden, spricht mein Gott.“ Beobachte einen Menschen, der seine Hoffnung auf etwas anderes setzt als auf den lebendigen Gott, wie elend ist er! Freilich, solange es gut geht, meint er keines ewigen Haltes zu bedürfen, solange das Schifflein bei ruhiger See dahinfährt und von einem glücklichen Wind getrieben wird, kann ein Mensch glauben, er bedürfe keines Ankers. Er ist getrost und guten Mutes. Aber wenn eine Not hereinbricht, wenn die gewöhnlichen Stützen wanken, wenn sie zusammenbrechen, wenn dein Vermögen dir entrissen wird, was ja wohl denkbar ist, wenn deine Freunde dir untreu werden, wenn der Herr in deine Familie einen Riß macht und dir diejenigen wegnimmt, an die du dich so sicher anlehntest, wenn der Tod über dich selber kommt und du dann alles verlassen mußt, deine Familie, deine Lieblingsdinge, an die du dich anklammerst, wenn du dann den letzten Feind hereindrängen lassen mußt: was willst du dann machen? Du mußt fort und nichts nimmst du mit. Deinen Vater, deine Mutter, dein Weib, deine Kinder, deine Söhne, deine Töchter mußt du zurücklassen, nichts nimmst du mit. Allein mußt du fort. Deine Weinberge bleiben da, deine Häuser, deine Äcker, dein Geld und Gut, alles, worauf du dich verläßt, bleibt da, und du mußt fort, fort in die Ewigkeit. Kein Arzt kann dich retten, kein Mensch geht mit dir. Werden deine Kameraden auch mitgehen? Den Weg des Todes mußt du allein wandeln. Von deinen Gesellschaften, von denen du keine einzige um des Namens Christi willen verleugnen wolltest, mußt du hinweg und fort in die Ewigkeit. Jetzt *mußt* du, während andere in die Ewigkeit gehen *dürfen.*

Ihr seht, liebe Zuhörer, daß der Mensch einen festen Halt haben muß, einen Felsen, auf dem er fest steht, der ihm nicht unter den Füßen wankt, der unabhängig ist von der Gunst und Huld der Menschen, unabhängig vom Wechsel der Zeit, unabhängig von seinem eigenen Zustand, einen ewig festen, sicheren Bergungsort für seine Seele. Wo sollen wir diesen Halt finden, der einen Menschen in seiner innersten Geistesruhe unangetastet erhält und ihm Kraft gibt, alles, was da kommt, mit Gleichmut zu ertragen?

Sollen wir dem Rat folgen, den man so oft hört: reiß dich zusammen, sei mannhaft? Aber es können Umstände kommen, da alle Mannhaftigkeit nichts nützt, da man wider Willen den Mut verliert und zaghaft wird; denn Gott kann auch einen harten Nacken brechen, das sind ihm ganz geringe Sachen. Oder sollen wir unser Vertrauen auf unseren Glauben, auf unseren Frieden mit Gott, auf unsere Ruhe in Gott setzen? Wenn der Apostel auf jene Offenbarungen des Herrn, auf seinen Gemütszustand hätte bauen wollen, so hätte es ihm nichts genützt; denn nachher ist ihm Satans Engel gegeben worden, der ihn gestäupt hat. Seht, so ist auch nichts Bleibendes in unserem Gemüt, in unserem Glaubensleben, in unseren inneren Erfahrungen. Es ist eitel Abwechslung und Veränderung in unserem Inneren. Heute scheint im Herzen die Gnadensonne, morgen kann es schon neblig und wolkig sein, heute ist das Gemüt gestimmt zum Lobe Gottes, morgen kann es matt, verlegen, trocken sein. Denn gerade diese Abwechslung des inneren Lebens gehört zum Leben des Glaubens. Der anhaltende, heitere, fröhliche Zustand ist aufgespart für den Himmel. Dort werden wir ewig im Tempel Gottes sein und ihm dienen Tag und Nacht. Hier befinden wir uns in der Fremde. Ach, wenn wir auf unseren Gemütszustand unsere Ruhe bauen wollten, so wären wir übel daran. Da wären wir das eine Mal im Himmel, das andere Mal in der Hölle, denn auch der Friede und die Freude des Geistes sind nicht bleibend. Darum müssen wir uns auf etwas anderes gründen, wenn uns ein ewiger Halt zuteil werden soll.

Es ist von jeher die Aufgabe der denkenden Köpfe, eine Frage unter den Vernunftsmännern ,gewesen, zu erfahren, wo denn der Halt und der Grund zu suchen und zu finden seien, worauf man sich unter allen Umständen verlassen könnte. Daß es nicht etwas Äußeres sein könne, das haben sie wohl eingesehen, also müsse es, dachten sie, etwas Inneres sein. Es müsse, sagten sie, irgendwo ein Grundsatz liegen, der fest stehe, wenn auch alles andere zusammenbricht, ein Grundgedanke, der uns die Seelenruhe gewähre, wenn alle anderen Stützen brechen. So stellte man nun mancherlei Grundsätze auf. Der eine davon heißt: „Mensch, hülle dich in deine Tugend ein, wenn es stürmt; zeige dich als einen Mann, laß dich nicht erschüttern." Aber Sünder, wie willst du dich in deine Tugend einhüllen? Dein Tugendkleid ist zerrissen, ist löchrig, der Wind bläst hindurch. Deswegen sagen die blinden Leiter: du mußt eben dein Tugendkleid flicken; flicke du nur immer, dann wirst du die Seelenruhe schon erhalten. Aber wie, armer Mensch, wenn dein Gewissen aufwacht; wenn der Verkläger dich verklagt in deinem Herzen; wenn du vor den Pforten der Ewigkeit stehst, und es geht vor deinem Angesicht alles vorüber, was du von Jugend an gegen den heiligen Gott gefrevelt hast; wenn deine Sünden dir vor Augen gemalt werden wie an eine weiße Wand und sich Berge von Übertretungen auftürmen, die du nicht übersteigen kannst, und es in deinem Inneren laut erschallt: „du bist gewogen und zu leicht erfunden!" und du sollst hinaus in die Ewigkeit vor den Richterthron Gottes, willst du dich dann auch noch in deine Tugend hüllen, Sünder, in deine Tugend?

Liebe Brüder, ich halte es für eine der größten Gnadenerweisungen Gottes, wenn in dieser Zeit einem Sünder das Gewissen aufwacht. Wollte Gott, daß es bei uns allen aufwachte! Aber sagt selbst, wo ist denn der Halt, woran soll sich denn ein *Sünder* halten, und das sind wir doch alle, wenn seine Tugend vor seinen Augen zerrinnt wie der Nebel, wenn ihm die Sonne der Wahrheit aufgeht und er in dem Licht des Gesetzes, das ihm in das Innerste geschrieben ist, erkennt: du bist verflucht? Soll er sich da mit einem hochmütigen, rebellischen Geist gegen seinen Gott auflehnen und dem Gott, vor dem er ein Greuel ist, seinem Richter und Herrn, dem Allmächtigen, ins Angesicht hinein trotzen? Wenn er ein Teufel werden will, so mag er es tun; aber dies wäre nichts als eine elende, ohnmächtige Kraftanstrengung gegen den, vor dem er fliehen möchte und doch nicht mehr fliehen kann. „Die Pfeile des Allmächtigen stecken in mir; derselben Grimm säuft aus meinen Geist; die Schrecknisse Gottes sind auf mich gerichtet", so sagt Hiob *(6, 4)* in seinem tiefen Leid, und da mag einem Geschöpf schon die Empörung gegen den Schöpfer vergehen. O, wie die Schrecken des Gewissens aufwachen, da möchte man sich verkriechen, so verkriechen, daß man nicht mehr gesehen wird. Da ist man ein Würmlein, ein Stäublein vor dem Angesicht Gottes. Oder soll da der Mensch in solchem Fall die letzten Fetzen seines Tugendkleides nehmen und damit die Schande seiner Blöße decken? Das wird ihm aber nicht gelingen. Der Zorn Gottes wird auch diese zerreißen; da steht dann der Sünder in seiner Nacktheit, in seiner Blöße. Brüder! Wenn nicht nur die äußeren Stützen brechen, sondern auch alles Vertrauen auf unser Tun, wenn du erkennen wirst – und o! daß du es bald erkenntest, ehe denn es zu spät ist – daß selbst deine bisherige etwaige Frömmigkeit Sünde war vor den Augen des heiligen Gottes, wenn der Boden unter dir weicht, wenn solche Sprache anhebt im Herzen: „Ach, was soll ich Sünder machen?" was hält dann stand, was bleibt dann fest stehen?

„Herr Gott, du bist unsre Zuflucht für und für. Ehe denn die Berge wurden und die Erde und die Welt geschaffen wurden, bist du, Gott, von Ewigkeit zu Ewigkeit", so spricht der Mann Gottes, Mose, und man könnte allerdings denken, daß dies der Halt sei, an dem man sich in seiner Sündennot halten könne. Aber ein Sünder kann sich nicht mit vollem Vertrauen an den ewigen Gott halten; denn er ist ja eben sein Richter. Vor diesem hat man Gedanken wie David: „Wo soll ich hingehen vor deinem Geist, und wo soll ich hinfliehen vor deinem Angesicht? Führe ich gen Himmel, so bist du da. Bettete ich mir in die Hölle, siehe, so bist du auch da. Nähme ich Flügel der Morgenröte und bliebe am äußersten Meer, so würde mich doch deine Hand daselbst führen und deine Rechte mich halten." Was ist also zu machen? Wenn wir uns nicht an den heiligen lebendigen Gott mit Vertrauen halten können, wenn wir uns nicht mehr an unsere Tugend halten können, wenn auch die Menschen von uns weichen, wenn der Erdboden unter unseren Füßen weicht, wenn nichts mehr da ist, woran sollen wir uns dann halten?

Liebe Zuhörer, an den Gott, der zwar der Richter ist alles Fleisches, aber der da auch die Liebe ist in Christus Jesus, unserm Herrn; an den Gott, der zu dem Apostel Paulus gesagt hat: „Laß dir an meiner Gnade genügen." In das Meer der Erbarmungen Gottes können wir uns versenken, das unsere Verdammungswürdigkeit, unsere Verzweiflung hinwegnimmt.

Ich habe nun den Grund gefunden,
Der meinen Anker ewig hält,
Wo anders als in Jesu Wunden,
Da lag er vor der Zeit der Welt,
Der Grund, der unbeweglich steht,
Wenn Erd und Himmel untergeht.

In diesem Vers ist der Grund, auf dem allein eine Seele ruhig und sicher stehen kann, deutlich herausgestellt.

Das ist ein fester Grund, wer auf diesem Grunde steht, wird nicht umgeworfen, nicht durch äußere Not und Trübsal; denn unter allem findet er den gnädigen Gott und weiß, daß denen, die Gott lieben, alle Dinge zum Besten dienen; nicht dadurch, wenn Menschenhuld sich verkehrt, denn wenn alle ihn verlassen, so bleibt doch einer getreu; nicht durch die Anklagen des eigenen Gewissens, wenn es seine Stimme verdammend erhebt; denn er kann alles in den Abgrund der Barmherzigkeit Gottes hineinlegen; nicht, wenn alles im Tode ihm weggerissen wird, wenn die ganze Welt zu Trümmern geht, denn „es sollen wohl Berge weichen und Hügel hinfallen, aber meine Gnade soll nicht weichen, und mein Bund des Friedens soll nicht hinfallen, spricht der Herr, dein Erbarmer."

Wird alles andre weggerissen,
Was Seel und Leib erquicken kann,
Darf ich von keinem Troste wissen,
Und scheine völlig ausgetan;
Ist die Errettung noch so weit,
Mir bleibet doch Barmherzigkeit!

Das ist ein seliger Stand. Solange eine Seele noch nicht auf diesem Grunde steht, solange sie ihre Beruhigung noch auf sich, und sei es auch das Geringste an ihr selbst, setzt, solange kann sie nicht glücklich, nicht ruhig sein. Es gibt redliche Seelen, sie suchen Frieden und finden ihn nicht. Sie bauen wieder und immer wieder, und immer wieder wird es umgerissen. Sie mühen und plagen sich ab; sie werden erbärmlich umhergetrieben. Sie bauen ihren Frieden immer auf sich selbst, und da ist kein Friede. O ihr Lieben, wir wollen doch die Ruhe unserer Seelen nirgends andes suchen als im Erbarmen. Seht, das müssen wir haben zum Anfang, und das müssen wir haben im Fortgang, wie sich ein Apostel Paulus, und mochte er auch noch so weit gefördert sein, an der Gnade genügen lassen mußte, und das müssen wir haben zum Ende.

Aber wer diesen Grund gefunden hat, der hat etwas Großes, eine köstliche Perle gefunden. Seht, nach dieser Seligkeit haben die Propheten geforscht. Die alttestamentliche Verfassung enthüllt diesen Grund nicht völlig. Es wurde zwar dieses Erbarmen gepredigt, es wurde angedeutet, der Herr verkündete durch die Opfer, daß er dem Sünder die Schuld verzeihe; aber es war nur ein Schatten auf Christus. Alle Jahre mußte man wieder opfern. Die Gewissen konnten nicht vollendet werden. Wie ganz anders ist es durch Christus geworden! Christus ist am Stamme des Kreuzes gestorben und hat sein Blut vergossen und ist eingegangen in das Allerheiligste, und sein Blut schreit um die Barmherzigkeit bei dem Vater. Nachdem es nun also ausgeführt ist nach dem Recht der Gerechtigkeit, soll jeder Sünder keck und kühn vor den Gnadenthron treten und sich auf dies geoffenbarte Erbarmen berufen. Nun ist es der Wille Gottes, daß keiner auf einem anderen Grund stehe als auf dem Grund seiner Gnade. Nun wird Gnade und Erbarmen gepredigt aller Kreatur in aller Welt.

Aber freilich, der Eingang zu dieser Gnade geht durch das Recht hindurch. Es ist ein so tiefes Rechtsgefühl im Menschen, ein Rechtsgefühl, das ihn nicht so bald ruhen noch durchdringen läßt; denn zweierlei ist ihm tief ins Herz geschrieben: das eine, daß er als ein Sünder vor dem Angesicht Gottes verflucht ist, weil Gott die Sünde haßt. Wenn ein Sünder dies auch dem Kopfe nach nicht glaubt, so glaubt er es doch seinem innersten Gewissen nach; denn diesem ist die Wahrheit eingedrückt und eingeschrieben: „du bist verflucht." Das andere Rechtsgefühl ist dieses, daß er schuldig sei, das Gesetz Gottes zu halten. Seht, diese zwei Gedanken in die Versöhnung hineinzubringen, zu glauben, daß Christus für uns ein Fluch geworden ist, und zu glauben: du bist schuldig, heilig zu sein, auch diesen Gedanken hineinzulegen in die Heiligkeit und in den Gehorsam Christi, das kostet dem Geist viel Mühe. Es kostet manche Belehrung, bis ein Sünder lernt, sein Recht in dem Recht zu finden, das Christus vollbracht hat. Aber wer nicht nachläßt mit Bitten und Flehen um die wahrhaftige Erleuchtung, der mag wohl aus dem Gebiet des Rechts in das Gebiet der in Christus geoffenbarten Erbarmung hindurchdringen. O da kann auch dem greuelhaftesten Menschen geholfen werden. O wie selig läßt es sich da ruhen!

O süßer Freund, wie wohl ist dem Gemüte,
Das sich auf eignem Weg ermüdet hat,
Und nun zu dir, dem Seelenleben, naht,
Und schmeckt in dir die wundersüße Güte,
Die alle Angst, die alle Not verschlingt
Und unsern Geist zur sanften Ruhe bringt.

O ich wünsche nichts mehr, als daß doch alle Geister unter uns, die, welche ohne Gesetz leben, und die, welche unter dem Gesetz leben, zu dieser süßen Ruhe kommen möchten, die uns der Sohn Gottes so sauer errungen und erworben hat. Dahin gehen alle Züge des Heiligen Geistes, dahin gehen alle Schicksale unseres Lebens; denn geh einmal alle deine Schicksale durch, du wirst finden, daß sie alle dahin zielen, daß du von dem Heiland Erbarmen um Erbarmen, Gnade um Gnade erlangen sollst, weil du ein Lohn seiner blutigen Schmerzen bist; denn das bist du.

O Herr Jesus, bring uns doch alle in das wahre Leben hinein! Laß uns in Dir allein die Ruhe finden, die Du uns durch Dein bitteres Leiden und Sterben erworben hast. Laß uns allein von Deiner Barmherzigkeit leben und darin Ruhe finden. Wir finden sonst ja nirgends anders Ruhe. O so bringe doch alle Geister unter uns, auch die, welche noch in dem elenden Wesen dieser Welt dahingehen, zu dieser Ruhe; denn nur in Dir, Du Ruhegrund unserer Seele, können wir Ruhe finden, wenn wir sie begehren. O Du ewiger Ruhegrund unserer Seelen, sammle uns alle zu Dir und erfülle Dein Wort an jedem unter uns: „Wenn ich erhöht sein werde von der Erde, will ich sie alle zu mir ziehen."

Amen.

24. Am Sonntag Estomihi

Er nahm aber zu sich die Zwölf und sprach zu ihnen: Sehet, wir gehen hinauf gen Jerusalem, und es wird alles vollendet werden, was geschrieben ist durch die Propheten von des Menschen Sohn. Denn er wird überantwortet werden den Heiden; und er wird verspottet und geschmähet und verspeiet werden, und sie werden ihn geißeln und töten; und am dritten Tage wird er wieder auferstehen. Sie aber verstanden der keines, und die Rede war ihnen verborgen, und wußten nicht, was das Gesagte war. Es geschah aber, da er nahe an Jericho kam, saß ein Blinder am Wege und bettelte. Da er aber hörte das Volk, das hindurchging, forschte er, was das wäre. Da verkündigten sie ihm, Jesus von Nazareth ginge vorüber. Und er rief und sprach: Jesu, du Sohn Davids, erbarme dich mein! Die aber vornean gingen, bedrohten ihn, er sollte schweigen. Er aber schrie viel mehr: Du Sohn Davids, erbarme dich mein! Jesus aber stand still und hieß ihn zu sich führen. Da sie ihn aber nahe zu ihm brachten, fragte er ihn und sprach: Was willst du, daß ich dir tun soll? Er sprach: Herr, daß ich sehen möge. Und Jesus sprach zu ihm: Sei sehend! dein

Glaube hat dir geholfen. Und alsobald ward er sehend und folgte ihm nach und pries Gott. Und alles Volk, das solches sah, lobte Gott. Luk. 18, 31 - 43

Als der Heiland auf seiner letzten Reise nach Jerusalem war, nahm er nach unserem Evangelium die zwölf Jünger besonders und eröffnete ihnen, was er auch schon früher getan hatte, daß ihm der schmählichste und schmerzhafteste Missetätertod in Jerusalem bevorstehe; doch werde er am dritten Tage wieder auferstehen. Die Absicht, die der Herr Jesus mit dieser Leidensverkündigung hatte, ist leicht zu erraten. Er wollte die Jünger auf diese Schreckenszeit vorbereiten, sie mit dem Gedanken daran vertraut machen und verhüten, daß sie nicht unversehens von dem bösen Stündlein überfallen würden. Aber das ist auffallend, was von den Jüngern geschrieben steht: „Sie aber vernahmen der keines, und die Rede war ihnen verborgen, und wußten nicht, was das Gesagte war.“ Wie kam dieses? Waren die Worte nicht einfach genug? Nein, einfacher kann man sich wohl nicht ausdrücken, als sich der Heiland in dieser Leidensverkündigung ausgedrückt hat. Die Ursache, warum sie das Wort ihres Meisters nicht vernahmen, lag in ihnen selbst, in ihren vorgefaßten Meinungen, Hoffnungen und Vorstellungen vom Messiasreich, zu denen der Gedanke an das Leiden und den Kreuzestod des Herrn nicht taugte. So hielten sie die klaren Worte des Heilands für eine dunkle Rede. Sie dachten, vielleicht spricht er bildlich und gleichnishaft. Sie mochten ihn auch nicht um fernere Auskunft bitten, weil ihnen die Sache verdrießlich und widrig war, und ließen die Rede des Herrn vorüberstreichen, ohne sie zu verstehen oder verstehen zu wollen.

So geht es noch jetzt dem Wort vom Kreuz. Viele sind

offenbare Feinde desselben, viele vernehmen es nicht, wenige fassen es. Dies wollen wir weiter betrachten. Ich will euch mit Gottes Hilfe vorstellen

das Wort vom Kreuz.

Ich will reden

I. von den Leuten, die es nicht fassen,

II. von den Leuten, die es fassen.

Erbarmungsreicher Heiland, erbarme Dich über uns! Wir haben von Natur Fleisches- und Weltaugen. Darum hast Du in Deiner tiefen Erniedrigung für uns, wie wir von Natur sind, keine Gestalt und Schöne. Wir ärgern uns an Deinem Kreuz. Unsere Natur stutzt und flucht darüber. O tu die Decke von unserem Gesicht weg und zeige uns Deine Kreuzesherrlichkeit. Denn die Herrlichkeit Deines Kreuzes sehen, das stillt den Durst des Herzens, das ist Leben und Seligkeit. Amen.

I. Unter dem Wort vom Kreuz versteht man die Geschichte von der tiefen Erniedrigung des Sohnes Gottes, da er in Gethsemane, auf Gabbatha und auf Golgatha die tiefsten, die schmählichsten, die schmerzlichsten Leiden an seinem heiligen Leib und in seiner Seele erdulden mußte, bis er endlich vor den Augen einer großen Volksmenge am Kreuz angenagelt starb, wodurch er die Schuld und Strafe der sündigen Menschheit wesentlich gebüßt und all denen, die an ihn glauben, Vergebung der Sünden und ewiges Leben erworben hat. Unser Katechismus drückt das Wort vom Kreuz auf folgende Weise aus: „Ich glaube, daß Jesus Christus, wahrhaftiger Gott und wahrhaftiger Mensch, sei mein Herr, der mich verlornen und verdammten Menschen erlöset hat, erworben und gewonnen von allen Sünden, vom Tod und von der Gewalt des Teufels, nicht mit Silber oder Gold, sondern mit seinem heiligen teuren Blut und mit seinem unschuldigen Leiden und Sterben, auf daß ich sein eigen sei und in seinem Reich unter ihm lebe und ihm diene in ewiger Gerechtigkeit, Unschuld und Seligkeit." Es hat also vor achtzehnhundert Jahren ein Mann in Palästina gelebt, der zugleich der eingeborne Sohn Gottes, der Schöpfer aller Dinge war. Dieser Mann hat sich in seinem dreiunddreißigsten Jahr, obwohl mit großem Widerstreben seiner menschlichen Natur, doch willig den Händen seiner Todfeinde überliefert. Er hat sich von ihnen binden, als einen Übeltäter verklagen, vor das heidnische Gericht schleppen, verspotten, verspeien lassen. Er hat es geduldet, daß man ihn ins Angesicht schlug. Er hat es geduldet, daß man ihn an den Geißelpfahl band und seinen heiligen Rücken mit Geißelhieben zerfleischte. Es ist an ihm erfüllt worden die Weissagung, die da spricht: „Ich hielt meinen Rücken dar denen, die mich schlugen, und meine Wangen denen, die mich rauften; mein Angesicht verbarg ich nicht vor Schmach und Speichel, ich habe mein Angesicht dargeboten als einen Kieselstein" *(Jes. 50, 6 - 7)*. Sodann hat er sich hinausführen lassen, wie man einen gemeinen Mörder oder Räuber hinausführt auf den Richtplatz. Er hat sich da an Händen und Füßen annageln lassen an ein Holz, und ist so zwischen Himmel und Erde sechs Stunden lang, in der alleräußersten Verachtung, nackt, im peinvollsten Durst, unter unnennbaren Qualen, in innerer und äußerer Finsternis dagehangen, bis er rufen konnte: „Es ist vollbracht!" und seinen Geist aufgab. Dies alles hat er deswegen erduldet, damit er uns erlöste. „Fürwahr, er trug unsre Krankheit und lud auf sich unsre Schmerzen; um unsrer Missetat willen ist er verwundet und um unsrer

Sünde willen ist er zerschlagen. Die Strafe liegt auf ihm, auf daß wir Frieden hätten, und durch seine Wunden sind wir geheilt." – „Denn Gott hat den, der von keiner Sünde wußte, für uns zur Sünde gemacht, auf daß wir würden in ihm die Gerechtigkeit, die vor Gott gilt" *(Jes. 53, 4 - 5; 2. Kor. 5, 21)*.

Dies ist das Wort vom Kreuz. Was ist einfacher als diese Geschichte und Lehre! Ich achte, jedes Kind könne sie fassen. Was ist merkwürdiger als diese Geschichte! Gibt es etwas Denkwürdigeres, als wenn uns erzählt wird, daß unser Schöpfer und Gott wie ein Missetäter am Kreuz gestorben sei? Sollte nicht die Aufmerksamkeit jedes Menschen durch solch eine Erzählung aufs höchste gespannt werden? Sollte ein Mensch, der diese Geschichte hört, auch noch ruhig schlafen können, bis er ihr auf den Grund gekommen und gewiß geworden ist, ob sie wahr ist oder eine Fabel? Sollte nicht jeder, dem die hohe Absicht, die in dem Leidens- und Todesweg seines Schöpfers verborgen lag, verkündet wird, aufs innigste gerührt werden und mit beiden Händen zugreifen? So sollte man es freilich meinen. Und es würde auch so sein, wenn die Erlösung, die der Heiland erfunden hat, eine irdische wäre. Wenn heute ein Edikt von unserem irdischen König käme, wonach euch eure Steuern samt den alten Steuerresten erlassen wären, was für eine Bewegung würde das unter uns ausrichten? Wie würde man zusammenlaufen, was für ein Fragen und Gegenfragen würde dies veranlassen, wie würde man der Sache auf den Grund zu kommen suchen, um sich ja nicht zu täuschen! Nun ist schon lange ein Edikt vom König aller Könige ausgegangen, das die Erlassung aller Sündenschuld verheißt; und dieses Edikt ist mit dem Blut des Sohnes Gottes unterschrieben und mit einem Eid versiegelt *(Hebr. 6, 16 - 17)*. Aber siehe, die meisten hören die Verkündigung dieses Willens Gottes ganz gleichgültig an, wenige achten darauf, und unter diesen wenigen der größte Teil mit heimlichem und offenbarem Widerwillen, Ärger und Feinschaft.

Woher kommt das? Ich will es euch kurz sagen. Das Wort vom Kreuz ist das Wort, der Grund, der Same, der Kern, die Wurzel der Wiedergeburt. Christus, der Gekreuzigte, ist der Mittelpunkt des neuen Lebens, des Lebens aus Gott. Von diesem Mittelpunkt gehen alle Bewegungen und Regungen des geistlichen Lebens aus, auf diesen Mittelpunkt führt alles zurück. Er ist der eigentliche Gegenstand des Glaubens, der Liebe, der Hoffnung, die ewige Quelle, aus der der Glaube, die Liebe und die Hoffnung schöpfen. Wer darum das Kreuz Christi predigt, der offenbart eben damit das Höchste und Tiefste, das Heimlichste, das eigentliche Wesen des Reiches Gottes. Wie könnte nun ein Mensch, der fleischlich gesinnt ist, hieran seine Freude haben! Nein, jeder unwiedergeborne Mensch hat in der Tiefe seines Herzens eine Widrigkeit dagegen, er mag's glauben oder nicht; denn „das Fleisch gelüstet wider den Geist."

Seht die Apostel an in unserem heutigen Evangelium! Obwohl ihnen der Heiland nur sein Leiden und seinen Tod, nicht aber den Zweck seiner Leiden eröffnete, wovon sie vollends gar nichts gefaßt hätten, so vernahmen sie es doch nicht. Warum? Weil ein leidender und sterbender Messias ihnen undenkbar war. Sie liebten den Heiland, sie glaubten an ihn als an den Sohn Gottes. Sie folgten ihm nach: aber der Grundzug an dem Bild, das sie vom Heiland hatten, war Herrschaft und Herrlichkeit, und weil sie sich diese Herrschaft und Herrlichkeit auf fleischliche Weise dachten, so schickte sich Schmach und Verspottung und Geißelung und Kreuzigung nicht dazu. Ihre Vorstellungen waren noch grob, fleischlich, irdisch. Sie waren zwar fromme, aber noch unbekehrte Leute. Erst das Leiden und Sterben ihres Meisters mußte ihnen zur Wiedergeburt helfen. „Wer aber nicht von neuem geboren ist, der kann das Reich Gottes nicht sehen", sagt unser Herr. Darum konnten sie die höchste Herrlichkeit des Reiches Gottes, die sich in der tiefsten Erniedrigung des Sohnes Gottes offenbarte, nicht sehen, vernahmen nichts davon, stießen und ärgerten sich daran.

Zwar gibt es in unseren Tagen viele Lehrer, die fast von nichts zu reden wissen als von jüdischen Vorurteilen, die alle Schuld des Nichtverstehens bei den Jüngern auf diese jüdischen Vorurteile schieben, als wenn in unseren, wie sie es nennen, aufgeklärteren und vorurteilsfreieren Tagen das Wort vom Kreuz einen viel offeneren Weg in die Herzen hätte als damals. Allein diese irren sehr. „Der natürliche Mensch", sagt Paulus, „vernimmt nichts vom Geiste Gottes, es ist ihm eine Torheit, er kann es nicht erkennen; denn es muß geistlich gerichtet sein." Und dieser natürliche, dieser unwiedergeborne Mensch ist in unseren Zeiten wie damals. Ein leidender, ein sterbender Gott und Heiland ist der natürlichen Vernunft etwas Fremdes, etwas Widriges, etwas Abenteuerliches. Es ist eine geheime Feindschaft im menschlichen Herzen gegen diese Lehre, und davor kann nichts schützen, nicht Klugheit, nicht Aufklärung, nicht Wissenschaft, nicht Gutmütigkeit, auch nicht natürliche Frömmigkeit. Das Wort vom Kreuz bleibt ein Stein des Anstoßes jedem natürlichen Menschen. Es hat, wie der Apostel selbst zugibt *(1. Kor. 1, 21)*, etwas Törichtes für die natürliche Vernunft. Es findet keinen Raum im fleischlichen Menschen. Ja, wenn sich jemand Mühe geben und diese Lehre in seinen Kopf und sein Herz hineinzwingen wollte, so wird ihm dies nicht gelingen, wie ein Lied sagt:

Dies ist das wundervolle Ding,
Erst scheint's für Kinder zu gering,

Zuletzt zerglaubt ein Mann sich dran,
Und stirbt wohl, eh er's glauben kann.

So ist es schon in den ersten Zeiten gewesen. „Wir predigen", sagt Paulus, „Christus, den Gekreuzigten, den Juden ein Ärgernis, den Griechen eine Torheit." Es sollte mir ein leichtes sein, liebe Zuhörer, euch an der ganzen Geschichte der Kirche Christi zu zeigen, wie der ungebrochene Sinn der Menschen sich von jeher hauptsächlich an dieser Lehre gestoßen, hauptsächlich diese Lehre zu verdrehen, zu vernichten gesucht hat, wie der menschliche Witz von jeher darauf ausgegangen ist, das scheinbar Törichte von dieser Lehre zu entfernen, und wie dies immer nur auf Kosten der Wahrheit geschehen konnte. Es ist aber nicht nötig, daß wir so weit hinaufsteigen in der Geschichte, um diesen Widerwillen der Menschen gegen das Wort vom Kreuz zu entdecken. Er ist ja in unserer Zeit offenbar genug geworden. Denn worauf haben es die großen Aufklärer und Vernunftsgeister, die sich als die rechten Lichtbringer in dieser Zeit aufgestellt und von nichts als von Licht und von Ausrottung des alten Aberglaubens geredet haben und noch reden, worauf haben es diese Widerchristen besonders abgesehen? Antwort: Auf Untergrabung, auf Ausrottung des Wortes vom Kreuz. Daß ein Gott sei, daß er denen, die ihn suchen, ein Vergelter sei, daß ein anderes Leben sei, daß wir verpflichtet seien, unserem Gewissen zu folgen, daß die Lehre Christi, seine Sittenlehre, unvergleichlich schön sei usw., das wollen sie nicht gerade umstoßen; aber daß er uns durch sein Leiden und Sterben mit Gott versöhnt habe, das ist ihnen ärgerlich. Das reizt ihren Grimm. Diese, wie sie sich nicht entblöden, das Wort vom Kreuz zu nennen, veraltete, unvernünftige, gotteslästerliche Lehre, diese jüdische Fabel ist unerträglich. Eine jüdische Fabel nennen sie die Lehre von der Versöhnung, obwohl offenbar ist, daß die Juden von jeher den größten Anstoß an dieser Lehre genommen haben und noch nehmen. O liebe Zuhörer, in unserer letzten betrübten Zeit ist die Feindschaft gegen das Kreuz Christi besonders herausgebrochen! Was ist das elende Tugendgeschwätz, womit die ganze Welt wie mit einem Strom überschwemmt ist, das Rühmen vom Adel, von der Würde und Vortrefflichkeit der menschlichen Natur, das die stolzen Sünder gegenwärtig aufs höchste treiben, anders als eine Feindschaft gegen das Kreuz Christi! Was sind die Freiheiten, die man sich in der Religion nimmt, wo sich mancher aus seinen dürftigen Einfällen seine eigene Religion zusammenstoppelt und diese paar dürftigen Einfälle dann mit großer Wichtigkeit seine Ansichten heißt, was ist dies anders als eine Feindschaft und Empörung der Menschen gegen das Kreuz Christi, die sich nicht unter die im Kreuz des Sohnes Gottes offenbar gewordene Weisheit Gottes demütigen wollen. O äußere dich nur so unter diesen selbstweisen Menschen, als ob du an die Kraft des Blutes und der Wunden Jesu glaubst, mit welch stolzem Hohn werden sie deine Worte von sich weisen! Wie werden sie dich als einen erbärmlichen Schwachkopf verachten! Doch dies ist eigentlich nicht zu verwundern. Die Heiden haben von jeher getobt und die fleischlichen Leute vergeblich geredet gegen den Herrn und seinen Gesalbten. Je weiter es die Menschen in der Üppigkeit, in der Ausbildung der Elemente des Weltgeistes, in Augenlust, Fleischeslust, in hoffärtigem Leben treiben, desto widerlicher muß ihnen das Wort vom Kreuz sein; denn die Feinde des Kreuzes Christi sind, wie der Apostel sagt, die, welchen der Bauch ihr Gott ist, die Irdischgesinnten. Daß Menschen, die ihr Teil dahinnehmen wollen in diesem Leben, daß stolze Sünder, die nicht Buße tun wollen, überhaupt nicht am

Heiland, am allerwenigsten aber am Wort vom Kreuz ihre Freude haben, und daß ihre Widrigkeit um so höher steigen muß, je tiefer sie im Weltsinn und Hochmut versinken, das ist ganz natürlich und von jeher so gewesen. Aber was sollen wir dazu sagen, wenn Menschen, die doch nach dem Reich Gottes und seiner Gerechtigkeit ernstlich trachten, wenn Leute, die ihre Seele gern erretten und zur Ausbeute davontragen möchten, das Wort vom Kreuz in seiner Einfachheit verachten und es in guter Meinung oder in allerhand eigenen Klügeleien in eine trostlose Verleugnungslehre verwandeln, wobei aus dem Evangelium von der Vergebung der Sünden ein Gesetz der Heiligung gemacht wird und sonst nichts! So häufig dieser Abweg in unserer Zeit ist, so deutlich zeugt er von der Widrigkeit und Abneigung des menschlichen Herzens gegen das Wort vom Kreuz.

Wenn ich nun freilich auf euch sehe, liebe Zuhörer, so scheint das, was ich bisher von der Feindschaft des menschlichen Herzens gegen das Wort vom Kreuz gesagt habe, nicht völlig richtig zu sein. Der größte Teil unter uns ist doch noch unbekehrt, das werdet ihr selbst zugeben, wenigstens ist dies meine Überzeugung. Aber siehe, obwohl euch das Wort vom Kreuz fleißig gepredigt wird, so regt sich doch bei euch keine besondere Widrigkeit dagegen. Ja, viele haben eine Freude daran. Wie ist dies zu erklären? Es ist leicht zu erklären. Erstens fragt es sich, ob es denn wirklich so richtig sei, daß niemand da ist, dem die Predigt von Christus dem Gekreuzigten eine Torheit oder ein Ärgernis ist. Ich vermute das Gegenteil. Wie mancher unter uns mag schon in seinem Herzen geseufzt oder gemurrt haben über diesem unaufhörlichen Ruf zur Buße und zur Bekehrung durch den Glauben an Jesus, den Gekreuzigten und Auferstandenen! Aber auch angenommen, dies wäre nicht so, so fragt es sich weiter, ob viele unter uns das Wort vom Kreuz auch schon gehört haben. Nun, mit den Ohren habt ihr es wohl gehört; aber ich meine, ob es euch auch in das Herz oder nur in den Verstand hineingefallen und ein Gegenstand eures Nachdenkens geworden ist. Die Sünde, der irdische Sinn machen den Menschen gar stumpf und hart. Da prallen die wichtigsten und schneidendsten Wahrheiten vom Herzen ab wie ein Pfeil von einem Felsen, oder sie werden, ungeachtet daß sie keinen Eindruck machen, doch vielleicht sogar mit Wohlgefallen betrachtet, weil man sie von Jugend auf gewohnt ist und die reine christliche Lehre darin findet. Ja, man kann auf diesem Weg sogar eine wahre Freude am Wort vom Kreuz haben, ohne daß des Herzens Grund etwas davon wüßte, wie der Heiland gesagt hat: das Wort Gottes falle hin und wieder auf den Fels, wo es lustig aufgehe, aber keine Wurzel habe. O meine lieben Zuhörer, solange ihr in eurem Christentum nach väterlicher, angeerbter Weise dahingeht oder euch mit einer oberflächlichen, sinnlichen Freude am Evangelium begnügt, solange wird euch freilich die in eurem Herzen liegende Abneigung gegen das Wort vom Kreuz nicht offenbar werden. Aber laßt nur des Herzens Grund aufgerührt werden, laßt einen Lichtfunken hineinfallen, eine Ahnung davon, daß, wenn die Geschichte des Heilandes ihre Richtigkeit hat, ihr verpflichtet seid, hinfort nicht mehr euch selbst zu leben, sondern dem, der für euch gestorben und auferstanden ist. Da wird sich des Herzens Grund bald empören und die Widrigkeit, die darin steckt gegen das Wort vom Kreuz, wird an den Tag kommen.

Es kann ja nicht anders sein. Wir wollen uns einen frommen Menschen denken, der aber nicht bekehrt ist; denn es gibt, wie wir auch am Beispiel der Apostel sehen, viele fromme Menschen, die nicht bekehrt sind. Worin besteht die Religion eines solchen frommen Menschen?

Welches sind die Gedanken, die er vom Heiland, von Gott und unserem Verhältnis zu ihm hat? Je frömmer einer ist, desto größere Gedankenbilder macht er sich vom Heiland, desto mehr sucht er alle menschliche Schwachheit vom Heiland zu entfernen und sein Bild den Vollkommenheitsbegriffen, die er in sich hat, anzupassen. Am Sohn Gottes will er göttliche Herrlichkeit, keine menschliche Unvollkommenheit erblicken, und das umso viel mehr, je größere Ehrfurcht er vor ihm hat. Wie ärgerlich muß nun solch einem Menschen der Anblick menschlicher Schwachheit sein, der ihm am Bild des Herrn Jesus, besonders in seiner Leidensgeschichte, begegnet! Wenn er liest, daß Jesus sein Angesicht stracks nach Jerusalem gewendet habe, obwohl er wußte, daß der schmähliche Kreuzestod dort auf ihn warte, so freut er sich über den Glaubensmut des Heilands, aus dem er gar zu gern einen Helden machen möchte. Wenn er aber hört, daß schon bei seinem Einzug in Jerusalem die Seele des Herrn sehr betrübt gewesen sei, weil die zwei Gedanken in ihm kämpften, erstens der Wunsch, seines Leidens überhoben zu sein, und zweitens der Wunsch der Verherrlichung des Vaters *(Joh. 12, 27 - 28)*, so ist ihm das schon anstößig. Und wenn er endlich sieht, wie der Heiland in Gethsemane anfängt zu zittern und zu zagen, wie er von dem Grauen des Todes übernommen wird, wie er sich in den Staub legt vor dem Vater und so flehentlich um Abwendung des Kelches bittet, so ist ihm dies ein unerträglicher Anblick. Da heißt es dann: „Wir sahen ihn, aber da war keine Gestalt, die uns gefallen hätte“ *(Jes. 53, 2)*. Und so ist es auch mit den übrigen Religionsbegriffen, die man im unbekehrten Zustand in sich herumträgt – das Wort vom Kreuz widerspricht ihnen. Fromme, aber unbekehrte Leute denken sich den Menschen als ein unvollkommenes, schwaches Geschöpf; sie setzen gern einen guten Willen bei sich selbst voraus, sie sehen ihre Sünden und Fehler als Schwachheiten ihrer Natur, als Krankheiten an, nicht aber als Verschuldungen gegen Gott. Sie glauben, wenn sie auch eine sündhafte Verdorbenheit des Menschen annehmen, doch nicht, daß sie durchaus, in der Wurzel, in ihren innersten Trieben und Neigungen vergiftet seien. Das Wort vom Kreuz aber macht alle Menschen zu gottlosen Sündern, zu Majestätsverbrechern und schneidet allen Ruhm der Tugend oder des guten Willens geradezu ab. O was ist das für eine bittere Arznei! Fromme, aber unbekehrte Leute denken über ihr Verhältnis zu Gott ungefähr so: da oben im Himmel ist Gott oder der Heiland; wenn ich seine Gebote halte, wenn ich recht treu bin, wenn ich mich reinigen lasse von aller Untugend, wenn ich die Welt, und was in der Welt ist, verleugne, wenn ich göttlich denke, göttlich rede, göttlich handle, so macht er mich selig. Dies ist die höchste Spitze in der Religion, auf die es die natürliche Vernunft treiben kann; denn es muß ein Mensch schon recht fromm sein, wenn er solche Religionsgrundsätze haben soll. Aber das Wort vom Kreuz sagt ganz anders, es sagt: „Christus Jesus ist in die Welt gekommen, Sünder selig zu machen." Er ist zu dem Ende als ein Fluch am Kreuzholz gestorben. Wenn nun ein gottloser Sünder, dergleichen alle Menschen sind, dies glaubt, so wird er selig durch solchen Glauben bloß lauter um Christi willen. Seht da eine ganz andere Religion als jene Vernunftsreligion. Hat man die erste, so ist klar, daß man die zweite nicht fassen kann, ja, daß die zweite als töricht erscheinen muß. Daher hat schon Celsus, ein Feind Christi, der im dritten Jahrhundert lebte, sich über das Evangelium auf folgende Weise ausgelassen: Bei den alten Götzendiensten, sagt er, hieß es: „Wer reine Hände und ein unbeflecktes Gewissen hat, der komme herbei", im Christentum aber heißt es: „Wer unreine Hände und ein beflecktes Gewissen hat, wer ein Kind und ein Narr ist, der trete herzu, der ist angenehm." Das machte er also dem Evangelium zum Verbrechen, daß es die Sünder selig mache. Der hochmütige Pharisäergeist, der in allen Menschen haust, wie sie von Natur sind, möchte freilich lieber einen Himmel voll von aufgeblasenen Heiligen und Ehrenleuten. Daß die Gottlosen gerecht werden sollen durch das Blut des Lammes, das scheint ihm töricht und niederträchtig. Aber Gott macht sich nichts aus den Urteilen der stolzen Vernunftsgeister. Da die Welt in ihrer Weisheit Gott in seiner Weisheit nicht erkannte, da gefiel es Gott wohl, durch törichte Predigt selig zu machen die, so daran glauben. Und dabei hat es sein ewiges Verbleiben. Gott hat die hochmütigen Heiligen nicht zu Rate gezogen, da er die Erlösung der sündigen Menschheit veranstaltete, nimmt sie auch noch nicht in seinen Rat, läßt sich auch nicht von ihnen meistern. Der im Himmel wohnt, lachet ihrer, und der Herr spottet ihrer und macht selig nach seinem freien Wohlgefallen die Unmündigen und Einfältigen, die Mühseligen und Beladenen, die Sünder und Gottlosen um Christi willen, wenn die Pharisäer auch bersten vor Grimm.

Das Wort, das an das Kreuz gemalt,
Im Blut-Rubinen-Feuer strahlt,
Das heißt: hier hängt der starke Gott
Und schmeckt an unsrer Statt den Tod.
Darüber stutzt und fluchet die Natur,
Und Gott beteuert es mit einem Schwur:
So wahr ich lebe, spricht der Mann,
Der nichts als Amen sagen kann,
Und der unfehlbar Wort und Tat
Im Augenblick beisammen hat,

Und was er will, das läßt er sich nicht reun:
Mein Sohn, mein Sohn soll Hoherpriester sein.

Und dabei wird es bleiben.

II. Wer ist denn nun tüchtig, das Wort vom Kreuz zu fassen? Antwort: das Wort vom Kreuz faßt niemand als diejenigen, denen ihr eigenes Religionshaus über dem Kopf zusammenbricht. Leute, die an ihrem eigenen Guten, an ihrer eigenen Gerechtigkeit verzagen, denen alle andere Hoffnung, aller andere Trost, aller andere Halt entgeht, die verlassen und bloß dastehen, diese sind fähig, das Wort vom Kreuz zu fassen, zu verstehen, es in ihr Innerstes aufzunehmen, diesen wird es das Wort des ewigen Lebens.

Dies können wir am besten am Beispiel der Jünger sehen. Die Männer, die nach unserem heutigen Evangelium die Worte des Heilands von seinem Leiden, Sterben und Auferstehen gar nicht verstanden, gaben ein Vierteljahr nachher am Pfingstfest gewaltig Zeugnis vom Tode und von der Auferstehung Jesu Christi. Der gekreuzigte und auferstandene Messias war der Hauptgegenstand ihrer Liebe, ihres Glaubens, ihrer Hoffnung, ihrer Sehnsucht, die Triebfeder ihres Handelns und ihres Redens. In ihm lebten, webten und waren sie. Er war ihr alles. Wie ist diese große Veränderung mit ihnen bewirkt worden? Ihr sprecht: durch den Heiligen Geist. Ja wohl durch den Heiligen Geist. Aber dieser Geist hätte ihre Herzen nicht erfüllen können, wenn ihm nicht Bahn gemacht worden wäre. Wie ging das nun zu? Ich will es euch kurz sagen. Das, was der Heiland im heutigen Evangelium von seinem Ausgang, den er in Jerusalem nehmen sollte, prophezeit hatte, ging in buchstäbliche Erfüllung. Er wurde den Heiden überantwortet, verspottet, geschmäht, verspeit, gegeißelt, getötet, und am dritten Tage stand er wieder auf. O eine harte Zeit für die guten Jünger! Da wurde erfüllt, was der Heiland ihnen gesagt hatte: „Ihr werdet weinen und heulen, aber die Welt wird sich freuen, ihr aber werdet traurig sein." Ihre schönsten Hoffnungen wurden zu Schanden; alle ihre vorherigen Ansichten vom Messiasreich fielen zu Boden; ihr ganzer Glaubensgrund wankte; es war eine Zeit der Läuterung für sie, als sie ihren geliebten Meister dem Willen seiner Feinde, ja dem Tode preisgegeben sahen, eine Zeit der Geburtswehen, wie ihnen der Meister verkündigt hatte *(Joh. 16, 21)*. Ein neuer Grund sollte gelegt werden, darum mußte das Alte vergehen. „Wir hofften, er sollte Israel erlösen", sprachen die zwei Jünger, die nach Emmaus gingen, „denn er war ein Prophet mächtig von Taten und Worten vor Gott und allem Volk, und nun haben ihn unsere Hohenpriester und Obersten überantwortet zur Verdammnis des Todes und gekreuzigt." – „Auch haben uns erschreckt etliche Weiber der unsern, die sind früh bei dem Grab gewesen, haben seinen Leib nicht gefunden, kommen und sagen, sie haben ein Gesicht der Engel gesehen, welche sagen, er lebe." Man hört es ihnen an, wie ihr ehemaliger Hoffnungsgrund zerstört war, ohne daß ein neuer an seine Stelle getreten wäre. Sie waren ganz irre, ratlos, tappten in der Finsternis. So mußte es bei den Jüngern kommen. Liebe Zuhörer, nun waren sie empfänglich für das Wort vom Kreuz; denn als nun der Heiland zu ihnen sagte: „Mußte nicht Christus solches leiden und zu seiner Herrlichkeit eingehen?" als er anfing von Mose und allen Propheten und legte ihnen alle Schriften aus, die von ihm gesagt waren, wie ging's da? Vernahmen sie es auch wieder nicht? War die Rede ihnen auch wieder dunkel? Nein! „Brannte nicht unser Herz in uns", sagten sie nachher, „als er mit uns redete auf dem Wege, da er uns die Schrift öffnete!" Seht, welche Änderung!

Und so ist es noch jetzt. Wenn ein Mensch, der sich

bisher in seinem Wohlverhalten gespiegelt hatte, die große Entdeckung an sich macht, daß er ein undankbarer, höllenwürdiger Verächter der Gnade ist, wenn ein Mensch, der sich bisher auf seine Liebe zu seinem Schöpfer etwas zugute getan hatte, findet, daß er seinen Schöpfer gar nicht gekannt und im Grunde nur sich selbst geliebt habe, wenn ein Mensch, der sich bisher auf seine Erkenntnis im Christentum verlassen hatte, entdeckt, daß er ein nichtswürdiger Heuchler ist und bei allem Wissen doch nichts Rechtes weiß, mit einem Wort, wenn in einem Menschen die Frage lebendig wird: „was kann der Mensch geben, daß er seine Seele löse?“ und er trifft weder in sich noch in der ganzen weiten Welt ein Lösegeld an, dann, liebe Zuhörer, dann ist gute Zeit zur Aufnahme des Wortes vom Kreuz. Es muß aber ein Mensch weit heruntergebracht sein. Er muß recht hoffnungslos sein. Er muß recht gottlos sein in seinen Augen. Er muß sonst gar keinen Ausweg mehr wissen, wenn er kein Ärgernis mehr am Wort vom Kreuz nehmen und sich entschließen soll, sich der blutigen Gnade in die Arme zu werfen. Solange er noch einen kleinen Ausweg nur vermuten kann, tut er es nimmermehr. Wenn er aber bei seinem großen Schiffbruch gar nichts mehr sieht, worauf er sich retten könnte, dann entschließt er sich endlich, das verachtete Kreuzholz zu ergreifen, ist froh, wenn er es noch fassen kann und schwimmt damit sicher und wohlbewahrt ans Land, ins Vaterland.

Liebe Zuhörer, diese Gedankenumschmelzung, dieser geistliche Bankrott kann uns nicht erspart werden, wenn wir selig werden sollen. Das Wort vom Kreuz ist ein neuer Wein, diesen kann man nicht in alte Schläuche fassen; wo anders, die Schläuche zerreißen, und der Wein wird verschüttet. Mit unseren frommen Wünschen, mit unseren guten Meinungen, die aus dem Fleisch kommen, können wir das Reich Gottes nicht erlangen. So bleiben wir Feinde des Kreuzes Christi. Das Alte muß zusammenstürzen, sonst kann das Neue nicht Platz gewinnen. Unsere Frömmigkeit, unsere Ehrlichkeit, unsere Tugend, unser ganzer Ruhm muß zu Schanden werden; als Gottlose, als Unwissende, als Blinde, als Narren, als Kinder der Verdammnis müssen wir uns erkennen lernen, wie wir es denn auch sind.

Nackte, Bloße, Gnadenlose,
Solche ärmsten von den Sündern
Macht dies Wort zu Gottes Kindern.

O daß der Herr bald bei uns allen diese selige Zeit herbeiführte! O daß bald die Götzen wichen, damit Jesus allein Gott wäre! Daß uns unsere tiefen Seelenwunden offenbar würden, damit sie geheilt werden könnten durch die Wunden des Lammes! Eile, Herr, und hilf uns zum Leben! Amen.

25. Am Sonntag Invocavit

Solches redete Jesus, und hob seine Augen auf gen Himmel und sprach: Vater, die Stunde ist da, daß du deinen Sohn verklärest, auf daß dich dein Sohn auch verkläre; gleichwie du ihm Macht hast gegeben über alles Fleisch, auf daß er das ewige Leben gebe allen, die du ihm gegeben hast. Das ist aber das ewige Leben, daß sie dich, der du allein wahrer Gott bist, und den du gesandt hast, Jesum Christum, erkennen. Ich habe dich verklärt auf Erden und vollendet das Werk, das du mir gegeben hast, daß ich es tun sollte. Und nun verkläre mich du, Vater, bei dir selbst mit der Klarheit, die ich bei dir hatte, ehe die Welt war. Ich habe

deinen Namen offenbart den Menschen, die du mir von der Welt gegeben hast. Sie waren dein, und du hast sie mir gegeben, und sie haben dein Wort behalten. Nun wissen sie, daß alles, was du mir gegeben hast, sei von dir. Denn die Worte, die du mir gegeben hast, habe ich ihnen gegeben; und sie haben's angenommen und erkannt wahrhaftig, daß ich von dir ausgegangen bin, und glauben, daß du mich gesandt hast. Ich bitte für sie und bitte nicht für die Welt, sondern für die, die du mir gegeben hast; denn sie sind dein. Und alles, was mein ist, das ist dein, und was dein ist, das ist mein; und ich bin in ihnen verklärt. Und ich bin nicht mehr in der Welt; sie aber sind in der Welt, und ich komme zu dir. Heiliger Vater, erhalte sie in deinem Namen, die du mir gegeben hast, daß sie eins seien gleichwie wir. Dieweil ich bei ihnen war in der Welt, erhielt ich sie in deinem Namen. Die du mir gegeben hast, die habe ich bewahrt, und ist keiner von ihnen verloren, als das verlorene Kind, daß die Schrift erfüllet würde. Nun aber komme ich zu dir und rede solches in der Welt, auf daß sie in ihnen haben meine Freude vollkommen. Ich habe ihnen gegeben dein Wort, und die Welt haßte sie; denn sie sind nicht von der Welt, wie denn auch ich nicht von der Welt bin. Ich bitte nicht, daß du sie von der Welt nehmest, sondern daß du sie bewahrest vor dem Übel. Sie sind nicht von der Welt, gleichwie ich auch nicht von der Welt bin. Heilige sie in deiner Wahrheit; dein Wort ist die Wahrheit. Gleichwie du mich gesandt hast in die Welt, so sende ich sie auch in die Welt. Ich heilige mich selbst für sie, auf daß auch sie geheiligt seien in der Wahrheit. Ich bitte aber nicht allein für sie, sondern auch für die, so durch ihr Wort an mich glauben werden, auf daß sie alle eins seien, gleichwie du, Vater, in mir und ich in dir; daß auch sie in uns eins seien, auf daß die Welt glaube, du habest mich gesandt.

Und ich habe ihnen gegeben die Herrlichkeit, die du mir gegeben hast, daß sie eins seien, gleichwie wir eins sind, ich in ihnen und du in mir, auf daß sie vollkommen seien in eins und die Welt erkenne, daß du mich gesandt hast und liebest sie, gleichwie du mich liebst. Vater, ich will, daß, wo ich bin, auch die bei mir seien, die du mir gegeben hast, daß sie meine Herrlichkeit sehen, die du mir gegeben hast; denn du hast mich geliebt, ehe denn die Welt gegründet ward. Gerechter Vater, die Welt kennt dich nicht; ich aber kenne dich, und diese erkennen, daß du mich gesandt hast. Und ich habe ihnen deinen Namen kundgetan und will ihn kundtun, auf daß die Liebe, damit du mich liebst, sei in ihnen und ich in ihnen. Joh. 17

Über das heutige Evangelium zu predigen, ist keine leichte Sache. Nicht, daß die Worte unseres Evangeliums schwer zu verstehen wären; sie sind im Gegenteil sehr klar und einfältig. Aber das, was diese Worte ausdrücken, der Sinn ist so tief, daß wir ihn mit unseren Gedanken und Worten nimmermehr erreichen können. Der selige Prälat Albrecht Bengel hat über dieses siebzehnte Kapitel des Evangeliums Johannes gesagt: in der ganzen Heiligen Schrift gebe es keinen Abschnitt, der den Worten nach so klar und verständlich und doch dem Sinne nach so tief wäre. Der Sohn redet in diesem Kapitel mit dem Vater. Er schüttet am Ende seiner irdischen Wirksamkeit beim Antritt seines letzten Leidens- und Todeskampfes sein Herz aus vor dem Vater; er offenbart darin seine innersten Herzensgedanken; er läßt sich aus über das selige und ewige Liebesverhältnis zwischen ihm und dem Vater; lauter Dinge, die über unser endliches und noch obendrein durch die Sünde geschwächtes Verständnis weit hinausgehen. Wenn man darum über dieses Kapitel, über dieses, wie man es zu nennen pflegt, hohepriesterliche Gebet Jesu redet, so soll es nur mit der tiefsten Ehrfurcht, mit der tiefsten Anerkennung unserer Endlichkeit und Sündlichkeit geschehen. Wie untüchtig sind wir, die wir Staub und Asche sind, solche hohen, heiligen Worte zu fassen, zu erklären und darüber mit unseren sündigen Lippen zu reden! So untüchtig wir aber sind, so ist es uns doch erlaubt, dieses zu tun, wenn es nicht in aufgeblasenem, sondern in demütigem Geist geschieht. Und so wage ich denn auch, das hohepriesterliche Gebet Jesu zum diesmaligen Gegenstand meiner Betrachtung zu machen.

Das ganze Gebet zerfällt in drei Teile. Im ersten Teil, Vers 1 - 5, bittet der Sohn den Vater um seine eigene Verklärung; im zweiten Teil, Vers 6 - 19, bittet er für seine Jünger und im dritten Teil, Vers 20 - 26, für seine künftige und ganze Gemeinde. Wir betrachten also

das hohepriesterliche Gebet,

I. das der Sohn für sich gebetet hat,
II. das er für seine Jünger,
III. das er für seine künftige und ganze Gemeinde gebetet hat.

O großer Hohepriester! Wir können Deine Worte, die Du in Deiner letzten Nacht zum Vater geredet hast, zwar keineswegs ganz verstehen. Wenn Du uns aber nur ein schwaches Gefühl davon in unsre Herzen gibst, so ist dies schon etwas vom ewigen Leben. Amen.

I. „Vater!" so beginnt Jesus mit gen Himmel gerichteten Augen sein hohepriesterliches Gebet. Es war nicht das erste Mal, liebe Zuhörer, daß der Heiland mit dieser ehrerbietigen, kindlichen Anrede zu dem Herrn Himmels und der Erde aufsah. Das erste Wort, das wir von ihm im Evangelium lesen, zeigt uns, wie klar er sich von früher Jugend an seines besonderen Sohnesverhältnisses zum Vater bewußt war. Denn schon in seinem zwölften Jahr sagte er zu seinen Eltern, die ihn drei Tage lang gesucht und endlich im Tempel gefunden hatten: „Muß ich nicht sein in dem, das meines Vaters ist?“ Und dieses Bewußtsein begleitete ihn durch seinen ganzen Lauf. O was mag in seinem Lauf oft zwischen ihm und dem Vater vorgegangen sein; was in seiner Kindheit und Jugend in Nazareth; was nachher in seinem Amtslauf; was besonders bei seiner Taufe, bei seinem Aufenthalt in der Wüste; was vor und bei so manchen Gelegenheiten, wo er durch Worte und Taten den Vater verherrlichte *(Joh. 11, 41 - 42)*; was bei so manchem stillen, nächtlichen Umgang mit ihm! Es war nicht das erste Mal, daß er sich mit diesem Wort an Gott wendete. Aber nun, am Schluß seines Amtslaufes, unmittelbar vor seinem letzten Todesleiden – wer fühlt es genug, was sein Herz sprach, als er seine Augen aufhob und sprach: „Vater!“ –

„Vater, die Stunde ist da, daß du deinen Sohn verklärst, auf daß dich dein Sohn auch verkläre.“ Der Heiland stand am Ende seiner irdischen Wirksamkeit. Sein dreiunddreißigjähriger Lauf war vollendet. Die Verborgenheit, in der er dreißig Jahre lang leben sollte, und die besonderen Versuchungen, die in dieser Lage auf ihn eindringen mußten, waren überwunden und lagen hinter ihm. Sein Lehramt hatte ein Ende. Alles, was ihm der Vater geboten hatte, daß er tun, reden oder leiden sollte, war aufs pünktlichste vollbracht. Mit großer Freudigkeit konnte er zum Vater sagen: „Ich habe dich verklärt auf Erden und vollendet das Werk, das du mir gegeben hast, daß ich es tun sollte." Es fehlten nur noch wenige, aber freilich entsetzliche Leidensstunden, so waren die Tage seines Fleisches und seiner Erniedrigung aus. Darum spricht er mit so großer Zuversicht: „Die Stunde ist hier, daß du deinen Sohn verklärst." Zwar hatte ihn der Vater auch in seinem Erniedrigungslauf auf mancherlei Weise verklärt. Der tiefsten Niedrigkeit, in welche er um der Sünden der Sünder willen den Sohn eingehüllt hatte, hatte der Vater immer mächtige Spuren und Zeugnisse der Herrlichkeit beigegeben. Als der Heiland in Bethlehem geboren wurde, wie arm und niedrig ging es da her! In einem Stall wurde er geboren, in eine Krippe wurde der gelegt, den der Weltkreis, ja aller Himmel Himmel nicht fassen und beschließen können. Aber während in Bethlehem am Ort seiner Geburt die tiefste Armseligkeit herrschte, siehe, da erschien die Herrlichkeit Gottes auf dem Felde, und die himmlischen Heerscharen feierten mit ihren Lobgesängen die Menschwerdung des Sohnes Gottes. So ging es durch den ganzen Lauf des Heilandes. Allenthalben liefen Herrlichkeit und Niedrigkeit nebeneinander her. Ja, als der Sohn die tiefsten Stufen seiner Erniedrigung betrat, da er am Kreuz von Gott und Menschen verlassen als ein Verfluchter hing, da noch gab ihm der Vater Zeugnis. Die Sonnenfinsternis, das Erdbeben, das Zerspalten der Felsen, die Eröffnung der Gräber, das Zerreißen des Vorhangs, die heftige Arbeit der ganzen Natur – alles zeigte, daß der Fürst des Lebens sein Haupt in den Tod neige, was ja auch der heidnische Hauptmann tief anerkannte. Der Vater hatte den Sohn schon während seines Erniedrigungslaufes verklärt. Nun aber begehrt der Sohn vom Vater eine fernere, eine höhere Verklärung, nämlich die Verklärung beim Vater selbst, wie er sagt: „Und nun verkläre mich du, Vater, bei dir selbst mit der Klarheit, die ich bei dir hatte, ehe die Welt war."

O meine lieben Zuhörer, hört diese gewaltigen Worte, die der Sohn dem Vater als eine zwischen beiden bekannte und ausgemachte Sache ins Herz sagt: ehe die Welt war, hatte ich Herrlichkeit bei dir. Ehe die Welt war, ehe denn die Berge wurden und die Erde geschaffen wurde, ehe es eine Zeit gab, als noch kein Cherub und kein Seraph da war, als die vier höchsten lebendigen Wesen, die am Thron Gottes stehen und voller Augen inwendig und auswendig die Heiligkeit Gottes mit aufgedecktem Angesicht schauen, auch noch nicht waren, als der Ewige allein war, da war der Sohn bei ihm und hatte Herrlichkeit bei ihm. Wer kann dies begreifen? Wer kann diese Gottestiefen ausschöpfen? Wo ist, ich will nicht sagen der Mensch, sondern der Engel, der diesen Gedanken der Unendlichkeit ausdenken könnte: der Sohn hatte Herrlichkeit beim Vater, ehe die Welt war! Aber obwohl dies viel zu hoch für unser schwaches und endliches Verständnis ist, so liegen doch eben darin die ewigen, die unwandelbaren Gründe unseres Heils. Dort in des Vaters Schoß, vor Grundlegung der Welt ist das vorgegangen, und wenn ich armer Staub mich so ausdrücken darf, zwischen dem Vater und dem Sohn besprochen worden, was in der Fülle der Zeit zu unserer Seligkeit geschehen ist. Vor Grundlegung der Welt hat sich der Sohn entschlossen, die Herrlichkeit des Vaters zu verlassen und ein Mensch, ja ein Knecht zu werden, ja am Kreuz zu sterben, um den Riß der Sünde wieder zu heilen. Satan war noch nicht geschaffen, noch viel weniger gefallen. Adam war noch nicht geschaffen, noch viel weniger gefallen. Es wandelte noch kein Sünder auf der Erde. Die Erde selbst war noch nicht. Es gab noch keine Sünde, denn es war noch kein Geschöpf vorhanden, das sündigen konnte. Der Tod war noch nicht, denn wer hätte sterben können? Da wurde in den ewigen Tiefen der Gottheit schon der Erlösungsplan entworfen, schon die Art bestimmt, wie die Sünde aufgehoben, der Tod getötet werden sollte, wie der Sohn der Schlange den Kopf zertreten sollte und sich die Macht ererben über alles Fleisch, daß er das ewige Leben gebe all denen, die ihm der Vater gegeben hat. Und als die Zeit erfüllet war, da wurde dieser ewige Erlösungsplan auch ausgeführt. Der Sohn wurde ein Mensch und an Gebärden als ein Mensch erfunden. Allen Beschränkungen des Lebens der Sünder, der Kinder des Staubs, unterwarf er sich. Dreiunddreißig Jahre lang ging er durch dieses arme Leben und hatte einen saureren und versuchlicheren Lauf, als je ein Sünder hat. Er trug alles Widerwärtige, das durch die Sünde der Sünder und durch den Grimm Satans auf ihn einstürmte, und blieb dabei im lautersten Gehorsam und in der lautersten Liebe gegen seinen Vater. Dies alles lag hinter ihm. Sein letztes schweres Todesleiden lag in seinem prophetischen Glaubensblick gleichsam auch hinter ihm. Da sehnt er sich mit tiefer Inbrunst aus diesem irdischen Zeitleben wieder zurück nach seiner ursprünglichen Herrlichkeit und spricht: Ich habe alles ausgerichtet nach deinem Wohlgefallen, darum ist es nun Zeit, daß du deinen Sohn verklärst.

Aber wozu begehrt der Sohn vom Vater seine Verklärung? Etwa nur um seiner selbst willen, um des Kampflebens überhoben zu sein? Nein, dies war ihm nicht die Hauptsache: „Auf daß dich dein Sohn auch verkläre." Danach dürstete seine Seele, das war seinem Herzen das wichtigste und höchste Anliegen in den Tagen seines Fleisches, ja noch jetzt ist es ihm das größte Anliegen, daß der Vater verklärt oder verherrlicht werde. Wie wird aber der Vater verklärt? Antwort: in dem Sohn. Wenn der Sohn den Sündern das ewige Leben gibt, welches steht in der Erkenntnis des Vaters und des Sohnes, dadurch wird der Vater verklärt. Dadurch wird die unendliche Liebe, womit der Vater die Welt geliebt hat, dadurch wird der unerschöpfliche Reichtum seiner ewigen Gotteserbarmungen, dadurch wird sein ganzes Herz geoffenbart und in das hellste Licht gesetzt. Und das ist eigentlich der Grund, warum der Sohn um seine Verklärung bittet, damit er seine Macht über alles Fleisch beweisen, seine armen Brüder beseligen, sie begnadigen und ihnen seinen Geist in das Herz geben könne, der da ruft: „Abba, lieber Vater!"

O meine lieben Zuhörer, mit welch geringen, schwachen Worten rede ich über diese großen Dinge! Aber betrachtet die Worte des Sohnes selbst, betrachtet sie in der Stille und unter herzlichem Seufzen um den Heiligen Geist; denn diese Worte wollen mit stillem, betrachtendem Geist gefaßt werden. Hier können wir einen Blick tun in das ewige und selige Liebesverhältnis, das zwischen dem Vater und dem Sohn stattfindet. Hier können wir sehen, wie in diesem Liebesverhältnis unsere Erlösung und die ewigen Gründe unserer Seligkeit liegen. Hier können wir einen Blick tun in das Herz des Vaters, der seines eingebornen Sohnes nicht verschont hat, sondern hat ihn für uns alle dahingegeben; einen Blick in die Größe jenes „Also", das der Heiland ausgesprochen hat in den Worten: „Also hat Gott die Welt geliebt, daß er seinen eingebornen Sohn gab." Hier können wir auch einen Blick tun in das Herz des Sohnes, in sein gehorsames, dem Vater durchaus ergebenes, für das Heil der Sünder brennendes Herz. Es ist nicht auszusprechen, was in diesen Worten liegt. Es sind Abgründe, es sind ganze Ewigkeiten voll Gottesgedanken da, Geheimnisse, in welche hineinzuschauen es die Engel gelüstet *(1. Petr. 1, 12)*, die aber Gott aufschließt durch seinen Geist denen, die ihn lieb haben.

II. Nun, nachdem der Herr Jesus über seine großen, Zeit

und Ewigkeit und die ganze Vollendung des Rates Gottes umfassenden Angelegenheiten ausgeredet hat, kommt sein liebendes, sorgsames Hirtenherz auf seine armen Jünger zu sprechen, die ihm der Vater gegeben hat, und die um ihn versammelt waren. Drei Jahre lang hatte er sie um sich gehabt. Er hatte sie in dieser Zeit mit mehr als mütterlicher Sorgfalt auf dem Herzen getragen. Er hatte sie in seinen besonderen Unterricht und Pflege genommen. Er war mit ihnen wie mit unmündigen Kindern umgegangen. Ihre Torheiten und Schwachheiten hatte er getragen und zurechtgewiesen. Nun sollte er von ihnen gehen und sie allein lassen. Seine Arbeit an ihnen war zwar nicht vergeblich gewesen. Er konnte ihnen vor dem Vater das Zeugnis geben: „Sie haben dein Wort behalten, sie haben es angenommen und erkannt wahrhaftig, daß ich von dir ausgegangen bin, und glauben, daß du mich gesandt hast." Aber dessen ungeachtet waren sie doch noch unmündige und bei Vorkommnissen ratlose Kinder. So sehr sich der Heiland nach seiner Verklärung sehnte, so schmerzlich mußte das Gefühl sein, das der Blick auf seine armen Jünger in ihm erregte. Ja, sein letzter Leidensgang mußte sehr erschwert werden durch den Blick auf diese Küchlein, die sich bisher in jeder Gefahr unter die Flügel ihrer Mutter geflüchtet hatten, und die nun allein gelassen und den Stürmen und Ärgernissen schon in der Nacht, da er solches zum Vater redete, sollten preisgegeben sein. Denn es stand geschrieben: „Ich werde den Hirten schlagen, und die Schafe der Herde werden sich zerstreuen", und dies ist ja, wie wir wissen, in pünktliche Erfüllung gegangen. Wie ein Vater, der nach dem Willen Gottes diese Welt verlassen soll, auf seine kleinen, unmündigen Kinder sieht, die freilich in ihrem Unverstand seine bedenklichen Blicke und Tränen nicht fassen, so sah der Heiland, ehe er von ihnen schied, auf seine armen Jünger.

Darum brach auch sein Herz heraus vor dem Vater: „Ich bitte für sie, nämlich für die, die du mir gegeben hast. Ich bin nicht mehr in der Welt, ich komme zu dir, sie aber sind in der Welt." In der Welt – o der Heiland wußte wohl, was das heißt, in der Welt zu sein. Das war ein bedeutendes Wort, das er dem Vater in das Herz sagte: Meine armen Jünger sind in der Welt, in der Welt, die voll Versuchungen ist, in der Welt, wo man stets auf Schlangen gehen muß, die ihr Gift in unsere Fersen bringen, in der Welt, wo Tod und Sünde ist, wo Satan sein Unwesen treibt, der Lügner und Mörder von Anfang. Meine Jünger sind in der Welt, sagte der Heiland. Heiliger Vater, Vater, der du in der Herrlichkeit wohnst, der du in deinen innersten Gottestiefen nichts als pure, lautere Heiligkeit bist, der du aus deiner Heiligkeit auf diese unheilige, unsaubere, verwüstete, finstere, mit satanischen Kräften durchwirkte Sünderwelt herabsiehst, heiligster, allmächtiger Vater, erhalte sie in deinem Namen, die du mir gegeben hast!

Der Heiland hatte aber bei dieser Bitte für seine Jünger vorzüglich zweierlei im Auge und auf dem Herzen, was ihn bewegte, mit solcher Innigkeit für sie an das Vaterherz Gottes anzudringen, nämlich die Feindschaft der Weltmenschen gegen die Seinen und die Arglist Satans. Wie er es denn selber zum Vater sagt: „Ich habe ihnen gegeben dein Wort, und die Welt hasset sie, denn sie sind nicht von der Welt, wie denn auch ich nicht von der Welt bin; ich bitte nicht, daß du sie von der Welt nehmest, sondern daß du sie bewahrst vor dem Übel", oder vielmehr vor dem Argen, vor der List und Bosheit des Satans.

Den Haß der Welt gegen die, so nicht von ihr sind, hatte der Heiland selbst in vollem Maße erfahren. In seiner eigenen Familie, unter seinen nächsten Anverwandten hatte sich eine bedeutende Widrigkeit gegen ihn entsponnen

(Joh. 7, 3 - 8), und welch eine wütende Feindschaft gegen ihn offenbarte sich bald zu Anfang seines Lehramtes in den Herzen der Obersten seines Volkes und vieler Pharisäer! Wie waren sie bemüht, seine Werke herunterzusetzen, wie lauerten sie auf seine Reden, ob sie ihn nicht in seinen Worten fangen könnten, wie wurden sie durch seine größten Taten nur noch mehr in ihrer blinden Wut versteift! „Was tun wir?" hieß es, als er Lazarus von den Toten auferweckt hatte, „dieser Mensch tut viel Zeichen." Und nur umso eifriger beschlossen sie seinen Tod. Wie furchtbar brach endlich dieser Haß in seinem letzten Todesleiden heraus! Er war ihnen eben ganz zuwider und unausstehlich, ein Mensch, den sie nicht vor Augen haben konnten; und das alles darum, weil er nicht von der Welt war.

Diesem Haß der Welt gingen nun auch seine Jünger entgegen. Aber sie waren noch unbefestigt, noch schwache Kinder in der Gnade und Erkenntnis. Je nachdem der Feind sie angriff, konnte die äußere Widerwärtigkeit ihnen zum Fallstrick, ja zum ewigen Fall werden. Wie leicht dies möglich gewesen wäre, das können wir an der Geschichte der Verleugnung des Petrus sehen, die ja nur wenige Stunden nach diesem hohenpriesterlichen Gebet sich ereignete. Wie gefährlich sah es damals um Petrus aus! Wie nahe war Petrus daran, von seinem schweren Fall nicht mehr aufzustehen! Aber daß er wieder aufstehen konnte, daß die übrigen Jünger in der Zeit des Leidens und Todes Christi nicht verfolgt wurden, daß es, ob sie gleich sehr gehaßt waren, doch keinem Obersten des Volks einfiel, die Hand auch an sie zu legen, ja, daß sie bis zur Zeit, wo sie mit der Kraft von oben getauft wurden, völlig unangefochten blieben: das hatten sie dem Gebet ihres teuren Hohenpriesters zu danken, der so ernstlich beim Vater für ihre Bewahrung vor der Hinterlist des Satans angehalten hatte.

Es kommen wohl in jedem Christenlauf Zeiten, wo man unfehlbar verloren wäre, wenn dem Satan erlaubt würde, zu jener Zeit die Seele zu sichten; Zeiten der Schwachheit, der Verwirrung, wenn Welt und Sünde daherbrausen und man unvorbereitet überfallen wird. So ging's den lieben Jüngern. Wo sie hohe Zeit gehabt hätten, zu wachen und zu beten, in Gethsemane, da schliefen sie, und so wurden sie vom Unglück überrascht. Das machte ihre Herzen ganz verwirrt, daß sie nicht mehr recht wußten, was sie taten. Petrus schlug im ersten Schrecken mit dem Schwerte drein. Bald aber wußte er sich vor Angst und Betretenheit nicht mehr zu fassen und – verleugnete. Sein Schifflein hatte Mast, Segel und Steuer verloren. Wenn nun in solchen Zeiten dem Teufel noch erlaubt würde, an der Seele seine ganze Kunst zu probieren, so würde sie unwiederbringlich fallen. Wenn er Petrus nach seinem Fall sein Herz noch hätte recht schwer machen, wenn er eine satanische Traurigkeit (denn eine göttliche war schon da, *Luk. 22, 61 - 62)* hätte in ihm erregen und ihm finstere, zur Verzweiflung bringende Gedanken einflößen dürfen, wie wäre es dem lieben Petrus ergangen? Er wäre wohl hingegangen wie Judas, und hätte sich erhängt. Aber das durfte Satan nicht. Dagegen hatte der Heiland gebetet, schon vorher, denn: „Ich habe für dich gebeten, daß dein Glaube nicht aufhöre", sagte er ihm schon vorher, und auch in seinem letzten hohenpriesterlichen Gebet mit den Worten: „Ich bitte nicht, daß du sie von der Welt nehmest, sondern daß du sie bewahrest vor dem Argen." Seht da die Treue des guten Hirten. So ist er aber noch jetzt gegen die Seinen gesinnt. Er läßt uns nicht über Vermögen versucht werden; denn er ist treu und macht darum, daß die Versuchung ein Ende gewinne, daß wir es ertragen können.

O meine lieben Zuhörer! Es ist etwas unaussprechlich

Großes, wenn ein Gläubiger, ein Nachfolger des Heilands durch diese Welt hindurchkommt, ohne an seinem Glauben Schiffbruch zu erleiden. Solange man freilich meint, mit einem guten Willen sei alles ausgerichtet, kann man diese Sache für kein so großes Wunder achten. Man wundert sich darüber, wenn ein Gläubiger abfällt, und sollte sich viel mehr darüber wundern, wenn ein Gläubiger stehenbleibt und seinen Lauf mit Ehren vollendet. Aber wenn man endlich merkt, wie schwach, veränderlich und lügenhaft das Herz ist, wie bald es aus dem Trotz in die Verzagtheit und aus der Verzagtheit in den Trotz umschlägt, wie ungeschickt es ist, den richtigen Weg Gottes zu treffen, und wie alle seine besten Vorsätze und Entschlüsse armselige Puppenhäuser sind, die der nächste beste Wind umwirft, liebe Zuhörer, wenn ein Mensch solcherlei Entdeckungen an sich macht und bedenkt dazu die Macht der Sünde, den großen Hang des Herzens zur Welt und zu dem, was von der Welt ist, seine Erregbarkeit und Reizbarkeit für die Einflüsse und Grundsätze des Zeitgeistes, und daß es noch zu dem allem seinen Hauptkampf hat mit den Fürsten und Gewaltigen, nämlich mit den Herren der Welt, die in der Finsternis dieser Welt herrschen, mit den geistlichen Horden der Bosheit, wer dies recht bedenkt und im Lichte erkennt, der kann nicht leichtsinnig in seine Zukunft blikken, sondern es erscheint ihm als ein großes Wunder und Meisterstück Gottes, wenn ein Christ des Glaubens Ziel erreicht, nämlich der Seele Seligkeit. Darum sagt auch die Schrift, daß wir durch Gottes Allmacht bewahrt werden zur Seligkeit. Wenn einmal die Binde von unseren Augen gefallen sein wird, wenn wir im Licht der Ewigkeit unseren Weg durch die Wüste dieses Lebens, durch diese Finsternis erblicken und beurteilen werden, dann werden wir uns, wenn wir anders selig durchgebracht sind, erst recht wundern; dann werden wir erst recht die Treue und Macht Gottes anbeten, die uns sicher an Abgründen vorbeigeleitet hat, wo wir nichts von einem Abgrund ahnten, die so manchen Stein des Anstoßes vor unseren Füßen weggeräumt und uns über so manche gefährliche Stelle hinübergeholfen, die mit Muttertreue uns in unserer unmündigen Schwachheit gegängelt hat. Diese Betrachtung mag wohl den Erlösten ein neues Lied in den Mund geben, daß sie mit neuen Zungen rufen: „Heil sei dem, der auf dem Stuhle sitzt, und dem Lamm!“ Ja dem Lamm, dem treuen Hohenpriester, der selbst versucht ist allenthalben, und dem es eben darum ein desto größeres Anliegen ist, daß die Seinen bewahrt werden zur Seligkeit! Zuletzt bittet der Herr Jesus noch für seine Jünger, daß der Vater sie in der Wahrheit heiligen möchte. Der Heiland sieht hier wohl besonders auf den späteren Beruf der Apostel, wie er denn ausdrücklich hinzusetzt: „gleichwie du mich gesandt hast in die Welt, so sende ich sie auch in die Welt.“ Sie müssen meine Boten und Zeugen an die Menschen werden, wie ich dein Zeuge an die Menschen gewesen bin. O wie nötig ist es da, daß sie geheiligt werden in der Wahrheit, daß sie von der Wahrheit völlig eingenommen seien, daß die Wahrheit ihnen in ihr innerstes Leben übergehe. Man kann die Wahrheit erkennen, man kann ein schönes, richtiges Gebäude von der Wahrheit in seinem Kopf haben; aber damit ist der Heiland bei seinen Knechten nicht zufrieden. Die Wahrheit soll ihr Eigentum werden. Sie soll ihr ganzes Wesen, ihr Leben, ihren Verstand, Herz, Sinne und Glieder durchgehen und durchdringen. Sie sollen geheiligt werden in der Wahrheit, dann erst können sie Frucht schaffen, die da bleibet ins ewige Leben.

Und nun, liebe Zuhörer, was können wir an allen diesen Worten, die der Heiland für seine Jünger dem Vater

ins Herz sagt, sehen? Gewiß nichts anderes als die zärtlichste, die mütterlichste Liebe gegen sie. Was für ein gutes Zeugnis gibt er ihnen vor seinem Vater und gedenkt ihrer Schwachheiten mit keinem Wort! Wie kämpft sein Herz für sie, wie eindringlich wird sein Gebet, wo er für ihre Bewahrung und Heiligung fleht! Hier kann man sehen, aus welchem Grunde alles, was er während seines dreijährigen Umgangs mit ihnen in Beziehung auf sie redete und tat, herausgeflossen ist; denn hier hat er seine innersten Gedanken über seine Jünger herausgegeben. Wie Jesus geliebt hat die Seinen, so liebte er sie bis ans Ende, und wie er sie in den Tagen seines Fleisches liebte, so liebt er sie noch jetzt.
III. Nun kommt der dritte Teil des hohenpriesterlichen Gebets, wo der Herr Jesus für seine künftige Gemeinde betet. „Ich bitte nicht allein für sie, die Apostel, sondern auch für die, so durch ihr Wort an mich glauben werden." Dies geht also all diejenigen unter uns an, die im wahren Glauben des Sohnes Gottes stehen; denn so viele in der Christenheit gläubig sind, diese sind es alle durch das Wort der Apostel. Das große Herz des Heilands umfaßt Vergangenheit, Gegenwart und Zukunft. In seinem Herzen hat alles, was sich zu ihm hält, ein Räumlein. Seine Liebe dringt durch alles hindurch; sie beschäftigt sich mit den Jüngern; sie breitet sich aus; sie dehnt sich aus bis auf die letzten Tage des Neuen Testaments; er nimmt seine ganze Gemeinde, vom ersten bis zum letzten, vom Größten bis zum Kleinsten in seine Liebesarme und trägt sie vor den Vater hin. Und was erbittet er vom Vater für seine Gläubigen? „Daß sie alle eins seien, gleichwie du, Vater, in mir und ich in dir; daß auch sie in uns eins seien, auf daß die Welt glaube, du habest mich gesandt." Eins möchten sie sein, in herzlicher Liebe und Gemeinschaft möchten sie zusammenschmelzen, sowohl mit ihm und dem Vater, als

auch untereinander möchte es so sein. Das ist die Bitte des großen Hirten und Hohenpriesters für seine Herde. Dies ist also die Hauptforderung, die er an seine Gemeinde stellt, daß Liebe, daß Gottes- und Bruderliebe in ihr herrsche. Er fordert nicht sonderliche Erkenntnis; er begehrt keine Heldentaten von ihr – Liebe will er sehen an den Seinen, sonst nichts. Und das ist ein Abscheu vor seinen heiligen Augen, das ist seinem großen Herzen ganz zuwider, wenn die einträchtige Liebe gestört wird, wenn an die Stelle der herzlichen Liebesgemeinschaft mit ihm und dem Vater etwa trockene Erkenntnis und Heuchelgeschwätz gesetzt wird, wenn die Bruderliebe erkaltet, nur Liebe hat Wert vor den Augen des Herrn. „Wenn ich weissagen könnte und wüßte alle Geheimnisse und hätte allen Glauben, also, daß ich Berge versetzte, und wenn ich alle meine Habe den Armen gäbe und ließe meinen Leib brennen: siehe, das alles wäre mir nichts nütze ohne die Liebe."

Dieses Gebet des Heilands ist schon an seiner ersten Gemeinde erfüllt worden. Die Schrift gibt ihr das große Zeugnis: „Die Menge der Gläubigen war ein Herz und eine Seele." Aber was sollen wir sagen, wir, die wir in dieser letzten betrübten Zeit, in diesen geringen Tagen, in dieser Zeit des großen Zorns des Fürsten der Finsternis leben? Die Liebe, ja die Liebe ist rar geworden auf Erden, nicht unter den Menschen dieser Welt meine ich; denn die Welt hat ohnehin kein anderes Leben als das Leben der Selbstsucht; sondern rar ist die Liebe geworden unter denen, die sich zu den Jüngern Christi zählen. Von Sekten und allerlei Gesinntheiten, wie man es nennt, ist die Gemeinde Christi zerrissen, von Parteien, die sich oft untereinander recht herzlich gram sind. Und wo ist denn unter uns jener Sinn, der sich selbst vergißt, jenes herzliche Aneinanderhangen, jene aufopfernde Liebe, die, ich will nicht sagen, das

Leben füreinander läßt, sondern nur etwas Unbedeutendes für die Brüder verleugnet! Wie viele sind unter uns, die groß genug sind, um die Schwachheit des Bruders mit Geduld zu ertragen und die Meisterschaft und Herrschaft über andere zu verleugnen? Stehen wir so, daß die Welt aus der Liebe, die wir zueinander haben, uns als Jünger Christi erkennen kann? Ich sage dies nur von uns, von denen unter uns, die an den Heiland glauben, nicht aber von den übrigen Gläubigen, die auf Erden zerstreut sind. Der Heiland hat ja noch seine Leute und seine Gemeinschaften, die in der Liebe stehen, obwohl unsere Zeit besonders ungünstig ist für die Liebe. Der Geist der Welt, der Geist der Selbstsucht dringt mehr und mehr durch alles hindurch, steckt alles an. Man hat in unseren Tagen doppelt nötig, zu wachen und zu beten. Unter uns ist die Liebe rar. Ich weiß aber wohl, wo das herkommt. Es fehlt an der gründlichen und ganzen Bekehrung des Herzens von den Götzen zu dem lebendigen Gott. Man kann den Bruder, den man sieht, nicht lieben, wenn man nicht zuvor Gott, den man nicht sieht, lieben gelernt hat. Erst aus der Liebesgemeinschaft mit dem Vater und dem Sohn wird die brüderliche Liebe geboren. O wie hätten wir uns zu demütigen, wie sollten wir Buße tun, wenn wir nicht zu hart und selbstgerecht dazu wären!

Aber meint ihr auch, daß wir, solange wir in diesem Sinn stehen, teilhaben an Christus und an seiner Herrlichkeit? Das sei ferne! Nur für die Seinen hat Jesus gebetet, nur für die Seinen die Worte ausgesprochen: „Vater, ich will, daß, wo ich bin, auch die bei mir seien, die du mir gegeben hast, daß sie meine Herrlichkeit sehen, die du mir gegeben hast.“ Hört doch diese mächtigen Worte! Ich will, sagt der Heiland, nicht, ich bitte, sondern: ich will. Das war der Ratschluß, der zwischen dem Vater und dem Sohn in den tiefen Ewigkeiten gefaßt wurde. Dies war der hohe

Zweck der Menschwerdung und des Todes des großen Bürgen, daß Sünder selig und Kinder der Verdammnis zu ihrer ursprünglichen Herrlichkeit zurückgeführt werden sollen. Darum spricht der Heiland: ich will es so; denn du hast mich geliebt, ehe die Welt war. In den tiefen Gründen der Ewigkeit, in dem Liebesverhältnis, das zwischen dir und mir stattfindet, in dem innersten Wesen der Gottheit liegt nun die Beseligung der Sünder als ein Recht; darum will ich es. So sieht also der Heiland mit seinem Gebet rückwärts und vorwärts in die tiefen Ewigkeiten. So reicht seine hohepriesterliche Fürbitte hinein in die Zeit, wo er als der Hirte seine Schafe auf die himmlische Weide und zu den ewigen Lebensbrunnen leiten wird. Seine Herrlichkeit sollen sie sehen. Wer wird wissen, wie ihm da geschieht! Aber die Welt hat freilich keinen Teil daran. Wer zu der Welt gehört, den geht diese Bitte des Herrn Jesu nichts an. Zur Welt gehören aber alle diejenigen, die nicht in der Liebe stehen oder nicht danach herzlich verlangend sind. Wem sein eigener Wille sein Gesetz ist, der gehört zur Welt, und wenn er der Frömmste und Tugendhafteste wäre. Denn der Unterschied zwischen Welt und Kindern Gottes ist nicht ein äußerlicher, sondern innerlich. Die Liebe macht den Unterschied, die Liebe, die niemand kennt, als wer sie vom Heiland empfangen hat.

Wer diese Liebe nicht kennt, für den hat der Heiland nicht gebetet. Das ganze siebzehnte Kapitel des Evangeliums Johannes steht für ihn nicht in der Bibel. Der Heiland will nicht, daß er seine Herrlichkeit sehen soll. „Ich bitte nicht für die Welt", hat er zum Vater gesagt. Es ist zwar Freude im Himmel über einen Sünder, der Buße tut und durch Buße zur Gemeinschaft Gottes hindurchdringt; wer aber das nicht will, der hat keinen Anteil am Hohenpriestertum Christi, und also auch nicht an seiner hohenpriesterlichen Fürbitte. Denn der Vater ist ein gerechter Vater, und der Sohn ist auch gerecht. Er wird einem jeglichen geben nach seinen Werken, nämlich „Preis und Ehre und unvergängliches Wesen denen, die mit Geduld in guten Werken trachten nach dem ewigen Leben; aber denen, die der Wahrheit nicht gehorchen, gehorchen aber dem Ungerechten, Ungnade und Zorn; Trübsal und Angst über alle Seelen der Menschen, die da Böses tun, Preis aber und Ehre und Friede allen denen, die da Gutes tun; und ist kein Ansehen der Person vor Gott." Amen.

26. Am Sonntag Reminiscere

Und Jesus ging aus von dannen und entwich in die Gegend von Tyrus und Sidon. Und siehe, ein kanaanäisches Weib kam aus derselben Gegend und schrie ihm nach und sprach: Ach Herr, du Sohn Davids, erbarme dich mein! Meine Tochter wird vom Teufel übel geplagt. Und er antwortete ihr kein Wort. Da traten zu ihm seine Jünger, baten ihn und sprachen: Laß sie doch von dir, denn sie schreit uns nach. Er antwortete aber und sprach: Ich bin nicht gesandt denn nur zu den verlorenen Schafen von dem Hause Israel. Sie kam aber und fiel vor ihm nieder und sprach: Herr, hilf mir! Aber er antwortete und sprach: Es ist nicht fein, daß man den Kindern ihr Brot nehme und werfe es vor die Hunde. Sie sprach: Ja, Herr; aber doch essen die Hündlein von den Brosamlein, die von ihrer Herren Tisch fallen. Da antwortete Jesus und sprach zu ihr: O Weib, dein Glaube ist groß! dir geschehe, wie du willst. Und ihre Tochter ward gesund zu derselben Stunde.

Matth. 15, 21 - 28

Das vorgelesene Evangelium ist sehr merkwürdig. Es zeigt uns eine heidnische Frau, die sich in einen Kampf mit dem Herrn Jesus eingelassen und ihn überwunden hat. Und wodurch hat sie ihn überwunden? Durch ihren Glauben. Der Heiland hat sich nicht oft verwundert in der Welt. Er wußte, was im Menschen ist. Er wußte auch, was Satan im Sinne hat. Er hatte nicht viel Ursache, sich zu verwundern. Doch über den Glauben der Kanaaniterin in unserem Evangelium hat er sich verwundert, wie ein anderes Mal über den Unglauben der Nazarener *(Mark. 6, 6)*. Wenn der Glaube der Kanaaniterin von der Art ist, daß sich Jesus darüber verwundern mußte, so ist es wohl der Mühe wert, ihn recht genau zu betrachten. Dies wollen wir tun, indem ich rede

von dem Glauben der Kanaaniterin.

Ich will zu erklären suchen
I. **die Art und Beschaffenheit dieses Glaubens,**
II. **wie dieser Glaube in ihr geboren worden sei.**

Lieber Heiland, Du stellst uns zwar in Deinem Wort und auch sonst in unserer Zeit herrliche Beispiele des Glaubens vor Augen; der leichtsinnige Weltgeist achtet ihrer aber nicht. O mach uns weise, auf Deine großen Werke zu achten, damit wir nicht dahinfahren mit den Toren! Amen.

I. Der Heiland war in die Gegend von Tyrus und Sidon gekommen. Dies waren zwei heidnische Städte, mitternächtlich von Galiläa gelegen. Wahrscheinlich wollte er hier ausruhen und hatte sich vorgenommen, hier kein Wunder zu verrichten. Darum ging er, wie Markus berichtet, in ein Haus und wollte es niemand wissen lassen, daß er da sei.

Aber er konnte nicht verborgen bleiben. Ein kanaanäisches Weib, deren Tochter einen unsauberen Geist hatte, spürte ihn auf. Sie eilte zu ihm. Er war aber schon wieder auf dem Rückweg nach Galiläa begriffen. Sie traf ihn außerhalb der Grenzen von Tyrus und Sidon. Da sie ihn nun von ferne sah, schrie sie ihm nach und sprach: „Ach Herr, du Sohn Davids, erbarme dich mein! Meine Tochter wird vom Teufel übel geplagt.“ Dieses Jammergeschrei ging wohl dem Heiland sehr tief zu Herzen; aber er tat, als höre er es nicht, antwortete ihr kein Wort und ging seines Weges fort. Der Mann, der die Mühseligen und Beladenen zu sich eingeladen hat, der in den Tagen seines Fleisches das feinste Ohr für das Seufzen der Elenden und das mitleidigste Priesterherz geoffenbart hat, dieser Mann konnte das Geschrei der Kanaaniterin hören und darum unbekümmert seines Weges gehen! Wie erklären wir das? Ich erkläre mir die Sache folgendermaßen: die Liebe und das Mitleiden gegen die Menschen waren beim Heiland allezeit dem Gehorsam gegen den Vater untergeordnet. Er half der Not der Elenden nie eigenmächtig ab, sondern allezeit nach dem Willen des Vaters. Er tat nichts von sich selbst. Daß dies so bei ihm war, das sehen wir an seinem langen und stillen Aufenthalt in Nazareth. Ob er gleich die Not der Menschen tief fühlte, so begehrte er doch nicht, vorher öffentlich aufzutreten, als bis es dem Vater gefalle und blieb so bis ins dreißigste Jahr in Nazareth, ohne etwas zu wirken, was auf die Erleuchtung und Beseligung der Menschen einen unmittelbaren Bezug hatte. So war es auch hier. Der Auftrag, den der Heiland von dem Vater hatte, ging zunächst nur an die Juden. Über diesen Auftrag wollte er nicht hinausgehen; darum tat er, als achte er nicht auf das Geschrei dieser Heidin.

Den Jüngern ging das Geschrei des armen Weibes sehr

zu Herzen. Vielleicht fürchteten sie auch, daß, wenn jemand höre und sehe, wie ihr Meister sich so erbärmlich nachschreien lassen könne, ohne zu helfen, ihm dies einen bösen Namen machen müsse. Sie traten darum zu Jesus und sprachen zu ihm: „Laß sie doch von dir, denn sie schreit uns nach", d. h. weil die Jünger wohl wußten, wie er die Elenden von sich zu lassen pflege – hilf ihr doch, hörst du nicht, wie sie uns nachschreit? Er aber antwortete und sprach: „Ich bin nicht gesandt denn nur zu den verlorenen Schafen vom Hause Israel." O wie sehr achtete der Heiland auf den Willen des Vaters! Wie treu suchte er dem nachzukommen, ohne Rücksicht auf seine eigenen oder anderer Wünsche! Mittlerweile hatte die Kanaaniterin den Heiland und seine Gesellschaft erreicht. Was tut sie? Sie wirft sich mitten in den Weg vor die Füße des Herrn Jesu, daß er nicht weitergehen kann und sie anhören muß, und spricht: „Herr, hilf mir!" Jesus aber, der Mund dessen, der mit den Müden zu rechter Zeit zu reden wußte, entgegnete ihr: „Es ist nicht fein, daß man den Kindern das Brot nehme und werfe es vor die Hunde." Die Kinder sind die Juden, die Hunde sind die Heiden. O wahrlich, eine harte, abstoßende, demütigende Antwort! Unter die Hunde wirft er das arme Weib. So hart hatte er nicht zu den Jüngern gesprochen, die für das Weib baten. Dort hieß es nur: „Ich bin nur gesandt zu den verlornen Schafen aus dem Hause Israel", hier aber: „du hast kein Recht an meine Hilfe, denn du gehörst zu den Hunden." Offenbar wollte der Heiland hier hart reden; denn es war sonst nicht die Art, wie er zu den Elenden sprach. Vielleicht hatte er im Sinn, sie gerade zurückzuschrecken. Was hätten wir getan, wenn uns solch eine Antwort gegeben worden wäre? Gewiß, wir wären weggegangen und hätten gedacht: hier ist nichts auszurichten, dies ist ein harter Mann. Manchem wäre wohl auch das Blut ins Gesicht gestiegen vor Zorn. Einen Hund soll ich mich heißen lassen von diesem stolzen Mann, vor dem ich mich so tief gedemütigt habe? Diese Kanaaniterin nicht also. Sie läßt das Wort des Herrn über sich gelten, und der Geist des Glaubens lehrt sie sogar aus diesen zurückstoßenden Worten einen Trost heraussaugen. „Ja, Herr, aber doch." Sie erblickt in der ehernen Mauer, die der Heiland zwischen sich und sie gezogen hatte, eine Ritze, durch die ihr Glaube, ihr zerschlagenes Herz, ihre Demut hindurch kann, „aber doch essen die Hündlein von den Brosamlein, die von ihrer Herren Tisch fallen." Ich will ja kein Kindesrecht; ich bitte nur um das, was die Hündlein bekommen, nämlich um ein Brosamlein, das von der Herren Tisch fällt. Wenn du meine Tochter gesund machst, so trägt dir das nicht weiter aus, als wenn du von einer reich besetzten Tafel ein Brosamlein fallen ließest, das ich dann aufheben würde wie ein armes Hündlein und würde mich unaussprechlich glücklich dadurch fühlen. Da konnte der Heiland nicht mehr ausweichen. Er erkannte hier eine Pflanze, die sein Vater gepflanzt hatte, und er sprach: „O Weib, dein Glaube ist groß! dir geschehe, wie du willst." Und ihre Tochter ward gesund zu derselben Stunde.

Warum nennt nun der Heiland den Glauben der Kanaaniterin einen großen Glauben? Antwort: weil sie ohne Rücksicht auf menschliches Urteil, auf das bloße Erbarmen hin, sich selbst aufs alleräußerste demütigend, sich an Jesus hing und sich durch keine Schwierigkeit abtreiben ließ, sondern je schwerer ihr die Erhörung des Flehens gemacht wurde, desto inniger auf Jesus eindrang. Ein solcher Glaube ist groß; denn er kämpft mit Gott und überwindet ihn wie Jakob. Wir wollen uns aber diesen Glauben der Kanaaniterin noch deutlicher vor die Augen halten und ihn mehr im einzelnen betrachten. Groß und rechter Art war der

Glaube der Kanaaniterin

1. deswegen, weil sie ohne Rücksicht auf die Urteile anderer Menschen ihrem Glaubenstrieb folgte und alle unzeitige Scham vor Menschen beiseite setzte. Sie lebte unter lauter Heiden, unter zum Teil sehr ruchlosen Leuten, unter Leuten, bei denen sie Spott und Verachtung befürchten mußte, wenn sie sich an Jesus hielt. Sie lebte in der Welt. In der Welt aber ist es bekanntlich eine Schande, wenn man Glauben an Jesus hat und äußert. Das ist damals wie heute und heute wie damals. Daran kehrte sich aber die Kanaaniterin nicht. Als sie vernahm, Jesus sei in der Nähe, so suchte sie ihn auf, unbekümmert darum, was ihre Nachbarn, ihre Vetter und Basen dazu sagen. Mit großer Eile lief sie ihm nach außerhalb der Grenzen von Tyrus und Sidon. Kaum erblickt sie ihn von ferne, so erhebt sie ihre Stimme und schreit, so gut sie kann: „Ach Herr, du Sohn Davids, erbarme dich über mich; meine Tochter ist vom Teufel übel geplagt!“ Ach, was wäre das für eine Schande unter uns, wenn in einem hiesigen Sünder ein solcher Eifer rege würde, den Herrn Jesus zu suchen, wenn man es ihm so deutlich abspüren könnte: dieser Mensch sucht Jesus. Und wenn es ihn nun einmal anwandelte auf freiem, offenem Felde, wo jedermann zusehen und zuhören könnte, daß er auf seine Knie niederfiele und schriee: ach Herr, erbarme dich meiner; ich bin vom Teufel übel geplagt. Nicht wahr? dies wäre fast ein Schimpf für die ganze Familie. Wie merkwürdig würde man solch eine Geschichte finden. Was für spöttelnde Anmerkungen würde man machen. Die meisten würden solch einen Menschen für verrückt erklären, weil er es anders treibe als alle klugen Leute. Andere würden meinen, dieser Mensch müsse etwas Besonderes auf seinem Gewissen haben, weil er in solcher Herzensnot sei. Nein, ihr blinden Pharisäer! Man braucht

keinen Mord auf dem Gewissen zu haben, um sich so zu erzeigen. Wer hat denn euch gewiesen, daß ihr dem zukünftigen Zorn entrinnen werdet? Eine solche Buße, ein solches Niedersinken auf eure Knie, ein solches Geschrei zum Herrn Jesus ist euch allen hoch nötig, und so ihr nicht so schreien lernt, so wird der Zorn des Allmächtigen euch fressen am Tage des Zorns. Aber die Heiden werden auftreten an jenem Tage und die laue Christenheit verdammen; die Kaffern werden es tun. Als ihnen der Missionar Read im Jahre 1816 das Evangelium predigte, da machten sich jedes Mal, sobald er seinen Vortrag beendet hatte, die heidnischen Zuhörer auf die Seite, der eine hinter diesen Busch, der andere hinter jenen Baum, fielen auf ihre Knie, führten das Gehörte ins Gebet und suchten Licht für ihre finsteren Herzen vom Angesicht des Herrn. Wo ist etwas Ähnliches gehört bei uns? Schämen würden wir uns, wir stolzen, sicheren, faulen Christen!

Das ist schon ein Zeichen, daß der Glaube eines Menschen rechter Art ist und einen göttlichen Lebenstrieb in sich hat, wenn ein Mensch die unzeitige Scham und Menschenfurcht ablegt und dem Trieb seines Glaubens und dem Wort Gottes einfältig folgt.

2. Der Glaube der Kanaaniterin war auch darum groß, weil er durch alle Hindernisse und Widerstände sich durchkämpfte und durchbrach. Sie muß den Heiland, der sich im Verborgenen halten wollte, erst aufsuchen. Sie findet das Haus, worin er sich aufgehalten hatte, sie geht hinein und hört, daß er schon auf der Rückreise nach Galiläa sei. Das schreckt sie nicht ab. Sie sagt zu sich selbst, so laufe ich ihm nach, bis ich ihn erreiche. Sie eilt, sie sieht ihn endlich von ferne, sie schreit um Erbarmung, sie findet kein Gehör, sie kommt näher, sie ruft stärker, sie wird nicht angehört. Das macht sie aber nicht müde. Sie legt sich endlich dem

Heiland unter die Füße: „Herr, hilf mir!“ Nun bekommt sie eine abschreckende, abschlägige Antwort. Das treibt sie noch nicht fort. Sie wendet die Rede des Heilandes gerade zu ihrem Vorteil und begehrt, da ihr Kindesrecht versagt wird, nur Hundesrecht. Wahrlich, ein unermüdliches, unüberwindliches Weib! Das ist die rechte Art des Glaubens, daß er nicht abläßt, daß er sich nicht erschrecken läßt. Der rechte Glaube hat nach *Luk. 11, 5 - 8* etwas nicht Abzuschreckendes, Abzutreibendes, wie Woltersdorf sagt:

Wie ein Bettler stehen bleiben
Und unverschämt betreiben,
Warum sie angesprochen
Und an die Türe pochen:
So sollen wir es wagen
An sein Herz anzuschlagen,
Getrost und freudig beten,
Nicht von der Stelle treten.
Wenn lauter Nein! erscheinet,
Ist lauter Ja! gemeinet,
Wenn der Verzug am größten,
So ist die Hilf am nächsten.

O liebe Zuhörer, wie müssen wir uns schämen vor diesem frischen Lebenstrieb, der im Glauben der Kanaaniterin war, wir alten, abgestandenen, abgestorbenen Christen! Wie selten wacht bei einem oder dem andern von uns auch nur ein rechtes Verlangen nach dem Herrn Jesus auf! Und wenn dann ein solches Verlangen bei jemand lebendig wird, wie schwach brennt gewöhnlich solch ein Lichtlein, wie nahe ist es immer dem Erlöschen! Ich weiß nicht, wo die Ursache zu suchen ist, ich weiß nicht, ob es in der Zeit liegt, in dem großen Zorn Satans; denn es steht geschrieben: „Wehe denen, die auf Erden wohnen, Satan kommt zu euch hinab und hat einen großen Zorn“, in der Macht der Finsternis, die gegenwärtig bedeutender ist als sonst, oder in sonstigen Hindernissen, die nur bei uns sind. Ich weiß nicht, woran es liegt; aber es ist fast nicht anzusehen, was das für ein elendes, kraftloses Auftaumeln ist, wenn gegenwärtig eine Seele aufstehen will von ihrem Sündenschlaf. Gar selten kommt es bei solchen Seelen zu einem ganzen Verlangen nach dem Heiland. Sie werden aufgeschreckt; sie richten sich schlaftrunken auf; sie hören, daß man das und das tun müsse, wenn man ein Christ sein oder werden wolle. Nun tun sie es aus Pflichtgefühl oder im ersten Schrecken, selten von innen heraus getrieben; es kommt zu keinem Glaubenskampf, zu keinem Durchbruch in die Gnade; sie bleiben entweder in einem halb schlafenden, halb wachenden Zustand, oder sie fallen gar zurück. Der Herr Jesus erbarme sich über uns! Ach, liebe Zuhörer, man wird nicht im Schlaf ein Christ. Eine Seele, die Jesus finden will, muß ihn suchen. Sie muß ihn anschreien, sie muß mit ganzem Ernst zu ihm dringen, sie muß so gestellt sein, daß sie lieber sterben will als sein Angesicht nicht sehen. „Das Himmelreich ist gleich einem Kaufmann, der gute Perlen suchte. Und da er eine köstliche Perle fand, ging er hin und verkaufte alles, was er hatte, und kaufte dieselbe.“ Nur ein ganzer Ernst erringt das Ziel. Damit will ich niemand in selbstgemachte Anläufe und Selbsthilfen hineintreiben; aber wundern muß ich mich, daß das Wort Gottes keine größere Unruhe in den Herzen der Menschen anrichten kann – was müssen das für Herzen sein! Wundern muß ich mich auch darüber, daß man um größeren Ernst wenigstens nicht bittet.

3. Der Glaube der Kanaaniterin war groß, weil ihm ein tiefes, unerschütterliches Vertrauen zum Heiland zugrunde lag. Sie traute ihm zu, nicht nur, daß er helfen könne, sondern auch daß er helfen wolle. Das erste war

nicht so groß; denn sie durfte sich dabei ja nur an die Taten des Herrn erinnern, von denen sie gehört haben mußte. Aber das war groß, daß sie ihm fortwährend zutraute, er wolle ihr helfen; denn diesen Anschein hatte es gar nicht. Er will eben nicht, hätte sie denken können. Aber sie traute seinem Herzen viel zu sehr, warf darum ihr Vertrauen nicht weg und klammerte sich nur um so inniger an das Herz des Heilands, je fremder er gegen sie tat. Das ist die Art des rechten Glaubens, daß er auf das Herz des Heilands alles baut, und weil sein Herz im Wort Gottes geoffenbart ist, sich auf das Wort Gottes und seine Verheißungen als auf einen Felsen stützt. Wenn man im Wort Gottes vom Heiland die Versicherung liest, daß, wer zu ihm komme, nicht von ihm hinaus- oder weggestoßen werde, o wie wohl tut das einer bußfertigen Seele, wie ergreift sie solch ein Wort, wie dringt sie damit an das Herz ihres Erbarmers! Schon mancher Nachfolger Jesu hat durch eine lange Wüste oder Finsternis wandeln müssen und hat keinen Stab und keine Leuchte gehabt als ein einziges Wort vom Herzen und Liebeswillen seines Heilands, und er ist in der Kraft dieses Wortes durchgedrungen. Wenn ein Mensch gegen all sein eigenes Gefühl das Wort Gottes gelten läßt, und auf dieses gestützt, auch in der Finsternis sein Vertrauen zum Herrn Jesus bewahrt, so ist das ein großer und starker Glaube, ob er gleich schwach und klein aussieht, weil er im schweren Kampf, in der Läuterung des himmlischen Schmelzers steht.

4. Der Glaube der Kanaaniterin war endlich groß, weil er mit tiefer Herzensdemut verbunden war. Sie setzte alles auf das lautere Erbarmen. Erbarme dich über mich, schrie sie. Sie machte keinen Hehl daraus, daß ihre Tochter vom Teufel geplagt sei. Sie nannte die Krankheit beim rechten Namen, ohne etwas beschönigen zu wollen. Sie ließ den

Ausspruch des Herrn Jesu: „es ist nicht fein, daß man den Kindern das Brot nehme und werfe es vor die Hunde“, mit dem gründlich weichen Herzenssinn gelten: „ja, Herr, aber doch essen die Hündlein von den Brosamlein, die von ihrer Herren Tisch fallen.“ O eine tiefe Demut! Da war nicht der stolze Widerspruchsgeist, nicht die unverschämte Gutwisserei, die bei so manchen, auch von den Erweckten, herrscht. Der Hochmut, der das Wort Gottes meistert und die Rechte Gottes ableugnet, die Selbstgerechtigkeit, die im Hintergrund des Herzens auf eigene Ansprüche und auf Werke trotzt, die Eigenliebe, die da meint, Gott müsse ihr gnädig sein, weil man der und der, weil man der Ich sei – das alles war nicht bei der Kanaaniterin. Hier sehen wir ein ganz armes und ausgezogenes Herz, das keine Ansprüche mehr macht. Eine Brosame möchte ich auflesen wie ein Hündlein, laß mir solche zufallen aus Erbarmen!

Liebe Zuhörer, der stolze und tolle Weltgeist nennt eine solche Gemütsstellung Niederträchtigkeit und weiß viel zu reden von dem Recht, das die Kinder des Zornes haben sollen, daß sie mit freier, unverschämter Stirn, mit ungebrochenem Herzen vor den Vater treten dürfen. Aber es ist nicht viel daran gelegen, was die Lügner sagen. Vor Gott und Menschen gibt es nichts Schöneres, als die Gemütslage der Kanaaniterin war. Es ist etwas wahrhaft Respektables, etwas Großes um einen Sünder, der so Buße tut, den der Geist Gottes auf diesen Punkt führen kann. Eher muß Himmel und Erde vergehen, bevor ein solcher Sünder nicht erhört werden sollte. Dieser demütige Sinn, dieser sich unter alles beugende Sinn der Kanaaniterin war die Hauptkraft ihres Glaubens. Ohne diesen Sinn hätte sie nimmermehr ausgehalten und wäre müde geworden in ihrem Flehen. Und das ist die Ursache, warum viele bei ihrer Buße auf halbem Wege stehen bleiben, und daß sie zwischen Glauben und Unglauben, zwischen verzweifelter Selbsthilfe und der Zuflucht zur freien Gnade schweben und keine gewissen Tritte tun, weil ihr Herz noch in vielem ungebrochen ist und sich nicht unter alle Rechte Gottes über die Sünder demütigt. Da kann man sich selbst elend verführen. Man sucht seinen Schaden, seine Sünden und Schanden, auf die doch Gott den Tod gesetzt hat, zu beschönigen und zu verkleinern, weil man fürchtet, man möchte die eingebildete Hoffnung auf die Seligkeit, an der die Eigenliebe den größten Anteil hat, aufgeben müssen, man möchte arm, nackt und bloß vor Gott dastehen. So läßt man der Zucht des Heiligen Geistes nicht Raum im Herzen, verläßt sich auf alte Erfahrungen, die vorübergehend waren und keinen bleibenden Zustand im Herzen zurückgelassen haben, beruft sich vielleicht auf seine Kindesrechte, wenn der Geist der Wahrheit dem Herzen fast das Hundesrecht absprechen will, und wird so je mehr und mehr gegen die Stimme des Geistes Gottes verhärtet, von Tag zu Tag untüchtiger zur Buße. Wie schön ist dagegen der Stand der Kanaaniterin! Wie offenbar ist ihr Herz vor dem Heiland! Wie demütigt sie sich unter alle Rechte Gottes und wird doch nicht verzagt! In den Staub legt sie sich als ein Wurm, den der Heiland zertreten kann; aber er zertritt ihn nicht. Denn der Herr, der in der Höhe und im Heiligtum wohnt, ist bei denen, so zerschlagenen Herzens und gedemütigten Geistes sind, auf daß er erquicke den Geist der Gedemütigten und das Herz der Zerschlagenen. Und, wer nicht mit Werken umgeht, glaubt aber an den, der die Gottlosen gerecht macht, dem wird sein Glaube gerechnet zur Gerechtigkeit. Nun laßt uns

II. kurz sehen, wie dieser Glaube in der Kanaaniterin geboren worden ist. Ihr könnt euch denken, daß man zu solch einem Sinn nicht auf einmal kommt. Er wächst auch nicht aus dem Fleisch, sondern er ist eine Gabe Gottes, die er den Sündern auf dem Weg des Gehorsams und des Leidens darreicht. Es lassen sich aber aus unserem Evangelium einige Punkte herausheben, die uns ein ziemliches Licht geben über die Art, wie die Kanaaniterin zu diesem Glauben gekommen sein mag.

Der erste Punkt, den wir in dieser Hinsicht bemerken wollen, ist: die Kanaaniterin hörte von Jesus und faßte das Wort von ihm tief zu Herzen. Dies können wir schon daraus sehen, daß sie den Heiland um Hilfe bei der satanischen Krankheit ihrer Tochter bat. Wenn die Kunde von den Taten des Heilands nicht zu ihr gedrungen wäre, so hätte sie solches ja nimmermehr getan. Aber unser Evangelium gibt uns noch weitere Fingerzeige. Sie muß nicht nur oberflächlich von ihm gehört, sie muß sich noch ferner nach ihm erkundigt haben. Dies können wir daraus merken, daß sie dem Heiland nachrief: „Ach Herr, du Sohn Davids." Wie ist sie wohl zu dieser Wissenschaft gekommen? Nicht anders als durch genaue Erkundigungen, die sie einzog. Denn solche genaueren Bestimmungen werden selten durch die ersten Erzählungen mitgeteilt. Wenn die Sage von dem neuen jüdischen Propheten in die benachbarten Heidenländer drang, so hieß es eben, es sei ein Wundertäter aufgestanden, der sei ein Mann von Nazareth und habe schon viele Kranke durch sein Wort geheilt, schon viele Teufel ausgetrieben, in Kana habe er Wasser in Wein verwandelt usw. Über solche äußerlichen Tatsachen erheben sich die Erzählungen, die durch den Mund des Volkes gehen, nicht leicht. Aber damit konnte sich die Kanaaniterin nicht begnügen. Sie erkundigte sich weiter. Sie hörte, daß er aus dem Geschlecht Davids abstamme und vielleicht der verheißene Davidssohn sei. Sie erkundigte sich nach seiner Handlungsweise, nach seinem Herzen und hörte von seiner

Liebe zu den Elenden, von seiner großen Barmherzigkeit. Und was sie so von ihm hörte, das legte sich in ihr an zu einer unbegrenzten Hochachtung vor Jesus und zu einem unerschütterlichen Vertrauen auf sein Herz.

O meine lieben Zuhörer, was wollen wir sagen von dieser Heidin, die die geringen und unzuverlässigen Nachrichten, die sie von Jesus hatte, so aufnahm und benützte, daß aus diesen kleinen Samenkörnlein ihr starker Glaube, den der Heiland selber bewunderte, herauswachsen konnte? Was sollen wir sagen von dieser Liebe zur Wahrheit, von dieser Treue in der Bewahrung des Empfangenen? Wahrlich, dieses Weib ist hingestellt als ein verdammendes Feuerzeichen uns und den Menschen dieses Geschlechts. Doch nicht nur dieses Weib, sondern Gott hat in unseren Tagen an vielen Heiden, die in unserer Zeit leben, uns verdammende Beispiele vor Augen gestellt. Viele Heiden, die doch den Weg Gottes nicht kennen, verlangen gegenwärtig mit der größten Begierde nach dem Wort Gottes und nach Lehrern. Leute, die erst seit kurzer Zeit das Evangelium kennengelernt haben, lernen mit größter Begierde lesen, um das teure Wort Gottes lesen zu können. Sie achten das Wort Gottes für ihren größten Schatz. Sie können nicht satt werden, von ihrem Jesus zu hören. Sie suchen den Heiland; sie suchen sein Angesicht. Sie suchen mit viel Flehen und Tränen die Gnade Gottes und Vergebung ihrer Sünden in den Wunden des Lammes. Die Herrlichkeit des Herrn geht auf über viele Heiden, und wir sehen sie in ihrem Licht wandeln. Wir aber haben das teure Wort Gottes so reichlich. Wir haben es zu Hause und in der Kirche und achten diesen teuren Schatz als etwas Gemeines, und es dünkt uns, es müsse so sein. Die Wahrheit, das ewige Evangelium haben wir so reichlich, und wir regen uns nicht, und die meisten bleiben in ihren Sünden, in ihrem Leben nach väterlicher Weise, in ihrem geistlichen Unverstand und Blindheit, und sie danken nicht für die unverdienten Erbarmungen Gottes und denken nicht daran, zu danken. Was wird doch Gott mit uns anfangen müssen! Wenn er uns sein teures Evangelium predigen läßt, wenn er uns Christus vor die Augen malen läßt, wenn er uns eine so reichlich gedeckte Tafel hinstellen läßt und wir tun den Mund nicht auf, um zu genießen, und es ekelt uns zum Teil noch an dieser Speise, während viele Tausende an den Brosamen froh wären, die von unserem Tisch fallen, was wird Gott mit seiner faulen, kalten, satten, stolzen Christenheit anfangen müssen? Das wird er mit ihr anfangen müssen, daß er ihren Leuchter vollends umstößt, wozu gegenwärtig schon Aussichten vorhanden sind, daß er ihr das Reich nimmt und gibt es den Heiden, die dessen würdiger sind. Uns aber wird er zerscheitern und den Lohn geben mit den Heuchlern. O tue Buße, wer Buße tun kann; denn unsre Sünden schreien gen Himmel! Dies war das erste, woraus der Glaube der Kanaaniterin geboren wurde, daß sie von Jesus hörte und das Wort tief zu Herzen faßte. Gott tat aber noch etwas hinzu, und dadurch kam es erst zu einem rechten Ausschlag bei ihr:

Eine teuflische Plage kam über ihre Tochter. Sie hätte nun freilich unter diesem Leiden, wie es gewöhnlich zu gehen pflegt, hart werden können. Aber wer das Wort vom Heiland mit so großer Aufmerksamkeit hört und mit solcher Treue bewahrt, der hat etwas Edleres in sich als die Welt und kann unter dem Leiden nicht hart werden. Sie hätte aus der satanischen Plage eine natürliche Krankheit machen können, sich selbst und andere bereden, daß Satan nichts dabei zu schaffen habe, um sich das Bittere und Demütigende in dem Gedanken zu ersparen, daß der Teufel solch einen Eingang in ihr Haus und ihre Familie habe.

Und wenn sie in unserem zärtlichen und gescheiten Zeitalter gelebt hätte, so hätte die Krankheit ihrer Tochter gewiß eine natürliche Krankheit sein müssen. Aber so machte es die Kanaaniterin nicht. Dazu war sie zu demütig. Sie beugte sich unter dieses ernste Gericht Gottes. Sie murrte nicht gegen Gott, daß er sie, eine solche Frau, so heimsuche. Ihre Tochter war ihr nicht zu gut oder zu schön oder zu lieb dazu, um zu glauben, der Teufel plage sie. Sie suchte nichts zu leugnen, nichts zu beschönigen, sondern sie demütigte sich. O was mag in dem Herzen des Weibes bei der vielleicht lange andauernden Krankheit ihrer Tochter vorgegangen sein! Durch wie viel Glauben und Unglauben, durch wie viel Gedanken, die sich untereinander entschuldigten und verklagten, durch wie viel Hoffnungen und fehlgeschlagene Hoffnungen mag sie sich durchgekämpft haben, bis ihr Herz recht weich und mürbe wurde, also daß sie es ertragen konnte, von dem Herrn Jesus unter die Hunde gerechnet zu werden. Habe ich freilich einmal die klare Überzeugung, daß ich noch kein Eigentum Jesu bin, sondern Satan an mir und den Meinigen noch seinen Einfluß ausübe, so bin ich nicht mehr weit von dem Glauben weg, daß mein Recht an Jesus auch kein Kindesrecht sei. So wurde der Glaube der Kanaaniterin durch die Plage des Teufels geläutert. So wurde sie gedemütigt, weil sie sich demütigen ließ. So bereitete der Vater in der Stille unter dem Leiden dieses Herz zu, um seinen Sohn in den Tagen seines Fleisches zu erfreuen.

Wenn wir nun auf uns sehen, liebe Zuhörer, so hätten wir allerdings Plage genug, wodurch wir mürbe und weich werden könnten, wenn wir wollten. Wenn nur jeder unter uns in sein Haus, unter seine Hausgenossen im Lichte Gottes hineinsehen wollte, wie viel Stoff würden wir zur Demütigung und zum Geschrei zum Heiland finden! Da würde wohl mancher schreien müssen: ach Herr, meine Tochter, mein Sohn, mein Mann, mein Vater, meine Mutter, mein Bruder oder Schwester ist vom Teufel übel geplagt. Und wenn wir vollends in unser eignes Herz gehen wollten, es sind wenige, sehr wenige hier, die nicht die höchste Ursache hätten, den Herrn Jesus anzuschreien: ach Herr, erbarme dich über mich, denn ich werde vom Teufel jämmerlich geplagt und beherrscht. Aber das fällt wenigen ein. Die meisten sind noch gern Knechte des Teufels, und manche sehen recht scheel dazu, wenn ein anderer, wenn einer der Ihren die teuflische Plage los werden und der höllischen Verdammnis entrinnen will.

O wir hätten Plage genug, wenn wir mürbe werden wollten. Denkt nur an die Armut, unter der die meisten von uns seufzen, und nicht nur wir, sondern Unzählige unserer Mitmenschen und Zeitgenossen. Kann denn Gott deutlicher sprechen und die Menschen deutlicher zur Buße rufen als durch diese weit verbreitete Plage? Oder wird er auch an der abendländischen Christenheit seine scharfen Zuchtruten gebrauchen müssen wie an der morgenländischen? Sind wir besser als jene? Benützen wir das Licht, das wir haben, treuer als jene? Nein, untreuer. Das Wort Gottes verachten wir. Den Sohn Gottes treten wir mit Füßen und verlassen uns auf unsere Klugheit.

Doch wir brauchen nicht hinauszusehen in die Zukunft. Die Gegenwart sagt uns genug. Ist das nicht Plage genug, wenn der größte Teil von uns den Fluch, der über Adam ausgesprochen wurde, so augenscheinlich tragen muß: „Mit Kummer sollst du dich nähren dein Leben lang.“ Aber die Plage des Satans, der euch das Wort wegnimmt vom Herzen und euch nicht zur Bekehrung durchdringen läßt, ist noch viel ärger. Ach, daß man dies einmal anerkennte! Daß es uns einmal ernstlich darum zu tun wäre, von den Stricken des Teufels los zu werden; denn der Teufel hält uns in unseren Sünden; der Teufel ist's. So wir nicht entrinnen durch die Kraft des Blutes Christi, werden wir in unsern Sünden sterben und verdammt werden.

Christus allein kann uns helfen. Dies trug auch bei zum starken Glauben der Kanaaniterin, daß sie keinen anderen Helfer wußte als den Sohn Davids. Hätte sie einen anderen gewußt, sie hätte wohl schwerlich diesen so fest angegriffen und zur Hilfe gezwungen. So aber konnte sie nicht so bald müde werden im Kampf mit ihm; denn wo sollte sie sonst hingehen! Wir hingegen in der Christenheit wissen viele andere Helfer, die uns von der Hölle erretten können, als Christus. Ein Haupthelfer ist, wenn man die Neueren hört, ein gewisses Ding, das sie Tugend nennen, wovon niemand recht weiß, was es ist. In den höheren Ständen haben sie zur Tugend noch einen Helfer gefunden, sie nennen ihn Bildung. Damit wollen sie nichts anderes sagen, als daß es für all die, die einen feineren Rock tragen, kein höllisches Feuer gebe. Schon der Ausdruck „höllisches Feuer" ist für solche gebildeten Seelen beleidigend und gegen den guten Geschmack. Sie glauben, schon darum den Himmel gewiß zu haben. So hat man in höheren und niederen Ständen noch viele Helfer. Der Haupthelfer aber ist der Leichtsinn, oder damit ich es klar sage, der Teufel. Dieser wird seinen Knechten helfen und hineinhelfen in den Pfuhl, der mit Feuer und Schwefel brennt, in den andern Tod. Wahrlich, es tut not, daß wir zu Christus gehen und ihn inbrünstig anflehen, daß er uns errette aus der Obrigkeit der Finsternis und aus diesem argen Weltlauf, wo Satan sein greuliches, besonderes Unwesen treibt. Wer den Heiland nicht mit ganzem Ernst sucht, den wird der Weltgeist verschlingen. O Herr, tu uns die Augen auf und hilf uns! Amen.

27. Am Sonntag Oculi

Und er trieb einen Teufel aus, der war stumm. Und es geschah, da der Teufel ausfuhr, da redete der Stumme. Und das Volk verwunderte sich. Etliche aber unter ihnen sprachen: Er treibt die Teufel aus durch Beelzebub, den Obersten der Teufel. Die andern aber versuchten ihn und begehrten ein Zeichen von ihm vom Himmel. Er aber erkannte ihre Gedanken und sprach zu ihnen: Ein jeglich Reich, so es mit sich selbst uneins wird, das wird wüst; und ein Haus fällt über das andere. Ist denn der Satanas auch mit sich selbst uneins, wie will sein Reich bestehen? dieweil ihr sagt, ich treibe die Teufel aus durch Beelezebub. So aber ich die Teufel durch Beelzebub austreibe, durch wen treiben sie eure Kinder aus? Darum werden sie eure Richter sein. So ich aber durch Gottes Finger die Teufel austreibe, so kommt ja das Reich Gottes zu euch. Wenn ein starker Gewappneter seinen Palast bewahrt, so bleibt das Seine mit Frieden. Wenn aber ein Stärkerer über ihn kommt und überwindet ihn, so nimmt er ihm seinen Harnisch, darauf er sich verließ, und teilt den Raub aus. Wer nicht mit mir ist, der ist wider mich; und wer nicht mit mir sammelt, der zerstreut. Wenn der unsaubere Geist von dem Menschen ausfährt, so durchwandelt er dürre Stätten, sucht Ruhe und findet sie nicht; so spricht er: Ich will wieder umkehren in mein Haus, daraus ich gegangen bin. Und wenn er kommt, so findet er's gekehrt und geschmückt. Dann geht er hin und nimmt sieben Geister zu sich, die ärger sind denn er selbst; und wenn sie hineinkommen, wohnen sie da, und es wird hernach mit demselben Menschen ärger denn zuvor. Und es begab sich, da er solches redete, erhob ein Weib im Volk die Stimme und sprach zu ihm: Selig ist der Leib, der dich getragen hat, und die

Brüste, die du gesogen hast. Er aber sprach: Ja, selig sind, die das Wort Gottes hören und bewahren. Luk. 11, 14 - 28

In unserem Evangelium wird viel vom Teufel und seinem Reich behandelt. Der Heiland hatte einen Teufel ausgetrieben, der den Menschen, in dem er wohnte, stumm gemacht hatte. Von nun an redete der vorher stumme Mensch. Dies versetzte alle Zuschauer und Zuhörer in nicht geringe Verwunderung. Neidisch über diesen Beifall und die Verwunderung des Volkes sprachen einige: „Er treibt die Teufel aus durch Beelzebub, den Obersten der Teufel." Eine entsetzliche Lästerung, die aus ihrem ans Lügen gewöhnten und in die Lüge verhärteten Herzen geschwind und leichtsinnig herausfuhr! Andere begehrten ein Zeichen vom Himmel von ihm. Auf die Lästerung der ersteren antwortet der Heiland in unserem Evangelium, indem er das Unvernünftige und Widersinnige davon zeigt, und läßt sich bei dieser Gelegenheit weiter, als er sonst zu tun pflegte, über die Natur und Art des Reiches der Finsternis aus. Die andern, die ein Zeichen vom Himmel begehrten, erhalten ihre Abfertigung im weiteren Verlauf seiner Rede *(Luk. 11, 29 - 36)*.

In gegenwärtiger Zeit wird nicht mehr viel vom Teufel geredet. Ruchlose Menschen schwören zwar noch bei ihm und verlangen, er solle sie holen. Aber da, wo es sehr not täte, sein Reich, seine List, Macht und Bosheit zu enthüllen, nämlich auf den Kanzeln, da hört man kaum mehr seinen Namen. Woher kommt das? Hat er denn keine Macht mehr in unseren Zeiten, hat ihm die große Aufklärung den Todesstreich beigebracht? Man sollte es fast meinen, wenn man die Neueren hört; denn es ist unbeschreiblich, mit welch sicherem Lächeln sie den Teufel erwähnen als ein Ding, womit der Aberglaube die Menschheit nur in ihrem Kindesalter habe schrecken können, nun aber in den Zeiten der Vernunft nicht mehr. Was wird der alte Lügner selbst dazu sagen? Es ist sein eigenes Werk, er freut sich darüber. Er ist der größte Aufklärer. Von alten Zeiten her nennt man ihn Luzifer, d. h. Lichtbringer. Er hat seine Finsternis noch immer Licht geheißen, weil er ein Lügner ist, und nennt sie auch jetzt so. Unzählige Menschen führt er so in das Verderben. Um so nötiger ist es, vom Teufel und seinem Reich recht deutlich zu reden. Das will ich mit Gottes Hilfe tun und heute zu euch reden

von des Teufels Reich.

Ich will sprechen

I. von den Untertanen dieses Reichs und der Art, wie sie ihr Fürst regiert,

II. davon, wie man aus des Teufels Reich erlöst werden kann.

O Herr, wie ist die Welt so blind! Wie wird sie vom Teufel geführt und verführt, ohne es zu wissen! Wie groß und augenscheinlich ist gegenwärtig der Zorn Satans, und sie leugnen sein Dasein. Errette doch aus dieser unerträglichen Blindheit, was sich noch retten läßt. Gib gesunde Augen und ein nüchternes Herz, sonst werden auch Deine Auserwählten verführt. Laß die Kraft Deines Blutes an uns mächtig werden, vertreibe alle Nebel, hilf uns zu einem ganzen Durchbruch in das Licht, damit wir nicht im Strom der Welt dahinfahren und sterben. Amen.

I. Es gibt ein Reich der Finsternis. Es gibt in der unsichtbaren Geisterwelt eine große Menge böser Geister, die unter einem Fürsten, unter einem Obersten der Teufel stehen und in großer Einigkeit auf einen Zweck losarbeiten. Ihr Wesen ist Feindschaft und Empörung gegen Gott, und ihre Absicht zielt ganz darauf hin, die Werke Gottes zu zerstören. Dieses Reich der Finsternis ist sehr stark und mächtig. Der Heiland nennt in unserem Evangelium den Teufel einen starken Gewappneten, der seinen Palast bewahre und mit einem Harnisch versehen sei, auf den er sich verlasse; der Apostel Paulus heißt die bösen Geister *(Eph. 6, 12)* Fürsten und Gewaltige. Petrus vergleicht den Teufel mit einem brüllenden Löwen, der umhergehe und suche, wen er verschlinge *(1. Petr. 5, 8)*, und in der Offenbarung Johannes wird der Teufel der große Drache, die alte Schlange genannt – lauter Ausdrücke, die auf die Stärke und Macht des Satans und seines Reiches klar hindeuten. Darum hat auch unser seliger Luther, der aus eigener Erfahrung davon zu sagen wußte, gesungen:

Groß Macht und viel List
Sein grausam Rüstung ist,
Auf Erd ist nicht sein's gleichen.

Dies alles könnte uns nun ziemlich gleichgültig sein, wenn der Teufel und sein Reich uns nichts angingen. Wenn der Satan und sein Reich noch so mächtig wäre, wenn er noch so grimmig gegen Gott wütete und tobte, und er hätte keinen Einfluß auf uns und stände in keiner Verbindung mit uns, so könnten wir ruhig dem Ablauf des Kampfes zusehen und es der Herrlichkeit Gottes im voraus zutrauen, daß er seine Ehre auch gegen Satans Horden werde zu behaupten und zu retten wissen. Aber wir stehen nicht so entfernt von des Teufels Reich. Das Reich der Finsternis hat seinen Hauptsitz, sein Heerlager auf dieser Erde, also sehr nahe bei uns. Und es ist nicht nur nahe bei den Menschen, sondern es ist unter ihnen, mitten unter ihnen. Die Welt, die ganze Welt, sagt Johannes, liegt im argen: ein erschreckender Ausdruck! Sie liegt im Argen, im Teufel, wie ein Kind in seiner Mutter liegt. Sie ist also von seinen Kräften ganz eingenommen und durchzogen. Sie zieht ihr Leben, ihre Nahrung aus ihm. Sie ist mit ihm verwachsen; sie ist seiner Art, seines Geschlechtes. Sein Geist durchdringt und durchwirkt sie. Und in dieser Welt, die im argen liegt, leben wir. Gehöre ich auch zu ihr? Liege ich auch im argen? Gehöre ich auch zum Reich Satans? Stehe ich auch unter der Obrigkeit der Finsternis? Gewiß sehr wichtige Fragen. Denn gehören wir zum Reich Satans, so haben wir keine Gemeinschaft mit dem Reich Gottes, und haben wir das nicht, so haben wir auch kein Erbe und Teil am Himmel, sondern unser Erbe und Teil ist das Erbe und Teil des Teufels, nämlich ewige Finsternis.

Wer sind denn nun die Leute, die unter der Obrigkeit der Finsternis stehen, die zum Reich des Teufels gehören? Ich habe dieser Tage von Leuten im Morgenland gelesen, die sich Freunde des Teufels nennen und sich eine besondere Ehre daraus machen, so zu heißen. Ihr dürft nicht meinen, als ob sie die einzigen seien, die in Gemeinschaft mit dem Reich der Finsternis stehen. Auch dürft ihr nicht meinen, als ob diejenigen unserer Mitmenschen, die man Heiden heißt, die von Gott nichts wissen und vor ihren stummen Götzen knien, auch wohl Greueltaten verüben, ihren Götzen zu gefallen, die einzigen Untertanen des Teufels auf dieser Erde seien. Zwar hat allerdings Satan unter ihnen seine Hauptfestungen und läßt sich auf eine Weise unter ihnen merken, daß man es mit Händen greifen und gar leicht erkennen kann, hier ist Satans Stuhl; aber doch sind diese armen, verfinsterten Leute bei weitem nicht seine einzigen Knechte. In der Christenheit selber, mitten unter denen, die auf Christus getauft sind, gibt es unzählige Seelen, die er in schwerer, in entsetzlicher

Knechtschaft hält. Hierbei dürft ihr aber wieder nicht bloß an die Menschen denken, die in den Zuchthäusern und Gefängnissen liegen oder doch wenigstens so offenbar sind mit ihren Sünden, daß man mit Fingern auf sie weist und sagt: das ist ein schlechter, ein liederlicher, ein betrügerischer, ein verstohlener, ein boshafter Mensch, diesem möchte ich nicht über die Straße trauen usw. O nein, sondern unter der Obrigkeit der Finsternis stehen alle die, die den Herrn Jesus nicht von Herzen lieb haben, wie der Heiland sagt in unserem Evangelium: „Wer nicht mit mir ist, der ist wider mich.“ Wer aber wider ihn ist, der ist sein Feind und ein Freund seines Feindes. Auf das Herz kommt es ganz allein an. Ist dein Herz von Liebe zu Jesus und zu seiner Sache eingenommen, geht das innerste Streben deines Geistes einzig auf Jesus, so bist du gewiß von den Ketten Satans entbunden; und ist das nicht der Fall bei dir, so bist du ein Sklave Satans, du seist im übrigen, wer du seist, und du glaubst es oder nicht.

Durch die Sünde sind die armen Menschen in das Element des Fürsten der Finsternis hineingeraten. Was ist denn sein Element? Antwort: Abkehr von Gott, Widerspruch gegen Gott, eigener Wille. In sich sucht er Größe, in sich Weisheit, in sich Kraft, in sich Seligkeit, nicht in Gott; und da er durch dieses Suchen mit der ganzen Schöpfung, die von Gott ist und durch ihn und zu ihm, im grellsten Widerspruch steht, ja nicht nur mit der Schöpfung außer ihm, sondern mit sich selber, weil er auch ein Geschöpf Gottes ist, das nur in seinem Ursprung Seligkeit hat, so ist er finster, zornig, unleidlich, wütend, unselig; die Hölle brennt in ihm. In dieses Element ist der Mensch durch die Sünde auch hineingeraten. Zwar gibt es viele, auch unwiedergeborne Menschen, bei denen es nicht so offenbar ist, daß sie von des Teufels Art sind. Das Fleisch, das ihre Seele nach dem gnädigen Willen Gottes umgibt, läßt die satanische Art nicht so giftig herausbrechen. Durch seine Trägheit und Behaglichkeit, wenn ihm seine tierischen Triebe befriedigt werden, dämpft es allezeit das im Innersten glimmende und brennende satanische Feuer. Aber dessen ungeachtet ist dieser innere Widerspruch, diese innere Unseligkeit, diese tiefe Verfinsterung bei allen Menschen, wie sie von Natur sind, vorhanden, so gewiß als beim Satan, und muß vorhanden sein, weil sie Sünder, d. h. Rebellen gegen Gott sind, wie der Satan. So ist also der Mensch, solange er nicht teilhaftig geworden ist der göttlichen Natur, von des Teufels Art, und steht eben darum in Gemeinschaft mit der Finsternis und mit ihrem Fürsten, er mag's glauben oder nicht.

Darum wer noch ist, wie sein Vater ihn gezeugt und wie seine Mutter ihn geboren hat, wer nicht seinem Herzensgrund nach wiedergeboren worden ist, wer nicht ein neues Herz bekommen hat durch den Heiligen Geist und in dieses Herz ein neues Leben, eine neue Liebe, neue Grundtriebe und Grundgedanken, der steht in der Gemeinschaft und unter dem Einfluß des Argen, und wenn er sonst für den feinsten, für den gebildetsten, für den besten und frömmsten Menschen gälte. Der Arge ist sein Herr. Darum heißt der Satan in der Heiligen Schrift der Gott dieser Welt *(2. Kor. 4, 4)*. Denn die Welt und was in der Welt ist, das ist es gerade, worauf das finstere Streben des unwiedergebornen Menschen geht, und dadurch herrscht Satan unter den Menschen. O meine lieben Zuhörer, seht doch die Welt an, und was noch besser wäre, achtet auf euer eigenes Herz. Etwas muß dieses Herz lieben. Es ist seine Art, es ist seine Natur so, daß es etwas lieben muß. Was hat man denn lieb, wenn man den Herrn Jesus nicht lieb hat? Der eine hat seine Freude an diesem, der andere an jenem; aber gewiß keiner an etwas anderem, als was seiner Anhänglichkeit an das Irdische oder seinen Sinnen oder seinem Hochmut schmeichelt. Auf Augenlust oder Geiz, auf Fleischeslust, auf hoffärtiges Leben laufen zuletzt alle Bestrebungen der Menschen, die nicht aus Gott geboren sind, hinaus. Und hierin ist gar kein Unterschied. Der eine sucht's gröber und lauter, der andere auf eine Art, die gemeiner aussieht – im Grunde sind sie alle einander gleich, und ist kein Unterschied zwischen einem Gelehrten, der auf seine Gelehrsamkeit stolz ist, und zwischen einem Bauern, der auf sein Vermögen trotzt. Beider Stolz ist unvernünftig, ungöttlich und gehört ins Reich der Finsternis. Geiz, Wollust, Hoffart, diese drei sind die Grundbestandteile, die Elemente des Lebens der Menschen dieser Welt. Von diesen dreien wird die Welt bewegt und regiert. Das sind die Stricke der Finsternis, an denen der Arge die Welt gängelt, leitet und beherrscht; durch sie ist er der Gott dieser Welt.

Man kann aber die Untertanen Satans in zwei Klassen teilen, erstens in solche, die unter dem Einfluß des Teufels stehen, zweitens in solche, in denen er wirklich und wesentlich wohnt. Über beide Arten will ich ausführlicher reden.

Was die erste Klasse betrifft, so ist ihre Anzahl Legion, d. h. Unzählige stehen unter dem Einfluß des Satans, denn hierher sind, wie wir gesehen haben, überhaupt alle diejenigen zu zählen, die nicht wahrhaft und gründlich zu dem Herrn Jesus bekehrt sind. Aber du sprichst: es gibt doch ehrbare Leute, brave Leute, gutmütige Leute, die wirklich gute Eigenschaften haben und sich der oder jener Tugend befleißigen, ohne daß sie gerade zu Jesus Christus bekehrt wären. Ist es nicht unbillig, solche Menschen ohne Umstände unter die Untertanen des Teufels zu zählen? Sie wollen doch manches Gute; sie tun auch manches Gute; sie arbeiten fleißig; sie sorgen für sich und die Ihren, für Speise und Kleid; sie haben gar keine Freude am wilden, tobenden Weltwesen; sie leben gern in ehrbarer Stille ihrem Beruf, allerdings ohne daß sie ein besonderes Herz für den Herrn Jesus hätten. Sollte man solche Menschen nur so geradehin zu den Reichsgenossen der Finsternis rechnen dürfen? Ja, denn wer nicht mit Christus ist, der ist wider ihn! Und was ist diese Ehrbarkeit, diese Tugendhaftigkeit solcher Menschen gewöhnlich? Häufig gewiß nichts anderes als eine äußere Angewöhnung und Dressur, die ihnen die Erziehung und die Umstände gegeben haben. Oft liegt es so in ihrem Temperament, ohne daß sie darum höher ständen als andere, die in ihrer herausbrechenden Torheit eben auch ihrem Temperament und den Trieben ihres Herzens folgen. Oft ist solch ein ehrbares Leben durch Vorteil und äußere Ehre geboten. Wenn man in der Christenheit lebt, wo der Ausbruch von Sünden und Lastern doch noch unter die schämenswerten Dinge gerechnet wird, so kann man es wohl seinem Vorteil und seiner Ehre gemäß finden, sich als ein ehrbarer Mensch aufzuführen. Und wenn man aus den tobenden Jugendjahren herausgewachsen ist und vielleicht heiratet und Weib und Kinder zu ernähren hat, so ist es kein Wunder, wenn man zahm wird und mit den zunehmenden Jahren die Freude an den Lüsten und dem Unsinn der Jugend verliert. Aber damit hat sich in des Herzens Grund nichts geändert. Man ist darum doch seinem innersten Sinn nach von der Liebe zur Finsternis nicht geschieden, nur die äußere Form ist anders geworden.

Und das sieht und spürt man denn auch solchen Menschen ab. Was ist's denn, das sie umtreibt; was ist's, das ihnen durch das Herz und den Kopf geht den ganzen Tag? Sind sie reich und der Nahrungssorgen überhoben, so werfen sie sich gewöhnlich auf diese oder jene Liebhabereien, und dazu haben sie, besonders wenn sie in Städten wohnen, viel Anlaß und Gelegenheit. Man sucht gesellschaftliche Unterhaltung, man redet von der Welt und aus der Welt, man sucht sich das arme Leben zu erheitern, so gut man kann. Man ergreift dies oder jenes, Edleres und Gemeineres, und wenn man es bei Licht besieht, so sucht man nichts weiter als Nahrung für die Augenlust, die Fleischeslust und den Stolz. So fährt das Leben dieser armen Menschen dahin wie ein Geschwätz. Andere, die die Erbärmlichkeit dieses Treibens einsehen, ziehen sich in sich selbst zurück, geben vor, daß sie etwas Höheres suchen und spiegeln sich mit großem Stolz in sich selber. Denen aber, die nicht reich sind, oder Menschen von sehr stiller Art liegt hauptsächlich ihre Haushaltung im Gemüte. Wenn man des Morgens erwacht, so fährt das Herz in die Haushaltung hinein, heute ist dies und das zu tun, und das nimmt nun das ganze Herz in Besitz. Ist's oder wird's Winter, so denkt man an die Verwahrung gegen die Kälte und auf Holz, ist's Sommer, so denkt man an seine Gärten oder Feldgeschäfte und ist mit seinem ganzen Herzen in diesen Sachen. Kurz, man führt ein ungöttliches, lichtloses Leben. Zudem kommen bei solchen stillen und ehrbaren Menschen, die nicht des Heilands Eigentum sind, noch manche Lüste und Begierden, gröbere oder feinere, scheinbarere oder unscheinbarere. Oft ist es ein Geiz- oder Scharrgeist, ein Geist des Unglaubens, der in solch einer ehrbaren Familie herrscht, wo alles darauf aus ist und darauf berechnet wird, um im Vermögen weiterzukommen, oder wenn die Zeitumstände ungünstig sind, wenigstens das Erworbene zu bewahren, damit man den Kindern etwas Rechtes hinterlasse, wie wenn kein Gott im Himmel lebte. Oft ist's ein Hochmutsgeist, daß man sich auf seine Familie, auf sein Vermögen, auf seine Geschicklichkeit viel zugute hält und andere neben sich verachtet. Dies bricht dann im täglichen Gespräch heraus, wo man gern über andere Menschen lästert, gern Geschichten von ihnen hört und erzählt, die sie in ein nachteiliges Licht bringen, oder oft Worte von sich hören läßt, aus denen wohl zu erkennen ist, daß man noch ärger ist als jener Pharisäer *(Luk. 18, 11 f.)*. Denn jener Pharisäer brüstete sich nur mit seinen, wie er meinte, selbst erworbenen Vorzügen. Wenn man aber manche dieser ehrbaren Leute hört, so kann man wohl merken, daß sie meinen, schon von Natur und durch ihre Geburt und Familie seien sie besser als andere Adamskinder. Oft ist's auch ein leichtsinniger, liederlicher Geist, oft ein zorniger, zwieträchtiger, zänkischer Geist, ein Geist, der ohne viel Worte seinen Grimm fühlen läßt und weh tut, der sich festsetzt in einem solchen ehrbaren Hause; oft ist's ein Praß- oder Schleckgeist; oft ist's der Hurengeist, der in der Ehe und im Ehebett solcher ehrbaren Leute haust, über alle Maßen schändlich und greulich. Dazwischen hinein kommen Dinge zum Vorschein, die die arge Art und den Einfluß des Argen wohl verraten. Läuft solch einem ehrbaren Menschen etwas quer über den Weg, so kann er in den höchsten Zorn geraten. Seine Augen funkeln, seine Gebärden verstellen sich, der Satan sieht deutlich aus ihm heraus, seine Zunge kommt in Bewegung, man hört wohl, daß sie von der Hölle entzündet ist. Andere haben weniger Anlage zum Zorn, aber desto mehr zum Lachen. Da kann man solche ehrbaren Leute lachen hören über Dinge, über die billig jeder Mensch und Christ weinen sollte, ja über die man im Sack und in der Asche Buße tun sollte, so daß wohl zu spüren ist, wer eigentlich aus ihnen herauslacht. Bisweilen hört man aus solch einem ehrbaren Mund Worte, die bei Jungen und Alten die höchsten Ärgernisse anrichten und den schlafenden Keim der Sünde in diesem oder jenem Herzen aufwecken und anblasen. Und so sieht man deutlich, daß sie eigentlich unter der Obrigkeit der Finsternis stehen und bei aller Ehrbarkeit doch des Teufels Willen mit ihren Gliedern tun müssen.

O meine lieben Zuhörer! Es gibt nur zwei Reiche in der Geisterwelt, ein Reich des Lichts, dessen König Jesus ist, und ein Reich der Finsternis, dessen Fürst der Teufel ist. Jeder Mensch ist in einem dieser Reiche, es gibt kein drittes. Sind wir nicht im Reich des Lichts, so sind wir gewiß im Reich der Finsternis. Es ist aber kein Mensch im Reich des Lichts, er sei denn durch Gottes Geist hineingeboren worden. Haben wir diese Wiedergeburt an uns erfahren? Wissen wir etwas von den Geburtswehen, wovon jede Geburt, also auch diese Geistesgeburt begleitet ist? Haben wir unseren betrübten, finsteren Herzenszustand erkannt, und ist er uns zu schwer geworden wie eine schwere Last? Haben wir die Gnade des Herrn Jesu, haben wir sein Angesicht gesucht? Haben wir Gnade und Frieden und Freiheit in seinen Wunden gefunden? Können wir sagen, daß unser Herz einzig am Heiland hänge? Seht, wer von diesem allem nichts weiß, der ist noch im Reich der Finsternis, ein Sklave Satans, er mag's glauben oder nicht. Wo Jesus nicht regiert, da regiert Satan, man mag's glauben oder nicht.

So weit von den Ehrbaren! Daß aber Leute, die in einer wissentlichen Sünde leben, sei sie offenbar oder heimlich, unter dem Einfluß des Teufels stehen und zum Reich der Finsternis gehören, ist an sich klar und bedarf keines Beweises. Denn wer Arges tut, sagt der Heiland, der haßt das Licht, und wer das Licht haßt, der ist ein Feind des Lichts und ein Freund und Genosse Satans. „Wer Sünde tut", sagt der Apostel Johannes, „der ist vom Teufel; denn der Teufel sündigt von Anfang. Dazu ist erschienen der Sohn Gottes, daß er die Werke des Teufels zerstöre." Wenn junge Leute dem Heiland bei ihrer Konfirmation öffentlich vor der ganzen Gemeinde Treue geloben und öffentlich und feierlich dem Teufel samt all seinem Werk und Wesen absagen, und man sieht nach einigen Jahren, wie sie auf eine gröbere oder feinere Weise der Hurerei nachlaufen, sollte Satan hierbei nichts zu schaffen haben? Ja, der Teufel führt diese armen Menschen am Strick, wie der Stier zur Schlachtbank geführt wird. Es gibt Leute, die sich für selig achten, wenn sie im Wirtshaus sitzen und zur Genüge oder auch bis zur Berauschung trinken können. Andere haben ihre größte Freude am Lästern und Afterreden und werden an Leib und Seele lebendig, wenn sie ihre Lust befriedigen können, werden auch nicht müde in diesem Geschäft noch satt, können bis in die tiefe Mitternacht hinein fortmachen, ohne daß ein Schlaf in die Augen kommt. Wieder andere machen sich ihr süßestes Geschäft daraus, Zwietracht unter ihren Nebenmenschen anzurichten, durch Zwischenträgereien die Menschen gegeneinander zu erbittern, sie aufeinander zu hetzen und haben ihre Herzensfreude daran, wenn ihnen ihre Bosheit gelingt. Und wie vieles müßte ich noch anführen, wenn ich alle die Sünden aufzählen wollte, in denen die Menschen ihre Lust und Freude, ihr Liebstes suchen. Ich würde nicht fertig werden. Das Bedenklichste daran ist aber das, daß sie Gottes Gerechtigkeit wissen – wissen, daß, die solches tun, des Todes würdig sind, und tun es doch, daß sie zuweilen suchen davon los zu werden, und können nicht, sondern müssen es tun. Das ist ein Elend, das ist eine Knechtschaft der Sünde! Wer aber der Sünde Knecht ist, der ist des Teufels Knecht; denn die Sünde ist vom Teufel.

Die andere Art, von der ich oben gesprochen habe, sind die, die den Teufel wirklich und wesentlich in sich wohnend und wirkend haben. Wenn ein Mensch eine Sünde lange wider besser Wissen und Gewissen treibt, so nimmt zuletzt der Teufel ganz Besitz von seinem Herzen. So ist's mit Judas gegangen. Nachdem er lange genug dem Geiz gefrönt hatte, so fuhr endlich, wie die Schrift berichtet, der Teufel in ihn. Der Teufel hatte sein Herz lange regiert. Schon im ersten Jahr nannte ihn der Heiland einen Teufel *(Joh. 6, 70)*; aber als er in seinen Geizgedanken unaufhörlich fortwirkte und fortwühlte, so fuhr der Satan gar in ihn. So gibt es Menschen, die einen Geizteufel, einen Hurenteufel oder einen Fluchteufel oder einen Stehlteufel oder einen Zankteufel oder einen Saufteufel in sich herumtragen. Da ist man geistlich vom Satan besessen, und das ist ärger als eine leibliche Besetzung durch den Argen. Da muß der Mensch sündigen. Hier ist kein Widerstand mehr, auch kein Wille mehr zum Widerstand. Es ist keine Ruhe da Tag und Nacht, bis des Teufels Wille und Lust vollbracht ist. So tief kann ein Mensch unter die Obrigkeit der Finsternis sinken.

Weil aber alle diese Befestigungen der Lüge und Finsternis, so stark sie wären, zerstört würden, wenn Jesus durch sein Wort Meister würde im Herzen, so sucht Satan vorzüglich der Kraft des Wortes der Wahrheit entgegenzuwirken, damit sie ja nicht das arme gefangene Herz einnehme. Und da ist das erste, was er gewöhnlich versucht, um zu verhüten, daß die Kraft der Wahrheit an das Herz dringe, das, daß er den Menschen das Wort vom Herzen wegstiehlt. Da können solche armen Menschen das Wort hören, aber es hat keine Wirkung. Es ist, als wenn es von den Vögeln des Himmels fortgeschleift würde. Da kommen diese, da kommen jene fremden Gedanken, und es kommt nichts zur Kraft, kann auch nichts wurzeln. O das ist eine große, eine meistens unerkannte Plage des Teufels.

Bei dem allem kann Satan nicht verhindern, daß nicht

das Wort auch in einem solchen Herzen zuweilen Feuer fange. Denn es hat eine allmächtige Kraft in sich, eine alles durchdringende Lebenskraft. Darum muß Satan oft zu anderen Mitteln greifen. Als der Heiland in unserem Evangelium den Besessenen gesund gemacht hatte, da sprachen etliche: „Er treibt die Teufel aus durch Beelzebub", und andere begehrten ein Zeichen vom Himmel. Dadurch suchte die Finsternis einen doppelten Zweck zu erreichen. Erstens hatten die Leute, die diese Worte aussprachen, allen Eindruck der Kraft Gottes, die sich in der Wundertat des Herrn geoffenbart hatte, mit diesen lästerlichen und losen Worten von ihrem eigenen Herzen weggestoßen. Und dann sollte dieser Eindruck auch bei anderen geschwächt, wo möglich, vernichtet werden. Ihr solltet euch nicht wundern über diesen Menschen, als einen Mann Gottes, sagten die einen; fliehen solltet ihr vor ihm, denn er treibt Zauberkünste. Und die anderen gaben zu verstehen, daß solche Krankenheilungen und Teufelsaustreibereien durchaus noch keine hinreichenden Beweise für seine göttliche Sendung seien. Was ist das, wenn er Teufel austreibt? Ein Zeichen vom Himmel soll er uns einmal sehen lassen. Er lasse einmal Feuer vom Himmel fallen wie Elias! Dann wollen wir glauben.

So ist es noch heute. Viele, die wohl nicht ohne Eindrücke der evangelischen Wahrheit sind, bleiben immerwährend auf halbem Wege stehen und kommen zu keinem Glauben an das Evangelium, zu keinem Abtreten von der Ungerechtigkeit, zu keinem Durchbruch in das Licht, weil sie durch allerhand überflüssige und lügenhafte Bedenklichkeiten aufgehalten werden. Das eine Mal können sie sich am Heiland in dies, das andere Mal in jenes nicht schicken; bald finden sie da im Worte Gottes, bald dort ein Ärgernis. Man will dieses Wort meistern und nach seinen vorgefaßten

Meinungen regeln, man will der Kraft Gottes Schranken setzen, man meint, es habe alles sein Maß und Ziel, man verlangt Beweise, wo Gott Glauben fordert, und zuletzt meint man, man wollte wohl glauben und sich dazu hergeben, wenn man sich nur an dieser oder jener Sache nicht stoßen müßte, aber das sei eine unüberwindliche Bedenklichkeit. Hinter solchen Bedenklichkeiten ist eine tiefe Lust zur Ungerechtigkeit, eine unmäßige Liebe zur Finsternis verborgen. Dadurch hat Satan vollen Zugang ins Herz und verblendet, wie die Schrift sagt, die Sinne, daß man nicht sieht das helle Licht des Evangeliums.

Wo er sich aber bei einem Menschen noch ungescheuter offenbaren darf, wo der Mensch noch finsterer, frecher, von der Furcht Gottes noch weiter entfernt ist, da bleibt es nicht bei solchen Bedenklichkeiten, sondern es geht ans Lästern wie bei den Leuten, die sprachen: „Er treibt die Teufel aus durch Beelzebub." O welch ein Grimm kann durch die Macht der Finsternis in einem Menschen rege werden gegen den Heiland, gegen seine Knechte, gegen sein Reich und seine Wahrheit! Da kann ein solcher Knecht der Sünde und des Argen etwa in einer Kirche sitzen, wo Buße und Vergebung der Sünden gepredigt wird im Namen des Herrn Jesu, und er zerplatzt fast vor innerer Wut. Predige du, was du willst, heißt es bei solch einem armen Menschen, predige nur von deinem Heiland. Du kannst lange warten, bis mir deine Worte gefallen! Was will ich von deinem Jesus? Und wenn es dann einmal eine aufgeräumte Stunde gibt, so werden die teuren Worte Gottes oder die Worte eines Zeugen Jesu nachgeäfft, zum Gelächter gemacht, zu Narrenteidingen mißbraucht. Ist das nicht schrecklich?

Dazu verhilft aber in gegenwärtiger Zeit viel der allgemeine Zeitgeist. Denn die Gottesfurcht ist ja gewichen aus unserer Zeit. Der Ernst der Ewigkeit und die Furcht vor der Verdammnis ist in ein wollüstiges, leichtsinniges Geschwätz von einer besseren Welt verwandelt, dem Fleisch haben sie in ihren neuen Religionen die vollste Freiheit eingeräumt. Das apostolische Christentum schreien sie für Unsinn und Schwärmerei aus; der Leichtsinn, der irdische Sinn, der fleischliche Sinn haben allenthalben überhand genommen. Dabei sind der Eigendünkel und Vernunftsstolz der Menschen dieser Zeit unmäßig. Es sind in unseren Tagen Leute aufgestanden mitten in der Christenheit, die über Christus und seine Wahrheit und über alles, was je einem Christenherzen heilig gewesen ist, mit der frechsten Stirn gelästert haben und noch lästern. Als Männer des Lichtes und der Wahrheit werden sie von diesem Geschlecht verehrt, und als dumme, abergläubische Leute werden die betrachtet, die nicht mit ungeteiltem Beifall in diese Verehrung einstimmen. Ach Gott, in welchen Zeiten leben wir! Da hat Satan freilich mit Lästern und Zweifeln gewonnenes Spiel. Da wird es freilich bei diesem Geist der Finsternis, der alle Sünde durchdrungen hat, je mehr und mehr eine Seltenheit, wenn ein Mensch das Wort Gottes bei sich durchwirken läßt zur Wiedergeburt und zur Freiheit der Kinder Gottes; denn die Macht der Finsternis ist groß.

Wohin führt aber dies alles zuletzt? In das Verderben, in das ewige Verderben. Satan ist ein harter Herr und bezahlt seinen Knechten übel. Sein Reich und seine Herrlichkeit ist Lüge. Das müssen seine Leute schon in dieser Welt vielfach erfahren, daß ihr Herr ein Lügner ist, der nicht hält, was er verspricht. Er verheißt Seligkeit, und man wird unselig in seinem Dienst und von Tag zu Tag unseliger. Er verheißt Sättigung und macht doch niemand satt. Sein Losungswort ist Vernunft und Klugheit, und ist doch nichts bei ihm zu finden als Unvernunft. Freiheit verspricht er, und hält seine Untertanen in der elendesten Sklaverei. In der Ewigkeit aber erben sein Knechte mit ihm, und sein Erbe ist Finsternis und Qual.

II. Kann man nicht aus dieser Knechtschaft errettet werden? O ja, die Kolosser, an die Paulus schrieb, waren daraus errettet; denn er fordert sie dazu auf, dem Vater Dank zu sagen, der sie errettet habe aus der Obrigkeit der Finsternis und versetzt in das Reich seines lieben Sohnes. Doch nicht nur die Kolosser, sondern schon Unzählige, die ihre Kleider gewaschen und helle gemacht haben im Blute des Lammes. Wie mag aber solches zugehen?

Mit unsrer Macht ist nichts getan,
Wir sind gar bald verloren,
Es streit't für uns der rechte Mann,
Den Gott selbst hat erkoren!
Fragst du, wer der ist?
Er heißt Jesus Christ,
Der Herr Zebaoth;
Und ist kein andrer Gott:
Das Feld muß er behalten.

Als die Schlange durch ihre Verführung die Sünde eingeführt hatte in der Welt, da sprach Gott zu ihr: „Ich will Feindschaft setzen zwischen dir und dem Weibe, und zwischen deinem Samen und ihrem Samen. Derselbe soll dir den Kopf zertreten, und du wirst ihn in die Ferse stechen." Dies ist in Erfüllung gegangen. Des Weibes Same, Christus, kam, und es wurde der Schlange erlaubt, ihn in die Ferse zu stechen. An Christus durfte sich die ganze Wut Satans versuchen. Die Grundsuppe der Hölle wurde gegen ihn ausgespien. Welch ein Widersprechen hat er auch nach unserm heutigen Evangelium von den Sündern erduldet! Und wie tobte der Grimm des alten Drachen beim letzten Leiden des Heilands! Hohepriester und Schriftgelehrte, Juden und heidnische Kriegsknechte, Herodes und Pilatus, alle waren seine Werkzeuge. Jene Stunde war dem Satan gegeben, er wirkte mit großem Zorn, die Macht der Finsternis war über alle Maßen groß. Er log, er verklagte, er brüllte, er schrie und überschrie, er schlug, er spottete, er lästerte, er dürstete nach Blut und Mord, und sein Durst wurde gelöscht. Er durfte alle Schranken der Ehrbarkeit überschreiten. Ein großer Festtag für die alte Schlange! So durfte sie des Menschen Sohn in die Ferse stechen; aber ihr Festtag ist ihr übel vergolten worden. Denn die Ferse, in die sie gestochen hat, hat ihr währenddessen den Kopf zertreten. Durch seinen Tod hat Christus dem die Macht genommen, der des Todes Gewalt hatte, nämlich dem Teufel *(Hebr. 2, 14)*. Denn in seinem Tod hat Christus die Sünde getötet, die dem Tode Frucht gebracht hatte, und eben damit den Zusammenhang zwischen dem Teufel und den Menschen aufgehoben. Anstatt der Sünde ist nun die Gerechtigkeit, statt des Todes das Leben eingeführt durch Christus. So hat Satan seine Ansprüche auf die Schuldigen verloren, während ihm erlaubt war, seine Bosheit an dem Unschuldigen zu verüben. Jesus ist nun der rechtmäßige Herr aller Sünder. Satan hat kein Recht mehr an uns. Es ist ihm schon vor achtzehnhundert Jahren genommen worden. Es ist dem Starken sein Raub genommen; denn der Stärkere ist über ihn gekommen. Seine Gefangenen sind erlöst, und zwar durchs Recht. O herrliche Erlösung! O große Freiheit! Nun steht nichts mehr im Wege, wenn ein Sünder von der Knechtschaft des Teufels frei werden will. Dem Recht nach ist schon jeder frei; es kommt nur darauf an, daß er von diesem Recht Gebrauch mache und zu Jesus fliehe.

Das sind selige Wahrheiten. Das Wort bringt sie den Menschen nahe, und der Geist Gottes macht sich, wenn ich so sagen darf, ein eigenes Geschäft daraus, die Menschen hiervon zu überzeugen. Denn Christus sagt, daß der Geist die Welt überzeuge vom Gericht, daß der Fürst dieser Welt gerichtet sei *(Joh. 16, 11)*. Wo diese Wahrheiten mächtig werden in einem Herzen, da hat Satan seine Herrschaft schon verloren und Jesus darin Wohnung gemacht.

Wenn darum ein Mensch von der Gewalt des Satans gern erlöst werden möchte, so muß er zu Jesus fliehen. Er muß seinem rechtmäßigen Herrn, der ihn erschaffen und erlöst hat, zufallen. Die Wahrheit muß Meister werden in seinem Herzen, und Jesus ist die Wahrheit. Dies geschieht aber durch den Glauben, und der Glaube ist eine Gabe Gottes, eine Wirkung des Heiligen Geistes. Wer es glauben kann, daß er es selbst sei, der dem Heiland den blutigen Schweiß ausgepreßt und ihn ans Kreuz und in den Tod gebracht habe, der kann es auch glauben, daß er heil geworden ist durch die Wunden des Lammes. Und wer dieses glaubt – ich sage glaubt – und nicht bloß weiß, der ist in solchem Glauben freigemacht von den Ketten Satans. In solchem Menschen ist aller bisherige Zusammenhang und die Herzensgemeinschaft mit der Finsternis zerrissen. Er ist ein Kind und Erbe des Lichts. Denn am Kreuz hat Christus auf geheimnisvolle Weise das ungöttliche, weltliche, finstere Wesen, mit einem Wort, die Sünde, durch die wir Sklaven Satans sind von Natur, getötet und aufgehoben. Und was Christus am Kreuz erkämpft hat, das kommt nun allen denen zugute, die durch den Heiligen Geist an ihn glauben. Denn solche alle sind mit ihm gestorben. Wenn wir dies noch nicht verstehen, so laßt uns wenigstens um den Geist der Wahrheit beten, so wird uns eine Wahrheit um die andere hell werden.

Ein Kind Gottes ist frei von den Ketten Satans. Damit ist aber nicht gesagt, daß es nicht noch von ihm versucht werden könne. O nein! Der alte Lügner gibt seine Ansprüche nicht so bald auf. Jeder Mensch hat in seiner Natur Seiten, die den Einflüssen und Versuchungen des Argen besonders ausgesetzt sind. Hierauf haben Kinder Gottes zu merken und an diesen schwachen Seiten starke Wachposten aufzustellen. Oft bringt man aus dem unbekehrten Zustand solche schwachen Seiten mit herüber. Wenn ein Mensch lange unter der Knechtschaft einer besonderen Sünde gestanden hat, daß sich seine leiblichen und geistigen Organe daran gewöhnten, so wird Satan ihn von dieser Seite gewiß nicht unversucht lassen. Er hat hierüber besonders zu wachen. Auch begleitet jeden Menschen von Geburt an etwas, wodurch Satan besonders Zugang zu ihm hat. Der eine ist leichtsinniger, der andere schwermütiger Art. Einer hat eine überwiegende Einbildungskraft, der andere zu viel berechnenden Verstand, ein anderer wieder eine zu große Weichheit und Lenkbarkeit des Gemüts. Solche schwachen Seiten sind dem Einfluß und bei Kindern Gottes den Versuchungen des Teufels hauptsächlich ausgesetzt.

Ich weiß wohl, es gibt viele, auch ernstere Seelen, die geschwind bereit sind, alles, was bei ihnen nicht vor den Augen Gottes taugt, nur schnell auf des Teufels Rechnung zu schreiben. Aber so ist das Bisherige nicht gemeint, das sei ferne! Mit einem solchen leichten Sinn, der weder die Sünde noch die Schuld nach dem Worte Gottes beurteilen mag, kann man, auch wenn man schon von der Herrschaft des Teufels los geworden war, in den traurigen Zustand geraten, von dem der Heiland in unserem Evangelium redet, daß es mit einem weit ärger wird denn zuvor. Nein, wenn auch Satan uns versucht, so bleibt die Sünde und die Schuld doch unser, und wir werden Rechenschaft darüber geben müssen. „Widerstehet dem Teufel, so fliehet er von euch.“ O wie viel Böses würde nicht ausgeübt werden, wie sehr würde der Einfluß des Argen entkräftet, und wenn es auch im Inneren noch so sehr tobt und kocht, doch der äußere Ausbruch der Sünde verhütet, wenn man sich mehr an die altbewährten Waffen, Gebet und Wort Gottes, hielte.

Es wähne darum keiner, der die Kraft des Verdienstes Christi zur Freiheit geschmeckt hat, daß nun der Kampf aus, und es Zeit sei, die Hände in den Schoß zu legen. „Wachet und betet!“ Legt jeden Trieb zur Sünde, wenn er im Herzen aufsteigt, ungeschminkt zu des Heilands Füßen. Deckt ihm, so weh es auch eurer Lust tun mag, alles im Herzen auf und laßt euch durch die Kraft seines heiligen Blutes und Geistes stärken, reinigen, frei machen! Diese Übung geht bis ans Ende fort und ist eine selige Übung.

Wer ist nun weise und mag das bedenken? Wer fühlt die Not, die schwere Gefahr und Not seiner Seele so sehr, daß sie ihm auch zu Herzen ginge? Warum wollt ihr sterben, ihr vom Hause Israel? Warum wollt ihr in euren Todesbanden bleiben, da ihr frei werden könntet? Hier ist Jesus, der ruft euch. Ach, daß die Nebel einmal durch die Macht der Wahrheit vertrieben würden! So würden wir ja die Jämmerlichkeit des Treibens dieser Welt, das sich so einen edlen Anstrich gibt, und die Gemeinheit Satans einsehen und sie herzlich satt werden. Dazu könnte uns Jesus helfen, der Sieger auf Golgatha. Wer etwas davon sieht, der säume nicht, sondern dringe mit aller Macht zum Kreuze Christi. Wer da säumt, wird sich um sein Heil betrügen; Satan ist sehr grimmig und listig und benützt jeden Vorteil.

Auf, auf, mein Geist! und säume nicht,
Dich durch die Macht der Finsternis zu reißen!
Gedenke nicht, daß dir's an Kraft gebricht,
Bedenke, was für Kraft uns Gott verheißen.
Wie gut läßt sich's einst nach dem Kampfe ruhn!
Wie wohl wird's tun! Amen.

28. Am Sonntag Lätare

Darnach fuhr Jesus weg über das Meer an der Stadt Tiberias in Galiläa. Und es zog ihm viel Volks nach, darum daß sie die Zeichen sahen, die er an den Kranken tat. Jesus aber ging hinauf auf einen Berg und setzte sich daselbst mit seinen Jüngern. Es war aber nahe Ostern, der Juden Fest. Da hob Jesus seine Augen auf und sieht, daß viel Volks zu ihm kommt, und spricht zu Philippus: Wo kaufen wir Brot, daß diese essen? (Das sagte er aber, ihn zu versuchen; denn er wußte wohl, was er tun wollte.) Philippus antwortete ihm: Für zweihundert Groschen Brot ist nicht genug unter sie, daß ein jeglicher unter ihnen ein wenig nehme. Spricht zu ihm einer seiner Jünger, Andreas, der Bruder des Simon Petrus: Es ist ein Knabe hier, der hat fünf Gerstenbrote und zwei Fische; aber was ist das unter so viele? Jesus aber sprach: Schaffet, daß sich das Volk lagere. Es war aber viel Gras an dem Ort. Da lagerten sich bei fünftausend Mann. Jesus aber nahm die Brote, dankte und gab sie den Jüngern, die Jünger aber denen, die sich gelagert hatten; desgleichen auch von den Fischen, wieviel sie wollten. Da sie aber satt waren, sprach er zu seinen Jüngern: Sammelt die übrigen Brocken, daß nichts umkomme. Da sammelten sie und füllten zwölf Körbe mit Brocken von den fünf Gerstenbroten, die übrig blieben denen, die gespeist worden. Da nun die Menschen das Zeichen sahen, das Jesus tat, sprachen sie: Das ist wahrlich der Prophet, der in die Welt kommen soll. Da Jesus nun merkte, daß sie kommen würden und ihn haschen, daß sie ihn zum König machten, entwich er abermals auf den Berg, er selbst allein. Am Abend aber gingen die Jünger hinab an das Meer und traten in das Schiff und kamen über das Meer gen Kapernaum. Und es war schon finster geworden, und Jesus war nicht zu ihnen gekommen. Und das Meer erhob sich von einem großen Winde. Da sie nun gerudert hatten bei fünfundzwanzig oder dreißig Feld Wegs, sahen sie Jesum auf dem Meere dahergehen und nahe zum Schiff kommen; und sie fürchteten sich. Er aber sprach zu ihnen: Ich bin's; fürchtet euch nicht! Da wollten sie ihn in das Schiff nehmen; und alsbald war das Schiff am Lande, da sie hin fuhren. Des andern Tages sah das Volk, das diesseits des Meeres stand, daß kein anderes Schiff daselbst war denn das eine, darein seine Jünger getreten waren, und daß Jesus nicht mit seinen Jüngern in das Schiff getreten war, sondern allein seine Jünger waren weggefahren. Es kamen aber andere Schiffe von Tiberias nahe zu der Stätte, da sie das Brot gegessen hatten durch des Herrn Danksagung. Da nun das Volk sah, daß Jesus nicht da war noch seine Jünger, traten sie auch in die Schiffe und kamen gen Kapernaum und suchten Jesum. Und da sie ihn fanden jenseits des Meers, sprachen sie zu ihm: Rabbi, wann bist du hergekommen? Jesus antwortete ihnen und sprach: Wahrlich, wahrlich ich sage euch: Ihr suchet mich nicht darum, daß ihr Zeichen gesehen habt, sondern daß ihr von dem Brot gegessen habt und seid satt geworden. Wirket Speise, nicht, die vergänglich ist, sondern die da bleibt in das ewige Leben, welche euch des Menschen Sohn geben wird; denn den hat Gott der Vater versiegelt. Joh. 6, 1 - 27

Der Herr, als er dem König Salomo in Gibeon im Traume erschien, sprach zu ihm: „Bitte, was ich dir geben soll." Salomo erbat sich nicht Reichtum oder Macht oder langes Leben, sondern ein gehorsames, verständiges Herz. Dies war groß von Salomo und gefiel dem Herrn sehr wohl *(1. Kön. 3)*. Wenn der Herr uns also die Wahl ließe wie dem König Salomo, was würden wir uns erbitten? Frage sich jeder darüber: was ist mein höchster Wunsch? Hieran können wir unser Herz kennenlernen und sehen, wes Geistes Kinder wir sind. Ich achte, die meisten unter uns würden um Reichtum und Wohlleben bitten. So gesinnt waren auch die fünftausend Mann, die der Heiland auf eine wunderbare Weise gespeist hatte, und so gesinnt ist der größte Teil der Menschen. Nahrung und Kleidung, Reichtum und Wohlleben, das ist's, was ihren armen Geist hauptsächlich beschäftigt und ihre tiefsten Begierden rege macht. Dies will ich weiter ausführen, indem ich euch nach Anleitung unseres Evangeliums zeige:

I. wie der Heiland für den irdischen, fleischlichen Sinn durchaus kein Mann sei,
II. aber doch für leibliche Notdurft der Seinen sorge.

Großer Jesus! Du hast fünftausend Mann mit fünf Gerstenbroten und zwei Fischen gespeist und kannst in Kleines einen großen und überschwenglichen Segen legen. Segne auch meine geringen Worte so, daß diese satt werden! Amen.

I. Wenn das Reich Christi von dieser Welt wäre, so würde der Heiland viele, unzählig viele Anhänger finden. Wenn diejenigen, die an ihn glauben und sich zu ihm halten, nicht krank würden und Speise und Trank im Überfluß hätten, auch sonst ein bequemes, faules Leben führen dürften, wenn hierin der Vorzug der Kinder Gottes vor den Kindern der Welt bestände, so würde dem Heiland alle Welt zulaufen. Wenn der christliche Kaufmann besser verkaufte als der unchristliche, wenn dem christlichen Landmann der Acker zweifach oder zehnfach mehr Frucht trüge als der Acker des unchristlichen, wenn auf die Bäume und Weinstöcke der Gläubigen kein böser Tau und kein Reif und kein Hagel fiele wie auf die Bäume und Weinstöcke der Ungläubigen, wenn der christliche Handwerker leichter und geschwinder arbeitete und hätte auch mehr Kunden als der unchristliche, was meint ihr? würde nicht alle Welt dem Heiland scharenweise zuströmen oder nachlaufen? Ich glaube wohl. Man würde die Menschen nicht abhalten können vom Heiland; es würde die größte Mühe kosten, die Menschen zu überreden, daß sie sich nicht bekehren sollen, und man würde mit allen Worten doch nichts ausrichten! Rede, was du willst, würden die Menschen sagen, zu Jesus werde ich mich doch bekehren. Nun ist's aber gerade das Gegenteil. Nun muß man bitten, ermahnen, flehen. Nun muß man die Tugenden des, der uns beruft zu seinem wunderbaren Lichte, ein Mal um das andere verkündigen. Nun muß man einladen zum Reiche Gottes und die Menschen nötigen, und sie wollen doch nicht kommen. Woher kommt das? Antwort: daher, weil die Güter und Schätze und Genüsse und Herrlichkeiten des Reiches Gottes unsichtbar sind, weil man sie nicht mit Händen greifen kann, weil man sie nicht mit dem Gaumen schmecken noch mit dem Munde essen und trinken kann, weil man seinen Leib nicht darein kleiden, weil man sich damit nicht gegen die Kälte und Witterung verwahren kann, weil man sie nicht zur Eitelkeit mißbrauchen kann, weil man nichts, gar nichts darum kaufen kann, keinen Acker, kein Haus, kein Pfund Brot. Überdies hat es mit dem Heiland die verwunderliche Beschaffenheit, daß er ein Erlöser ist nur für die Seele, um die sich die Menschen doch wenig kümmern. Er ist ein Erlöser von der Sünde, die man liebt, ein Erlöser vom Teufel, dessen Gefangener man gern ist, ein Erlöser vom Tode, an den man selten und ungern denkt, ein Erlöser von der Hölle, die man nicht fürchtet. Ist es ein

Wunder, wenn die Menschen sich wenig um ihn kümmern?

Ein irdischer Heiland, ein Heiland, dessen Reich von dieser Welt wäre, das wäre ein Mann für die Welt. So wollten ihn die Juden haben. Sie wollten einen Mann haben, der ihre Feinde zerstreuen und sie zum ersten und herrschenden Volk auf Erden machen sollte. Einen Heiland wollten sie, unter dessen Regiment leiblicher Überfluß und Reichtum unter ihnen herrschend würde, kurz, einen Mann für ihren Stolz, für ihre Wollust, für ihre Faulheit. Dies sieht man aus vielen Stellen der Heiligen Schrift, besonders aber aus unserem Evangelium. Als der Heiland die fünftausend Mann auf eine wunderbare Weise gespeist und gesättigt hatte, da kamen alle auf den einmütigen Schluß: das ist wahrlich der Prophet, der in die Welt kommen soll. Und nun, was tun wir? König muß er werden; zu unserem König wollen wir ihn machen; einen solchen Mann können wir gebrauchen. Die fünftausend Mann waren dem Heiland großenteils schon eine gute Zeit nachgezogen. Sie hatten manche Wundertaten von ihm mit angesehen. Sie hatten gesehen, wie er Kranke gesund machte, wie er Blinden das Gesicht, Tauben das Gehör wiedergab, wie die Teufel seinen Worten untertan waren; aber es war ihnen seither nie so gewiß geworden, daß Jesus der Messias sei. Auch waren sie noch niemals auf den Gedanken gekommen, ihn zum König zu machen. Nun, wie er sie speist und sättigt, geht ihnen auf einmal ein Licht auf über diesen Mann. Nun ist es entschieden, daß er der Messias ist, daß sie es mit einem „wahrlich“ bekräftigen, und sie gehen so ungestüm darauf los, ihn zum König zu machen, daß der Heiland auf einen Berg entweichen muß. Einen solchen Messias hätten sie also gern gehabt, bei dem ihr Magen versorgt gewesen wäre. Und was meint ihr, wenn heute ein Mensch aufstände, der dem gesunkenen Nahrungsstand aufhülfe, der

Handel und Gewerbe zu beleben und einen rechten Geldverkehr und Wohlstand unter die Menschen hineinzubringen wüßte; wäre ein solcher nicht der Mann dieser Zeit und dieses Geschlechtes? Ich sage solches mit Bedacht, denn es ist möglich und wahrscheinlich, daß der Antichrist als solch ein Wohltäter der Menschheit auftreten wird. Ich achte, jedermann würde ihm zufallen; denn einen solchen Christus und Heiland wollen die Menschen.

Allerdings liegt etwas Klägliches in der Erzählung unseres heutigen Evangeliums, daß die fünftausend Mann, nachdem sie gespeist und satt geworden waren, den Heiland zum König machen wollten – es liegt etwas sehr Klägliches darin. Man kann daraus sehen, wie sehr es sich bei den meisten Menschen um die äußerste Notdurft, um das Sattwerden handelt. Und dies braucht man ja den meisten unter uns nicht erst zu beweisen. Ihr wißt ja aus eigener Erfahrung, wie viel Not die Frage verursachen kann: „Wo nehmen wir Brot her, daß diese essen?" und auch die andere Frage: „Was ist das unter so viele?" Wenn nun Gott, der allem Fleisch Speise gibt, der dem Vieh sein Futter gibt, den jungen Raben, die ihn anrufen, auch auf die Notdurft der armen Menschen achtet und gibt ihnen ihr tägliches Brot, um das sie ihn im Vaterunser bitten, wenn er eine Not und Verlegenheit um die andere auf seinen verborgenen Wegen behebt, wenn er das Geringe segnet, daß es auch ausreicht wie das Große, wenn er auch dem Ärmsten doch täglich seine Notdurft beschert: wäre es ein Wunder, wenn die Menschen dankbar würden gegen Gott? Ja, ein Wunder ist's und ein schrecklicher Beweis unseres Falles und unserer Verstocktheit, daß trotz dieser leiblichen Wohltaten Gottes doch so wenig wahrhafte Dankbarkeit gegen Gott unter den Menschen zu finden ist. Das wäre also ganz natürlich gewesen, daß die Leute, die der Heiland in so großer Anzahl mit so wenig Speise gespeist hat, über dieses große Wunder erstaunt wären, daß innige Hochachtung und herzliche Dankbarkeit gegen ihn ihr Herz eingenommen hätte, daß dadurch ihr Glaube an ihn als den Sohn Gottes wäre befestigt worden. Aber daß sie gerade bei dieser Sache auf den Schluß kommen: das muß der Messias sein, daß sie ihn zu ihrem König machen wollen, daß er nun auf einmal ganz ihr Mann ist, nachdem er sie mit vergänglicher Speise gesättigt hat – dies deutet auf etwas Weiteres als auf die bloße Not. Dies zeigt uns deutlich den überwiegenden Trieb der Menschen nach dem Irdischen, und wie ihnen die vergängliche Speise über alles geht, ja wie sie über dem Trachten danach die Werke und Wunder des Herrn unbeachtet lassen und den Sinn für das Höhere, Himmlische, Ewige gar einbüßen.

Dies sieht man auch an den Leuten in unserem Evangelium. Tags darauf reisten sie dem Heiland über den See Tiberias hinüber nach, nicht um seines Unterrichts und um seiner Zeichen willen, sondern er sollte sie heute wieder speisen. Der Heiland sagt es ihnen unverhohlen, daß diese niedrige Absicht sie zu ihm treibe, und ermahnt sie, unvergängliche Speise zu suchen, die er ihnen geben werde. Da sprachen sie zu ihm: „Was sollen wir tun, daß wir Gottes Werke wirken?“ Jesus antwortete: „Das ist Gottes Werk, daß ihr an mich glaubet.“ Da sprachen sie: „Was tust du für ein Zeichen, daß wir an dich glauben? Unsere Väter haben Manna gegessen in der Wüste.“ Diese Worte sind sehr merkwürdig und enthüllen den ganzen Charakter dieser Menschen. Tags zuvor schrien sie einmütig: „Das ist wahrlich der Prophet, der in die Welt kommen soll.“ Tags darauf begehrten sie wieder ein Zeichen von ihm, daß sie an ihn glauben können, nämlich Brot. So hätten sie alle Tage aufs neue geglaubt, solange er sie gespeist hätte.

Solche Jünger konnte der Heiland nicht gebrauchen. Er hielt hierauf eine lange Rede an sie vom Genuß seines Fleisches und Blutes. Hieran stießen sie sich und liefen auseinander. Ums Brot war's ihnen zu tun, nicht um Gott.

Und so ist es noch jetzt. Man darf ja nur oberflächlich in die Welt hineinblicken, so findet man, daß es so ist. Worauf geht hauptsächlich das Streben der Menschen? Welches sind ihre vornehmsten Sorgen und ihre vornehmsten Freuden? Bewegen sich nicht die Gedanken der Menschen immer um die vergängliche Speise herum? Ihr könnt ja diese Erfahrung an euch selbst machen. „Was werden wir essen, was werden wir trinken, womit werden wir uns kleiden?" Das sind die Hauptfragen in den Herzen der Menschen und die Mittel, die Gott jedem in seiner Art an die Hand gegeben hat, um Speise und Trank und die übrigen Lebens- und Leibesbedürfnisse für sich und die Seinen zu erlangen. Dies beschäftigt die Menschen Tag und Nacht. Den Bauern treibt sein Bauerngeschäft, den Handwerker sein Handwerk um. Es treibt sie aber nicht deswegen um, weil es ihnen angelegen wäre, den Willen Gottes in ihrem Teil zu tun, und da ihnen Gott diesen Beruf angewiesen hat, sich als treue Haushalter und Knechte darin zu erweisen, sondern das Auge sieht dabei auf den Gewinn, auf das irdische Fortkommen. Ich will damit den faulen Leuten und nachlässigen Haushaltern das Wort nicht reden, das sei ferne. Diese sind zwiefache Knechte ihres Bauches. Aber es ist doch jämmerlich, liebe Zuhörer, wenn man zu nichts anderem in der Welt lebt, als seinen Leib zu nähren. Es ist doch jämmerlich, wenn nicht nur diese Glieder, sondern auch der ganze Geist eines Menschen nur daran arbeitet, daß der Magen befriedigt werde. Man kauft, man verkauft, man erbt, man sucht seinem Nahrungszweig aufzuhelfen. Der Weingärtner denkt an Verbesserung seines

Weinbergs, er muß gereutet werden, er muß besser gedüngt und bearbeitet werden, noch einmal soviel Wein muß er tragen; der Handwerker sucht seinem Geschäft eine größere Ausdehnung zu geben, er will seine Kunst noch höher treiben; der Kaufmann denkt an vorteilhafte Einkäufe und Verkäufe – alles geschieht aber nicht um Gottes willen, um den Willen Gottes zu tun, sondern nur im Blick auf das zeitliche Fortkommen, weil man sich sein tägliches Brot oder noch mehr verdienen will. Um des zeitlichen Fortkommens willen erlauben sich die Menschen eine Ungerechtigkeit über die andere. Sie lügen und betrügen und stehlen und machen sich wenig daraus, und sagen, sie tun es um des Brotes willen. Da hat jeder zeitliche Betrieb und Erwerb seine besonderen Vorteile, jedes Handwerk, ja fast jedes Amt seine besonderen Diebesgriffe und Betrügereien, die man zu den Gerechtigkeiten des Handwerks zählt, und die auch selten jemand für eine Sünde hält. Ich wüßte nicht, sprechen sie, was ich mit meinen Kindern essen sollte, wenn ich diesen alten Brauch nicht benützte. Die Sorge für das zeitliche Fortkommen zündet unter den Menschen die bedeutendsten Feindschaften an. Wenn jemand meint, ein anderer stehe seinem Vorteil oder seinem Brot im Weg, so faßt er solchen Grimm gegen ihn, daß er ihn mit kaltem Blut erwürgen könnte. Laßt nur gute Freunde ein Erbe teilen, wie bald wird ihre Freundschaft einen Riß bekommen! O es ist unter den Menschen ein unmäßiger Respekt vor dem Brot, vor der vergänglichen Speise. Unzählige verkaufen ihre Seligkeit darum.

Aber du sprichst: es ist auch kein Wunder. Sind nicht die meisten Menschen arm? Ist nicht die gegenwärtige Zeit besonders ungünstig für irgendeinen Erwerb? Muß man sich nicht auf die allerelendeste Weise abmühen und abplagen, nur um sich und die Seinen durchzubringen? Ist es ein

Wunder, wenn die Menschen mit ihrem ganzen Streben auf das Irdische hineinfallen und zu allerlei unerlaubten Mitteln greifen? Ein Wunder, lieber Mensch, der du so sprichst, ist es eben nicht. Aber du tust übel daran, wenn du dich und andere überreden willst, als ob dieses unmäßige irdische Treiben nur von der Not der Zeit herkäme. Sieh, wenn man ja den ganzen Tag sich abmühen muß, um sich und die Seinen notdürftig zu erhalten, so wäre ja gar nicht nötig, daß das arme Herz zugleich so sehr davon eingenommen wäre. Aber dort im Herzen liegt der Hauptfehler. Das kann man an den Leuten sehen, die so reich sind, daß sie der Nahrungssorgen überhoben sind. Ist deswegen ihr Herz weniger vertieft in das Irdische? Nein! Diese wühlen mit ihrem Herzen in dem, was sie haben, herum, jene in dem, was sie gern hätten. Das ist der einzige Unterschied. Man will seine Sachen noch höher treiben. Man schafft sich allerhand andere Bedürfnisse, man denkt auf besseres Hausgerät, auf bequemere Einrichtung, auf noch besseres Essen, auf noch schönere Kleider. Hat man das eine, so hat man das andere nicht, das doch der Nachbar hat, und dies sollte man doch auch haben. O das macht viel Gedanken, viel Sorgen und Kummer, so viel wie dem Armen sein Brot. Es ist etwas Unersättliches in der Neigung der Menschen zum Irdischen. Wenn der Heiland dem Begehren der Juden nachgegeben hätte und hätte sie den anderen Tag in Kapernaum auch wieder gespeist, und er hätte sie den dritten, den vierten, den fünften Tag wieder gespeist: wie lange meint ihr, daß sie damit zufrieden gewesen wären? Nicht lange. Bald hätten sie auch bessere, wohlschmeckendere Speisen verlangt als nur Brot und Fische, und bald wären sie noch weiter gegangen und hätten auch Belustigungen für ihr Gesicht und Gehör verlangt. Er hätte ihnen die Langeweile vertreiben müssen, und wenn sie eine Belustigung satt gewesen wären, so hätte eine andere her müssen, die ihre Sinne noch mehr gereizt hätte – und so hätten sie fortgemacht. Das wäre ein Messiasreich nach ihrem Geschmack gewesen.

Wißt ihr auch, liebe Zuhörer, wie die Schrift die Leute nennt, von welchen ich bisher geredet habe? Sie nennt sie Irdischgesinnte, denen der Bauch ihr Gott ist, und von solchen Leuten sagt sie geradezu, daß sie Feinde des Kreuzes Christi seien. Solche Leute taugen nicht zum Heiland, und der Heiland taugt nicht zu ihnen. Warum? Darum, weil der Heiland nicht der Gott des Reichtums, nicht der Gott der Bequemlichkeit, nicht der Gott der Äcker und des Geldes, auch nicht der Gott des Wohllebens ist, weil er kein Götze ist, weil er kein Koch ist, der dir dein Essen zurichtet, und kein Unterhändler und Makler, der dir Vorteil im Handel zuwendet, und kein ungerechter Richter, der dir Recht spricht, wenn du Unrecht hast, und kein Knecht, der dir für zehn arbeitet, und kein Handwerksgeselle, der dir das Brot ins Haus schafft, damit du indessen der Faulheit pflegen kannst. Dies alles ist der Heiland nicht. Weil er aber das nicht ist, so sind alle Irdischgesinnten seine Feinde. Daher kommt es bei den meisten unter uns, daß sie sich nicht bekehren können oder wollen, obwohl ihnen das Reich Gottes immer wieder aufs neue angeboten wird, weil sie einen anderen Gott haben als den Heiland, nämlich den Bauch, und diesem soll alles dienen. Was meint ihr? Solange man seinen Schatz und sein Herz noch auf Erden hat, wenn nichts als Geld und Güter und Äcker und Schulden und Zinsen und Steuern und Vieh und Futter und Frucht und Milch und Butter und Säen und Ernten und Herbsten und Dreschen, und wie die Sachen alle heißen, im Herzen sitzen und durch das Herz und den Kopf fahren und Unruhe und Sorge und Hoffnung und

Furcht und Freude erregen und Leib und Seele bewegen und lebendig machen – meint ihr auch, der Heiland finde da noch ein Plätzchen? Nein, denn man kann nicht zwei Herren dienen. Kann man auch ein Kind des Lichts und dieses Reiches Jesu sein, solange man spricht: laßt uns am ersten nach dem Irdischen trachten, so wird uns das Himmlische schon zufallen? Nein, gewiß nicht. Solange man so denkt, muß man ein armer Erdenwurm bleiben, ein armer Knecht seines Magens. O das ist jämmerlich! Da trägt man ein geringes Teil davon, wenn man es dahinnimmt in diessem Leben. Wie viele Mühe, wie viel Schweiß des Angesichts kostet es, bis das Brot im Hause ist, das oft rauhe und unschmackhafte Brot! Und wenn es ja auch schmackhaft ist, was ist es denn? Ist es nicht jämmerlich, wenn man sonst kein Teil hat in Zeit und Ewigkeit? Wenn Christus nicht gekommen wäre, wenn er nicht für Sünder gelebt und gelitten hätte, wenn er nicht gestorben wäre und hätte die Pforten des Paradieses, der ewigen Ruhe und Freude nicht eröffnet, wenn er uns sein Evangelium nicht predigen ließe, so wäre es nicht *so* jämmerlich. Aber jetzt nach dem Vergänglichen und Verweslichen zu greifen und von seinem Dasein in Zeit und Ewigkeit nichts davonzutragen als das Futter, das Gott den Tieren ohne Sorgen und Arbeit gibt, nachdem wir zu seiner ewigen Herrlichkeit berufen sind in Christus Jesus: das ist über alle Maßen jämmerlich.

II. Liebe Zuhörer! Es wäre etwas anderes, wenn der Heiland die Seinen darben und hungern ließe, wenn man die ewige Seligkeit mit lauter irdischer Not erkaufen müßte. Man könnte dann doch sagen: wenn der Heiland will, daß die Menschen sich bekehren sollen, so muß er nicht solche Bedingungen machen. Obwohl, müßten wir den nicht für einen klugen Kaufmann halten, der eine ewige Seligkeit für eine kurze und zeitliche Erdennot kaufte? Aber seht, das ist gar nicht nötig; denn der Heiland sorgt auch für das zeitliche Fortkommen der Seinen, und dieses ist nicht vergessen von ihm.

Zwar haben ihm die Welt und der Satan von jeher den Vorwurf gemacht, daß man bei ihm in Hinsicht auf den Nahrungsstand zurückstecke. Der Bauer sagt: wenn ich mich bekehren würde, so würde mir das Geistliche zu viel Zeit wegnehmen, da wollte ich sehen, wie meine Güter besorgt würden. Der Handwerksmann sagt: würde ich mich bekehren, so müßte ich von aller Ungerechtigkeit abtreten, ich dürfte diesen oder jenen Vorteil, diesen oder jenen Schleichweg nicht mehr benützen, ich müßte meine Kameradschaft verlassen, worauf doch meine Kundschaft beruht, sie würden andere Meister suchen. Da müßte ich diesen oder jenen Ort, diese oder jene Gelegenheit meiden, und mein Brot steht doch darauf, daß ich hingehe und mich beliebt mache bei den Menschen, wovon sollte ich doch mit den Meinen leben? Der Kaufmann sagt: so genau und redlich zu handeln, wie die Bibel es fordert, ist in gegenwärtiger Zeit für einen Kaufmann unmöglich. Wenn ich keine Ware mehr einschwärzen darf, wenn ich in meinen Käufen und Verkäufen, in meinen Angaben und Rechnungen allenthalben bei der strengsten Wahrheit bleiben soll, so bleibt mir nichts übrig, als meinen Laden zu schließen und mit den Meinen zu betteln. Der Holzdieb, der die Wälder plündert, meint, er habe sonst keinen anderen Erwerbszweig als diesen, und soll ich denn mit den Meinen erfrieren? Mit alledem soll nun bewiesen werden, daß man sich nicht so genau nach dem Wort Gottes richten könne um des Brotes willen, daß der Heiland den Seinen ihr Brot schmälere. Solcher Vorwände gibt es noch unzählige. Sind sie aber richtig? Nein! Sie sind Lügen, eigentliche Geburten jenes irdischen Sinnes. Wenn die Apostel so hätten denken mögen, meint ihr auch, sie wären die Apostel geworden? Matthäus war ein Zöllner; von der Zollbank weg, wo er sein Brot suchen mußte, berief ihn der Heiland. Sogleich stand er auf und folgte ihm nach. Petrus und Andreas, Johannes und Jakobus waren Fischer, und der Heiland rief sie von ihren Schiffen und Netzen weg. Sie entschuldigten sich nicht mit ihrem Brot, sondern folgten dem Zug des Vaters zum Sohne einfältig. Aber eben daran fehlt es, wenn man sich so entschuldigen will. Man mag den Heiland nicht, man hat keinen Zug zu ihm. Und da muß das Brot zum elenden Vorwand dienen.

Die Apostel hätten begründete Ursache gehabt, solche Entschuldigungen vorzubringen; denn sie verließen Haus, Hantierung, Weib, Kinder und alles Zeitliche um des Namens Jesu willen; aber die heutigen Götzendiener, denen der Bauch ihr Gott ist, und die dem Heiland den Vorwurf machen wollen, daß man bei ihm Not leiden müsse, haben keine begründete Ursache. Sollte der, der uns angewiesen hat, den Vater um das tägliche Brot zu bitten, unbekümmert darum sein, ob die Seinen ihr tägliches Brot haben oder nicht? Sollte der treue Hohepriester, der noch vom Kreuze herunter seine Mutter seinem geliebten Johannes empfahl, daß er für ihren Unterhalt und ihre Sicherheit sorgen möchte, der also aus eigener Erfahrung weiß, wie einem Menschen der Blick auf das Fortkommen und die Notdurft der Seinen zu schaffen machen kann; sollte der kein Herz haben für die äußerlichen Bedrängnisse seiner Sache, und kein Ohr, wenn sie ihn um Hilfe anrufen in leiblicher, in Nahrungsnot? Gewiß nicht. Er ist ein treuer Hirte, und nicht nur die geistlichen, sondern auch die leiblichen, d. h. alle Bedürfnisse seiner Schafe und Lämmer liegen ihm am Herzen. Wie töricht ist es, wenn man sich und andere glauben machen will, daß durch eine wahrhafte Bekehrung zu Jesus das Brot geschmälert und gehindert werde! Beweist die Erfahrung nicht oft gerade das Gegenteil? Wie manchen, der vor seiner Bekehrung mit viel Nahrungssorgen zu kämpfen hatte, hat der Herr, als er sich wahrhaftig und mit ganzem Herzen ihm übergeben hatte, derselben überhoben! Wie mancher hat durch seinen gottlosen Wandel das Zutrauen seiner Mitmenschen verloren, und als er ein Jünger Christi geworden war, dasselbe und dadurch ein besseres zeitliches Fortkommen wieder erlangt! Gewiß, „die Gottseligkeit ist zu allen Dingen nütze und hat die Verheißung dieses und des zukünftigen Lebens.“ Hat denn der Heiland nicht tausend Mittel und Wege zu helfen? Stehen ihm nicht alle Kassen offen? Ist er nicht unendlich reich, oder ist der Teufel reicher als er? Kann er dir nicht einen zeitlichen Vorteil, wenn du ihn um seines Namens willen fahren läßt, tausendfältig ersetzen? Kann er nicht das Kleine segnen? Hat er nicht fünftausend Mann mit fünf Gerstenbroten und zwei Fischlein gespeist! Und ist seine Hand jetzt verkürzt? Er hat gesagt: „Trachtet am ersten nach dem Reich Gottes und nach seiner Gerechtigkeit, so wird euch alles andere zufallen.“ Er wird aber sein Wort halten. Eher muß Himmel und Erde vergehen, ehe er sein Wort nicht halten sollte.

Aber freilich ein bequemes, fleischliches Leben, Wohlleben hat der Herr den Seinen damit nicht versprochen. Es können auch über einen Christen Zeiten der Not kommen, so gut wie über einen Nichtchristen, Zeiten, wo das tägliche Brot schmal zugemessen ist. Der Herr führt die Seinen manchmal geflissentlich in solch eine Probe, um ihren Glauben zu läutern und ihnen, während das Äußerliche entzogen wird, die ewigen Güter desto näher zu bringen. Auch kann es besondere Umstände geben, wo ein Nachfolger des Heilands um des Namens Christi willen Not und

Mangel leiden muß wie die Apostel, die in ihrem Beruf Hunger und Fährlichkeit und Blöße erduldeten. Und wenn Gott Gerichte über ganze Nationen kommen läßt, so werden seine Kinder selten damit verschont. Ich sage selten, denn man hat auch schon Beweise vom Gegenteil. Der Drangsal dieses Zeitlaufes ist ein Christ so gut ausgesetzt wie ein Nichtchrist. Aber es ist dann doch ein großer Unterschied zwischen dem Leiden eines Christen und eines Nichtchristen. Der Nichtchrist leidet, weil er muß, der Christ nach dem Willen Gottes. Ein Christ hat, wenn ihm alle äußere Hilfe zerrinnt, doch seinen Gott noch, und das ist mehr als alles. „Wenn mir auch Leib und Seele verschmachtete“, sagt Assaph, „so bist du doch meines Herzens Trost und mein Teil.“ Das Herrlichste aber ist das, daß der Heiland die Seinen gerade durch solche äußeren Bedrängnisse in Kräfte und Seligkeiten hineinführt, die ihnen ohne sie fremd geblieben wären. Da wird der Glaube geläutert, geübt, gestärkt, der Eigenwille gebrochen, das Herz desto fester auf den einzigen und ewigen Fels gegründet, je mehr die äußeren Stützen entzogen werden. Da lernt man wohl auch erfahren, daß der Mensch nicht vom Brot allein lebe, sondern von einem jeglichen Wort, das durch den Mund Gottes geht. „Die Trübsal schafft eine friedsame Frucht der Gerechtigkeit denen, die dadurch geübt sind.“ Um alle Schätze der Welt gäbe man solch eine Leidenszeit nicht wieder her, wenn es auch möglich wäre, weil man wohl erkennt, was man darunter gefunden und erlangt hat.

Wenn wir den Heiland von Herzensgrund suchen würden, so würden wir ihn auch finden und erfahren, daß man gute Tage bei ihm hat, gute Tage auch in Armut und Trübsal. Wie ganz anders wird dann gearbeitet, wie ganz anders wird des Tages Last und Hitze getragen, welch ein Segen verbreitet sich über alles Tun und Leiden der Menschen, die einen Heiland haben und wissen, daß sie ihn haben! Wenn man nicht mehr im eigenen Willen sich durch die Welt hindurchzwingen muß, wenn man sein Brot nicht mehr selbst, wie wenn kein Heiland wäre, erwerben muß, sondern seinem Beruf im Aufblick auf Jesus nachzukommen trachtet und das übrige, den Segen, vom Herrn erwartet; wie glücklich ist man da! Der eigene Wille, der Geiz, der Sorgengeist, das sind harte Herren, die ihre Knechte greulich plagen und ihnen keine Ruhe lassen weder Tag noch Nacht. Das Regiment Jesu aber ist ein sanftes Regiment. Wenn ihr in euren Feldern steht und arbeitet, und die Sommersonne bescheint und durchglüht euch den ganzen Tag, daß die Zunge vor Trockenheit am Gaumen klebt, und ihr habt vielleicht nicht einmal einen Trunk zur Erquickung und habt auch nichts in eurem Herzen, das euch aufrichtet, und müßt so die schwere Tageslast tragen, wie sie ein Tier auch trägt; oder es treibt und erquickt euch nur der Blick auf den Vorteil, auf euer und eurer Kinder Fortkommen, wie arm, wie blutarm seid ihr dann! Es ist nicht auszusprechen, wie sehr ihr dann zu bedauern seid. Aber wenn ihr den Trost und die Hoffnung des Evangeliums im Herzen habt, wenn man denken kann, mein Heiland hat auch einst um meinetwillen saure und schwere Arbeit getan, und was wird es doch sein in der Ewigkeit, dort wird nicht mehr die Sonne oder irgendeine Hitze auf mich fallen, sondern das Lamm wird mich leiten und führen zu den lebendigen Wasserbrunnen! Darum, meine Seele, harre aus und denke daran, „daß die Leiden dieser Zeit nicht wert seien der Herrlichkeit, die an dir soll geoffenbart werden.“ O meine lieben Zuhörer, wenn solcher Trost im Herzen ist, ist man dann nicht reich in aller Armut? Seht, das möchte man den Menschen so gern gönnen, den armen, den geplagten Menschen, die zu ihrem Stückchen Brot auf eine so mühsame Weise kommen, den Menschen, die der Druck der gegenwärtigen Zeit am meisten trifft, so gerne möchte man es ihnen gönnen, daß der Friede des Heilands sie in ihrer Mühe und in ihrem Schweiß erquickte und tröstete. Und auch die, die da zu ihrem täglichen Brot nicht auf eine so mühsame Weise kommen müssen, von allerlei anderen Lüsten, Begierden und Wünschen umgetrieben und beherrscht werden, auch diesen gönnte man es so herzlich gern, wenn sie in diesem armen Leben nicht ihr Teil dahinnehmen müßten, sondern das Bessere, das Gott den Menschen bereitet hat, die Speise, die da bleibt in das ewige Leben, schmecken könnten, welche ihnen des Menschen Sohn geben würde. Mit Christus leben heißt erst – leben. O daß recht viele dies zu Herzen nehmen möchten!

Wer leben will und gute Tage sehen,
Der wende sich zu dieses Hirten Stab!
Hier wird sein Fuß auf süßer Weide gehen,
Da ihm die Welt vorhin nur Träber gab.
Hier wird kein Gutes je vermißt,
Dieweil der Hirt ein Herr der Schätze Gottes ist.

Amen.

29. Am Sonntag Judica

Welcher unter euch kann mich einer Sünde zeihen? So ich euch aber die Wahrheit sage, warum glaubet ihr mir nicht? Wer von Gott ist, der hört Gottes Worte; darum hört ihr nicht, denn ihr seid nicht von Gott. Da antworteten die Juden und sprachen zu ihm: Sagen wir nicht recht, daß du

ein Samariter bist und hast den Teufel? Jesus antwortete: Ich habe keinen Teufel, sondern ich ehre meinen Vater, und ihr unehret mich. Ich suche nicht meine Ehre; es ist aber einer, der sie sucht, und richtet. Wahrlich, wahrlich ich sage euch: So jemand mein Wort wird halten, der wird den Tod nicht sehen ewiglich. Da sprachen die Juden zu ihm: Nun erkennen wir, daß du den Teufel hast. Abraham ist gestorben und die Propheten, und du sprichst: „So jemand mein Wort hält, der wird den Tod nicht schmecken ewiglich." Bist du mehr denn unser Vater Abraham, welcher gestorben ist? Und die Propheten sind gestorben. Was machst du aus dir selbst? Jesus antwortete: So ich mich selber ehre, so ist meine Ehre nichts. Es ist aber mein Vater, der mich ehrt, von welchem ihr sprecht, er sei euer Gott; und kennet ihn nicht, ich aber kenne ihn. Und so ich würde sagen: Ich kenne ihn nicht, so würde ich ein Lügner, gleichwie ihr seid. Aber ich kenne ihn und halte sein Wort. Abraham, euer Vater, ward froh, daß er meinen Tag sehen sollte; und er sah ihn und freute sich. Da sprachen die Juden zu ihm: Du bist noch nicht fünfzig Jahre alt und hast Abraham gesehen? Jesus sprach zu ihnen: Wahrlich, wahrlich ich sage euch: Ehe denn Abraham ward, bin ich. Da hoben sie Steine auf, daß sie auf ihn würfen. Aber Jesus verbarg sich und ging zum Tempel hinaus. Joh. 8, 46 - 59

Unser heutiges Evangelium stellt uns die Worte des Apostels *(Hebr. 12, 3)*, „gedenket an den, der ein solches Widersprechen von den Sündern wider sich erduldet hat", in ein besonders helles Licht. Wir sehen hier den Heiland umgeben von einem Haufen Juden, die anfangs seiner Rede zufielen *(Joh. 8, 30)*, bald aber wieder Ärgernis daran nahmen, endlich in harte Lästerreden über ihn ausbrachen, und zuletzt Steine aufhoben, ihn zu töten. Es war in der

Hauptsache Religionseifer, was sie dazu antrieb. Sie kannten Gott nicht, und meinten ihn zu kennen. Denn wenn sie Gott gekannt hätten, so hätten sie auch den Sohn Gottes gekannt. Hierin liegt die Ursache aller Ärgernisse, die man an Christus nimmt. Man darf keck behaupten, daß alle diejenigen, die sich auch in unseren Tagen so feindselig gegen Christus betragen, Gott nicht kennen. Wer den Sohn verwirft, der kennt den Vater nicht. Ich will noch weiter über diese wichtige Sache reden, indem ich unter Gottes Beistand zum Gegenstand meines heutigen Vortrages

die Erkenntnis Gottes

machen werde. Ich will zeigen,

I. **wie man zu der Erkenntnis Gottes gelange,**
II. **wie notwendig diese Erkenntnis sei.**

Die Welt kennt Dich nicht, großer Gott, und kein weltlich gesinnter Mensch kennt Dich. Wenn sie Dich kennten, so würden sie ja abtreten von der Sünde und zum Sohn eilen. O mache uns nüchtern, auf Deine Züge und Offenbarungen an unser Herz zu achten und sie zu verstehen; errette uns aus dem Tode und dem Dienst der Eitelkeit und der inneren Zerstreuung und gib uns ein stilles und gesammeltes Herz, auf daß wir Dich finden und nicht mit der Welt dahinfahren! Amen.

I. Die Erkenntnis Gottes ist etwas sehr Rares unter den Menschen. Es gibt wenige Menschenkinder, die Gott erkennen. Zwar, wenn ich unter euch herumfragen würde, ob ihr Gott kennt, so würde ich von euch meistens bejahende Antworten erhalten. Wie sollte ich Gott nicht kennen, würdet ihr sagen, er ist mir ja von Jugend auf bekannt gemacht worden. Ich bin doch unter Christen geboren und aufgewachsen, und bin kein Heide! Wenn ich dann weiter fragen würde: wenn ihr Gott kennt, so müßt ihr auch wissen, wer und was er ist, so würden wenige unter euch die Antwort schuldig bleiben. Solches wissen wir wohl, würdet ihr sagen: „Gott ist ein unerschaffenes, geistiges Wesen, ewig, allmächtig, allgegenwärtig, allwissend, weise, gerecht, heilig, wahrhaftig, gütig und barmherzig. Er ist der Schöpfer und Herr Himmels und der Erde, Vater, Sohn und Geist." Aus diesen und dergleichen Antworten könnte man nun allerdings sehen, daß ihr das, was ihr im Katechismus und im Konfirmationsbüchlein von Gott gelernt habt, gut behalten haben müßt; aber ob eine Erkenntnis Gottes in euch sei, das wäre eine andere Frage. Einiges Wissen von Gott hättet ihr; aber Erkenntnis Gottes könnte man euch darum nicht zusprechen. Seht die Juden in unserem Evangelium. Wer Gott sei und was Gott sei, wußten sie wohl. Sie wußten die Geschichte der Führungen Gottes mit dem Volk Israel; sie wußten von Abraham und den Propheten, wie aus ihren Worten in unserem Evangelium zu ersehen ist. Auch waren sie mit den göttlichen Geboten des Alten Testaments bekannt. Sie wußten zum Beispiel, daß ein Gotteslästerer nach dem Gesetz Moses gesteinigt werden soll, und hoben deswegen Steine auf, als sie meinten, der Heiland habe eine Gotteslästerung ausgesprochen. Sie waren eifrige Juden, in ihrem Gesetz, in ihrer Bibel wohl bewandert. Aber Gott kannten sie darum nicht. Dies sagt ihnen der Heiland ins Gesicht hinein: ihr kennt Gott nicht, und daraus, daß ihr sprecht, wir kennen ihn, ist zu sehen, daß ihr Lügner seid. Und so ist es noch jetzt. Unzählige in der Christenheit, die da meinen, Gott zu kennen, wissen nur von ihm. Man kann die Bibel und den Katechismus auswendig wissen, man kann eine treffliche Wissenschaft von Gott und göttlichen Dingen in seinem Kopf haben und kann doch dabei ein blinder, toter Mensch sein, der Gott so wenig kennt wie ein Blindgeborner das Licht und die Farben. Und ein Mensch kann so unwissend sein, daß er nicht zu lesen imstande ist und keinen Spruch aus der Bibel auswendig weiß, und doch ist es möglich, daß er Gott kenne. So groß ist der Unterschied zwischen der Erkenntnis Gottes und dem buchstäblichen Wissen von Gott.

Ich will euch aber noch näher erläutern, was eigentlich unter Erkenntnis Gottes zu verstehen ist. Der Erkenntnis Gottes muß eine Bekanntschaft mit Gott vorausgehen. Man kann nicht sagen, daß man einen Menschen kenne, wenn man nur von ihm gehört hat. So ist es auch bei Gott. Wer da sagt, er kenne ihn, der muß mit ihm in Bekanntschaft, in irgendeinem Verhältnis stehen, wo er mit ihm zu tun gehabt und ihn so kennengelernt hat. Solange Gott und der Mensch noch zwanzigtausend Meilen weit auseinander sind, solange ganze Gebirge von Sünden und Untugenden, von irdischem Sinn, Hochmut, Eigenwillen und allerhand Begierden und Lüsten zwischen dir und deinem Gott liegen, siehe, solange kannst du nicht sagen, du kennest ihn. Vielleicht greift er ein oder einige Male herüber über diese Gebirge mit seinem allmächtigen Arm und greift dir in dein Gewissen hinein und macht dir Unruhe, oder er bringt dich in eine äußere Verlegenheit, daß du zu ihm schreien mußt, oder er hilft dir auf eine Art, daß du seinen Arm wohl merken kannst; aber das ist doch noch keine rechte, eigentliche Bekanntschaft mit Gott. Man muß im Umgang mit Gott, in einem Kindesverhältnis zu Gott stehen; man muß, wie Henoch, ein göttliches Leben führen; man muß vor seinen Augen wandeln; man muß ein Herzensgefühl der Liebe zu ihm haben; man muß in Wahrheit sagen können, ich weiß, daß Gott mein Gott ist; man muß ihm in sein Herz geblickt haben und noch blicken, mit einem Wort: man muß ein Freund und Bekannter Gottes sein, dann erst kann man sagen, man kenne ihn. Denn in solcher Bekanntschaft und im Umgang mit ihm erfährt man je mehr und mehr, daß Gott das allerheiligste, das allerlauterste, das allerliebevollste Wesen ist; man erfährt, daß er das höchste Gut ist, dem nichts Wünschenswerteres an die Seite gestellt werden kann; man erfährt, daß sein ist beides, Weisheit und Stärke; man erfährt je mehr und mehr, daß er ein ewiger Abgrund aller Seligkeit und aller Kräfte ist; kurz, man erfährt, daß er Gott ist. So lernt man Gott kennen. In dieser Erfahrung und Erkenntnis liegt die Seligkeit.

Wie gelangt man nun aber zu dieser Bekanntschaft und Erkenntnis Gottes? Zuerst will ich euch sagen, was Gott tut, um uns dazu zu führen. Nachher will ich euch sagen, was wir dabei zu tun haben.

Gott tut unaussprechlich vieles, um die Menschen mit ihm in Bekanntschaft zu bringen. Er begegnet ihnen auf den verschiedensten Wegen. Er offenbart sich auf die mannigfaltigste Weise, ob sie etwa seine Kraft merken und seine Spur finden möchten. Er ist selig ohne uns. Wenn wir alle in ewiger Finsternis, Blindheit und Hölle sitzen, so tut das seiner Seligkeit keinen Abbruch, und wenn wir alle in seiner Erkenntnis selig werden, so erhöht das seine Seligkeit nicht. Er bedarf unser gar nicht. Aber aus freier Barmherzigkeit und Gnade will er uns auch selig haben in ihm. Darum begegnet er uns allenthalben, damit wir ihn fühlen und finden sollen. Ich will einige Hauptwege, worauf er den Menschen mit der Offenbarung seines Selbst entgegenkommt, anführen.

Ein solcher Weg ist die äußere Natur. Gott offenbart seine ewige Kraft und Gottheit und auch seine Güte auf mannigfaltige Art in der Natur. Was für eine Offenbarung der Güte und Allmacht Gottes ist nur ein fruchttragender Baum! Welche Kraft Gottes, die aus einem so kleinen Kern ein so mächtiges Gewächs und aus einer Knospe eine so schöne und wohlschmeckende Frucht hervortreibt! Welche Güte Gottes, daß er solche Früchte für die Menschen bereitet! Aber nicht nur ein Baum ist eine Offenbarung Gottes, jeder Grashalm, jedes Blümchen, jedes Blatt, jede Pflanze, jeder Stein ist es. Das sind lauter Worte Gottes an uns. Wer den Erdboden betritt, der ist sogleich umringt von Worten und Offenbarungen Gottes. Gott spricht in der Natur eine ziemlich deutliche Sprache. Wenn ein Donnerwetter über unseren Kopf dahinfährt, so spricht er hörbar: „Ihr Menschenkinder, merkt, ich bin der Herr, ich kann verderben, wen und was ich will. Ihr seid in meiner Hand und könnt nicht entrinnen." Und wenn er das Feld mit seinem Segen schmückt, wenn die Saaten gedeihen und er unsere Herzen erquickt mit Speise und Freude, so heißt ja das gewiß nichts anderes als: ihr Kleingläubigen, was mögt ihr doch immer sorgen und sagen, was werden wir essen, was werden wir trinken, womit werden wir uns kleiden? Schaut doch und denkt daran, was der Allmächtige, was der Allweise, was der Allgütige kann! O daß wir auf diese Sprache besser achteten!

Ihn predigt Sonnenschein und Sturm,
Ihn preist der Sand am Meere;
Bringt, ruft auch der geringste Wurm,
Bringt unserm Schöpfer Ehre!
Mich, ruft der Baum in seiner Pracht,
Mich, ruft die Saat, hat Gott gemacht,
Gebt unserm Gott die Ehre!

Gott begegnet den Menschen aber auch noch auf anderen Wegen. Er spricht mit ihnen und sucht sie in eine

Bekanntschaft mit sich zu bringen durch ihre und anderer Menschen Lebensführungen, doch besonders durch die eigenen. Da kommt er bald mit Lieben, bald mit Leiden. Jetzt hat man Anlaß zur Freude, jetzt bricht eine Not und Verlegenheit herein; es wird wieder herausgeholfen, oft auf sonderbare Weise. Es ist ein beständiger Wechsel. Da tritt oft die Weisheit, die Gerechtigkeit, die Güte Gottes auf eine recht augenscheinliche Weise hervor; die Weisheit, die auch aus Bösem Gutes herauszuführen weiß, die Gerechtigkeit, die schon in dieser Welt oft stiller, oft lauter ihr heiliges Wiedervergeltungsrecht ausübt, die Liebe, die sich nicht schämt, dem armen Ton den Unflat abzuwaschen, Verächter ohne Dank und Lohn mit Liebe zu erhaschen. Täglich begegnet uns Gott, er begegnet uns in den gemeinsten, alltäglichsten Umständen. Wie viel kommt oft nur darauf an, was du gerade zu dieser oder jener Stunde tust, wo du bist, mit wem du zusammentriffst, was du redest, was liegt oft in der Verwicklung der allerkleinsten Umstände! Welche Vorsorge Gottes offenbart sich darin! Wie führt er oft aus Unbedeutendem Wichtiges heraus! Oft freilich ist seine Sprache noch deutlicher. Er klopft auch hörbarer an die Tür, ja er schlägt zuweilen mit seinem allmächtigen Arm daran, daß Seele und Gebeine beben. Was will er mit alledem? Auf seine Spur will er die Menschen leiten. Er reckt seine Hände aus den ganzen Tag. Er ruft vom Aufgang der Sonne bis zu ihrem Niedergang. Ein Tag sagt es dem andern, und eine Nacht verkündet es der andern. Aber die Menschen sind sehr verkehrt. Geht es ihnen wider den Willen, so suchen sie allenthalben die Schuld, nur nicht in sich selbst. Sie werden mürrisch und denken auf Mittel, ihre Last von sich zu werfen. Geht es ihnen gut, so schreiben sie es ihrer Geschicklichkeit oder ihrem Glück zu, die Spur Gottes finden sie schwer.

Ein dritter Weg, worauf Gott den Menschen begegnet, ist ihr Gewissen. Dieser Weg Gottes ist sehr verborgen; aber hier wirkt Gott am meisten. Es ist kein Mensch unter uns, dem die Kraft Gottes nicht schon auf diesem Wege nahe gekommen wäre. Sieh, jede, wenn auch nur leise Unruhe über eine Sünde ist ein Zeichen, daß Gott seine Heiligkeit an deinem Herzen offenbaren wollte. Es sind viele unter uns, denen es schon recht klar geworden ist, daß es Zeit sei, aufzustehen vom Schlaf, weil sie sonst dem Gericht anheimfallen. Solche Überzeugung ist eine Offenbarung Gottes in unserem Gewissen. O wie viel tut Gott in dieser Hinsicht! Er besucht die Menschen da und dort, bei Tag und bei Nacht, ja oft mitten im Taumel der Sünde und züchtigt sie. Da geht mancher dahin auf der breiten Straße und sieht gar vergnügt aus, und der Richter hat schon mit ihm gesprochen und ihn schon verurteilt. Und dieses Urteil ist ihm in das Herz geschrieben, und seine Gedanken verklagen und entschuldigen sich untereinander im Blick auf den Tag, da Gott das Verborgene ans Licht bringen wird.

Freilich dies alles könnten wir nicht verstehen, und Gott könnte uns auf diesen Wegen auch nicht begegnen, wenn er uns nicht seinen Sohn gegeben hätte. Wir sind Sünder, wir sind finster. Gott aber ist das allerlauterste Licht. Wenn Christus nicht gekommen wäre, so könnte er sich uns nicht mitteilen und offenbaren. Er könnte uns mit den Offenbarungen seiner Gotteskräfte nicht nahe werden. Gott und die Sünder müßten ewig geschieden bleiben, wenn Christus nicht gekommen wäre. Aber durch die Menschheit Christi, des Mittlers, hat sich Gott uns wieder mitteilbar gemacht. Durch Christus und um Christi willen ist es möglich geworden, daß die Kraft Gottes durch die Natur, durch die Führungen des Lebens und durch das Gewissen uns berühren kann. Wenn nun Gott wieder seine

Frühlingsherrlichkeiten vor unseren Augen ausbreiten wird, wozu er bereits den Anfang gemacht hat, und einer oder der andere von uns sollte über diesem neuen Leben in der Natur zur Bewunderung und Anbetung Gottes in seinem Gemüt hingezogen werden, daß er bei sich sprechen müßte: „Was bist du doch für ein wunderbarer, starker und gütiger Gott, der du uns solches vor die Augen führst!" und er könnte sich so Gottes freuen und ihn von Herzen loben – ein solcher Mensch soll wissen, daß ihm Gott durch die Natur nahe geworden ist, und diese Offenbarung Gottes an seinem Herzen hat er Christus zu danken. Und wenn du über irgendeine Lebensführung zum Lob und zur Anbetung Gottes gereizt wirst, oder wenn dich dein Gewissen züchtigt, so sind das lauter Anfänge und Samenkörner der Erkenntnis Gottes. Aber auch diese geringen Anfänge könnten nicht an unser Herz kommen, ganz finster müßten wir bleiben, ganz ausgeschlossen von Gott, blind, verstockt, in uns selbst verschlossen, gefühllos, gottlos, unzugänglich für das Göttliche müßten wir bleiben, wenn nicht der Sohn Gottes durch seine Menschwerdung wieder göttliches Leben in die Menschheit getragen und durch seinen ganzen Lauf von der Krippe bis zum Thron die Wirkung Gottes auf die Menschen und den Zugang der Menschen zu Gott wieder möglich gemacht hätte.

Aus dieser Quelle ist es auch hergeflossen, daß wir das Wort Gottes haben, in dem uns Gott mit seiner Kraft unmittelbarer, schärfer, inniger entgegenkommt als auf irgend einem anderen Weg, ohne das wir die anderen Begegnungen Gottes durch die Natur, durch das Gewissen und die Führungen des Lebens nicht recht verstehen könnten. Es gibt erst das rechte Licht darüber, in dem nicht nur die Natur, sondern auch das Herz Gottes uns auf die herrlichste Weise entdeckt wird. Weil Gott den ersten Eltern den Schlangentreter verheißen hatte, darum, und nur um dieses Schlangentreters willen, hat er sich mit ihnen auch nach ihrem Fall wieder eingelassen und einlassen können. Wenn der Sohn Gottes nicht in der Fülle der Zeit Mensch geworden wäre, so hätte sich Gott nicht Abraham, Isaak und Jakob, nicht Mose, nicht dem Volk Israel, nicht David und den Propheten geoffenbart. Solches tat er nur im Blick auf den kommenden Mittler, und konnte es tun, weil Jesus sich selbst Gott geopfert hat durch den ewigen Geist, also sein ganzes Werk, das er vollbracht hat, rückwärts und vorwärts in der Zeit wirkt. Das ganze Alte Testament, aus dem doch jeder rechtschaffene Israelit Gott kennenlernte, wenn auch noch auf unvollständige Weise, haben wir nur um Christi willen und durch Christus. Und wo sollte das Neue Testament bleiben und alle Heilsanstalten des Neuen Testaments, wenn Christus nicht gekommen wäre? Daß wir eine Bibel haben, daß wir darin so viele herrliche Sprüche haben, worin uns das Herz Gottes, sein Herz gegen die Sünder vor Augen gestellt ist, daß wir eine christliche Kirche haben, daß uns das Wort Gottes gepredigt wird, daß wir Taufe und Abendmahl haben, daß Gott zu diesem allen seinen Geist gibt, daß drei sind, die da zeugen auf Erden, der Geist, das Wasser und das Blut: dies alles ist uns aus der ewigen Heilsquelle, aus der Menschheit Christi zugeflossen.

Und nun bedenkt doch die mannigfaltigen Wege, auf denen Gott uns begegnet. Er offenbart sich und will an unser Herz dringen durch die Natur, durch Führungen des Lebens, durch das Gewissen, durch sein Wort, durch seine Anstalten, durch die Predigt des Evangeliums, durch die Sakramente. Wir sind mit lauter Begegnungen und Offenbarungen Gottes, wir sind mit lauter Gott umgeben. Wir können keinen Schritt tun, ohne auf ihn zu stoßen. Der Leichtsinn, der irdische Sinn, der Weltsinn, die Liebe zur

Kreatur, zu dem, das nicht Gott ist, zur Sünde, entreißt den Menschen freilich alles innere Gemerk und Gefühl für Gott und läßt seine Kraft nicht an ihr Herz kommen. Sie überhören und übersehen seine Züge. Das Rad ihrer Natur bewegt sich zu ungestüm. Der Umtrieb in den Geburten der Sünde und des Eigenwillens ist zu groß, die Gedanken ihres Herzens sind zu unstet und unruhig, die Sünde stumpft zu sehr gegen das Göttliche ab, als daß sie Gott finden könnten. Aber ob sie ihn gleich nicht finden, so ist es doch wahr, daß er sie mit der Offenbarung seines Wesens und Herzens wie die Luft umgibt, und jener Tag wird es bei all denen, die Gott nicht erkennen, besonders bei denen, die in der christlichen Kirche lebten, in das klarste Licht stellen, daß sie nicht gewollt haben, weil sie die Finsternis mehr liebten als das Licht.

So begegnet uns Gott. Es fragt sich nun, was haben wir auf unserer Seite zu tun, um zur Erkenntnis Gottes zu gelangen? Unser Ganzes ist, daß wir die Züge Gottes an unser Herz kommen lassen und ihnen nicht widerstreben. Es liegt in allen diesen Begegnungen und Offenbarungen Gottes etwas, das auf Buße hinleitet. Wenn etwas von der Größe und Kraft Gottes offenbar wird im Herzen, so liegt sehr nahe dabei das Gefühl unserer Kleinheit und Nichtigkeit, und die Güte Gottes führt natürlich und geschwind auf unsere Unwürdigkeit; wenn er aber seine Heiligkeit im Gewissen offenbart, so wird ja eben dadurch unsere Schuld und Strafwürdigkeit entdeckt. Geht hinaus auf das Feld, ist nicht jeder Baum und jede Pflanze ein beschämender und verdammender Zeuge gegen uns? Ein Baum ist das, wozu ihn Gott bestimmt hat, ein unverfälschtes Meisterstück Gottes, wer bin aber ich? Zu einem heiligen und seligen Gottesmenschen bin ich bestimmt, Früchte soll ich tragen, die da bleiben ins ewige Leben, und nun, wo sind die Früchte, und wo ist der heilige Gottesmensch? Ja, eine verkrüppelte, vergiftete, faule Sündenpflanze ist er geworden. Und wenn Gott unsere Felder und Weinberge segnet, muß uns das nicht aufs tiefste demütigen?

Jeder Tropfen, jeder Bissen,
Den mir deine Hand beschert,
Rufet mir in mein Gewissen:
Bist du auch des Einen wert?

So liegt in allen Begegnungen und Offenbarungen Gottes an unseren Herzen etwas, das zur Buße treibt. Ja, daran magst du eben unterscheiden, ob ein Zug, der an dein Herz kommt, göttlich ist, oder ob er etwas Selbstgemachtes, durch die Kräfte deiner Natur Bewirktes ist. Wenn du die herrlichsten Empfindungen von Gott und göttlichen Dingen in deinem Herzen hast, und deine eigene Nichtigkeit, deine Jämmerlichkeit wird dir dabei nicht klar und offenbar, so sind jene Empfindungen gewiß nicht göttlicher Natur. Denn zur Anerkennung unseres Elendes, unserer Sünde, d. h. zur Wahrheit will uns Gott allenthalben leiten. Dies sehen wir an der ganzen Bibel. Sie predigt von vorn bis hinten die Sünde, das Elend der Menschen, d. h. sie predigt Buße. Buße predigt das Gesetz, Buße predigt das Evangelium. Es ist kein Blatt in der Bibel, das nicht auf irgendeine Weise Buße predigte, d. h. die Sünde, die Strafwürdigkeit, die Vergänglichkeit, Kleinheit und Hilflosigkeit des Menschen vor Augen stellte. Alle Züge Gottes an die Herzen der Menschen zielen auf ihre Demütigung.

Wer sich dies nun gefallen läßt, wer dem Zug Gottes folgt und läßt sich seine Sünde und Hilflosigkeit, die ihm Gott allenthalben offenbaren will, in das Licht stellen, ein solcher Mensch wird Christus, den Heiland der Sünder, den Bürgen, der genug getan hat für uns, den Arzt, der alle Gebrechen heilen kann, suchen. Und wenn er ihn ernstlich sucht, so wird er ihn auch finden. Er sucht ihn im Wort, er sucht ihn mit Gebet und Flehen, er schreit zu ihm, er hat keine Ruhe mehr ohne ihn, er setzt alles daran, Jesus zu finden. Er kann sich nicht mehr mit dem begnügen, was er von Jesus auswendig gelernt oder sonst gehört hat, er möchte ihn selbst haben, in seinem Herzen möchte er ihn haben, er möchte mit ihm aufs allerinnigste vereinigt werden, es kann ihn nichts mehr befriedigen als Jesus. Da erkennt man sein Elend, sein großes Elend immer mehr, da wird es immer mehr zur Gewißheit: ach, was bin ich ohne Jesus! Elend, jämmerlich und bloß! Da geht das Verlangen der Seele Tag und Nacht auf Jesus. Da heißt es: „Meine Seele dürstet nach Gott, nach dem lebendigen Gott. Ach, wann werde ich dahin kommen, daß ich Gottes Angesicht schaue? Wie ein Hirsch schreit nach frischem Wasser, so schreit meine Seele, Jesus, zu dir.“ Einem solchen Herzen offenbart sich Jesus entweder auf einmal oder nach und nach, nach seinem freien Wohlgefallen. O was findet das Herz an Jesus, was hat es an ihm! Es ist nicht auszusprechen.

Nun ist erst zur Erkenntnis Gottes der rechte Anfang gemacht, nun der rechte Grund gelegt. Was das Herz vorher von Gott erfahren und empfunden hat, das ist alles nur vorübergehend, nur vorbereitend gewesen. Es sind einzelne Lichtstrahlen gewesen, die in das Herz gefallen sind, die wohl Eindrücke zurückließen, aber keinen bleibenden Zustand herbeiführen konnten. Jetzt aber steht man in lebendiger, wahrer Gemeinschaft mit Gott durch Jesus Christus. Man ist ein Freund und Bekannter Gottes geworden und lernt nun Gott kennen und lernt ihn immer besser kennen. Nun darf man Geistesblicke tun in das Vaterherz Gottes, nun lernt man am Kreuz Christi und läßt das seine einzige Weisheit sein. Da erkennt man die Gerechtigkeit Gottes über die Sünde und seine ewige Heiligkeit, man erkennt seine Weisheit, die sich im Kreuze Christi auf so eine ausgezeichnete und vorher unerhörte Weise geoffenbart hat. Man erkennt je länger desto tiefer und inniger seine Liebe, die den Sohn für Sünder dahingab. Man erkennt auf eine neue Weise die Allmacht Gottes, die gewirkt hat in Christus und durch Christus an uns, daß er uns aus dem Tode in das Leben brachte. Da sieht man in die ewigen Abgründe der Reichtümer Gottes und kann kein Ende sehen und kann ihre Länge und Breite und Höhe und Tiefe nicht ermessen, da ruft man aus:

O ewiger Abgrund der seligsten Liebe,
In Jesus Christus aufgetan!
Wie brennen, wie flammen die heiligen Triebe,
Die kein Verstand begreifen kann!
Wen suchest du? Sünder, die schnöde Zucht,
Wen liebest du? Kinder, die dir geflucht.
O gutes, o seliges, heiliges Wesen!
Du hast dir was Schlechtes zum Lustspiel erlesen.

Nun findet man auch Gott, seinen Gott, besser denn zuvor in der Natur. Nun erkennt man seinen Weg und hat mehr Licht in seinen heiligen Führungen. So wächst man je mehr und mehr in der Erkenntnis Gottes, solange man an Christus bleibt, weil man im Glauben, in der Liebe und in der Gemeinschaft Gottes wächst.

II. Seht, das heißt Gott kennenlernen. Wenn man durch wahre Buße ein Eigentum Jesu wird, wenn man Vergebung der Sünden in den Wunden des Lammes findet und in eine wahre und lebendige Gemeinschaft mit dem Heiland kommt, dann ist man auf dem Weg der seligen, der wahren Erkenntnis Gottes. Das macht einen Christen aus. Nicht das macht uns zu Christen, wenn wir durch Hörensagen von Gottes Wesen, Wegen und Anstalten etwas wissen, sondern man muß in Christus in eine wesentliche Gemeinschaft mit Gott kommen. Das Herz, der innere Mensch muß ihn sehen, schmecken, fühlen, hören, genießen lernen. O wie selig ist ein Mensch, der in solcher Erkenntnis Gottes steht! Wenn er nur einen geringen Anfang davon hat, wenn er die Kraft Gottes nur von ferne spürt, wie selig ist er doch im Vergleich zu einem anderen, der das höchste Wissen von Gott und göttlichen Dingen besitzt, dessen Herz aber nichts davon genießt! Wenn ein Mensch die Natur der Speisen noch so gut verstände, und er könnte alle Nahrungsstoffe zerlegen, und er könnte es aufs beste auseinandersetzen, was das Brot sei und warum es nähre, und er würde nicht essen, würde er nicht verhungern? Und wenn jemand das schönste Wissen von Gott hätte und kennte die Wege Gottes und könnte den ganzen Bekehrungsprozeß am Finger herzählen, und die Wahrheit wäre nicht in seinem Herzen, was würde es ihm nützen? Nichts, gar nichts. Es verläßt und versteift sich zwar mancher auf sein christliches Wissen und buchstäbliche Erkenntnis und verachtet andere neben sich und meint, dem Reich Gottes um so viel näher zu stehen, je mehr er von Gott und göttlichen Dingen wisse. Aber dies ist weit, weit gefehlt. Solange du Jesus nicht als ein armer Sünder gesucht und gefunden hast, bist und bleibst du ein toter Mensch, du habest in deinem Kopf was du wollest.

Betrachtet nur unser Evangelium und erkennt daraus, was man bei aller buchstäblichen Erkenntnis für ein toter Mensch und Feind des Heilands sein kann. Was half den Juden ihr Wissen, das sie von Gott und göttlichen Dingen hatten? Nichts. Die Worte des Sohnes Gottes waren ihnen anstößig, ärgerlich, erregten ihren Grimm, obwohl sie von Gott manches wußten. Anfangs sprachen sie: „Sagten wir nicht recht, daß du ein Samariter bist und hast den Teufel?“

als wollten sie sagen, es scheint eben doch, je länger wir dir zuhören, daß du ein Ketzer bist, und daß dich ein Hochmutsteufel plage. Bald aber hieß es nimmer: „es scheint", sondern: „nun erkennen wir, daß du den Teufel hast", nun wissen wir es gewiß, daß der Hochmut dein Herz ganz eingenommen hat. Und als der Heiland noch einige Worte zu ihnen sagte, da hoben sie Steine auf, daß sie auf ihn würfen. Seht da diese rechtgläubigen Juden, die sich Gottes rühmten, wie wenig sie Gott kannten, ja, wie sie Feinde Gottes waren aus lauter falschem Religionseifer. So ist es aber noch heute. Wer nicht in lebendiger Bekanntschaft und Erkenntnis Gottes steht, der ist und bleibt ein blinder Feind Gottes, wenn er auch die ganze Bibel auswendig weiß. Die faulen Christen, die sich auf ihr buchstäbliches Wissen etwas zugute halten, diese sind von jeher die ärgsten Feinde des Heilands und seiner Leute gewesen. Mit Gewalt, mit dem Schwert haben sie den geringsten Funken göttlichen Lebens, der sich da und dort regte, auszulöschen gesucht, wenn es ihnen gestattet war. Sie sind viel grimmiger gegen den Heiland als die Heiden und rühmen sich wohl noch obendrein ihres Eifers für ihn. Dies hat die Erfahrung aller Zeiten bewiesen.

O liebe Zuhörer, es ist doch ein elendes Leben, wenn man dahinlebt, ohne seinen Gott zu kennen. Es ist ein finsteres, jämmerliches Leben, ein Mückenleben. Ja es ist elender als ein Mückenleben; denn eine Mücke hat doch keine andere Bestimmung, als eine Zeitlang hin und her zu schwärmen und dann zu sterben. Aber nicht so der Mensch. Gott hat ihm die Ewigkeit in das Herz gegeben, es kann ihn nichts beglücken, nichts wahrhaft befriedigen als Gott. Wenn man nun aber seinen höchsten Lebenszweck verfehlt, wie traurig ist das! O daß dies jedermann zu Herzen nehmen wollte! Was wird es euch doch helfen, ihr armen

Seelen, die ihr euch bisher mit dem toten Wissen begnügt habt? Was hilft euch doch solches in euren Lebens- und Leidensumständen, was wird es euch doch helfen im Tode? Man wird in der Ewigkeit nicht nach unseren Gaben fragen, auch nicht nach unserem auswendig gelernten Wissen, sondern darum wird es sich handeln, ob wir Gott wahrhaftig erkannt haben, ob wir Anbeter Gottes im Geist und in der Wahrheit, mit anderen Worten, ob wir ein Eigentum Jesu sind. Wie wollen wir dann bestehen? Es fährt euch jetzt schnell und glatt wie Butter aus dem Mund heraus:

Christi Blut und Gerechtigkeit,
Das ist mein Schmuck und Ehrenkleid!

Aber das wird euch nicht selig machen, wenn ihr dieses Verslein auswendig könnt. Die Gerechtigkeit und das Blut Christi muß wirklich und wesentlich euer Schmuck und Ehrenkleid werden. Die Worte, das Geschwätz werden uns nicht retten am Tage des Zorns. Gewiß, Gott läßt sich nicht spotten und sich keinen Dunst vor die Augen machen. Christus muß ins Herz, in das Herz sage ich, nicht in den Kopf. Hört, was der Heiland in unserem Evangelium sagt: „Wer mein Wort hält, der wird den Tod nicht sehen ewiglich." Wenn man Gott in Christus kennengelernt hat und in solcher Erkenntnis bleibt und wächst durch Treue und Gehorsam, das kann vom Tod erretten, sonst nichts. Die andern aber werden, wenn der Herr die Wurfschaufel in seine Hand nehmen und seine Tenne reinigen wird, als leichte Spreu erfunden werden. O bedenkt den Schrecken, wenn in der Ewigkeit erst die Täuschungen, die selbstgemachten Einbildungen verschwinden sollten! Wenn man sich sein ganzes Leben lang für reich gehalten hätte, für reich in Gott, und man müßte erst dann finden, daß man nichts hatte als falsches Geld, das in der Ewigkeit nicht angenommen wird, davor bewahre Gott jeden in Gnaden!

Wollt ihr nicht auch Gott kennenlernen? Aber seht, dann müssen wir auf die Züge Gottes an unserem Herzen achten. Sagt selbst, kann Gott uns durch die Natur nahe werden, wenn wir auf die Felder und Bäume sehen und dabei nichts tun als rechnen? Der Gewinn und Vorteil wird uns dann klar, nach Umständen klein oder groß im Herzen, aber Gott wird dabei vergessen. Er kann auch keinen Eindruck auf unser Herz machen. Und wie kann sich uns Gott in unseren Häusern und durch unsere Führungen offenbaren, wenn wir es allenthalben darauf anlegen, uns selbst zu führen, wenn der Geiz oder der Sorgengeist oder Wollust und Sündenlust uns umtreiben? Wo der eigene Fuß, und nur der eigene Fuß rauscht, da wird der leise, aber gewaltige Tritt des Herrn überhört. Und so ist's mit allen Offenbarungen Gottes. Die Bibel richtet nichts aus bei uns, die Predigt des Wortes führt uns nicht zu Gott. Es ist alles an uns verloren, wir bleiben gottlos, solange unser Herz nicht stille wird und auf Gottes Züge achtet. O fangt nur einmal an! Fangt nur im Kleinen an! Laßt z. B. nur die Kraft Gottes, die sich unter dieser Predigt an eurem Herzen geoffenbart hat, bei euch fortwirken. Es sind doch manche unter euch, in deren Herzen dieses oder jenes Wort Eingang gefunden hat. Diese Kraft Gottes sucht zu bewahren und führt eure Eindrücke ins Gebet vor Gott. Bittet ihn, er möge sie zu Samenkörnlein werden lassen für die Ewigkeit, und sucht sie selbst zu bewahren durch stillen Gehorsam, so wird sich euch Gott immer mehr offenbaren. An den kleinen Faden, den er zwischen sich und euch gesponnen hat, wird er noch andere knüpfen, bis ein großes, starkes Seil daraus wird, das heißt bis ihr den Sohn findet und in dem Sohn den Vater, Leben und volles Genüge. Dazu wolle uns Gott aus Gnaden verhelfen! Amen.

30. Am Palmsonntag

Text: Leidensgeschichte nach Joh. 12 - 13 und Mark. 14

Dieser Abschnitt der Leidensgeschichte reicht bis an die Gefangennahme Christi im Garten Gethsemane und enthält alles, was der Heiland als Vorbereitung auf seine Übergabe in die Hände der Sünder getan, geredet und gelitten hat. Es wird uns hier erzählt die Salbung Christi im Hause Simons, des Aussätzigen, in Bethanien, durch Maria, die Schwester des Lazarus; sodann, wie er am Mittwochabend seinen Jüngern die Füße gewaschen hat, wobei er ihnen seinen Verräter ankündigte; hierauf, wie er am Donnerstagabend das Osterlamm mit ihnen aß, das heilige Abendmahl einsetzte und noch manches über seinen Hingang zum Vater und über den Nutzen dieses Hinganges mit ihnen redete und sie tröstete, und wie er endlich über den Bach Kidron an den Ölberg ging und nach einem übermenschlichen, innerlichen Kampf der Schar, die ihn gefangennehmen wollte, getrost entgegentrat. Es ist natürlich, daß ich nicht alle diese Erzählungen besonders behandeln kann, weil es uns viel zu lange aufhalten würde. Ich will darum nur etwas herausnehmen, um darüber zu reden. Und da ist mir diesmal besonders wichtig geworden die gepreßte Herzensstellung des Herrn, die man unter allen diesen Geschichten an ihm bemerken kann. Ich werde daher reden,

I. wie bange es dem lieben Heiland auf seinem schweren Leidens- und Todesgang gewesen, und warum es ihm so bange gewesen ist,
II. was wir daraus lernen können.

Wie viel hast du erduldet,
Erhabner Menschensohn,
Als du, der nichts verschuldet,
Empfingst der Sünden Lohn!
Da traf dich Schmerz auf Schmerzen,
Da folgte Schmach auf Schmach,
Da lag auf deinem Herzen
Angst, die das Herz dir brach.

Auch die große Herzensnot, in der wir Dich vor Deiner Übergabe in die Hände der Menschen erblicken, großer Heiland, kommt uns Sündern ewiglich zugute; denn auch hier hast Du an unserer Statt gestanden. Dies lehre uns bedenken und glauben. Reiße uns aus unserer schnöden Gleichgültigkeit gegen Deine Liebe. Zerbrich und zerstöre die Ärgernisse, die unsere stolzen Herzen an Dir nehmen. O wie hast Du uns geliebt! Gib uns die Gnade, daß wir in herzlicher Gegenliebe gegen Dich zerschmelzen, und segne dazu heute Dein Wort an uns. Amen.

I. Dem Heiland ist es auf sein Leiden und Sterben sehr bange gewesen. Allerdings hat es schon viele Menschen gegeben, die mit der größten Unerschrockenheit, ja leichtsinnig ihrem Todesleiden entgegengegangen sind. Als der gefangene König der Amalekiter, Agag, zu Samuel geführt wurde, der beschlossen hatte, ihn zu töten, da zeigte er sich gar getrost und sprach: „Also muß man des Todes Bitterkeit vertreiben.“ So sind schon viele Menschen gestorben. Wie mancher Soldat ist schon in seinen gewissen Tod hineingestürzt, ohne daß ein Zeichen von Furcht bei ihm bemerkbar gewesen wäre. Als vor dreißig Jahren in Frankreich Unzählige wegen politischer Meinung hingerichtet wurden, da sind manche im größten Leichtsinn, ja scherzend auf das Blutgerüst hinaufgestiegen und haben ihr Leben hingegeben, wie wenn nichts, gar nichts daran gelegen wäre. Solche Leute nennt der tolle Weltgeist Helden. Je weniger ein Mensch vor dem Tode erschrickt, je mehr er, wie sie es nennen, den Tod verachtet, je mehr er also das menschliche Gefühl ausgezogen hat, für einen desto größeren Helden hält ihn die Welt. Aber ein solcher Held war unser Heiland nicht. So leicht konnte er nicht über den Gedanken an sein bevorstehendes Leiden und Sterben hinauskommen.

Schon geraume Zeit vor seinem Tode sprach er einmal zu seinen Jüngern: „Ich bin gekommen, daß ich ein Feuer anzünde auf Erden, und was wollte ich lieber, denn es brennte schon! Aber ich muß mich zuvor taufen lassen mit einer Taufe, und wie ist mir so bange, bis sie vollendet ist!" Das heißt mit anderen Worten: Ich bin deswegen in die Welt gekommen, daß ich das Feuer des Heiligen Geistes wieder unter die Menschheit bringe. Aber ich wünschte sehr, daß dieses Feuer schon brennte. Denn ehe sich dieses Feuer entzünden und brennen kann, muß ich durch eine entsetzliche Leidenstaufe hindurchgehen und den Leidenskelch bis auf die Hefe austrinken, und davor ist mir schrecklich bange. O liebe Zuhörer, wie muß es unserem teuren Heiland ums Herz gewesen sein, als er sprach: „Wie ist mir so bange, bis meine Leidenstaufe vollendet ist!" Wie läßt uns dieses Wort einen Blick tun in die inneren Leiden, unter denen er in seinem Lauf dahinging, die niemand sah und kannte als der Vater! Wenn es uns auch schon bange gewesen ist, so können wir es einigermaßen ahnen, wie es ihm gewesen sein muß. Aber was sein reines, unsündliches, was sein einfältiges Herz, in das nie eine lügenhafte oder heuchlerische Empfindung eingedrungen war, was sein Herz, so klar wie die Sonne, voll Gottes- und Menschenliebe, empfunden hat, als er sprach: „wie ist mir so bange“, das kann kein Mensch fassen, das wird uns erst das Licht der Ewigkeit heller und deutlicher machen.

Diese Bangigkeit nahm zu, je näher der Heiland seinem Leiden und Tode kam. Als er sich seiner Schlachtbank näherte, als er das letzte Mal in Jerusalem einzog, wo er nach einigen Tagen seinen schweren Leidens- und Todesgang antreten sollte, da erreichte seine Bangigkeit einen sehr hohen Grad. Der Evangelist Johannes berichtet uns, daß der Heiland, während er nach Jerusalem ritt, in die Worte ausgebrochen sei: „jetzt ist meine Seele betrübt!“ Eine Seele wird dann betrübt, wenn ihr etwas begegnet, das zu ihrer Hauptneigung im Widerspruch steht. Wenn ein Geiziger einen zeitlichen Schaden erleidet, so wird er betrübt. Die Hauptneigung des Heilands war die Verherrlichung des Vaters. Nun machte die Bangigkeit vor seinem Leiden und Sterben den Wunsch im Herzen des Heilands rege, dieses Kelches überhoben zu sein. Dies konnte aber nicht geschehen, wenn des Vaters Wille vollbracht, wenn der Vater verherrlicht werden sollte. Das machte seine heilige Seele betrübt, weil in ihm ein Wunsch aufkam und mächtig werden wollte, der gegen die Hauptneigung seines Herzens stritt. Es war eine Anfechtung. Dies drückt der Heiland selbst so aus: „Jetzt ist meine Seele betrübt, und was soll ich sagen?“ welchen von beiden Gedanken und Wünschen, die in mir miteinander streiten, soll ich zuerst aussprechen? „Vater, hilf mir aus dieser Stunde!“ Dies war einer dieser Wünsche, und: „Vater, verherrliche deinen Namen!“ dies war der andere. O liebe Zuhörer, wie groß muß die Bangigkeit im Herzen des Heilands gewesen sein, daß sie einen Wunsch in ihm erregen und mächtig machen konnte, der mit der Ehre des Vaters, mit dem Gehorsam gegen den Vater stritt! Was des Vaters Wille gewesen war, das war doch jederzeit auch des Heilands Wille gewesen. „Ich kann nichts von mir selbst tun“, hatte er gesagt, „sondern was ich sehe den Vater tun, das tue alsobald auch ich“, und: „meine Speise ist die, daß ich tue den Willen des, der mich gesandt hat.“ Sein ganzes Herz meinte allezeit nur den Vater. Wie groß muß das Grauen vor dem Leiden und Tode in ihm gewesen sein, daß es ihm seine klare Seele trüben und ihn etwas wünschen lassen konnte, was nicht nach dem Willen des Vaters war.

Wie bange es dem lieben Heiland vor dem Kelch war, den er trinken sollte, können wir auch daraus sehen, was nachher mit ihm vorging. Als er seinen Jüngern die Füße wusch, als er ihnen seinen Verräter ankündigte, als er das Osterlamm mit ihnen aß und das heilige Abendmahl einsetzte, als er seinen Jüngern das Reich Gottes verhieß, weil sie bei ihm beharrt hatten in seinen Anfechtungen – allenthalben spürt man es ihm ab und hört es seinen Worten an, daß sein Herz sehr beklommen und gepreßt war. Nur in seinem letzten hohepriesterlichen Gebet kann man nichts von dieser Beklemmung merken. Hier war seine Seele ungetrübt und klar, als er jene hohen Worte zum Vater sprach. Aber wie ging es bald darauf, als er über den Bach Kidron an den Ölberg nach Gethsemane kam und wußte, daß nun die Stunde seiner Gefangennahme hereinbreche? „Und er nahm zu sich“, lesen wir in der Leidensgeschichte, „Petrus und Jakobus und Johannes, und fing an zu trauern, zu zittern und zu zagen, und sprach zu ihnen: meine Seele ist betrübt bis in den Tod.“ O mein Heiland! Was hast du empfunden, als du zittern und zagen und bis an den Tod betrübt werden mußtest, weil das Grauen des Todes so sehr auf dich eindrang, daß es dir allen Gehorsam, alle Ergebung in den Willen des Vaters aus dem Herzen austreiben wollte! Wer ist imstande, sich in den entsetzlichen Kampf, der hier in der heiligen Seele des Herrn anhob, auch nur ein wenig hineinzudenken! „Meine Seele ist betrübt bis an den Tod.“ „Und er ging hin ein wenig und riß sich von ihnen bei einem Steinwurf, kniete nieder und fiel auf sein Angesicht auf die Erde und betete, daß, so es möglich wäre, dieser Kelch vorüberginge, und sprach: Abba, mein Vater, es ist dir alles möglich; willst du, so überhebe mich dieses Kelchs und nimm ihn von mir; doch nicht was ich will, sondern was du willst.“ Wer kann diese Seelenangst begreifen, die den Heiland auf die Knie, ja auf sein Angesicht trieb, daß er sich in den Staub legte wie ein unwürdiger Wurm vor seinem Vater! Wer kann es fassen, was in der Seele des Heilands vorgegangen sein muß, als ein Engel vom Himmel kommen – und obwohl nur eine arme Kreatur – doch seinen Schöpfer stärken mußte; ja als der Heiland zu seinen armen Jüngern ging und Trost bei ihnen suchte: „Könnt ihr denn nicht eine Stunde mit mir wachen?“ als er zum andern und zum dritten Mal auf sein Angesicht fiel und dieselben Worte sagte und in seiner Angst sonst nichts hervorzubringen wußte; als endlich sein entsetzlicher Kampf einen solch unerhörten Grad erreichte, daß sein Blut sich mit seinem Angstschweiß vermengte und in großen Tropfen auf die Erde fiel! Wer kann das fassen! Niemand.

Meine Stimm ist viel zu schwächlich,
Und die Sache unaussprechlich,
Mein Gemüt auch viel zu blöde,
Daß ich würdig davon rede.

Wir haben gesungen, liebe Zuhörer: „Da lag auf deinem Herzen Angst, die das Herz dir brach“, wir können es aus dem Bisherigen sehen, wie wörtlich wahr dies ist. Angst lag auf dem Herzen unseres teuren Hohenpriesters, die ihm das Herz zerdrücken und alle Gebeine zermalmen wollte, Angst, die ihn in den Todesstaub darniederlegte, Angst, die ihm den Schweiß, den blutigen Todesschweiß auspreßte, Angst, wie sie noch kein Mensch erduldet hat, Höllenangst. Schaut doch, ihr Menschen, wo ist ein Schmerz wie sein Schmerz? Wo ist eine Angst wie seine Angst? Woher aber diese unerhörte Angst? Es pflegen sich doch sonst die Menschen, auch wenn ihnen bange ist vor dem Tod, auch wenn sie keine gute Hoffnung für die Ewigkeit haben, nicht so sehr abzuängsten, und noch kein Mensch hat aus innerer Seelenbangigkeit blutigen Schweiß geschwitzt. Wie kam es denn, daß die Angst des Heilands auf einen solchen Grad stieg? Das hatte verschiedene Ursachen bei ihm.

Er war kein Sünder, der sich durch Sünde stumpf gemacht hätte, sondern er war der reine Menschensohn, in seinen Empfindungen und Gefühlen war deshalb alles überaus zart, scharf und bestimmt; die Liebe war bei ihm auch mit nichts Fleischlichem, Weichlichem, Sündlichem vermischt, und so war auch die Bangigkeit bei ihm lautere Bangigkeit. Und wenn er nun daran dachte, daß er in die rohen, grausamen Hände blutdürstiger Sünder überantwortet werden sollte; wenn er daran dachte, daß er, der Eingeborne des Vaters, der Herrlichkeit bei dem Vater hatte, ehe der Welt Grund gelegt war, nun bald den gröbsten Mißhandlungen, dem empörendsten Spott und Hohn, der Qual am Kreuzespfahl sollte preisgegeben werden; wenn er daran dachte, daß er, der Lebendige, den Tod schmecken sollte: so mußte darüber seine innerste Natur erbeben und Angst über ihn kommen, von der wir Sünder keinen Begriff haben. Wir sind Sünder und tragen den Keim des Todes, den Keim unzähliger Leiden an Leib und Seele beständig mit uns herum. Wenn wir einen Missetäterstod, ja sogar unter den schrecklichsten Qualen sterben müßten, könnte uns das nicht so fremd vorkommen; denn wir tragen allezeit ein Bewußtsein unsrer Schuld und unsrer Sterblichkeit in uns herum. Aber ihm, dem Heiligen, dem Reinen, der nie eine Sünde getan hat, und ist kein Betrug in seinem Mund erfunden, ihm, dem unbefleckten, unschuldigen Lamm Gottes, ihm, dem Lebendigen, der das Leben in sich selbst hatte, mußte sein letzter Leidens- und Todesgang als etwas völlig Fremdes und Widernatürliches besonders auffallen. Seine ganze Natur mußte sich davor entsetzen.

Es lag aber noch etwas Besonderes, ein besonderer Wille des Vaters, eine besondere Notwendigkeit darin, daß er diese Angst erfahren mußte. Hier sollte der Heiland die größte Probe seines Gehorsams ablegen. Hier sollte er zeigen, daß ihm des Vaters Wille über alles gehe, daß er ein in allem versuchter, ein rechtmäßiger, ein vollkommener Hoherpriester und Versöhner sein konnte, dessen Gerechtigkeit und Gehorsam durch alle Hindernisse hindurchgebrochen ist, der trotz der härtesten Versuchungen doch nicht gewichen ist von dem Willen des Vaters, der deswegen ein Kleid hat, ein Gerechtigkeitskleid, das ohne den geringsten Tadel und Flecken und siebenfach geläutert zur Bedeckung aller armen Sünder, die an ihn glauben, dienen kann. Wie herrlich, wie ganz ist nun die Gerechtigkeit Christi, die denen zugerechnet wird, die an ihn glauben, nachdem er solche Proben des Gehorsams abgelegt hat! Wie herrlich, wie gewiß, wie teuer sind wir erkauft! Wie groß, wie köstlich ist das Lösegeld! Es ist nicht nur ein gewöhnlicher Gehorsam, der uns zugerechnet wird, wenn wir an ihn glauben, sondern es ist ein Gehorsam, der unter übermenschlicher Anfechtung die Probe gehalten hat; es ist ein Gehorsam dessen, der bis in den Staub des Todes gehorsam war und blieb. Das ist herrlich! Das ist köstlich! Das ist ein Lösegeld! Ja zu unserer vollkommenen Versöhnung war dieser Angstweg des Heilands notwendig. Es gehörte zu den Geschäften des Bürgen der Menschheit, daß er solches erdulden mußte. Darum ließ der Vater solches über den Sohn kommen; darum ließ der Vater auch wohl den satanischen Mächten Raum, daß sie auf die heilige Seele des Sohnes einstürmen und solchen Jammer und solches Entsetzen in ihr anrichten durften; denn es steht geschrieben: „Die Bäche Belials erschreckten mich, der Hölle Bande umfingen mich, und des Todes Stricke überwältigten mich“ *(Psalm 18, 5 - 6)*. Um eine vollgültige, um eine ewige Erlösung zu stiften, darum mußte es dem lieben Heiland so unbeschreiblich bange ums Herz werden auf seinem letzten Leidens- und Todesgang.

II. Liebe Zuhörer, was müssen wir für Sünder sein, weil es zu unserer Erlösung eines solchen Lösegeldes, eines solchen Angstweges des Sohnes Gottes bedurfte! Wer muß ich sein, daß mein Heiland, um meine Sünden zu büßen, nicht nur Mensch werden, nicht nur ein armes Kind werden, nicht nur in der größten Armut und Niedrigkeit aufwachsen mußte, sondern daß es, um den Fluch der Sünde von mir hinwegzunehmen, auch einer solchen Bangigkeit des Sohnes Gottes, einer solchen Angst des Heilands bedurfte! Wer muß ich sein, daß sich der Sohn Gottes für mich in den Staub werfen, sich für mich im Staub krümmen mußte wie ein Wurm, daß er für mich den blutigen Angstschweiß schwitzen mußte! Wer muß ich sein! Wie groß, wie schrecklich groß und abscheulich in den Augen Gottes müssen meine Sünden sein, weil sie nur ein solches Lösegeld aufwiegen und die Gerechtigkeit Gottes befriedigen konnte! O liebe Seelen, kommt doch nach Gethsemane und seht die Leiden des Sohnes Gottes an, wie genau es Gott mit der Sünde nimmt! Seht doch, was auf uns alle gewartet hätte in der Ewigkeit, wenn Christus nicht gekommen wäre und eine ewige Erlösung erfunden hätte!

Seht aber auch, was auf all diejenigen wartet, die jetzt noch nicht Buße tun, die in ihrem leichtsinnigen Wesen beharren und mit der Sünde spielen, als wenn es nichts auf sich hätte! Seht doch an Jesus Christus, an seinem Zittern und Zagen, an seinem blutigen Schweiß und Kampf die Gerechtigkeit, den Zorn Gottes, vor dem die Sünde ein Greuel ist! Seht aber auch daran seine unaussprechliche Liebe zu uns armen Menschen! Seht die Liebe, die für uns arme Sünder in Not und Tod geht! Das hatte der Heiland gewußt, ehe er auf die Welt kam, daß nur, wenn er durch solch ein Angstmeer gehe, die Erlösung des gefallenen Geschlechtes zustande kommen könne. Das hatte er von Ewigkeit her gewußt, wie bange es ihm auf seinen Tod sein werde, was er in Gethsemane werde erdulden müssen, wenn Sünder, wenn seine armen, unter die Sünde verkauften Geschöpfe losgekauft werden sollten. Aber nichtsdestoweniger ist er Mensch geworden und hat die Herrlichkeit beim Vater verlassen, da er wohl hätte mögen Freude haben. Er hat Knechtsgestalt angenommen und sich dem sauren Geschäft der Versöhnung willig unterzogen, und als er sich in den Tagen seines Fleisches mehr und mehr der Zeit seines Todes näherte, und es ihm immer banger wurde, so ist er doch nicht zurückgetreten. Willig zog er in Jerusalem ein, obwohl er wußte, daß nach einigen Tagen hier sein Blut am Kreuz fließen werde. Willig stellte er sich in Gethsemane dar, wo er seinen furchtbaren Todeskampf bestehen sollte, und als er mitten in der Angst war, als ihm das Wasser an die Seele ging, als ihm der Todesschweiß und Blutschweiß herausdrang, was flehte er da? „Vater! ist's möglich", betete er da, „so gehe dieser Kelch vorüber", das heißt: wenn du, Vater, nach deiner unendlichen Gottesweisheit zur Erlösung der Menschen noch einen anderen Weg kennst als diesen sauren Todesweg für mich, so schlage ihn ein, so überhebe mich dieses Kelchs; denn du siehst meine Angst; wo aber nicht, wenn es dein heiliger Wille ist, daß die Sünder so und nicht anders erlöst werden sollen, so geschehe dein Wille. Sein Wille fügte sich ergebungsvoll in den Willen seines himmlischen Vaters aus Liebe, aus großer, überschwenglicher Liebe zu uns, die stärker war als der Tod.

Ich seh in bangen Buß-Ideen
Die Seele meines Freundes stehn;
Die klaren Augen muß ich sehen
Für meine Schulden übergehn;
Auch über die Melancholien,
Die sich um mein Gemüte ziehn,
Hat sich mein Freund auf seinen Knien
In jenen Stunden müssen mühn.
Ich sehe ihn ganz übernommen,
Vom Todeskampfe schwach und matt;
Es muß der Engel einer kommen,
Der g'nug an ihm zu trösten hat;
Ich hör ihn seinen Vater bitten:
„Ist's möglich, nimm den Kelch von mir!"
Wie kläglich klingt das Herzausschütten!
Die Sinne, die vergehen hier.

O wie lieb muß uns Jesus haben, daß er aus Liebe zu uns diesen bangen Todesweg willig wandeln konnte! Wie lieb muß der Hirte seine Schafe haben, daß er diesen harten Todeskampf willig für sie kämpfen konnte!

Und wie sehr muß der Vater die Menschen lieben! Der Vater sah die Angst seines Sohnes, seines Ebenbildes, seines Eingebornen, den er mit ewiger, mit unendlicher, mit einer alles menschliche Denken weit übersteigenden Gottesliebe liebt. Er sah, wie es seinem Eingebornen so bange ums Herz war; er sah, wie sein Kind zitterte und zagte; er sah, wie Jesus auf seine Knie und sein Angesicht niedersank; er hörte die aus der tiefsten Seelennot hervordringenden Bitten des Sohnes: „Ist's möglich, so gehe dieser Kelch vorüber!" Das sah und hörte der Vater. Was mag er dabei empfunden haben? Kein Mensch, kein Engel, kein Seraph kann es denken, was der Vater empfand. Und doch nahm er den Kelch nicht vom Sohn, sondern der Sohn mußte den schrecklichen Kelch an den Mund nehmen und austrinken bis auf den letzten Tropfen. „Ist's möglich", fleht der Sohn, „so nimm den Kelch von mir." Aber es muß nicht möglich gewesen sein, denn der Sohn wurde des Kelches nicht überhoben. Wenn es möglich gewesen wäre, so hätte es der Vater gewiß getan. Weil dies der einzige Weg war, auf dem die verlorne Menschheit aus der Gewalt der Sünde, des Teufels, des Todes und der Hölle erkauft werden konnte; weil Gott die Menschheit, weil er uns, weil er mich und euch errettet und selig haben wollte, darum konnte er seinen geliebten Sohn dieses schrecklichen Kelches nicht überheben, obwohl er auf seinem Angesicht und in der höchsten Seelenangst um Abwendung bat. Also hat Gott die Welt geliebt, also hat er mich Armen geliebt, also daß er seinen eingebornen Sohn in die entsetzlichste Höllenangst, in den Todesstaub hineingeworfen sehen konnte und ihm nicht half, darum, damit uns, damit mir auf ewig geholfen würde.

O wie hat uns Gott so lieb! O mein armes Herz, sinke in den Staub und bete an! Hat dich denn Gott also geliebt? Kannst du es denn auch glauben? Kannst du es denn auch fassen, daß du, schnödes Herz, ein Gegenstand solcher Liebe Gottes sein sollst, daß er seines Eingebornen nicht hat verschont um deinetwillen, daß der Eingeborne um deinetwillen in solche Not und in solchen Tod gegangen sein soll? um deinetwillen? um meinetwillen? Nein, das kann ich nicht fassen, das muß mir die Ewigkeit deutlicher machen; auf Erden kann ich es nicht verstehen, sondern nur schwach glauben. Ja, das wird der Inhalt des Liedes der Harfenspieler sein, die vor seinem Thron stehen, das wird in ewigem Halleluja besungen werden.

O liebe Zuhörer! Wie haben wir uns bis jetzt gegen diese Liebe betragen? Ihr bis jetzt unbußfertigen Sünder, wie habt ihr euch gegen diese Liebe betragen? Siehe, das alles habt ihr für nichts geachtet; siehe, an diesem treuen Heiland, dessen Seele für euch gearbeitet und Mühe gehabt hat, seid ihr bis jetzt vorübergegangen und habt gelebt, als wenn ihr ihn nicht kenntet. Werden wir das auch vor uns selbst und vor Gott verantworten können, daß wir das Irdische, daß wir Äcker und Wiesen und Weinberge, daß wir Übertretung und Sünde bis jetzt mehr geliebt haben als den Freund, der für uns bis an den Tod betrübt gewesen ist? Ach, daß wir einmal in uns schlügen! Ach, daß uns diese große Liebe des Heilands keine Ruhe mehr ließe, bis wir zu seinen Füßen lägen als sein ganzes, völliges Eigentum! Ist es nicht unverantwortlich, in den Lüsten des Fleisches zu leben, in der Finsternis zu wandeln, in unbußfertigem Sinn zu beharren, da der Heiland für uns leiden, und zwar so unaussprechlich für uns leiden und dulden mußte? Ist es zu verantworten, wenn wir in unserem Herzen so fremd und kalt gegen den Heiland sind, als wenn er gar nichts für uns getan hätte, das unseres Dankes, unserer Liebe, unserer Anbetung würdig wäre? Wird nicht ein unbarmherziges Gericht über uns ergehen, so wir den Sohn Gottes so verachten und mit Füßen treten? Gehört nicht dem Freund, der uns so hoch geliebt hat, von Rechts wegen jeder Pulsschlag, jeder Atemzug, der unser armes Leben fristet? Ja, Lamm Gottes, du bist's wert, für deine Todesmühe, für dein Zittern und Zagen, für deine Angst und deinen blutigen Schweiß, du bist's wert,

Daß dich jeder Blutstropf ehre,
Daß das Herz stets nach dir glüh,
Jeder Pulsschlag dein begehre,
Und das Herz stets für und für hange ganz allein an dir!

Heute treten wir die heilige, die stille Woche an. Daß doch die Liebe Christi, die sich in seinem Leiden geoffenbart hat, uns allen recht groß würde! Wollen wir nicht auch etwas nachdenken? Wollen wir nicht auch in die Stille gehen? Wollen wir dem Heiland nicht wenigstens das zu Gefallen tun, daß wir auch nur diese Woche an ihn denken? Ihr wißt, was für schändliche Gewohnheiten in vielen Orten und auch hier in der Leidensnacht des Heilands üblich sind. Ich bitte Junge und Alte um Jesu willen, besinne sich doch, wer sich besinnen kann! Freilich ist's damit nicht ausgerichtet, wenn man die Bubenstücke und die liederlichen Streiche fahren läßt; aber ihr habt doch den gemarterten Heiland einmal weniger ins Angesicht gespien und geschlagen, ihn einmal weniger betrübt. Das wäre freilich noch größer, wenn ihr ihn ganz kennenlernen wolltet, wenn ihr in herzlicher Buße eure Sünden beweinen wolltet, die so unaussprechlich schwer auf ihm lasteten, die ihn bis in den Staub darniederdrückten, wenn ihr euch entschließen wolltet, eine selige Beute seiner Schmerzen, seiner Qualen, seiner blutigen Todesmühe zu werden.

O Liebe, zieh uns in dein Sterben,
Laß mit dir gekreuzigt sein,
Was dein Reich nicht kann ererben;
Führ ins Paradies uns ein!
Doch wohlan, du wirst nicht säumen;
Möchten wir nicht lässig sein,
Werden wir doch als wie träumen,
Wenn die Freiheit bricht herein! Amen.

Und der ganze Haufe stand auf, und sie führten ihn vor Pilatus und fingen an, ihn zu verklagen, und sprachen: Diesen finden wir, daß er das Volk abwendet und verbietet, den Schoß dem Kaiser zu geben, und spricht: er sei Christus, ein König. Pilatus aber fragte ihn und sprach: Bist du der Juden König? Er antwortete ihm und sprach: Du sagst es. Pilatus sprach zu den Hohenpriestern und zum Volk: Ich finde keine Ursache an diesem Menschen. Sie aber hielten an und sprachen: Er hat das Volk erregt damit, daß er gelehrt hat hin und her im ganzen jüdischen Lande und hat in Galiläa angefangen bis hierher. Da aber Pilatus Galiläa hörte, fragte er, ob er aus Galiläa wäre. Und als er vernahm, daß er unter des Herodes Obrigkeit gehörte, übersandte er ihn zu Herodes, welcher in den Tagen auch zu Jerusalem war. Da aber Herodes Jesum sah, ward er sehr froh; denn er hätte ihn längst gern gesehen – denn er hatte viel von ihm gehört – und hoffte, er würde ein Zeichen von ihm sehen. Und er fragte ihn mancherlei; er antwortete ihm aber nichts. Die Hohenpriester aber und Schriftgelehrten standen und verklagten ihn hart. Aber Herodes mit seinem Hofgesinde verachtete und verspottete ihn, legte ihm ein weißes Kleid an und sandte ihn wieder zu Pilatus. Auf den Tag wurden Pilatus und Herodes Freunde miteinander; denn zuvor waren sie einander feind. Pilatus aber rief die Hohenpriester und die Obersten und das Volk zusammen und sprach zu ihnen: Ihr habt diesen Menschen zu mir gebracht, als der das Volk abwende, und siehe, ich habe ihn vor euch verhört und finde an dem Menschen der Sachen keine, deren ihr ihn beschuldiget; Herodes auch nicht, denn ich habe euch zu ihm gesandt, und siehe, man hat nichts auf ihn gebracht, das des Todes wert sei. Darum will ich ihn züchtigen und loslassen.

Luk. 23, 1 - 16

Der soeben verlesene Abschnitt der Passionsgeschichte stellt uns den Heiland dar, wie er, nachdem er im Garten Gethsemane gefangengenommen, zuerst in den Palast des Hannas, dann des Kaiphas geschleppt, dort als ein strafwürdiger Missetäter und Irrlehrer verhört und mit schrecklicher Wut mißhandelt worden war; wie er sodann des Morgens früh in die Hände des Landpflegers Pilatus überantwortet, von diesem verhört, sodann zu Herodes gesandt, und dann wieder in den Palast des Landpflegers zurückgeschleppt wurde. Wenn wir auch nur etwas Gefühl für Jesus haben, so können wir bei dieser Behandlung, die er unter den Händen der Sünder erfahren mußte, unmöglich ungerührt bleiben. Unser Herz muß zur Liebe gegen ihn und zur Beugung vor ihm bewegt werden. Denn was er hier erduldet, war alles unsere Last, unsere Strafe lag auf ihm, die Liebe zu uns, zu *uns* trieb ihn in diese schrecklichen Leiden, in diese tiefe Schmach hinein. Uns wollte er erretten, uns nicht verloren gehen lassen. Darum hat er sich selbst dahingegeben in der Sünder Hände, ohne allen Vorbehalt sich hingegeben in Leiden, Not und Tod. Ach, daß diese Liebe auch unsere Herzen ergriffe, ein rechtes Liebesfeuer auch in uns anzündete und uns zu dem festen, auf seine Kraft gebauten Entschluß brächte: „Liebe, dir ergeb ich mich, dich zu lieben ewiglich!" Das möge er selbst in uns wirken durch seinen Geist. Weil aber nichts so großen Eindruck auf das Herz macht als die einfache Erzählung seines Leidens, so wird es wohl das beste sein, wenn wir zur Erweckung und Belebung unserer heutigen Andacht den verlesenen Abschnitt der Leidensgeschichte vornehmen und darin betrachten:

die tiefe Erniedrigung des Sohnes Gottes, da er in der Sünder Hände überantwortet wurde.

Der Herr aber gebe, daß sich das Wort von seinem Leiden auch diesmal als ein Feuer und als ein Hammer beweisen möge, der die härtesten Felsen zerschmeißt!

„Siehe, die Stunde ist hier, daß des Menschen Sohn in der Sünder Hände überantwortet wird." So sagte der Heiland in Gethsemane, und man fühlt es seinen Worten ab, welch tief gefühlter, unendlicher Schmerz es für ihn war, daß er in die Gewalt der Sünder überantwortet werden sollte, er, der Gerechte, in die Hände der Ungerechten, er, der Unschuldige, in die Hände der Verkehrten und Gottlosen, er, das Lamm Gottes, in die Klauen und unter die Zähne ergrimmter Wölfe, denen Erlaubnis und Macht gegeben war, ihre ganze Wolfsnatur, ihre Mordlust und ihren Grimm an seiner heiligen Person auszulassen, wie es ihnen beliebte, und wie es den durch sie wirkenden und in ihnen wohnenden Satan gelüstete. Zwar hatte der Herr während seines ganzen irdischen Laufes, besonders aber während seines Lehramts, immer viel von den Verkehrten, von den Kindern der Finsternis zu leiden; er mußte manches Widersprechen, manche Lästerung, manches harte Wort, daß sie ihm mit frecher Stirn ins Gesicht hinein sagten, hören; manche heimlichen Ränke wurden gegen ihn geschmiedet, manche Grube, um ihn zu fällen und der Finsternis den Sieg über ihn zu verschaffen, wurde ihm gegraben; aber an ihm selbst sich zu vergreifen, das war ihnen nicht gestattet, und wenn sie sich je an seine Person wagten, so hatte er sich mit majestätischer Kraft ihnen immer wieder entzogen. Aber nun, da ihre Wut aufs höchste gestiegen war, nun sollte er aus vorbedachtem Rat und Willen Gottes ganz ihren Händen, ihrem Willen überlassen werden. Nun sollten die Sünder Macht über ihn bekommen, verkehrte, verfinsterte Knechte Satans, die durch ihre Leidenschaft und durch satanische Einwirkung verblendet, gar keiner vernünftigen Überlegung mehr fähig waren. Ach, wenn wir uns in die Lage des heiligen Jesu hineindenken könnten – aber wir können es nicht; denn wir sind ja verfinstert von Natur – so würden wir es nachempfinden können, wie es dem Heiland zumute war, als er in die sündigen, grausamen, aller Schandtaten und Schändlichkeit gewohnten Hände der Sünder übergeben wurde, die sich an seiner heiligen Person nach der ganzen satanischen Lust ihres Herzens vergreifen durften. O es ist ein schrecklicher Anblick, die Liebe in der Gewalt der Hasser, den Erbarmer in den Händen der Unbarmherzigen, den edlen Menschensohn voll Wahrheit und Gerechtigkeit, voll Sanftmut und Demut, das geduldige Lamm in der Gewalt grausamer Feinde der Wahrheit zu sehen!

„Und der ganze Haufe stand auf", heißt es in unserem Abschnitt. Was war das für ein Haufe? Das waren die Hohenpriester und Schriftgelehrten; das waren die Juden, die, weil sie das Licht der Wahrheit haßten, eben darum auch einen tödlichen Haß auf den Heiland geworfen hatten; das waren die Knechte der Hohenpriester und Schriftgelehrten, die ihren Herren einen rechten Gefallen erweisen wollten damit, daß sie sich recht grob und grausam an der Person des Heilandes vergriffen, Leute, die in ihrem blinden Diensteifer nicht zu weit gehen zu können meinten, Leute, die sich nicht scheuten, als ihnen Judas seine Sünde, daß er unschuldig Blut verraten habe, bekannte, diese Sünde auf seinen Kopf zurückfallen zu lassen mit den Worten: „da siehe du zu!" und doch den Heiland trotz dieses Zeugnisses nicht losgaben; Leute, die in ihrer großen Heiligkeit nicht in das Richthaus hineingingen, damit sie nicht unrein würden, aber dagegen mit wahrhaft teuflischer Wut nach dem Blut des Gerechten dürsteten, der in ihre Hände gefallen war. In die Hände dieses verkehrten, blinden, vom Satan geleiteten, vom Gift der Hölle trunken gemachten Haufens war der Sohn Gottes überantwortet worden und mußte mit sich anfangen lassen, was sie nur wollten. Sie hatten ihn vorher verhört, und als sie keine Klage auf ihn bringen konnten, die des Todes wert gewesen wäre, als selbst die falschen Zeugnisse nicht ausreichten und ein Lügner dem andern widersprach, da hatten sie ihn um seine Person und Sache selbst befragt. Der gottlose Kaiphas war wie in heiligem Eifer für Gott vor den Herrn getreten und hatte ihn gefragt: „Ich beschwöre dich bei dem lebendigen Gott, daß du uns sagest: ob du bist Christus, der Sohn Gottes, des Hochgelobten?“ Der Lügner ging so weit, daß er zu seinen Lügen den Namen des lebendigen Gottes mißbrauchte. O der Heiland durchschaute das alles, das ganze Gewebe der Lüge, Bosheit und Wut. Er mußte es tief empfinden, daß er in die Hände der Sünder überantwortet war. Kaum hatte er bekannt, wer er sei, da hieß es, wie wenn es sich hier um die Ehre Gottes handelte: „Er hat Gott gelästert, was bedürfen wir weiter Zeugnis? Er ist des Todes schuldig.“ Das war es, was sie wollten. Sein Blut wollten sie. In solchen Händen befand sich der Herr. Da hieß es wohl: „Große Farren haben mich umgeben, gewaltige Stiere haben mich umringt. Ihren Rachen sperren sie auf wider mich wie ein brüllender und reißender Löwe“ *(Psalm 22, 13 - 14)*. Nun hatten sie Vollmacht, ihren ganzen teuflischen Mutwillen an ihm auszulassen. Sie scheuten sich nicht, ihre unreinen Hände zur Mißhandlung des Lammes Gottes zu gebrauchen; sie verspotteten ihn, sie verspeiten ihn; sie schlugen ihn ins Angesicht; die ganze Nacht hindurch stieg ihre Frechheit von Grad zu Grad höher. Dies war der Haufe, der ihn in das Richthaus führte und der heidnischen Obrigkeit überantwortete.

Ach mein Gott, wie muß es dem Heiland unter diesen Menschen, denen er preisgegeben war, zumute gewesen sein! Mit welcher Hast und Eile werden sie deinen Heiland, o Seele, fortgerissen und durch die Straßen geschleppt haben! Welche Lästerreden, welche Mißhandlungen werden sie sich unterwegs erlaubt haben! Wie mag ihr Herz vor Ungeduld gebrannt haben, den Menschen, der sanftmütig und still wie ein Lamm seinen Mund nicht auftat, und der eben um seiner Sanftmut und Lammesart willen ihnen so verhaßt war, zum Tode, zum Kreuzestode zu bringen! Die Geschichte schreibt nicht, wie es unterwegs hergegangen ist; aber es läßt sich denken. Siehe, da sieht man deinen König und Herrn! Er ist abgemattet und entkräftet von den vielen Mißhandlungen und Schlägen, die ihm die böse Rotte beigebracht hat. Mit wildem Geschrei reißen sie ihn fort. Sie lästern ihn. Sie freuen sich schon darauf, wie sie ihn am Kreuz sterben sehen werden. Sie sprechen diese Freude aus: jetzt wird dem Lügner, jetzt wird dem Verführer doch endlich der Prozeß gemacht; da haben wir dich endlich, du Betrüger. Jetzt wird es dir endlich vergolten werden, daß du mit kecker Rede unsere Hohenpriester, unsere rechtschaffenen Oberen angetastet hast. Ja, auf den Gesichtern des wilden Haufens war gewiß der Triumph, den die Lüge über die Wahrheit, der Satan über den Sohn Gottes davonzutragen schien, recht treffend abgemalt. Wo einmal die Gemüter aus der Hölle entzündet sind wie hier, da kann es nicht sittsam, nicht ruhig, nicht still hergehen. Da ist wildes Feuer in aller Augen; da ist ein verworrenes Geschrei. Einer steckt den anderen an, einer steigert den andern in wilde Leidenschaft hinein. So ging der Zug durch die Straßen von des Hohenpriesters Palast ins Richthaus, in das Haus des Pilatus. Jesus, der große Jesus, war in der Sünder Händen; gebunden führten sie ihn vor den Landpfleger, sie wollten ihn gekreuzigt sehen; darum übergaben sie ihn der heidnischen Obrigkeit. Sie wollten den Herrn der grausamsten und schrecklichsten Todesart übergeben. Das war der Hauptgrund, warum sie ihn den Heiden übergaben; denn die Juden kreuzigten niemand, es war nicht Sitte bei ihnen.

Nun befand sich der Herr in der Gewalt eines feigen Richters, der zwar, weil er nicht so von der Leidenschaft verblendet war wie die Juden, etwas Höheres in ihm ahnte, seine Unschuld in seinem Herzen anerkannte und davon auch öffentlich Zeugnis gab, der aber die Ehre bei Menschen höher achtete als die Ehre bei Gott und daher doch zuletzt zu dem abscheulichen Entschluß kam, den er aussprach: „darum (weil er unschuldig ist) will ich ihn züchtigen und loslassen." Pilatus war zwar ein sehr weltlicher Mann und ein Heide, doch muß noch einiges Wahrheits- und Gerechtigkeitsgefühl in ihm gewesen sein. Er war unparteiischer und nicht so tief gesunken wie die Hohenpriester und Schriftgelehrten, es war bei ihm noch nicht zu dem satanischen Grad von Bosheit gekommen; aber er war doch auch ein Ungerechter. Der Heiland befand sich da in den Händen eines Sünders, nur von anderer Art, als die Hohenpriester und Schriftgelehrten waren. Zwar muß die geheime Majestät, die aus dem ganzen Wesen des obwohl gebundenen Jesu von Nazareth herausleuchtete, einen tiefen Eindruck auf das Herz des Pilatus gemacht haben. Er wurde deswegen, obwohl der Herr ihm gerade ins Gesicht hinein etwas behauptete, was bei einem Römer das strafbarste und todeswürdigste Bekenntnis war, daß er nämlich ein König sei, doch nicht dadurch bewogen, ihn für schuldig zu erklären, sondern weil er wahrscheinlich seinem innersten Geiste nach fühlte, daß es wahr sei, was Christus von sich sage, seine Unschuld dennoch ein Mal über das andere bekannte. Aber doch war Pilatus nicht aus der Wahrheit. Ach, hätte er der Stimme des guten Hirten, der auch hier ein verlornes Schäflein suchte, Gehör gegeben; hätte er, der gerade im Begriff war, gegen seine innerste Überzeugung zu richten, den Heiland als ein lernbegieriger Mensch weiter gehört, was hätte aus ihm werden können! Aber er war nicht aus der Wahrheit. Er mochte gar nichts von der Wahrheit hören, er wies die an sein Herz dringende Stimme des Herrn mit einem spöttischen „was ist Wahrheit?" ab. Das war seine Sünde, daß er hier nicht stille hielt. Hier hätte er Kräfte erlangt, die Menschengunst und Menschenehre für nichts, und die Ehre bei Gott weit, weit höher zu achten, und es wäre etwas aus ihm geworden zum Lobe der herrlichen Gnade Gottes. Ach bei vielen fehlt oft nicht viel, es wäre oft nur noch ein Schritt zu tun, und sie brächen durch zur völligen Freiheit und Wahrheit; aber zu diesem letzten Schritt verstehen sie sich nicht; sie gehen rückwärts, und die Stunde des Heils ist verscherzt.

O denkt euch jetzt einmal den König aller Könige, den Herrn aller Herren, wie er gefesselt und gebunden vor einem ungerechten heidnischen Richter stehen muß, der über seine Schuld oder Unschuld öffentlich urteilen, der ihn über seine Sache und sein Königreich verhören, der ihm in seiner Feigheit als ein erlaubtes Mittel eine Züchtigung nach heidnischer Weise, das heißt Rutenschläge, zudiktieren darf. Wie tief ließ sich Jesus herunter! Wie klein wurde er, wie verachtet, wie gering geschätzt als ein Mensch, dem man, ohne sich im mindesten ein Gewissen daraus zu machen, einige Rutenschläge auf seinen Leib wohl geben dürfe, der noch froh sein müsse, wenn er mit so einer gelinden Strafe belegt werde, wie man bei uns tut, wenn man einen Verbrecher mit einer gelinden Züchtigung loslassen will. Da heißt es, man gibt ihm einige Stockprügel, und damit läßt man ihn ziehen. Es ist doch sonst nichts mit ihm anzufangen. So wurde unser Heiland behandelt, als er in die Hände der wütenden und ungerechten Sünder überantwortet war. Ach welch ein Schmerz noch obendrein für sein liebhabendes Herz, als er dem Schwanken des Pilatus zusehen mußte, als er diesen Mann, der, wenn er durchgebrochen wäre, einst vielleicht eine große Stelle im Reich Gottes hätte einnehmen dürfen, im immer matter werdenden Kampf mit der Lüge endlich unterliegen sehen mußte. Das war schwerer für ihn, als wir begreifen können.

Christus war in den Händen der Sünder, und diese durften mit ihm anfangen, was ihnen beliebte; denn dies war die Macht der Finsternis und ihre Stunde. Als Pilatus, der sich in der peinsamsten Verlegenheit befand, auf der einen Seite die Ungunst des Kaisers fürchtete, auf der andern Seite seinem Gewissen doch auch nicht geradezu entgegenhandeln wollte, ein Wort von Galiläa hörte, das unter Herodes stand, da wurde er froh, des Handels los zu werden und sich aus der Schlinge ziehen zu können, darum sandte er den Heiland zu Herodes und wollte diesem die ganze Sache zuschieben. So wurde Jesus zu Herodes geführt. Er mußte sich durch die Sünder überall herumziehen lassen. Zuerst wurde er zu Hannas geführt, von dort zu Kaiphas, dann zu Pilatus, von Pilatus zu Herodes, von Herodes wieder zurück zu Pilatus, aus dem Richthaus heraus und wieder hinein. Es war alles in Bewegung, seines Bleibens war nirgends, und endlich ging's hinaus auf den Berg Golgatha. Sieh doch, Sünder, wie viele saure Tritte der Heiland getan hat um deinetwillen. Hast du es ihm auch schon gedankt, ihn auch schon darüber angebetet? Ist es dir deswegen auch darum zu tun, deine Schritte und Tritte, die du auf dieser armen Erde tust, ihm zu heiligen und für ihn auf dieser Welt zu wandeln? O wir sind oft zu faul, für den Heiland und seine Sache nur einen müden Fuß zu machen, und er hat es sich so sauer, so gar sauer werden lassen für uns.

Pilatus sandte Christus zu Herodes. Da wurde er wieder in der Sünde Hände überantwortet, und zwar in die Hände eines greulichen Sünders, in die Hände des grausamen und wollüstigen Herodes, der alles Gefühl für die Wahrheit schon lange in sich erstickt hatte, der einst im Scherz und um eines elenden Tanzes willen Johannes den Täufer gemordet hatte. Er freute sich mit seinem ganzen ungläubigen, wollüstigen, schmeichlerischen Hofgesinde, den Zimmermann von Nazareth, der so viel Aufsehen gemacht hatte, auch einmal zu sehen, nicht um Wahrheit von ihm zu hören, sondern um ein Zeichen von ihm zu sehen, um seiner Neugierde eine angenehme Überraschung zu bereiten. Er freute sich, den Heiland zu sprechen, wie er sich etwa gefreut haben würde, ein neues, noch nie gesehenes Schauspiel, ein neues Komödienstück aufführen zu sehen. Da trat denn Jesus hinein, gefesselt und gebunden, unter die Versammlung dieser Wollüstlinge, des Herodes und seiner Höflinge. Ach, auch dieser Schmerz wurde ihm noch bereitet; er wurde zur Schau gestellt vor ein freches, gottvergessenes Hofgesinde, das keinen andern Sinn hatte, als das Leben zu genießen, das die Furcht vor Gott schon längst um des Fleisches und der Wollüste dieser Zeit willen durch seinen ganzen Sinn und Wandel für Torheit erklärt hatte, das nur auf die Gebärden und die Stimme des Königs Herodes sah und hörte, um in den Ton, den der König anstimmte, sogleich mit einzustimmen. Wie majestätisch, und doch wie gelassen, mag er, obwohl in Banden, unter diese Menschen hineingetreten sein; mit welch mitleidigen und doch ernsten Augen mag er den leichtsinnigen, gottesvergessenen Mörder seines Vorläufers angeblickt haben! Herodes und seine Genossen meinten wohl, in dem Propheten von Nazareth einen Mann zu finden, der sich nach ihrem Sinn bequemen und um seiner Befreiung willen ihnen durch ein Wunderzeichen für einige Zeit die Langeweile vertreiben würde. Aber das geschah nicht. Jesus schwieg stille. Hier war es nicht Zeit zu reden, denn hier wollte man keine Wahrheit, sondern nur Befriedigung der Neugierde, und dazu war er nicht gekommen. Er war gekommen, zu suchen und selig zu machen, das verloren ist, die Sünder zur Buße zu rufen; nicht aber durch elenden Zeitvertreib, den er ihnen machte, sie noch mehr zur Verderbung ihrer edlen Gnadenzeit, die mit starken, unaufhaltsamen Schritten hinabrollte, anzufeuern. Wie gut hätte es dem Herodes gestanden, wenn er samt seinem ganzen Hofgesinde in Sack und Asche Buße getan hätte über seine Schandtaten, namentlich über seinen Prophetenmord. Aber hier war keine Buße, hier war nichts als Leichtsinn und Gottesvergessenheit. Darum schwieg Jesus und gab keine Antwort auf alle seine Fragen, als wollte er ihm sagen: es gebühren dir ganz andere Fragen, Sünder, als du an mich richtest; es gebührt dir, daß du vor allen Dingen fragst, ob du noch Gnade finden könnest vor dem, der da recht richtet.

Das muß Herodes gefühlt haben. Darum brach der ganze Grimm seiner Natur los, darum verkehrte sich seine Neugierde in den bittersten Haß. Seinen Haß aber ließ er durch Verachtung der Person Christi aus. Er fing an, den Herrn als einen törichten, eingebildeten Menschen zu behandeln. Er verspottete ihn: das ist also der große Prophet, und er weiß kein Wort hervorzubringen. Das ist ein schöner

Prophet, man muß ihm auch einen Prophetenmantel anziehen. Nun holten sie ein weißes Kleid hervor und zogen es dem Heiland zur Beschimpfung und bittersten Verachtung an. So war der Herr hingegeben in die Hände der Ungerechten, in die Hände elender Schmeichler, die ihrem König durch Beschimpfungen und elende Witze, die sie über die Person des Allerheiligsten machten, zu Gefallen leben wollten.

Ach mein Jesus, was hast du erduldet, was hat deine heilige Seele gelitten, als du von den Höflingen als ein törichter Mensch behandelt und aller boshafte Witz an dir ausgelassen wurde! Die ganze Nacht über war der Heiland mißhandelt worden, und nun sollte auch noch das dazukommen, daß er als ein elender Träumer, als ein Narr behandelt wurde, der nicht wert sei, daß man so viel Aufhebens von ihm mache; als ein Narr, den man nach seiner Narrheit behandeln und ihm ein schönes, weißes Kleid schenken müsse, damit er sich daran vergnüge. Ist denn gar kein Funke Mitleiden und Menschengefühl in diesen Leuten gewesen, daß sie einen Menschen, der noch die Zeichen seiner Mißhandlung, die er die ganze Nacht hindurch erlitten hatte, in seinem Gesicht trug, der mit einem elendiglich zerschlagenen und mit Speichel bedeckten, mit einem blutigen Gesicht vor ihnen stand, so behandelten, und noch ihr Gespött mit dieser zerschlagenen, abgematteten und gebundenen Jammergestalt treiben konnten? Ach Sünder, was hat der Heiland erduldet! Was ist das für eine Demütigung für ihn gewesen! Was hat es doch gekostet, deine Seele zu erlösen! Was hat sie empfunden, seine heilige, seine keusche und reine Seele, als er sich in der Gewalt der Ungerechten und der Sünder befand! Es ist nicht auszusprechen, es ist nicht zu sagen, mein Herz kann es nicht fassen, was Jesus hier von Herodes gelitten hat; so tief herabgewürdigt, so sehr verachtet, die selbständige Weisheit von elenden Sklaven Satans verspottet und für Torheit ausgepfiffen, der, der von Ewigkeit war und alle Dinge gemacht hatte, als ein elender Träumer gebunden hingestellt vor einem schändlichen, grausamen, wollüstigen Kind der Hölle! Das war eine Weide für den Teufel und seine Horden, das war eine tiefe Herabwürdigung des Sohnes Gottes. Die Ewigkeit wird mehr davon aufschließen.

Jesus Christus ist in der Sünder Hände überantwortet worden. Alle Arten von Sünden, alle Arten von Bosheit sollten an ihm ausgeübt werden. Darum kam er in die Hände der selbstgerechten, blinden, verstockten Pharisäer, darum in die Hände des ungerechten Pilatus, darum in die Hände des spottenden und grausamen Herodes. Sie durften alle ihre Hände an ihn legen, er wurde ihnen allen als Fegopfer, als Schlachtopfer in die Hände geliefert, daß sie ihren Mutwillen an ihm kühlen durften. Aber darum wurde er von einem zum andern geschleppt, darum in den Straßen von Jerusalem herumgezogen, darum gingen alle Gewitter über sein heiliges Haupt, darum mußte er überall Rede stehen, darum wurde er mit solcher Niederträchtigkeit von allen Arten von Sündern mißhandelt und so tief erniedrigt, damit alle Arten von Sündern in ihm eine ewige Erlösung fänden; damit keiner wäre, der nicht bekennen müßte, daß er auch in seiner Art sich am Heiland vergriffen habe, und damit jeder merke, auch seine besondere Sünde sei durch das Schweigen und Dulden, durch die Sanftmut des Lammes Gottes, durch die Leiden des Menschensohnes gebüßt; damit jeder, der da will, fühle, wie er zu den Leiden des Heilands in seinem Teil auch beigetragen habe, aber doch wenigstens beigetragen hätte, wenn er zugegen gewesen wäre; und wie er so einen Teil der Schuld an den Leiden Christi habe, so habe er auch einen Teil an den Früchten seines Todes, die ewige Erlösung. Denn die besonderen Sünder, die in dieser großen Geschichte auftraten und den Heiland, jeder in seinem Teil, mißhandelten, möchte ich nur gewissermaßen als die Repräsentanten ihrer Art ansehen, weil es nicht nur zu den Zeiten des Heilands, sondern zu allen Zeiten selbstgerechte und verstockte Pharisäer, ungerechte, menschengefällige Leute wie Pilatus, wollüstige, ungläubige, gottesvergessene Leute wie Herodes gegeben hat, die in ihrem Sinn ebenso verwerflich waren wie die Feinde des Heilands, obwohl sie sich nicht eigenhändig an seiner Person vergriffen haben, es aber gewiß getan hätten, wenn sich hierzu die Gelegenheit dargeboten hätte.

Es wird wohl auch unter uns, die wir hier versammelt sind, solche Leute geben, die mit den in unserem Abschnitt der Leidensgeschichte angeführten Menschen gleicher Art sind, und die deswegen, weil sie vor achtzehnhundert Jahren nicht dabei waren, darum nicht besser sind als diese Sünder, die in der Leidensgeschichte des Herrn auftreten.

Sind keine Pharisäer da, keine Leute, die trotz aller Schriftgelehrsamkeit doch blind sind und mit Worten, Werken und Gedanken dem Wort Gottes zuwider leben? Keine Leute, die schon oft, wie die Pharisäer und Schriftgelehrten, die Gnadenstimme des guten Hirten gehört haben, aber um ihres Ansehens willen, aus Stolz, aus niedriger Absicht, aus Feindschaft gegen das Licht, die Gnadenstimme stolz von sich gewiesen haben? Keine Leute, die sich in selbstgerechter Tugend und Ehrbarkeit brüsten und das wahre Christentum für Torheit und Schwärmerei, für eine überspannte, übertriebene Sache halten? Keine Leute, die es zwar wohl leiden können, wenn man fromm ist, es aber nicht ertragen können, wenn man dem Lamm nachfolgt, den Herrn Jesus über alles liebt und schätzt, von ihm unter einem unschlachtigen und verkehrten Geschlecht zeugt? Keine Leute, die sich an der Liebe Gottes in Christus Jesus, an seiner ganzen Person, an seinen Wunden und an der Verkündigung derselben, wenn auch nur heimlich, stoßen? Sagt selbst, seid ihr denn keine Pharisäer? Seid ihr denn besser als die, die den Heiland ins Angesicht geschlagen, in der Stadt Jerusalem herumgeschleppt und mit großer Wut seine Kreuzigung gefordert haben? O glaubt es, wenn es auch noch nicht so laut bei euch geworden ist, der gleiche Grund, die gleiche Wurzel ruht doch in euch, und wenn ihr noch länger in dieser Finsternis bleibt, so werdet ihr vollends wie die Pharisäer in unserem heutigen Text werden. Ach wie oft muß man das Wort hören, das die Pharisäer ausgesprochen haben: „Er ist ein Übeltäter!" noch jetzt, zwar mit anderen Worten, aber doch noch ebenso. Mit der größten Frechheit spricht man über den Heiland, seine Person und Sache, und was man nicht mehr an ihm tun kann, das tut man an seinen Gliedern, an seinen Jüngern, an seinem Wort. Es ist noch der gleiche Grimm der Finsternis wie damals.

Sodann, gibt es denn keinen Pilatus unter uns? Keinen, der wohl einen Zug nach der Wahrheit hat, aber diesem Zug nicht Gehör gibt, sondern sich überwinden läßt durch das Böse? Keinen, der die Ehre bei Menschen höher achtet als die Ehre bei Gott? Keinen, der um dieser oder jener zeitlichen Vorteile willen, aus Menschenfurcht, oder weil er eben seine Lieblingssünde nicht lassen will, wider besseres Wissen und Gewissen das, was er selbst für Sünde erkennt, dem Guten vorzieht oder vorgezogen hat? Prüfe dich doch, lieber Mensch! Ach da gibt es Gesellschaften, Vergnügungen, diesen oder jenen Gewinn, oder ist es die Ehre bei Menschen, man fürchtet ausgelacht zu werden, und um solcher Ursachen willen läßt man sich abhalten, ein Christ zu werden; man hört die Wahrheit nicht, setzt sich ihr sogar entgegen und spricht wegwerfend: „was ist Wahrheit?" Oh! Pilatus war noch viel besser als viele Christen. Er mußte fürchten, Amt und Leben einzubüßen, wenn er den Juden nicht Gehör gäbe; aber, leider! ein Naserümpfen, ein Lächeln oder ein Achselzucken hat schon manchen Christen um das Bekenntnis des Heilands vor der Welt und um seine Seligkeit gebracht.

Und was soll ich von Herodes und seinem Hofgesinde sagen? Solche Leute sind in großer Menge in der Christenheit. Das sind die, die sich ein eigenes Christentum machen, das dem Fleisch bequem ist; das sind die, die es sich um dieses oder jenes Vergnügens willen sauer werden lassen, aber um der teuren Seligkeit willen keinen Schritt tun mögen; das sind die, die lieber zum Gastmahl gehen als zum Tisch des Herrn; das sind die, die in ihrer großen Weisheit das Wort vom Kreuz für Torheit achten; das sind die stolzen verstockten Geister, die meinen, über alles richten und urteilen zu dürfen, und die Wollust dieses Lebens höher achten als die Gnade Gottes.

Ach, liebe Zuhörer, prüfe sich doch jeder vor dem Herrn! Wenn wir auch nicht gerade ausgemachte Pharisäer, ein feiger Pilatus und ein stolzer Herodes sind, wenn wir auch manches Gute an uns haben, so steckt doch in der Tiefe die Wurzel dieser Sünde, wir sind doch noch im Grunde des Herzens Feinde des Heilands. Wer aber findet, daß er in einem dieser Stücke gefangen ist, der wisse hiermit: du hast dich an dem Herrn der Herrlichkeit vergriffen. Ach, sollte denn keiner unter uns sein, der Gott die Ehre gäbe und spräche:

Ach, ich und meine Sünden,
Dich sich wie Körnlein finden
Des Sandes an dem Meer,
Die haben dir erreget

Das Elend, das dich schläget,
Und das betrübte Marterheer!

Hört doch, liebe Zuhörer! Jesus läßt euch einladen. Seht an euren Bürgen, den ihr geschlagen habt, seht an den Fürsten des Lebens, den ihr verwundet habt, seht an den geplagten und gefesselten Jesus, den ihr geplagt und gefesselt habt. Siehe, er lädt euch ein, es soll alles vergessen sein, Gnade und Barmherzigkeit soll euch folgen euer Leben lang. Wie wäre es, wenn eine Seele diese stillen Tage dazu anwendete, aus der Finsternis zum Licht zu dringen? Willst du nicht, liebe Seele? Ach, tue es, was hast du für Genuß in der Finsternis, da dir dein Heiland in seiner Versöhnergestalt so viel sein will? Ach, laß doch die Wollust und den Tand dieser Welt, du versündigst dich damit an dem Herrn der Herrlichkeit. Wag es einmal, dich dem Heiland zu übergeben. O er winkt dir, er breitet seine Arme aus gegen dich. So komm doch, komm! Amen.

32. Am Karfreitag

Aber der Übeltäter einer, die da gehenkt waren, lästerte ihn und sprach: Bist du Christus, so hilf dir selbst und uns! Da antwortete der andere, strafte ihn und sprach: Und du fürchtest dich auch nicht vor Gott, der du doch in gleicher Verdammnis bist? Und wir zwar sind billig darin, denn wir empfangen, was unsre Taten wert sind; dieser aber hat nichts Ungeschicktes getan. Und er sprach zu Jesus: Herr, gedenke an mich, wenn du in dein Reich kommst! Und Jesus sprach zu ihm: Wahrlich ich sage dir: Heute wirst du mit mir im Paradiese sein. Luk. 23, 39 - 43

Unstreitig feiern wir am heutigen Tage das Andenken an die größte Tat Gottes, von der wir wissen. Die Schöpfung der Welt kostete ihn ein Wort der Allmacht. Er sprach, so geschah es; er gebot, so stand es da. Die Auferstehung Jesu Christi von den Toten war etwas ganz Natürliches; denn wie konnte der im Tode bleiben, der das Leben in ihm selbst hatte? Die Ausgießung des Geistes Gottes über die Apostel und das seitdem auf der Erde angezündete Feuer war und ist nur eine selige Frucht der Dahingabe des Sohnes Gottes in den Tod. Aber diese Dahingabe selbst, an die wir uns heute anbetend erinnern, geht über alles.

O Wunder ohne Maßen,
Wenn man's betrachtet recht!
Er hat sich martern lassen,
Der Herr für seine Knecht';
Es hat sich selbst der wahre Gott
Für uns verlorne Sünder
Gegeben in den Tod.

Dieses Wunder werden wir in allen Ewigkeiten nicht ausdenken, nicht genug preisen können. Es ist zu groß. Ach, daß es uns verlornen Sündern auch einmal recht groß würde, daß es unsere harten Herzen zerschmölze und dahinnähme! Ist es nicht schrecklich, einen Karfreitag um den anderen zu feiern und doch kein Herz für den treuen Heiland zu haben, der aus heißem Liebesdrang für uns am Holz in den Tod versank? Er blickt uns aus seinem Todesleiden heraus an und spricht: hast du mich dennoch nicht lieb, obwohl ich solches für dich gelitten habe? Ach, wie beschämend ist diese Frage! Sollte sie uns nicht in den tiefsten Staub beugen vor ihm?

O meine Lieben, laßt uns nicht in unserer Härte und Unbußfertigkeit beharren! Wie wollten wir doch dem

Gericht entfliehen, so wir darin bleiben? Wir wollen heute, am Todestage unseres Erlösers, ein Neues pflügen und nicht mehr unter die Hecken säen, nicht mehr so gleichgültig an Jesus vorübergehen, sondern ihn ins Auge fassen und unter herzlichem Seufzen um die Erleuchtung des Heiligen Geistes ihn recht betrachten. Ich will euch zu dem Ende vor die Augen zu malen suchen

die drei auf Golgatha Gekreuzigten.

O Lamm Gottes, das der Welt Sünde trägt, erbarme Dich über uns! Du weißt es besser als wir, wie fremd der größte Teil unter uns gegen Dich ist, wie wir alles lieben, uns an allem, an den elendesten Dingen vergnügen können und mögen, nur an Dir nicht, ewige Liebe. Schönster unter den Menschenkindern, o vergib uns diese große Schuld! Schreib sie auch in die Handschrift, die Du am heutigen Tage aus dem Mittel getan und an das Kreuz geheftet hast. Aber laß uns um Deiner Erbarmungen willen nicht ferner in dieser Gleichgültigkeit dahingehen. Stelle Dich in Deiner Todesgestalt vor die Augen unseres Gemüts, damit unser Herz breche über Dir; denn wir bleiben tot, wo uns nicht Dein Geistesodem anweht. Laß dazu Deinen Todestag heute an uns allen gesegnet sein! Amen.

Vor ungefähr achtzehnhundert Jahren, am heutigen Tage, um diese Stunde, konnten die, die sich damals in der jüdischen Hauptstadt Jerusalem aufhielten, ein ungewöhnliches, unerhörtes Schauspiel sehen. Auf dem Hügel Golgatha, der außerhalb des Tores von Jerusalem, aber nahe bei der Stadt gelegen war, hingen drei Männer an drei Kreuzen. Das war nicht das Unerhörte bei dieser Sache, daß Menschen gekreuzigt wurden; denn das ist in alten Zeiten eine nicht sehr ungewöhnliche Todesstrafe gewesen. Das Unerhörte dieses Schauspiels lag in der Person dessen, der in der Mitte gekreuzigt ward. Auf diesen besonders hatten sich die Augen der Volksmenge gerichtet. Auch wir wollen unsere Augen vornehmlich und zuerst auf ihn richten.

Wer ist denn dieser Mann, den sie zwischen zwei Mördern gekreuzigt haben? Es ist der Sohn des lebendigen Gottes, der Schöpfer der ganzen Welt; es ist der längst verheißene Messias und König Israels; es ist der, von dem alle Propheten geweissagt haben, die Hoffnung der Väter des Alten Bundes, der Trost Israels – und siehe, hier hängt er am Kreuz! Tritt näher hinzu, Seele, betrachte und beschaue ihn recht, den Mann der Liebe und der Schmerzen; beschaue ihn von Kopf bis Fuß. Sieh, hier hängt er mit ausgespannten Armen zwischen Himmel und Erde! Sie haben große Nägel genommen und ihn damit an Händen und Füßen an das Kreuzholz genagelt. Aus diesen Nägelwunden fließt sein Blut über seinen heiligen Leib hinunter und fällt in großen Tropfen auf die Erde. Er aber hängt da blaß und entstellt; sein Haupt ist mit einer Dornenkrone gekrönt; sein Angesicht ist mit Blut überdeckt; seine Wangen sind aufgeschwollen von den vielen Backenstreichen; sein Rücken ist zerfleischt von den Geißelhieben; sein ganzer Leib ist matt bis zum Tode. So hängt er da: „Er ist ausgeschüttet wie Wasser, alle seine Gebeine haben sich zertrennt; sein Herz in seinem Leibe ist wie zerschmolzen Wachs; seine Kräfte sind vertrocknet wie eine Scherbe, und seine Zunge klebt an seinem Gaumen, und er ist gelegt in des Todes Staub“ *(Psalm 22, 15 - 16).* So hängt er da, der Herr der Ehren, am Schandpfahl, nackt, in der alleräußersten Verachtung, ein Spott der Leute, eine Verachtung des Volks, sechs Stunden lang, bis er sein Haupt in den Tod neigt.

O Welt, sieh hier dein Leben
Am Stamm des Kreuzes schweben,
Dein Heil sinkt in den Tod!
Der große Herr der Ehren
Läßt willig sich beschweren
Mit Banden, Schlägen, Hohn und Spott.
Tritt her und schau mit Fleiße:
Mit Blut und Todesschweiße
Ist ganz sein Leib bedeckt,
Und unnennbare Schmerzen
Fühlt er in seinem Herzen,
Da er den Kelch des Vaters schmeckt.

O betrachtet ihn doch recht, unsern allertreusten Jesus, wie er am Kreuz hängt! Können wir etwas Bejammernswürdigeres sehen, können wir etwas sehen, das uns mehr zur Buße reizte als den großen, den starken, den allmächtigen, den lebendigen Jesus, wie er so unter den heftigsten Qualen als ein geschändeter Missetäter, als ein Verfluchter am Holz des Fluches dahinstirbt! Aber seht, was er äußerlich am Leibe litt, war nicht sein größtes Leiden. Er sollte von innen und außen den Fluch des Gesetzes, den Zorn Gottes tragen, und da war das, was er unsichtbar an seiner heiligen Seele erduldete, noch viel schrecklicher als das Äußerliche.

Als Jesus drei Stunden lang am Kreuz gehangen war, von morgens neun Uhr bis mittags zwölf Uhr, da fing die Sonne an,ihren Schein zu verlieren; es wurde Nacht in ganz Judäa und um Golgatha herum; die Sonne sollte die Todesleiden ihres Schöpfers nicht bescheinen. Mit dem äußeren Licht schwand aber auch das innere Licht aus dem Herzen des Heilands; er fühlte die Nähe und Gemeinschaft des Vaters nicht mehr; er fühlte sich vom Vater verlassen, von innen und außen entblößt, den Qualen des Todes und der

Hölle, und vielleicht auch der höllischen Geister, ganz preisgegeben. Lange trug der große Hohepriester diese innere Qual in der Stille. Er kämpfte, er betete, er seufzte mit Seufzern, deren Kraft und ewige Bedeutung die Ewigkeit klarer machen wird. Da mag es wohl in seinem Inneren geheißen haben, wie wir im 22. Psalm lesen: „Du hast mich aus meiner Mutter Leibe gezogen; du warst meine Zuversicht, da ich noch an meiner Mutter Brüsten war. Auf dich bin ich geworfen von Mutterleib an; sei nicht ferne von mir, denn Angst ist nahe; denn es ist hier kein Helfer. Herr, meine Stärke, eile, mir zu helfen!" Endlich, da seine innere Qual den höchsten Grad erreicht hatte, brach er aus und schrie: „Mein Gott, mein Gott, warum hast du mich verlassen?" O meine lieben Zuhörer, was liegt in diesen Worten! Er sagt nicht mehr: mein Vater! wie er doch noch in Gethsemane tun konnte, er sagt nur: „mein Gott!" Er fühlt sich so verlassen, so allein, so verstoßen und entblößt; er fühlt den Zorn Gottes so sehr, daß er den Vater nur seinen Gott nennen kann, daß er in dieser schrecklichen Stunde das lebendige Bewußtsein seines Sohnesverhältnisses zum Vater verliert und wie ein anderer elender und verlassener Mensch zu seinem Gott schreit. Ja, der Todesschmerz von innen und außen, die Finsternis von innen und außen bemächtigte sich seiner heiligen Seele so sehr, daß er wie irre wird an diesem schrecklichen Leiden und Todesweg, daß er sich nicht mehr dareinzufinden weiß und darum ruft: „Warum hast du mich verlassen?" In welcher Hölle muß Jesus gelegen sein, als er solches ausrief! Wie muß ihm da ums Herz gewesen sein! Was für eine Todesfinsternis mußte das sein, die ihm solche Worte auspressen konnte! Von früher Jugend an hatte er doch allezeit das Bewußtsein gehabt, daß er der Sohn Gottes in besonderem Sinne sei. Er hatte dieses Bewußtsein allezeit behalten;

sein ganzes inneres Leben beruhte darauf; nun auf einmal verliert er es, fühlt sich verlassen und kann sich selbst in den grauenvollen Weg, den er als Versöhner der Menschen gehen sollte, nicht mehr finden. O wer kann diese Leidenstiefe ermessen! Wer kann sich auch nur eine geringe Vorstellung von dieser Erniedrigung des Weltschöpfers machen!

Aber wir leben jetzt davon; diese tiefe Erniedrigung des Heilands ist unser Leben. Denn warum erduldete unser teurer Hohepriester an Leib und Seele solche Marter? Ist er diesen schweren Weg um seiner selbst willen gegangen? Ach nein! Er war kein Sünder, er war heilig und von den Sündern ausgesondert. Seine Gerechtigkeit hatte keinen Riß, wie die unsere unzählige hat; seine Gerechtigkeit ist kein beflecktes Kleid, wie die unsere vor Gott ist. Er ist ganz heilig; aller Glanz der Cherubinen und Heiligkeit der Seraphinen ist gegen ihn nur Dunkelheit; das lauterste, das reinste Wohlgefallen hatte der Vater an ihm während seines ganzen Laufes. „Das ist mein lieber Sohn, an dem ich Wohlgefallen habe", solches Zeugnis gab ihm der Vater. Der Vater, der heilige Vater, der ein Licht ist und ist keine Finsternis in ihm; der Vater, der Herzen und Nieren erforscht und der in seinen Engeln sogar Torheit findet *(Hiob 4, 18)*; der Vater konnte an Jesus nichts sehen, daß sein Mißfallen im mindesten erregt hätte, mit dem lautersten, innigsten Wohlgefallen sah er den Sohn. O wie heilig muß Jesus sein! Und dieser heilige Jesus muß nach Gottes vorbedachtem Rat und Willen am Fluchholz unter den peinvollsten Qualen dahinsterben, unter Qualen, wie sie noch kein Sünder empfunden hat. Warum geschieht das? Die Schrift sagt es uns deutlich. „Gott hat den, der von keiner Sünde wußte, für uns zur Sünde (oder zum Sündopfer) gemacht, auf daß wir würden in ihm die Gerechtigkeit, die vor Gott gilt." Dies war die Bezahlung unserer

Schuld. Unser Bürge war er. Für uns, an unserer Statt, bloß für uns hing Jesus sechs Stunden lang am Kreuz; für uns wurde er vom Vater verlassen; für uns starb er; an unserer Statt erduldete er das alles; solches ist geschehen zur Versöhnung für unsere Sünden. O Seele, was haben deine Sünden angerichtet! Und wie hat die Liebe, die ewige Liebe, geliebt! Siehe dieses Haupt an, dieses Haupt voll Blut und Wunden, voll Spott und voller Hohn; siehe an dieses edle Angesicht, vor dem der Weltkreis einst beben wird, siehe, wie es bespeit, wie es so übel zugerichtet ist! Warum ist dies geschehen an diesem Haupt? In dieses Haupt war nie ein anderer Gedanke eingedrungen als die demütigsten, die einfältigsten, die liebevollsten Sohnesgedanken gegen den Vater, die liebevollsten Gedanken gegen die Sünder; dieses Angesicht war jederzeit nur ein Spiegel der Freundlichkeit, der Leutseligkeit, der Majestät und Herrlichkeit Gottes gewesen; keine sündliche Leidenschaft hatte jemals diese Züge entstellt und verzerrt, und nun siehe, wie ist dieses Haupt geschändet! Wie ist es zugerichtet! Wie verzieht sich das Angesicht des Heilands zu einem blassen Totengesicht! Wie drückt der Tod, der Sold der Sünde, sein entsetzliches, sein starres Bild in dieses Angesicht des Schönsten unter den Menschenkindern ein! Das habe ich verschuldet. Mein Hochmut hat ihm die Dornenkrone in das Haupt gedrückt; mein Mutwillen hat ihm die schweren Backenstreiche gegeben; mein ehebrecherisches Auge hat seiner Augen Licht entstellt; meine Sünden haben es getan. Und er hat es erduldet, damit ich Armer mein Haupt, mein Sünderhaupt emporheben, und obwohl ich ein fluchwürdiger Wurm in den Augen Gottes bin, doch getrost auf meine Erlösung warten dürfe. Sein Leib gilt für meinen Leib, seine Seele für meine Seele, sein Blut für mein Blut, seine Hände für meine Hände, seine Füße für meine Füße, es kommt alles mir und meinen Mitbrüdern und Mitsündern zugute.

Sei mir tausendmal gegrüßet,
Der mich je und je geliebt,
Jesu, der du selbst gebüßet
Das, womit ich dich betrübt.
Oh, wie ist mir doch so wohl,
Wenn ich knien und liegen soll
An dem Kreuze, da du stirbest
Und um meine Seele wirbest!
Ich umfasse, herz und küsse
Deine Wunden ohne Zahl
Und die purpurroten Flüsse
Deiner Füß und Nägelmal.
Oh, wer kann doch, schönster Fürst,
Den so hoch nach uns gedürst't,
Deinen Durst und Lieb'sverlangen
Völlig fassen und umfangen!

Um die drei Kreuze herum stand eine große Menge Volks, Geringe und Vornehme, gemeines Volk und Oberste, Hohepriester und Schriftgelehrte und Pharisäer. Neugierde, Grausamkeit, satanische Schadenfreude hatte die Volksmenge zusammengetrieben. Vielleicht waren auch einige Freunde des Herrn unter dem Haufen verborgen. Die Menge stand wohl eine gute Zeit stillschweigend da und sah zu. Endlich erhob sich eine Stimme, die des Heilands spottete. Es ist gegen alles menschliche Gefühl, gegen alle natürliche Billigkeit und Ehrbarkeit, eines Leidenden, und zwar eines so schrecklich Leidenden zu spotten. Aber hier durchbrach die innere Herzensfeindschaft gegen den Herrn alle Schranken der Menschlichkeit. Es fing einer an zu spotten, dem stimmten bald andere bei, und zwar Oberste und Hohepriester. Vornehme Leute lassen sich sonst öffentlich nicht so sehr heraus, weil sie fürchten, sie möchten sich vor den Augen des Volkes erniedrigen und gemein machen; aber hier war es anders, es ging gegen Christus. Nach und nach riß unter der ganzen Menschenmenge ein so schrecklicher Spottgeist ein, daß alle, die nur vorübergingen, den Kopf schüttelten, das Maul aufrissen und den Heiland lästerten. Da rief der eine hinauf an das Kreuz: „Arzt, hilf dir selbst! Du hast ja immer den Arzt gemacht und Kranke geheilt, nun hilf dir selbst und heile deine Wunden, wenn du kannst." Ein anderer schrie: „Anderen hat er geholfen und kann sich selber nicht helfen; ist er der König Israels, so steige er herab vom Kreuz, so wollen wir ihm glauben." Andere sagten: „Er hat Gott vertraut, der erlöse ihn nun, denn er hat gesagt: Ich bin Gottes Sohn." Andere lästerten: „Pfui dich, wie fein zerbrichst du den Tempel Gottes, und bauest ihn in drei Tagen!" So suchte immer einer den andern im Lästern zu überbieten, und sie mußten doch meistens, da sie spotten wollten, Worte reden, die recht betrachtet, dem Heiland zur Ehre gereichten und ihn rechtfertigten. Endlich wurden auch die rohen heidnischen Kriegsknechte vom Spottgeist ergriffen und stimmten nun auf ihre Art in das Gezisch der Menge ein: „Bist du der Juden König, so hilf dir selber", sprachen sie zum gekreuzigten Heiland, als wollten sie sagen: nicht wahr, du elender König der Juden, du eingebildeter Schwärmer, wir haben dich brav angenagelt, daß du keine Hand und keinen Fuß bewegen kannst. O was hat Jesus erduldet! Aber das war nicht genug. Auch einer der Mörder, die mit ihm gekreuzigt waren und mit ihm Qual litten, fing an, mit den übrigen gottlosen Menschen trotz seiner furchtbaren Schmerzen des Heilands zu spotten, und er sprach, nicht bittend, sondern trotzig und bitter: „Bist du Christus, so hilf dir selbst und uns." Das hieß ungefähr: du erbärmlicher Messias, daß du dich mußt kreuzigen lassen und weder dich noch uns erretten kannst!

Dieses Wort des elenden Menschen öffnete dem andern Mörder den Mund, und da kam freilich etwas anderes heraus als Lästerung. Denn als er solches von seinem Mitgekreuzigten gehört hatte, da ergrimmte er im Geiste, und sein Herz empörte sich sehr über diese Gottlosigkeit und sprach: „Und du fürchtest dich auch nicht vor Gott, der du doch in gleicher Verdammnis bist? Und zwar wir sind billig darin, denn wir empfangen, was unsere Taten wert sind. Dieser aber hat nichts Ungeschicktes getan." Und wandte sich zu Jesus und sprach: „Herr, gedenke an mich, wann du in dein Reich kommst." Wir müssen diese Worte des Schächers näher betrachten, denn sie sind sehr merkwürdig.

Vor allem müssen wir die *Majestät und die königliche Hoheit Jesu Christi* ansehen. Er hängt zwar da am Kreuze, in der alleräußersten Schmach und Verachtung, verspottet und verhöhnt, ein Abscheu der Leute; er hängt da in den schrecklichsten Schmerzen und Qualen Leibes und der Seele; er hängt da ohnmächtig, am Fluchholz angeheftet; er hängt da, den schmählichen Tod eines Missetäters sterbend; aber während allem diesem spricht er das große, königliche, majestätische Wort aus: „Wahrlich, ich sage dir, heute wirst du mit mir im Paradiese sein!" Seht da den Herrn und König des Himmels, seht ihn an, unsern großen König, der auch am Kreuz unser König ist und mit einem Wort die Pforten des Himmels aufschließen kann; seht ihn an, diesen großen Monarchen, diesen Herrn der Herrlichkeit, und betet ihn an, tief im Staube betet ihn an.

Seht aber auch den Schächer an, der neben ihm an seiner Seite hängt: „Und du fürchtest dich auch nicht vor Gott?" Mit diesen Worten wendet er sich an seinen lästernden Kameraden. Seht doch, wie dieser Mörder in diesen wenigen Worten das ganze Betragen der Obersten des Volkes verdammt! Er erkennt wohl, woher dieses Gespötte kommt; er erkennt es als die höchste Gottlosigkeit; er erkennt und spricht es auch aus, daß sie nicht so spotten könnten, wenn sie nur einen Funken Gottesfurcht in sich hätten. Wie viel gerechter ist dieser gekreuzigte Mörder als seine Obersten, als die Schriftgelehrten und die Pharisäer, als das ganze umherstehende Volk! Aber wie bußfertig ist er auch! Das war ein großes, ein seltenes Bekenntnis: „Ich empfange, was meine Taten wert sind.“ Dazu gehörte schon viel Überzeugung von der Sünde; zu diesem Bekenntnis gehörte ein ganz demütiges, bußfertiges Herz. Ich leide zwar unnennbare Schmerzen, will er sagen, aber ich habe es nicht anders verdient; ich hänge zwar da zwischen Himmel und Erde als ein Schauspiel alles Volks, aber so habe ich es verdient. „Dieser aber hat nichts Ungeschicktes gehandelt.“ Woher wußte er das? Wie kam diese Überzeugung in sein Herz? Hatte er schon vorher von Jesus gehört und an ihn glauben gelernt, oder hatte das Wort, das der Heiland bei seiner Kreuzigung ausrief: „Vater, vergib ihnen, denn sie wissen nicht, was sie tun!“ – hatte jenes Wort diese Überzeugung in ihm gewirkt? Ich weiß es nicht. Genug, er legte hier am Kreuz ein lautes Zeugnis von der Unschuld des Heilands und von seiner eigenen Schuld ab und sprach zu Jesus: „Herr, gedenke an mich, wann du in dein Reich kommst.“ Herr nennt er Jesus, Herr nennt er einen, der unter die Übeltäter gerechnet ist, einen Menschen, der neben ihm am Kreuz hängt, in allem aussieht wie ein Missetäter und sich in Todesqualen neben ihm verzehrt, den nennt er Herr! O welcher Respekt! Welche tiefe Ehrerbietung, die sogar über diese Gestalt des Missetäters hinaussehen und dem Heiland noch in solchem Zustand seine Ehre geben konnte!

Durch seinen Glauben an den Heiland stand dieser Mensch in diesem Augenblick weit über den Jüngern. Mutlos ließen sie alle Hoffnung, allen Glauben sinken; trostlos überließen sie sich der Traurigkeit. Aber während sie irre wurden an ihrem Herrn und an seinem Reich, da bekannte dieser am Kreuz sterbende Mörder, daß Jesus Christus der Herr und der König eines ewigen, unvergänglichen Reiches sei. Und woher diese Herzensstellung, woher dieser Glaube des Missetäters, der den Kleinglauben der Jünger so tief beschämte? Antwort: Vom Heiligen Geist, dem er sein Herz öffnete, während es der andere vor ihm verschloß. Der Heilige Geist hatte das in ihm gewirkt. Darum sprach der Heiland ihm auch das Trostwort zu: „Wahrlich, ich sage dir, heute wirst du mit mir im Paradiese sein."

O liebe Zuhörer, was ist doch für ein großer Unterschied zwischen diesen zwei Mördern gewesen! Beide litten gleiche Qualen; für die Sünden der beiden duldete, litt und starb Jesus in ihrer Mitte; für beide floß das Blut der Versöhnung; beide hatten die große Ehre, mit dem Sohn Gottes das gleiche Los zu teilen; beide sehen den Sohn Gottes mit ihren Augen; beide sehen seine Wunden, und doch welch ein Unterschied! Der eine lästerte, der andere gab Christus die Ehre; der eine blieb in seines Herzens Härtigkeit, der andere demütigte sich und tat Buße; der eine blieb finster und verstockt, der andere flehte um die Aufnahme in das Paradies; der eine fuhr nach seinem Tode in die Finsternis, obwohl auch für ihn eine Erlösung erfunden war, dem anderen öffnete der Sohn Gottes die Pforten des Paradieses durch das Verdienst seines allerheiligsten Leidens und Sterbens; der eine war der Erstling der Verdammten des Neuen Bundes, der andere der Erstling der Seligen des Neuen Bundes. Welch ein großer, gewaltiger Unterschied!

Diese zwei Mörder sind die Repräsentanten des ganzen Menschengeschlechts. Sie waren beide Sünder, große Sünder, wie wir alle große Sünder sind. Sie litten beide an den Folgen ihrer Sünden, wie wir alle um unserer Sünde willen viele Leiden an unserem Leibe und endlich den Tod erdulden müssen. Das Blut der Versöhnung war für beide auf die Erde geflossen und schrie um Barmherzigkeit für beide, wie es für uns alle geflossen ist und um Barmherzigkeit schreit. Zwischen beiden hing Christus; aber der eine blieb verstockt und fuhr nach diesem Leben in die ewige Qual, der andere tat Buße und erlangte das ewige Leben. Dieses ist in kurzen Worten die Geschichte der ganzen Menschheit. Was hier auf Golgatha geschah, wie es hier aussah, so wird es einst auch aussehen am Jüngsten Tag, wenn der, den sie heute gekreuzigt haben, wenn unser geschändeter König wiederkommen wird in seiner Herrlichkeit, um zu richten die Lebendigen und die Toten. Da wird auch ein Teil der Menschheit zu seiner Rechten und der andere zu seiner Linken stehen; ein Teil wird eingehen dürfen in das ewige Leben, der andere wird in das ewige Feuer gehen müssen, obwohl Jesus alle versöhnt, alle geheiligt, alle vollendet hat mit seinem einzigen Opfer, obwohl er das Sühnopfer für unsere Sünden ist, nicht allein aber für die unseren, sondern auch für der ganzen Welt Sünden.

O liebe Zuhörer, was wird das sein! Auf welcher Seite werden denn wir stehen? Es offenbart sich aber schon in gegenwärtiger Zeit dieser Unterschied, wie er sich an den zwei Mördern geoffenbart hat. Wo keine Buße, wo keine Anerkennung und kein Bekenntnis der Schuld, wo kein Verlangen nach Gnade, wo kein Flehen um Gnade ist, wo der Herr Jesus, der gekreuzigte Jesus, nicht als Herr angebetet, geliebt und verehrt wird, wo ein Mensch in seinem Sündenwesen, in seiner Verstocktheit, in seines Herzens

Härtigkeit bleibt: liebe Zuhörer, dem hilft nicht das Blut der Versöhnung; an diesen Menschen ist das Leiden und Sterben des Heilands verloren; diese genießen umsonst das heilige Abendmahl; diese hören umsonst das Wort Gottes; die Verdammnis bleibt auf ihnen, solange sie in diesem Sinn stehen, und wenn sie darin sterben, so bleibt die Verdammnis auf ihnen in Ewigkeit.

Wir dürfen aber nicht wähnen, als ob zu einem solchen Herzenszustand, worin der verstockte Mörder stand, ein ungewöhnlicher Grad von Ruchlosigkeit gehöre. Nein, das war sein Verderben, daß er der Güte des Gottes, der ihn über seine Sünden strafte und zur Buße führen wollte, nicht Raum gab. Wenn ein Sonntag um den andern kommt, wo wir durch das Wort Gottes auf unser Elend, auf unsere Verdammungswürdigkeit aufmerksam gemacht werden, wenn ein Karfreitung um den andern kommt, wo uns das Leiden und Sterben des Herrn Jesu vor die Augen gemalt wird, und wir bleiben doch in unseres Herzens Härtigkeit und tun doch nicht Buße: liebe Zuhörer, sind wir dann nicht ärger als der verstockte Schächer, der nicht so viele Aufforderung zur Buße hatte, sind wir dann nicht einer größeren Verdammnis wert?

O daß uns das zu Herzen ginge! Nicht wahr, liebe Seelen, ihr wollt doch nicht verloren gehen, sondern auch teilhaben an dem, was unser großer Jesus für uns erstritten und erkämpft hat? Und was hat er uns denn erkämpft? Das hat er uns erkämpft, daß auch ein Mörder, auch ein Schächer, auch ein Abschaum, ein Auswurf der Menschheit, daß der größte Sünder selig werden kann, wenn er zu den Füßen des Heilands niedersinkt und um Erbarmung schreit. O große Gnade! große Erlösung! Und heute darf man diese Gnade ausrufen, heute darf man sie allen anbieten, zwar alle Tage, doch heute besonders. Denn heute ist der große

Versöhnungstag, der große Gnadentag der Menschheit. O Sünder, wollt ihr nichts von dieser Gnade? Wollt ihr in euren Sünden und dadurch unter dem Zorn Gottes bleiben? Besinne sich doch, wer sich besinnen kann. Macht uns der Mann, der in Todesqualen am Kreuz hängt, nicht Mut dazu, den Weg zur Vergebung der Sünden, den Weg zur Gnade, den Weg zum ewigen Leben einzuschlagen?

Seht, wie leicht dieser Weg ist, wie leicht ihn uns seine Liebe gemacht hat! „Denn gleichwie Mose in der Wüste eine Schlange erhöht hat, also ist des Menschen Sohn erhöht worden, auf daß alle, die an ihn glauben, nicht verloren werden, sondern das ewige Leben haben."

So komme denn, wer Sünder heißt
Und wen sein Sündengreul betrübet
Zu dem, der keinen von sich weist
Der sich gebeugt zu ihm begibet.
Wie? Willst du dir im Lichte stehn
Und ohne Not verloren gehn?
Willst du der Sünde länger dienen,
Da, dich zu retten, er erschienen?
O nein! Verlaß die Sündenbahn!
Mein Heiland nimmt die Sünder an.

Du aber, geschlachtetes Lamm Gottes, blicke gnädig auf uns hernieder! Die Gemeinde, die um Dich her ist, bringt Dir Ruhm, Ehre, Preis und Anbetung; die vollendeten Gerechten werfen ihre Kronen nieder vor Deinem Thron, der Du tot warst und nun lebst von Ewigkeit zu Ewigkeit. Ach, erwecke auch unsere Herzen, daß sie einstimmen in den Lobgesang Deiner oberen Gemeinde. Der Seraph stammelt Dein Lob, o Sohn! Wer bin ich, daß ich mich in diesen Jubel menge? Aber ich tue es für mich und für alle diese teuer erkauften Seelen; ich tue es, Herr Jesus, obwohl mit schwachen und sündigen Lippen. Lob, Ehre, Preis und Anbetung sei Dir von Ewigkeit zu Ewigkeit, daß Du Dein teures Leben für uns aufgeopfert hast! Was können wir Dir geben für Deine Treue und Liebe, die auch den letzten Tropfen Bluts für uns dahingegeben hat? Nichts Herr, als unsere Sünden! Darum nimm hin die Sünden dieses Volkes und schenke uns dafür Deine blutige Gerechtigkeit. Amen.

33. Am Osterfest *

Und da der Sabbat vergangen war, kauften Maria Magdalena und Maria, des Jakobus Mutter, und Salome Spezerei, auf daß sie kämen und salbten ihn. Und sie kamen zum Grabe am ersten Tage der Woche sehr früh, da die Sonne aufging. Und sie sprachen untereinander: Wer wälzt uns den Stein von des Grabes Tür? Und sie sahen dahin und wurden gewahr, daß der Stein abgewälzt war; denn er war sehr groß. Und sie gingen hinein in das Grab und sahen einen Jüngling zur rechten Hand sitzen, der hatte ein langes weißes Kleid an; und sie entsetzten sich. Er aber sprach zu ihnen: Entsetzet euch nicht! Ihr suchet Jesus von Nazareth, den Gekreuzigten; er ist auferstanden und ist nicht hier. Siehe da die Stätte, da sie ihn hinlegten! Gehet aber hin und sagt es seinen Jüngern und Petrus, daß er vor euch hingehen wird nach Galiläa; da werdet ihr ihn sehen, wie er euch gesagt hat. Und sie gingen schnell heraus und flohen von dem Grabe; denn es war sie Zittern und Entsetzen angekommen. Und sagten niemand etwas; denn sie fürchteten sich. Luk. 16, 1 - 8

* Letzte Predigt des Verfassers (1828)

Der Herr Jesus ist auferstanden! Dies ist das Wort, das in den Gemütern der Jünger Jesu durch die Dunkelheit, die sie umfangen hatte, als ein helles Licht hindurchbrach und ihre Seelen mit Freude und Dankbarkeit erfüllte; denn sie wurden froh, als sie hörten, daß der Herr aus seiner Marter auferstanden sei. Auch wir alle dürfen froh werden über unsern auferstandenen Heiland. Es soll unseren Herzen, wie Luther vor dreihundert Jahren von sich sagte, eine Festfreude sein, daß der Herr aus seiner Marter auferstanden ist. In der tiefsten Verachtung hauchte er sein Leben aus. Es schien sogar, als ob er von Gott verlassen wäre. Er wurde blaß und bleich wie alle Sterbenden. Mit Wunden, Striemen und Beulen bedeckt wurde er ins Grab gelegt. Auf einmal aber ist er aus des Todes Nacht zum Leben hindurchgedrungen und hat Leben und Unvergänglichkeit ans Licht gebracht. Darum sollen wir dem Herrn danken und fröhlich sein! Ich denke deshalb, wir wollen uns diesmal zu unserer Erbauung vorhalten

Jesus, den Todesüberwinder.

Ich werde euch zeigen,
I. was der Tod ist ohne Christus,
II. was der Tod geworden ist durch Christus.

Herr Jesus, Du lebendiger Fürst des Lebens, der Du tot warst, nun aber lebst von Ewigkeit zu Ewigkeit! Du siehst den Tod der Lauheit und Eitelkeit, in dem viele Herzen unter uns gefangen liegen. O Du Todesüberwinder, töte auch diesen Tod in allen, laß uns alle zum Leben dringen, damit wir leben in Ewigkeit. Amen.

I. Einer der ärgsten Feinde der Menschheit ist der Tod.

Das Menschengeschlecht ist nun gegen sechstausend Jahre in dieser Welt, und in dieser langen Zeit hat der Tod unaufhaltsam fortgewürgt unter den Menschen, ein Geschlecht um das andere hat er ergriffen. Gegen seine Gewalt konnte bis jetzt nichts schützen, nicht Macht, nicht Ehre, nicht Reichtum, nicht Krone und Zepter, nicht Weisheit, nicht Rechtschaffenheit, nicht Gottseligkeit; er hat heruntergewürgt von Adam an bis auf uns, und hat alle ohne Unterschied dahingenommen, und wird fortwürgen bis auf den Jüngsten Tag; denn er hat einen Zugang an alles, was Mensch heißt.

Ursprünglich war der Tod nicht in der Welt. Gott schuf den ersten Menschen nicht zum Tode, sondern zum Leben. Er machte zwar den ersten Menschen aus Staub, aber er blies ihm einen Lebensodem in seine Nase. Dieser göttliche Lebensodem durchging und durchdrang den ganzen Menschen nach Seele und Leib, und so hatte er einen Körper, der zur göttlichen Unsterblichkeit geschaffen war. Er war ein Bild des lebendigen Gottes, und wenn er in seiner ursprünglichen Verfassung geblieben wäre, so hätte der Mensch nicht sterben müssen, sondern ewiges Leben in sich gehabt. Aber er blieb nicht darin; der Mensch wurde ein Sünder, er fiel von Gott ab. So drang der Tod in seine Glieder ein, und diesem Tod sind nun alle Menschen unterworfen, weil sie alle Sünder sind. „Durch einen Menschen ist die Sünde in die Welt gekommen, und der Tod durch die Sünde, und ist also der Tod zu allen Menschen hindurchgedrungen, dieweil sie alle gesündigt haben."

O liebe Zuhörer, wie bejammernswürdig sind doch wir armen Menschen, daß wir sterben müssen! Denn was heißt sterben? Geht hin auf einen Gottesacker und seht da die schreckliche Gewalt des Todes. Wir sind nun alle hier beisammen, wir können gehen, sitzen und stehen, wir können uns bewegen. Nach fünfzig Jahren wird es mit den meisten von uns ganz anders sein. Da wird diese Hand, die ich hier ausstrecke, schon lange verfault sein; vielleicht ist kein Knochen mehr von ihr vorhanden; vielleicht ist alles Staub und Erde geworden. Unsere Nachkommen werden auf unseren Staub treten und es nicht wissen und nicht daran denken, daß sie darauf treten. Solche Verwüstung richtet der Tod an. So wahr ist es, was der Herr gesprochen hat: „Du bist Erde und sollst zur Erde werden.“ Ist aber das nicht schrecklich? Ist es nicht entsetzlich, daß dieser Leib, der eine Behausung eines vernünftigen Geistes und ein Tempel Gottes ist, aus dem doch noch etwas vom Bilde Gottes herausscheint, ob wir es gleich verloren haben; ist es nicht schrecklich, daß dieser Leib soll also vergehen, soll verwesen, soll ein stinkendes Aas werden, das man aus der menschlichen Gesellschaft entfernen muß, bis er endlich ein Häuflein Staub ist, das der Wind auseinanderwehen kann? O gewiß, das ist eine schreckliche Macht des Todes.

Aber seht, das ist nicht erst das Ärgste am Tode, daß dieser Leib verwesen und vergehen muß, das Sterben selber ist noch viel bedeutender. Wir bestehen aus Leib und aus Seele. So werden wir geboren. Diese zwei sind unzertrennliche Gefährten und aufs innigste miteinander verbunden. Ich will euch ein Beispiel geben, wie eng sie miteinander verbunden sind. Wenn ihr einen Krug Branntwein habt, so habt ihr darin Wasser und etwas Geistiges. Dieses Wasser und dieses Geistige aber sind, wie ihr wohl wißt, sehr genau miteinander verbunden. Wer kann geschwind das Wasser von dem Geistigen absondern und scheiden? Seht, ebenso genau, ja noch genauer sind Leib und Seele miteinander verbunden; denn Leib und Seele machen zusammen einen Menschen aus. Durch den Tod nun geht die Trennung des Leibes und der Seele vor sich, im Sterben trennen sie sich.

Welch ein schrecklicher Prozeß! Mit welchen Kämpfen, mit welchen tiefen Leiden ist das meistens verbunden, wie es denn nicht anders sein kann! Und durch diesen Scheidungsprozeß muß jeder Mensch hindurch, da sind schon viele tausend Millionen hindurchgegangen, da gehen täglich viele tausend Menschen hindurch, da werden auch wir hindurch müssen, wir mögen wollen oder nicht, und wer weiß, welche Todeskämpfe uns nach dem Willen Gottes aufgehoben sind! O gewiß, es ist etwas Furchtbares um den Tod. Und das, was ich bis jetzt angeführt habe, ist erst nicht das Ärgste; sondern das ist das Ärgste, „daß es dem Menschen gesetzt ist zu sterben, und danach das Gericht." Diese Wahrheit ist uns ins Herz geschrieben, diese Wahrheit predigt jedem Menschen das Gewissen, und das Wort Gottes sagt Ja und Amen dazu. Hört es, hört es – das entsetzliche Wort, und laßt es in euch eindringen wie ein zweischneidiges Schwert, ihr unbußfertigen Sünder: „es ist dem Menschen gesetzt zu sterben, danach aber das Gericht." Was wäre es endlich, wenn dieser Leib zuschanden ginge, was wäre es, wenn der Geist sich auch unter schweren Kämpfen von seiner Hütte losmachte, was wäre das Sterben, wenn kein Gericht nach dem Tode auf uns wartete! Man könnte sich endlich noch darüber trösten und fassen; man könnte denken: es geht ja keinem besser, ich will mich auch in diesen Weg schicken. Aber nun ist es gar anders: „es ist dem Menschen gesetzt zu sterben", damit aber ist es nicht aus, „danach das Gericht." Was für ein Gericht? Das Gericht Gottes, nicht das Gericht eines Menschen, den man betrügen, vor dem man heucheln, den man anlügen kann, sondern das Gericht des allwissenden, des heiligen, des gerechten, des wahrhaftigen Gottes, des Gottes, der sich nicht spotten läßt, des Gottes, der Herzen und Nieren erforscht, und der jedem geben wird nach seinen Werken, ohne Ansehen der Person.

Liebe Zuhörer, unsere gegenwärtige Zeit ist eine Saatzeit für die Ewigkeit. Was wir hier säen, das werden wir ernten. Wenn nun vor dem Gericht Gottes die Jahre, die Monate, die Wochen, die Tage, die Stunden, die Augenblicke unserer ganzen Saatzeit vorkommen werden, wenn er sie nach der Strenge seiner Heiligkeit beurteilen und richten wird, wer wird dann bestehen? Wer unter uns kann dann bestehen? Was können wir dann sagen von unseren vielen im Fleische durchlebten Stunden, von unseren in der Sünde verbrachten Tagen, von unseren vergeudeten Jahren, die wir nicht Gott, nicht dem Heiland, sondern den Lüsten unseres Fleisches und dem Teufel gelebt haben? Auf tausend können wir ihm nicht eins antworten, zur Hölle müssen wir alle fahren. Das würde auf uns alle warten, wenn Christus nicht gekommen wäre. Denn das wartet nach dem Tode auf die Menschen, wenn sie ohne Christus sterben. Der Tod ist für sie der finstere Übergang zum Gericht, zur Ernte dessen, was sie gesät haben, zur Vergeltung dessen, was sie gedacht, geredet, getan haben. Das macht den Tod erst zum Tode, das macht ihn erst bitter, denn der Stachel des Todes ist die Sünde.

O liebe Zuhörer, es ist wahr, was in dem Lied steht: „mitten in dem Tod anficht uns der Hölle Rachen.“ Ohne Christus ist der Tod bitter. Hinsterben, in eine Ewigkeit hinein, in eine richtende Ewigkeit hinein, das ist wahrlich etwas Schreckliches für einen Sünder. Ich weiß freilich wohl, daß manche dahinfahren wie ein Vieh, ohne daran zu denken: wohin? Der Mensch, der arme Mensch kann es durch Sündendienst und irdischen Sinn allerdings so weit in der Stumpfheit bringen. Auch weiß ich wohl, daß die neueren Toren, die sich zu den Lehrern anderer aufgeworfen haben, viel reden von einer besseren Welt, der jeder, auch der Unbußfertige, entgegengehe; von einer leichteren Trennung des Geistes von seinem Gefährten, dem Leibe; von den Freuden des Wiedersehens derer, die doch der Verdammnis anheimfallen werden. Und wahrlich, sie haben es mit ihren seichten Worten dahin gebracht, daß mancher mit der heitersten Zuversicht auf seinem Sterbebett liegt und von lauter Himmel träumt, während er doch ein Kind der Hölle und der Verdammnis ist. Aber seht, das beweist nichts dagegen, daß der Tod nicht bitter sein sollte ohne Christus. Lieber möchte ich ein Pferd sein, das man an seinem Karren zu Tode schindet, lieber ein Stier, den man mästet auf den Schlachttag, als ein Mensch, der im Tode keinen Heiland hat. Denn woran wollen wir uns dann halten? Womit wollen wir uns dann trösten? Wollen wir uns trösten mit unserem irdischen Besitztum? Wird uns unser Geld, werden uns unsere Häuser, unser Hausgerät, unsere Äcker, unser Vieh, wird das alles uns trösten? Nein, wir müssen es verlassen! Oder wird uns das trösten, wenn wir in Ehre und Ansehen gestanden haben? Nein, wir müssen ja fort! Oder werden uns unsere Freunde, Gatten und Kinder einen Trost geben? Wir müssen sie ja verlassen! Oder wird es uns trösten, wenn wir lange gesund gewesen sind und gute Tage gehabt haben? Nein, das alles ist dann ja dahingefahren! Oder wenn wir arm und elend gewesen sind auf dieser Welt und wenig gute Tage erlebt haben, wird uns das einen Trost, einen wesentlichen Trost geben? Nein, denn das hilft uns ohne Christus auch nichts für die Ewigkeit. Um Gottes Willen! Womit wollen wir uns denn trösten, wenn wir alles, alles zurücklassen und an der Pforte der Ewigkeit stehen, an den Pforten des Gerichts? Wollen wir uns dann unseres rechtschaffenen Lebens getrösten? Wollen wir denken, wir seien doch nicht so böse gewesen, es werde uns in der Ewigkeit vor Gott nicht so übel gehen? Ja, so trösten sich viele Menschen, so schläfern sich viele Menschen ein und sterben dahin. Aber welch ein Erwachen wird das in der Ewigkeit geben! Welch ein verzweifeltes Erwachen am Tage der Offenbarung, wenn ihre Schande und ihre Blöße und der Zorn, die Heiligkeit Gottes offenbar wird, wenn dann erst der Grund und Boden zusammensinkt, auf dem man bisher gestanden hat! O liebe Zuhörer, ohne Christus wäre der Tod etwas Entsetzliches, das Schrecklichste, was einem Menschen begegnen könnte. Denn ohne Christus ist der Tod eine Auslieferung des Körpers zur Zerstörung und eine Auslieferung der Seele zum Gericht und zur Verdammnis.

II. Aber Christus ist gekommen, Christus ist gestorben, Christus ist auferstanden und hat dadurch dem Tode die Macht genommen und Leben und Unvergänglichkeit ans Licht gebracht. Das ist das große Evangelium des heutigen Festes; darüber sollen wir ihm heute danken, das heute glauben und besser verstehen lernen; darüber soll sich heute jeder unter uns, der an den Heiland glaubt, wenn auch in großer Schwachheit, freuen. „Der Tod ist verschlungen in den Sieg. Tod, wo ist dein Stachel? Hölle, wo ist dein Sieg? Gott aber sei Dank, der uns den Sieg gegeben hat durch unsern Herrn Jesus Christus!"

Wie ist aber dies geschehen? Wir haben gesehen, daß der Tod eine Auslieferung der Seele zum Gericht und dadurch zum ewigen Tode ist. Dies hat der Heiland aufgehoben bei all denen, die an ihn glauben. Unser Heiland heißt Jesus, weil er sein Volk selig macht von ihren Sünden. Dies hat er getan und dies tut er noch. Er hat unsere Sünden getragen und gebüßt, wie wir die vergangene Woche genug gehört haben. Er hat als unser Bürge für uns im Gericht gestanden und hat alles das, was wir verdient haben, auf seinen Rücken geladen. Er ist gefangen genommen, ist geschlagen, verspien, ungerecht verurteilt, gegeißelt, gekreuzigt und am Kreuz von Gott verlassen worden. Er ist ein Fluch geworden, denn es steht geschrieben: „Verflucht ist jedermann, der am Holze hängt.“ Er ist endlich am Kreuz gestorben und hat so, obwohl er der Lebendige war, doch den Tod geschmeckt und den ganzen Sold der Sünden empfangen; alles das für uns, damit unsere Schuld gebüßt, unsere Strafe getilgt werde. Davon sagt der Prophet: „Fürwahr, er trug unsre Krankheit und lud auf sich unsre Schmerzen. Wir aber hielten ihn für den, der geplagt und von Gott geschlagen und gemartert wäre. Aber er ist um unsrer Missetat willen verwundet und um unsrer Sünde willen zerschlagen. Die Strafe liegt auf ihm, auf daß wir Frieden hätten, und durch seine Wunden sind wir geheilt“ *(Jes. 53, 4 - 5)*. Diesem ganzen Werk der Versöhnung aber hat seine Auferstehung das Siegel des göttlichen Wohlgefallens aufgedrückt. Durch die Auferweckung Christi von den Toten hat Gott feierlich erklärt, daß das Opfer, das Jesus dargebracht, ihm wohlgefällig sei, daß er es gelten lasse in alle Ewigkeit; daß das Werk der Versöhnung, nach allen Rechten der Gerechtigkeit Gottes vollbracht, von ihm angenommen und darum eine ewige, göttliche, unumstößliche Kraft und Wirkung habe an allen armen Sündern, die durch das Verdienst des Sohnes gerecht werden wollen. Durch die Auferweckung Christi von den Toten hat der Vater gewissermaßen sein göttliches Amen gesprochen zu dem Wort des Heilands, daß er am Kreuz ausrief: „es ist vollbracht!“ Er hat es versiegelt, daß die Handschrift, die wider uns war, wahrhaftig zerrissen und ans Kreuz geheftet und aus dem Mittel getan sei. Und nun erkennt doch, liebe Seelen, welch eine von Gott selbst versiegelte, welch eine ewige Erlösung erfunden ist. So gewiß Christus von den Toten auferstanden ist, so gewiß sind alle diejenigen, die an ihn glauben, frei von ihren Sünden, so gewiß haben sie Vergebung und ewiges Leben. Was kann nun den Gläubigen der Tod noch schaden? Ich rede von wahren Christen, denn für andere hat der Tod seine Bitterkeit nicht verloren, aber was kann er Christen noch schrecken? Nun geht es im Tode nicht mehr dem Gericht entgegen, dem unerträglichen Gericht Gottes, sondern die Sünden sind vergeben, sind ausgetan und ausgelöscht im Blut des Lammes; es ist eine ewige Erlösung erfunden. Nun läßt es sich im Glauben an Jesus gar sanft, gar ruhig hinsterben, wie Hiller gesagt hat:

Das Lamm, am Kreuz gestorben,
Hat Fried und Heil erworben,
Nun heißt bei seinen Schafen
Das Sterben ein Entschlafen.

Seht, so ist Stephanus unter Steinwürfen selig und sanft eingeschlafen, und so weit können auch wir es bringen durch den Glauben an Jesus. Das hat uns Jesus verdient, daß ein Mensch, ob er gleich ein arger Sünder ist und sich vor Gott als ein arger Sünder bekennen muß, der der Hölle wohl wert ist, im Tode dennoch getrost seine Füße zusammenlegen und in guter Hoffnung und im Frieden dahinfahren und sprechen kann:

Meine Arbeit geht zu Ende,
Und der Sabbat bricht mir an,
(Nicht der Tag der Angst, sondern der Ruhetag)
Die durchgrabnen Füß und Hände
Haben all's für mich getan.

Tod, wo ist nun dein Stachel? Hölle, wo ist nun dein Sieg? Ja, es hat überwunden der Löwe aus dem Geschlecht Juda, und an seinem Sieg haben wir armen Sünder auch teil. Durch seine Menschwerdung und Geburt, durch seinen dreiunddreißigjährigen mühseligen Lauf auf Erden, durch seine vielen sauren Tritte, durch sein Leiden und Sterben, durch sein Blutvergießen und Auferstehen, dadurch hat er die Sünde getötet, und eben dadurch dem Tode die Macht genommen. O große Erlösung, große Freiheit! Was hülfe es mir, wenn ich alles Wohlleben auf dieser Erde genösse und ich wüßte nicht, wann mich der Tod ergreifen und der Hölle zuführen würde? Was hülfen mir achtzig Jahre, die ich auf dieser Erde in lauter Freude und Wohlsein zubrächte, wenn es dann hieße: auf Mensch, du mußt sterben und danach das Gericht! Und ich müßte in eine finstere, verzweiflungsvolle Ewigkeit hineingehen, weil ich ein Sünder bin. Was hülfe es mir? Nichts, gar nichts. Aber nun weiß ich etwas ganz anderes. Nun weiß und glaube ich, daß die Kraft des Verdienstes Christi so groß ist, daß ich, obwohl ein schnöder Sünder, doch nicht im Tode verloren gehe, sondern Leben habe, ewiges Leben bei dem Herrn allezeit.

Und ich weiß noch mehr. Auch dieser Leib wird leben. Im Tode scheint zwar alles aus zu sein. Wenn ihr auf den Gottesacker geht, so findet ihr nichts als verfaulte Leiber, Knochen, Schädel, Menschenstaub; aber nicht nur auf dem Gottesacker, sondern allenthalben auf der Erde, auch im Meer, modern Millionen von Menschenleibern. Das wird aber nicht so bleiben. Auch dieses sterbende Gebein, auch diese Hütte, die ich an mir trage, wird einst wieder leben; auch diese wird nicht im Tode bleiben, sondern der Sohn Gottes, dessen Auferweckung wir heute feiern, wird sie auferwecken zum neuen Leben. Die Toten werden auferstehen, weil Christus, unser Bruder, auferstanden ist, und ist der Erstling geworden unter allen denen, die da schlafen. Darum wird auch unsere Sterblichkeit anziehen die Unsterblichkeit, und unsere Verweslichkeit wird anziehen die Unverweslichkeit. „Es kommt die

Stunde, daß die Toten alle, die in den Gräbern sind, werden die Stimme des Sohnes Gottes hören, und werden hervorgehen, die da Gutes getan haben zur Auferstehung des Lebens, die aber Übles getan haben zur Auferstehung des Gerichts."

O großer Tag für die Gläubigen! Da wird der Staub leben: „Es wird gesät verweslich, und wird auferstehen unverweslich; es wird gesät in Unehre, und wird auferstehen in Herrlichkeit; es wird gesät in Schwachheit, und wird auferstehen in Kraft." Dazu ist die Auferstehung Christi das Vorbild gewesen. Und was sollte nun ein Christ noch fürchten? Er stirbt ja nicht; sein Elend stirbt nur, und dann steht er da in der neuen Natur.

Die Christen gehn von Ort zu Ort
Durch mannigfalt'gen Jammer,
Und kommen in den Friedensport
Und ruhn in ihrer Kammer;
Gott nimmt sie nach dem Lauf
In seine Arme auf,
Und's Weizenkorn wird in sein Beet
Auf Hoffnung schöner Frucht gesät.

O Tag der Auferstehung! Tag der Ernte! Du wirst es erst offenbaren, daß Jesus der Überwinder des Todes ist. Denn der Tod wird nicht mehr sein, noch Leid, noch Geschrei, noch Schmerzen wird mehr sein; denn das Erste ist vergangen, und der Vollendungsruf wird erschallen von dem, der auf dem Stuhle sitzt: „Siehe! Ich mache alles neu!" Da wird es uns sein wie den Träumenden; da wird man vom Siege singen, denn „wenn Christus, unser Leben, sich offenbaren wird, so werden auch wir mit ihm offenbar werden in der Herrlichkeit." Und nicht nur das, auch die Kreatur wird daran teilnehmen; denn die Kreatur ist unterworfen der Eitelkeit; dann aber wird sie frei werden von dem Dienst des vergänglichen Wesens zu der herrlichen Freiheit der Kinder Gottes. Schon jetzt hat die Erde die große Ehre, daß sie die Leiber der Christen, die Tempel des Heiligen Geistes, in sich aufnehmen und bewahren darf für die Auferstehung. Dies ist das Angeld auch für ihre Erneuerung. Frohlocke, du Erde, und jauchzet, ihr Hügel und Berge; denn auch ihr werdet erneuert werden.

Seht, das ist die hohe Bedeutung des Osterfestes. Es ist das Fest der Auferstehung, es ist das Fest der Wiedergeburt der ganzen Kreatur. Was ist nun aus dem Tode geworden? Er ist aufgehoben. Die Vergänglichkeit ist aufgehoben, die Unvergänglichkeit ist gekommen. Das laßt uns heute zu Herzen fassen, aber auch Ostern halten nicht im alten Sauerteig, auch nicht im Sauerteig der Bosheit und Schalkheit, sondern „gleichwie Christus auferwecket ist, also lasset auch uns in einem neuen Leben wandeln."

Amen.

34. Am Ostermontag

Derhalben beuge ich meine Kniee vor dem Vater unsers Herrn Jesu Christi, der der rechte Vater ist über alles, was da Kinder heißt im Himmel und auf Erden, daß er euch Kraft gebe nach dem Reichtum seiner Herrlichkeit, stark zu werden durch seinen Geist an dem inwendigen Menschen, daß Christus wohne durch den Glauben in euren Herzen und durch die Liebe eingewurzelt und gegründet werdet, auf daß ihr begreifen möget mit allen Heiligen, welches da sei die Breite und die Länge und die Tiefe und die Höhe; auch erkennen die Liebe Christi, die doch alle Erkenntnis übertrifft, auf daß ihr erfüllt werdet mit allerlei

Gottesfülle. Dem aber, der überschwenglich tun kann über alles, das wir bitten oder verstehen, nach der Kraft, die da in uns wirkt, dem sei Ehre in der Gemeinde, die in Christo Jesu ist, zu aller Zeit, von Ewigkeit zu Ewigkeit! Amen.

Epheser 3, 14 - 21

Der Apostel Paulus hatte sich zwei Jahre lang in Ephesus aufgehalten und dort in dieser Zeit das Evangelium verkündigt. Er kannte die Gemeinde zu Ephesus gar gut. Deshalb entwickelt er auch in dem Brief an sie, aus dem unser Text entnommen ist, meistens tiefere Wahrheiten als in seinen anderen Briefen, weil diese Gemeinde sie am besten fassen und verstehen konnte. Zudem war er auch mit einer ganz besonderen Liebe zu den Ephesern erfüllt; dies erhellt das Gebet, das er für die Gemeinde zu Ephesus vor den Herrn brachte, und das unserer heutigen Betrachtung zugrunde liegen soll. Wenn wir dieses Gebet mit den andern Gebeten vergleichen, die Paulus in seinen Briefen für die andern Gemeinden vor den Thron der Gnade zu bringen versichert, so müssen wir bekennen, dies Gebet ist ein ganz besonderes, ein ganz erstaunliches Gebet. Je mehr wir es betrachten, desto mehr müssen wir uns wundern über die Kraft, über die Salbung, über den Geist, der uns daraus entgegenströmt. Wir wollen deshalb dieses Gebet ganz so, wie es uns von dem Apostel gegeben ist, unserer Betrachtung vorhalten, nicht um das Ganze zu erschöpfen, was unmöglich wäre, sondern um den Spuren des Heiligen Geistes, der uns hier einen so großen Reichtum göttlicher Wahrheiten aufgeschlossen hat, desto treuer und sorgfältiger nachgehen zu können.

Himmlischer Vater! Du Vater unseres Herrn Jesus Christus! Segne uns und schenke uns den Sinn, daß wir wie Dein

Knecht Paulus auch unsere Knie beugen vor Dir und Dich um Segen, Kraft und Leben aus dem Reichtum Deiner Herrlichkeit immer mehr anrufen. Ja, segne uns um Deines Namens willen. Amen.

„Ich beuge meine Knie gegen den Vater unsers Herrn Jesu Christi, der der rechte Vater ist über alles, was da Kinder heißt im Himmel und auf Erden", so beginnt der Apostel. Sogleich hier bei diesen Worten tritt uns mit großer Klarheit ein Hauptcharakter eines Gottesmenschen entgegen; ein Charakter, von dem freilich die selbstsüchtige und eigenliebige Natur nichts weiß, der nur einem Herzen eingedrückt wird, in das die Liebe Gottes ausgegossen ist durch den Heiligen Geist; aber ein Charakter, der so unzertrennlich ist von dem Wesen eines wahren Kindes Gottes, daß er noch den Knechten und Kindern Gottes, die schon in das obere Reich des Lichts und der Wahrheit aufgenommen sind, bleibt, ja als etwas wahrhaft Göttliches je mehr und mehr wächst und aus der ewigen Fülle Gottes selber heraus zunimmt: ich meine den Charakter des Priesters. Er hat uns zu Königen und Priestern gemacht vor Gott und seinem Vater *(Offbg. 5, 10; 1, 6)*, dies rühmen zur Ehre des Heilands die seligen Geister, die vor dem Thron Gottes stehen; und daß auch er, der Apostel, vom Herrn zu solch einem Priester geweiht worden sei, das hat er hier sehr deutlich dargelegt. Denn was ist ein Priester? Ein Priester ist der, der für andere vor den Herrn tritt, den die Liebe (diese ist ja das Element des Priestersinnes) treibt, zu erscheinen vor dem Angesicht Gottes für andere, für Bekannte und Unbekannte, für Bekehrte und Unbekehrte, ja für die ganze Welt.

So ist Jesus Christus ein Priester gewesen. Als Priester hat er sich bewiesen, da er für Simon Petrus bat, daß ihn

Satan nicht möchte sichten wie den Weizen, auf daß sein Glaube nicht aufhöre; als Priester hat er sich bewiesen in seinem letzten feierlichen Gebet, das man deswegen das hohepriesterliche nennt, worin er seine Jünger, ja alle, die durch ihr Wort an ihn glauben werden, der besondersten Aufsicht seines himmlischen Vaters empfahl; als Priester hat er sich bewiesen, da er am Kreuz noch für seine Feinde bat: „Vater, vergib ihnen, denn sie wissen nicht, was sie tun!" Ja, noch ist er ein Priester; denn „er ist eingegangen in das Allerheiligste, nicht durch eine Hütte, die mit der Hand gemacht ist, auch nicht durch der Böcke und der Kälber Blut, sondern er ist durch sein eigenes Blut einmal eingegangen in das Heilige, und hat eine ewige Erlösung erfunden." Da sitzt er und führt unsere Sache und bleibt ein Priester ewiglich nach der Ordnung Melchisedeks. Deshalb ruft Johannes seinen Geliebten zu: „Meine Kindlein, solches schreibe ich euch, auf daß ihr nicht sündiget. Und ob jemand sündiget, so haben wir einen Fürsprecher bei dem Vater, Jesum Christum, der gerecht ist; und derselbe ist die Versöhnung für unsere Sünden, nicht allein aber für die unsern, sondern auch für die der ganzen Welt." Freilich ohne sein Hohepriestertum wäre es nicht denkbar, daß ein Mensch Priester würde vor Gott und seinem Vater; ohne sein Hohepriestertum müßte aller Mund der Sünder verstummen, dürfte kein Sünder die Augen aufheben, müßten wir alle scheu zurücktreten; ja, ohne sein Hohepriestertum könnte sich kein Sünder erkühnen, vor die allerheiligste Majestät Gottes zu treten, um sich etwas von ihm zu erbitten. Wie sollte ein Sünder nur ein Herz zu dem großen Gott fassen, wenn nicht der rechte Hohepriester für uns vor dem Angesicht Gottes erschienen wäre?

Wirst du uns, Priester, nicht selber vertreten,
So ist es vergeblich mit Flehen und Beten.

Was ist der Mensch, die Made, und das Menschenkind, der Wurm? Ja noch mehr, nicht bloß elend und niedrig, nicht bloß Staub und Asche sind wir vor dem großen allgewaltigen Gott, sondern wir sind auch verunreinigt; wir sind befleckt; wir sind verschuldet vor der höchsten Heiligkeit; wir sind der Strafgerechtigkeit Gottes verfallen; wir sind mit einem Wort Sünder und haben die Herrlichkeit verloren, die wir vor Gott haben sollten. Wenn die Versöhnung nicht geschehen wäre, wenn nicht unsere Unwürdigkeit und unser tiefer Abfall gut gemacht und bedeckt wäre durch das Blut des Neuen Bundes, wenn wir nicht einen Hohenpriester hätten, der für uns hineingegangen ist in das Inwendige des Vorhangs und nach dem göttlichen Recht sein ewiges Priestergeschäft für uns vollendet hat, wenn nicht der Zorn Gottes getilgt und ausgelöscht wäre: nimmermehr dürfte ein Mensch, eine gefallene, unheilige Kreatur sich erkühnen, vor Gott zu treten, um, wenn auch in der besten Absicht, ihre Knie zu beugen vor der allerheiligsten Majestät, vor der sich die Seraphim bedecken und mit heiligem Schauer ihr „Heilig, Heilig, Heilig" rufen. Ja, wenn es auch allen Kreaturen erlaubt wäre, mit aufgedecktem Angesicht die Herrlichkeit des Herrn zu schauen; wenn die Engel vor seinem Thron und der Wurm, der im Staub kriecht, und der Sperling auf dem Dach und das Tier auf dem Feld zusammenkämen zum Lob und zur Verherrlichung ihres Schöpfers, so müßte allein der Mensch zurückbleiben, denn er wäre nicht wert, in dieser Gesellschaft zu stehen und vor das Angesicht Gottes zu treten; der schnöde Sünderhaufe müßte allein wegbleiben. Denn alle Kreaturen sind ja in dem Stand, in dem sie der Herr geschaffen hat, nur der Mensch ist nicht in diesem Stand. Er hat die Herrlichkeit verloren, die er vor Gott haben sollte. Darum könnte er ohne das Hohepriestertum Christi nicht aufblicken zu Gott; er müßte vor seinem heiligen Angesicht fliehen, wie geschrieben steht, daß einst Himmel und Erde fliehen vor dem, der auf dem großen weißen Stuhle sitzt, und vor dem Strahl seines Mundes, daß sie hinausfliehen in die unendliche Leere und Weite, und ihnen wird keine Stätte erfunden *(Offbg. 20, 11)*.

Aber – „ich beuge meine Knie gegen den Vater unsers Herrn Jesus Christus", sagt der Apostel Paulus; und dies könne, dies dürfe er darum, weil Gott, als der Vater unsers Herrn Jesus Christus, um seinetwillen und durch ihn „der rechte Vater ist über alles, was da Kinder heißt im Himmel und auf Erden." Darin liegt es eben, daß wir nicht allein, daß wir nicht bloß und nackt vor Gott erscheinen dürfen, sondern wir erscheinen vor ihm im Namen Jesu Christi, vor ihm als dem Vater unseres Herrn Jesus Christus. Christus ist unser Bruder geworden; nun können und dürfen wir Gott als seinen Vater anrufen, als den Vater dessen, der sich nicht schämt, uns seine Brüder zu heißen. Nun ist den Sündern ein neuer Weg des Lebens geöffnet, auf dem sie wieder zum Gnadenthron nahen und Gnade und Barmherzigkeit nehmen dürfen um Jesu Christi willen. In Christus können nun Sünder wieder Kinder werden; in Christus ist der Reichtum der Erbarmungen Gottes wieder aufgetan; in Christus dürfen sie mit großer Zuversicht zu seinem Thron nahen, dürfen hineinschauen in die Klarheit des Vaters mit aufgedecktem Angesicht, dürfen priesterlich für sich und andere vor ihn treten; in Christus ist er ein Vater, und zwar ein rechter Vater über alles, was da Kinder heißt im Himmel und auf Erden: über die ganze Familie Gottes geht nun seine väterliche Huld und Gnade; über seine Kinder ist seine Güte alle Morgen neu.

Wir sehen hinauf, er siehet herab, an Lieb und Treue
Geht uns nichts ab, bis wir zusammen kommen.

O liebe Zuhörer, was muß das Herz des Apostels empfunden haben, als er jene Worte niederschrieb! Von welch einer heiligen Freude und Wonne muß er durchdrungen gewesen sein, als er schrieb, daß der majestätische Gott, vor dessen Heiligkeit der schnöde Sünder vergehen müßte, nun der rechte Vater ist über alles, was da Kinder heißt im Himmel und auf Erden! Dies ist ja das ganze Evangelium; das ist der Triumph der ewigen Liebe; das sind die seligen Früchte des sauren Verdienstes Jesu Christi, die Früchte seiner Erniedrigung, die Früchte seines Lebens, Leidens und Sterbens, die Früchte seiner Auferstehung und der treuen Ausrichtung seines ganzen Hohenpriesteramtes; das, daß Gott der rechte Vater ist über alles, was da Kinder heißt im Himmel und auf Erden.

O ewiger Abgrund der seligsten Liebe,
In Jesus Christus aufgetan!
Wie brennen, wie flammen die feurigen Triebe,
Die kein Verstand begreifen kann!
Was liebest du? Sünder, die schnöde Zucht!
Wen segnest du? Kinder, die dir geflucht!
O großes, o gutes, o freundliches Wesen!
Du hast dir was Schlechtes zum Lustspiel erlesen.

Nun, was bittet denn der Apostel? „Daß er euch Kraft gebe nach dem Reichtum seiner Herrlichkeit, stark zu werden durch seinen Geist an dem inwendigen Menschen.“ Dies ist der allgemeine Inhalt seines Gebets; denn was nachfolgt, ist im ganzen nur Ausführung dieses allgemeinen Inhalts. Stark sollen die Epheser werden am inwendigen Menschen. Was heißt das? Jeder Christ, liebe Zuhörer, hat einen inwendigen Menschen, einen geistlichen Menschen, der ißt, trinkt, schmeckt, fühlt, sieht, der zunehmen und abnehmen, stark oder schwach werden kann wie der äußere Mensch. Wenn ein gesundes Kind zur Welt geboren wird, so hat es seine Bedürfnisse. Es ißt und trinkt, es sieht und hört, es fühlt und empfindet Schmerz und Vergnügen, freilich alles noch sehr dunkel, aber doch ist dies alles vorhanden. Ebenso ist es bei der Geburt des neuen Menschen, von dem die Heilige Schrift redet. Dieser neue Mensch empfindet Hunger und Durst, sieht und hört auf eine ganz andere Weise als der alte Mensch, nicht äußerlich, sondern innerlich. Die Schrift weist unzählige Male auf diese Wahrheit hin. Wenn z. B. der Heiland sagt: „Wer mein Fleisch ißt und trinkt mein Blut, der hat das ewige Leben; mein Fleisch ist die rechte Speise, mein Blut ist der rechte Trank", wenn er sagt: „selig sind, die da hungert und dürstet nach der Gerechtigkeit, denn sie sollen satt werden", wenn er zum Bischof in Laodizea sagt: „ich rate dir, daß du von mir Kleider kaufest, daß du dich antust und nicht offenbar werde die Schande deiner Blöße, und daß du Augensalbe kaufest, auf daß du sehen mögest", oder wenn der Apostel sagt: „Gott gebe euch erleuchtete Augen des Verständnisses", und: „ihr habt geschmeckt die Kräfte der zukünftigen Welt", usw. – so bezieht sich das alles auf den inwendigen Menschen, auf den neuen Menschen, der aus Gott geboren ist. Denn freilich, wer nicht wiedergeboren ist, der hat keinen solchen inwendigen Menschen, wenn er auch der denkendste, der gefühlvollste Mensch wäre; seine Gedanken und Gefühle stammen aus dem altmodischen Leben des natürlichen Menschen.

Jetzt frage dich, liebes Herz: habe ich einen inwendigen Menschen? Bin ich wiedergeboren? Habe ich inwendigen Geschmack am Worte Gottes? Habe ich eine Geistesfreude am Heiland? Ist der Geist Gottes so mächtig bei mir geworden, daß er durch alle Hindernisse und falsche Gedanken hindurchgebrochen ist? Hat er eine neue Gedankenbildung in mir hervorgebracht? Bin ich es auch inne geworden, daß zwei Menschen in mir sind, ein neuer und ein alter, zwei Willen, ein neuer und ein alter; oder ist mein ganzes bisheriges Christentum vielleicht nur auf natürliche Willigkeit, auf natürliche Gutmütigkeit, auf natürliches Gefühl gegründet, also gewissermaßen nur auf den alten Menschen gepfropft gewesen? O eine wichtige Frage, die allerwichtigste Frage ist es: bin ich wiedergeboren, bin ich eine neue Kreatur, bin ich ein neuer Mensch Gottes?

Wo aber ein inwendiger Mensch ist, muß er wachsen, er darf nicht abnehmen. Bei einem Kind ist es ein schlimmes Zeichen, wenn es in seinem Wachstum einen Stillstand gibt, wenn Essen und Trinken nichts fruchten will zum Starkwerden. Dieser Stillstand ist ein Beweis, daß es siecht und kränkelt und an diesem oder jenem leidet. So ist es auch mit dem inneren Menschen. Ein neugebornes Kind in Christus darf nicht immer ein Kind bleiben; es muß heranwachsen, es muß ein Jüngling, es muß ein Mann werden, sonst hat es seine Bestimmung nicht erfüllt. Aber da geht es oft gerade umgekehrt, bei vielen geht es den Krebsgang. Man hat einen guten Anfang gemacht; der neue Mensch ist durch Gottes Hilfe geboren worden; aber nun kommt dies und das; man wird träge und schläfrig; man läßt dem Fleisch Raum; man entfernt sich von der Gemeinschaft des Kreuzes Christi; man will es nicht mehr so streng mit der Sünde nehmen; man weiß es ja, daß man ein Kind Gottes ist, man lebt auf diese Ehre hin drauflos; man erlaubt sich maches, was man sich vor einem Jahr nicht erlaubt hätte; man geht leichtsinnig mit der Gnade um, und so gibt es im Wachstum einen Stillstand. Ja, man bleibt nicht nur stehen, sondern man kommt zurück; man wird schwach, matt, krank; das innere Leben bekommt einen Stoß nach dem andern, und endlich stirbt ein solcher neuer Mensch ab wie ein verdorrter Baum, und mit diesem Menschen wird es dann ärger, denn es zuvor gewesen ist. Das ist aber noch das Traurigste, solch ein Mensch weiß das oft nicht einmal; er redet von seinem Christentum, spricht von seinen Erfahrungen, die er gemacht hat, als wenn der innere Mensch noch lebendig wäre, betrügt sich selbst und geht als ein Betrogener der Ewigkeit entgegen. Ein trauriger Zustand!

Darum bittet nun eben der Apostel, daß dies doch bei den Ephesern nicht der Fall sein möchte, daß sie wachsen und heranreifen möchten zu der vollkommenen Mannheit in Christus. Wie geht aber solches zu? Wodurch kann denn der inwendige Mensch wachsen? Der Apostel antwortet uns: „durch seinen Geist." Wenn ein Mensch von oben geboren werden soll, so kann dies nicht anders geschehen, denn durch den Geist Gottes, und wenn der neugeborne Mensch wachsen und zunehmen soll, so kann dies wieder nur durch den Geist Gottes, durch allmählich vermehrte Mitteilung dieses Geistes geschehen. Denn unser inwendiger Mensch ist geistiger, göttlicher Natur, und Geist kann nur durch Geist gestärkt und vermehrt werden. So sind denn auch alle äußeren Gnadenmittel, die Sakramente, das Wort Gottes, das Gebet usw. nur Kanäle, wodurch sich uns der Geist Gottes mitteilt, wodurch wir mehr und mehr der göttlichen Natur teilhaftig werden. O liebe Zuhörer, wie viel Herablassung Gottes, wie viel Geduld und Langmut, wie viel erneuertes Anfassen, wie viel treue Pflege von oben gehört dazu, wenn ein neugebornes Kind in Christus wachsen und gedeihen soll. Die Welt, der Satan, die Lüste des Fleisches, der Hochmut, die Eigenliebe, alle möglichen Hindernisse sind da, die dies Wachstum untergraben und auf seine Zerstörung hinarbeiten. Nur durch Gottes Macht kann der inwendige Mensch stark werden. Menschenmacht reicht nicht hin. Bekennt es alle, die ihr es erfahren habt, wie unbeschreiblich große Geduld und Treue und welche unbegreifliche Macht und Kraft Gottes dazu erforderlich sind, bis ein blindes, eigenliebiges, eigenwilliges Menschenherz unter das Joch Christi gebeugt und in der Nachfolge des Heilands erhalten und gefördert wird. Ja, dieselbe überschwengliche Größe und Kraft Gottes, die gewirkt hat in Christus, da er ihn von den Toten auferweckt hat, ist notwendig, wenn ein neuer Mensch auferstehen und zu voller Kraft und Mannesstärke heranreifen soll.

Aber wird denn Gott nicht müde? Fließt denn die Quelle für solche schnöden Sünder unaufhörlich fort? Wenn in einem Menschen ein neues Leben beginnt, so möchte er etwa denken: ich habe vielleicht noch manche Jahre auf dieser Welt zu durchleben, wie viele Fehler werde ich noch machen! Wie ist mein inneres Leben noch so unvollkommen! In wie vielem fehlt es mir noch! Wie wenig bin ich noch geschickt zum Wandel in seinen Wegen! Wie ungeistlich bin ich noch! Darf ich denn auch die Hoffnung haben, daß aus mir noch etwas wird zum Lobe der herrlichen Gnade Gottes? Dies scheint ja fast unmöglich. Denn wie viel ist noch hinwegzuräumen, bis ich voll werde des Heiligen Geistes! Wird er auch sein Werk in mir fortsetzen? Ja freilich, liebe Seele, wird er das tun, und zwar wie der Apostel sagt, nach dem Reichtum seiner Herrlichkeit. Es ist ein unerschöpflicher Reichtum von Herrlichkeit und Gotteskraft in ihm; Gnade um Gnade, Herrlichkeit um Herrlichkeit kann er aus diesem Reichtum hervorgeben. Er kann durch seine Gottesmacht alle Hindernisse beseitigen; durch diesen Reichtum kann er uns vollbereiten, kräftigen, gründen und vollkommen machen in Christus. Dies ist ein Reichtum nicht wie irdischer Reichtum, der nach vierzig bis fünfzig Jahren zerronnen und wie vom Winde zerstreut ist, sondern ein Reichtum, der sich nimmermehr verzehrt noch erschöpft wird, weil er aus der Fülle Gottes fließt.

Daraus darf der Sünder, der sich heute von seinem Sündendienst bekehrt, Gnade nehmen, und damit wird gesättigt, wer schon Jahrtausende vor seinem Thron steht; es ist ein unerschöpflicher Gnadenreichtum, der auf die Sünder von Ewigkeit zu Ewigkeit herabfließt. Wenn heute ein Mensch etwas Herrliches, etwas Großes und Köstliches an seinem inwendigen Menschen erfährt, so darf er nicht denken und glauben: das ist der Gipfel von allem, was mir der Herr schenken kann, mehr kann er mir nicht geben, nicht größere Seligkeit, nicht mehr Kraft, nicht mehr Glauben, nicht mehr Liebe. O nein, seine Schätze sind unerschöpflich! Allezeit kann er etwas noch Herrlicheres, etwas noch Edleres, etwas noch Anbetungswürdigeres schenken. Die ewige Weisheit kann sich in ihren Kindern immer noch mehr verherrlichen, und es ist auch ihr Wille, den Reichtum ihrer Schätze immer mehr und mehr an den schnöden Sündern, an denen, die doch so arg sind, zu offenbaren, daß sie verklärt werden von einer Klarheit in die andere, von einer Herrlichkeit in die andere. Dieser Reichtum ist in Christus aufgetan. Er ist der Pfleger der herrlichen himmlischen Güter, er ist der Herr der Schätze Gottes, und wer da will, der kann von ihm nehmen, was er auf allen seinen Wegen bedarf.

Hier wird kein Gutes je vermißt,
Dieweil der Hirt ein Herr der Schätze Gottes ist.

O liebe Zuhörer, wie viele sind unter uns, die von diesem Reichtum seiner Herrlichkeit noch gar nichts wissen, noch gar nichts geschmeckt haben! Und welchen Ersatz für den Reichtum jener Herrlichkeit gibt denn der Reichtum und die Güter und die Dinge dieser Welt? Seht an eure Geldquellen, können sie nicht versiegen? Seht an eure Wollustquellen, können sie nicht vertrocknen? Seht an eure Freudenquellen, können sie nicht ausbleiben? Wenn ihr den Weg alles Fleisches gehen müßt, so versiegen alle jene Quellen für euch. Ja, es sind erst noch trübe Wasserquellen, aus denen ihr bisher getrunken habt: Ekel, Überdruß, Langeweile, Schmerz, Reue, das ist die Erquickung, die man aus ihnen schöpfen kann; den Tod, den ewigen Tod kann man aus ihnen in sich hineintrinken. O Sünder, gelüstet es dich nicht, aus der Quelle der göttlichen Gnade zu schöpfen, dich aus dem Reichtum dessen zu erquicken, der gesprochen hat: „Ich bin gekommen, daß sie das Leben und volles Genüge haben sollen", der gesprochen hat: „Wer das Wasser trinken wird, das ich ihm gebe, den wird ewiglich nicht dürsten, sondern das Wasser, das ich ihm geben werde, das wird in ihm ein Brunnen des Wassers werden, der in das ewige Leben quillt."? Beim Heiland ist ein Reichtum göttlicher Gnade zu finden, dessen Schätze immer lieblicher geoffenbart und dargereicht werden und sich erst am Tage der Herrlichkeit Jesu Christi in vollem Maß zeigen sollen, wenn er seine Schafe weidet und leitet zu den lebendigen Wasserbrunnen auf den Auen des oberen Königreiches.

Dies nun ist der allgemeine Inhalt des Gebetes; nun folgt noch seine besondere Ausführung. „Und daß Christus wohne durch den Glauben in euren Herzen und ihr durch die Liebe eingewurzelt und gegründet werdet", so fährt Paulus fort. Glaube und Liebe, das sind die zwei, die wir so oft in der Heiligen Schrift und auch hier beieinander finden und die auch das innere Geistesleben ausmachen. Wenn von Glauben hier die Rede ist, so ist natürlich nicht ein toter, historischer Glaube gemeint, denn darum bittet der Apostel nicht für seine Epheser, sondern es ist ein wahrer, lebendiger Glaube gemeint, der auch die Kraft hat, das Herz, in dem es wohnt, zu einem Wohnhaus Christi zu machen. O großes Wunder, das ein echter Glaube hervorzubringen vermag! O große Gabe, welcher der wahre Glaube gewürdigt wird! Christus, der Herr der Herrlichkeit, will in uns armen Menschen wohnen. Hier müssen wir uns nur beugen und tief demütigen – ein armes Menschenherz soll ein Wohnhaus Christi sein! Müssen wir nicht mit dem Hauptmann zu Kapernaum sprechen: „Ich bin nicht wert, daß du unter mein Dach gehst"? Ist es denn auch möglich, ist es denn auch wahr, in uns, in mir will der Heiland seinen Wohnplatz haben, in mir, der ich doch arg, der ich ein Sünder bin? Der Reine, der Heilige will in mir wohnen, so daß es heißen soll: „Siehe da, eine Hütte, darin Gott wohnt!" Wer kann das fassen? Und das einfache Mittel dazu soll der Glaube an ihn sein. Aber wie viele unter uns werden wohl sagen können: „Christus wohnt in mir durch den Glauben"? Ja, wenn man den Geiz, den Neid, die wollüstigen, die eigenliebigen, die fleischlichen Gedanken, Begierden und Lüste zugleich im Herzen behalten könnte, dann würden wohl viele gern ein Tempel des lebendigen Gottes werden. Aber Christus und Belial taugen nicht zusammen. Wo der Heiland einkehrt, da wirft er alle diese Gäste hinaus und legt sie zum Schemel seiner Füße. Das ist seine Art. Jedoch dürfen wir nicht denken, solch ein Mensch, in dem der Heiland wohne, habe gar keine Anfechtung der Sünde mehr zu erdulden. Nein, Christus muß, solange er in dieser Zeit in einem Menschen wohnt, immer im Kampf liegen gegen seine Feinde; aber wenn ein Mensch die Sünde als ein Kreuz trägt, wenn es ihm leid ist, daß er damit den Heiland betrübt, wenn sie ihm Schmerzen, Leid und bittere Reue verursacht, daran kann man erkennen, ob Christus die Wohnung im Herzen aufgeschlagen und in ihm eine Gestalt gewonnen hat; da führt er sein Regiment in der Seele. Liebe Zuhörer, sollten wir es nicht die höchste Angelegenheit unseres Herzens sein lassen, sollten wir uns nicht Tag und Nacht bemühen, dieser hohen Ehre teilhaftig zu werden, ein Tempel des lebendigen Gottes zu sein? Sollten wir nicht mit Paulus sprechen: „Ich achte alles für Schaden, ich achte alles für Kot gegen der überschwenglichen Erkenntnis Jesu Christi"? Wie wäre es, lieber Zuhörer, wenn du einmal so keck, so mutig wärst und den Entschluß fassen würdest: ich will mich heute nicht eher zur Ruhe niederlegen, als bis ich es gewiß weiß, ich bin sein Eigentum; der Heiland wohnt in mir durch den Glauben; ich bin zu einem Tempel des lebendigen Gottes geweiht. Versuch es einmal, beuge deine Knie, wie es Paulus getan hat, und sprich zu ihm: „Laß mich ganz dein Eigentum, laß mich dein alleine sein!" Versuch es einmal, sei so keck, denn du bist zu den Stufen des Lammes berufen; du verlierst sonst deine Krone in der Ewigkeit, das, was dich ewig ergötzt und erfreut, deine Schätze im Himmel.

Durch den Glauben soll Christus in den Herzen wohnen, und durch die Liebe sollen sie eingewurzelt und gegründet werden. Denn wenn einmal der wahre Glaube in einem Herzen aufgerichtet ist, wenn in des Herzens Grund der Name des Heilands funkelt, so kann es natürlich auch nicht an der Liebe fehlen. Wie sollte man den nicht lieben, der für uns ans Kreuz geheftet worden ist, der sein großes Verdienst im Herzen versiegelt hat, der als der werteste, als der längst ersehnte Gast im Inneren einkehrt! Da entsteht notwendig die Liebe, eine Liebe, von der die Menschen dieser Welt keinen Begriff haben, eine brünstige, feurige Liebe, eine Liebe, die um deswillen, der uns zuerst geliebt hat, alles gern hingibt und opfert. Da heißt es im Herzen:

Stoß alles aus, nimm alles hin,
Was mich und dich will trennen,
Und nicht gönnen, daß all mein Tun und Sinn
In deiner Liebe brennen.

Und durch diese Liebe wird man mehr und mehr verwurzelt und gegründet. Das gibt einen Grund ab, der die Feuerprobe aushält, der nicht umgestoßen werden kann, wenn alles andere fällt, der da bleibt, ja sich immer mehr befestigt unter der täglichen Übung der Liebe und Treue im Kleinen; einen Grund, der da bleibt, auch wenn der Herr selbst mit seinen feuerflammenden Augen erscheint, so daß man ihm auch dann ins Angesicht hineinsehen und mit Petrus sagen kann: „Herr, du weißt alle Dinge, du weißt, daß ich dich liebhabe!" Denn daran ist die Liebe völlig bei uns, daß wir eine Freudigkeit haben auf den Tag des Gerichts.

Diese Liebe aber ist nicht ein träges, dumpfes Gefühl, wobei man nichts denkt; nein, diese Liebe ist gegründet auf Licht- und Lebensblicke, die man aus Gnaden in den Reichtum der Erbarmungen Gottes tun darf. Denn so fährt der Apostel fort: „Auf daß ihr begreifen möget mit allen Heiligen, welches da sei die Breite und die Länge und die Tiefe und die Höhe; und erkennen (denn so sollte es dem Grundtext nach richtiger heißen) die Liebe Christi, die alle Erkenntnis übersteigt." O liebe Zuhörer, was für Worte hat doch hier der Apostel Paulus niedergeschrieben! Wenn die Jünger des Heilands am ersten Pfingstfest so geredet, wenn sie solche Worte in der Kraft des Heiligen Geistes herausgegeben haben, so ist es in der Tat kein Wunder, daß die Menschen, die zuhörten, zum Teil ausriefen: „Sie sind voll süßen Weins!" Paulus redet von dem Begreifen der Breite und Länge und Höhe und Tiefe der Erbarmungen Gottes und der Liebe Christi; er redet von der Erkenntnis einer Sache, die doch alle Erkenntnis weit übersteigt. Sind das keine Äußerungen, die einander widersprechen? Oberflächlich betrachtet, wohl, aber nicht nach der Tiefe des Geistes. Der Apostel stellt sich gewissermaßen im Geiste vor den Abgrund der Erbarmungen Gottes, blickt hinein und ruft verwundernd aus: O welche Tiefe, welche Breite, welche Länge, welche Höhe! Ich erkenne, ich sehe nur ein Tröpflein, nur ein Pünktchen von der Erbarmung Gottes und der Liebe Christi, aber ich sehe, daß sie unermeßlich, unergründlich, ewig und unendlich ist wie Gott selbst. Paulus steht hier gewissermaßen mit betrachtendem, sinnendem Geist vor der erbarmenden Liebe des Heilands, wie sich etwa ein Mensch bei Nacht unter den Sternenhimmel stellt. Er weiß es, daß die unzähligen Lichter, die er sieht, Sonnen und wandelnde Welten sind; er weiß, daß das Sternenmeer der Milchstraße ein zahlloses Heer einzelner Gestirne umfaßt, die er nicht mehr zu unterscheiden vermag; er weiß, daß noch weiter, als seine schwachen Blicke reichen, sich andere Welten und andere Sonnen ausbreiten; und darum verliert sich sein Geist in stiller Anbetung und Bewunderung: „Der Herr ist unendlich groß, allmächtig ist der Herr!" Doch was ist der Sternenhimmel, was ist die ganze sichtbare Schöpfung gegen die Liebe Gottes und den Reichtum seiner Erbarmungen! Da reicht kein Vergleich hin, alles ist dagegen zu klein, zu gering. Denn schaut an die Breite der Erbarmung Gottes; sie geht über alle Kreaturen, von einem Ende der Erde zum andern, vom ersten Fixstern bis zum letzten, über alle Nationen, Geschlechter und Sprachen und Zungen. So weit und breit die Welt ist, so weit und breit geht und reicht auch das Erbarmen Gottes. Schaut an ihre Länge, sie reicht von einer Ewigkeit zur andern, von dem ersten Schöpfungsaugenblick bis hinaus zum neuen Jerusalem; es ist ein großes Liebesseil, das sich durch alle Ewigkeiten hindurchzieht. Die Liebe höret nimmer auf; und wenn auch alles zerbrochen wird und in Staub zerfällt und in nichts zerrinnt, die Liebe, das erbarmende Herz Gottes bleibt in

Ewigkeit dasselbe; Jesus Christus gestern und heute und derselbe in alle Ewigkeit. Schaut an die Tiefe der Erbarmungen Gottes! Das Weltmeer ist auszuschöpfen, aber nicht die Liebe Gottes. Wenn ein Sünder auch noch so tief gefallen, wenn er auch ganz zu Boden geschlagen ist, so ist doch das Liebesmeer der Erbarmungen Gottes größer als seine Schuld, immer noch tief genug, um seine Sünde darin zu versenken. Aus diesem Meer der Liebe Gottes schöpft der Seraph, der vor dem Thron Gottes steht, und der Sünder, der Gnade und Vergebung bedarf, und es wird nie leer. Denn dies Meer ist unergründlich, die Liebe unendlich. Schaut an ihre Höhe! Sie ist unantastbar, sie ist unverletzlich; kein Engel und kein Teufel, keine Gegenwart und keine Zukunft, weder Tod noch Leben, weder Hohes noch Tiefes, noch irgend eine Kreatur kann sie umstoßen; sie steht fest von Ewigkeit zu Ewigkeit. Das Wort Gottes vergeht nicht, die Liebe Gottes auch nicht. Was können wir anders noch hinzusetzen als den Ausspruch des Apostels Johannes: Gott ist die Liebe, lauter Liebe! Gott ist unendlich, also eine unendliche Liebe; Gott ist ewig, also eine ewige Liebe; Gott ist allgegenwärtig, also eine allgegenwärtige Liebe; Gott ist allmächtig, also eine allmächtige Liebe; Gott Lob! eine allmächtige Liebe, die mich und alle meine Mitbrüder aus allem, aus allen Banden des Unglaubens, aus dem finstersten Kerker der Sünde herausheben und erlösen und zu geheiligten, zu ewigen Denkmälern der erbarmenden Liebe machen kann.

Diese Liebe hat denn auch Gott durch Christus bewiesen. Deswegen sagt der Apostel: „Auf daß ihr erkennen möget die Liebe Christi, die alle Erkenntnis übersteigt.“ Diese Liebe Christi finden wir am herrlichsten und deutlichsten geoffenbart auf Golgatha. Dort ist der Mittelpunkt der Liebe Christi. Wer sie da nicht gefunden, wer sie nicht in dem erblaßten Angesicht des Heilands, in den Wunden, in den Schmerzen, in der Todesmühe des großen Dulders auf Golgatha gefunden hat, der bleibt ferne von ihrer Erkenntnis.

Ich bin durch alle Zeiten,
Wohl gar durch Ewigkeiten
In meinem Geist gereist;
Nichts hat mir's Herz genommen,
Als da ich angekommen
Auf Golgatha – Gott sei gepreist!

Denn „also hat Gott die Welt geliebt, daß er seinen eingeborenen Sohn gab, auf daß alle, die an ihn glauben, nicht verloren werden, sondern das ewige Leben haben." Also hat der Hirte seine Schafe geliebt, daß er freiwillig sein Leben in den Tod dahingab und sein teures Blut vergoß, auf daß sie durch seine Wunden heil würden. O dieses „Also" ist unbegreiflich und unerschöpflich! Wenn nur ein kleiner Blick in dieses „Also" einem Herzen geschenkt wird, wie wird es dadurch erquickt! Und was wird noch die Ewigkeit von diesem „Also" offenbaren, wenn der Heiland als der gute Hirte seine Schafe, eins um das andere, hineinführen wird in das neue Jerusalem! Da werden wir dieses „Also" deutlicher erkennen; aber ganz deutlich, ganz klar wird es uns nie. Wenn Millionen von Jahren verstrichen sein werden, wenn Ewigkeiten hinabgeflossen sein werden und nach dem Abfluß vieler tausend Äonen neue und neue hereinbrechen und der Donner, der von dem Thron Gottes ausgeht, den Anbruch neuer Äonen verkündet, so werden wir an diesem „Also" noch zu lernen haben. Kein Erschaffener wird dieses „Also" völlig begreifen können, von dem obersten Seraph herab bis auf den letzten Sünder, der seine Kleider gewaschen und helle gemacht hat im Blute des Lammes. Es wird den Kreaturen ein Wunder bleiben von Ewigkeit zu Ewigkeit, und wird nie erschöpft werden.

Rühm's, du Menge heilger Knechte,
Preist's, vollendete Gerechte,
Und du Schar, die Palmen trägt,
Und du Blutvolk in der Krone,
Und du Chor vor Gottes Throne,
Der die Gottesharfen schlägt!

Ach, daß es dem Geist der Gnade gelänge, diese Liebe in uns anzuzünden! O daß doch bald das Feuer brennen möchte in meinem und aller Herzen! O daß wir bald alle erfüllt würden mit allerlei Gottesfülle! Ihr Schlafwandler, steht doch auf! Betrügt euch doch nicht! Denn das sage ich: wer sich nicht aufmacht, dem Herrn entgegenzuwandeln, gegen den wird sich der Herr selber aufmachen, nicht zur Offenbarung seiner Liebe, sondern zur Offenbarung seines Zorns und seiner gerechten Gerichte. Aber jetzt ist es noch Zeit, daß wir uns zu dem wenden, „der überschwenglich tun kann über alles, was wir bitten und verstehen, nach der Kraft, die da in uns wirkt." Darum wer rufen kann, rufe doch, seufze doch, bete doch. Er soll erhalten, was er verlangt, ja noch viel mehr über alles Bitten und Verstehen.

Dir aber, Du Gott und Vater unsers Herrn Jesus Christus, vor dem wir unsere Knie beugen, Dir sei Ehre in der Gemeinde, die in Christus Jesus noch hienieden ist, und in der Gemeinde, die Dein Angesicht schaut, von Ewigkeit zu Ewigkeit! Amen.

35. Am Sonntag Quasimodogeniti

Denn alles, was von Gott geboren ist, überwindet die Welt; und unser Glaube ist der Sieg, der die Welt überwunden hat. Wer ist aber, der die Welt überwindet, wenn nicht, der da glaubt, daß Jesus Gottes Sohn ist? Dieser ist's, der da kommt mit Wasser und Blut, Jesus Christus; nicht mit Wasser allein, sondern mit Wasser und Blut. Und der Geist ist's, der da zeugt; denn der Geist ist die Wahrheit. Denn drei sind, die da zeugen: der Geist und das Wasser und das Blut; und die drei sind beisammen. So wir der Menschen Zeugnis annehmen, so ist Gottes Zeugnis größer; denn Gottes Zeugnis ist das, das er gezeugt hat von seinem Sohn. Wer da glaubt an den Sohn Gottes, der hat solches Zeugnis bei sich. Wer Gott nicht glaubt, der macht ihn zum Lügner; denn er glaubt nicht dem Zeugnis, das Gott zeugt von seinem Sohn. Und das ist das Zeugnis, daß uns Gott das ewige Leben hat gegeben; und solches Leben ist in seinem Sohn. Wer den Sohn Gottes hat, der hat das Leben; wer den Sohn Gottes nicht hat, der hat das Leben nicht. Solches habe ich euch geschrieben, die ihr glaubet an den Namen des Sohnes Gottes, auf daß ihr wisset, daß ihr das ewige Leben habt, und daß ihr glaubet an den Namen des Sohnes Gottes.

1. Joh. 5, 4 - 13

„Was aus Gott geboren ist, überwindet die Welt, und unser Glaube ist der Sieg, der die Welt überwunden hat", das sind großartige, majestätische Worte des Apostels. Wer faßt sie? Wer kann ihren herrlichen Sinn ergründen und genug bedenken? Die Welt überwinden, die Welt, deren fast unbezwinglicher Kraft nimmermehr widerstehen kann, was vom Fleisch geboren ist, es heiße wie es wolle; die Welt, mit der wir von Natur in tausend Dingen zusammenhängen, die von tausend Seiten her unser armes Herz fesselt und in ihre Bande schlägt; die Welt, aus deren Gefangenschaft schon viele arme Geister, die den rechten Weg nicht kannten, sich auf diese oder jene Art, oft mit großen Aufopferungen, herauswickeln wollten, aber nicht konnten; diese Welt zu überwinden, sagt der Apostel, sei eine Eigenschaft des Glaubens, und zwar eine solche Eigenschaft, daß in dem Glauben sie schon überwunden sei. Dieses Wort des Apostels ist wohl der Mühe wert, daß wir mit unseren Gedanken dabei länger verweilen, und ich will deswegen in dieser Stunde zu euch reden

von der Überwindung der Welt durch den Glauben.

Die Überwindung der Welt ist den natürlichen Kräften des Menschen etwas ganz Unmögliches. In der Welt sein und doch nicht von der Welt, besitzen als besäße man nicht, haben als hätte man nicht, genießen als genösse man nicht, seinen Wandel in der Welt führen und doch ein Bürger des oberen Jerusalems sein; sich mit dem beschäftigen, was auf Erden ist, und doch suchen, was droben ist; Treue im Kleinen beweisen, und doch alles, was von der Welt ist, für nichts achten und unter seinen Füßen halten; sein Herz rein bewahren vor dem Argen und seinem Heiland ein durch nichts gefesseltes, allein in ihm sein ganzes Glück suchendes Herz darbringen: das ist etwas, das der Tausendste nicht weiß, nicht faßt, nicht einsieht, das viele tausend Wollüstlinge und Sklaven Satans, viele tausend gefangene Geister für eine Torheit, ja für die höchste Schwärmerei halten, das aber doch Weisheit und wohlgefällig ist vor dem Vater der Ewigkeiten, wohlgefällig vor dem, der uns vorangegangen ist in Überwindung der Welt, vor dem, der nur die krönt, die überwinden durch des Lammes Blut, und die ihre Kleider weiß und rein zu halten suchen bis auf den Tag Jesu Christi.

Ach, es möchten vielleicht nicht gar viele unter uns sein, die in rechtem Glauben die Welt überwinden. Ja, wenn es ausgerichtet wäre mit einer großen und gewaltigen Sprache, die man führt, indem man sich über manche Dinge rühmt, in denen der Bruder noch gefangen ist, weit hinaus zu sein, und den Bruder, der in diesem oder jenem gefangen ist, unbarmherzig richtet; oder wenn es damit ausgerichtet wäre, daß man sich vor groben Ausschweifungen in acht nimmt, daneben aber seinen Lieblingsneigungen heimlich folgt; oder wenn es damit getan wäre, daß man sich sorgsamer als zuvor von dem Wesen dieser Welt absondert, daß man weniger Gemeinschaft pflegt als vorher mit den Dingen, mit den Vergnügungen, Lustbarkeiten und Freuden dieser Welt, mit dem, was in ihr für groß und angenehm gehalten wird; daß man sich mehr in die Stille zurückzieht, mehr in Geräuschlosigkeit seinem Gott zu dienen sucht als vorher; oder wenn das die Welt überwinden hieße, daß man eine Sünde durch die andere austreibt, einen Teufel durch den andern; oder daß man alt wird und krank, man keine Freude mehr hat an dem, was man vorher geliebt hat, nicht mehr an der Eitelkeit, nicht mehr an dem Dienst des vergänglichen Wesens; wenn das die Welt überwinden hieße, so möchten ja viele Überwinder unter uns sein, und es würde keineswegs an solchen fehlen, die der Erscheinung unseres Heilands mit aller Freudigkeit entgegensehen können, um von ihm die Krone des Lebens zu empfangen, die er, der Herr, der gerechte Richter, allen denen geben wird, die seine Erscheinung lieb haben. Aber dieses alles heißt nicht die Welt überwinden. Zwar können alle diese Punkte, die ich berührt habe, als liebliche Anfänge dieser großen Sache, die man Überwindung der Welt heißt, zugrunde liegen, aber das Ganze, das Rechte ist es noch nicht.

Die Welt mit ihrem Wesen hat vorzüglich eine zweifache Weise, wie sie einen Christen anzugreifen und zu fällen sucht: sie kommt an unser Herz mit Lust und Furcht. „Alles, was in der Welt ist", sagt der Apostel, „nämlich der Augen Lust, des Fleisches Lust und hoffärtiges Wesen, ist nicht vom Vater, sondern von der Welt." Augenlust nennt er hier als das erste, womit die Welt lockt und an das Herz der Kinder Gottes zu kommen sucht; und oh, wer weiß es nicht, was in diesem Wort liegt! Wer hat nicht schon die Erfahrung gemacht, wie die Dinge dieser Welt, die irdischen, elenden, in der Zeit erscheinenden und mit der Zeit vergehenden Dinge durch die Augen mit einer gewissen Zauberkraft auf die Seele wirken! Wer weiß es nicht, wie der Satan durch die Dinge dieser Welt, die er unsern Augen vorführt, sein Gift in unsere Seelen hineinhaucht, ein Gift, das oft nur unter großen Geburtsschmerzen wieder ausgetilgt werden kann durch die Kraft des Blutes Christi! Wer weiß es nicht, wenn er jemals auf sich und sein Seelenheil bedacht war, wie nötig ein Christ hat, täglich zu bitten:

Halte, halte meine Augen
Holder Freund, in dieser Zeit,
Daß sie nichts zu sehen taugen,
Als den Tag der Ewigkeit.

So geschwind, so unversehens ist dieses Auge gefesselt und in Dinge hinein zerstreut, die nicht für den Tag der Offenbarung taugen. Denn aus der Augenlust ziehen der Geiz und die Wollust und die meisten Sünden ihre Hauptkraft. Nun, liebe Zuhörer, habt ihr die Augenlust überwunden? Nicht so, daß ihr nicht mehr davon angefochten würdet, denn so weit bringt es kein Mensch in dieser sündigen Hütte; aber steht ihr in täglicher Überwindung, im täglichen Sieg darüber? Ist es euch darum zu tun, daß eure Seele nicht mehr durch diese Dinge angesteckt, befleckt und verunreinigt werde? Oder wie, läßt du deinen Augen noch mehr oder minder freien Lauf, läßt du sie umhergleiten, wohin die Lust sie lockt und reizt?

Fleischeslust ist die zweite Falle, die die Welt dem Herzen stellt. Ach, das ist es ja, wonach die Welt vorzüglich hascht; das sucht sie ja mit all den Anstalten, die sie trifft, das sucht sie ja mit allem Rennen und Jagen, mit ihren Lustgelagen, mit all ihren Eitelkeiten, das sucht sie jahraus, jahrein, Tag und Nacht und wird nimmer satt und kann zu keinem Genüge kommen; denn das elende Fleisch und sein Gelüste soll seine Nahrung finden; dem Fleisch muß auf feine oder grobe Weise geschmeichelt werden. Soll ich darüber noch vieles sagen? Ich werde es nicht tun. Ihr wißt alle, was darunter verstanden ist, ihr wißt, daß darunter alles einbegriffen ist, was die Gelüste oder Gelüstlein des Fleisches kitzelt, habe es nun Namen, welche es wolle. Und wahrlich, unsere sinnliche Zeit hat es weit darin gebracht, immer wieder neue Arten der Fleischeslust zu schaffen, ihr immer schönere Namen zu geben. Es fragt sich darum nur, ob wir davon los sind, ob wir nicht in feinerer oder göberer Knechtschaft des Fleisches gefangen liegen, ob wir Überwinder sind. Ach mein Gott, wie manche Seele möchte hier gegenwärtig sein, die eine Gebundene der Welt ist, wie mancher, dem sein Bauch mehr oder weniger sein Gott ist! O ihr armen Geister, die ihr der Fleischeslust dient, feiner oder gröber, seht Jesus an, seht, was eure Sünde angerichtet hat, wie ihm sein Fleisch gegeißelt und gezüchtigt, sein heiliger Leib zerrissen und verwundet, das ganze Gericht der Sünde an ihm ausgeführt wurde. Ihr lebt mit der Welt in Lust und Freude, und er mußte sich in Todesqual verzehren. Ach, welche Schuld ladet ihr auf euch, wenn ihr Jesus noch täglich mit euren Wollüsten kreuzigt! Welche schreckliche Saat wird aufgehen in der Ewigkeit, wenn es an euch wahr wird, daß, „wer auf das Fleisch sät, vom Fleisch das Verderben erntet.“

Und was soll ich vom hoffärtigen Wesen sagen? So elend die Welt ist, so wenig sie hat, was das Herz sättigen kann, so jämmerlich ihre Freuden sind, so schnell alles, was darin ist, seinem Ende entgegenreift, so gewiß ist es, daß die die elendesten Toren sind, die in der Welt und in ihrem Wesen und in der Eitelkeit dieser Zeit ihre Nahrung suchen – ach, es sind ja nichts als Treber. Wie willst du denn deine unsterbliche Seele damit abfertigen, und mußt du nicht von hinnen, törichter Mensch? So gewiß dies alles ist, so nimmt sich doch die Welt noch so viel heraus, daß sie ihren Jammer herauszuheben, herauszuschmücken sucht; man soll meinen, er sei etwas Rechtes; daher der hoffärtige Zauber, womit sie sich umkleidet und umhüllt und ihre Anhänger fesselt und besticht. Ach, wie werden diese armen, betrogenen Geister erschrecken, wenn die arme Welt entkleidet und ihr hoffärtiger Zauber abgestreift wird! Wie werden sie erstaunen über die innere Erbärmlichkeit der Dinge, an die sie ihre Seligkeit verkauft hatten! O du magst noch so hoffärtig sein und dich noch so sehr erheben und deinen armen Leib noch so sehr schmücken und dir einbilden, was du willst: es kommt ein Tag, ein großer Tag, an dem alle deine Hoffart als erbärmliche Larve von deiner wahren Gestalt herunterfällt und du dastehen wirst, wie du bist. Nun, lieber Zuhörer, bist du etwa frei vom hoffärtigen Wesen? Hast du es überwunden? Lebst du in der Demut Christi? Sind dir die hohen Augen und stolzen Gebärden und ein hoffärtiges Herz ein Greuel, den du fliehst? Geht es dir wie David: „ich will noch niedriger werden in meinen Augen“?

O wie selig wärst du, wenn du so die Welt überwunden hättest! Das wäre etwas, worüber du dich noch in Ewigkeit freuen könntest; das wäre eine Saat für jene Ernte, die würdig wäre, in die Scheunen des himmlischen Vaters gesammelt zu werden, während die Welt samt ihren Ärgernissen dem Feuer übergeben werden wird. Diese Welt selbst mit ihrem Wesen aber hat sehr verschiedene Arten und Seiten. Es gibt eine Welt in und außer uns; es gibt eine gelehrte, es gibt eine feine und gebildete, es gibt eine honette und ehrbare Welt, es gibt eine Handelswelt, und jede dieser Arten hat ihre besonderen Versuchungen, die ein Jünger und Nachfolger des Heilands überwinden muß. In der gelehrten Welt herrscht der Verstandes- und Wissenshochmut; sie nehmen Ehre voneinander und geben Gott die Ehre nicht; in der feinen und gebildeten Welt herrscht die Lüge, die feine Lüge, die Schmeichelei, die feinere oder gröbere Wollust, das Schöntun und Freundlichsein ins Gesicht hinein, während das Herz voll Falschheit und Heuchelei ist; in der ehrbaren Welt herrscht der Stolz auf gute Werke und Tugend, die Scheinheiligkeit, das Sichbrüsten mit seiner Rechtschaffenheit; in der Handelswelt, die überall anzutreffen ist, wo es sich um das Mein und Dein handelt, herrschen allerhand Vorteile und Künste, die man gebraucht, um sich sein Gut zu vergrößern, um sich reich zu machen und Schätze zu sammeln. Aber sei es nun eine Welt, welche es will, Welt ist Welt und bleibt Welt, und muß überwunden werden, wenn man nicht mit der Welt verloren gehen will.

Ach, mein Gott, das Verderben ist groß, größer als man glaubt. Denn alle diese Welt, wie sie ist, liegt im Argen; sie nimmt aus dem Argen, aus dem Satan, aus dem Abgrund ihre Kraft und ihr Wesen. Und wenn es oft auch unschuldig aussieht, so ist doch diese anscheinende Unschuld mit Abgrundskräften, mit der Art und List und Bosheit der Schlange befleckt und nur um so gefährlicher, je geheimer und süßer das Gift ist, mit dem sie uns in die Fersen sticht. Aber gesetzt auch, du habest dies alles überwunden, du habest aus der Gnade Christi heraus durch Einfalt, durch Demut, durch Liebe und Sanftmut, durch Keuschheit und Geduld die Art der Welt überwunden, habest die Schlange unter den Füßen und werdest nicht mehr von ihr vergiftet, so ist noch eine Welt übrig, lieber Mensch; eine Welt in dir, eine Welt in der Einbildungskraft und Phantasie, und das ist eigentlich die gefährlichste Welt, dieser Markt des Herzens, dieses Getreibe der Gedanken und Empfindungen, diese Bilder und Phantasien, die der Seele vorschweben, welche aus der Eigenliebe, aus dem Geiz und der Wollust, aus dem verderbten Herzen emporsteigen. Dies ist eigentlich der gefährlichste Feind, ohne den der äußere Feind nichts wäre. O in diese giftigen Grundlagen des eigenen Herzens schleicht sich dann die äußere Welt mit ihrer Annehmlichkeit und ihrem Reiz erst recht ein, macht die Lust erst recht rege, und wenn dann die Lust rege und lebendig geworden ist, so sucht sie dich, auch wenn du schon manchen Sieg davongetragen hast, wieder zu fällen. Das ist die Welt, die innere und äußere Welt, die von der Hölle entzündet ist, die aus dem Abgrund und aus der Hölle ihre Kraft nimmt; und was kann dieses alles anders gebären als höllische, satanische Dinge, wie sie ja zutage treten in dieser Welt! Aber du sprichst: das kann ich nicht glauben; so schlimm ist die Welt nicht; das ist zu hart von der Welt gesprochen; wenn es so wäre, wer könnte dann selig werden? Es ist nicht so. Wenn ich die Welt unbefangen und im grellen Licht ansehe, so finde ich's ganz anders. Lieber Mensch, das glaube ich dir schon, denn die Welt ist dein Element, sie hat dich schon gefangen, du bist ihr

Sklave. Versuch's nur einmal, frei zu werden und zu überwinden, du wirst finden, mit welchen Ketten du gebunden bist, Ketten, die nur Christus zerreißen kann. O laß dir doch die Augen öffnen! Ein durch die Gnade Gottes hellgemachtes Auge sieht mehr in dem Wesen und Treiben der Welt als bloß unschuldige Freuden und Vergnügungen; ein hellgemachtes Auge sieht, daß mit dem allem der Arge seine Gewalt ausübt über die Herzen der Menschen und sie in seinen Stricken gefangen hält. Oder sollte die Schrift lügen, wenn sie sagt: „die Welt liegt im Argen"? Man muß hier stets auf Schlangen gehen, die einem in die Fersen stechen und einem von ihrem Gift etwas beizubringen suchen. O wie manche möchten auch unter uns sein, denen der Herr jenes ernste Wort zu sagen hätte: „Es sind wenige Namen zu Sardes, die ihre Kleider nicht besudelt haben." Ja, wenn dir die Welt nichts mehr anhaben kann durch Schmeicheleien und Lockungen, wird sie dich wenigstens verspotten und verachten, sie wird dir allerhand Namen geben, sie wird dir dein Leben sauer machen und dich in Zorn, Haß, Hader, Angst, Furcht, Zweifel, Unglauben und Lieblosigkeit bringen wollen.

Was heißt denn nun die Welt überwinden? Das heißt nichts anderes, denn einen Sinn haben, der über alle diese Dinge erhaben ist, der nicht darin gefangen, sondern los ist von diesen Ketten, und auch wenn sie sich an ihn anschmiegen wollen, alle diese Bande und Stricke entzwei reißt, durch die Kraft Christi. Nicht, daß man aus der Welt ginge und sich in eine Einöde zurückziehen oder in sein Kämmerlein verschließen müßte; denn dies wäre nicht überwinden, dies hieße die Flucht ergreifen. Und würdest du denn nicht auch in deine Einöde oder in dein Kämmerlein deine innere Welt mitnehmen? Die Welt überwinden ist etwas ganz anderes. Man ist in der Welt, und ist doch nicht darin; man lebt in der Welt, aber man läßt sich doch nicht fangen; man besitzt und besitzt doch nicht; man hat und hat doch nicht; man arbeitet und vertieft sich nicht darein; man sorgt, aber man läßt sein Herz nicht davon beschwert werden; man geht mitten durch ein unschlachtiges und verkehrtes Geschlecht dahin, aber Jerusalem zu; man hält das Wesen dieser Welt für nichts und unter seinen Füßen; man ist Bürger einer höheren Stadt und sucht das Zukünftige. O da mögen die andern um einen herum treiben, was sie wollen, der Sinn der Christen geht anderswo hin. Er überwindet im Geist und Glauben weit die alte Nichtigkeit – und so überwindet man Tag für Tag und Jahr für Jahr und schreitet in der Kraft Gottes als ein Pilgrim und Fremdling, der hienieden keine bleibende Stätte hat, dem oberen Vaterland zu, wohin die Begierde steht, wohin der Sinn steht, wohin einzugehen man sich sehnt Tag und Nacht; und wenn man je da und dort zu Fall gebracht wird, ob auch nur in Gedanken, so richtet man sich wieder auf und fängt's aufs neue an: mit einem Wort, man ist in der Kraft Christi ein unbesiegbarer Streiter, bis der Herr einen erlöst aus allem Streit und aller Not und zu sich nimmt in sein himmlisches Reich.

Das heißt die Welt überwinden, und das ist freilich ein größerer Sieg, als wenn man die ganze Welt durchzöge und eroberte sie durch die Kraft seiner Waffen und das Blut der Menschen. So hat Jesus Christus, unser Heiland, die Welt überwunden: er war wohl in der Welt, aber er war doch nicht von der Welt. Sie ist habsüchtig und geizig und hält auf irdische Schätze, er hatte nicht, da er sein Haupt hinlegte; die Welt ist hoffärtig und stolz, er aber war sanftmütig und von Herzen demütig und erniedrigte sich selbst und nahm Knechtsgestalt an; die Welt ist wollüstig und frech, er aber war heilig und rein und hat nicht das Wohlleben gesucht, sondern hat seinen Tränenlauf durch diese Welt unter Gebet und Flehen, mit starkem Geschrei vollendet; die Welt pflegt das Fleisch, er aber hat sein Fleisch dargegeben; und weil er so mit seinem göttlichen Sinn unbefleckt hindurchgegangen ist durch diese arge Welt und von keiner Versuchung des Satans gefällt wurde, konnte er sich dem Vater darstellen als ein reines Lamm und Opfer, als einen reinen Hohenpriester; darum konnte er sagen: „Ich habe die Welt überwunden." Wie aber Christus in der Welt war, so sollen auch wir in der Welt sein. Zwar werden wir nicht unbefleckt hindurchkommen, denn wir haben das Sündengift in uns von Natur; aber er hat überwunden, so können auch wir durch seine Kraft mehr und mehr überwinden; er hat sein Angesicht stracks nach Jerusalem gewendet, so können und sollen auch wir es so machen; weil er's getan hat, so haben wir jetzt keine Entschuldigung mehr, wenn wir's nicht auch tun; denn der Dulder auf Golgatha ist vorangegangen und hat uns Kraft erworben, daß wir können nachfolgen seinen Fußstapfen. Das ist unsere Pflicht, unsere höchste Schuldigkeit. Wer das nicht tut, der geht auf dem breiten Weg dem ewigen Verderben entgegen und wird abgehauen und muß brennen. Ja, liebe Zuhörer, die Welt vergeht mit ihrer Lust, und die, so in der Welt ihre Lust gehabt und nicht überwunden haben, werden mit ihr vergehen, sie seien, wer sie seien; denn bei Gott ist kein Ansehen der Person.

Aber du sprichst: wie mach ich's doch? Ich möchte wohl, schon so lange bestrebe ich mich, komme aber nicht dazu; kaum habe ich angefangen, so liege ich schon wieder danieder. Siehe, da gibt dir unsere heutige Abendlektion die schönste Anweisung: „Alles, was von Gott geboren ist, überwindet die Welt; und unser Glaube ist der Sieg, der die Welt überwindet." In diesem Glauben, d. h. in dem durch die Wiedergeburt gewirkten Glauben, nicht in dem toten Glauben, denn diesen hat auch die Welt, die doch verloren geht, in jenem Glauben liegen alle Kräfte zum Überwinden schon bereit. Wer solchen Glauben hat an den Sohn Gottes, der hat schon die Welt überwunden, er schreitet von Überwinden zu Überwinden, von Kraft zu Kraft. Da geht es nicht mehr rückwärts, sondern vorwärts, und so fort bis zum völligen und reichlichen Eingang in das himmlische Reich Jesu Christi. So haben überwunden schon viele, die bereits vor dem Thron des Lammes stehen; sie haben überwunden durch des Lammes Blut, sie haben überwunden damit, daß sie an Christus glaubten, in diesem Glauben des Sohnes Gottes lebten, in diesem Glauben kämpften und es so hielten, wie es in einem Vers heißt:

Fällt mir etwas Arges ein,
Denk ich gleich an Jesu Pein,
Die erlaubet meinem Herzen
Mit der Sünde nicht zu scherzen.

O was ist's doch um eine Seele, die solchen Glauben hat, so am Heiland hängt und aus seinem Tod und Leiden alle Kraft zieht zum Überwinden! Da hört das tote, historische, kraft- und saftlose Wesen, da hört der Kopf- und Schulglaube auf und der neue Glaube, mit anderen Worten, das Leben aus Gott, der Sohn Gottes selber durchdringt die Seele mit lauter Lichtkräften, mit himmlischer Kraft zum Sieg in dem Streit. „Wer den Sohn Gottes hat, der hat das Leben, wer den Sohn Gottes nicht hat, der hat das Leben nicht.“ Sollte nicht diese ernste Wahrheit alle Finsternis, allen Kopf- und Maulglauben in den Herzen der Menschen zerstören und die armen Seelen, die sich auf ihren toten Glauben etwas zugute halten, auf das eine, was not tut, aufmerksam machen? Liebe Seele, hast du den Sohn Gottes? Lebt Christus in dir? Lebt seine Liebe in dir? Kannst du es sagen:

In meines Herzens Grunde
Dein Nam und Kreuz allein
Funkelt all Zeit und Stunde,
Drauf kann ich fröhlich sein. ?

Wenn es nicht so ist, warum weinst du nicht so lange vor diesem großen Heiland, bis du ihn hast? Siehe, daher kommt es, daß du noch so viel Gefallen an dir und deinen toten Werken, an der Welt und ihrer Gesellschaft, an dem eitlen und lästigen Jammer dieser Zeit, an diesem und jenem hast; daher kommt es, weil du nicht den rechten Glauben hast, weil du ohne Christus in der Welt bist. Warum bemühst du dich aber nicht um dieses große Gut? Warum ist dies nicht deine Hauptsache? Ach, du arme, betrogene Seele, wie lange soll's denn noch währen? Wie lange willst du noch auf beiden Seiten hinken, wie lange in einem ungewissen Zustand hingehen? Warum wirfst du dich nicht auf deine Knie und sprichst: ach mein Jesus, ich möchte gern selig sein, ich möchte gern bekehrt sein und weiß nicht, wie ich's machen soll, fühle auch dazu keine Kraft und Tüchtigkeit in mir! Jesus, hilf du mir, ach, du Sohn Gottes, erbarme dich meiner! Aber wenn man freilich nicht will, wenn es dir ein heimliches Vergnügen bleibt, in der alten Nichtigkeit fortzufahren, wenn man insgeheim im Einverständnis mit der Welt und mit der Sünde steht und dieses Einverständnis nicht zerstören lassen will, wie kann da geholfen werden? Da wird es nicht dazu kommen, daß man mit dem Apostel einstimmt: „Unser Glaube ist der Sieg, der die Welt überwunden hat."

Ich weiß nicht, ich meine, es sollte doch jeder einen rechten Überdruß bekommen an dem vergänglichen Wesen dieser Welt. Sagt doch, die ihr die Welt lieb habt, gesteht es doch, seid einmal ehrlich, bringt denn wirklich ihr Dienst eine so große Freude? Habt ihr denn jemals auch nur eine vergnügte Stunde in der Welt und ihrem Wesen gehabt, eine recht vergnügte Stunde? Ist es denn so angenehm, auf der breiten Straße zu wandeln und seine edle Gnadenzeit zu verträumen, zu verspielen, zu verlachen, zu verscherzen, zu töten? Gesteht es einmal! Nicht wahr, es ist doch nicht so angenehm? Nicht wahr, es ist doch so, wie die Schrift sagt: „der Gottlose hat viel Plage"? – und was wollt ihr machen, wenn euch euer Haus über dem Kopf zusammenstürzt, wenn es auf einmal heißt: es brennt! Es ist keine Errettung! Ihr Gottlosen, ihr Liebhaber der Welt, ihr armen betrogenen Seelen, die ihr die Welt noch mitnehmen und doch auch Gott dienen wollt, ihr schnöden Sünder, du ehrbare, du honette Welt, du gebildete Welt, die du meinst, Christus entbehren zu können, um Gottes willen, was wollt ihr doch machen, wenn die Welt zusammenstürzt? Ihr Verächter der Gnade, wohin wollt ihr dann? Die Berge und Hügel um Hilfe anrufen, daß sie über euch fallen sollen? Ach, dann ist's zu spät, zu spät! Denn siehe, es kommt ein Tag, der brennen soll wie ein Ofen. Ach, was werden dir dann deine Schätze, was werden dir deine Kleider, was wird dir dein Vergnügen, was werden dir deine Gesellschaften und Gesellschäftlein an jenem Tage nützen, wenn das alles hinter dir liegt als ein längst vergangener Nebel? Oder meint ihr, es werde euch etwas Besonderes gemacht werden? Meint ihr, um dieser oder jener guten Eigenschaft willen werdet ihr dem Gericht Gottes nicht unterworfen werden? Mitnichten! Denn vor Gott gilt kein Ansehen der Person, da gilt nichts als ein durch Wiedergeburt gewirkter Glaube, der Glaube, der die Welt überwindet und durch Liebe tätig ist. O meine armen Mitbrüder, arme betrogene Seelen! Ach, daß euch doch die Augen aufgingen, daß euch doch das Jammern des Vaterherzens Gottes *(Luk. 15, 20)* über euren elenden Zustand als ein Pfeil in euer Herz führe! Ach, daß ihr euch doch retten ließet! Tut es doch dem Heiland zu Gefallen, daß ihr das Verdienst seines Leidens annehmt und euch selig machen laßt. Aus Jammer über die arme Welt, über dich, Seele, hat der Vater Christus in die arge Welt gesandt, aus dem gleichen Grunde ihn den Leiden des Todes übergeben, aus dem gleichen Grunde geht er noch jetzt der armen Seele nach. Ist er dir nicht auch schon nachgegangen, verirrtes, verlornes Schäflein? Was muß für ein Erbarmen in dem Herzen Gottes über dich sein! Aus diesem Grunde läßt er dir auch heute seine Gnade anbieten, du sollst nur kommen! Aus dem gleichen Grund hat er so viele Zeugnisse hingestellt: das Wasser der Taufe, das Blut im Abendmahl, den Geist, das Wort, das Zeugnis von ihm, das auch heute ertönt. Ach, es ist nichts als Liebe, nichts als erbarmungsvolle Liebe. Er bedarf unser nicht, und doch will er uns haben, doch will er uns selig machen! O ein Herz voll Gnade, voll Erbarmen, voll Liebe! Wo kannst du in der Welt so etwas finden? Und doch willst du nicht kommen, willst nicht annehmen, was dich selig machen kann? Willst diese Liebe Gottes mit Füßen treten und die vergängliche Lust der Welt höher achten als diese ewige Liebe deines Gottes? Schau doch, was du tust! Ach, laß doch deine Härtigkeit durch diese Liebe überwinden und erweichen! Wenn ein Mensch, dem du eine große Summe schuldig wärst, die du aber nicht bezahlen könntest, dir diese Schuld schenkte und dich noch obendrein inständig bitten würde, daß du doch die Quittung annehmen solltest, nicht wahr, das würdest du für Güte halten? Aber was ist das gegen die Güte Gottes, der nicht nur den Schuldbrief zerrissen und ans Kreuz seines Sohnes geheftet, sondern auch die Zeugnisse darüber vor aller Welt Augen aufgestellt hat und die Welt, die ihm feind ist, zum

Glauben ruft und lockt und weit und breit verkündigen läßt: ich will nicht, daß jemand verloren gehe; ihr müßt nicht verloren gehen; ihr könnt gerettet, es kann euch geholfen werden zum Leben; es gibt einen Heiland für alle Welt! Christus ist hier, der für euch gestorben und auferstanden ist. Haltet euch an ihn, laßt euch versöhnen durch ihn! In ihm ist das Leben. Wer den Sohn Gottes hat, der hat das Leben; wer den Sohn Gottes nicht hat, der hat das Leben nicht! Wer dies Zeugnis annimmt, das Gott gezeugt hat von seinem Sohn, der versiegelt es, daß Gott wahrhaftig sei; wer dies Zeugnis annimmt, der erlangt das ewige Leben in seinem Herzen, das Leben des Sohnes Gottes, und überwindet die Welt; er überwindet weit um deswillen, der ihn geliebt hat. Wer aber überwindet, dem ruft der Herr zu: dir will ich geben mit mir auf meinem Stuhl zu sitzen, wie ich überwunden habe und gesessen bin mit meinem Vater auf seinem Stuhl.

Liebe Seelen! Was hinkt ihr noch auf beiden Seiten? Seht doch an diese Belohnung! Wer Ohren hat zu hören, der höre und merke, was Gott verheißen und bereitet hat denen, die überwinden durch des Lammes Blut und durch das Wort ihres Zeugnisses, und ihr Leben nicht lieb haben bis in den Tod. Amen.

36. Am Sonntag Misericordias Domini
(Konfirmationspredigt)

Und nun, Kindlein, bleibet bei ihm, auf daß, wenn er offenbart wird, wir Freudigkeit haben und nicht zu Schanden werden vor ihm bei seiner Zukunft. 1. Joh. 2, 28

Es regen sich in meinem Herzen gemischte Empfindungen, wenn ich an den künftigen Lebensweg dieser Kinder denke, die ihr Glaubensbekenntnis heute abgelegt und das, was für sie in der heiligen Taufe versprochen worden ist, hier heute vor dem Angesicht Gottes wiederholt haben, nämlich daß sie dem Teufel, der Welt und ihrem eigenen Fleisch keinen Raum bei sich geben, sondern Gott und ihrem Herrn Jesus dienen wollen ihr Leben lang. Es regen sich beim Gedanken daran Empfindungen der Freude, aber auch Empfindungen der Wehmut bei mir – der Freude, wenn ich bedenke, daß diese Kinder aufs neue in den Friedensbund mit Gott aufgenommen worden sind, wenn ich bedenke, daß sich der Heiland aus diesen Kindern eine Pflanzschule des Reiches Gottes erbauen und bilden will, wenn ich bedenke, daß auch diese Kinder erkauft, erlöst, erworben und gewonnen sind von allen ihren Sünden durch das Blut Jesu – aber auch Empfindungen der Wehmut, wenn ich bedenke, welcher Welt diese Kinder entgegengehen, und welche Welt viele unter ihnen bereits in sich tragen, wenn ich bedenke, daß vielleicht viele unter ihnen heute die größte Lüge ihres Lebens auf sich geladen haben. Man möchte wohl fragen: verstehen sie auch, was sie tun? Ist es ihnen auch ein wahrer Ernst mit ihrem Versprechen, oder lassen sie sich nur deswegen diese feierliche Handlung gefallen, weil es einmal so Sitte und Gewohnheit ist? Ist es dem Heiland auch gelungen, in die eine oder andere dieser jungen Seelen ein göttliches Saatkorn durch seinen Geist zu legen, das reifen wird für die Ewigkeit? Oder sind vielleicht viele noch tot, noch ferne von ihrem Gott und Heiland? Hat vielleicht schon Satan so viel Unkraut in das eine oder andere Herz gesät, daß der gute Same keinen Grund und Boden mehr finden kann? Und wenn es ihnen wirklich ein Ernst ist mit ihrem öffentlichen Versprechen, werden sie denn auch dem Herrn Jesus getreu bleiben? Werden sie sich so fest an den hängen, der sie bis in den Tod geliebt hat, daß nicht die Lüste der Jugend, nicht die Verführung einer verkehrten, ungöttlichen Welt, nicht die besonderen Reizungen, die in dem Geist dieser Zeit liegen, nicht das Toben des Teufels, der einen großen Zorn hat, daß das alles sie nicht vom Heiland werde abwendig machen können? Das sind lauter wichtige Fragen, die mir beim Anblick dieser Kinder schwer und wehmütig aufs Herz fallen. Denn was sieht man gewöhnlich für Früchte von der Konfirmation? Ist sie häufig etwas anderes als der Eintritt in ein freieres, ungebundeneres, ungöttlicheres, für Zeit und Ewigkeit verderbliches Sündenleben? Die meisten in unserer Versammlung wurden zu ihrer Zeit auch konfirmiert; aber ich erlaube mir die Frage: wo sind denn die Früchte dieses heiligen Bundes, den wir damals mit unserem Gott gemacht haben? Wo sind denn die Früchte unseres ersten Abendmahls, wo die Früchte der unaussprechlichen Gnade, daß es uns bis daher so oft vergönnt war, an dem Leib und Blut Christi teilzuhaben? Ach, der Augenschein, der Anblick des traurigen Verfalls von Christentum und Gottesfurcht gibt nur zu klares Zeugnis, daß so viele herrliche Anstalten, die zum Teil vom Herrn selbst und von seinen Aposteln, zum Teil von der Kirche und ihren Dienern zur Erbauung und Förderung der Gemeinde eingesetzt worden sind, bei vielen nichts, man möchte fast sagen weniger als nichts, gewirkt haben und noch wirken. Das macht mich so bedenklich und wehmütig, und deswegen möchte ich ein Wort zärtlicher Liebe den lieben Konfirmanden zurufen, wozu ich die Stelle *(1. Joh. 2, 28)* gewählt habe: „Kindlein, bleibet bei ihm, auf daß, wenn er offenbart wird, wir Freudigkeit haben und nicht zu Schanden werden vor ihm bei seiner Zukunft."

O großer Erzhirte und Bischof Deiner Schafe! Lege einen heiligen göttlichen Segen auf unsere heutige Betrachtung. Sieh diese Seelen in Gnaden an, die sich Dir, dem guten Hirten, geweiht und übergeben haben! Gib ihnen einen Lichtstrahl, einen Friedensstrahl von Deiner Liebe in ihre Herzen, damit sie in Wahrheit Dir leben, Dir leiden, Dir sterben können! Amen.

„Kindlein!" so redet der Apostel seine Gläubigen an. Mit diesem einfachen Ausdruck wollte er ihnen sogleich den ganzen Segen des Evangeliums, ihre Kindschafts- und Erbschaftsrechte als Gliedern des Neuen Bundes zu Gemüt führen. Damit wollte er ihnen sogleich ihr Verhältnis zu Gott, dem Vater Jesu Christi, und also auch ihrem Vater, und zugleich ihr Verhältnis zu ihm selbst, dem Apostel, ans Herz legen, da sie ja seine rechtschaffenen Kinder waren, gezeugt durch das Wort der Wahrheit, sein Werk, neu geschaffen in Christus Jesus, unserm Herrn, zum Preis der herrlichen Gnade Gottes. Dieser zärtliche Ausdruck floß aus der Liebe heraus, die Christus geboten hat, als er zum Vater ging und es den Seinen noch zurief: „Ein neu Gebot gebe ich euch, daß ihr euch untereinander liebet, gleichwie ich euch geliebt habe; denn daran wird jedermann erkennen, daß ihr meine Jünger seid, so ihr Liebe untereinander habt." Er floß heraus aus dem Geist des Neuen Bundes; denn der Apostel führte ja nicht mehr das Amt des Gesetzes, das antreibt und befiehlt, straft und droht und die Verdammnis predigt, sondern das Amt, das die Versöhnung und Gnade und Frieden verkündigt. Deswegen treibt und befiehlt er nicht, sondern wie ein liebender Vater, mit zärtlicher Stimme lockt und reizt er sie, zu bleiben bei Christus, dem Herrn. So will ich's heute auch machen, liebe Zuhörer, ich will euch nicht befehlen oder ungebührlich zumuten, sondern bitten, herzlich bitten, und Christus bittet durch mich.

Und so bitte ich euch alle, besonders aber euch, liebe Konfirmanden, bei dem Herrn Jesus zu bleiben. Ich will euch dies erklären, damit ihr auch wißt, um was ich euch bitte. Wer beim Heiland bleiben soll, der muß zuvor zu ihm gekommen sein. Was heißt nun aber zu Jesus kommen? Solange der Herr auf Erden wandelte, war es leicht, auf diese Frage zu antworten; denn zu ihm waren alle die gekommen, die sich in seine Jüngerschaft gemeldet, sich zu seiner Nachfolge eingefunden und verstanden hatten. Obwohl man ihn jetzt nicht mehr sehen und mit den Händen betasten kann, wie es die Apostel durften und konnten, so kann man doch noch zu ihm kommen. Dies ist jedoch nicht so zu verstehen, daß man bloß seiner Lehre im allgemeinen Beifall gibt. Solche Leute gab es auch in Judäa. Sie entsetzten sich über seine gewaltigen Predigten, aber dabei blieb es auch. So ist bis auf diese Stunde nicht das die Hauptsache, daß man von seinem Wort denkt: es ist Wahrheit, oder: er ist der Sohn Gottes. Leider wandeln ja in solchem toten Glauben die meisten Christen. Auch das heißt nicht zu Jesus kommen, wenn man sich konfirmieren und den Segen erteilen läßt, wie dies bei euch, liebe Konfirmanden, der Fall ist, oder wenn man zum heiligen Abendmahl geht und die Kirche besucht. Alles dies ist ganz gut; aber wenn keine Änderung des Herzens dadurch bewirkt wird, so ist's umsonst. Ach, der Augenschein lehrt es ja bei vielen, die konfirmiert wurden, daß sie weit davon entfernt waren, zu Jesus zu kommen und bei ihm zu bleiben, daß sie bis auf diesen Tag ohne ihn dahinwandeln und die Welt liebhaben und das, was in der Welt ist, und nichts wissen von der Liebe Christi, dem sie doch Treue gelobt haben bis in den Tod.

Oh, zu dem Heiland kommen heißt etwas ganz anderes, nämlich sich von ganzem Herzen an ihn ergeben, sich ihm weihen, ausgehen von dieser Welt und von dem, was die Welt lieb hat, und sich zu Christus wenden, in seine Nachfolge treten, in seiner Liebe und im Glauben an ihn wandeln; mit anderen Worten: sein Jünger werden in der Tat und Wahrheit. Wer so zu ihm kommt, der erlangt Gnade, der erlangt in seinem Blut Vergebung der Sünden und den Frieden mit Gott, der höher ist als alle Vernunft; er erlangt ein neues, göttliches Leben durch seinen Geist, einen heiligen Trieb der Liebe, dem Heiland allein zur Ehre zu leben und ihm wohlzugefallen, alles das mehr und mehr abzulegen, was ihm zuwider ist; er erlangt mehr und mehr eine seligmachende Erkenntnis des Sohnes Gottes; da sieht er dann das Lamm mit Augen an, die Gott alleine geben kann, und spricht mit jenem Lied in seinem Herzen:

Meinen Jesus ich erwähle,
Einen Liebern find ich nicht;
Auf ihn freut sich meine Seele;
Jesus bleibt mein Lebenslicht;
Darum, darum ruf ich hier mit Begier:
Komm, o Jesus, hole mich,
Meine Seele liebet dich.

Sollten nun unter unseren Konfirmanden solche sein, die wenigstens einigermaßen Anfänge eines solchen Glaubens in ihrem Herzen erfahren haben, so rufe ich diesen zu: Bleibet bei ihm! Kindlein, bleibet bei ihm, laßt nicht von ihm, haltet euch fest an ihn, klammert euch an ihn, bittet ihn inbrünstig, er möchte euch selber in seiner Gemeinschaft erhalten, euch immer tiefer und inniger in seine Versöhnungsgnade, in seine Lebens- und Todesgemeinschaft, in den stillen, verborgenen Umgang mit ihm hineinziehen. Sehnt, wünscht, betet, seufzt, fleht euch immer tiefer und inniger in seine große Jesusliebe hinein.

Liebe Zuhörer, diese Ermahnung an die Konfirmanden, beim Herrn Jesus zu bleiben, tut not, recht not. Wenn ich an die vielen Tausende denke, die auch schon an dem Altar dort ihren Taufbund erneuert und dem Herrn Jesus auch schon Treue versprochen haben, sei es auch nur mit dem Mund, die aber trotz ihres Versprechens in Lauheit, doch das wäre noch erträglich, nicht nur in Lauheit, sondern in Kälte gegen Christus hineingeraten sind; die zum Teil in Sünden und Laster versunken sind; die nach eignem Willen einhergehen, ihr Leben einrichten nach eignem Gutdünken oder nach den Lüsten und Gewohnheiten der Welt oder nach der Religion der Menschen dieser Zeit, die leichter ist als die Spreu, die der Wind zerstreut; die dahinleben in Gottesvergessenheit, in der Eitelkeit dieses Zeitlaufes, die da lieb haben die Augenlust und Fleischeslust und hoffärtiges Wesen; die dahin gehen lachend und scherzend, leichtsinnig und sicher, sorglos und berauscht vom Zaubertrank der Welt, ohne einen Gedanken daran, was sie ihrem Gott und Heiland schuldig sind, ohne einen Gedanken an die kommende Vergeltung, an das Gericht, da sie ihrem Gott und Schöpfer Rede stehen und Rechenschaft geben müssen von jeglicher Stunde ihrer kostbaren Gnadenzeit; wenn ich an die Menge derer denke, die so wandeln und zum Teil in offenbare Feindschaft gegen den Namen unseres hochgelobten Erlösers ausgebrochen sind, zum Teil den Bund Gottes und Christi in den Mund nehmen, aber Zucht hassen und Christus zu einem Sündendiener machen; wenn ich die große bevölkerte und betretene Straße betrachte, auf der Tausende zur Hölle wandern – dann drängt es mich, mit erhobener und dreifach verstärkter Stimme, so gut ich's kann, den lieben Konfirmanden im Namen des

Herrn Jesus zuzurufen: „Ach Kindlein, bleibet bei ihm." O man kommt so bald von ihm hinweg, denn es kann keine Weltlust und Weltfreude neben ihm bestehen; es beginnt dann die Weltliebe die Oberhand über ihm zu haben, man weicht von ihm und wandert seine Straße ohne ihn. So ging es manchen, die zu Christus gekommen und ihm nachgefolgt waren. Sie stießen sich an ihm, sie sagten: seine Lehre ist eine harte, beschwerliche Lehre, wer kann sie tragen? Und darum gingen sie hinter sich und verließen ihn. Wie der Herr Jesus bei solchen schmerzlichen Erfahrungen traurig seine Jünger fragte: „Wollt ihr auch weggehen?" so frage ich nun euch, liebe Konfirmanden: wollt ihr auch weggehen, wie so viele Tausende schon von hinnen gegangen sind? O wohl euch, wenn ihr mit Petrus antwortet: „Herr, wohin sollen wir gehen, du hast Worte des ewigen Lebens, und wir haben geglaubt und erkannt, daß du bist Christus, der Sohn des lebendigen Gottes."

„Kindlein, bleibet bei ihm!" Und ob Satan, Fleisch und Blut sich mit aller Macht dagegen setzten, bleibt bei ihm und widersteht fest im Glauben und seid stark in dem Herrn und in der Macht seiner Stärke. O es tritt ja zutage, niemand, der Augen hat zu sehen, kann es leugnen, daß die Welt im argen liegt. Doch dies war zu allen Zeiten; aber lag sie je im argen, so ist's in dieser Zeit, in dieser jämmerlichen, christuslosen, ungöttlichen, entarteten und doch so hochmütigen, gegen Gottes heiligste Majestätsrechte ankämpfenden und empörerischen Zeit. Aberglauben und Unglauben bieten einander gegenseitig die Hand und suchen Christus auszurotten; Menschenmeinungen und Menschensatzungen werden an die Stelle des Wortes Gottes gesetzt, es ist keine Furcht Gottes vor den Augen der Menschen dieser Zeit. Ja, man kann es ja fühlen; auch wer den Heiland sucht, kann in eigener Erfahrung fühlen, welche höllischen Kräfte und Mächte unter den Menschen dieser Zeit ihr Spiel treiben; man kann es ja fühlen, daß der Gott und Fürst dieser Welt, der sein Wesen hat in den Kindern des Unglaubens, daß die bösen Geister unter dem Himmel nicht müßig sind; es liegt ja am Tage, wie dieses Geschlecht der Augenlust und Fleischeslust und dem hoffärtigen Wesen frönt, wie die heiligsten Kleinode der Menschheit, die Gottesfurcht und die Liebe zu Christus, an manchen Orten als alte Märchen verspottet und der Sohn Gottes mit Füßen getreten wird; es liegt ja am Tage, und die es erfahren, werden mir beistimmen, wie selbst die wackersten und redlichsten Christen Mühe haben, sich des Schlafs, des schweren Schlafs der Sicherheit zu erwehren. Was die Zukunft bringen wird, das weiß der Herr allein. Sie liegt in seiner allmächtigen Hand. Er allein kann die Zeit setzen, wann der Abfall von Christus so viel Macht bekommen soll, daß das Bekenntnis des Namens Jesu Christi wieder mit schweren Aufopferungen, ja sogar mit Daranwagen von Gut und Blut festgehalten werden müßte. Was noch die Finsternis ausbrüten mag, sei es die Finsternis, die sich als Finsternis ankündigt, der Aberglaube, oder sei es die Finsternis, die im Gewand des Lichts auftritt, der Unglaube und die vielen tausend Gedanken und Begriffe, die in dieser Zeit in Umlauf gesetzt wurden und als große Aufklärung angepriesen werden, aber vor den Augen des Allwissenden und Allesdurchdringenden nichts taugen – was auch die Finsternis in Zukunft noch ausgebären mag, wie es der Herr der Gemeinde zuläßt – das ist gewißlich wahr: nur die werden überwinden, die, gewaschen durch das Blut des Lammes und gestärkt durch das Wort seines Zeugnisses, ihr Leben nicht lieb haben bis in den Tod.

Liebe Zuhörer, wie wollen wir da bestehen, wie wollen wir da überwinden, wie werden diese unerfahrenen jungen Seelen, die jetzt der Welt, der lockenden, der reizenden, der unschuldig scheinenden, aber in ihrem innersten Wesen vergifteten, ungöttlichen und zur Verdammnis führenden Welt entgegengehen, wie werden sie unversehrt und unbefleckt hindurchkommen? Wie werden sie überwinden, wie am Ende ihres Lebens getrost sprechen können, was sie heute bekannt haben: „Herr Jesus, dir leb ich, dir leid ich, dir sterb ich, dein bin ich tot und lebendig." O bleibt bei ihm, dies ist der einzige Weg, auf dem euch der Arge nicht antasten kann. Ach bittet ihn, daß er sich mit euch so verbinde, daß „weder Hohes noch Tiefes, weder Tod noch Leben, weder Gegenwärtiges noch Zukünftiges, noch irgend eine andere Kreatur euch scheiden möge von der Liebe Gottes, die in Christo Jesu ist, eurem Herrn." O bittet ihn, daß er euch den Sinn schenke, der in dem Lied erfleht wird:

Ach, es steht ja mein Verlangen,
Liebster Jesu, nur nach dir;
Laß mich treulich an dir hangen,
Schenke dich zu eigen mir.
Ob viele auch umkehrten zum größesten Haufen,
So will ich dir dennoch in Liebe nachlaufen,
Denn dein Wort, o Jesu, ist Leben und Geist,
Was ist wohl, das man nicht in Jesus geneußt?

„Bleibet bei ihm!" O er ist es ja wohl wert, daß wir bei ihm bleiben, er ist ja nicht ein mürrischer, harter Mann, der da ernten will, wo er nicht gesät hat; er ist auch kein bloßer Mensch und Prophet, bei dessen Worten man bleiben, dessen Lehren man halten soll; es ist ja Jesus, bei dem wir bleiben sollen. O welch ein teurer, kostbarer, süßer Name! Der Jesus also, in dem die Fülle der Gottheit leibhaftig wohnt, der der Schöpfer aller Dinge ist und die Sterne hinausgestreut hat an das Himmelszelt, wie der

Sämann seinen Samen ausstreut auf sein Saatfeld; der Jesus, der das ewige Wort und der König ist über alles im Himmel und auf Erden; der Jesus, der euch selber ins Dasein gerufen und bis auf diese Stunde treulich über euch gewaltet und gewacht hat; ja der Jesus, der eure Seelen erworben hat und gewonnen von allen Sünden; der Jesus, den die Liebe zu euch, ihr lieben Konfirmanden, aus dem Schoß des Vaters in dieses Jammertal hineingetrieben hat, der sich aus Liebe zu euch ans Kreuz heften ließ, aus Liebe zu euch sein königliches, dornengekröntes Haupt neigte, und in heißer Läuterung für eure und meine und der ganzen Welt Sünde am Fluchholz verschmachtet ist. Es ist ja Jesus, der gute Hirte, der eure Seelen geliebt und sein Leben gelassen hat für seine Schafe. Kindlein, bleibet bei ihm! Bei wem wollt ihr es besser finden? Ihr seid voll Sünde von Natur, er schenkt euch seine Gerechtigkeit. Ihr seid geistlich arm, der Herr ist reich, wer ist unserem König gleich? Ihr seid voll Jammer und Elend, er schenkt euch Friede und Freude. Euer Herz ist erstorben und erkaltet von Natur, er schenkt euch ein neues Herz und einen neuen gewissen Geist. Ihr seid voll Untreue, er ist die Treue selbst. So will er euch hindurch-, hinaus-, hineinführen ins rechte Kanaan, wo die Lebensströme fließen, und er euch weidet und leitet zu den lebendigen Wasserbrunnen.

Wie herrlich ist's, ein Schäflein Christi werden,
Und in der Huld des treusten Hirten stehn!
Kein höh'rer Stand ist auf der ganzen Erden,
Als unverrückt dem Lamme nachzugehn;
Was alle Welt nicht geben kann,
Das trifft ein solches Schaf bei seinem Hirten an.
Hier findet es die angenehmsten Auen,
Hier wird ihm stets ein frischer Quell entdeckt;
Kein Auge kann die Gnade überschauen,

Die es allhier in reichem Maße schmeckt,
Hier wird ein Leben mitgeteilt,
Das unaufhörlich ist und nie vorübereilt.
Wer leben will und gute Tage sehen,
Der mache sich zu dieses Hirten Stab;
Hier wird sein Fuß auf süßer Weide gehen,
Da ihm die Welt vorhin nur Treber gab,
Hier wird nichts Gutes je vermißt,
Dieweil der Hirt ein Herr der Schätze Gottes ist.

O bleibt bei ihm, das ist ja keine harte Zumutung, sie dient zu eurem Heil; denn bei ihm strömt die rechte Lebensquelle, die tränkt euch und erfreut euch an Leib und Seele. Hier ist das Lebensbrot, das Hungersnot vertreibt, ja auch im Tode selbst erhält. Bleibt bei ihm, der gekreuzigten Liebe.

Es kommt eine Zeit, wo alles vergeht und in Staub zerfällt, wo die Erde und der Himmel verwandelt werden wie ein altes Gewand; und wenn wir auch diese Zeit nicht mehr erleben sollten, so kommt doch die Zeit für jeden unter uns, wo wir aus dieser Zeit hinaustreten müssen, wo uns die Welt und alle ihre Lust nichtig erscheint, wo wir das Leben ganz anders ansehen, als solange wir in voller Kraft und ohne den Glauben an Christus dahinleben. Es kommt eine Zeit, wo all die Scheingüter und all der Zauber, der über die Dinge dieser Welt hingegossen ist, und all der Kot, woran so manches Menschenherz klebt, als ob es ein großer Schatz wäre, in seiner wahren Gestalt als nichts und als Kot erscheint: ich meine die Zeit, wo man an den Pforten der Ewigkeit steht und zurückblickt auf sein verflossenes Leben. O wenn mich dann alles verläßt und meine irdischen Stützen morsch zusammenbrechen und ich allein stehe, ohne Jesus, ohne Führer und Heiland, ohne Trost und Hilfe vor einer finsteren, grauenhaften und richtenden Ewigkeit, und meine Götzen haben mich verlassen und ich stehe allein, nackt und bloß und verwerflich und verdammlich – o meine Lieben, wie elend, wie schrecklich elend wäre ich dann! Darum, Kindlein, bleibet bei ihm!

Denn Jesus bleibt euch stehn,
Wenn aller Trost der Kreatur zerrinnt!
Wenn Himmel, Erd wie Rauch und Dampf zergehn,
Und alle Welt mit ihrer Lust verschwind't;
Wenn Gott die leichte Spreu,
Das Götzenvolk, zerstäubt,
So steht euch Jesus bei;
Drum Kindlein, bleibt!

Zwar scheint es oft, als ob niemand besser dran sei als diejenigen, die die Welt lieb haben und von der Nachfolge Christi nichts wissen wollen. Es könnte mancher denken: wenn ich in die Welt hineinblicke, so sehe ich doch, daß Augenlust, Fleischeslust und hoffärtiges Wesen die Menschen froh und vergnügt macht; daß die, die sich in solchen Dingen umtreiben, Augen voll Freude und einen Mund voll Lachens haben, und wenn ihnen auch hin und wieder etwas Widerwärtiges begegnet, das sie bekümmern könnte, siehe, sie lassen sich doch nicht sehr bekümmern, es macht wenig Eindruck auf sie. Aber irrt euch nicht, liebe Brüder, unter einem leichtsinnigen Gesicht ist oft ein Wurm verborgen, der am innersten Lebensmark nagt, und über den unruhigen Abgrund legen sie oft künstlich täuschende Bretter und sprechen: laßt uns essen und trinken und lustig sein; ihr innerster Herzensgrund ist doch durchwühlt von Unruhe und einem schrecklichen Warten des Gerichts und Feuereifers, der die Widerwärtigen verzehren wird. „Die Gottlosen haben keinen Frieden", spricht mein Gott; ja nicht bloß keinen Frieden, sondern viele und große Plage, denn der Gottlose hat viel Plage, spricht die Schrift, bis er seine Lust befriedigt hat. Und oft wird sie nicht befriedigt, und wie oft ist die Befriedigung selbst verbittert und versalzen, wie oft folgt auf die Befriedigung nichts als Jammer und Reue! Welche Mühe hat der Gottlose nur damit, sein Gewissen einzuschläfern oder zu übertäuben, obwohl man es auch hierin zu einer großen Kunstfertigkeit bringen kann. Aber auf immer wird ihm das nicht gelingen; denn wer das Kleinod Gottes im Herzen des Menschen antastet, den müssen einmal die Schrecken des Gewissens ereilen und schreckliche Rache üben. O glaubt es mir, doch nicht mir, sondern dem wahrhaftigen und treuen Zeugen, wahren Frieden und wahre Freude findet man nur bei Christus. Und dieser Frieden und diese Freude tragen den Keim der Zerstörung nicht in sich selbst. Sie sind kein Rauch, der in ein Nichts zerrinnt, sondern sind beständig und begleiten auch durch des Todes finstere Täler zu den Stufen des Richterthrones Gottes. Darum setzt der Apostel zu seiner Ermahnung die lockenden Worte hinzu: „Auf daß wir Freudigkeit haben und nicht zu Schanden werden vor ihm in seiner Zukunft“, einen freudigen Zutritt haben zu ihm, und den Frieden Gottes im Herzen. O meine Lieben, nur bei Christus könnt ihr euch all der Gedanken entladen, die euch unruhig und verzagt machen; nur bei Christus findet ihr das wahre Heil und das allerbeste Teil; denn

Vor Jesu Augen schweben
Ist wahre Seligkeit,
Ein unverrücktes Leben
Mit ihm schon in der Zeit,
Nichts können und nichts wissen,
Nichts wollen und nichts tun,
Als Jesus folgen müssen,
Das heißt im Frieden ruhn.

„O Kindlein, bleibet bei ihm!" Es kommt ein Tag des Gerichts, es kommt ein Tag der Offenbarung Jesu Christi. Der, den die Welt nicht kennt, der, den die Welt von sich gestoßen als einen Auswurf der Menschheit, dessen Erscheinung aber die Kinder Gottes lieb haben, wird einst hervorbrechen aus seiner Verborgenheit. Siehe, er kommt in den Wolken des Himmels, und es werden ihn sehen alle Augen, und die ihn gestochen haben, und werden wehklagen alle Geschlechter der Erde. Denn Jesus erscheint, der Liebevolle und Sanftmütige, aber auch der Schreckliche und Gewaltige, zum Fluch denen, die ihm fluchen, mit Gnade und Heil unter seinen Flügeln denen, die ihn liebten und suchten. O da gilt es, in ihm erfunden zu werden und gewurzelt und befestigt zu sein in seiner Liebe; denn wahrlich, da wird er worfeln die Spreu mit gewaltiger Wurfschaufel und sie mit ewigem Feuer verbrennen, den Weizen aber in seine Scheune sammeln. Siehe, die Axt wird den Bäumen an die Wurzel gelegt, und welcher Baum nicht gute Frucht bringt, wird abgehauen und ins Feuer geworfen und muß brennen. Selig dann der Knecht, den sein Herr wachend findet, der bereit ist, zu stehen vor des Menschen Sohn; wehe aber denen, die zu Schanden werden, deren Los ist Heulen und Zähneknirschen.

O treuer Heiland, wir legen Dir noch eine Bitte, eine große Bitte an Dein treues, hohepriesterliches Herz: Herr Jesus, laß diese Kinder hier nicht verloren gehen für die Ewigkeit; laß Deinen Schmerz und Deine Todespein doch ja nicht an ihnen verloren sein! O Herr, Menschenaugen können sie nicht bewachen und bewahren. Du bist der treue Hüter, der nicht schlummert und schläft, bewache und behüte Du sie vor dem Argen, laß sie Dir durch nichts aus Deinen Händen gerissen werden. Siehe, sie sind in der Welt, in einer argen, verführerischen Welt; wir bitten nicht, daß Du sie von der Welt nehmest, aber daß Du sie bewahrst vor dem Verderben. Rette doch alle, die sich retten lassen, und die Widerstrebenden züchtige durch den Geist und den Odem Deines Mundes, und lasse keinen dahinten, sondern alle hinankommen zu der Ruhe Deines Volkes, und einst freudig einziehen in die ewigen Hütten, als das Volk Deines Eigentums, das Du Dir erkauft hast mit Deinem Blut. O Herr, erhöre uns um Deiner ewigen Hirtenliebe und Hirtentreue willen! Amen.

37. Am Sonntag Jubilate

Liebe Brüder, ich ermahne euch als die Fremdlinge und Pilgrime: Enthaltet euch von fleischlichen Lüsten, welche wider die Seele streiten, und führet einen guten Wandel unter den Heiden, auf daß die, so von euch afterreden als von Übeltätern, eure guten Werke sehen und Gott preisen, wenn es nun an den Tag kommen wird. Seid untertan aller menschlichen Ordnung um des Herrn willen, es sei dem König, als dem Obersten, oder den Hauptleuten, als die von ihm gesandt sind zur Rache über die Übeltäter und zu Lobe den Frommen. Denn das ist der Wille Gottes, daß ihr mit Wohltun verstopfet die Unwissenheit der törichten Menschen, als die Freien, und nicht, als hättet ihr die Freiheit zum Deckel der Bosheit, sondern als die Knechte Gottes. Tut Ehre jedermann, habt die Brüder lieb; fürchtet Gott, ehret den König! 1. Petr. 2, 11 - 17

„Ich will euch ein neues Herz und einen neuen Geist in euch geben und will das steinerne Herz aus eurem Fleisch wegnehmen und euch ein fleischernes Herz geben" *(Hes. 36, 26)*. Dies ist eine der Hauptverheißungen auf die Zeit des Neuen Bundes, in der wir leben. Was versteht man nun unter einem steinernen und unter einem fleischernen Herzen? Ein steinernes Herz ist ein hartes, ein unwiedergeborenes Herz; ein fleischernes Herz heißt ein durch die Gnade erweichtes, durch die Kraft Christi erneuertes Herz. Warum sind aber so viele Herzen so steinhart? Es kommt daher, weil die Menschen von Natur verschiedene falsche Grundgedanken von Gott und göttlichen Dingen haben, wodurch sie Gott den Zugang, den er zu einem weichen Herzen hat, verschließen. So hat vielleicht einer die Meinung, Gott sei ein harter Mann, und deshalb zieht er sich scheu vor ihm zurück und hat kein Zutrauen zu ihm. Ein anderer hält die Welt für ein Paradies. Ein dritter weiß nicht recht, was er aus der Sünde machen soll; er nimmt sie zu leicht, er glaubt, man dürfe mit der Sünde spielen. Daher sind die Menschen lässig in ihrem Lauf. Wenn sie auch in der Bibel lesen, so dringt ihnen nichts zu Herzen. Die Wahrheit ist ihnen gleichgültig. Kurz, die ganze Natur des Menschen ist voll falscher Grundgedanken und Grundbegriffe, und zwar bei allen, die noch nicht durch die Geburt von oben den neuen Sinn und das neue Herz empfangen haben. Ich will deshalb aus unserer heutigen Abendlektion herausheben

I. einige Grundgedanken der neuen Gesinnung, die durch das Wort Gottes in die Herzen der Menschen gepflanzt wird, und
II. kurz sehen, wie es zugeht.

Gütiger Herr und Heiland! Schaffe in uns ein reines Herz und schenke uns einen neuen gewissen Geist. Laß durch Deinen Geist alle, die hier sind, erleuchtet werden, damit sie sich aus der Lüge und Finsternis heraus in die Wahrheit, die Du bist, einführen lassen. Amen.

I. In unserer Abendlektion schreibt der Apostel gleich am Anfang: „Ich ermahne euch als die Fremdlinge und Pilgrime." Er nennt die Christen, an die er schreibt, Pilgrime und Fremdlinge. Christen, wahre Christen sehen sich als Pilgrime und Fremdlinge an auf dieser Welt. So denken sie, so reden sie, so handeln sie, so bauen und pflanzen sie, so machen sie Anschläge und Pläne, so arbeiten sie, nicht als Leute, die hier wohnhaft sind, sondern als solche, die hinwegeilen, keine bleibende Stätte haben und dagegen die zukünftige suchen. Nicht als ob nur zu gewissen Stunden besonderer Andacht es ihnen klar würde, daß sie hienieden kein Bürgerrecht haben und sie sich für die zukünftige Stadt und für den Eingang in diese bereiten sollen; es ist diese Gesinnung: ich bin auf Erden ein Pilger und Fremdling, nicht bloß ein vorübergehendes Gefühl des Herzens, das, wenn es lange genug von der Eitelkeit gefesselt war, sich einmal in einem gewissen Anflug aufrafft, wie sich oft Weltmenschen in Stunden des gesteigerten Gefühls über das Irdische und Vergängliche hinwegschwingen, sondern es ist bei einem Christen ein bleibender Grundgedanke seiner Seele: ich bin ein Pilgrim und Fremdling und habe keine bleibende Stätte; ein Grundgedanke, der ihm nicht immer bewußt ist, aber aus dem heraus er unbewußt handelt und wandelt; es ist etwas Festes, etwas mit dem innersten Seelenleben selbst Verwobenes, das er sich nicht erst recht klar machen darf durch allerhand Vorstellungen, sondern das ihm ganz zu eigen geworden und in seinem innersten

Seelengrund Ja und Amen ist.

Es halten eitele Gemüter
Die Erde für ihr Vaterland!
Wer aber Jesus hat erkannt
Und die wahrhaften Himmelsgüter,
Der sieht den ganzen Kreis der Erden
Für eine fremde Heimat an,
Und sehnet sich, erlöst zu werden
Von seiner rauhen Pilgerbahn.

Wer den Sohn Gottes noch nicht an seinem Herzen erfahren hat, der kann nicht anders, er muß die Erde für sein Vaterland halten. Er kennt ja nichts Edleres, er kennt ja die höchste Liebe, er kennt Jesus nicht. Ach, er ist so arm in seinem tiefsten Herzensgrund, und eine Heimat will er doch haben – jeder Mensch hat eine tiefe Sehnsucht danach; wo sollte er also seine Heimat suchen und finden als hienieden? Wer von unten, von der Erde ist, der redet von der Erde und denkt von der Erde und sehnt sich nach der Erde. Es ist nichts natürlicher, als daß ein Herz, das Jesus nicht hat, eine recht tiefe, oft ihm selbst verborgene Liebe zu dieser Welt, zu der Erde hat. Seht, wir werden in diese Welt hineingeboren. Unser Leib ist von der Welt und bringt uns mit der Welt in tausendfältige Berührung. Die ersten Begriffe, die wir einsaugen, sind von der Welt; darum ist im Herzen von Natur eine Anhänglichkeit an die Welt. Denn was vom Fleisch geboren ist, das ist Fleisch und bleibt Fleisch. So wächst der Mensch meistenteils auf, die Erde umgibt ihn, und er hat größtenteils kein Gefühl für das, was über diese Welt hinausliegt. Darum nimmt er diese Welt, ohne daß er sich besinnt, als seine Heimat an. Dies ist ein Grundgedanke in ihm, ein Grundgedanke, den er mit auf die Welt bringt und der nach und nach immer mehr in ihm Wurzel schlägt durch die verschiedenen ihn anziehenden

Einwirkungen der irdischen Dinge. Freilich gibt es manche Geister, die, ohne daß sie gerade den Herrn Jesus kennen, doch eine entschiedene Abneigung gegen das Hangen und Kleben an der Erde haben. Sie steigern ihre natürlichen Kräfte, durch die Umstände begünstigt, etwas höher; sie halten es unter ihrer Würde, so gemeine Erdenwürmer zu sein, die am Boden kriechen, und deren Blick und Sehnsucht auf das geht, was unter ihren Füßen liegt. Aber nach etwas muß der Mensch trachten, und fragt einmal diese Geister, die sich höher dünken, forscht nach, was denn eigentlich ihr Streben ausmacht – ihr werdet finden, wie sie doch auch nach dem, das auf Erden ist, trachten, wie sie doch auch, nur auf feinere Weise, irdisch denken und reden, wie in ihnen doch auch der Grundgedanke liegt, daß die Erde ihr Vaterland sei. Man sollte es freilich nicht glauben; die Erde hat doch so gar nichts, was das Herz sättigen und stillen kann; es ist so viel Mühe und Arbeit, so viel Last und Plage und Unlust bei allem, was man in dieser Welt genießt; es ist alles so gar eitel. Auch Weltmenschen müssen es bekennen, daß alles so gar eitel ist, so gar nichts Rechtes dahinter. Und zudem müssen wir davon! Liebe Zuhörer, wir müssen davon, in die Ewigkeit! Es kommt die Stunde früh oder spät, daß wir aus dieser Welt hinaus müssen. Warum soll denn unser Geist, der in seinem tiefsten Grunde ahnt, daß er zu etwas Besserem geschaffen und bestimmt ist, sich dennoch an diese arme Erde hängen, doch für diese arme Erde leben, doch sie für seine Heimat halten, doch sich nicht aus diesem Jammertal hinaussehnen? Es ist fast unbegreiflich, und doch ist es so bei allen Menschen, die Jesus nicht kennen: sie sind mit unauflöslichen Banden an diese Welt gebunden, und auch wenn sie im tiefsten Leiden gefangen sind, so gefällt es ihnen doch auf dieser Welt. Es entsteht freilich manchmal in der Tiefe der Leiden auch bei solchen Geistern, die noch ferne von Christus sind, der ernstliche Wunsch: ach, wenn ich nur stürbe! Aber damit sehnen sie sich nicht von der Welt loszukommen, sondern nur von ihren Leiden. Fragt einmal solch einen Menschen, was ihm lieber sei, auf dieser Welt zu bleiben, ohne von seinen Leiden geplagt zu sein, oder in den Himmel zu kommen. Er wird gewiß die Erde dem Himmel vorziehen, wenn nämlich kein Geistesleben von oben in ihm angezündet ist. Wahrhaftig ein trauriger Zustand, in dem wir von Natur gefangen liegen; denn aus diesem Grundgedanken entsteht bei dem Menschen der Geiz und das Habenwollen vieler Güter in dieser Welt. Man will sich einrichten, man will sich versorgen, man ist zu Hause in dieser Welt. Man meint, man dürfe mit dem, was einem anvertraut ist, schalten und walten wie man wolle; man hält es für sein eigen, nicht für geliehen, nicht für anvertraut, um sich darin als ein guter Haushalter zu beweisen. Daher kommt es, daß man sich an die Dinge dieser Welt gewöhnt, als wenn man sie ewig genießen dürfte. Man fühlt sich so in seinem Eigentum; man geht aus und ein, als wenn man zu Hause wäre; man glaubt nicht, daß man seine Seele in den Händen tragen und rein behalten müsse von den Dingen dieser Welt. Man ist so damit verwoben und verwachsen, daß man die Gefahr gar nicht ahnt, die darunter verborgen liegt. Ach, wie mancher arme Mensch, der von der Gnade angefaßt war, hat alles wieder verloren, weil er aus diesem Grundgedanken heraus diese und jene Dinge, dieses und jenes Mitmachen in der Welt für nicht so gefährlich hielt, als es wirklich war! Liebe Mitbrüder und Mitschwestern, die Welt ist nicht unser Vaterland. Was suchen wir denn hienieden, so wir doch davon müssen, so doch alles, was von der Welt ist, vergeht mit aller Lust, so doch alles, was diese arme Erde beut, den Geist nicht wahrhaft sättigen und stillen kann!

Wer aber Jesus hat erkannt
Und die wahrhaften Himmelsgüter,
Der sieht den ganzen Kreis der Erden
Für eine fremde Heimat an.

Wer Jesus erkannt hat, der hat ein neues, das wahre Vaterland gefunden. Der ist nicht mehr ein Bürger auf Erden, sondern Bürger der oberen Stadt; dem ist ein Lichtstrahl vom neuen Jerusalem in die Seele gefallen; der kann sich hienieden nicht mehr als wie zu Hause betragen, sondern die Sehnsucht geht nach oben, geht dahin, wo Christus das Haupt ist, in die himmlischen Wohnungen. Und diese Gesinnung senkt sich in die Tiefe des Herzensgrundes. Aus diesem neuen, durch den Geist Gottes gepflanzten Grundgedanken heraus redet, denkt, handelt, betet, seufzt und sehnt man sich. Dieser Grundgedanke gebiert das, was die Offenbarung Johannes als den Seufzer der Gemeinde Jesu Christi ankündigt, die da spricht: „O komm, Herr Jesu!" Man kann sich nicht mehr in die Dinge der Welt hinein vertiefen; man sucht anderswo seine Schätze, anderswo seine Freuden, anderswo seine Wünsche, anderswo seine Hoffnungen, anderswo seinen Heiland. Man führt seinen Wandel im Himmel mitten in einer argen Welt unter einem verkehrten, ehebrecherischen Geschlecht. Man ist in Hinsicht auf diese Welt ein Fremdling; die Welt und die Weltmenschen kennen einen nicht, man ist nicht ihrer Art, gehört zu einem andern Geschlecht; man ist ein Pilgrim, der da weiß, daß er fort muß, der darum alles, was er genießt, auf seinem Wege zwar mitnimmt und aus der Hand seines himmlischen Führers dankbar empfängt, aber sich doch nicht darin vertieft, sondern seinen Weg fortsetzt und sein Angesicht immer stracks nach Jerusalem wendet, bis er dort eingehen darf. Schon bei den Vätern des Alten Bundes war diese Gesinnung vorherrschend; wenigstens sagt der

Apostel *(Hebr. 11, 13)*: „Alle diese Glaubensleute haben bekannt, daß sie Fremdlinge und Gäste seien auf dieser Welt." So war Abraham Fremdling in dem verheißenen Lande und wartete auf eine Stadt, deren Baumeister und Schöpfer Gott ist; so war Jakob ein Pilger und Fremdling, darum sagte er zu Pharao: „Die Zeit meiner Wallfahrt ist hundertunddreißig Jahre". So war auch David ein Pilgrim, denn er sagt *(Psalm 33)*: „Ich bin dein Pilgrim und dein Bürger." Ein Pilgrim in dieser Welt, ein Bürger in der oberen Stadt Gottes, so waren auch die Apostel Pilgrime; denn der Apostel Paulus schreibt: „Wir haben keine bleibende Stadt, sondern die zukünftige suchen wir", und abermals: „der Herr wird mich erlösen von allem Übel und mir aushelfen zu seinem himmlischen Reich", und welch ein feiner Pilgrimssinn ist das, wenn er sagt: „ich sehne mich, daheim zu sein bei dem Herrn." Alle, die selig gestorben sind, sind hier Fremdlinge und Pilgrime, und sind jetzt hingegangen in das Vaterland, das sie suchten und erwarteten, das der Zielpunkt ihres Laufes war.

Aber, liebe Zuhörer, die Hauptfrage, über die wir uns alle prüfen wollen, ist nun: Sind wir auch solche Fremdlinge und Pilgrime? Ist es dem Geist Gottes gelungen, diesen Sinn in uns zu pflanzen? Oder sind wir unserem innersten Grunde nach hienieden noch daheim? Hier fällt mir ein Lied ein, das einen wahren Fremdlingssinn anzeigt, wie ich ihn mir und euch von Herzen wünsche:

Ich hab von ferne, Herr, deinen Thron erblickt,
Und hätte so gerne mein Herz vorausgeschickt,
Und hätt so gerne mein müdes Leben,
Schöpfer der Geister, dir hingegeben.
Das war so prächtig, was ich im Geist gesehn;
Du bist allmächtig, drum ist dein Licht so schön;
Könnt ich an diesem hellen Throne

Doch schon von heut an ewig wohnen.
Noch bin ich sündig, der Erde noch geneigt,
Das hat mir bündig dein Heilger Geist gezeigt.
Ich bin noch nicht genug gereinigt,
Noch nicht ganz innig mit dir vereinigt.
Ich bin zufrieden, daß ich die Stadt gesehn,
Und ohn Ermüden will ich ihr näher gehn,
Und ihre hellen, goldnen Gassen
Lebenslang nicht aus den Augen lassen.
Doch bin ich fröhlich, daß mich kein Bann erschreckt;
Ich bin schon selig, seitdem ich das entdeckt.
Ich will mich noch im Leiden üben
Und dich zeitlebens inbrünstig lieben –

bis ich heim darf, bis ich meine Hütte ablegen darf und in die obere Stadt aufgenommen werde. Das ist ein Grundgedanke eines Pilgrims.

Einen weiteren Grundgedanken der neuen Gesinnung nennt der Apostel, wenn er in der Abendlektion fortfährt: „Enthaltet euch von fleischlichen Lüsten, welche wider die Seele streiten.“ Durch das Wort Gottes werden auch ganz andere Grundgedanken von der Sünde in die Herzen der Menschen gepflanzt. Solange der Mensch noch kein wahres göttliches Leben in sich trägt, solange er noch nicht die Kräfte der zukünftigen Welt geschmeckt hat: solange hat er die allerverworrensten Gedanken von der Sünde. Bald hält er etwas für Sünde, bald hält er etwas anderes, das doch Sünde ist, nicht für Sünde. Er legt das Wort Gottes aus nach seinem Gutdünken. Das eine Mal müssen bloß die rohen Ausbrüche der Sünde für unrecht gelten, das andere Mal entschuldigt er auch diese. Heute fällt ihm eine Sünde aufs Gewissen, morgen kann er sich leicht wieder darüber hinwegsetzen. Kurz, er ist einem irrenden Schaf gleich, das keinen Hirten hat, und das nicht recht weiß, wie es daran ist. Er kann durch sein Gewissen manche Überzeugung von der Sünde haben; aber daß sein Herz durch und durch verdorben ist, daß alles, was aus dem Fleisch kommt, der ersten Quelle nach, Sünde ist, das erkennt er nicht. Und dies ist auch ganz natürlich. Er muß sich in diesen Stücken in großer Blindheit befinden, denn er hat ja noch kein geistiges, göttliches Leben, die Sünde ist ja in sein innerstes Wesen verwoben, ihm eigentümlich, mit ihm aufgewachsen. Wie könnte er mit der Finsternis, die in ihm ist, die Finsternis erkennen und prüfen! Wenn ein Blinder das Licht sehen soll, so müssen ihm vorher die Augen geöffnet sein; wenn man die ganze Abscheulichkeit der Finsternis sehen soll, so muß man vorher das Licht sehen. So geht also der Mensch dahin, gefangen und gebunden in der Sünde, die sein ganzes Leben durchdrungen hat, und weiß nicht einmal mehr recht, was Sünde heißt, und was eigentlich der Grund und die Wurzel der Sünde ist. O liebe Zuhörer, die Sünde hat tiefer in uns eingefressen, als wir gewöhnlich glauben. Die meisten Leute dieser Zeit haben sie für etwas erklärt, das nur auf der Oberfläche des sonst guten Herzensgrundes als eine kleine Unreinigkeit sich befinde; für etwas, das man leicht los werden könne durch gute Vorsätze, durch gute Gedanken und Entschlüsse, durch Anwendung der besseren Kräfte, die von Natur in uns liegen. Diese weisen Leute sind, während sie sich für weise hielten, zu Narren geworden. Diese gefährlichen weisen Leute haben in ihrer Verblendung den Hochmuts- und Lügenwein unserer Zeit in sich hineingetrunken. Dadurch hat sich bei ihnen eine Art von Fieber entwickelt. In diesem Fieber gehen sie umher, bereden sich, sie seien gesund, und sprechen ihren Mitkranken zu: trinkt doch auch von dem Wein, wovon wir getrunken haben, so werdet ihr auch gesund sein. Aber man fühlt es ihrem ganzen Wesen ab, daß dies eigentlich nur die Aufraffung der letzten Kraft ist, und daß sie mit schnellen Schritten dem Tode entgegengehen. Laßt euch nicht irren, liebe Brüder, die Sünde sitzt tiefer in uns, als manche glauben möchten; wir sind von ihr durchdrungen wie ein glühendes Eisen vom Feuer. Aber wer glaubt das? Wer nicht wiedergeboren ist, der kann nicht anders, er muß sündigen. Erst wenn das Wort Gottes als ein scharfes, zweischneidiges Schwert in die Seele eindringt, erst wenn Glaube und Liebe, diese Kraft Gottes, in des Herzens Grund eingesenkt wird, erst dann lernt man auch die Sünde im Fleisch als das anerkennen, was sie ist. Da wird dann durch die Kraft der Auferstehung Jesu Christi ein neuer Mensch geboren, und es tritt eine Scheidung ein im Menschen; es ist ein Lebenskeim da, der göttlich und rein ist durch das Blut Jesu Christi, und es ist noch die ungöttliche und unreine Natur vorhanden; es sind zwei Menschen entstanden, ein alter und ein neuer, Fleisch und Geist. Das Fleisch aber gelüstet wider den Geist und den Geist wider das Fleisch. Sie liegen beständig im Streit miteinander, und dieser Streit hört nicht auf, bis im Tode das Gericht über das Fleisch zum Sieg ausgeführt wird. Seht, wie durch die Wiedergeburt neue Gedanken von der Sünde gepflanzt werden! Nun erkennt man die kleinste Sünde, die verborgenste Lust als tötendes Gift, als den größten Feind der Seele, und möchte sie ganz dem Wohlgefallen des Herrn, der uns erkauft hat, aufopfern. Aber wie viele wissen nichts von dem allem! Sie sind noch in ihren Sünden, wissen nicht einmal, was Sünde heißt, wie sehr sie sich auch dadurch an dem Herrn vergreifen. Darum sind und bleiben sie ganz ruhig bei größeren oder kleineren Fehltritten.

Dies kann oft sogar der Fall sein bei solchen Menschen, die schon manche Züge des Vaters zum Sohne an ihren Herzen erfahren haben. Zum Beispiel, es hat jemand etwa in seinem natürlichen Zustand eine üble Gewohnheit gehabt, die in den Augen der Welt durchaus nicht sündlich ist; oder es hat sich einer eines unrechten Handwerksvorteils bedient; er hat sich zu der oder jener Gesellschaft gehalten, nun tritt der Geist Gottes vor sein Herz und sagt: „Wach auf, o Mensch, wach auf vom Sündenschlaf!“ Dem Menschen drängt sich die Notwendigkeit auf: es muß anders bei mir werden; er nimmt's an und greift das Werk seiner Bekehrung an. Aber wie geht's? Seine vorigen Gewohnheiten will er doch nicht fahren lassen, er will sie um jeden Preis beibehalten, sie tun seinem Fleisch gar zu wohl. Und nun sucht er sich zu entschuldigen. Man kann es ja nicht so genau nehmen; es ist etwas Unschuldiges; man kann doch nicht gar den Sonderling machen; man muß doch leben und leben lassen; wer weiß, denkt er vielleicht, was ich da und dort Gutes stiften kann; vielleicht gibt mir Gott Gelegenheit, ein Wörtlein zu seiner Ehre zu sagen. So schweigt die Stimme des Geistes Gottes, der ihm heimlich das Verdammungsurteil in die Seele spricht. Ein anderer sagt etwa: es schadet meiner Seele nichts, wenn ich auch dies oder jenes mitmache, ich hab's erprobt. Und so wagt man sich jedesmal wieder auf des Teufels Grund und Boden und ist in großer Gefahr, das, was man hat, vollends gar zu verlieren. O liebe Zuhörer, nur kein hinkendes, kein halbes Christentum! Das ist dem Heiland zum Ausspeien ekelhaft. Macht euch von den Banden und Ketten des Satans los, so ist die Sache getan! Wer diese Bande nicht zerreißt, der wird sehen, wie es geht. Es wird so weit kommen, daß ihn der Satan nicht mehr von seinen Stricken losläßt. Wer aber spricht: ich will nichts mehr davon, ich gehöre dem Heiland an, der findet, was der Heiland sagt: „Mein Joch ist sanft, und meine Last ist leicht.“ Viele meinen, dieses Joch sei so gar schwer. Sie halten Gott für einen harten Mann, der ernten will, wo er nicht gesät hat. Wer sich aber von dem Heiland leiten läßt, der wird finden, wie Johannes sagt, daß seine Gebote nicht schwer sind.

In unserer Abendlektion wird uns weiter gesagt: „Führet einen guten Wandel unter den Heiden, auf daß die, so von euch afterreden als von Übeltätern, eure guten Werke sehen und Gott preisen, wenn es nun an den Tag kommen wird." Das Wort Gottes pflanzt auch andere Gedanken vom guten Wandel in die Herzen der Menschen. Warum stehlen so viele nicht? Warum betrügen sie nicht? Warum morden sie nicht? Warum brechen sie nicht die Ehe? Warum fluchen und schelten sie nicht? Was hindert sie daran? Die bürgerliche Ordnung. Oh, wenn die lieben Gesetze nicht wären, wenn dem Fleisch und Mutwillen der Menschen freier Raum gelassen würde, wo würde es zuletzt hinkommen mit der Welt? Die Welt würde eine wahre Mördergrube und Hölle werden! Es ist wahr, es gibt auch andere Menschen, die durch einen besseren Sinn von diesen Sünden abgehalten werden. Sie denken edler, sie haben eine bessere Erziehung genossen, sie würden sich solcher Sünden schämen. Die Rücksicht auf ihre Ehre, auf ihr Vermögen, auf ihr Ansehen, auf ihr Amt, auf ihre Reputation oder ihr von Natur stillerer und sanfterer Charakter hält sie von groben und schändlichen Handlungen ab. Solche Beweggründe, ob sie gleich in der Stunde der Versuchung, wenn es darauf ankommt, nicht Stand und Stich halten, sind allerdings edler als die ersten. Aber das ist doch noch nicht die rechte Triebfeder, warum wir einen guten Wandel führen sollen unter den Menschen. Ein wiedergeborner Mensch hat in sich ganz andere Grundgedanken vom äußeren frommen Wandel. Ein Christ hat einen anderen Beweggrund; der Apostel nennt ihn: „auf daß die, so von euch afterreden als von Übeltätern, eure guten Werke sehen und Gott preisen, wenn es nun an den Tag kommen wird.“ Ein Christ will und tut alles zur Ehre Gottes, zur Verherrlichung des großen Namens Jesus, der ihn erkauft und geliebt hat mit ewiger Liebe. Und ob er auch durch die Schwachheit des Fleisches aus dieser Übung fiele, so rafft er sich doch immer wieder auf und sucht den Heiland aufs neue und legt sich ihm mit allen seinen Übertretungen immer wieder zu Füßen, und sucht ein ganz neues Herz zu erhalten durch die Kraft des teuren Jesusnamens, durch sein Verdienst und Leiden. So überwindet er auch die äußeren Reizungen zur Sünde in der Liebe Christi, daß diesem keine Schande, sondern vielmehr Ehre gemacht werde in einer argen Welt, die ihn verachtet, die ohnedies geschäftig genug ist, alle Fehler, die sie an den Jüngern des Heilands bemerkt, aufzuzählen. Und wer weiß denn, ob nicht durch sein Beispiel und seinen Wandel, wenn die Menschen seinen guten Wandel sehen, manche Seele gewonnen und aufmerksam wird auf das in Christus liegende Heil! O das möchte ein Christ um aller Welt Schätze nicht, seinem Heiland durch Unachtsamkeit oder durch sonst ein Abweichen von seinem Sinn die Beute seines Todes schmälern und ihm ein Schäflein ärgern oder gar entreißen. Diese Liebe gegen den Heiland und seine Miterlösten gebiert vielmehr eine heilige Sorgsamkeit und Aufmerksamkeit auf den eigenen Wandel. Alles, was ein Christ tut, wird hineingeführt in das immerwährende Seufzen seines Herzens: „Dein Reich komme!“ Stehst du in diesem Sinn, lieber Zuhörer? Siehe, aus welch anderem Grund heraus ein Kind des Lichts in dieser Welt handelt und wandelt als die Kinder der Finsternis! Ja, dies ist solch ein Unterschied wie zwischen Tag und Nacht, zwischen Liebe und Eigenliebe. Da geht’s, wie Paulus sagt: „Wir leben nicht uns selbst, sondern dem, der uns geliebt hat und für uns gestorben ist.“ Andere wandeln nur um ihrer selbst willen ehrbar in der Welt, ein Christ aber um des Heilands willen – und das ist ein himmelweiter Unterschied, der jetzt nicht gehörig an den Menschen hervortritt, der aber einst ans Licht kommen wird. Da wird es ein Unterschied sein wie zwischen einem Begnadigten und einem Verdammten. Ach siehe zu, daß du dann ein rechtes Fundament für deine äußerlichen und bürgerlichen Tugenden gelegt habest! Denn alle anderen Fundamente, die nicht aus der Liebe Christi kommen, werden die Feuerprobe nicht aushalten, sondern vergehen und verzehrt werden vom ewigen Feuer.

Endlich pflanzt das Wort Gottes in die Herzen der Menschen, die sich ihm öffnen, auch ganz andere Gedanken von der Freiheit. Denn in unserer Abendlektion heißt es: „Als die Freien, und nicht, als hättet ihr die Freiheit zum Deckel der Bosheit, sondern als die Knechte Gottes." – „Freiheit!" So hört man seit Jahren unaufhörlich von allen Seiten rufen. Der eine sucht die Freiheit auf diese, ein anderer auf jene Art ins Leben zu rufen. Die, welche sich zu Ärzten aufwerfen für den Schaden der Menschheit, haben schon alle möglichen Gedanken zutage gefördert, wie diesem Schaden abzuhelfen wäre, und ihr letztes Wort ist jedesmal das: der Mensch muß frei werden. Ganz recht, der Mensch muß frei werden. Dazu ist Christus erschienen, daß er den Menschen frei mache von der Knechtschaft der Sünde. Denn wer der Sünde Knecht ist, der ist nicht frei, und wenn er auch an gar kein Gesetz mehr gebunden wäre; er ist ja gebunden durch das Gesetz der Sünde in seinen sterblichen Gliedern; er ist der allerelendeste, jämmerlichste Sklave und Knecht des Teufels. Das ist die Freiheit, um die sich der Mensch zuerst bekümmern sollte – die Freiheit von der Sünde; eine Freiheit, wobei man ein Knecht der Gerechtigkeit ist; eine Freiheit, die nicht durch das Treiben und Tun der äußeren Welt entrissen werden kann, sondern die man hat und behält, auch in Banden und Ketten, auch als Sklave. Wer diese Freiheit hat, der ist wahrhaftig frei; wer diese Freiheit nicht hat, der ist und bleibt ein Sklave. O was ist es doch, wenn in einem Menschen die Sehnsucht nach dieser wahren Freiheit der Kinder Gottes aufgeht im Herzen, wenn man anfängt zu flehen um den Anbruch des ewigen Freiheitsmorgens in der Seele, wenn es in der Seele heißt:

Ach, so schau doch unsre Ketten,
Da wir mit der Kreatur
Seufzen, ringen, schreien, beten
Um Erlösung von Natur,
Von dem Dienst der Eitelkeiten,
Der uns noch so harte drückt,
Uneracht't der Geist in Zeiten
Sich auf etwas Bessres schickt.

Oh, wenn solche unter uns wären, die sich nach der herrlichen Freiheit der Kinder Gottes sehnen, euch sage ich: eure Sehnsucht wird ganz gewiß noch erfüllt werden. Es ist schon eine Seligkeit um die Sehnsucht nach der Freiheit, aber eine weit größere Seligkeit wird es sein, den neutestamentlichen Freiheitsmorgen selbst zu sehen, der uns durch das Blut Jesu Christi, das vom Kreuz herunterströmte, versichert ist. Aber was soll ein Christ machen in dieser Zeit, wo an allen alten Formen gerüttelt wird, wo der große Wahn der blinden Welt, daß man sein Glück und seine Seligkeit in äußerer Freiheit suchen müsse, da man sie doch in der inneren suchen sollte, immer weiter um sich greift? Was soll da ein Christ machen? Soll er auch mit einstimmen? Soll er sich von dem Strom des Zeitgeistes auch mit fortreißen lassen? Das sei ferne! Hier ist wieder ein großer Wendepunkt, wo die Kinder des Lichts und die

Kinder der Finsternis unterschieden werden. Ein Christ wird sich hierin ganz halten nach dem Wort des Apostels: „Seid untertan aller menschlichen Ordnung um des Herrn willen; tut Ehre jedermann; habt die Brüder lieb; fürchtet Gott; ehret den König." Er läßt die Menschen um sich herum machen, was sie wollen, und betet um den Anbruch des Reiches Gottes. Er ringt in seinem Geist unablässig nach größerer innerer Freiheit. Das ist seine Sorge, das sein Bestreben, das sein höchster Wunsch, daß er auch in dieser letzten, betrübten Zeit doch auf keine Art und Weise von dem Welt- und Zeitgeist bedrückt und gefangen, sondern unbefleckt erhalten werde und mehr und mehr in die innere Freiheit hineinwachse, damit sein Herr und Meister ihn bewahren möge vor der Stunde der Versuchung, die da kommen wird über den ganzen Weltkreis, und ihn, wenn er kommt, bereit finden möge. Sein Hauptziel ist die innere Freiheit. Glaubt es, ihr gefangenen, gebundenen Knechte der Sünde: es gibt eine innere Freiheit; ihr könnt frei von den Banden der Sünde werden; nicht so frei, daß ihr keine Sünde mehr fühlt, aber so, daß ihr den Fuß auf dem Kopf der Schlange habt. Es gibt eine innere Freiheit! Und sie wird noch schöner, herrlicher, vollkommener werden, wenn es heißen wird: „Siehe da, eine Hütte Gottes bei den Menschen", wenn auch das ängstliche Harren der Kreatur gestillt sein wird und die herrliche Freiheit der Kinder Gottes mit Macht hereinbricht.

II. Ihr seht, wie durch das Wort Gottes andere Grundgedanken in die Herzen der Menschen gepflanzt werden; aber wie mag solches zugehen? Wie mögen alle diese Grundgedanken in mir lebendig werden? Fragt einmal die Menschen, wie ganz verschiedene Antworten sie euch geben werden. Der eine wird sagen: man muß sich eben daran gewöhnen, so zu denken, so kommt man zuletzt in die

Übung. Aber, lieber Mensch, du sprichst ja, als ob du die Sache schon versucht hättest. Hast du es denn wirklich schon versucht? – O wie oft muß man diese Sprache hören: der Mensch muß sich daran gewöhnen! Wie kann man ein Herz zum Lob Gottes gewöhnen, wenn es eiskalt ist? Wie kann man ein Herz zur Liebe des Nächsten gewöhnen, wenn es nichts als Eigenliebe in sich hat? Kann man auch einen Eichbaum gewöhnen, daß er Trauben trägt? Hängt nur Trauben daran – sie werden verdorren; er wird eben Eicheln tragen und keine Trauben. Den Kopf kann man wohl gewöhnen, aber das Herz nicht. Da gehört eine neue Geburt dazu.

Ein anderer sagt: vernünftige Vorstellungen werden einen solchen Eindruck auf das Herz machen, daß es sich entschließt, so zu denken und zu handeln. Aber wenn der Mensch durch vernünftige Vorstellungen geheilt würde, so hätte Gott einen Propheten in die Welt senden können; es hätte seines Sohnes nicht bedurft. Ja, es hätte Gott gerade durch das Wort vom Kreuz, das eine törichte Predigt ist, ein recht falsches Mittel zur Bekehrung der Menschen ergriffen.

Ein dritter sagt: man muß Gott darum bitten. Das ist schon etwas besser, aber es erschöpft das Ganze noch nicht. Was sagt denn die Schrift? Als der Kerkermeister zu Philippi den Paulus und Silas fragte: „Liebe Herren, was muß ich tun, daß ich selig werde?“ sprachen diese: „glaube an den Herrn Jesus, so wirst du selig!“ Dies ist die einzige richtige Antwort. Nimm das Zeugnis, das Gott von seinem Sohn gezeugt hat, einfältig und demütig an, so wirst du in alle Wahrheit geleitet werden. Dies scheint uns freilich ein schwaches und leichtes Mittel, und es ist ein großer Anstoß für die stolze Vernunft, daß durch ein so geringes Mittel eine ganz neue Grundlage der Gedanken in ein Menschenherz gepflanzt werden soll. Aber es ist doch so. Freilich ist hier nicht vom toten Kopf- und Maulglauben die Rede, denn der läßt die Menschen, wie sie sind, sondern von einem lebendigen Glauben, der von dem Sohn Gottes selbst geschenkt wird denen, die in ihrem Unglauben, in ihrer Hilfsbedürftigkeit, in ihrem Elend, in ihrer Sünde zu ihm kommen, wie er selbst gesagt hat: „Wer zu mir kommt, den werde ich nicht hinausstoßen." Versuch es einmal, wag es im Vertrauen auf deinen Gott, demütige dich vor ihm, laß dir deine falschen Gedanken schonungslos aufdecken, bitte deinen Herrn um den wahren Glauben, tue Buße, bitte ihn einfältig darum, und wenn du das nicht kannst, so bitte um die Gabe, so beten zu können – und ich gebe dir, doch nicht ich, sondern das untrügliche Wort Gottes gibt dir die Versicherung: du wirst glauben können und wirst selig werden. Der Glaube ist ein gar leichtes Mittel, auf dem Weg der Wahrheit zu wandeln. Aber nur, wenn man wahren Glauben hat, dann kommt ein neuer Mensch heraus; nur, wem Christus, der Gekreuzigte, im Herzen verklärt wird, der erlangt Vergebung der Sünden, der ist fähig, durch den Geist der Wahrheit geleitet zu werden. Wer das Blut der Versöhnung für unrein achtet, wer den Geist Gottes nicht annimmt, der bleibt in der Lüge und kommt in Ewigkeit nimmermehr zur Wahrheit. Ach, wie leicht ist der Weg der Gnade! Viele meinen, er sei so gar schwer, sie verirren sich, sie wollen dieses und jenes anfangen, um auf den rechten Weg zu kommen. Lauter Vernunftsbedenklichkeiten! Der Heiland sagt: „Wenn ihr glaubt, so werdet ihr selig, und wenn ihr bittet, so will ich euch geben." Gibt es einen leichteren Weg? So ermahne ich euch nun als die Pilgrime und Fremdlinge: glaubt an den Herrn Jesus! Es wird euch in Ewigkeit nicht reuen. Ihr werdet einen Fund tun wie der Kaufmann im Evangelium, der eine köstliche Perle fand. Wie dieser alles, was er hatte, um dieser Perle willen verkaufte, so wird es euch, wenn ihr an Jesus glaubt, um Jesu willen ein leichtes werden, eure mehr oder minder in die Augen fallenden unchristlichen Gewohnheiten, eure in feinerer oder gröberer Weise Zeit und Herz tötenden Zerstreuungen, wie sie auch heißen mögen, zu verlassen und alle Bande und Stricke des Satans zu zerreißen. Ihr werdet frei werden, der Sohn wird euch frei machen, und seine Gnade wird immer mehr das ernstliche Verlangen in euch wecken, so gesinnt zu werden, wie er gesinnt war.

Ach, großer Gott, wie töricht sind wir! Du hast uns den Weg zu Dir gebahnt und geebnet, daß wir nur kommen dürfen. Wir aber irren blindlings umher, wir suchen das Heil nicht da, wo wir es suchen sollten; wie töricht sind wir! Ach, schenke uns Weisheit, Herr Jesus, Du Quelle der Weisheit, daß wir Dich recht erkennen und durch die Kraft Deiner Auferstehung aufstehen vom Todesschlaf und vom Traumleben, und nicht mehr schlafen und träumen, sondern weil Du, die Sonne, aufgegangen bist, in Deinem Licht wandeln. Tue Barmherzigkeit an uns! Herr, Herr, erbarme Dich über uns! Amen.

38. Am Sonntag Cantate
(Erste Predigt)

Niemand sage, wenn er versucht wird, daß er von Gott versucht werde. Denn Gott kann nicht versucht werden zum Bösen, und er selbst versucht niemand. Sondern ein jeglicher wird versucht, wenn er von seiner eigenen Lust

gereizt und gelockt wird. Darnach, wenn die Lust empfangen hat, gebiert sie die Sünde; die Sünde aber, wenn sie vollendet ist, gebiert sie den Tod. Irret nicht, liebe Brüder. Alle gute Gabe und alle vollkommene Gabe kommt von oben herab, von dem Vater des Lichts, bei welchem ist keine Veränderung noch Wechsel des Lichts und der Finsternis. Er hat uns gezeugt nach seinem Willen durch das Wort der Wahrheit, auf daß wir wären Erstlinge seiner Kreaturen. Darum, liebe Brüder, ein jeglicher Mensch sei schnell, zu hören, langsam aber, zu reden, und langsam zum Zorn. Denn des Menschen Zorn tut nicht, was vor Gott recht ist. Jak. 1, 13 - 20

„Alle gute Gabe und alle vollkommene Gabe kommt von oben herab, von dem Vater des Lichts (oder eigentlich: von dem Vater der Lichter), bei welchem ist keine Veränderung noch Wechsel des Lichts und der Finsternis." So schreibt der Apostel Jakobus in unserer heutigen Abendlektion und will eben mit diesem Ausspruch unser finsteres, ungläubiges Herz überwinden, daß wir dem, von welchem nur gute und vollkommene Gaben kommen, solches auch zutrauen; daß wir uns aus den finsteren, trüben Herzensgedanken von Gott, die wir von Natur in uns haben, heraus und in die Gnade Jesu Christi und in wahre, kindliche Gedanken hineinleiten lassen. Der Vater der Lichter ist unser Gott! Seht an die vielen tausend Lichter, die er an den Himmel hingestellt hat! Hebt eure Augen in die Höhe und seht: wer führt das Heer der Sterne heraus und ruft sie mit Namen? Ist's nicht der Gott, der die Welt aus Nichts gemacht hat, der Vater des Lichts? Er ist es, der den ungeheuren und vielen Weltkörpern, die über uns in weiten Bahnen dahingehen, das Licht als ihr Kleid angezogen hat. Das Licht! Oh, es gibt ja unter vielen sichtbaren Dingen nichts, das seiner Natur nach schöner, höher, himmlischer wäre als das Licht. Gott aber ist der Vater des Lichts und der Lichter, und zwar nicht nur der natürlichen, sichtbaren Lichter, sondern auch der unsichtbaren, der Lichter in der Geisterwelt. Die tausend mal tausend Geister um seinen Thron, die ihm ohne Sünde und ohne Finsternis dienen und sein Antlitz schauen, die Cherubim und Seraphim, die in ein ewiges Anbeten und Anschauen seiner Majestät versunken sind, diese alle haben von ihm das Wesen, leben, weben und sind in ihm, durch ihn und zu ihm. Er ist ihr Vater. Was muß das für ein Gott sein! Welche Herrlichkeit, welche Lichtsherrlichkeit muß in ihm sein, da alles das, was Licht, was herrlich und unvergänglich ist, durch ihn das Wesen hat und aus seinem Wesen heraus geboren ist; da gegen ihn der Glanz und die Heiligkeit der Cherubim und Seraphim nur Dunkelheit, nur ein schwacher Ausfluß seiner lichten Herrlichkeit ist. In einem solchen Gott kann keine Finsternis noch Wechsel des Lichts sein. Es ist bei ihm nicht bald so, bald anders. Er ist ein ewiges, unveränderliches Licht, wie heute so auch morgen, wie vor vielen Jahrtausenden so in die ewigen Ewigkeiten hinein. Es ist keine Finsternis bei ihm. Wo Finsternis und Sünde ist, da hat sie einen anderen Ursprung als ihn; denn er ist nur Licht, und ist keine Finsternis in ihm. Und weil er Licht ist, sollen ihn auch alle seine Kinder und Kreaturen als den Vater des Lichts erkennen. Gleichwie sich in jedem Tautropfen die Morgensonne spiegelt, so soll sich auch in jedem Geschöpf die Lichtsherrlichkeit Gottes spiegeln; jedes Geschöpf soll ein reiner Widerschein seiner lichten Herrlichkeit sein. So ist es aber bei uns nicht, liebe Zuhörer! Wir haben von Natur finstere, trübe Grundgedanken und Empfindungen Gott gegenüber. Ich will dies weiter ausführen und mit Gottes Hilfe zeigen,

wie wir aus unseren finsteren und, ich möchte fast sagen, satanischen Gedanken von Gott heraus- und in das Licht der Gnade hineingeführt werden sollen.

Ich werde beweisen,

I. wie wir von Natur finstere, satanische Gedanken von Gott haben,

II. daß wir nicht darin bleiben dürfen,

und dann zeigen,

III. wie wir aus diesen finsteren Herzensgedanken heraus in das Licht der Wahrheit hineinkommen können.

O Herr, Du bist Licht, und ist nicht die geringste Finsternis in Dir; mach uns auch Licht, schenke uns Deine Klarheit!

Jesu! gib gesunde Augen, die was taugen,
Rühre unsre Augen an!
Denn das ist die größte Plage, wenn am Tage
Man das Licht nicht sehen kann.

I. Wir haben von Natur finstere, trübe, satanische Gedanken von Gott. Das sollte man in einer christlichen Versammlung nicht erst beweisen dürfen. Sie sollte davon überzeugt sein und wissen, wie es in ihrem Herzen aussieht. Aber es ist nicht so; man muß es wahrlich beweisen. Wenn man gehört und gelesen hat von der Liebe und Barmherzigkeit Gottes, und hat es im Kopf, so beredet man sich, daß es im Herzen auch so sei. Aber Kopf und Herz sind sehr verschieden, sie sind weit auseinander. Der Kopf kann herzliche, kindliche Gedanken und das Herz finstere, feindselige Gedanken von Gott haben. Womit soll ich es beweisen? Wenn es der Geist Gottes nicht tut, wenn er nicht die Augen öffnet und einen Lichtstrahl hineinwirft, daß man erkennt: ich muß aufwachen, ich bin im Traum gewesen, ich habe Gott bisher nicht gekannt – wenn es der Geist Gottes nicht tut, so kann ich es nicht tun, doch einige Fingerzeige kann ich geben. Sage an, der du dir so viel zugute hältst auf dein vertrauensvolles, kindliches Herz gegen Gott, warum wehrst und sträubst du dich so sehr, wenn er dir Leiden auferlegt? Warum willst du dem Heiland dein Kreuz nicht geduldig nachtragen? Warum willst du nicht eine kleine Züchtigung von deinem himmlischen Vater annehmen? Du sprichst: Leiden sind Leiden, und deswegen mag ich sie nicht haben. Aber sage an, ob es nicht ein geheimer Hochmut ist, der in dir steckt, daß du glaubst, du habest es nicht verdient? Ob nicht ein geheimer Unglaube und Widerwille gegen Gott in dir ist? Oder du, warum bekehrst du dich nicht? Es ist schon so oft die Aufforderung an dich ergangen: wach auf, o Mensch, vom Sündenschlaf! Die Stunde ist da zu wachen; wache auf, so wird dich Christus erleuchten! Das Licht hat keine Gemeinschaft mit der Finsternis; Christus und Belial, Himmel und Hölle taugen und stimmen nicht zusammen! Schon so oft ist dir diese Wahrheit ans Herz gelegt worden, warum folgst du nicht? Warum läßt du nicht deine Lieblingssünden und Lieblingsgewohnheiten fahren? Mit einer brünstigen Liebe ruft dir der gute Hirte, warum folgst du ihm nicht? Die meisten haben keinen andern Grund, als daß sie glauben, das, was sie in der Welt aufgeben, könne ihnen Gott nicht wieder ersetzen; er könne ihnen kein Vergnügen machen; sie mögen sich von ihrem Genuß der Weltlust nichts versagen, weil sie es Gott nicht zutrauen, daß er allein die Quelle aller wahren Freude ist. Untersucht euch, ob's nicht so in euren Herzen ist. Oder warum wird es dir so sauer, dich unter das Joch der Nachfolge Christi zu beugen, da er doch selbst sagt: „Mein Joch ist sanft, und meine Last ist leicht"? Du aber hältst dieses Joch für ein hartes, darum sträubt sich dein harter Nacken dagegen; darum willst du es immer von dir werfen, wie es im 2. Psalm steht, wo die Feinde sprechen: „Lasset uns zerreißen seine Bande und von uns werfen seine Seile“, oder wie es an anderer Stelle heißt: „wir wollen nicht, daß dieser über uns herrsche.“ Sage an, ob nicht ein solcher heimlicher Feindessinn in deinem Herzen ist?

Doch einen schlagenden Beweis, daß wir finstere, trübe, satanische Herzensgedanken von Gott haben, gibt uns unsere Abendlektion. Der Apostel sagt nämlich: „Niemand sage, wenn er versucht wird, daß er von Gott versucht werde.“ Es muß also Menschen geben, die sagen, Gott habe sie versucht, die Gott zum Sünder machen. Es wundere sich niemand, daß ich sage: „Gott zum Sünder machen.“ Denn dies ist etwas sehr Gewöhnliches und Alltägliches, etwas, das jeder mutwillige Sünder unzählige Male tut, aber etwas, das unserer Verderbtheit die Krone aufsetzt. So weit geht der rebellische Mensch, der sich nicht bekehrt. Schon David klagt darüber, wenn er sagt: „Bei den Verkehrten bist du verkehrt, und bei den Frommen bist du fromm.“ Und auch zu des Apostels Zeiten muß es solche Leute gegeben haben, deshalb sagt Jakobus: „Niemand sage, wenn er versucht wird, daß er von Gott versucht werde.“ Ach, was müssen das für finstere Geister sein, die den großen Gott zum Versucher zur Sünde machen, die die heilige Majestät Gottes in den Kot ihrer Sünde herabziehen. Und das ist auch jetzt nichts Seltenes; ich will es beweisen. Ich will nicht von denen sagen, die sich durch ihre Wissenschaft dieser Sünde schuldig machen, die sagen, der Fall unserer ersten Eltern sei der Wille Gottes gewesen; Gott habe die Sünde absichtlich hereinbrechen lassen und angeordnet, um der Gerechtigkeit und Tugend aufzuhelfen (wobei also Gott gleichsam gemeinschaftliche Sache mit dem Teufel gemacht hätte zum Verderben der Menschheit), eine Sprache, die in unserer Zeit gar nicht so selten ist, als man es glauben möchte; eine Sprache, die ich schon in manchen Büchern, nur mit mehr Schminke überzogen, daß es nicht so grob ausgefallen ist, gedruckt gelesen habe, und die ich aus dem Mund sonst gottesfürchtiger Leute gehört habe, die sich aber mit ihren Vernunftsgedanken in die Höhe verstiegen haben, von der sie wohl nichts herabbringen wird als die züchtigende Hand des treuen Gottes. Ebenso kann man nicht selten die Sprache hören, Gott habe diesen oder jenen Menschen in diese oder jene Sünde fallen lassen, damit er aufmerksam auf sein Heil und gedemütigt würde. Solange man diese Sprache ganz so versteht, wie die Worte sagen, ist es ganz wahr. Gott gibt oft zu, daß hochmütige Geister in diese oder jene äußere Sünde fallen, damit sie gedemütigt werden und erkennen, wer sie sind; aber die Ursache zu solch einem Fall liegt nicht bei Gott, sondern im Hochmut. Gott ist kein Freund der Sünde. Er will sie nicht. Es heißt bei ihm nicht: laßt uns Böses tun, daß Gutes herauskomme! Nein, nein! Aber das ist wahr: Gott ist es, der aus Bösem Gutes herausbringen kann. Und doch – prüft euch! – wälzt man manchmal, wenigstens einen Teil der Schuld, auf Gott. Man denkt heimlich, der Herr hat doch in der Sache seine Hand gehabt und den Menschen zu Fall gebracht. Nicht wahr? O es ist auch in gutgemeinter Rede oft viel mehr Gotteslästerung, als man glaubt.

Der Hauptbeweis für meine Behauptung liegt darin: jeder unbekehrte, mutwillige Sünder macht Gott zum Urheber seiner Sünde; denn jeder hat eine Entschuldigung für seine Sünde. Und wenn er auch so weit gesunken wäre, daß er sich vor den Menschen gar nicht mehr entschuldigte für seine Sünde, daß er sich gewissermaßen dazu für privilegiert ansähe, so entschuldigt er sich in seinem Gewissen vor sich selber; und indem er in seiner Selbstrechtfertigung die Schuld von sich abwälzt, so schiebt er sie zuletzt auf Gott und will den Vater der Lichter als den anklagen, der ihn zum Sündigen verleite, weswegen er nicht ganz so handeln und wandeln könne, wie es sein Gewissen von ihm fordere. Seht, dies hat schon im Paradies angefangen. Als Adam gefallen war, da ward er von Gott zur Rede gestellt, der zu ihm sprach: „Hast du nicht gegessen von dem Baum, wovon ich dir gebot, du solltest nicht davon essen?" Da sprach Adam: „Ja, Herr! Das Weib, das du mir zugesellt hast, gab mir von dem Baum, und ich aß." Warum sagte denn Adam: „das Weib, das du mir zugesellt hast"? Es ist offenbar, daß er etwas von der Schuld auf Gott zurückwälzen wollte. Es hieß ja soviel als: hättest du sie mir nicht gegeben, so wäre ich nicht gefallen. Und so ist es jetzt noch. Der eine sagt: mein Stand, mein Beruf, mein Amt, mein Verkehr mit den Menschen, meine Umgebung erlauben es nicht, daß ich mich bekehre; ein anderer sagt: ich bin jähzornig, so ist mein Temperament, meine Art, ich kann mich deswegen nicht in die Sanftmut Christi schicken. Ein Wollüstling sagt: so ist nun meine Art. Weißt du auch, was du mit diesen Entschuldigungen tust? Gott machst du zum Sünder, zu einem Verführer; denn sage, wer hat dich in diesen Stand gesetzt, dir dieses Temperament gegeben? Das tat Gott. Warum? Dazu, daß du sündigen sollst? Nein, sondern daß es für dich eine Übung und eine Schule für die Ewigkeit sein soll. O es sollte jeden ein Schauer ankommen, wenn solch eine Entschuldigung im Herzen aufsteigt. Dies ist ja ganz die satanische Art, wo Gott der Sünder sein soll und der Mensch rein sein will – nur damit er sich nicht schuldig geben darf.

Andere haben andere Beruhigungsgründe. Sie sagen

etwa: Gott ist barmherzig und wird es nicht so genau nehmen. Er denkt daran, daß wir Staub sind; wir sind allzumal Sünder und werden nimmermehr vollkommen. Woher wissen sie denn, daß es Gott nicht so genau nimmt? Ist es nicht eine Meinung, die aus ihrer Sündenliebe, ein elender Schluß, der aus ihrem verderbten Herzen kommt? Zeugt nicht das ganze Wort Gottes gegen diese Sprache? Da heißt es: „Lasset euch niemand verführen mit vergeblichen Worten; denn um dieser willen kommt der Zorn Gottes über die Kinder des Unglaubens.“ Und wozu machen wir Gott durch solch eine Sprache? Zum Sünder! Was würden wir von Eltern denken, die ihren Kindern, wenn sie in Sünden geraten, durch die Finger sehen und es nicht so genau nehmen würden? Wir würden sagen: sie sind ja selbst schuld daran, sie helfen ja ihren Kindern zu ihren Sünden. Oder wenn eine Obrigkeit die strengsten Gesetze gäbe, aber es käme dabei nicht zur Vollziehung, sie ließe das Morden und Stehlen ungestraft hingehen, würden wir sagen, das ist eine recht gute Obrigkeit, das ist eine barmherzige Obrigkeit? Nein, liebe Zuhörer, wir würden sagen, das ist eine gottlose Obrigkeit! Die ganze Welt wird ja zugrunde gerichtet. Seht nun, so wälzen die, die sagen, Gott nehme es mit der Sünde nicht genau, die Schuld auf Gott zurück.

Manche erkennen die Strenge des göttlichen Gesetzes, sie bleiben aber doch in ihren Sünden. Weil sie nun aber doch von ihrem Gewissen nicht loskommen können, so erhebt sich in ihrem innersten Herzensgrund ein geheimes Murren gegen Gott: warum hat er auch solche Gesetze gegeben, die niemand halten kann? Er hat ja durch das Gesetz, das er gegeben, mir alle Weltfreude vergällt. Er hat doch gesehen, wie der Mensch eine Freude an weltlichen Dingen und Vergnügungen hat, warum hat er sie ihm denn abgeschnitten? Ist er durch die Strenge seines Gesetzes nicht selbst schuld daran, wenn sie kein Mensch hält? Ist er nicht schuld an der Sünde? Denn wo kein Gesetz ist, da ist auch keine Sünde, wo aber ein strenges Gesetz ist, da ist auch große Sünde. Seht, liebe Zuhörer, das ist die Sprache der über das Gebot Gottes ergrimmten Natur, und prüft euch nur, ob euch nicht auch schon solche Gedanken gekommen sind. Ich will nicht sagen, daß ihr's ausgesprochen habt, ich will nur sagen, daß es sich im inneren Herzensgrund geregt hat. Ist's nicht so? Man erkennt die Schärfe des Gesetzes, man will aber eben einmal in der Sünde bleiben; man hat sie zu lieb. Was tut man? Statt sich über seine Sündenliebe zu demütigen, statt mit Ernst und Eifer das neue Leben, das Christus mitteilt, zu suchen, geht man hin und verstockt sein Herz gegen Gott und sucht die Schuld im Gesetz und in Gott, nicht in sich selbst. Ein anderer kann dagegen sagen: „Wir sind allzumal Sünder", und so sucht er in der allgemeinen Sünde eine Beruhigung für sein verwundetes Gewissen. Wenn man aber auf den Grund geht, was will er damit? Auf Gott wälzt er die Schuld zurück, der ihn so erschaffen habe, oder wenigstens den ersten Sündenfall nicht verhindert und ihn in diese Welt gesetzt habe, da sein Los sein müsse, ein Sünder zu sein. Seht, so gibt man mit seinen Entschuldigungen Gott die Schuld. Welche furchtbare Sünde und Gotteslästerung begeht man da! Meint ihr, ein solcher werde am Jüngsten Tag auch noch seine Schuld auf Gott schieben können? Gewiß nicht.

Und was soll ich von denen sagen, die Christus zum Sündendiener machen? Sie geben vor, an Christus zu glauben, aber sie bleiben doch in ihren Sünden. Sie sündigen auf die Gnade hinein; „das Verdienst Christi deckt ja alles zu", wofür sollten sie sich also so ängstlich vor der Sünde hüten? Ja, wenn Christus gekommen wäre, um uns Freiheit zum Sündigen zu erwerben, dann könnte man mit Recht sagen, Gott sei der Urheber der Sünde, dann hätten diese Menschen recht. Aber was hätten wir dann für einen Gott? Dann wäre er nicht der Vater des Lichts, nicht der heilige Gott, der er ist. Aber es ist nicht so. Christus ist gekommen, um uns von der Herrschaft der Sünde zu erlösen, nicht aber um sie zu bestätigen. Das bleibt eine ewige, göttliche, unumstößliche Wahrheit, wie vor achtzehnhundert Jahren so noch heute; der feste Grund Gottes besteht und hat dieses Siegel: „Es trete ab von der Ungerechtigkeit, wer den Namen Christi nennt." O ihr armen, betrogenen Seelen, die ihr meint an Christus zu glauben, und doch noch die Sünde, wenn auch nur mit dem innersten Geist, lieb habt, die ihr euch auf das Verdienst Christi als auf ein Ruhekissen eures Fleisches hinlegt – wißt, daß euer Glaube eitel ist! Werdet nüchtern! Bedenkt, daß ihr Christus zum Sündendiener, zum Sünder macht, der darum gekommen sein soll, daß die Menschen ungestört, ohne Vorwurf des Gewissens sündigen können – und er, der um unserer Sünde willen gestorben, ist doch der größte Feind der Sünde.

Liebe Zuhörer, jeder Mensch, der kein gebrochenes Herz hat, der sich nicht demütigt und seine Sünde nicht bei sich sucht, der nicht mit Eifer trachtet, selig zu werden, der macht Gott zum Urheber der Sünde. Es sind in unserm Herzen erstaunlich viel finstere, satanische Gedanken gegen Gott, die die wenigsten Menschen wissen, weil sie ihnen nicht offenbar werden. Das eine Mal hält man den großen Gott für einen harten Mann, das andere Mal für einen ungerechten, das dritte Mal für gutmütig und schwach, das vierte Mal für einen Sünder. Und aus diesen Grundgedanken heraus, die im ungläubigen Herzen von Natur liegen, handelt, denkt und redet der Mensch, ist ein Lästerer und Feind Gottes, ohne daß er es selber weiß, ja, während er die allerbesten Begriffe von Gott in seiner Erkenntnis hat.

O glaube doch ja keiner, daß er so gar weit von dieser Gesinnung entfernt sei! Diese Wurzeln sind in aller Herzen, und wenn die Gnade nicht wehrt, so bleiben wir alle in diesem Aufruhr gegen Gott gefangen. O es ist ein entsetzlich tiefer satanischer Grund des Unglaubens und des Meisterns der göttlichen Wege und der Unbeugsamkeit unter sein Gesetz und der Rechthaberei und des Murrens gegen Gott in aller Menschen Herz, solange nicht die Gnade Gottes alles durchdrungen und bezwungen hat und die ganze alte Feindschaft im Fleisch durch die Liebe Christi ausgetrieben ist. So weit muß es bei uns kommen; denn wir dürfen, was ich beweisen will,

II. nicht in jenen satanischen finsteren Gedanken von Gott bleiben. O liebe Zuhörer, es ist nichts so Geringes um diese harten, finsteren Gedanken, nichts so Geringes um diesen ungläubigen Herzensgrund, um diese schreckliche Gewohnheit, die Schuld der Sünde auf Gott zu schieben. Wenn der Heiland einem zuruft, es sei hohe Zeit, sich zu bekehren, und man sagt: es ist noch lange Zeit, ich will es aufsparen auf mein Kranken- oder Totenbett, so ist es nichts Geringes, denn man macht den Heiland zum Lügner. – Gott ist der Vater des Lichts, und alle guten Gaben sind ein Ausfluß von ihm. Wenn wir nun kommen und machen ihn zum Urheber unserer Sünde, so ist das nichts Geringes. Wir sind in Sünden empfangen und geboren und von der Sünde durch und durch vergiftet; wir sind (ich bediene mich dieses Ausdrucks) Sündenwürmer, und doch treten wir hin und ziehen den Gott, der ein lauteres Licht ist, in unsere Art hinein. Das ist nichts Geringes. – Gott ist die Liebe. Aus Liebe hat er seinen Sohn in die Welt gesandt. Der Heiland hat für mich und für euch alle eine ewige Erlösung erfunden; und wir bleiben in der Finsternis und glauben nicht, daß er unsere Wünsche stillen und uns sättigen könne, und fassen kein Zutrauen zu ihm. Dieser Unglaube ist nichts Geringes. – Gott ist heilig, und so sehr er die Sünder liebt, so sehr haßt er die Sünde. „Er ist nicht ein Gott, dem gottloses Wesen gefällt; wer böse ist, bleibet nicht vor ihm!“ Christus ist das Lamm Gottes, das der Welt Sünde trägt, das so schwer für unsere Sünde gebüßt hat; und wir erdreisten uns zu sagen, er nehme es mit der Sünde nicht genau. Das ist nichts Geringes. Die Sonne ist aufgegangen, der Tag ist angebrochen, und wir bleiben in der Sündenhöhle und lassen die Riegel und Schlösser, die unsere Herzen verschließen, von Jesus nicht durchbrechen. Dies ist der größte Undank und eine schnöde Sünde gegen den Heiland und nichts Geringes. Wo will das alles hinaus? Mit welch heiligem Ernst mag der Vater der Lichter auf diese verkehrte Art herabsehen! Dürfen wir da noch in solchen finsteren satanischen Gedanken von Gott bleiben? Irret nicht, liebe Brüder! Wo ein solcher Herzensgrund noch Raum findet, da ist der Mensch noch unter dem Zorn Gottes; denn er hat sich ja empört und aufgelehnt in seinem innersten Grund gegen die Majestätsrechte Gottes. Er gehört noch zu den Feinden des Allmächtigen, die weder seine Gebote noch seine Liebe erkennen.

Da möge sich doch keiner täuschen und denken, ach, ich meine es ja nicht so übel, mein Herz ist ja nicht so böse, ich denke ja wohl anders von meinem Gott. Irret nicht; es kommt nicht darauf an, was du von Gott auswendig gelernt hast, nicht darauf, was du dir in deinen Begriffen von ihm vorstellst; es kommt auf den Grund des Herzens an, auf diesen sieht Gott. Sind durch die Wiedergeburt neue Gedanken von ihm in dein Herz gepflanzt, wahre göttliche Gedanken, so wirst du es wohl wissen, was dir geschehen ist, denn solches geht nicht im Schlafe zu. Ist aber noch die alte Geburt in dir, der Schlangensame, so bist du noch unter dem Zorn Gottes. Wenn man in solchen finsteren satanischen Gedanken von Gott bleibt, wie kann da in solch einem Herzen der Friede Gottes aufkeimen und Platz gewinnen? Wie kann da, wo noch so viel Mißtrauen, Kälte und Finsternis ist, der Fürst des Friedens, der Vater der Lichter seinen Frieden einsenken? Im Brief an die Römer *(Kap. 5)* steht ganz deutlich: „Nun wir denn sind gerecht geworden durch den Glauben, so haben wir Frieden mit Gott." Der Friede Gottes kann also nur in einem Herzen Platz gewinnen, das den wahren, den lebendigen Glauben in sich hat pflanzen und all die ungläubigen und finsteren Sündengedanken hat aus sich hinaustreiben lassen. Wo aber dies nicht der Fall ist, da ist ein heimliches Mißvergnügen, da ist Zorn und Neid und Haß auch gegen den Nebenmenschen; da ist noch Unruhe; man hat keinen Gott, keinen Punkt, worin man ausruhen kann; man ist geschieden von dem Urquell der Seligkeit. Sieh, darum ist ein solches Feuer der bösen Lüste, der Feindschaft, der widerstrebenden Begierden, der Gedanken, die sich untereinander verklagen und entschuldigen, darum ist so viel Unruhe in dir und kein Friede; ach, der Friede nicht, der über alle Vernunft geht; darum, weil die alten Wurzeln des ungläubigen, finsteren Herzens noch fest stehen, weil du so schreckliche Gedanken in deinem Herzensgrund gegen deinen Gott hast; denn nur im Glauben ist Liebe, und nur in der Liebe ist Seligkeit und Frieden. Darum kannst du auch nicht von der Sünde los werden, so sehr du dich darum mühst. Du willst die Sünde nicht Meister sein lassen, aber du bist an sie gebunden. Woher kommt das? Das kommt daher, weil du nicht auf die Wurzel zurückgehst, weil du die Wurzel nicht töten lassen, weil du keine andere neue Grundlage in dich pflanzen lassen willst, weil du keinen rechten Glauben in dir hast; denn der Glaube allein, der Glaube ist der Sieg, der die Welt überwindet. Wo will es aber zuletzt hinaus, wenn sich ein Mensch durchaus nicht aus seiner Verschanzung, aus seinen satanischen Grundgedanken, die er von seinem Gott hat, heraustreiben lassen will? Der Heiland sucht alles Mögliche anzuwenden, um die Finsternis zu überwinden. Er kommt bald mit seiner Wahrheit, bald mit seiner Liebe. In seinem Wort stellt er sich als die heilige Liebe unzählige Male dar. Er tritt an das Herz, er klopft an, er tut, was er kann. Er schickt Leiden, er sucht den harten Nacken zu beugen, er bringt den Menschen in Not, um ihn zu seinem Schöpfer hinzutreiben. Er wendet alles an, damit doch der Mensch in dieser kurzen Gnadenzeit völlig zur Besinnung komme. Und oft gelingt es ihm auch bei einer Seele. Aber wenn es ihm nicht gelingt, wenn eben der Mensch sein Herz zuschließt und auf seinem finsteren Grund beharrt, was dann? Ach, sie gehen dann ohne Hoffnung dahin, in die Ewigkeit, in die Hölle! Man geht in die Hölle und bringt eine Hölle mit, da ihr Wurm nicht stirbt und ihr Feuer nicht verlöscht, da ewiges Klagen und Ängsten sein wird. Das ist schrecklich! Das ist fürchterlich! O liebe Brüder! O meine armen Mitbrüder und Mitschwestern, die ihr noch so trübe, finstere Herzensgedanken gegen Gott, die ihr keine Liebe zum Heiland habt, wollt ihr denn in diesem Elend bleiben, fühlt ihr denn nicht das Feuer des göttlichen Zorns, das in euch brennt durch euren Eigensinn, durch euren Hochmut, durch eure Sünden und Lieblingsneigungen, die euch Tag und Nacht zu keiner Ruhe und Erquickung kommen lassen? Soll's denn so fortgehen bis in die dunkle Ewigkeit hinein? Ist's denn so gut, in der Finsternis zu sein? Seht, das Licht ist ja erschienen, der Tag ist ja gekommen, die große Friedensstunde hat ja geschlagen. Oh, wer Ohren hat zu hören, der gehe ans Licht! Heraus aus der Finsternis ans Licht zum Herrn Jesus!

Schmücke dich, o liebe Seele,
Laß die dunkle Sündenhöhle!
(ist's denn so gut, in der Sündenhöhle zu sein?)
Komm ans helle Licht gegangen,
Fange herrlich an zu prangen;
Denn der Herr voll Heil und Gnaden
Will dich jetzt zu Gaste laden.

Bedenk es, dich armen, schnöden, finsteren Sünder zu Gast laden! Der Herr Jesus – dich zu Gast laden! Das ist ja ein unbegreifliches Wunder!

Der den Himmel kann verwalten,
Will jetzt Herberg in dir halten.

Der Herr des Himmels und der Erden will in dir, wo vorher die Sünde Herberge gehalten hat, Herberge halten! Jesus will in dir Herberge halten! O liebe Zuhörer, es ist etwas, wenn das steinharte Herz zu einem fleischernen gemacht wird; es ist etwas, wenn man Gott auch loben und danken kann, da vorher durch den Unglauben gewissermaßen ein Ring um das Herz herumgelegt war, der alle Gedanken des Lobes und der Freude am Schöpfer zusammenschnürte und erstickte.

III. Aber wie müssen wir es machen, daß wir aus diesen finsteren Gedanken von Gott in das Licht der Wahrheit hineinkommen? Das könnt ihr nicht selbst machen, das muß euch gegeben, geschenkt werden. Es sind Gaben, die nicht aus euch kommen, und wenn ihr euren Herzensgrund zerschlagen und zermalmen wolltet, so hilft das alles nicht. Er muß euch die neue Kreatur schenken, sonst keiner; denn Gott will lauter Leute haben, die alles geschenkt von ihm annehmen. Oder kann auch ein Kind etwas dazu beitragen, daß es gezeugt und geboren werde? Ebenso ist es ein reines Werk Gottes, wenn ein Mensch aus dem Tode zum Leben, aus der Feindschaft gegen Gott zur Freundschaft und Liebe seines Schöpfers kommt. Man kann's nicht erkaufen, nicht erhandeln, nicht erkämpfen; es ist seine Gabe. Gut! sagst du, aber damit ist mir noch nicht gedient. Ich fühle, es sollten ganz neue Gedanken und Gefühle von meinem Gott in mich gepflanzt werden; aber da möchte ich wissen, was ich dabei zu tun habe. Wenn du das wissen willst, so kann dir's gesagt werden. Gott sagt es dir: „Gib mir, mein Sohn, dein Herz." Gib ihm dein steinernes Herz, so wird er dir ein fleischernes, ein weiches, ein erneuertes Herz geben. Gib ihm deinen Unverstand, so wird er dir Verstand geben. Gib ihm deinen Hochmut, so wird er dir Demut geben. Gib ihm deinen Ungehorsam, er gibt dir dann Gehorsam. Gib ihm dein Mißtrauen, er gibt dir Vertrauen. Gib ihm deine Feindschaft, er gibt dir Liebe. Gib ihm alles, was du hast, er gibt dir alles, was er hat. Sage zum Beispiel zu deinem Heiland (denn zum Heiland mußt du kommen mit deinem Elend, das ist der Wille des Vaters): Siehe, ich bin so arm, ich habe nichts; ich kann nicht danken, ich kann nicht loben, ich kann nicht beten, es ist keine rechte Kraft in mir, ich weiß nicht, was ich anfangen soll; ich bin ein Sünder, ein greulicher, verzagter, erstorbener Mensch; Herr, erbarme dich, vergib mir meine Schuld, mache mich zu einem neuen Menschen, der dir wohlgefällig lebt. – Aber ich habe ihn schon so oft um ein neues Herz gebeten, sagt vielleicht jemand, ich habe ihn ernstlich darum gebeten, es ist noch nicht anders mit mir geworden. Vielleicht, lieber Mensch, hast du nur um das neue Herz gebeten und ihm das alte nicht gegeben, oder du hast das alte, während er es nehmen wollte, wieder zurückgezogen und behalten. Nicht wahr, das ist der Grund deines Elends? Man betet, nimm mir meinen Hochmut!

Nun kommen Demütigungen, die will man sich nicht gefallen lassen. Man betet, nimm mir meine Ungeduld! Nun kommen Geduldsübungen, da heißt es: ja, so hab ich's nicht gemeint, es sollte ohne Schmerzen abgehen. Also läßt man seine Ungeduld wieder aus und denkt, das ist nur diesmal so, ein andermal will ich gewiß geduldig sein. Doch vielleicht sind solche Seelen unter uns, denen es recht darum zu tun ist, daß sie neue Herzen und neue Gedanken bekommen. Ihr Seelen, die ihr das wünscht und sucht, die ihr überzeugt seid, daß ihr ein neues Herz braucht, erkennt eure Bosheit und Verdorbenheit! Habt keinen Unglauben mehr! Denn das ist die größte Sünde, wenn man nicht an den Heiland glaubt. Wendet euch, flieht zum Herrn Jesus und sagt: hilf mir, Herr Jesus! Du bist mein und ich bin dein, offenbare mir doch deinen großen Jesusnamen und deine ewige Erlösung. Wenn ihr den Heiland so bittet, dann werdet ihr Kinder des Lichtes werden und sagen können, wie Jakobus sagt: „Er hat uns gezeugt nach seinem Willen durch das Wort der Wahrheit, auf daß wir wären Erstlinge seiner Kreaturen." O wer faßt dieses Wort, Erstlinge seiner Kreaturen zu werden!

Und so wollen wir denn unsere Gedanken und Begierden und Wünsche zusammenfassen und also beten:

Herr Jesus, Du siehst und kennst alle, die hier sind; Du weißt, was einem jeden unter uns fehlt und woher es kommt, daß manche nicht ganz völlig zum Licht hindurchdringen können. Ach, reiß alle, reiße, was Du herausreißen kannst, heraus aus der Finsternis zum Licht! Offenbare an uns allen Deine Liebe und das Blut der Versöhnung.

Ach Herr, Du majestätischer,
Du schrecklicher und großer König!
Du aber auch so freundlicher,

Dem eine Seele nicht zu wenig!
(und sieh, hier sind so viele Seelen!)
Laß uns durch Deinen lieben Sohn
Die ewige Erlösung finden;
In ihm, dem wahren Gnadenthron,
Laß uns den Hoffnungsanker gründen!
Denn die in Jesus sein, die macht der Vater rein,
Wenn sie im Licht, wie er ist, wandeln.

Ach, mache uns zu neuen Kreaturen. Wir können Dir nichts dafür geben, es ist ein reines Geschenk von Dir. So schenk uns aus Barmherzigkeit als neuen Kreaturen neue Gedanken, neue Herzen. Wir wollen uns Dir ganz zum Eigentum geben, wir wollen ewig Dein sein, damit wir Dich ewig loben und preisen mögen mit allen denen, die droben sind! Amen.

39. Am Sonntag Cantate
(Zweite Predigt)

Text: Jak. 1, 13 - 20 (s. erste Predigt)

„Gott hat uns gezeugt nach seinem Willen durch das Wort der Wahrheit, auf daß wir wären Erstlinge seiner Kreaturen.“ So schreibt nach unserer heutigen Abendlektion der Apostel Jakobus an die Christen, die er trösten und zum Eifer in der Gottseligkeit ermahnen will. Er spricht hier von der Geburt aus Gott und von der großen Bedeutung dieser Geburt, daß nämlich die Christen dadurch zu Erstlingen der Kreaturen Gottes werden. Er erinnert also seine Leser zugleich an ihre hohe Herkunft und an ihre hohe Bestimmung.

Was aus dem natürlichen Leben der Menschen, was aus Fleisch und Blut kommt, die Tugenden des natürlichen Menschen, pflegen sich meistens in einem erhabenen Licht, in einer glänzenden Gestalt darzustellen. Welche Züge von natürlicher Tugend, von Edelmut, von Großherzigkeit ohne Christus weiß man sich nicht aus der Geschichte der Welt zu erzählen. Aber darum, weil diese Taten sich so glänzend darstellten, haben sie doch nicht allemal einen guten Grund gehabt, so daß sie aus reinen Quellen hervorgegangen wären. Im Gegenteil lagen diesen Taten gar oft die unreinsten Absichten zugrunde, und nicht selten waren diese sogenannten Großtaten sehr kleinlich, ja häufig mit himmelschreienden Ungerechtigkeiten verknüpft.

Ganz anders verhält es sich mit dem Evangelium. Dies wirkt nicht so auf das Äußere als auf das Innere, nicht so sehr in die Höhe, als vielmehr in die Tiefe. Der verborgene Mensch des Herzens, unverrückt, mit sanftem und stillem Geist, das ist köstlich vor Gott. Unter dem täglichen Druck des Lebens, unter den Leiden dieser Zeit, unter der Gestalt des Kreuzes, im Kleinen, worüber sich der natürliche Hochmut so gern hinwegsetzt, indem er vorgibt, man müsse im Großen wirken – unter dem Jammer und der Trübsal dieser Erde, unter den verschiedenen Demütigungen unseres hoch hinausstrebenden Sinnes – da gedeiht das Werk Gottes in den Herzen der Menschen am besten. Das sind die Schulen, worin der Herr die Seinen auf das Licht und die Herrlichkeit der Ewigkeiten vorbereitet. Wahre Christen sind daher meistens verborgen; man kennt sie deshalb meistens nicht nach ihrem ganzen inneren Gehalt. Der stolze und leichtfertige Weltsinn geht an ihnen vorüber und weiß nicht, daß in einer oft so gering scheinenden Seele solche Schätze verborgen liegen. Der Gerechte ist ein verachtetes

Lichtlein in seiner Gerechtigkeit vor den Gedanken der Stolzen, sagt Hiob. Es möchte darum nicht ungelegen sein, wenn wir in dieser Stunde nach Anleitung unserer Abendlektion

die hohen Vorzüge, die wahre Christen bei aller äußeren Unscheinbarkeit und Schmucklosigkeit haben,

näher betrachten. Vielleicht, daß einer oder der andere von uns sich angeregt fühlte, diese hohen, ihm angebotenen Vorzüge fernerhin nicht mehr von sich zu weisen, sondern sich entschlösse, sich ihrer auf dem in der Schrift vorgezeichneten Wege teilhaftig zu machen.

Wahre Christen sind aus Gott geboren. Das ist die Grundlage ihres ganzen inneren Lebens. „Er hat uns gezeugt durch das Wort der Wahrheit nach seinem Willen", schreibt der Apostel Jakobus, und jedermann erkennt, daß in diesen Worten von einer Geburt die Rede ist. Eine Geburt aus Gott! – So wenig wir auch davon zu fassen vermögen, so begreift doch jeder, daß dadurch etwas sehr Großes bezeichnet sei. Man will zwar in unseren Tagen nicht mehr viel von dieser Geburt aus Gott, von der Wiedergeburt hören und macht etwas sehr Geringes und Unbedeutendes aus diesem göttlichen Werk; aber die Schrift hat andere Gedanken darüber als die Menschen dieser Zeit. Der Apostel Johannes sagt (und man fühlt seinen Worten die große Inbrunst des Geistes ab): „Seht, welch eine Liebe hat uns der Vater erzeiget, daß wir Gottes Kinder sollen heißen!" oder mit anderen Worten: daß wir aus Gott geboren sind! Denn wodurch anders wird man ein Kind Gottes als durch die Geburt aus Gott? Und in seinem Evangelium *(Kap. 1)* schreibt Johannes mit mächtigen Worten von dieser Wiedergeburt, welcher teilhaftig werden, die an Christus glauben.

„Wie viele ihn aufnahmen", schreibt er, „denen gab er Macht, Gottes Kinder zu werden, die an seinen Namen glauben, welche nicht von dem Geblüt noch von dem Willen des Fleisches noch von dem Willen eines Mannes, sondern von Gott geboren sind."

Wahre Christen sind aus Gott geboren. Gott selber hat eine neue Schöpfung in ihnen hervorgebracht, einen neuen Menschen in ihnen geschaffen nach dem Ebenbilde seines Sohnes, unseres Herrn Jesus Christus. Sie sind aus göttlichem Samen, Geschöpfe, die Gott durch sein mächtiges Wort selbst gezeugt hat. Der große und allein selige Gott hat sich ihrer erbarmt und die sündigen und unreinen Gefäße geheiligt und zu Ehren gemacht, dadurch, daß er seinen Geist in sie gab und sie dadurch zur Kindschaft gegen ihn und zu Miterben Jesu Christi versiegelte, daß er ein Leben aus ihm selber, ein göttliches Leben in sie legte.

Christen sind ein göttlich Volk,
Aus dem Geist des Herrn gezeuget,
Ihm gebeuget,
Und von seiner Flammen Macht angefacht.
Vor des Bräut'gams Augen schweben,
Das ist ihrer Seele Leben,
Und sein Blut ist ihre Pracht.

Sind das nicht hohe Vorzüge und unaussprechliche Gnadengaben, die Christen von dem Vater des Lichts besitzen? Viele Menschen wissen freilich wenig von diesen Vorzügen, wenig von dieser Gnade Gottes gegen die Menschen, von dieser genauen Gemeinschaft sündiger Seelen mit dem allein heiligen Gott; denn die meisten Menschen haben noch nichts von dieser Geburt aus Gott erfahren. Aber obwohl wenige etwas davon wissen, obwohl, wie der Heiland sagt, den schmalen Weg nur wenige finden, so gibt es doch Leute, die darauf wandeln, und das sind selige Leute.

Was niemand verspüret, was niemand berühret,
Hat ihre erleuchteten Sinne gezieret
Und sie zu der göttlichen Würde geführet!

Geliebte Mitchristen! Es gibt dreierlei Menschen in der Welt. Erstens solche, die noch ganz in ihrer alten Geburt stehen. Die Schrift nennt sie natürliche Leute, die noch gar nichts vom göttlichen Leben erfahren haben. Zweitens solche, die zwar nicht ohne göttliche Gnadenzüge sind, aber doch nicht zur wahren Wiedergeburt kommen. Drittens, wiedergeborne Leute. Es ist der Mühe wert, daß wir uns, jeder in seinem Teil, wohl prüfen: zu welcher von diesen drei Arten gehöre denn ich? Ich sage, es ist der Mühe wert, daß wir uns in dieser Hinsicht prüfen, denn unser ewiges Heil hängt hiervon ab. Es steht geschrieben: „Wer nicht wiedergeboren ist, der kann nicht in das Reich Gottes kommen." Nun, liebe Seele, bist du wirklich wiedergeboren? Oder, damit ich es anders ausdrücke, hast du die Gnadenzüge des Vaters zu dem Sohn schon erfahren? Bist du diesen Zügen des Heiligen Geistes gehorsam gewesen? Hast du dir durch den Geist Gottes dein ganzes Verderben, deinen unseligen Herzenszustand, deine Verdammungswürdigkeit vor dem Angesicht des Richters aufdecken lassen? Bist du zu dem Heiland als ein armer Sünder gekommen, der keinen anderen Trost, keine andere Hilfe mehr weiß, als ihn? Hast du Vergebung aller deiner Sünden um des Blutes Christi willen gesucht und gefunden – und bist du, wenn du das gefunden hast, auch in dieser Gnade geblieben bis auf diese Stunde? Beantworte dir doch diese Fragen selber in deinem Gewissen! Ist das alles bei dir vorgegangen, so kann dir's niemand streitig machen: du bist wiedergeboren, und selbst läßt du dir es dann auch nicht streitig machen; denn du weißt es dann selber gewiß und ließest dir wohl eher das Leben nehmen, ehe du diesen seligen Glauben aufgäbest.

Findest du aber, daß du noch gar nichts dieser Art erfahren habest, oder daß deine Sache wenigstens in einigen Punkten noch nicht richtig sei, oh, dann stütze dich nicht auf die elende Ausflucht, daß man solcherlei Dinge nicht so genau wissen könne, daß man sich in derartige Grübeleien nicht einlassen müsse, weil man doch zu keiner Gewißheit darin komme! Ich vermute, du willst mit dergleichen Ausflüchten nur deine Trägheit und deine verborgene Weltliebe entschuldigen. Ach nein! Sprich lieber:

Heute muß ich es noch wissen,
Ob der Bund noch sei zerrissen,
Oder ob er feste sei.
Heute muß es richtig werden,
Ob ich einer der Bekehrten,
Ob ich sei vom Teufel frei.

Das wäre ein schöner Vorsatz für den heutigen Tag! Man kann es gewiß wissen; man kann es so gewiß wissen, als man weiß, daß am Tage die Sonne am Himmel steht, so gewiß kann man es wissen, ob man wiedergeboren ist, ob man bei Gott in Gnaden steht durch Christi Verdienst, Blut und Gerechtigkeit, ob man einen versöhnten Vater im Himmel hat, ob eine neue Kreatur aus Gott in einem ist, oder ob das alles sich nicht also im Herzen befindet. Wahre Christen wenigstens sind ihrer Sache gewiß; denn durch die Geburt aus Gott kommt auch eine göttliche Gewißheit in sie, ein unbeweglicher Glaube an ihre Erwählung, an ihr Teilhaben an der Versöhnung, die durch Christus geschehen ist; eine Gewißheit, die sodann durch keine Zweifel der Vernunft, durch keine Stimmung des Gemütes mehr aufgehoben werden kann – eine göttliche Gewißheit. Und das ist ein unendlicher Vorzug, den wahre Christen vor andern Menschen haben. Leute, die keine wahren Christen sind, die es nicht zu etwas Ganzem bei sich kommen lassen, die Christus nur halb oder gar nicht angehören wollen, haben keine Gewißheit in Hinsicht auf ihre ewige Bestimmung. Sie tragen ein heimliches Gericht in ihrem Herzen; der Zorn Gottes bleibt über ihnen; sie sind einem Rohr gleich, das vom Winde hin- und herbewegt wird, und das ist ein sehr unseliger, ein sehr gefährlicher Herzenszustand. Sie haben vielleicht schon Gnadenzüge an ihrem Herzen erfahren, aber es ist noch nichts Festes in ihnen. Bald glauben sie, bald verzagen sie, bald sind sie hoch oben, bald in die tiefste Tiefe hinabgestürzt. Es ist keine Ruhe, kein Friede, keine Sicherheit, keine unumstößliche Gewißheit in ihnen. Sie haben den ewigen Grund, worauf sie niedersinken sollten, das ewige Erbarmen Gottes in Christus Jesus, unserm Herrn, noch nicht gefunden. Liebe Seele, die du dich in diesem Zustand befindest, mußt du nicht selbst sagen und bekennen, daß das ein elendes, jämmerliches Leben ist? Ja, du mußt es selbst bekennen, *das* kann nicht die wahre Verfassung sein, worin Christen stehen sollen! Das wäre ja die größte Unehre für den Heiland und für sein vollgültiges Verdienst, wenn wir durch ihn zu keiner völligen Gewißheit des Heils gelangen könnten. Von den andern, die gar nichts vom Heiland wollen und noch tot sind in ihren Sünden, will ich gar nichts sagen; denn diese sind nach der Schrift ohnedies wie Spreu, die der Wind zerstreut.

Aber ganz anders ist es bei wahren Christen. Diese haben eine göttliche Gewißheit in sich. Mit welcher Zuversicht schreibt der Apostel in unserer Abendlektion: „Er hat uns gezeugt nach seinem Willen durch das Wort der Wahrheit, auf daß wir wären Erstlinge seiner Kreaturen." Die Art, wie sich der Apostel ausdrückt, ist ein klarer Beweis, wie fest er von dem überzeugt war, was er niederschrieb. Nicht der geringste Zweifel, keine Bedenklichkeit, ob es auch wahr sei, was er sage, regte sich in ihm, als er das große Wort schrieb, daß er und die Christen wiedergeboren seien durch das Wort der Wahrheit; das kann man diesem Ausspruch abfühlen. Und mit derselben Bestimmtheit drücken sich alle Apostel über diese Sache aus. „So lebe nun nicht ich, sondern Christus lebt in mir; denn was ich im Fleische lebe, das lebe ich im Glauben des Sohnes Gottes, der mich geliebt hat!" Der Mann, der so schreiben konnte, mit aller Ruhe, ohne einen auffallenden Enthusiasmus, ohne Schwärmerei, als Folge seiner heiligsten und ruhigsten Überzeugung, dieser Mann mußte doch wohl seiner Sache gewiß sein. Mit der gleichen Zuversicht spricht Johannes: „Wir wissen, daß wir aus dem Tode in das Leben gekommen sind." Und wie viele andere Aussprüche in der Schrift könnten noch angeführt werden, um zu zeigen, daß wahre Christen ihrer Sache gewiß sind!

Man behilft sich so gern mit etwas Halbem und Oberflächlichem. Man hat so niedrige, unwürdige Begriffe von dem Glauben an Christus, während doch die Schrift diesen Glauben so hoch erhebt. Und es gibt Leute genug, die denken: wer weiß, ob die, die da vorgeben, daß sie an Christus glauben und in ihm Gerechtigkeit haben, ihrer Sache so gewiß sind? Wer weiß, ob sie sich nicht selbst in diesen Glauben hineinphantasieren, ob sie nicht selbst in ihren geheimsten Herzenstiefen das für unwahr oder doch wenigstens nur für halb wahr halten, was sie als ihre unumstößliche Überzeugung bekennen? Das ist nicht selten die Sprache des Unglaubens. Und wie sehr sind die zu bedauern, die sich mit solchen Gedanken selbst plagen! Paulus sagte: ich glaube, darum rede ich – und so ist es auch bei allen wahren Christen. Sie glauben, darum reden sie. Es geht ihnen, wie es der Liederdichter in dem nachfolgenden Vers zum Ausdruck bringt:

Bis zum Schwören kann ich's wissen,
Daß mein Schuldbrief sei zerrissen,
Sterben sei nun mein Gewinn;
Fühl ich gleich nicht immer Freude –
Doch gibt mir der Geist im Leide
Zeugnis, daß ich selig bin.

Was dünkt euch, liebe Mitchristen, von einer solchen inneren Gewißheit? Nicht wahr, es ist doch etwas, wenn man in einer so veränderlichen Welt, unter dem Wechsel und den Veränderungen des Sichtbaren, in einer Zeit, wo alle Stützen wanken, unter Menschen, die die verschiedensten Meinungen als Wahrheit rühmen, wenn man unter solchen Umständen und Umgebungen ruhig sagen kann: „Ich weiß, an wen ich glaube; ich weiß, daß mein Erlöser lebt; ich bin nicht einem Menschen gleich, der in die Luft vergebliche Streiche führt; nein, meine Sache ist ausgemacht, ich bin das Eigentum dessen, der sich für mich hergab, daß er die Sünden büßte unterm Richterstab und zuletzt herab bis zum Tod im Grab!" Ja, es ist ein köstlich Ding, daß das Herz fest werde, welches geschieht durch Gnade; durch ihn, der das steinerne Herz wegnehmen will aus dem Busen all derer, die ihn mit Ernst anrufen, und will ihnen ein neues Herz schenken; durch ihn, der sich deswegen in unser Fleisch und Blut einkleidete und sich darum am Kreuzesstamm erhöhen ließ, damit die Seinen eine unbewegliche Hoffnung, einen unzerstörbaren ewigen Frieden in seinen Wunden und in ihm eine alle Zweifel weit überwindende Zuversicht haben möchten! Das haben sie auch in ihm.

Möchtest du darum zu einer recht festen Überzeugung deines Gnadenstandes kommen, möchtest du die verschiedenen Zweifel und Gedanken, die dich plagen, los werden, so wende dich nur mit all deinem Elend zu dem gekreuzigten Heiland! Er wird dich nicht wegstoßen. Du wärest der erste, den der Heiland nicht angenommen hätte unter denen, die zu ihm gekommen sind. Du wirst Gewißheit finden und Freudigkeit; du wirst einen Grund finden, auf dem du ewig niedersinken kannst, einen Grund, der unbeweglich steht, wenn auch Erde und Himmel untergeht. Wahre Christen haben eine göttliche Gewißheit in sich, und das ist ein unendlicher Vorzug, den sie vor anderen Menschen besitzen.

Sie haben aber auch eine göttliche Kraft in sich. Durch die Wiedergeburt, durch das neue Leben, daß sie vom Vater des Lichts und in Jesus Christus erlangen, werden in die Christen göttliche Kräfte zur Überwindung der Sünde, zum rechtschaffenen Wandel, zur Geduld unter dem Leiden, zum Ausharren bis ans Ende gelegt; Kräfte, die durch den Umgang mit dem ungesehenen, aber doch nahen Freund ihrer Seelen immer mehr wachsen; Kräfte, wovon andere Leute, die den Heiland nicht kennen, gar nichts wissen.

Der Erbfeind des göttlichen Lebens ist die Sünde. Der Apostel Jakobus beschreibt in unserer Abendlektion die Sünde und den Betrug der Sünde so, daß jeder sogleich Beifall geben und sagen muß: ja, so ist es! „Ein jeglicher wird versucht“, sagt er, „wenn er von seiner eigenen Lust gereizt und gelockt wird. Darnach, wenn die Lust empfangen hat, gebiert sie die Sünde; die Sünde aber, wenn sie vollendet ist, gebiert sie den Tod.“ Das ist also der Weg, das sind die Folgen der Sünde, und unter diesem Jammer seufzt die ganze Menschheit. Die ganze Menschheit liegt unter der Knechtschaft der Sünde. Dieses Übel hat geherrscht von Adam an bis auf die heutige Stunde und herrscht noch jetzt. Irret nicht, liebe Brüder, irret nicht! Wer nicht wiedergeboren ist, der ist und bleibt unter dieser harten Sklaverei. Es klingt zwar seltsam und ungewöhnlich, aber es ist doch so. Wer nicht wiedergeboren ist, der muß sündigen, denn er ist unter die Sünde verkauft. Man hat schon tausend Arten und Systeme gesucht und erfunden, um den Menschen von der Sünde loszumachen, um ihn aus dieser Knechtschaft zu erlösen ohne Christi Verdienst und Kraft, ohne die Wiedergeburt aus ihm; aber alle diese klug ausgesonnenen Wege sind als unzureichend gefunden worden. Die Erfahrung hat sie alle widerlegt. Alle die, die ohne Christus nach Erlösung von der Sünde gestrebt haben, sind zuschanden geworden und Knechte der Sünde geblieben. Denn was hat denn der Mensch, um die Sünde auszutreiben? Sünde hat er, sonst nichts, und man kann nicht Sünde mit Sünde töten, noch einen Teufel durch den andern austreiben.

Was aus Gott geboren ist, das überwindet die Welt, sonst nichts. Nur die durch Christus wahrhaftig wiedergeboren sind, müssen nicht mehr unter der Sklaverei der Sünde bleiben, sondern sie können überwinden – nicht durch sich selbst, sondern Gottes Kraft und Gnade ist es, die in ihnen wohnt, auf daß der Ruhm sei Gottes und nicht der Menschen. Denn was dem Gesetz und dem menschlichen Verstand unmöglich war zu vollbringen und auszudenken, das tat Gott, und sandte seinen Sohn in der Gestalt des sündlichen Fleisches; und so nur erlangen alle, die sich an den Sohn halten, Macht, daß sie, obgleich oft in großer Schwachheit, doch die Welt überwinden. Viele, auch gutwillige Menschen, wollen dieses zwar nicht in seiner vollen Kraft gelten lassen. Sie meinen, man könne als Christ doch nicht so recht von der Herrschaft der Sünde los werden. Weil sie es so an sich erfahren, so ist es darum in Wahrheit doch nicht so, sondern nur ein Beweis, daß sie selbst noch nicht auf dem rechten Weg sind. Ich rede hier nicht von den Versuchungen der Sünde, nicht von ihren Lockungen und Reizungen, denn von diesen werden auch Christen unmöglich frei, weil in ihrem Fleisch nie etwas Gutes wohnen kann; sondern ich rede von der Herrschaft der Sünde, davon, daß wir der Sünde nicht mehr dienen müssen, wenn wir in Christus Jesus sind; davon, daß wir durch Gottes Macht bewahrt werden zur Seligkeit, wenn wir am Glauben an den Sohn Gottes festhalten.

Es ist gewiß, daß in Jesus Christ
Vollkommen lautres Wesen ist;
Daß sich arme Sünder erlöset wissen
Und nicht der Sünde dienen müssen,
Ist auch gewiß.

„Unser Wandel ist im Himmel", sagt Paulus, „wir trachten nicht nach dem, das auf Erden ist, sondern nach dem, das droben ist." Soll aber diese Gesinnung bei uns stattfinden, soll der Wandel nur himmelan gehen, und das in einer Welt voll Sünden, in einem von der Sünde durch und durch vergifteten Leibe, unter so mannigfaltigen Versuchungen und Anläufen des Teufels – sollen wir trotz all dessen überwinden, so ist Gotteskraft dazu nötig. Menschenkräfte reichen durchaus nicht hin. Und diese Kraft wird dem dargereicht, der als ein verlorner Mensch und Sünder Frieden in den Wunden Christi gesucht und gefunden hat, mit anderen Worten, der aus Gott geboren ist. Es steht geschrieben: „Sie haben überwunden durch des Lammes Blut." Und wohl uns, daß wir nicht durch eigene Kraft überwinden müssen, denn das könnten wir in Ewigkeit nicht, sondern durch das Blut des Lammes! Ja, dies ist das einzige Mittel, die einzige Kraft der Kinder Gottes; und diese Kraft zeigt sich bei denen, die dem Herrn Jesus ganz angehören, wirksam in Freuden, wirksam in den oft so schweren Versuchungen, wirksam da, wo man sich über das Sichtbare und Drückende hinausglauben muß, wirksam unter dem Elend und Jammer dieses Lebens.

Sie wandeln auf Erden und leben im Himmel,
(heißt es in einem Lied von den wahren Christen)
Sie bleiben ohnmächtig und schützen die Welt;
Sie schmecken den Frieden bei allem Getümmel,
Sie kriegen, die Ärmsten, was ihnen gefällt;
Sie fliehen im Leiden und bleiben in Freuden;
Sie scheinen ertötet den leiblichen Sinnen,
Und führen das Leben des Glaubens von innen.

Das ist die Kraft Gottes, die in den Christen mächtig ist; nicht so, daß sich wahre Christen im Äußerlichen, in den gewöhnlichen Verrichtungen des Lebens anders benehmen sollten als andere Menschen; der Unterschied ist nur dieser, daß sie die Torheit der Weltlust für nichts achten und dem Lamm nachfolgen. Möchtest du nicht auch hierzu gelangen, liebe Seele? Möchtest du nicht auch von der Sünde, von der Herrschaft der Sünde frei werden? Oder willst du ewig am elenden Staub hängen bleiben, du zur Unsterblichkeit, zur Freiheit der Kinder Gottes geschaffener Geist? Das alles vermag dich ja nicht zu befriedigen. Ach, wenn du wirklich frei werden willst vom Dienst der Sünde, so weiß ich dir keinen anderen Rat, als daß du so bald als möglich, heute, heute noch zum Herrn Jesus gehst und ihn bittest:

Geh auf in mir, Glanz der Gerechtigkeit,
Erleuchte mich, ach Herr, denn es ist Zeit!

Wenn dieses dir wirklich Ernst ist, so wirst du bald ein anderes Leben in dir bemerken. Das, was dir vorher Freude war, wird dir zum Ekel werden, und du wirst einen Zug nach oben in dir spüren, den dein Herr, so du an ihm festhältst, immer mehr verstärken wird, bis er das Gericht hinausführt zum Siege, bis er dich, du arme Seele, ganz in sich, in seine Gerechtigkeit und Kraft wird eingekleidet haben.

Christen haben eine göttliche Kraft in sich, aber auch eine göttliche Herrlichkeit; denn die Herrlichkeit Gottes wohnt in ihnen. „Christus lebt in mir", sagt Paulus, „und der Heiland hat den Seinen verheißen, daß er und der Vater kommen und Wohnung in ihnen machen wolle." Der Leib der Christen ist ein Tempel des Heiligen Geistes; sie stehen mit dem dreieinigen Gott in der genauesten Verbindung und Gemeinschaft. Ja, das ist etwas Großes, etwas überaus Großes und Seliges, daß arme, in sich selbst durch und durch sündige Menschen mit dem großen Gott, vor dessen Majestät und Herrlichkeit die Seraphinen sich decken und erschrecken, vor dessen Angesicht einst Himmel und Erde fliehen werden – das ist etwas Großes, daß Sünder mit diesem Gott in eine solche genaue Verbindung und Gemeinschaft treten; daß sie die Freundlichkeit Gottes im Angesicht Jesu Christi so innig und genau zu fühlen und zu schmecken bekommen; daß sie ihn ihren Vater, ihren Heiland, ihren Tröster nennen dürfen; daß er in ihnen wohnt, er in ihnen und sie in ihm sind!

Das sieht man den wahren Christen freilich nicht von außen an. Was ihnen der König des Himmels gegeben, ist nur ihnen und sonst niemand bekannt. Man sieht nur das Fleisch, den Leib der Sünde und des Todes an ihnen; den Leib, über den im Tode das rechtmäßige Gericht ausgeführt wird, und weiß nicht, daß in solchem Todesleib die Herrlichkeit Gottes wohnt. Denn ihr wahres Leben ist verborgen mit Christus in Gott. Die Welt kennt sie nicht, ja die Welt haßt sie, weil sie spürt, daß etwas ganz anderes als die vergängliche Lust, von der die Kinder dieser Welt umgetrieben werden, in den Christen wohnt. „Man hält uns für Narren um Christi willen", sagt der Apostel Paulus. „Wir sind verachtet, man verschreit uns als Verführer, man kennt uns nicht, man züchtigt uns, wir sind ein Fluch der

Welt und ein Fegopfer aller Leute." So war es zu der Zeit des Apostels Paulus, und obwohl es jetzt gelinder geworden ist, so ist doch noch jetzt ein verborgener Haß in den Menschen, die von dieser Welt sind, gegen die Kinder Gottes. Der Heiland hat gesagt: „Wundert euch nicht, ob euch die Welt haßt; wisset, daß sie mich vor euch gehaßt hat. Wäret ihr von der Welt, so hätte die Welt das Ihre lieb, nun ihr aber nicht von der Welt seid, so hasset euch die Welt." Wie Christus in der Welt war, so sind auch sie in der Welt. Die Welt kennt sie nicht, sie kennt nicht ihr verborgenes Leben, ihren verborgenen Wandel vor Gott, ihre verborgenen Freuden und Leiden, ihre verborgenen Wünsche und Seufzer, ihre verborgenen Tränen, ihre verborgene Liebesgemeinschaft mit dem Heiland – das alles kennt die Welt nicht; sondern es ist ihr eine Torheit, und sie kann es nicht begreifen. Unter der Gestalt des Kreuzes, das sie dem Heiland nachtragen, ist ihre Herrlichkeit verborgen.

O Jesu, verborgenes Leben der Seelen,
Du heimliche Zierde, verborgen der Welt,
Gib, daß wir die heimlichen Wege erwählen,
Wenn gleich uns die Larve des Kreuzes entstellt!
Hier übel genennet und wenig gekennet,
Hier heimlich mit Christus im Vater gelebet,
Dort öffentlich mit ihm im Himmel geschwebet!

Meine Lieben! Es ist noch nicht erschienen, was die wahren Kinder Gottes sein werden. Gott hat sie wiedergeboren, auf daß sie wären Erstlinge seiner Kreaturen. Oh, eine große Bestimmung! Wir wissen, daß, wann das verborgene Leben der Kinder Gottes wird offenbar werden, sie ihm ähnlich sein werden; denn sie werden ihn sehen, wie er ist. Die Kreatur sehnt sich nach dieser Offenbarung der bisher verborgenen Kinder Gottes. Die Christen selbst, die doch des Geistes Erstlinge haben, sehnen sich auch danach und seufzen immerdar: „Dein Reich komme!" Sie seufzen nach dem, der da ist der helle Morgenstern; und der Geist und die Braut sprechen: Komm! Und wer es hört, der spreche: Komm! – Bis dorthin wird in Tränen gesät unter dem Druck des vergänglichen Wesens, unter dem Seufzen nach Erlösung; aber die Hoffnung läßt nicht zu Schanden werden.

Es ist noch eine Ruh vorhanden
Dem Glaubensvolk, dem Volk des Herrn!
Die Hoffnung wird uns nicht zu Schanden,
Sie kommt, sie eilt, sie ist nicht fern.
Mein Herr und Gott, dir ruf ich zu:
Ach bring uns ein zu Deiner Ruh!

O welche Herrlichkeit wird einst offenbar werden, wenn das Vergängliche aufhören und das Unvergängliche anbrechen wird! Aber nur die werden jener Herrlichkeit teilhaftig werden, die hier schon die Herrlichkeit Gottes in sich getragen haben. Darum laßt uns Fleiß tun, das Kleinod zu erlangen, liebe Mitchristen; laßt uns Fleiß tun, daß wir den Herrn Jesus suchen, bis wir ihn gefunden haben in seinem ganzen Verdienst, so werden wir einst auch nicht zu Schanden werden vor seinem Angesicht.

Schenke, Herr, auf meine Bitte
Mir ein göttliches Gemüte, einen königlichen Geist,
Mich als dir verlobt zu tragen,
Allem willig abzusagen,
Was nur Welt und irdisch heißt!
So will ich mich selbst nicht achten,
Sollte gleich der Leib verschmachten,
Bleib ich Jesus doch getreu;
Sollt ich keinen Trost erblicken,
Will ich damit mich erquicken,
Daß ich meines Jesu sei. Amen.

40. Am Sonntag Rogate

Darum so leget ab alle Unsauberkeit und alle Bosheit und nehmet das Wort an mit Sanftmut, das in euch gepflanzt ist, welches kann eure Seelen selig machen. Seid aber Täter des Worts und nicht Hörer allein, wodurch ihr euch selbst betrüget. Denn so jemand ist ein Hörer des Worts und nicht ein Täter, der ist gleich einem Mann, der sein leiblich Angesicht im Spiegel beschaut. Denn nachdem er sich beschaut hat, geht er davon und vergißt von Stund an, wie er gestaltet war. Wer aber durchschaut in das vollkommene Gesetz der Freiheit und darin beharrt und ist nicht ein vergeßlicher Hörer, sondern ein Täter, der wird selig sein in seiner Tat. So sich jemand unter euch läßt dünken, er diene Gott, und hält seine Zunge nicht im Zaum, sondern täuscht sein Herz, des Gottesdienst ist eitel. Ein reiner und unbefleckter Gottesdienst vor Gott dem Vater ist der: die Waisen und Witwen in ihrer Trübsal besuchen und sich von der Welt unbefleckt erhalten. Jak. 1, 21 - 27

In dem soeben gesungenen Lied haben wir den Herrn betend angerufen, daß er seinem Wort Kraft geben und es in unseren Seelen wie Feuer brennen lassen möchte, damit wir unsern Herrn Jesus mit Mund und Herzen und mit dem Wandel vor aller Welt bekennen. Nun, mein lieber Zuhörer, weißt du auch, um was du soeben gebeten hast? Um nichts weniger als um das, daß Gott durch die Kraft seines Wortes die Bollwerke Satans, die sündlichen Begierden deines Herzens, deine Weltliebe niederreißen und seine Erkenntnis durch Glauben, Liebe und Hoffnung in dir pflanzen möchte. Du hast eine große Bitte getan. Wenn freilich der Herr sein Wort mit Feuer in unseren Seelen brennen lassen soll, wie ich es euch und mir wünsche, so kann es nicht anders sein, als daß wir nicht am Hören stehenbleiben, sondern auch Täter des Wortes werden, wie es unsere Epistel von uns verlangt. Darin eben wird das Wort seine eingentümliche, ursprüngliche Kraft beweisen. Darüber wollen wir weiter nachdenken und miteinander reden

von der Kraft des Wortes Gottes,

und zwar

I. von der Kraft des Wortes Gottes selbst,

II. wie und warum so viele dieser Kraft des Wortes Gottes nicht teilhaftig werden,

III. wie wir es anzugreifen haben, daß seine Kraft in uns lebendig werde.

Himmlischer Vater!

Gib Kraft und Nachdruck Deinem Wort,
Laß es wie Feuer immerfort
In unsern Seelen brennen.
Hilf Jesum uns von Herzensgrund
Mit Taten, sowie mit dem Mund,
Vor aller Welt bekennen,
Jesum Christum ohn Aufhören
Recht zu ehren, mach uns tüchtig,
Und sein Heil uns wert und wichtig. Amen.

I. Vor allen Dingen muß ich bemerken, daß, wenn ich von der Kraft des Wortes Gottes rede, ich nicht den toten Buchstaben meine, sondern das Wort, das der Heilige Geist durch seine Mitwirkung kräftig und lebendig macht. Von diesem Wort sagt der Apostel Paulus *(Hebr. 4, 12)*: „Das Wort Gottes ist lebendig und kräftig und schärfer denn kein zweischneidig Schwert, und dringt durch, bis daß es scheidet Seele und Geist, auch Mark und Bein, und ist ein Richter der Gedanken und Sinne des Herzens." Dieses Wort, das Geisteswort, hat die Kraft, daß es den Menschen verändert und umwandelt von Grund auf. Es berührt ihn nicht bloß oberflächlich, sondern es dringt ein in sein innerstes Geistesleben; es scheidet Seele und Geist, den alten und neuen Menschen. Es bildet eine ganz neue Grundlage der Gedanken. Es bleibt nicht wie Menschenwort am Äußerlichen stehen, sondern es dringt hinein in den innersten Kern des Herzens und ruht nicht, bis es eine ganz neue Gedankenbildung hervorgebracht, ein ganz neues Geistesleben in der Seele angefacht hat. Darum wird es auch in der Heiligen Schrift ein Same genannt. Ein Same, ein Lebenssame ist das Wort Gottes, das in den Herzen, wenn man ihm Raum gibt, Wurzeln schlägt und ein schönes Gewächs hervorbringt, das, wenn es nicht ausgerupft oder erdrückt wird, ins ewige Leben hineinreicht, ja dessen man sich noch im Himmel erfreuen kann. Eine solche Kraft hat das Wort Gottes.

Es hat schon manche Menschen gegeben, die etwas vom Schaden der Menschheit gefühlt und empfunden haben, die auch erkannt haben, daß der Mensch nicht so bleiben dürfe, wie er ist. Darum sind sie hingegangen und haben allerhand Mittel und Methoden erfunden, wie dem Schaden etwa möchte abzuhelfen sein. Der eine hat das, der andere etwas anderes geraten; aber umsonst, sie sind mit Schanden bestanden. Im Äußerlichen zwar haben sie manches gewirkt. Sie haben die Menschen menschlicher, honetter, feiner, gebildeter gemacht; sie haben zum Beispiel ihr Ehrgefühl oder andere unreine Triebe angeregt, und sie dadurch vor manchem bewahrt und abgehalten, wozu die menschliche Natur sonst Neigung hat. Sie haben durch die höheren sündlichen Triebe die niederen gedämpft, den

Kern des Herzens aber umschaffen, ganz neue Menschen machen nach Sinn, Geist und Gemüt, Leute machen, die in Wahrheit sagen können: ich bin wiedergeboren, es ist eine wesentliche Veränderung mit mir vorgegangen, eine Veränderung, die ich eine neue Geburt nennen kann – nein, das hat noch kein Mensch und noch kein Menschenwort vermocht; dazu ist es zu schwach. Es bleibt dabei, das kann nur das Wort Gottes, das kann nur der Heiland.

Denn seine Kur verbessert nur
Die so verdorbene Natur.

Seht einen natürlichen Menschen an, der noch nicht wiedergeboren ist, noch nichts von der Kraft des Wortes Gottes erfahren hat, welches ist die Grundlage seiner Gedanken, seiner Reden, seiner Handlungen? Er denkt, redet und handelt aus dem Grund seines Herzens heraus; denn jeder Mensch kann nur solche Früchte aus sich hervorbringen, die ihm selbst und seiner Natur angemessen sind. Ein guter Baum bringt gute Früchte, er kann keine argen Früchte bringen. Ein fauler Baum bringt arge Früchte, er kann keine guten Früchte bringen. So bringt der natürliche Mensch nur Früchte hervor, die dem Keim nach in seinem Herzensgrund bereits vorhanden sind, und von diesem Herzensgrund sagt der Heiland: „aus ihm kommen hervor arge Gedanken, Mord, Ehebruch, Hurerei, Dieberei, falsches Zeugnis, Lästerung."

Liebe Zuhörer, wenn solche Dinge aus dem Herzen hervorkommen, so müssen sie zuvor im Herzen sein, ehe sie hervorkommen können; im Herzen müssen wenigstens die Anfänge, die Keime, die Wurzeln davon vorhanden sein. Und so ist es auch. In diesem Herzen steckt Eigenliebe, da ist Unglaube gegen Gott, da ist Stolz und Hoffart, da ist Wollust und Fleischeslust, da ist Geiz und Neid, da ist ein wahres Schlangengewebe von allen möglichen Leidenschaften, ein wahres Feuer der Hölle, das in ihm angezündet ist, da sind Gedanken, die sich untereinander entschuldigen und verklagen. Ja, so weit geht die innere Verderbnis dieses Herzensgrundes, daß der Mensch alles nur auf sich selbst bezieht, alles andere außer ihm ist ihm klein. Nur er, nur was auf ihn Bezug hat, ist ihm groß und wichtig; kurz, es ist eine Grundlage der Gedanken in ihm, die greulich ist. Das Ärgste aber ist, er gefällt sich in diesem Elend; er bewegt sich darin wie in seinem Element; er sträubt sich, wenn ihn die Kraft des Wortes Gottes aus den Verschanzungen der inwendigen Finsternis heraustreiben will; es ist ihm ärgerlich, wenn in den täglichen Umständen und Vorkommnissen des Lebens sich etwas ereignet, was gegen die Grundneigungen seines Herzens anstößt. O es ist ein großes Elend, in dem wir von Natur gefangen liegen. Da sind wir hineingebannt in uns selber, in unsere eigenen Leidenschaften, in die eigene Finsternis des Herzens, müssen uns darin bewegen, können nicht heraus, sind gefesselt durch unseren eigenen Willen, müssen das in uns von Natur brennende Feuer der Hölle dulden und es als den Grund unseres Wesens anerkennen. Ach, glaube doch niemand, der nicht gründlich wiedergeboren ist, daß er davon ausgeschlossen sei. Es ist wahr, man kann durch äußere Bildung, durch Weltart, durch Sitten, durch gute Grundsätze und Gedanken, die man sich einprägt, manches Elend des Herzens zudecken, ja man kann manches Elend in einem herrlichen, glänzenden Gewand darstellen und mit seiner Schnödigkeit prangen. Der Hochmütige zum Beispiel kann seinem Hochmut den Anstrich des Edelsinns geben; er kann in diesem Edelsinn manches Gute, manches scheinbar Große tun, aber ist es darum weniger Hochmut, wenn es aussieht wie Edelmut? Ach, lieber Zuhörer, du magst sein, wer du willst, bist du noch nicht wahrhaftig wiedergeboren, so bist du noch in der natürlichen Finsternis deines Herzens gefangen und kannst nicht herauskommen durch eigene Kraft; ja du bist so darin gefangen, daß du nicht einmal weißt, was Wahrheit, was Licht ist, und nur um so gefährlicher ist dein Zustand, je mehr du gelernt hast, deine Sünde mit Tugend zu überkleistern und dich selbst zu bereden, du besitzest die Tugenden wirklich, die du doch nur über dich hergezogen hast, die doch aus der alten Natur, aus der Finsternis stammen und nicht in das Reich des Lichts taugen. O wie schrecklich wird es sein, wenn an jenem Tage ihre armseligen Fetzen hinwegfallen und dein wahrer innerer Mensch offenbar werden wird; wenn dein Edelsinn als Hochmut, wenn deine Liebe als aus der Eigenliebe, aus der verderbten Weltliebe und Weltart herstammend, wird dargestellt werden; wenn dein sogenanntes wahrhaftiges Wesen, womit du anderen gern bitter und hart die Wahrheit sagst, nicht als Wahrheitsliebe, sondern als eine Frucht deines hochmütigen, lieblosen, bitteren Herzens erscheint; kurz, wenn die Decke herabfallen und du dich in deiner natürlichen Nacktheit und Blöße zeigen wirst.

Es bleibt dabei, der Mensch hat von Natur alle möglichen Boll- und Bauwerke der Eigenliebe, des Brav- und Rechtschaffenseins, der Trägheit zum Guten und der Neigung zum Bösen in sich. Das ist der Grund seines Herzens; aus diesem heraus denkt und handelt er; darin bewegt er sich; Finsternis ist sein Element und die zornigen Kräfte der Finsternis. Darum hat er auch keine Ruhe, denn eine Leidenschaft widerspricht immer der anderen; darum hat er keine Erquickung, darum keine rechten Gedanken von Gott, und es gehen diese giftigen Wurzeln tief hinunter in den Herzensgrund, so tief, daß eben diese Dinge das Geistesleben des Menschen ausmachen und sich in sein ganzes Wesen hinein verweben und es mit undurchdringlicher Finsternis umwickeln und umstricken.

Wie möchte aber solch ein Herz in das Reich Gottes taugen? Das ist ja unmöglich, Finsternis und Licht taugen nicht zusammen. Wer die Hölle in seinem Busen trägt, ist nicht tüchtig, in den Himmel einzugehen. Wie kann aber da geholfen werden? Die Menschen können es nicht, das haben wir oben gesehen; darum hat der allmächtige Gott selber geholfen.

Er, der Vater und Schöpfer der Geister, vor dem die Finsternis aufgedeckt liegt wie das Licht und die schwärzeste Nacht wie der helle Mittag, er wußte allein, wie seinen verfinsterten Geschöpfen zu helfen wäre. Darum hat er uns sein Wort gegeben, das Wort von seiner Gnade und seiner Liebe, aber auch von seiner ewigen Gerechtigkeit und vom Gericht. Dieses Wort nun fällt als ein Strahl des Lichtes in die finsteren Herzen hinein, wenn die von dem guten Hirten dazu ersehene Stunde gekommen ist. Und weil es göttlich ist, so kann es nicht ruhen. Es greift um sich, es zerstört die alten Gedankenbilder; es pflanzt Lichtgedanken in das Herz; es reißt die Bollwerke der Finsternis um und baut dem Herrn zuletzt ein ihm angemessenes Haus, worin er wohnen kann, so daß das Menschenherz, das zuvor eine Werkstätte des Satans war, zu einer Werkstätte des Heiligen Geistes, und der Menschengeist, der zuvor eine Behausung der unreinen Geister und finsterer Mächte gewesen war, zu einem Tempel des lebendigen Gottes geweiht und geheiligt wird. Große, herrliche Wirkung dieses Wortes Gottes! Wer sollte es glauben? Etwas so Unscheinbares sollte so große Dinge wirken? Aber es stammt von Gott, und seine Worte sind Geist und Leben. Bezeugt es ihr, die ihr es erfahren habt, bezeugt es, die ihr vorher in mancherlei Irrtum, in manchen Lüsten des Fleisches und der Vernunft gefangen lagt, bezeugt es: wir sind aus dem Tode zum Leben hindurchgedrungen – und wodurch? Nicht wahr, durch das Wort Gottes, namentlich durch das Wort von der Versöhnung; denn dies ist ja die Krone des ganzen Evangeliums.

Aber wie geht es denn zu, wenn das Wort Gottes bei einem Menschen zu einem Lebenssamen wird? Die Wege, die es zu den Herzen der Menschen findet, sind sehr verschieden. Den einen greift es zuerst auf dieser Seite, den anderen auf jener Seite an. Aber wenn es auf etwas Ganzes, auf eine völlige Wiedergeburt losarbeitet, so muß das Hauptbollwerk des Satans im Herzen fallen, so muß er zuerst aus dem festesten Schloß, hinter dem er sich oft so lange verschanzt, herausgetrieben werden. Die tiefste und verderblichste Wurzel des natürlichen Herzens ist der Hochmut, die Selbstgerechtigkeit, das Etwasseinwollen vor Gott und Menschen, eine Wurzel, die zwar vielen Menschen nicht offenbar ist, die sich aber fest in ihr Inneres eingesenkt hat. An diese Wurzel legt das Wort Gottes hauptsächlich seine scharfe Axt. Den hochmütigen Sünder will es zu einem armen Sünder machen. Deshalb vergleicht der Apostel in unserer Epistel das Wort Gottes mit einem Spiegel. In einem Spiegel aber erblicken wir alle Flecken und Unreinigkeiten, die an uns haften. So ist es auch mit dem Wort Gottes. Darin erblickt ein Sünder, dem die Augen aufgetan werden, sich ganz so, wie er gestaltet ist; darin erblickt er seine tiefe Schuld und Verdorbenheit. Da kann es kommen, daß eine Seele, die sich oft lange für brav, für fromm und gut, für eine Nachfolgerin Jesu Christi gehalten hat, durch ein Wort Gottes, das in sie hineinfällt, von etwas ganz anderem überzeugt wird. Da kann es ihr offenbar werden, daß dem nicht so sei, wie sie bisher geträumt hat, daß sie wirklich eine große Sünderin sei, daß es ihr an allem fehle, was zum Eingang ins Himmelreich tauglich mache. Vorher war sie schon lange fertig. Sie konnte alle Tage mit ruhigem Gewissen sterben; nun fürchtet sie sich und denkt, wie wird es mir auch gehen, wenn ich in die Ewigkeit hinübergehen muß? Kann ich auch bestehen vor dem feuerflammenden Auge des Richters, der ins Verborgene schaut? Sie ist etwa lange in der Blindheit dahingegangen. Nun erkennt sie ihre Blindheit, daß sie ohne wahrhaftigen Glauben, ohne wahre Liebe, ohne sichere Hoffnung gewesen ist. Vorher wähnte sie, sie sei wohl daran bei Gott und sein Liebling; nun wird es ihr aus dem Wort Gottes offenbar, daß, weil sie den Sohn nicht hat, der Zorn Gottes auf ihr ruht. Ach, wie viele mögen noch in dieser Blindheit stekken und solche satten, reichen Geister sein, wie die zu Laodizea waren! Ihr tugendhaften Leute, ihr seid der Hölle viel näher, als ihr meint. Ihr habt kein göttliches Leben in euch, und doch ist die Axt den Bäumen an die Wurzel gelegt, und welcher Baum nicht gute Früchte bringt, wird abgehauen und ins Feuer geworfen. Ach, bittet doch den Heiland, daß er euch Augensalbe gebe, bittet ihn um die erleuchtende und aufdeckende Kraft seines Wortes und Geistes, damit ihr nicht in eurer Blindheit sterbet. Sollten aber solche Geister unter uns sein, denen ein Bauwerk um das andere niedergerissen wird, die arm und ausgezogen werden in ihrem Sinn, die erkennen, daß sie bis jetzt samt all ihrer Rechtschaffenheit oder auch samt allen ihren Sünden der Hölle mit verbundenen Augen zugelaufen sind, diesen wünsche ich Glück dazu und rufe ihnen zu: dankt Gott, daß er euch zu sich ziehen will, denn zu euch spricht der Herr: „Selig sind, die geistlich arm sind, denn das Himmelreich ist ihr.“ Ihr seid wahre Lieblinge Gottes; an euch offenbart er die Kraft seines Wortes dadurch, daß er euch nicht in eurer Blindheit läßt, sondern euch euren unseligen Herzenszustand offenbart. Laßt sie nur hinsinken und hinfallen, die Gebäude eurer eigenen Gerechtigkeit, alle die guten Meinungen, die ihr von euch selbst habt. Es ist lauter Gnade Gottes, daß er sie euch umstößt und über den Haufen wirft. Aber gleicht nicht den Kaufleuten, von denen in der Offenbarung Johannes erzählt wird, die trauernd und weinend dem Fall Babels zuschauen, ihre Hände ringen und sprechen: „sie ist gefallen, die große Babel!" Nein, im Gegenteil, für jede neue Entdeckung solltet ihr dem Herrn danken, denn sie stammt von ihm.

Dies ist die erste Kraft des Wortes, daß es einen hochmütigen Sünder zu einem armen Sünder macht. Aber der Heiland bleibt nicht dabei stehen, er verwundet zwar, aber er heilt auch. Wenn seine Stunde gekommen ist, so macht er aus einem gedemütigten Sünder auch ein Kind Gottes, das zwar arm in sich bleibt und immer ärmer wird, aber so reich in Gott ist, so reich durch das Verdienst seines Hohenpriesters, daß kein König und kein Kaiser so reich sein kann. Denn da sagt das Wort solchen armen, ausgezogenen, mühseligen und beladenen Seelen: kommt her zu ihm, dem Sünderfreund; er will euch erquicken. Nehmt auf euch sein Joch und lernet von ihm; denn er ist sanftmütig und von Herzen demütig, so werdet ihr Ruhe finden für eure Seelen. Ja, da führt der Geist Gottes solche Seele nach Golgatha und zeigt ihr, was dort für sie geschehen ist. Er zeigt ihr, wie der Lebensfürst auch um sie gekämpft und sich für sie zu Tode gerungen hat. Da wird ihr dann offenbar die Größe der Liebe Jesu Christi, die da stärker war als der Tod selbst; da wird ihr auch offenbar, daß sie einen lebendigen und lebendigmachenden Heiland hat; denn das Wort zeigt ihr seine Auferstehung, sein Hohepriestertum, sein ewiges Königreich, und das Wort zeigt ihr die ganze ewige Erlösung,

Daß sie einen Heiland habe,
Der vom Kripplein bis zum Grabe,
Bis zum Thron, da man ihn ehret,
Uns, den Sündern, zugehöret.

O da fließt dann köstlicher Balsam hinein in die gedemütigte Seele; das stillt, das sättigt. Und ist ein Mensch nun begnadigt, ist er seines Heils gewiß, so straft und züchtigt und tröstet das Wort noch weiter. Auch der Begnadigte ist ja noch mit Sünde behaftet, auch er muß sich ja noch mit ihr schleppen, über der Sünde nun straft ihn das Wort. Er kommt in manche Not, da tröstet es ihn. Denn es ist ein Wanderstab des Pilgers Gottes durch alle Versuchungswüsten hindurch bis hinein in die ewigen Hütten, wo man nicht mehr durch einen Spiegel in einem dunklen Ort sieht, sondern von Angesicht zu Angesicht, wo man dann den Heiland selber findet und unmittelbar aus der Fülle Christi nimmt Leben und Gnade.

II. Bisher habe ich nun einiges von der Kraft des Wortes Gottes gesagt. Ich sage einiges, denn wer wollte den Abgrund dieser Kraft ausschöpfen? Doch nun fragt es sich, warum das Wort Gottes seine Kraft in so wenigen Menschen beweisen könne. Das ist keinem Zweifel unterworfen, wo das Wort Gottes lauter und rein gepredigt wird, da wirkt der Geist Gottes mit, und dieser Geist sucht das Wort den Herzen all derer, die es hören, nahe zu bringen und es ihnen tief einzuprägen. Denn „Gott will, daß allen Menschen geholfen werde, daß alle zur Erkenntnis der Wahrheit kommen." Gesteht es nur selbst, ob nicht schon manche Stimme der Wahrheit an euer Herz gedrungen ist und euch von eurem unseligen Herzenszustand überzeugt hat; ob nicht schon mächtig in eurem Herzen die Stimme des Wortes widergehallt hat, daß ihr gestehen mußtet: so kann, so darf es nicht bleiben, es muß anders werden mit mir. Es wird ja mancher Mensch durch die Kraft des Wortes oft so gerüttelt und geschüttelt, daß man meinen sollte, es könne nicht fehlen, er müsse ein neuer Mensch werden, es müsse die Wahrheit in ihm die Lüge überwinden. Warum aber geschieht dies doch so selten, warum kommt so selten eine ganze Veränderung zustande, warum hören so viele das Wort und bleiben im Grunde ihres Herzens doch unbekehrt, doch unbegnadigt, doch ohne Gemeinschaft mit Christus, und das Heil wird jedem so nahe gelegt? Man läßt zwar diese oder jene üble Gewohnheit fahren, man wird stiller, aber ganze Bekehrungen gibt es selten. Man bleibt doch bei allem Hören ein toter, kalter, verknöcherter Sünder. Und doch will der Heiland etwas Rechtes und Ganzes, keine halbe Veränderung des Herzens, keine halbe Wiedergeburt. Er will ein Volk haben, das ihm ganz dient, ganz sein Eigentum ist; die Halbheit ist ihm zum Ausspeien ekelhaft.

Worin liegt nun die Ursache dieser Halbheit? Liegt sie in dem Herrn selbst? Nein, denn der gute Hirte geht allen seinen verlorenen Schafen mit gleicher Liebe und Emsigkeit nach. Er sucht allezeit die Seinen zu versammeln, wie die Henne versammelt ihre Küchlein unter ihre Flügel. An ihm liegt die Schuld nicht. An wem liegt sie also? Offenbar an dem Menschen selbst. Er selber schließt sein Herz zu; es ist seine eigene freiwillige Tat; er will nicht; er weicht aus; er will es nicht zu etwas Rechtem bei sich kommen lassen; an ihm liegt die Schuld; darum konnte der Herr den Juden vorwerfen: „Ihr habt nicht gewollt."

Aber warum will er denn nicht? Was hindert ihn denn? Verschiedenes kann zum Hindernis werden. Bei manchem ist's der Hochmut. Ich habe oben gesagt, daß das Wort Gottes ein Spiegel ist und ein Richter der Gedanken und Sinne des Herzens. Wenn nun ein hochfahrender Geist in diesen Spiegel des Wortes einen Blick hineintut und allerlei Unreinigkeit, Verdorbenheit und Häßlichkeit an sich bemerkt, da zieht er sich auf seinen natürlichen Hochmut zurück und fragt sich: so solltest du beschaffen sein? Das ist nicht für den Gebildeten, das ist nur für den gemeinen Pöbel. Ich habe ja doch Bildung, ich habe mir doch gute Grundsätze eingeprägt. Ein anderer sieht mehr auf seine Würde, auf sein Amt, auf seinen Reichtum und was dergleichen mehr ist und räumt dem Wort Gottes kein Recht über sich ein. Aus dem niederen Stand kommen wieder andere Hochmutsentschuldigungen: ich gehe doch in die Kirche; es kann mir niemand etwas Unrechtes nachsagen; so arg und verdorben bin ich nicht, wie mich das Wort Gottes schildern will – und so bleiben sie in ihrer Blindheit und wollen ihren harten Nacken nicht unter den Gehorsam des Glaubens beugen. Bei manchen anderen ist es falsche Scham. Wie, denken sie, was würde dieser oder jener sagen, wenn du anders würdest, wenn du fromm würdest, wie würde man mit Spott und Witz über dich herfallen! Zudem, setzen sie hinzu, gibt es ja da und dort auch fromme Leute, die doch auch in den Himmel kommen wollen und nicht gerade so leben, wie man übertriebenerweise von mir fordert. So schwächt man die Kraft des Wortes an sich selbst und bleibt, was man war, zwar äußerlich vielleicht etwas behutsamer und ehrbarer, aber doch ohne den Herrn Jesus, ohne den wahren Glauben.

Bei anderen ist es die Weltliebe, was der Kraft des Wortes der Wahrheit die Tür ihres Herzens verschließt. Sie haben sich verschiedene Dinge angewöhnt, die wollen sie nicht fahren lassen. Sie können sich nicht entschließen, alle ihre bisherigen Sündenbande von sich zu werfen. Darum bleiben sie in dieser oder jener Gewohnheit, in ihren bisherigen Gesellschaften oder in den bisherigen Sorgen stekken. Es geht, wie der Heiland gesagt hat: „Das Wort fällt unter Dornen und Disteln.“ Zum Beispiel hörst du jetzt eben in einer Kirche das Wort vom Kreuz, daß dein großer Herr und Heiland sein Leben für dich in den Tod gegeben, daß er um deine Seele geworben und sie erkauft und erlöst habe, nicht mit vergänglichem Silber und Gold, sondern mit seinem eigenen teuren Blut als eines unschuldigen und unbefleckten Lammes; das hörst du, es dringt dir ins Herz, aber du läßt es nicht ganz eindringen; denn es stehen vor deiner Seele allerlei Dinge, die du lieb hast, und du fühlst es wohl, daß du sie hingeben und aufopfern müßtest, wenn du das Wort in dir wirken ließest. Da siehst du nun auf deine Liebhabereien zurück. Sie stellen sich dir in einem lieblichen Licht dar, sie gefallen dir; die Kraft des Wortes kämpft in dir mit der Kraft der Lust; die Lust siegt, und du schüttelst das Wort ab von deiner Seele. O ein jämmerlicher Sieg, der dich in alle Ewigkeit hinein reuen wird! O ihr armen, von der Welt gefangenen Geister! Wann wollt ihr denn eure Liebe zur Welt durch die Wahrheit und Kraft des Wortes Gottes töten und überwinden lassen? Wann soll euch der Geist frei machen, daß ihr dem Lamm nachfolgt?

Bei anderen freilich ist es auch oft bloß purer Leichtsinn, der die Kraft des Wortes in ihnen schwächt, und darauf weist der Apostel in unserer Epistel hin, wenn er spricht: „Seid Täter des Worts und nicht Hörer allein, damit ihr euch nicht selbst betrügt. Denn so jemand ist ein Hörer des Worts und nicht ein Täter, der ist gleich einem Mann, der sein leiblich Angesicht im Spiegel beschaut. Denn nachdem er sich beschaut hat, geht er davon und vergißt von Stund an, wie er gestaltet war.“ Man hört und hört, es geht auch zu Herzen; aber man verträumt, man verlacht, man verscherzt, man vertrinkt, man verspielt den Eindruck wieder; die Kraft ist hinweg und das Beste vergessen, und der Erfolg von all dem ist, daß man, wie der

Apostel sagt, sich selbst betrügt. Es ist der allerelendeste Selbstbetrug, das Wort Gottes, dieses zweischneidige Schwert am Herzen zu erfahren und doch nicht wiedergeboren zu werden, zu meinen, man habe, wenn man es hört, etwas in den Händen, und hat doch nichts. Aber es ist nicht nur ein Selbstbetrug, es ist auch eine große Verantwortung vor dem lebendigen Gott. Meinst du, der Herr lasse mit sich spotten und spielen, oder er habe dir sein Wort verkündigen lassen für die Langeweile, zum Tändeln und Spaßen? Mitnichten, die Sünden gegen sein Wort sind Sünden gegen ihn selbst. Laßt uns das Beispiel der Juden nicht vergessen. Was hat ihnen der Heiland hauptsächlich zur Sünde angerechnet? Das, daß sie arg waren? Nein, das wußte er wohl, darum hat er sie zur Buße gelockt. Das war aber ihre Sünde, daß sie seine Stimme nicht hörten. Darum nannte er sie Teufelskinder und sprach zu ihnen: „Wer von Gott ist, der hört Gottes Wort; darum hört ihr nicht, denn ihr seid nicht von Gott.“ Wer das Wort Gottes verwirft, und das geschieht, wenn man es hört, und es doch nicht zur Kraft kommen läßt, der verwirft den Heiland, und hat ihm Rechenschaft abzulegen darüber, daß er dennoch keine Frucht getragen, sondern als ein störrischer Baum vielleicht nur Blätter hervorgebracht habe.

III. Aber, fragt vielleicht eine verlangende Seele, wie habe ich es denn anzugreifen, daß das Wort Gottes seine Kraft auch an mir erweist? Darüber gibt uns unsere Epistel die beste Anweisung, wenn sie uns zuruft: „Nehmet das Wort an mit Sanftmut“, und der Heiland selbst gibt uns den Rat, es zu bewahren in einem feinen, guten Herzen. Wenn es auf diese Weise bewahrt wird und nicht unter dem Geschwätz, unter den Zerstreuungen des Lebens verlorengeht, da trägt es viele Frucht. Deshalb sollen wir, wie die zarten Blumen willig sich entfalten und der Sonne stille halten, ebenso der Sonne der Wahrheit stille halten, damit der Same des göttlichen Wortes im Herzen keimen, aufgehen und Frucht tragen kann. Soll aber das geschehen, so muß es auch geübt werden im Leben; so muß es uns bei der Arbeit und im Beruf, zu Hause und draußen, beim Schweigen und Reden begleiten; darum setzt der Apostel Jakobus hinzu: „So sich jemand unter euch läßt dünken, er diene Gott, und hält seine Zunge nicht im Zaum, sondern täuscht sein Herz, des Gottesdienst ist eitel. Ein reiner und unbefleckter Gottesdienst vor Gott dem Vater ist der: die Waisen und Witwen in ihrer Trübsal besuchen und sich von der Welt unbefleckt erhalten." O liebe Zuhörer, ihr habt nun viel von der Kraft des Wortes Gottes gehört. Ich wünsche nur, daß es der Teufel nicht unter den Zerstreuungen dieser Welt von eurem Herzen wegnehmen möchte; denn sonst niemand als er raubt es den Seelen. Damit ihr aber nicht nur von der Kraft des Wortes Gottes gehört habt, so will ich euch den Kern des ganzen Wortes mit nach Hause geben: Gott ward Mensch und ist als Mensch für dich gestorben; das nimm in der Stille mit nach Hause, trage es in dein Kämmerlein und bitte Gott, daß er es dir im Herzen versiegle und verkläre, so wird es Frucht bringen, die da bleibt ins ewige Leben. Und so wollen wir denn unsere Augen und Hände und Herzen zu Gott erheben und beten: *Großer Gott, wir danken Dir für Dein Wort, das Du uns aus großer Huld und Gnade geschenkt hast. Laß es in unserem Herzen klar, laß es Ja und Amen werden, damit wir nicht nur Hörer, sondern auch Täter desselben seien.*

Heiliger Herr Zebaoth,
Welchem Erd und Himmel dienet,
Du, der ganzen Schöpfung Gott,
Und der Menschen, die versühnet,
Und geheiligt sind durch Jesu Blut,

Höchstes Gut!
Preis und Dank sei Dir gebracht,
Daß Du uns Dein Wort gegeben,
Welches uns bekannt gemacht,
Daß Gott selbst zu unserm Leben
Und zur Tilgung unsrer Schuld und Not
Ging in Tod.

Ach, ewiger Herr und Gott, versiegle das Wort der Versöhnung in unseren Seelen, damit wir Frieden finden in diesem Leben und Frieden in der Ewigkeit! Amen.

41. Am Fest der Himmelfahrt Christi

Zuletzt, da die Elf zu Tische saßen, offenbarte er sich und schalt ihren Unglauben und ihres Herzens Härtigkeit, daß sie nicht geglaubt hatten denen, die ihn gesehen hatten auferstanden. Und er sprach zu ihnen: Gehet hin in alle Welt und prediget das Evangelium aller Kreatur. Wer da glaubet und getauft wird, der wird selig werden; wer aber nicht glaubet, der wird verdammt werden. Die Zeichen aber, die da folgen werden denen, die da glauben, sind die: in meinem Namen werden sie Teufel austreiben, mit neuen Zungen reden, Schlangen vertreiben; und so sie etwas Tödliches trinken, wird's ihnen nicht schaden; auf die Kranken werden sie die Hände legen, so wird's besser mit ihnen werden. Und der Herr, nachdem er mit ihnen geredet hatte, ward er aufgehoben gen Himmel und sitzet zur rechten Hand Gottes. Sie aber gingen aus und predigten an allen Orten; und der Herr wirkte mit ihnen und bekräftigte das Wort durch mitfolgende Zeichen. Mark. 16, 14 - 20

Wir feiern heute das Himmelfahrtsfest, das heißt das Krönungsfest des Herrn Jesus. Billig sollten wir uns darüber freuen, billig sollte unser Herz von nichts anderem wissen als von einem fröhlichen Halleluja zu unserem Gott. Freuen sollten wir uns über den Heiland, und freuen sollten wir uns über uns selbst; über den Heiland, daß er das große Werk der Erlösung, das er ausführen sollte, vollendet hat und nun mit Preis und Herrlichkeit gekrönt worden ist, über uns selbst, daß wir einen Herrn im Himmel haben, der sich nicht schämt, uns seine Brüder zu heißen, einen getreuen, barmherzigen Herrn, der das gute Werk, das er in uns angefangen hat, herrlich hinausführen will, der gesagt hat: „wo ich bin, da soll mein Diener auch sein." Sein Hingang zum Vater für uns soll uns deswegen eine unversiegbare Quelle der Freude und des Friedens im Heiligen Geist sein, immer mehr werden und bleiben. Daher habe ich mir vorgenommen, zu unserer heutigen Erbauung seine Himmelfahrt zum Gegenstand unserer Betrachtung zu machen, und ich will euch deshalb aufzeigen

einige Merkwürdigkeiten vom Heiland Jesus Christus bei und nach seiner Himmelfahrt.

Der Heiland soll uns deshalb merkwürdig sein, weil er uns mehr angeht als Vater und Mutter, Weib und Kinder, Brüder und Schwestern. Daher soll uns alles merkwürdig sein, was uns von seiner allerheiligsten Person aufgezeichnet ist. Laßt uns ihn nun um seine Gnade bitten.

O lieber Heiland, der Du zur Rechten Deines himmlischen Vaters erhöht bist und reiche Gaben von ihm empfangen hast, siehe, wir sind hier versammelt, um uns auf unseren allerheiligsten Glauben zu erbauen. So gib uns nun auch von Deinen geistlichen Gaben; gib uns namentlich auch die Gabe, daß Du diese Stunde für uns recht gesegnet sein läßt für Zeit und Ewigkeit. Amen.

I. Merkwürdig ist bei der Himmelfahrt des Heilandes:

1. Sein Betragen gegen seine Jünger. Sie waren immer noch unverständig, hatten immer noch kein geistiges Auge, sahen immer noch zu viel auf das Sichtbare, und nicht auf das Unsichtbare. Darum lag ihnen noch sogar in der letzten Stunde, ehe er in den Himmel aufgehoben ward, der Gedanke nahe, daß er nun bald ein irdisches Reich aufrichten werde voll Macht und Herrlichkeit. Deshalb fragten sie ihn um die fröhliche Zeit, wann sie die ersten Räte in seinem Reich zu sein und die höchsten Ehrenstellen zu bekleiden hoffen dürfen. Man hätte denken können, die Art des Lebens und des Todes Christi hätten ihnen andere Begriffe von ihm beibringen sollen; denn da sah man ja nichts von irdischem Glanz und königlicher Herrlichkeit; alles Glänzende und Erhabene war weit entfernt bei seiner schmählichen Kreuzigung. Es hatte gar nicht den Anschein eines irdischen Königreiches, als er, der König, gleich einem Mörder, wie ein Sklave, mitten unter den Missetätern, zwischen zwei Schächer ans Kreuz gehängt wurde. Aber sein Kreuz war seinen Jüngern bis auf jene Stunde Torheit geblieben wie allen natürlichen Menschen. Denn „wer nicht von neuem geboren ist“, sagt der Heiland, „der kann das Reich Gottes nicht sehen.“ Bedenkt es, nicht einmal sehen. Er hat eine ganz andere Ansicht von dem, was das Reich Gottes zum Reich macht. So ging es nun diesen guten Jüngern auch, darum fragten sie ihn noch bei seiner Himmelfahrt: „Herr, wirst du auf diese Zeit wieder aufrichten das Reich Israel?“ Es ist wahr, liebe Zuhörer, die Weissagungen pflanzten sich seit der Zeit des Alten Testaments bis auf

die Zeit des Neuen Bundes fort, daß das Reich Israel wieder aufgerichtet, daß alle Reiche der Welt Gottes und Christi, seines Gesalbten, werden, daß die alte Erde in eine neue Erde, in einen Tempel Gottes verwandelt werde, wo der Name Jehovas und seines Gesalbten gepriesen werden soll. Dies ist wahr und von dem verheißen, dessen Worte Ja und Amen sind. Aber daran dachten die Jünger jetzt nicht. Sie hatten nur an das Sinnliche, an das Äußerliche gedacht. Wie hat sich nun der Heiland gegen sie betragen? Drei Jahre lang hatte er sie unterrichtet, vierzig Tage lang nach seiner Auferstehung mit ihnen vom Reich Gottes geredet. Er hatte sich Mühe gegeben, ihre Begriffe zu berichtigen; denn dies gehörte noch zu dem Auftrag, den er vom Vater an die Jünger hatte, und es muß ihm auch in vielem gelungen sein. Wir sehen ja, wie sie gleich nach der Himmelfahrt die Sache des Heilands und ihrer eigenen Seelen so ernsthaft behandelten, indem sie sich zusammentaten und einmütig mit Beten und Flehen beieinander waren, auch durch das Los nach vorhergegangenem Gebet einen neuen Apostel wählten an die Stelle des verlorenen Kindes Judas. Sie schienen also in vielem bessere Begriffe bekommen zu haben. Aber wie traurig! Nachdem der Heiland seinen ganzen Unterricht vollendet hatte, kamen sie zuletzt mit der Frage: „Wann wirst du denn das Reich Israel aufrichten?“ Das heißt, wirst du um diese Zeit die Juden (die ihn gekreuzigt haben, die den Fluch, nicht den Segen seines Blutes über sich und ihre Kinder herabgerufen haben), wirst du um diese Zeit die Juden zum ersten Volk in der Welt machen?

Lieber Zuhörer! Wenn du dir alle Mühe gegeben hättest, einem anderen dies und jenes begreiflich zu machen, und hättest viel Geduld, Arbeit und Nachsicht mit ihm gehabt und hättest dich in deiner Belehrung ganz erschöpft, und am Ende würde er Fragen an dich stellen, woraus du sehen müßtest, daß er dich gar nicht oder nur halb verstanden hat, nicht wahr, du würdest darüber ungeduldig werden? Nun denke dir den Heiland, der seine Jünger drei Jahre lang im Unterricht hatte, und nun – nach dreijähriger Lehrzeit in der letzten Stunde, die er in ihrer Mitte zubringt, stellen sie noch solche Fragen aus ihren alten, jüdischen Vorurteilen heraus, wie wenn sie eben jetzt erst zu ihm gekommen wären. Wären wir nicht ungeduldig geworden? Aber davon bemerken wir beim Heiland nichts. Er wies sie zwar zurecht, er sagte ihnen die Wahrheit mit einer göttlichen Bestimmtheit; aber ein ungeduldiges, liebloses, auffahrendes Wesen war nicht dabei. Davon war sein liebevolles Herz weit entfernt. Seine Liebe und Langmut ließen ihn in keinen Affekt kommen; denn wie er die Seinen geliebt hatte vom Anfang, so liebte er sie auch bis ans Ende.

Woraus floß nun diese Lindigkeit des Heilands? Antwort: aus dem Erbarmen. Dieses göttliche Erbarmen begleitete ihn durch sein ganzes Leben. In seinem Herzen war ein beständiger Jammer über seine armen, gefallenen Brüder. Dieses Erbarmen preßte ihm die Tränen und die Worte aus: „Ach, daß du es bedächtest zu dieser Zeit, was zu deinem Frieden dient!" Dies Erbarmen preßte ihm das Wort aus: „Mich jammert des Volks, denn sie gehen umher wie Schafe ohne Hirten." Ja, so jammerte es ihn auch seiner Feinde, daß er ausrief: „Vater, vergib ihnen, sie wissen nicht, was sie tun!" Aus diesem Erbarmen heraus hatte er auch Geduld mit seinen Jüngern; er war voll Nachsicht und Langmut gegen sie; er kannte ihren Unverstand, ihre Blindheit, ihre Vorurteile, ihre Untüchtigkeit zum Reiche Gottes, und wie sie ohne das Licht Gottes von oben nichts können. Das wußte er, darum jammerte es ihn ihrer. Daher kam seine Geduld, seine Liebe und Herablassung bis ans Ende; darum fuhr er sie auch bei dieser letzten Frage nicht rauh an, sondern vertröstete sie nur auf die Verheißung des Vaters, auf jenen Tag, wo sie nichts mehr fragen werden.

Liebe Zuhörer, diese Geduld des Herrn mit den Jüngern darf und soll uns groß und anbetungswürdig sein. Einen solchen Hohenpriester sollten wir haben, der Geduld hätte mit unserer Schwachheit. Sollte die arme Menschheit einen Heiland haben, der für sie taugte, so mußte sie solch einen haben, der ein lauteres, pures, ewig brennendes Feuer des Erbarmens, der herzlichsten Barmherzigkeit in seinem Inneren trug; einen Hohenpriester, der mit den Müden zu rechter Zeit zu reden vermöchte, der das zerstoßene Rohr nicht zerbricht, der den glimmenden Docht nicht auslöscht, der eine zart aufkeimende Pflanze des göttlichen Lebens, wenn sie auch noch so unscheinbar und ungestaltet ist, nicht zertritt, sondern mit göttlicher Huld und Langmut pflegt. Sollten wir einen Hohenpriester haben, so mußten wir ein Urbild der Langmut, des tiefsten Liebeserbarmens, der Lindigkeit, der Geduld haben. Ja, gebt Gott die Ehre und bekennt es alle, die ihr es an eurem Geist erfahren habt, daß wir an Christus einen solchen Hohenpriester wirklich haben, die wir einen solchen so nötig haben. Wir sind oft lange so töricht, so blind, tappen so lange im Finsteren. Aber wie er damals war, ehe er gen Himmel fuhr, so ist er noch jetzt.

Denn wie einst unter Schmach und Leiden,
So ist er jetzt noch auf dem Thron der Freuden
Den Sündern liebreich zugetan;
Mein Heiland nimmt die Sünder an.

Wer ihn zu seinem Führer, zu seinem Hirten und Bischof erwählt, der erfährt es, daß er das barmherzigste Herz hat, das sich nur denken läßt. O welcher Trost liegt darin für eine gebeugte Seele, die ihre Schwachheit fühlt, die ihm gern zur Ehre leben möchte in dieser Welt und muß doch dabei ihrer Ungeschicklichkeit und Blindheit täglich innewerden, so daß sie in Beugung darüber vor ihm vergehen möchte und sich selbst gestehen muß: schon so lange bin ich bei ihm, und doch ist es mir kein ganzer, heiliger Ernst, ihm nachzufolgen; er hat bis auf diese Stunde mit dem guten Willen vorlieb nehmen müssen. Ach, das schmerzt mich, das tut mir weh, daß ich meinem Heiland noch so wenig zur Ehre bin in dieser Welt. O liebe Seele, was hast du dennoch für einen Heiland; bei all deiner Unwürdigkeit bist du doch so gar gut geborgen bei ihm, denn er ist treu, ja treu ist er.

Laßt alle Langmut gleich
Im ganzen Gnadenreich,
Ja unter Gottes Zeug
In einem Herzen wohnen –
O ihr lieben Leut,
Seine Lindigkeit
Übertrifft sie weit.

Ja, liebe Zuhörer!

Das schreib dir in dein Herze,
Du hochbetrübtes Heer!
Bei denen Gram und Schmerze
Sich häuft je mehr und mehr:
Seid unverzagt, ihr habet
Die Hilfe vor der Tür;
Der eure Herzen labet
Und tröstet, steht allhier.

2. Merkwürdig ist auch der Ort der Himmelfahrt. Dies war der Ölberg, wie uns *(Apg. 1, 12)* ausdrücklich erzählt wird. Der Ölberg ist ein merkwürdiger Berg. Wir wissen, was dreiundvierzig Tage vorher an diesem Ölberg geschehen

ist. Da hat der Bürge unserer Schuld den großen Bußkampf gekämpft; da war er in seiner tiefsten Erniedrigung und Schmach auf dem Boden gelegen; da krümmte er sich ohnmächtig im Todesstaub wie ein Wurm; da drückte ihn das Gewicht unserer Sünden, die er auf sich genommen hatte, schwer danieder; da mußte er seine tiefste Schwachheit fühlen; da hat er geseufzt und geächzt in seiner bangen Seelennot und sich vor Traurigkeit und schwerem Seelenkampf nicht zu fassen und zu lassen gewußt; da hat er das erste Mal bei seinen Jüngern, bei seinen unverständigen Jüngern Rat und Trost gesucht; da hat er dreimal seinen himmlischen Vater angefleht, ob es etwa möglich wäre, daß der Kelch vorüberginge; da war sein blutiger Schweiß auf die Erde niedergefallen als Versöhnung für unsere Sünden, der Schweiß, von dem wir singen:

Der Schweiß von deinem Angesicht
Laß mich nicht kommen ins Gericht.

Der Ölberg und Golgatha sind die heiligsten Plätze in dieser Welt. O Ölberg, gibt's einen heiligen Berg in dieser Welt, so bist's du! Denn auf dir sehen wir das Lamm Gottes unter dem Gerichtsstab Gottes zittern und zagen und in seiner tiefen Traurigkeit und Seelenangst mit großem Geschrei und Tränen seine leidende Seele, die geängstet und gejagt war wie ein Hirsch, den ein Jäger verfolgt, als ein vollgültiges Opfer darbringen. Solange die Erde steht, solange die Welt geschaffen ist, hat es nichts Größeres, nichts Anbetungswürdigeres, nichts, was die ganze Gemeinde, was Himmel und Erde tiefer in den Staub beugen sollte, gegeben, als was hier in Gethsemane und was auf dem andern Berge dort, auf Golgatha, geschah. Ach, daß der Todesschweiß, womit der Ölberg benetzt wurde, hineindränge in mein innerstes Geistesleben und mich gesund machte, mein vergiftetes Herz und Wesen zur völligen Genesung brächte!

An dem gleichen Ort nun, wo seine tiefste Demütigung vor den Jüngern vorging, da sollte auch seine herrliche Erhöhung vor ihren Augen geschehen; da, wo er im blutigen Todesschweiß vor dem Vater im Staub gelegen hatte, da sollte er als der geliebte Sohn, dem alle Gewalt im Himmel und auf Erden gegeben ist, seine Rückreise zum Vater antreten. Warum aber gerade auf dem Ölberg? Vielleicht hatte der Engel, der ihn in seinem schweren Kampf stärkte, die Erlaubnis gehabt, dem ermatteten Kämpfer seinen Hingang zum Vater in einem Gesicht zu zeigen und ihm im Namen des Vaters zu sagen: der Ort, auf dem du kämpfst, wo dein Blutschweiß auf die um der Sünde willen verfluchte Erde fließt, die dadurch wiederum in ein Land des Segens umgewandelt werden soll, wird auch der Ort deiner größten Verherrlichung sein; da wirst du zum Vater gehen. Ich habe von dieser Behauptung „vielleicht" gesagt, denn die Schrift meldet uns nichts hiervon. Es lassen sich aber auch noch andere Gründe denken. Seht, alle die Beleidigungen, das ganze Leiden vor Hannas und Kaiphas, im Richthause vor Pilatus und vor Herodes war eine Entehrung vor der Welt, aber sein Leiden am Ölberg war eine tiefe Erniedrigung vor seinen Jüngern. Sie hatten ihn für den Sohn Gottes gehalten, er hatte sich unumwunden dafür ausgegeben. Als Philippus ihn bat, er möchte ihnen den Vater zeigen, da antwortete er ihm: „Wer mich sieht, der sieht den Vater." Er hatte die erhabensten Ausdrücke von sich gebraucht, und Petrus hatte mit den übrigen Aposteln erfahren, daß er Worte des ewigen Lebens habe; sie hatten erkannt und geglaubt, daß er Christus sei, der Sohn des lebendigen Gottes. Und nun siehe da, er fing an zu zittern und zu zagen und bei ihnen Hilfe und Trost zu suchen. Was mußten sie denken? In welchem Licht mußte er ihnen erscheinen? Das war eine tiefe Erniedrigung vor seinen

Jüngern. Da sollte nun an demselben Ort seine Ehre auf die herrlichste und genügendste Weise vor ihnen wieder hergestellt werden. Auch der letzte Funke von Mißtrauen, den sie in ihn und in seine Sache setzten, konnte nicht besser von ihnen genommen werden, als wenn er an dem Ort seiner tiefsten Erniedrigung auf eine so augenscheinlich göttliche Weise vor ihren Augen zu dem Vater ging. Zugleich war ein anderer Zweck damit verbunden. Es sollte nämlich den Jüngern die Natur und die Art des Kreuzreiches Jesu Christi recht deutlich vor Augen gestellt werden, wie es nämlich durch Leiden zur Herrlichkeit gehe, und wie gerade da, wo man um Christi willen und in Christus am meisten leide, die Verherrlichung auch am größten sei. Denn das wird sich einst in herrlichem Licht herausstellen, wenn das Alte vergangen und alles neu geworden ist. Diese Erde, beträufelt vom Blut Christi und vom Blut vieler heiligen Zeugen der Wahrheit, eine Behausung des Teufels, auf der Christus und die Seinen verfolgt wurden, wo sein Reich sich nur in der Gestalt eines Kreuzreiches darstellen konnte, diese Erde wird einst der Ort der Verherrlichung Christi und seines Reiches werden. Dann wird die mit Seufzern und Tränen angefüllte Erde zu einem Tempel Gottes werden. Es wird heißen: „Siehe da eine Hütte Gottes bei den Menschen; er wird bei ihnen wohnen, und sie werden sein Volk sein, und er selbst wird ihr Gott sein."

3. Merkwürdig ist auch die Gestalt, in welcher der Heiland von seinen Jüngern schied. Wir wissen, daß er an Händen und Füßen ans Kreuz geheftet und seine Seite mit einem Speer durchstochen wurde. In dieser Gestalt hatte er sich auch nach seiner Auferstehung den Jüngern gezeigt und zu Thomas gesprochen: „Reiche deine Finger her und siehe meine Hände, und reiche deine Hand her und lege sie

in meine Seite.“ In derselben Gestalt nun ist er in den Himmel, in das obere Heiligtum eingegangen. Seine heiligen Wunden hat er in die Unverweslichkeit seines verklärten Leibes aufgenommen, und so sitzt er noch zur Rechten der Majestät Gottes. Man könnte denken, er schäme sich ihrer, sie gehören ja zu seiner Erniedrigung und Knechtsgestalt, das paßt nicht zu seinem verherrlichten, verklärten Zustand, zu seiner Herrschaft über Himmel und Erde. Aber nein! Er schämt sich nicht; der, welcher als Missetäter gekreuzigt wurde, trägt die Spuren seiner Missetätersgestalt noch jetzt in der Verklärung an sich. Warum tut er das? Einmal zum Zeichen, das sein Herz das gleiche sei wie damals, als er am Stamm des Kreuzes erblaßte. Was hat ihn denn in den schrecklichen Tod getrieben? Ist's nicht die Liebe, die ihn in unser blutarmes Menschenleben hereinzog, die ihn auch in Not und Tod gehen hieß? Und so ist er noch gestaltet wie am Kreuz, wo er sein Blut vergoß und für die Übeltäter betete. Er ist also bis auf diesen Tag dieselbe erbarmende Liebe. – Fürs andere aber ist er in dieser Gestalt gen Himmel gefahren zum Zeichen, daß er eine ewige Erlösung erfunden hat. So gewiß er seine Wunden noch an sich trägt, so gewiß ist eine vollkommene Erlösung erfunden, nicht für heute und morgen, sondern eine solche, die, wie sie seit achtzehnhundert Jahren nicht entkräftet wurde, so in alle Ewigkeiten hinein vollgültig bleiben wird. Darum freue dich, du Himmel, und jauchze, du Erde, es ist eine ewige Erlösung erfunden; durch seine Wunden sind wir heil geworden.

Endlich, diese Gestalt gereicht ihm ja nicht zur Schande, sondern zu ewigem Schmuck und unvergänglicher Ehre; denn die tiefste Erniedrigung ist seine höchste Ehre, und wer die Ehre des Heilands noch nicht in seinen Wunden gefunden hat, der weiß noch nicht, was Christus ist. Darum wird auch von allen Bewohnern des Himmels, von allen Engeln und den vollendeten Gerechten ihm, als dem Lamm, das geschlachtet ist, Ehre und Preis und Anbetung gegeben von Ewigkeit zu Ewigkeit. O was haben wir für einen Heiland! Noch ist er derselbe. Noch jetzt kannst du, Sünder, zu seinen Wunden nahen; denn er ist noch derselbe wie damals, als er am Kreuz hing; noch jetzt können wir ihm durch seine Seitenwunde in sein Herz, in sein hohepriesterliches, erbarmendes Herz hineinsehen. So ist's also kein leeres Wortspiel, wenn man sagt: du mußt zu den Wunden fliehen. Es liegt etwas Göttliches, etwas ewig Wahres in diesem Ausdruck. So ist's also kein leeres Phantasiespiel, kein leerer Traum, wenn eine begnadigte Seele gesungen hat:

Deine Augen, deinen Mund,
Den Leib für mich verwund't,
Da wir so fest drauf bauen,
Das werd ich alles schauen,
Und innig herzlich grüßen
Die Mal an Händ und Füßen.

Es ist kein leerer Traum, wenn sich eine gläubige Seele darauf freut:

O wie wird's so wohl tun,
An deinen Wunden
Von unsern jetz'gen Arbeitsstunden
Sanft auszuruhn.

Ja, liebe Zuhörer, wie ihr ihn habt gesehen gen Himmel fahren, sagt der Engel zu den Jüngern, ebenso wird er wiederkommen. Wenn die Gründe der Erde beben, wenn die Hügel wanken, wenn der Himmel wird wie ein Kleid verwandelt werden, wenn die Zeit herannaht, daß er kommt in den Wolken des Himmels, da möchte auch den Gläubigen bange werden. Aber sie dürfen nicht erschrecken noch erzittern; denn seine Wunden, die Zeichen seiner Erniedrigung, werden an jenem Tage den Seinen und aller Welt entgegenfunkeln; den Seinen zum Trost, daß er noch dasselbe liebende Herz ist, welches für seine Schafe geduldet hat, so daß sie es sich freudig zurufen dürfen: ich darf mich nicht fürchten, da ist ja mein Heiland, mein Erlöser, mein Hohepriester, mein Herr und mein Gott, da ist mein guter Hirte, der es ewig gut mit mir meint; seinen Feinden und allen Sündenknechten aber zum Schrecken. Wie werden diese erstaunen und beben, wenn sie ihn sehen werden; „denn es werden ihn sehen alle Augen, und die ihn gestochen haben, und werden wehklagen alle Geschlechter der Erden. Ja! Amen."

Ach, lieber Zuhörer, siehe zu, daß du dich mit dem Heiland in seiner Marterlammsgestalt bekannt machst und sie deinem Herzen eingedrückt werde; denn wer den Heiland nicht in dieser Gestalt kennenlernt, der ist ferne von ihm.

II. Der Herr ist in die Höhe gefahren und hat sich gesetzt zur Rechten der Kraft Gottes. O was wird für ein heiliger Jubel durch aller Himmel Himmel entstanden sein, als der ewige Sohn aus der Fremdlingsschaft wiederkam, als der Versöhner der Menschen in Menschengestalt unter die staunenden himmlischen Heerscharen eintrat, als der Sieger auf Golgatha, als der Überwinder des Todes, des Teufels und der Hölle, als der Erbarmer und Liebhaber der gefallenen Kreatur, als der Mittler zwischen Gott und den Menschen, als der, der rufen konnte: „Es ist vollbracht!" seinen Einzug hielt! Wie werden sie ihn empfangen haben! Was wird in dem ganzen großen himmlischen Geisterreich unter den tausendmal Tausend für eine ehrerbietige, tiefe, in den Staub beugende Stille geherrscht haben, als der Fürst des Lebens mit dem Zeichen seiner Schlachtung nahte und zum Vater sprach: „Siehe, hier bin ich und sind die, die du mir gegeben hast, ich habe mein Werk vollendet!" Und als nun der Vater zu dem Sohn sprach: „Setze dich zu meiner Rechten, bis daß ich lege deine Feinde zum Schemel deiner Füße! Herrsche unter deinen Feinden! Dein Volk soll dir nun nach deinem Siege williglich opfern in heiligem Schmuck; deine Kinder sollen dir geboren werden wie der Tau aus der Morgenröte. Ich habe geschworen, und es wird mich nicht gereuen, du bist ein Priester ewiglich nach der Ordnung Melchisedeks." Das heißt, dein Opfer ist mir wohlgefällig; es soll gelten für die ganze sündige Menschheit. Denn

So wahr ich lebe, spricht der Mann,
Der nichts als Amen sprechen kann,
Und der unfehlbar Wort und Tat
Im Augenblick beisammen hat,
Und was er will, das läßt er sich nicht reu'n,
Mein Sohn, mein Sohn soll Hohepriester sein!

Ach, wie wird bei dieser Erklärung des Vaters die ganze Schar der vollendeten Geister, ein Moses, ein Abraham, ein Isaak, ein Jakob, ein David und der Chor der heiligen Propheten und der erste Sünder, der durch das Opfer des Heilands zur Herrlichkeit einging, der Schächer, in tiefer Anbetung dem Sohn die Ehre gegeben haben; wie werden sie ihre Stimme erhoben und ihre Harfen geschlagen haben zu seinem Lobe, zum Lobe dessen, der würdig ist, zu nehmen Ehre und Dank, und Preis und Kraft und Anbetung von Ewigkeit zu Ewigkeit! Ach, wir reden auf Menschenweise von diesen großen Dingen. Kein Auge hat's gesehen, kein Ohr hat es gehört, in keines Menschen Herz ist es gekommen; nur stammeln kann unser schwacher Mund davon, denn wir schauen ja nur durch einen Spiegel in einem dunklen Wort. Doch gibt die Offenbarung Johannes *(Kap.5)* einen kleinen Einblick in die Anbetung, die dem Heiland im Himmel dargebracht wird. Ach, wenn wir da das große Halleluja hören, das dem Lamme dargebracht wird, welches geschlachtet ist, ach, da sollten unsere Herzen auch einstimmen und, wenn auch noch gedrückt durch die Last der Sünde und des Pilgerkleides, doch auch mitsprechen:

Lamm Gottes,
Du bist's wert für deine Todesmüh,
Daß dich jeder Blutstropf ehre;
Daß das Herz stets nach dir glüh,
Jeder Pulsschlag dein begehre,
Und die Seele für und für
Hang an dir!

Nun setzte sich Jesus zur Rechten Gottes als König aller Könige, als Herr aller Herren.

Fürstentümer und Gewalten,
Mächte, die die Thronwacht halten,
Alles legt ihm Gott zu Fuß.

Er ist nun gesetzt über alles. – Wo sind die Grenzen seines Reiches? Alles, alles ist ihm in seine allmächtigen, durchgrabenen Hände gegeben; er trägt alle Dinge mit seinem Kraftwort; der Rat der Ewigkeiten wird nur durch ihn ausgeführt; sein Stuhl währet von Ewigkeit zu Ewigkeit; sein Zepter ist ein richtiges Zepter. Seit achtzehnhundert Jahren sitzt er in majestätischer Ruhe auf seinem Thron; seine Feinde toben und suchen ihn vom Thron zu stoßen: er aber wartet, bis ihm der Vater alle seine Feinde zum Schemel seiner Füße gelegt hat. Was sind aber achtzehnhundert Jahre gegen die Zeit seines Reiches? Wenn schon längst diese Erde verwandelt ist wie ein Kleid, wenn die Sterne veraltet und abgefallen sind, wie dürre Blätter vom Baum fallen, sobald der Herbstwind darüber geht; wenn alle, die gegen ihn gewesen sind mit Herzen, Worten oder

Wandel, weggerafft sein werden, wie dürres Gras verdorrt oder verfault; wenn, was groß war unter den Menschen, schon längst vergangen sein wird wie ein Nebel und wie eine Blume abfällt und verwelkt; ja, wenn Millionen und Millionen Jahre hinabgeflossen sind in die ewige, endlose Ewigkeit, dann wird Jesus Christus, das gemarterte Lamm Gottes, noch auf seinem Stuhl sitzen wie heute und wie vor achtzehnhundert Jahren; denn er ist heute und gestern und derselbe in alle Ewigkeit.

Jesus Christus ist allmächtiger Gott. Man muß das der Welt sagen; sie glaubt es nicht mehr. Er ist König über alles. Ja, zittere nur, du arme Kreatur, die du dich gegen ihn auflehnst. Es möchte dir schlecht vergolten werden. Der im Himmel sitzt, lacht deiner. Der Gottlose beißt zwar seine Zähne aufeinander, aber der Herr spottet seiner. Bebe nur in den innersten Gründen, Sünder, mutwilliger Sünder, der du dich sträubst, diesem König den schuldigen Gehorsam zu beweisen, der du unter allerlei Ausreden deinen steifen Nacken unter seine Herrschaft nicht beugen magst. Meinst du, du könntest seiner Herrschaft entfliehen? Mitnichten. Ihm kannst du nicht entfliehen. Er ist König über alles; er kann dich finden, du gehest hin, wohin du wollest; seine allmächtige Hand kann dich überall erfassen und ereilen. Ach, lege dich doch noch freiwillig unter seine Füße und beweine da deine Sünden, auf daß du einst nicht mit Gewalt von dem Vater selbst zum Schemel seiner Füße gelegt und niedergestreckt werdest. Jesus Christus ist König. Sein Stuhl währet von Ewigkeit zu Ewigkeit. Freut euch, ihr Gerechten, freut euch, ihr Liebhaber des Lammes, ihr habt einen rechten Beschützer, ihr setzt euer Vertrauen auf den rechten Mann. Vertraut ihm nur, er wird die Sache seines Reiches im Großen und Kleinen, ja auch in eurem eigenen Herzen herrlich hinausführen. O wie gut ist's, „auf den

Herrn hoffen und seine Zuversicht auf den Gott Jakobs setzen; die ihn anlaufen, deren Angesicht wird nicht zu Schanden."

Doch, Jesus Christus ist nicht nur König, denn der Vater sprach auch zum Sohn: „Du bist Priester nach der Ordnung Melchisedeks." Dieser war ein König zu Salem und ein Priester Gottes; und so ist auch Christus unser Hohepriester. Als solcher ist er eingegangen in das Allerheiligste, in das Inwendige des Vorhangs, und hat dort sein Versöhnungsblut vor dem Angesicht des Vaters niedergelegt. Nun schreit sein Blut um Barmherzigkeit, mehr als das Blut des gerechten Abels, und redet lauter als die Stimme des Gerichts; es ist mächtiger als der Zorn des heiligen Gottes, der auf allen Sündern lastet; es kommt uns ewiglich zugute; es reinigt schon hienieden unser Gewissen von dem inwendigen Gericht, von dem Fluch des Gesetzes. Ach, was wolltest du machen, sündige Seele, wenn dies Blut nicht für dich redete? Wie wolltest du den Fluch los werden, der in deinem Innersten als eine Hölle, als ein schreckliches Warten des Gerichts brennt? Wie wolltest du eine frohe Stunde auf dieser Welt erlangen, wenn er nicht dein Hohepriester wäre? Danke ihm, daß er es ist; für die ewige Erlösung bringe ihm dar zu seinen durchgrabenen Füßen deinen vollen, brünstigen Dank, denn du bist auch mit eingerechnet in das Verdienst des Blutes, das dein Hohepriester darbrachte, um eine ewige Erlösung zu stiften.

Aber als Hohepriester hat der Heiland noch ein anderes Amt; er bittet für uns, er ist unser Fürsprecher beim Vater. Er führt unsere Sache bei dem Vater. So hat er sich schon als Hohepriester gezeigt in den Tagen seines Fleisches *(Joh. 17)*, so am Kreuz, als er für seine Feinde bat, so hat er ein Gleichnis gegeben am Feigenbaum, den der Herr auf die Bitte des Gärtners noch stehen ließ. Ach, wie groß und wichtig muß uns dieses hohepriesterliche Geschäft des Heilands sein! Siehe, daher kommt die Geduld und Langmut Gottes mit dir; daher kommt's, daß du nicht schon längst weggemäht bist aus dem Garten wie ein verdorrtes Gras; dein Hohepriester hat für dich gebeten: ach Vater, vergib ihm, habe noch Geduld mit ihm, laß ihn noch stehen, ob er etwa Früchte der Buße bringen wird; und das hat er für mich und dich getan, da wir noch Feinde waren durch die Vernunft in bösen Werken. Ach welche Treue! Welches Erbarmen! Siehst du denn dem Heiland noch nicht in sein Herz hinein, armer Sünder? Bist du denn noch unverständig? Bist du noch imstande, ihn hinfort zu beleidigen? Du fluchst, er segnet; du sündigst, er bittet; du haßt, er liebt; du gehst in die Irre, er will dich zurecht bringen und selig machen.

Ja noch mehr. Christus ist zur Rechten Gottes, und zwar auch, wie der Brief an die Hebräer uns belehrt, als der Pfleger der himmlischen Güter. „Er ist in die Höhe gefahren und hat Gaben empfangen", sagt der Psalm von ihm; o alle möglichen göttlichen und himmlischen Gaben, denn in ihm wohnt die ganze Fülle der Gottheit; aus seiner Hand empfängt der Mensch, was ihm zum Heil notwendig ist, den Heiligen Geist, Vergebung der Sünden, Besprengung mit seinem Blut, Reinigung des Gewissens, den Frieden Gottes, Frieden im Leben, Leiden und Sterben. O glaubt nur nicht, daß diese Fülle von Gaben erschöpft werden könne; nein, es ist ein unerschöpflicher ewiger Reichtum, den der Sohn vom Vater empfangen hat. Siehe, er hat, was dein Herz bedarf. Verlangt es dich nicht auch, Gaben von ihm in Empfang zu nehmen? Was bedarfst du? Weißt du es nicht, so frage ihn, denn auch diese Gabe hat er empfangen, daß er dir Licht geben kann über das, was du gegenwärtig bedarfst. Was wünscht du von ihm zu erhalten? Glaube, Liebe,

Hoffnung? Ach, er hat es in Fülle, er kann es dir geben. Oder Wiedergeburt, Gewißheit des Gnadenstandes, den Frieden Gottes, ein seliges Leben, ein seliges Ende? Ach, er hat es, er kann es dir geben. Der Heiland gleicht einem Kaufmann, der uns seine Waren anbietet. Er ist der allerreichste, und dabei allerfreigebigste Kaufmann; man darf ihm für seine Gaben nichts bezahlen; er gibt's umsonst; ja er lädt noch zum Nehmen und Empfangen ein. Er hat für alle eine Gabe, auch für die Abtrünnigen. Sollte solch eine Seele unter uns sein, eine Seele, die bisher nichts hat von ihm wissen wollen, die dem Teufel und der Welt gedient hat oder aus der ersten Liebe gefallen und zum zweiten Male auf Abwege geraten ist, sollte eine solche abtrünnige Seele unter uns sein: auch für dich hat der Heiland Gaben empfangen. Er nimmt dich wieder an, so komm nur heute. Seht doch, was wir am Heiland haben! Ach, wenn es uns zu Herzen ginge, was könnten wir bei ihm finden! Darum laßt euch doch bekehren, ihr Sünder! Wendet euch zu ihm, aller Welt Ende, so werdet ihr leben.

Gott gebe, daß alle suchen und bitten und anklopfen; es wird allen aufgetan. Wir werden finden, was wir nötig haben. Es wird ein Licht in uns aufgehen, daß uns die Wohlfahrtsstege zeigen wird. Das gebe Gott um des großen Namens Jesu willen, das gebe er um seines ewigen Königreichs willen, das gebe er um seines göttlichen Hohepriestertums willen, das gebe er auch um deswillen, weil er Gaben empfangen hat sogar für die Abtrünnigen! Amen.

42. Am Sonntag Exaudi

So seid nun mäßig und nüchtern zum Gebet. Vor allen Dingen aber habt untereinander eine inbrünstige Liebe; denn die Liebe deckt auch der Sünden Menge. Seid gastfrei untereinander ohne Murren. Und dienet einander, ein jeglicher mit der Gabe, die er empfangen hat, als die guten Haushalter der mancherlei Gnade Gottes: so jemand redet, daß er's rede als Gottes Wort; so jemand ein Amt hat, daß er's tue als aus dem Vermögen, das Gott darreicht, auf daß in allen Dingen Gott gepriesen werde durch Jesus Christus, welchem sei Ehre und Gewalt von Ewigkeit zu Ewigkeit! Amen. 1. Petr. 4, 8 - 11

Unsere Epistel fängt so an: „So seid nun mäßig und nüchtern zum Gebet." Das Wörtlein „nun" weist aber auf das zurück, was der Apostel Petrus unmittelbar vorher gesagt hat, nämlich auf den siebenten Vers des vierten Kapitels seines ersten Briefes, der so lautet: „Es ist aber nahe gekommen das Ende aller Dinge." Deswegen meint er, sollen seine Leser mäßig und nüchtern sein zum Gebet, weil die Welt mit gewaltigen Schritten ihrem Ende entgegen geht, und weil alle, die auf dem breiten Weg wandeln, unausbleiblich dem Verderben zueilen, und nur die, die sich auf dem schmalen Pfad befinden, das Ende aller Dinge mit Ruhe und Freudigkeit erwarten können. Dabei wollen wir auch länger stehenbleiben und miteinander davon reden,

was die Überzeugung, daß das Ende aller Dinge nahe gekommen sei, in uns wirken soll.

Wir wollen betrachten

I. die Wahrheit des Ausspruchs, daß das Ende aller Dinge nahe gekommen sei, und erwägen,

II. **was die Überzeugung davon in uns wirken soll.**

Herr Jesus, Dein Tag kommt und eilt heran. Wir bitten Dich, rüste uns aus, damit wir nicht an Deinem Tage vor Deinem Angesicht beschämt werden oder zittern müssen. Reiße uns aus allem, was uns hinderlich ist, heraus, aus aller Trägheit und Schläfrigkeit, damit wir uns aufmachen und Sorge dafür tragen, daß uns Dein Tag nicht unvorbereitet überrasche wie ein Dieb in der Nacht, sondern unsere Lichter dann brennen und unsere Lenden umgürtet sind und wir Dir mit hellen Lampen entgegen wandeln. Tue das an uns allen, Herr Jesus! Amen.

I. „Es ist nahe herbeigekommen das Ende aller Dinge", ein bedenklicher, wichtiger Ausspruch, der zum voraus unsere Aufmerksamkeit in Anspruch nehmen und jeden zur Frage veranlassen sollte, was wohl die Schrift unter diesem Wort verstehe. Wenn man einem Gefangenen von dem Ende seiner Gefangenschaft sagen würde, so würde er wohl aufmerken; und gesetzt auch, er wäre seine Gefangenschaft gewohnt und fühlte sich nicht mehr so unglücklich, so würde sich doch aus seiner Brust die geschwinde Frage hervordrängen: wann wird dies geschehen? Wann werde ich meine Bande und meine Ketten los werden? Oder wenn jemand in gefährlicher, schmerzlicher Krankheit daniederläge, und der Arzt würde ihm sagen, daß seine Krankheit sich gebrochen habe und er der Genesung mit vollen Schritten entgegengehe, mit welcher Freude würde er diese Botschaft aufnehmen, wie willig würde er alle Mittel ergreifen, die seine Genesung fördern helfen! Seht, so machen wir es bei Dingen, die auf diese Welt Bezug haben. Aber wenn die Heilige Schrift ein Mal über das andere unter die Menschenkinder, sowohl unter die, die sich glücklich, als auch unter die, die sich unglücklich fühlen, hinein ruft: „Merkt auf, ihr Menschenkinder, denn es ist nahe herbeigekommen das Ende aller Dinge!" so findet sie nur wenige Leute, die mit Ernst darauf merken. Die meisten vergessen es wieder, ehe sie es recht gehört und gelesen haben. Vielen gibt es einen augenblicklichen Eindruck; dies Wort wirft geschwind einen Schein in ihre Finsternis hinein, der aber, wie er gekommen war, so auch wieder verschwindet. Hin und wieder freilich trifft es auch eine Seele, eine niedergedrückte, eine unter dem Dienst der Eitelkeit und dem Trug des vergänglichen Wesens nach der Freiheit der Kinder Gottes sich sehnende Seele, die bei sich selbst dann denkt: gottlob, daß es ein Ende gibt! Ach, wenn es nur bald käme! Wenn nur bald das Erste verginge und alles neu würde, so würden ja auch die Ketten, womit ich noch gefesselt bin, springen und von mir herunterfallen, so würde mich ja mein Heiland völlig zur Freiheit, in die Freiheit seines himmlischen Jerusalems einführen können.

Woher kommt es doch, daß dieses Wort von dem herannahenden Ende aller Dinge so wenig Aufmerksamkeit unter den Menschenkindern findet? Der Grund dafür ist verschieden. Vielen ist es eben ein gar unbequemes Wort. Die Dinge, deren Ende herbeikommen soll, gefallen ihnen noch zu sehr, sie sind in der Lust an ihnen gefangen, ihr Herz hängt daran; darum mögen sie die Heilige Schrift nicht vom Untergang dieser Dinge reden hören, und weil sie es nicht hören mögen, so hören sie es auch nicht. Was meint ihr wohl, wenn man einem Menschen, der sich glücklich fühlt im Besitz dieses oder jenes Gutes, das Ende seines Glücks verkündigen würde, oder wenn man einem Geizigen, dessen Blick sich an seinem Geld und Gut weidet – doch dürft ihr nicht glauben, daß nur das Geizige sind, die Geld und Gut die Fülle haben; es gibt noch viel mehr Geizige, bei denen es bei der Begierde oder beim Wunsch zu besitzen bleibt – aber gesetzt, man sagte einem Geizigen: nimm dich in acht, dein Geld wird dir unter den Händen zerrinnen, ehe du es dich versiehst, die Diebe werden nachgraben und dir es stehlen, das Feuer wird dein Besitztum verzehren – was meint ihr wohl, mit welcher Miene er das aufnehmen würde? Würde er nicht unwillig die Ohren wegwenden und den Geiz nur um so tiefer in seine Seele hineinfressen lassen und nur um so fester und mit desto ungeteilterem Herzen und mit brennender Begierde das Gut umfassen, an dem seine Seele hängt, je mehr er befürchten müßte, daß es ihm entrissen werde? Oh, eben dieser Umstand hemmt die Kraft des Wortes der Wahrheit an den Herzen der Menschen viel mehr, als man glaubt. Darum verschließen sie der Wahrheit die Ohren und öffnen sie den Fabeln; darum, weil die Fabeln den Menschen lassen, wie er ist, das Wort der Wahrheit aber alle falsche Liebe und Anhänglichkeit in seinem Herzen zerstören will. Deswegen hört er lieber solche Worte, die ihn nicht beunruhigen, die ihn in seinem Sumpf, in den er sich hineingearbeitet hat, liegen lassen, als solche Worte, die ihn erschrecken und mit gewaltiger Hand rütteln und schütteln. Solchen Leuten also ist es zu unbequem, sich durch das Wort vom Ende aller Dinge in ihrer behaglichen Ruhe stören zu lassen. Bei vielen ist es auch der Gedanke, daß man schon so lange von dem herannahenden Ende aller Dinge geredet habe, und es sei doch nicht eingetroffen. Ja, sie gehen oft noch weiter und treten frech auf und sprechen: „Wo bleibt denn die Verheißung seiner Zukunft? Nachdem die Väter entschlafen sind, bleibt es alles, wie es vom Anfang der Kreatur war und gewesen ist.“ Seit achtzehnhundert Jahren predigt man schon: „das Ende kommt“, und es ist noch nicht eingetroffen. Was ist denn nun alles das Geschwätz von dem Ende aller Dinge? Pfaffenmärchen sind's, um das Volk zu schrecken und in der Ordnung zu erhalten, die aber der denkende Mensch verachten muß. Seht, solche Sprache führt man in unseren Tagen, und so wird von dem einen auf diese, von dem andern auf jene Weise das große Wort der Heiligen Schrift, daß das Ende aller Dinge herbeieile, überhört, verachtet, verworfen, verstoßen, zu Boden getreten, und der Mensch tut und handelt, hantiert, kauft und verkauft, belustigt und vergnügt sich, scherzt und lacht, schläft und wacht, treibt sich in dieser Welt herum, als wenn sie für die Ewigkeit stehen bliebe und er auch darin.

Laßt euch nicht irren, liebe Brüder und Schwestern, es ist Wahrheit und bleibt Wahrheit, was hier die Schrift sagt: „Es ist nahe herbeigekommen das Ende aller Dinge." Wer kann sagen, daß die Heilige Schrift lüge? Sie hat noch nie gelogen. „Himmel und Erde vergehen, aber des Herrn Wort bleibt in Ewigkeit." Und ist es denn nicht natürlich, daß diese Dinge, die in der Zeit ihren Anfang genommen haben, mit der Zeit vergehen? Nicht rede ich hier von der unsichtbaren Geisterwelt, denn was unsichtbar ist, das ist bleibend. Auch der Apostel Petrus meint, wenn er von dem Ende aller Dinge redet, nicht die unsichtbaren, sondern die sichtbaren Dinge. Diese sind dem Untergang unterworfen und müssen aufhören. Siehe, lieber Mensch! Alles, was dich umgibt, bleibt nicht und besteht nicht. Dieses Gebäude, diese Stadt, dein Haus, deine Geräte, dein Geld und Gut, deine Felder, deine Bücher, deine Titel, deine Würden und Ämter, deine Vorräte, die du vielleicht auf viele Jahre gesammelt hast, kurz alles, was deine Seele ergötzt, dein Leib, der dir am nächsten ist, diese Erde, die Sonne, die Wolken, die Luft, das Wasser, alles, alles, was um dich her ist, wird vergehen und zerstäuben. Hast du das auch schon bedacht, daß das alles, woran sich dein Auge weidet oder was deinen Sinnen schmeichelt, vergehen und durch die Glut des Feuers in Rauch aufgehen wird? Ach, wie wenige werden hier sein, die das schon ernstlich erwogen und bedacht haben. Man läuft so in der Torheit dahin und beachtet's nicht und nimmt es nicht zu Herzen. So groß ist unsere Blindheit und Verkehrtheit. Was würden wir von einem Missetäter denken, dem sein Todesurteil bekannt wird, und der sich nicht darum bekümmern, der es stumpf und gleichgültig anhören würde? Wir aber sind die Missetäter, stumpf und gleichgültig hören wir es an, wenn das Todesurteil über die ganze sichtbare Welt und der Feuertod über alles ausgesprochen wird, woran unsere Seele so gern klebt und hängt. Und doch sind uns ewige Güter angeboten, die aus der Fülle Christi fließen, und wir laufen dahin im Traum und betrügen uns selbst, als ob das Sichtbare ewig währte und Bestand hätte, und wissen nicht, ob der Herr heute oder morgen dem Wesen dieser Welt ein Ende macht.

Aber du fragst: wann wird dann das Ende aller Dinge kommen? Antwort: am großen Tag des Herrn Jesus, wann erfüllt werden wird, was die Engel gesagt haben bei der Himmelfahrt: „Wie ihr ihn gesehen habt gen Himmel fahren, so wird er wiederkommen", wenn Jesus, der von den meisten längst vergessene Jesus erscheinen wird, wenn er aus seiner langen Verborgenheit hervortreten und herniederkommen wird mit der Posaune des Erzengels, mit einem Feldgeschrei. Das wird der große Tag des Vergehens der sichtbaren Welt sein, wenn der Unsichtbare in aller seiner Macht und Herrlichkeit sichtbar wird, dann wird die sichtbare, zerbrechliche Welt nicht mehr bestehen können. Jetzt schimmert und glänzt sie, sie fesselt und bezaubert das Herz, sie macht den Menschen zu ihrem Sklaven. Wenn aber die Sonne, die wahre Sonne wird hervortreten, die Sonne, gegen die die sichtbare Sonne nur ein Fünklein Lichts ist, dann wird der Zauber der Dinge dieser Zeit verschwinden wie ein Nebel, wie ein leeres Traumbild; dann wird kein Schein und Schatten, sondern nur Wesen und Leben offenbar werden. Wer wird aber den Tag seiner Zukunft erleiden mögen, und wer wird bestehen, wann er erscheinen wird? Denn jener Tag wird sein wie der Tag eines Goldschmieds und wie die Seife der Wäscher. „An jenem Tage werden die Himmel vergehen mit großem Krachen, und die Elemente werden vor Hitze zerschmelzen, und die Erde und die Werke, welche darinnen sind, werden verbrennen." Da siehe zu, daß dir deine Schätze nicht mit verbrennen. Armer Mensch, der du diese Welt und was darin ist zu deinem Gott gemacht hast, was willst du denn machen, wenn dein Gott dir in Feuer und Rauch aufgeht? Oder glaubst du, es werde auch irgend etwas verschont bleiben, was deine Seele lieb hat, woran sie sich gehängt hat? Oder meinst du, die Werke deiner Hände, die du mit so viel Wohlgefallen betrachtest, weil es Werke deiner Hände sind, werden bestehen? Das sei ferne. Was deine Seele lieb hat, wenn es irdisch und sichtbar war, wird und muß vergehen. In dem Licht dieser Wahrheit sollten wir die Welt betrachten, im Andenken daran sollten wir in ihr wandeln, das sollte der Grundgedanke sein, mit dem wir alle Dinge dieser Welt behandeln: sie werden aufgespart zum Feuer, sie müssen und werden verbrennen – dann würden wir weise zur Seligkeit.

Aber, fragst du, warum ist denn diese sichtbare Welt zum Feuer aufgespart, warum muß denn alles, was uns umgibt, vergehen? Das kommt daher, Gott hat keine Freude daran, nur der arme, sündige Mensch spiegelt sich eine Zeitlang in diesen Dingen und freut sich ihrer und übt seine

Augenlust aus; aber Gott hat keine Freude daran. Es hat sich so viel Sünde mit den Dingen dieser Welt vermengt, es klebt so viel Ungerechtigkeit daran; das Blut so mancher Brüder ist auf diese Erde geflossen seit Abels Blut; die Menschen haben so viel Wollust getrieben mit den irdischen Dingen; so manche Seufzer aus diesem Jammertal sind aufgestiegen zu dem Vater der Lichter; die Sünde ist hereingedrungen und die Erde ist eine Behausung der Teufel, der unreinen Geister geworden; so viele schandbare Worte, so viele Flüche und Lästerungen Gottes, so viele Ärgernisse und Verführungen zum Bösen haben sich in dieser Welt eingenistet. Oh, denke ich nur an die vielen Bücher, wodurch die Menschen zur Sünde verführt, zur Unreinigkeit gereizt worden sind, wodurch Gott und sein Gesalbter gelästert wurde, so muß ich sagen: wenn sonst nichts wäre, so müßte bloß um dieser willen ein Tag kommen, wo diese unreinen und gottlosen Werke der Menschen durchs Feuer verzehrt werden. Aber es ist nicht nur das; es ist noch so viel Böses, noch so viel Ärgernis, noch so viel Greuliches, das den Tag scheut und sich in Finsternis verkriecht und sich in den Schleier der Nacht wickelt, weil es wähnt, dort sicherer bedeckt zu sein, weil es meint, dort ungesehen hausen zu können, da doch die Augen des allwissenden Gottes darauf gerichtet sind. Um dieser Ärgernisse willen, um des Fluches willen, der schon bei der Sünde des ersten Sünders über diese Erde ausgesprochen wurde, wird ein Tag kommen, wo alle diese Dinge ein Ende nehmen werden. Es soll eine neue Erde werden, die von der Sünde gereinigt ist, von der man sagen kann: „Siehe da eine Hütte Gottes bei den Menschen." Nach diesem Ende des irdischen Jammers, nach dem Ende der Jahre der Dienstbarkeit, nach dem Anbruch des Tages der Freiheit seufzt die Kreatur; denn das ängstliche Harren der Kreatur wartet auf die Offenbarung der Kinder Gottes, nicht allein aber sie, sondern auch die, die des Geistes Erstlinge haben, seufzen danach. „Wir warten“, spricht Petrus, „eines neuen Himmels und einer neuen Erde nach seiner Verheißung, in welchen Gerechtigkeit wohnt“, und schon längst spricht die Gemeinde, die Braut Christi: „Komm, Herr Jesus!“ So sehnt sich die ganze Schöpfung nach dem Tag der Erlösung. Nur der Mensch, der das Geschöpf mehr liebt als den Schöpfer, verblendet durch den Zauber Satans, der seine Augen und übrigen Sinne mit der Eitelkeit der irdischen Dinge fesselt, nur der Mensch seufzt nicht danach, sondern erschrickt davor, daß er seine Behausung verlassen, daß das Wesen dieser Zeit, die Ungerechtigkeit dieser Welt vergehen und diese arme Erde mit all ihren Schätzen und Freuden verbrennen soll. Mag es ihm aber auch widerlich und ärgerlich sein: das Seufzen der Kreatur, das Gebet der Gläubigen, die Sehnsucht aller Engel und aller vollendeten Gerechten wird erfüllt und dem Elend ein Ende gemacht werden; der Tag der ewigen Freiheit wird hereinbrechen mit hellem Morgenglanz.

Aber wie viele werden wohl hier sein, die das von Herzen glauben, was ich bisher gesagt habe? Und wie viele unter denen, die es glauben, werden vielleicht in ihrem Inneren denken: ach, das kann noch lange anstehen; ich will indessen in den Weinberg gehen; ich will indessen kochen und waschen und andere häusliche Arbeiten verrichten, schlafen, essen und trinken, da und dort hingehen, genießen, was zu genießen ist; es ist heute noch nicht gerade aller Tage Abend. Lieber Mensch, hör doch, was der Apostel sagt: „Das Ende ist nahe herbeigekommen.“ Dies sagte er vor achtzehnhundert Jahren, wie viel näher muß es uns jetzt sein! Der Apostel Petrus wußte so wenig als wir, welche Stunde der Vater seiner Macht vorbehalten habe. Aber das hat er gewußt, daß der Herr vor der Türe stehe und jeden Augenblick kommen könne; das hat er gewußt, was wir auch wissen, daß des Herrn Tag kommen wird wie ein Dieb in der Nacht, daß er gerade dann erscheinen wird, wenn jedermann spricht: „Es ist Friede und hat keine Gefahr", wenn sie es machen wie zu der Zeit Noahs, wo sie in der tiefsten Sicherheit begraben lagen und aßen und tranken und freieten und ließen sich freien, und scherzten und lachten und spielten, und dachten nicht an das Ende und an die Drohungen des Predigers der Gerechtigkeit, und machten es ebenso, wie man es in unseren Tagen im Großen und Kleinen auch macht. Der Apostel Johannes ruft in seinem Brief aus: „Liebe Kindlein, es ist die letzte Stunde!" Dies ist zwar eine lange Stunde; aber eine Stunde ist eine Zeit, und eine Zeit läuft zu Ende, und es ist gegenwärtig die letzte Zeit in der großen Weltuhr. Denn zwischen der Himmelfahrt Christi und zwischen der zweiten Erscheinung des Heilands liegt nichts, was man einen Zeitlauf nach göttlichem Maßstab nennen könnte. Das ist die Zeit des Neuen Bundes, die Zeit des Kreuzreiches, die Zeit der Bekehrung der Sünder, die Zeit, in der man noch Buße tun und seine Seligkeit schaffen kann mit Furcht und Zittern. Wenn aber diese Stunde abgelaufen ist, kommt der Herr, und mit ihm das Ende aller Dinge. Darum siehe zu, daß du von des Herrn Tag nicht übereilt werdest in der Sünde; siehe zu, daß das Ende aller Dinge nicht herbeikomme, während du dich in dieselben vertieft hast; siehe zu, daß dir deine Freude, dein Schatz, dein Gut nicht unter den Händen verbrenne und dich selbst mit ins Verderben reiße.

II. Das Ende aller irdischen Dinge ist nahe herbeigekommen. Was soll diese große Wahrheit für einen Sinn in uns pflanzen? Wenn die Menschen, die vor der Sintflut lebten, der Predigt Noahs geglaubt hätten, meinst du, sie würden gegessen und getrunken und gefreit haben und sich haben freien lassen, ohne sich auch nur ein wenig über die Zukunft und ihr Seelenheil zu besinnen? Meinst du, sie würden so viel Gewicht auf die Dinge dieser Welt gelegt haben, die da vergehen und ihnen entrissen werden sollten? Ach, sie hätten gewiß all die Dinge nicht der Beachtung wert gehalten und sie mit Füßen getreten, und nur dafür Sorge getragen, daß sie ihre Seelen erretten möchten aus der allgemeinen Verwüstung und Zerstörung. Aber sie glaubten nicht an das Wort Gottes und ließen sich durch seinen Geist nicht bestrafen; daher mußten sie mit der Welt, die da verging, elend dahinfahren. Und wenn man den Menschen zu Sodom und Gomorra gesagt hätte: morgen wird Feuer und Schwefel vom Himmel fallen und eure Stadt verderben und vom Erdboden vertilgen, meint ihr, sie hätten ihre Schandtaten und Frevel fortgetrieben, wenn sie dem Wort Gottes geglaubt hätten? Nun seht, der Apostel sagt es uns: „Das Ende ist nahe herbeigekommen", und wir laufen auf den Gassen zu Sodom umher und vergnügen uns an den Lustgütern, die zu Sodom sind, und wissen doch, daß heute oder morgen der Boden unter unseren Füßen zusammenbrechen kann, auf dem wir uns zu belustigen suchen, sehen ruhig der Zukunft entgegen, und die wenigsten denken daran, ihre Seele zu retten. Die Gemeinde, die hienieden der Ewigkeit entgegengeht, pilgert hauptsächlich mit zwei Gedanken in der Seele ihre Straße; einmal, daß sie sich rein und unbefleckt erhalten möchte von den Sünden zu Sodom, da sie leben muß; fürs andere, daß sie auf den Herrn wartet und seine Erscheinung lieb hat. Wir sind Christen, wir sind Knechte, die wissen, daß der Herr kommt. Wir sind Christen und wissen, daß die Welt vergeht mit ihrer Lust. Sollten wir nicht im Geiste ringen, los zu werden mehr und mehr von der Welt und ihren Dingen und dem Herrn entgegenzugehen mit einem Sinn, der nur nach dem trachtet, was ihm wohlgefällig ist? Ach, wer hat den Sinn oder wer seufzt wenigstens nach solch einem Sinn, den folgender Vers ausspricht:

Wir sind Christen, die sich rüsten,
Mit dem Herrn der Herrlichkeiten
Dort zu prangen, hier zu streiten.

Aber wie sollen wir uns denn rüsten, damit wir an dem Tag des Herrn bestehen können? Darüber gibt uns unsere Epistel die beste Anweisung: „Seid mäßig und nüchtern zum Gebet." Die jetzige Gestalt der Kinder Gottes ist gleich den Menschen, die auf ihren Herrn warten, auf daß, wenn er kommen wird, er sie bereit finde, und ihre Lichter brennen und ihre Lenden umgürtet seien. Darum wiederholt sich in der Heiligen Schrift so oft die Ermahnung: „Wachet und betet", denn durchs Gebet bleibt man in Verbindung mit ihm, auch wenn er ferne ist. Durch das Gebet wird das geistige Leben erhalten und vor dem Einschlafen gesichert. Das Gebet ist der Odem des geistigen Lebens; wer nicht betet, der lebt auch nicht. Freilich heißt bei gewissen Menschen alles beten. Sie lesen in einem Buch, und das heißt beten; sie sagen Formeln her, die sie nicht verstehen, deren Sinn sie nicht überdacht haben, und sind, während sie sie hersagen, mit ihren Gedanken bei ihren Geschäften, bei ihren Gesellschaften, in der Werkstätte, auf dem Felde, im Stalle, in der Schreibstube und wo es sonst noch sein mag. Das heißt aber nicht gebetet; wenigstens ist es nicht im Geist und in der Wahrheit gebetet. Das Gebet aber ist stets von zweierlei Art gewesen: einmal, wenn man sich ausdrücklich – Zeit dazu nimmt, mit dem Herrn zu reden, wenn man in das Kämmerlein geht, wenn man sich vor ihm beugt und demütigt und sein Herz ausschüttet vor ihm, der auch ins Verborgene schaut; fürs andere ist auch dies Gebet zu nennen, wenn man in beständigem Umgang mit dem Herrn bleibt, auch unter den Geschäften und Arbeiten immer wieder mit verborgenen Seufzern sein Angesicht sucht und sich so von seinen Augen und seiner Nähe leiten läßt. Beides ist notwendig, wenn das innere Leben erhalten werden soll, wenn man das Ende vor Augen haben und behalten soll.

Zu solch einem Gebetsleben gehört Nüchternheit und Mäßigkeit, nicht daß man dem Leibe das Notwendige entziehen soll. Dies verlangt der Herr und die Apostel nicht, und es ist wahr, was in einem Lied von den Kindern Gottes geschrieben steht:

Sonst sind sie wohl Adams natürliche Kinder
Und tragen das Bildnis des Irdischen auch;
Sie leiden am Fleische, wie andere Sünder,
Sie essen und trinken nach nötigem Brauch;
In leiblichen Sachen, im Schlafen und Wachen
Sieht man sie vor andern nichts Sonderlich's machen,
Nur daß sie die Torheit der Weltlust verlachen.

Wer aber des Gaumens pflegt, wem der Bauch sein Gott ist, wie mag dieser geschickt sein, sich zu rüsten auf den Tag des Herrn! Oh, es ist die Nüchternheit des Geistes ein großer Gewinn, wenn das Herz im stillen auf den Herrn gerichtet ist und in der rechten Fassung bleibt und sich nicht durch Leidenschaften, durch sündliche Aufwallungen, durch Sorgen und Lüste aus dem Gleichgewicht werfen läßt. Dies ist aber etwas gar Seltenes; denn wie mancher legt sich mit Sorgen zu Bett und steht mit ihnen wieder auf! Wie mancher wird den ganzen Tag von seinen Leidenschaften umgetrieben, so daß kein lebendiger Gedanke an Gott in ihm aufsteigen kann! Da ist dann Groll und Neid, der den Nächsten mit mißgünstigen Augen betrachtet, und wie mancher wird von der unreinen Lust viele Tage und Nächte hindurch geplagt, so daß seine Phantasie mit allerlei greulichen Bildern erfüllt und bevölkert ist! Das ist das Gegenteil von Nüchternheit, und wer solche Dinge in sich nährt und nicht von ihnen los zu werden sucht durch die Kraft des Blutes Christi, der ist tot in Sünden und reif zum Feuer. Ach, liebe Brüder, „wachet und betet, damit ihr nicht in Anfechtung fallet; denn der Teufel geht umher und sucht, welchen er verschlinge."

Mache dich, mein Geist, bereit,
Wache, flehe, bete,
Daß dich nicht die böse Zeit
Unverhofft betrete;
Denn es ist Satans List
Über viele Frommen
Zur Versuchung kommen.

Nun geht der Apostel weiter und spricht: „Vor allen Dingen aber habt untereinander eine inbrünstige Liebe; denn die Liebe deckt auch der Sünden Menge." Es soll unter Christen nicht so sein wie unter den Heiden, wo sich einer nur dem gegenüber freundlich tut, der sich auch zu ihm hält, oder einem anderen wohl einen Gefallen erweist, der ihn nicht viel Mühe und Aufopferung kostet; sondern die Liebe soll inbrünstig sein. Inbrünstige Liebe aber verträgt alles, glaubt alles, hofft alles, duldet alles. Von dieser Liebe weiß die Welt nichts, von der Liebe, die auch der Sünden Menge deckt, und doch ist *sie* nur die rechte Vorbereitung auf den Tag der Erscheinung Jesu Christi; denn wenn alles vergehen und alles sein Ende erreichen wird, so wird doch noch die Liebe bleiben und triumphieren; denn „Gott ist die Liebe, und wer in der Liebe bleibt, der bleibt in Gott und Gott in ihm."

Neben der Liebe empfiehlt der Apostel auch noch die

Gastfreundschaft. „Seid gastfrei untereinander ohne Murren", spricht er. Wenn die ersten Christen in den Verfolgungen, die über sie ergingen, von Haus und Hof vertrieben wurden und keine Bleibe mehr hatten, sondern von Dorf zu Dorf, von Stadt zu Stadt fliehen mußten, so taten sich ihnen die Häuser der Brüder auf, und die Gastfreundschaft wurde hoch gehalten und fleißig geübt. Es ließe sich vieles darüber sagen, wie auch wir Gastfreundschaft üben können gegen Nahe und Ferne, gegen Christen und Heiden, gegen Juden und Türken, gegen Alte und Junge, für uns und mit andern; denn Gelegenheiten bieten sich genug dar, es fehlt nicht an Anstalten, in denen solche Gastfreundschaft geübt wird, wo nicht nur das leibliche Brot, sondern auch das Manna, vom Himmel gekommen, angeboten wird. Darum wenn ihr Gäste ladet, so ladet nicht solche, die euch wieder laden, sondern geht hin, und ladet die Armen und die Lahmen, die Krüppel, die Blinden, die Tauben, die geistlich und leiblich Kranken, damit ihr Kinder seid eures Vaters im Himmel.

„Und dienet einander, ein jeglicher mit der Gabe, die er empfangen hat, als die guten Haushalter der mancherlei Gnade Gottes: so jemand redet, daß er's rede als Gottes Wort; so jemand ein Amt hat, daß er's tue als aus dem Vermögen, das Gott darreicht, auf daß in allen Dingen Gott gepriesen werde durch Jesus Christus." Die christliche Gemeinde soll sich zu einem geistlichen Hause, zum Tempel Gottes, erbauen, und dazu soll nun jeder in seinem Teil auch beitragen. Bei der Erstellung eines Gebäudes können nicht alle die Steine behauen, nicht alle Holz herbeitragen, nicht alle die Mauern hochziehen; aber jeder in seinem Teil muß tun, was seines Amtes ist. So sollte es auch bei denen sein, die auf den Herrn warten. Der Beruf jedes einzelnen sollte zum Gottesdienst, jedes Hauswesen zu einem Tempel werden, weil der Herr im Anzug ist, weil jeder Rechenschaft geben muß von dem Amt, in das er gesetzt ist. Ach, wie lieblich wäre es, wenn die Christenheit eine solche Gestalt gewänne, wenn so in allen Dingen Gott gepriesen würde durch Jesus Christus!

Lieber Zuhörer, suche die Barmherzigkeit Gottes in Jesus Christus recht zu schmecken und zu erfahren, dann wirst du auch reich werden an Erbarmen und aus dem Erbarmen heraus reden, aus dem Erbarmen heraus lieben, aus dem Erbarmen heraus leben, aus Erbarmen gastfrei sein, aus Erbarmen dienen und dich in allen Dingen als einen rechten Nachfolger des barmherzigen Herrn darzustellen suchen. Das ist ein seliger Stand, wenn man mit dem Erbarmen Gottes steht und geht, sitzt und liegt, wacht und schläft; dann kann man das Ende aller Dinge ruhig erwarten; dann kann man alles andere wohl missen und fallen und sinken sehen; denn eines bleibt ja fest stehen, wenn auch Erd und Himmel untergeht, Gottes ewiges Erbarmen in Christus Jesus, unserm Herrn. Darum

Kommt, Kinder, laßt uns gehen,
Der Abend kommt herbei,
Es ist gefährlich stehen in dieser Wüstenei.
Kommt, stärket euern Mut, zur Ewigkeit zu wandern,
Von einer Kraft zur andern:
Es ist das Ende gut.
So wollen wir's denn wagen,
Es ist wohl wagenswert,
Und gründlich dem absagen,
Was aufhält und beschwert.
Welt, du bist uns zu klein,
Wir gehn durch Jesu Leiten
Hin in die Ewigkeiten,
Es soll nur Jesus sein. Amen.

43. Am Pfingstfest
(Erste Predigt)

Und als der Tag der Pfingsten erfüllt war, waren sie alle einmütig beieinander. Und es geschah schnell ein Brausen vom Himmel wie eines gewaltigen Windes und erfüllte das ganze Haus, da sie saßen. Und es erschienen ihnen Zungen, zerteilt, wie vom Feuer; und er setzte sich auf einen jeglichen unter ihnen; und sie wurden alle voll des Heiligen Geistes und fingen an, zu predigen mit andern Zungen, nach dem der Geist ihnen gab auszusprechen. Es waren aber Juden zu Jerusalem wohnend, die waren gottesfürchtige Männer aus allerlei Volk, das unter dem Himmel ist. Da nun diese Stimme geschah, kam die Menge zusammen und wurden bestürzt; denn es hörte ein jeglicher, daß sie mit seiner Sprache redeten. Sie entsetzten sich aber alle, verwunderten sich und sprachen untereinander: Siehe, sind nicht diese alle, die da reden, aus Galiläa? Wie hören wir denn ein jeglicher seine Sprache, darin wir geboren sind? Parther und Meder und Elamiter, und die wir wohnen in Mesopotamien und in Judäa und Kappadozien, Pontus und Asien, Phrygien und Pamphylien, Ägypten und an den Enden von Libyen bei Kyrene und Ausländer von Rom, Juden und Judengenossen, Kreter und Araber: wir hören sie mit unsern Zungen die großen Taten Gottes reden. Sie entsetzten sich aber alle und wurden irre und sprachen einer zu dem andern: Was will das werden? Die andern aber hatten's ihren Spott und sprachen: Sie sind voll süßen Weins. Da trat Petrus auf mit den Elfen, erhob seine Stimme und redete zu ihnen: Ihr Juden, liebe Männer, und alle, die ihr zu Jerusalem wohnet, das sei euch kundgetan, und lasset meine Worte zu euren Ohren eingehen. Denn diese sind nicht trunken, wie ihr wähnet – sintemal es ist die dritte Stunde

am Tage –; sondern das ist's, was durch den Propheten Joel zuvor gesagt ist: „Und es soll geschehen in den letzten Tagen, spricht Gott, ich will ausgießen von meinem Geist auf alles Fleisch; und eure Söhne und eure Töchter sollen weissagen, und eure Jünglinge sollen Gesichte sehen, und eure Ältesten sollen Träume haben; und auf meine Knechte und auf meine Mägde will ich in denselben Tagen von meinem Geist ausgießen, und sie sollen weissagen.

Apg. 2, 1 - 18

Ungefähr vier oder fünf Jahre vor dem Pfingstfest war ein Mann an den Ufern des Jordans, der hieß Johannes. Dieser predigte Buße und Vergebung der Sünden; er verkündigte den Anbruch des Reiches Gottes und taufte mit Wasser. „Ich taufe euch", sprach er, „mit Wasser, es kommt aber ein Stärkerer nach mir, dem ich nicht wert bin, seine Schuhriemen aufzulösen, der wird euch mit dem Heiligen Geist und mit Feuer taufen." Was Johannes damals geweissagt hatte, das ist nun wirklich an dem großen Pfingstfest eingetroffen. Der Herr der Herrlichkeit war aufgefahren in den Himmel; er hatte sich gesetzt zur Rechten Gottes und hatte Gaben empfangen für die Menschen. Die erste Gabe aber war der Geist der Wahrheit, die Feuertaufe, die über seine Jünger ausgegossen wurde. Das Andenken daran feiern wir am heutigen Pfingstfest. Ach, daß es doch dem Herrn gefiele, auch unsere Herzen, mein Herz und eure Herzen zu taufen mit dem Heiligen Geist und mit Feuer und mit Kraft aus der Höhe! Wir wollen zu unserer gemeinsamen Erbauung

I. die Geschichte des heutigen Festtags betrachten,
II. einige Anwendungen auf uns selbst machen.

Herr Gott, Heiliger Geist, kehre bei uns ein! Herr Jesus, der Du Macht hast über alles Fleisch, alles Fleisch verdorrt, wenn Du nicht Deinen Heiligen Geist über dasselbe ausgießt! Lebendiger und lebendig machender Geist, mache uns lebendig, damit wir nicht sterben, nicht ewiglich sterben. Amen.

I. Es ist merkwürdig, daß die Ausgießung des Heiligen Geistes an einem der drei hohen Feste geschehen ist, an dem Israel zusammenkam und auch die in der Ferne wohnenden Juden nach Jerusalem hinaufzogen, um die herrlichen Gottesdienste anzuschauen und in dem Tempel Jehova Lob und Anbetung darzubringen. Wie die tiefste Erniedrigung des Sohnes Gottes, seine Überlieferung in die Hände seiner Feinde, wie seine Verspottung, seine Geißelung, seine Kreuzigung fast vor den Augen des ganzen Israels geschah am Fest der Ostern, so sollte auch seine Erhöhung vor den Augen der Welt, seine Verklärung durch den Heiligen Geist an einem hohen Fest erfolgen, damit alle Welt erkennen möchte, er sei der Herr der Herrlichkeit und habe ein neues Reich, ein Reich der Gnade und Erbarmung aufgerichtet und mit seinem Blut auf Golgatha versiegelt, also, daß es auch die Pforten der Hölle nicht überwältigen sollen. Das Pfingstfest wurde fünfzig Tage nach Ostern gefeiert. Ostern feiern die Juden, wie wir alle wissen, als Andenken an den Auszug aus der Dienstbarkeit Ägyptens. Fünfzig Tage darauf aber wurde ihnen auf dem rauchenden Berg Sinai das Gesetz gegeben, geschrieben auf steinerne Tafeln, das Gesetz, das die Herzen nicht ändern konnte, sondern nur ein Zaun wurde für die äußeren groben Missetaten. Ebenso nun, fünfzig Tage nach dem Tode Christi, wodurch er die Seinen erlöst und ausgeführt hat aus der Knechtschaft der Sünde, des Teufels, des Todes und der Hölle, ist erfüllt worden, was der Prophet weissagte *(Jer. 31, 31 ff.)*: „Siehe, es kommt die Zeit, spricht der Herr, da will ich mit dem Hause Israel und mit dem Hause Juda einen neuen Bund machen; nicht, wie der Bund gewesen ist, den ich mit ihren Vätern machte, da ich sie bei der Hand nahm, daß ich sie aus Ägyptenland führte, welchen Bund sie nicht gehalten haben, und ich sie zwingen mußte, spricht der Herr; sondern das soll der Bund sein, den ich mit dem Hause Israel machen will nach dieser Zeit, spricht der Herr: Ich will mein Gesetz in ihr Herz geben und in ihren Sinn schreiben; und sie sollen mein Volk sein, so will ich ihr Gott sein." Das neue Gesetz, das Evangelium, ist nicht in steinerne Tafeln, sondern in die Herzen eingeschrieben worden durch den Griffel des lebendigen Geistes am heiligen Pfingstfest des Neuen Bundes. Im Alten Bund wurde an jenem Tag die Haushaltung des Gesetzes aufgerichtet, am Pfingstfest der Christen aber die Haushaltung des Evangeliums. Da wurde die Kirche des Neuen Bundes gegründet. O wie fein tut Gott alles zu seiner Zeit! Er hat alles in Zeit und Ordnung gefaßt. „Wer hat des Herrn Sinn erkannt? Oder wer ist sein Ratgeber gewesen? Den Aposteln hätte die Zeit von der Himmelfahrt bis Pfingsten lang werden können. Sie hätten denken können: der Herr hat es doch verheißen, nicht lange nach diesen Tagen werden wir mit dem Heiligen Geist getauft werden, und nun sind schon zehn Tage vorbei. Aber so dachten sie nicht, sie überließen sich kindlich der Führung ihres zur Rechten Gottes erhöhten Herrn. Sie trauten seiner Weisheit, Macht, Wahrhaftigkeit, Liebe und Erbarmung und ließen sich das Warten nicht gereuen, und so kam dann endlich zu rechter Zeit die Verheißung des Vaters. Vielleicht ist auch eine solche Seele unter uns, die auf ihren Pfingsttag, auf die Gnadenheimsuchung des Herrn wartet, die vielleicht schon lange darum geschrien, geseufzt und gebetet hat. Aber nur getrost, nur unverzagt, lieber Mensch! Siehe, ein Pfingstfest sollst du nicht eher feiern als an dem Tag, da der Herr es für gut befindet. Laß nur nicht nach, zu bitten und auszuharren und die Zeit abzuwarten. Du wirst zuletzt sehen, wie sich der Herr an seinem großen Erntefest an dir verherrlicht. Am ersten Pfingstfest hat er bereits einen Teil seiner blutigen Aussaat eingeheimst. Da hat er ein Erntefest gefeiert von dem, was er mit blutigem Schweiß und schmachvollem Kreuzestod ausgesät hatte. Das war ein großer Erntetag. Ach, daß er auch unter uns eine rechte Ernte finden möchte!

„Am Tage der Pfingsten nun, als sie einmütig versammelt waren, geschah schnell ein Brausen vom Himmel wie eines gewaltigen Windes und erfüllte das ganze Haus." Wir dürfen, liebe Zuhörer, nicht glauben, daß dieser Wind der Geist selbst gewesen sei, dieser Sturm war vielmehr nur ein Vorbote und Anzeigen des Geistes, was auf die Apostel fiel. So offenbarte sich auch der Herr dem Elias. Eine Stimme sprach zu ihm: „Gehe heraus und tritt auf den Berg vor den Herrn." Und da er heraustrat, siehe, da war ein Sturm, aber der Herr war nicht im Sturm. Nach dem Sturm aber kam ein Erdbeben, aber der Herr war nicht im Erdbeben; und nach dem Erdbeben kam ein Feuer, aber der Herr war nicht im Feuer; und nach dem Feuer kam ein stilles, sanftes Sausen, also, daß Elias sein Antlitz verhüllte und anbetete. Nicht gewaltsam dringt der Geist des Herrn in die Seelen der Menschen ein, sondern er ist im stillen, sanften Sausen. Wenn du das in deinem Inneren merkst, dann ist die Zeit, daß du dein Angesicht verhüllst und hörst, was dir dein Gott zu sagen hat.

Da sah man nun Feuerzungen sichtbar werden, und „er setzte sich auf einen jeglichen unter ihnen, und sie wurden alle voll des Heiligen Geistes und fingen an, zu predigen mit andern Zungen, nach dem der Geist ihnen gab auszusprechen." Da hieß es wohl: „Tue deinen Mund weit auf, ich will ihn füllen." In andern Sprachen fingen sie an zu predigen, in Sprachen, die sie niemals erlernt hatten, verkündigten sie die großen Taten Gottes. Sie durften sich nicht besinnen, es floß alles frei und ungezwungen aus der Fülle des Geistes. Das war eine unerhörte, erstaunliche Wirkung des Heiligen Geistes. Wir dürfen jedoch nicht glauben, daß es ein verworrenes Geschrei gewesen sei, das wäre nicht übereinstimmend gewesen mit dem Geist Gottes, der ein Geist der Ordnung, des Rats, der Weisheit und der Zucht ist. Das wäre ja nach dem Geist dieser Welt gewesen. Denn wie geht es in der Welt zu, wenn die Gemüter von der Hölle, von Zorn, Rachgier oder anderen Leidenschaften entzündet sind? Denkt euch hundertzwanzig Menschen, die von Leidenschaft erfüllt sind, was würde für ein verworrenes Geschrei entstehen, wie würde der eine den andern übertäuben, wie würde der eine seine Meinung zuerst sagen wollen vor dem andern, wie würde immer der eine es besser wissen wollen als der andere! Das ist nicht die Art des Geistes Gottes. Wahrscheinlich wird einer nach dem andern gesprochen und die großen Taten Gottes in einer neuen Sprache verkündigt haben. Die andern freilich, die auch voll Heiligen Geistes waren, werden nicht ruhig in starrer Stumpfheit und lebloser Steifheit dagesessen haben, sondern durch Mienen und Gebärden, durch stille Anbetung und Lob Gottes die Freude ihres Herzens ausgedrückt haben, so daß ein geistlich blinder und toter Mensch sie wohl für betrunken halten konnte.

In fremden Sprachen redeten sie zum Zeichen, daß das Evangelium für alle Nationen sei, für alle Sprachen und Zungen, für alle Menschen, die im Osten und Westen, im

Süden und Norden wohnen, für die große Schar, die Johannes sah im Gesicht, aus allerlei Geschlechtern, Nationen und Zungen. O süßes Evangelium, vielleicht bist du auch schon am großen Pfingstfest in unserer Muttersprache gehört worden, vielleicht ist schon damals, wie jetzt, in deutscher Zunge die Kraft des Todes und der Auferstehung Christi gepriesen worden. Gewiß hat, wenn sich eine deutsche Seele an jenem Pfingstfest unter den Zuhörern befand, der Geist der Wahrheit und der Liebe, der sich aller erbarmt, auch in ihr Inneres ein Wort der Gnade und Erbarmung ausgegossen. Wie gewaltig mögen aber die Apostel gezeugt und geredet haben an diesem Tage! Da wird wohl der Strom des Geistes durch die Kraft der Salbung von Herz zu Herz gegangen sein. Ein Moses konnte nicht sprechen, sondern nur stammeln; die Apostel aber redeten mit fließender Rede, wie die Inbrunst ihres Geistes sie lehrte. Freilich das Gesetz schnürt die Herzen zusammen; das Evangelium aber, die großen Taten Gottes zum Heil der Menschheit, sie machen das Herz weit. Da darf man den Mund weit auftun, denn das Evangelium ist voll Gnade und Erbarmung, voll Friedensgedanken Gottes über die Sünder, voll der Liebe des Herrn Jesus, der die Seinen bis in den Tod geliebt hat.

Natürlich machte das Brausen vom Himmel großes Aufsehen in Jerusalem. Es war wie ein Donner, den man überall hörte. Es ging hier wie überall, wo sich etwas zuträgt, das die Aufmerksamkeit erregt. Man fragt, man läuft zusammen, man merkt auf, man eilt zu dem Ort, wo sich etwas Besonderes begibt; und so kam, zumal an dem hohen Fest, eine große Menge Menschen zusammen aus allerlei Volk, das unter dem Himmel ist. Sie mögen wohl eine Zeitlang zugehört und zugesehen haben; da wurden sie bestürzt, denn es hörte ein jeglicher, daß sie mit seiner

Sprache redeten. Sie entsetzten sich. Es war natürlich etwas zum Entsetzen und zum Fragen: was will das werden? Etwas ganz Ungewöhnliches, Unerhörtes, Wundervolles. Denkt euch das donnerähnliche Brausen vom Himmel, das man in ganz Jerusalem hörte. Die Menge kommt zusammen, was hört und sieht sie? Hundertundzwanzig ungebildete Galiläer, die keine fremden Sprachen gelernt haben, und die nun in fremden Sprachen mit ungewöhnlicher Inbrunst und Kraft des Geistes die großen Taten Gottes verkündigen und Gott loben, in der höchsten Begeisterung Dinge aussprechen, die man vorher nie gehört hat, die den Herzenszustand der Menschen enthüllen, von dem Gekreuzigten predigen, daß er sei Gott und Herr. Da hätten wir wohl auch alle gefragt: wo will das hinaus? Andere freilich beschuldigten sie, sie seien voll süßen Weins. Es ging, wie es heute noch geht, wenn das Wort Gottes mit Kraft und Beweisung des Geistes gepredigt wird. Einige stehen still, fassen es auf, ahnen das Göttliche, das darunter verborgen liegt; andere aber haben ihren Spott, und weil jeder den andern nach sich selbst beurteilt, so schieben sie allerhand unwahre, unbegründete Absichten unter. So sagten nun auch einige: „Sie sind voll süßen Weins", denn sie hatten Erfahrung darin, wie man es macht, wenn man voll süßen Weins ist. Sie beurteilten die Apostel nach sich und nach ihrem eigenen Leben. Da erfüllte sich das Wort: „Niemand kommt zu mir, es ziehe ihn denn der Vater", und „wer nicht wiedergeboren ist, der kann das Reich Gottes nicht sehen", der hat kein geistliches Auge dafür. Dies ist aber das Schicksal Christi und seiner Sache schon unzählige Male gewesen. Von ihm selber sagten sie: „Er hat den Teufel." Seine Apostel hielten sie für betrunken, und so geht es seit achtzehnhundert Jahren fort, daß man das, was Wahrheit und eine Wirkung des Geistes war, Schwärmerei, Torheit, Krankheit des Leibes, Trunkenheit der Sinne, Schwelgen in übersinnlichen Gefühlen und weiß nicht was geheißen hat. Es hat freilich viel Schwärmerei gegeben in dieser langen Zeit; aber der Weltgeist hat gerade das Beste mit diesem Namen belegt. O die Weisheit, die ewige Weisheit muß sich meistern lassen von den Toren, wie zu der Zeit der Apostel so noch heute. Was diese Toren nicht sogleich nach seinen Gründen erkennen, das werfen sie weg; es ist Schwärmerei, es ist Aberglaube. Weil die Juden nicht sogleich die ganze Geschichte des Tages begriffen und nicht gleich wußten, wo es hinaus wollte, fingen sie an zu spotten, statt über ihre Sünden zu weinen. Spotte nur, armer Mensch, spotte nur; gehe hin, sprich geschwind die Dinge ab, die du nicht verstehst, gehe nur in deiner Aufgeblasenheit dahin; ein Mensch wie du sieht sogleich alles im rechten Licht; ein Mensch wie du muß sogleich allen Dingen ihren rechten Namen geben; spotte nur mit hochmütigem Geist: aber wisse, daß du deinem Richter Rechenschaft geben mußt von jedem Wort, das über deine Lippen geht. Wisse es, mit welcherlei Gericht du richtest, wirst du gerichtet werden, mit welcherlei Maß du missest, wird dir gemessen werden. O es ist oft hinter diesem Spotten eine wahre Verzweiflung des Geistes verborgen; solchem Menschen ist oftmals die lauterste Überzeugung von der Wahrheit ins Innere geschrieben; die Göttlichkeit des Evangeliums hat sich ihm schon bewiesen; das Schwert des Wortes ist ihm schon manchmal durch das Herz gedrungen; aber er will es nicht aufkommen lassen, denn er liebt die Werke der Finsternis mehr denn das Licht. Darum sucht er seine bessere Überzeugung hinwegzulachen und hinwegzuspotten, wirft geschwind mit hoher Miene ein vornehmes Wort hin: „Sie sind voll süßen Weins“, es ist Schwärmerei, Mystizismus, und damit ist dann alles abgetan. Was meinst du, armer Mensch, wenn an jenem Tag über dich wie über Belsazar der Spruch ergeht: „Du bist gewogen und zu leicht erfunden mit deinem voreiligen Geschwätz"?

Nun aber trat Petrus auf und fing an zu predigen. Ach, welche Predigt! Er, der schüchterne Verleugner des Heilands, er tritt nun vor das ganze Israel und ruft und schont nicht. Er erhebt seine Stimme wie eine gewaltige Posaune und verkündigt Christus, den Herrn der Herrlichkeit, welchen ihr, wie er sagte, gekreuzigt habt, und scheut sich gar nicht zu sagen: „So wisse nun das ganze Haus Israel gewiß, daß Gott diesen Jesus, den ihr gekreuzigt habt, zu einem Herrn und Christ gemacht hat." Dies war wieder eine Wirkung des Geistes Gottes. Mit solcher durchdringenden göttlichen Freimütigkeit und Salbung hatte noch niemand von Christus gezeugt. So war der Heiland noch nie bekannt worden, und zwar nicht mehr in den Häusern, nicht mehr bei verschlossenen Türen, wie nach der Auferstehung, aus Furcht vor den Juden, sondern vor dem ganzen Israel, vor dem Volk, das gerufen hatte: „Kreuzige, kreuzige ihn!" das den Fluch auf sich geladen hat mit dem Wort: „Sein Blut komme über uns und unsere Kinder", ja selbst vor den Pharisäern und Schriftgelehrten, vor denen Petrus frei und öffentlich bekannte: „Der, den ihr angeheftet und erwürgt habt, der Fürst des Lebens, der ist auferstanden, des sind wir alle Zeugen."

Da sie das hörten, ging's ihnen durchs Herz, und sie fragten Petrus und die anderen Apostel: „Ihr Männer, liebe Brüder, was sollen wir tun?" Das ist die Wirkung des Wortes Gottes. Es ist ein Hammer, der die Felsen zerschmeißt; es schneidet hinein in das Innerste, es macht Unruhe, weckt auf aus dem Todesschlaf und läßt den Menschen nicht mehr in der Sicherheit fortleben; es treibt ihn zur Frage: was soll ich tun, ach, was soll ich Sünder machen?

Ach, daß es doch dem Herrn gelänge, auch unter uns recht viele Seelen unruhig zu machen durch seinen Heiligen Geist! Denn soll einer aufstehen aus dem Schlaf, so muß er doch unruhig werden; er muß erkennen, daß er nicht schlafen dürfe, sondern wachen müsse. Aber gerade dieser Unruhe weichen so viele aus und schlafen ihrem Verderben entgegen. Als aber das Volk also unruhig geworden war und wie mit einer Stimme rief: „Was sollen wir tun?" da trat Petrus auf mit dem Evangelium und verkündigte: „Tut Buße und lasse sich ein jeglicher taufen auf den Namen Jesu Christi zur Vergebung der Sünden, so werdet ihr empfangen die Gabe des Heiligen Geistes. Die nun das Wort gerne annahmen, ließen sich taufen, und wurden hinzugetan bei dreitausend Seelen." Diese Ähren sind Petrus, dem ersten Schnitter in der Ernte Gottes, in die Arme gefallen, diese hat er zusammengebunden in eine Garbe und hat sie dargebracht seinem Herrn und Gott, dreitausend Seelen. O wenn unter uns nur dreihundert Seelen, ja, was sage ich, wenn es nur dreißig oder drei Seelen wären, die dem Heiland heute als ein Lohn seiner Arbeit völlig und ganz zufallen würden! Ich weiß es wohl, es haben manche unter uns gute Rührungen, sie werden unruhig, sie wissen nicht, was sie anfangen sollen; aber sie wollen sich dennoch nicht zum völligen, ungeteilten Eigentum dem ergeben, der sich für uns dahingab. Wollt ihr nicht auch dem Heiland eine Pfingstfreude machen und ihm zufallen mit Herz, Sinn und Mut? Wollt ihr euch nicht auch einheimsen lassen in die Scheunen Gottes? Wollt ihr denn Spreu bleiben und als Spreu verbrannt werden mit ewigem Feuer?

Ach, daß doch bald dein Feuer brennte,
Du unaussprechlich Liebender!
Es bald die ganze Welt erkennte,
Daß du bist König, Gott und Herr!

II. Liebe Zuhörer! Es sind nun fast achtzehnhundert Jahre vergangen, seitdem dieser erste Pfingsttag gefeiert wurde, als das Feuer Gottes zuerst zu brennen anfing auf dieser kalten Erde. Aber ist denn jetzt das Feuer erloschen, brennt es nimmer fort? Ja, es brennt noch fort, „denn ich bin gekommen", spricht der Herr, „daß ich ein Feuer anzünde auf Erden", und Petrus sagt: „Euer und eurer Kinder ist diese Verheißung und aller, die ferne sind, die Gott, unser Herr, herzuführen wird." O liebe Brüder, unter denen, die ferne sind, sind wir ja auch verstanden. Ach, dieses göttlich große Wort „alle, die ferne sind", reicht ja auch auf uns herab, reicht hinaus auf unsere Kinder und Nachkommen, reicht hinein in die fernsten Zeiten, die noch etwa kommen möchten, auf die letzten Tage, wo der Herr ausgießen wird seinen Geist über alles Fleisch, und alle von Gott gelehrt sein werden. Zwar würden wir uns allerdings irren, wenn wir die gleichen Wirkungen des Geistes erwarteten wie am ersten Pfingstfest. Dies waren außerordentliche Wirkungen, und notwendig zum Beruf der Apostel und für die erste Zeit. Solches also wird wohl der Geist schwerlich bei uns wirken, obwohl – wer kann ihm wehren, wer kann Maß und Ziel setzen? Er tut, was er will. Er rüstet aus, womit er will, und was er schenkt, ist lauter Güte Gottes, lauter Lohn der sauren Arbeit Jesu Christi. Aber bis jetzt hat er seit der apostolischen und der gleich darauffolgenden Zeit nicht mehr durch solche außerordentlichen Gaben gewirkt. Ach, wenn es ihm nur gefiele – das wäre etwas viel Größeres und Köstlicheres – uns, die wir heute das Pfingstfest feiern, den Geist der Gnade und des Gebets aufs neue mitzuteilen und uns aus unseren eigenliebigen Verschanzungen heraus in das Licht der Wahrheit hinein zu versetzen; wenn es ihm nur gefiele, die Liebe Gottes auszugießen in unser armes, leeres Herz; wenn es ihm nur gefiele, uns aus unserer Blindheit und Verstocktheit, aus unserem Unglauben heraus und in die Fülle Christi hineinzuführen; wenn es ihm nur gefiele, das steinerne Herz aus unserer Brust hinwegzunehmen und uns ein fleischernes Herz zu schenken, das Christus liebt und Christus dient! Wißt ihr, was ich euch wünsche als Frucht des heutigen Pfingsttages? –

Ein von seinem Tod und Schmerz
Gänzlich hingenomm'nes Herz.

Das wünsche ich euch, ein von Christi Tod und Leiden durchdrungenes Herz, das nichts anderes weiß als Jesus Christus, den Gekreuzigten, das ihn über alles liebt, das sagen kann: ich habe nur eine Passion, nur eine Leidenschaft, nur ihn, nur ihn! Ein solches Herz aber kann nur der Geist der Wahrheit geben.

Die Apostel wurden mit Feuer getauft, und wir können es in unserer Art auch werden. Die Funken dieses Feuers sprühen auf der ganzen Erde herum und begehren sich in jedes Menschenherz einzusenken und dort zu zünden. Die Fülle der Gnaden ist aufgetan, und dabei steht: „Wer da bittet, der nimmt, und wer anklopft, dem wird aufgetan." Ach, daß ich es mit Spießen und Nägeln in mein und euer Herz hineingraben könnte: wir können alle des Heiligen Geistes teilhaftig, wir können durch den Geist von oben alle wiedergeboren werden. Dazu sind wir bestimmt, kein einziger ist ausgeschlossen, wäre er auch vom Heiland noch so fern. Auch die hochmütigen, die selbstgerechten Sünder sind dazu berufen – und wär er wie ein Bär, er wird zum Lamme, und wär er kalt wie Eis, er wird zur Flamme. Wenn aber dem also ist, warum sind wir denn so faul und träge? Warum bekümmern wir uns so wenig um die größte aller Gaben, um ein neues, durch den Geist Gottes gereinigtes Herz? „Ringet danach", sagt der Heiland, „daß ihr durch die enge Pforte eingeht, denn viele werden danach trachten, wie sie hineinkommen, und werden nicht hineinkommen." Wähnen wir denn etwa, es werde uns gelingen, während wir die Hände in den Schoß legen und unseren faulen Weltgedanken nachhängen und unserm alten Menschen recht viel Nahrung geben? Die Apostel waren nicht träge und lässig; täglich waren sie beieinander mit Beten und Wachen; es war ihnen ein rechter Ernst um diese größte aller Gaben, die ihnen verheißen war; sie haben sich nach dem Wort des Heilands gehalten. Wir aber sind träge und leichtsinnig in Hinsicht auf die neue Geistesgeburt. Darum bleiben viele so lange zwischen Tür und Angel stehen und können nicht hineinkommen durch die enge Pforte und werden wohl erfahren müssen, daß, wenn der Bräutigam kommt, ihnen die Tore zum Hochzeitshause verschlossen werden und die Stimme des Herrn heraustönt: „Weicht, ich kenne euch nicht!" Sie schieben aus lauter fleischlicher Trägheit ihre Bekehrung von einem Sonntag zum andern auf und bleiben, was sie waren; zwar unruhig, aber doch nicht bekehrt; zwar nicht ganz wie die Welt, aber doch keine Jünger Christi; mit halbem Willen möchten sie dies werden, mit halbem Willen aber wollen sie in der Sünde beharren.

Ach, wir sollten ja tief in den Staub sinken über der großen Liebe und Herablassung Gottes zu uns Unwürdigen! Siehe, du bist ein gefallener Mensch, ein Sünder, das kannst du nicht leugnen; denn du trägst den Fluch des Gesetzes in dir und einen Leib des Elends und der Verwesung mit dir herum. Und nun siehe, der große, allmächtige Gott, der deiner nicht bedarf, gegen den du nichts bist, ja vor dem die ganze Erde mit allem, was darin ist, dem Tropfen am Eimer gleicht und dem Scherflein, das in der Waage bleibt, dieser große, majestätische Gott kommt und will in dir, der elenden, erbärmlichen Kreatur, Wohnung machen, will sich selbst dir schenken und läßt dir seinen Heiligen Geist anbieten. Sollte denn der Heilige nicht mit gerechtem Abscheu dich, die gefallene Kreatur, auf ewig von seinem Angesicht entfernen und in den Abgrund stoßen nach seiner ewigen Gerechtigkeit und Heiligkeit? Der Heilige und der Sünder gehören ja nicht zusammen. Aber dennoch, wenn du die Tür auftust, so will Christus seinen Einzug in dir halten, und du armer Sündenwurm wirst ein Tempel des Heiligen Geistes, ein Wohnhaus Gottes. Du sollst geheiligt werden an Leib, Seele und Geist bis auf den Tag Jesu Christi. Trotz deiner Sünde, trotz der Unreinigkeit deines Herzens, trotz deiner Abscheulichkeit, trotz deiner Greuelhaftigkeit verheißt er dir doch in unserem heutigen Evangelium: „Ich und mein Vater werden kommen und Wohnung bei ihm machen." Wer dies recht faßt, wer den Gott, der allein Unsterblichkeit hat, den unvergänglichen König und den kleinen, schwachen Menschen zusammenstellt und nun im Licht des Geistes betrachtet, in welch innige Gemeinschaft der heilige Gott mit der unheiligen Kreatur treten will, der kann nicht anders, er muß über dieses Wunder der Erbarmung und Herablassung noch mehr erstaunen als über das Reden in fremden Sprachen; denn dies ist ein unbegreiflicher, ein unerhörter Liebestrieb, das ist etwas zum Loben und Anbeten in die ewigen Ewigkeiten.

Aber wir hören von diesen Wundern und wollen doch keinen Fuß rühren, um diese Gnade zu erlangen. Ja, wenn es etwas Zeitliches zu erjagen gäbe, wenn es sich um Geld und um Schätze dieser Welt handelte, welche die Motten und der Rost fressen, und da die Diebe nachgraben und stehlen, da würden wir nicht so träge sein, da würde ein rechter Eifer und Ernst die Herzen beseelen; weil es aber ewige Güter, weil es ein neues Herz ist durch den Geist

Gottes, ach, da schleppt man sich so träge herbei, wie wenn es lauter Elend wäre, das man aus der Hand Gottes annehmen müßte. O große Blindheit, mit der wir geschlagen sind! Da tappen wir herum in der Finsternis, wissen weder Weg noch Steg, haben keinen Frieden, keine Ruhe, keine wahre Freude; denn nur im Reich Gottes ist Friede und Freude in dem Heiligen Geist, und dabei sind wir die elendesten unter allen Kreaturen, denn das Gewissen sagt jedem, auch dem tugendhaftesten und selbstgerechtesten Sünder, daß dem Menschen gesetzt ist, einmal zu sterben, danach aber das Gericht. O glaubt es zuverlässig, es gibt kein tieferes Elend als das, in dem die Menschheit, in dem gerade die, so sich weise dünken in der Menschheit, gefangen liegen. Ach, der Himmel möchte darüber trauern; das Herz Gottes ist voll Mitleid darüber; dieses große Elend, die tiefe Not hat den Sohn Gottes vom Himmel herabgezogen, und was das Traurigste ist, der Mensch sieht es nicht ein, sondern dünkt sich groß und tugendhaft zu sein; er, der Sündenwurm, liegt in einer Art von Verrückung, in einer Art geistigen Wahnsinns gefangen. So tief sind wir in die Sünde gefallen. O bezeugt es, daß es so ist, ihr Geister, die ihr durch Gottes Gnade schon euer Herz kennengelernt habt! Es ist wahr, man kann viel lernen; man kann viel wissen; man kann viele gute Gedanken und Rührungen haben: aber doch ist man tot. Arme Menschheit, arme miterlöste Brüder und Schwestern, ach könnte ich es euch nur recht deutlich sagen, wie groß eure Not ist. Ach, wenn ihr es ja erkennetet, wenn ja das Innere eures Geistes, sein verborgenes Sehnen und der Fluch, der auf ihm lastet, euch offenbar würde, ihr würdet ja alle eilen und eure Seelen erretten und anfangen zu flehen um die Verheißung des Vaters, um den neuen Geist und um das fleischerne Herz. Ihr würdet nicht nachlassen, bis ihr die Gabe des

Heiligen Geistes empfangen hättet.

Seht die Apostel an, welche Leute aus ihnen geworden sind durch den Geist Gottes! Wie blind waren sie vorher, wie hellen Auges jetzt; vorher wie schwach, und jetzt wie stark; vorher wie furchtsam, und jetzt wie unerschrocken; vorher wie ungläubig, jetzt wie voll Glaubens; vorher wie unzufrieden mit dem Kreuz, und jetzt wie zufrieden, wie fröhlich, wie getrost auch unter Schlägen, auch in Gefängnissen, auch in Ketten und Banden, wie freudig auch im Tode, wie bereit, über dem Beruf zu sterben, Seelen für das Lamm zu werben! Ja, wie waren sie so voll Liebe gegen ihren Herrn; wie war der Gedanke an ihren Heimgang für sie eine Quelle lauterer Freude; wie war ihr Todestag für sie ein Tag des Triumphs! Wie aber die Apostel, so waren die ersten Christen in ihrem Teil auch, und wie diese waren, können auch wir werden. Ach, was kann dein armes Herz bei Christus finden, wenn du es seinem Geist öffnest und ihn einziehen läßt, den König der Ehren.

O wüßten es doch alle Leute,
Die er mit seinem Blut erkauft,
Wie schad es ist, daß nicht noch heute
Ihm alles in die Arme läuft,
Und wie so gut es jedermann
Noch heute bei ihm haben kann.

Von den Dingen dieser Welt macht man sich gewöhnlich vorher immer größere Vorstellungen, als man nachher findet, wenn man sie wirklich genießt; aber nicht so bei ihm, da findet man alles viel herrlicher, erhabener, größer durch die Erfahrung, als man erwartet hatte, und so fort bis in die tiefen Ewigkeiten.

Was soll ich weiter sagen? Ihr dürft nicht vor ihm erschrecken und erzittern, denn der, welcher den Geist sendet, welcher zum großen Pfleger und Verwalter dieser himmlischen Gaben eingesetzt ist, heißt Jesus, und wir kennen ja sein Herz. Wir kennen es ja aus seinem ganzen Wandel, aus seiner großen Sünderliebe, aus seinem Leiden und Sterben, wir kennen es ja, weil wir durch seine durchbohrte Seite unmittelbar in sein Herz hineinsehen. Ich darf keck fragen: wo ist ein Herz wie das seine? Wenn du wandeltest vom Aufgang bis zum Niedergang, vom Mittag bis zur Mitternacht, ein solches wirst du nirgends finden.

Kommt, Sünder, und blickt dem ewigen Sohne
Ins Herz, in die Nägelmal', unter die Krone,
Und sucht euch noch mehrere zuzugesellen,
Die sich mit euch vor den Gekreuzigten stellen.

Was soll ich weiter sagen? Ich will's dem Herrn sagen:

Herr Jesus, Du gekreuzigter Herr, Du auferstandener und gen Himmel gefahrener Herr und Gott, Du weißt es, wie viele Seelen unter uns noch nicht zum Leben aus und in Dir hindurchgebrochen sind. O Du Durchbrecher aller Bande, durchbrich alle Eigenliebe und Weltliebe, schenke uns allen am heutigen Tage den Sinn, daß wir ihn nicht verträumen, verlachen, verspotten, sondern mit ganzem Ernst Dir leben. Laß Dir heute viele Kinder geboren werden wie der Tau aus der Morgenröte, und gib, daß diese Seelen nicht verloren gehen, sondern für Deine ewige große Ernte gerettet werden. Ach, gib uns doch allen den Sinn, daß wir unser ganzes Leben nur auf Dich gerichtet sein lassen, daß wir von nichts hören und wissen wollen als von Dir, denn Du bist's wert, daß wir Dir ganz leben und Dich über alles lieben! Amen.

44. Am Pfingstfest
(Zweite Predigt)

Jesus antwortete und sprach zu ihm: Wer mich liebt, der wird mein Wort halten; und mein Vater wird ihn lieben, und wir werden zu ihm kommen und Wohnung bei ihm machen. Wer aber mich nicht liebt, der hält meine Worte nicht. Und das Wort, das ihr hört, ist nicht mein, sondern des Vaters, der mich gesandt hat. Solches habe ich zu euch geredet, solange ich bei euch gewesen bin. Aber der Tröster, der Heilige Geist, welchen mein Vater senden wird in meinem Namen, der wird euch alles lehren und euch erinnern alles des, das ich euch gesagt habe. Den Frieden lasse ich euch, meinen Frieden gebe ich euch. Nicht gebe ich euch, wie die Welt gibt. Euer Herz erschrecke nicht und fürchte sich nicht. Ihr habt gehört, daß ich euch gesagt habe: Ich gehe hin und komme wieder zu euch. Hättet ihr mich lieb, so würdet ihr euch freuen, daß ich gesagt habe: „Ich gehe zum Vater“; denn der Vater ist größer als ich. Und nun habe ich es euch gesagt, ehe denn es geschieht, auf daß, wenn es nun geschehen wird, ihr glaubet. Ich werde nicht mehr viel mit euch reden; denn es kommt der Fürst dieser Welt, und hat nichts an mir. Aber auf daß die Welt erkenne, daß ich den Vater liebe und ich also tue, wie mir der Vater geboten hat: stehet auf und lasset uns von hinnen gehen.

Joh. 14, 23 - 31

„Ich bin gekommen, daß ich ein Feuer anzünde auf Erden“, sagte einmal der Heiland während seines Lehramts zu seinen Jüngern, „was wollte ich lieber, denn es brennete schon! Aber ich muß mich zuvor taufen lassen mit einer Taufe, und wie ist mir so bange, bis sie vollendet ist!“ – Dieser Spruch des Herrn ging an dem Pfingstfest, das wir heute feiern, in die herrlichste Erfüllung. Das Feuer, das anzuzünden er auf Erden gekommen war, das aber nur nach seiner Leidenstaufe entbrennen konnte, wurde wirklich zehn Tage nach seinem Hingang zum Vater aufs herrlichste entzündet. Der Geist Gottes kam auf die Apostel in einem vorher unerhörten Maße, und von dem Tag des Pfingstfestes an, wo die christliche Kirche eigentlich gegründet und eingeweiht wurde, brennt nun das Feuer Gottes auf Erden fort. Keine Macht der Finsternis konnte es bis jetzt auslöschen; denn es ist von Gott angezündet, und wir wissen, daß die Werke Gottes bleiben, ja wir dürfen hoffen und glauben, daß der Welt Enden von diesem göttlichen Feuer noch ergriffen werden. Denn die Reiche der Welt müssen noch Gottes und seines Gesalbten werden, damit die Erde von der Erkenntnis des Herrn bedeckt werde wie mit Wasserwogen.

O geliebte Mitchristen, daß doch das Feuer des unaussprechlich Liebenden auch in uns und unter uns zu brennen anfinge! Ich rede nicht von den außerordentlichen Geistesgaben, derer die Apostel am Pfingstfest teilhaftig wurden und derer sie zu ihrem hohen Beruf bedurften, ich rede nur davon, daß doch der Geist Gottes in unser aller Herzen einkehren, mein und euer Herz zu seiner bleibenden Wohnung, zu einem ewigen Eigentum, zu einer Hütte unseres Gottes machen, uns in die Liebe dessen, der uns zuerst geliebt hat, ganz hineinversenken möge, damit doch die Leidenstaufe des Heilands, wodurch er uns den Heiligen Geist erwarb, an unseren armen Herzen nicht verloren gehe! „Wer mich liebt", sagt der Heiland in unserem heutigen Evangelium, „der wird mein Wort halten, und mein Vater wird ihn lieben, und wir werden zu ihm kommen und Wohnung bei ihm machen." Herrliche Verheißung! So kann also ein Mensch in die innigste Gemeinschaft mit dem

Vater in dem Sohn durch den Heiligen Geist kommen; so können wir schon hier Wohnungen und Tempel des dreieinigen Gottes werden; so können wir schon im Todesleib mit unserem Schöpfer, Erlöser und Tröster in eine Verbindung treten, die unauflöslich, ewig, unaussprechlich selig, und deren Grund die Liebe ist. Das gebe der Herr, der Barmherzige! Aber wie komme ich zu dieser Gnade, und was habe ich davon? so möchte vielleicht mancher fragen. Ich will ihm auf diese Fragen unter dem Beistand Gottes in dieser Stunde antworten. Wir reden also darüber:

I. Wie kommen wir zu der in unserem Evangelium verheißenen Gnade der Gemeinschaft mit Gott?
II. Was trägt uns diese Gemeinschaft ein?

I. „Wer die Welt lieb hat, in solchem ist nicht die Liebe des Vaters", sagt Johannes, und wer will, der kann es an sich erfahren, daß dem wirklich so ist. Liebe Mitchristen, wenn wir mit Gott durch den Heiligen Geist in die rechte Gemeinschaft kommen wollen; wenn die Leidenstaufe des Herrn in uns die Feuertaufe wirken soll; wenn wir wünschen, daß Gott in uns wohne und ein Pfingstfest in uns anrichte, was er allen angeboten hat und so gern tut; wenn das unser Wunsch und unser Sehnen ist, so dürfen wir die Welt nicht lieb haben, wir dürfen nicht ihres Sinnes und Wandelns sein: denn wer die Welt lieb hat, in solchem kann nicht die Liebe des Vaters wohnen; und der Welt, die im argen liegt, wird sich Christus nimmermehr offenbaren.

Der Apostel Judas, nicht der Ischariot, fragte den Heiland: Herr, was ist es, was ist denn geschehen, was ist denn vorgefallen, daß du dich uns willst offenbaren und nicht der Welt? Der Heiland antwortete ihm: wer mich liebt, dem werde ich mich offenbaren, dem wird sich auch mein

Vater offenbaren, in dem werden wir beide Wohnung machen. Deswegen, will er sagen, deswegen geschieht es, deswegen offenbare ich mich euch, weil ihr mich liebt. Die Welt aber liebt mich nicht, sie haßt mich vielmehr und verachtet mein Wort, darum offenbare ich mich ihr auch nicht. Die Welt liebt nur das Ihre, von mir will sie wenig oder nichts.

Der Herr will kein geteiltes Herz von uns, er will ein ganzes Herz; er will ein Herz, das alles andere für Kot und Schaden achtet, um ihn zu erlangen; er will ein Herz, dessen ganzes Sehnen und Streben dahin geht, in ihm erfunden zu werden, das der Welt und ihrer vergänglichen Lust den Abschied gegeben hat; er will Leute, denen es Ernst ist mit ihm; solchen allein kann, solchen allein will, solchen allein wird er sich offenbaren. Sagt selbst, liebe Mitchristen, kann denn der Herr Jesus bei einer Seele einkehren, die angefüllt ist und ihre Lust an Dingen hat, die ihm ein Greuel sind? Wo die Augenlust, die Fleischeslust, das hoffärtige Wesen herrscht, kann da derjenige, der diese sündlichen Lüste durch Schmerzen ohne Zahl und mit dem Vergießen seines Blutes gebüßt hat, sein Werk haben? Oh, das kann er nicht. Er, der uns verboten hat, unsere Perlen vor die Schweine zu werfen, wird die Seinen nicht sich selber preisgeben, das wird nimmermehr geschehen. Wer die Werke der Finsternis liebt und ausübt, wie kann bei ihm der, der das Licht selber ist, Wohnung machen? Wer seinen Bruder haßt, wie kann bei ihm der, der die Liebe ist, einkehren? Wessen Auge voll Ehebruchs ist, sollte sich dem der Heilige offenbaren können? Wo Heuchelei und Falschheit und Schalkheit im Herzen wohnen, da kann der Geist der Wahrheit nicht zugleich wohnen. Und das braucht nicht so grob zuzugehen, denn es gibt auch eine feine Weltliebe. Oh, es kommt zuletzt auf eins hinaus, ob wir mit einem Faden oder mit einer eisernen

Kette an die Welt gebunden sind; denn wer seine Kette zerreißen lassen will, dem wird sie zerrissen, und wer den Faden beibehalten will, der bleibt eben gebunden, ja, der Faden kann zuletzt zu einer unzerreißlichen Kette werden. Laßt uns doch den Herrn bitten, daß er uns von allem, allem ganz losmache, nicht so, daß wir aus der Welt hinausgingen, sondern daß unser Herz durch keins, auch nicht das geringste Band, mit der Welt und ihrer Lust mehr zusammenhänge und dem Heiland, der sich ganz für uns aufgeopfert hat, auch ganz zum Opfer und Eigentum werde!

Entbinde mich, mein Gott,
Von allen meinen Banden,
Und was mich noch subtil
Im Fleisch gefangen hält!
Ist das nicht schon genug,
Wenn eines nur vorhanden,
Das mich noch binden kann
In dieser Sündenwelt?
Soll ich gebunden sein,
So binde deine Treu
Mein armes Herz, auf daß
Ich dein Gebundner sei!

Doch es gibt noch ein anderes Hindernis als die Weltliebe. „Wer mich liebt, hält meine Gebote", sagt der Heiland in unserem heutigen Evangelium. Er leitet also das Halten seiner Gebote von der Liebe zu ihm ab. Die Liebe zu ihm, die Liebe, die ausgegossen wird in das Herz durch seinen Heiligen Geist, ist der Grund des Gehorsams gegen seine Gebote. Ja, seine Gebote kann niemand recht halten, als wer ihn wahrhaftig liebt. Aber diese Ordnung des Heils wird häufig verkehrt, und nicht bloß verkehrt, sondern gänzlich umgestoßen. Seit geraumer Zeit hat man angefangen zu behaupten, daß man, um die Gebote zu halten, den Heiland und die Liebe zum Heiland nicht mehr brauche, daß der Mensch selbst hinlänglich Kraft in sich habe, um dem Gesetz Gottes Genüge zu leisten und sich dadurch das göttliche Wohlgefallen zu erwerben. Und leider hat diese widerchristliche Lehre in den verschiedensten Formen große Fortschritte unter uns gemacht. Man geht hin in eigener Kraft, baut eine Tugend über die andere, hält sich für reich und hat gar satt und weiß nicht, daß man arm, elend, jämmerlich, blind und bloß ist. Oh, daß solche tugendhaften Leute, die ohne Christus tugendhaft sein wollen, Augensalbe vom Herrn kaufen möchten, damit ihnen die Augen aufgingen über den jämmerlichen Zustand, darin sie sich befinden, über ihren Hochmut und ihre ungeheure Selbsterhebung, daß sie sich doch als arme Sünder erkennen und fühlen möchten! Dann könnte ihnen geholfen werden; dann würden sie sich nach einem Erlöser umsehen; dann würden sie Jesus lieben lernen, der sie zuerst und bis in den Tod geliebt hat; dann würden sie die Gebote Gottes in der Tat und Wahrheit halten können; dann würde sich ihnen der Vater und der Sohn offenbaren! Leider aber verlangt der arme, betrogene Mensch in unserer Zeit meistenteils keine solche Offenbarung Gottes, weil er auf eigenen Füßen stehen zu können meint. O ein jämmerlicher Zustand! Was ist aber das Ende davon? –

Verachtet man Gottes einigen Sohn,
So ist ja das der verdiente Lohn,
Daß man unterm Zorne muß liegen bleiben,
Denn denen nur, die an Jesus glauben,
Ist Heil bereit.

Woher kommt das Bestreben, ohne Christus, ohne Liebe zu ihm tugendhaft leben und die Gebote Gottes halten zu wollen? Das kommt nirgends anders her, als vom Hochmut. Und es gibt keinen größeren Greuel vor Gott als den Hochmut des Herzens. Und es gibt auch keine größere Torheit, als wenn ein armer, schwacher, von Sünden und allem Elend umfangener Mensch sich herausnimmt, auf eigene Faust dem Willen des Herrn, der Augen hat wie Feuerflammen, die Herzen und Nieren durchschauen, Genüge zu leisten. Ja, da kann sich freilich der Herr nicht offenbaren, solange du in solchen Gedanken stehst, solange du eine Selbstgerechtigkeit, und sollte diese auch nur heimlich und sehr versteckt sein, aufzurichten trachtest. Solange du noch mit Wohlgefallen auf deine eigene Gerechtigkeit, die doch weiter nichts ist als ein zerrissenes, unflätiges Kleid, hinblickst, solange wird der Himmel über dir verschlossen bleiben wie Erz. Du wirst, und wenn du es auch wünschst und darum bittest, der Offenbarung deines Gottes in deinem Herzen nicht gewürdigt werden.

Zwei Dinge sind es hauptsächlich, die den Geist der Offenbarung von uns abhalten: grobe oder heimliche Weltliebe und grobe oder heimliche Selbstgerechtigkeit. Wer diesen zwei Dingen in seinem Herzen Raum gibt, der gehört zur Welt, der sich der Heiland nicht offenbaren kann. Aber wie machen wir's nun, meine lieben Mitchristen, daß wir diesen zwei Hindernissen ausweichen und in die Gemeinschaft unseres Gottes und Heilands gebracht werden?

„Ihr sollt mich sehen", sagt der Heiland zu seinen Jüngern im gleichen 14. Kapitel des Johannes, aus dem unser Evangelium genommen ist. „Euch will ich mich offenbaren", euch will ich den Tröster, den Heiligen Geist senden, euch und nicht der Welt. Das ist also die einzige, aber die notwendige Bedingung, unter der sich uns der Heiland offenbaren kann, daß wir seine rechten Jünger werden, nicht bloß dem Schein und den Worten nach, sondern in der Tat und in der Wahrheit Jünger des Heilands. Christen heißen zwar alle, die in der christlichen Kirche geboren und getauft sind. Aber warum ist doch so wenig Beweisung des Geistes und der Kraft in der Christenheit? Warum sieht man so wenig Früchte des Glaubens? Warum muß man so viel Widerspruch gegen den Heiland selbst vernehmen? Warum ist die Liebe zur Welt so mächtig unter den Christen? Warum findet man so selten echte, weltüberwindende Liebe zum Heiland? – Ich will nicht sagen, daß nicht viel Gutes im verborgenen und stillen sein könne; aber viele, ach viele beweisen doch durch Wort und Wandel, daß sie zwar Christen heißen, aber darum keine Jünger Christi sind, sondern daß sie eben auf der breiten Straße des Verderbens wandeln und die vergängliche Lust der Welt weit, weit lieber haben als den Heiland, der sie erlöst hat mit seinem eigenen Blut. Ehemals schon sagte ein frommer Mann:

Da ich meint', ich wär ein Christ,
Auch davon zu reden wüßt,
Brauchte Kirch, Altar dabei,
War's doch nichts als Heuchelei.

Wahre Jünger Christi müssen wir werden, wenn wir der hohen Gemeinschaft mit dem dreieinigen Gott gewürdigt werden wollen. Wir müssen aus dem Maul- und Kopfglauben heraus und uns in der Tat und Wahrheit anschicken, daß wir dem Lamm durch die Kraft seines Geistes nachfolgen.

Mein Herz, entschließ dich nur!
Du mußt es redlich wagen,
Du kommst eh' nicht zur Ruh.
Sagst du hiermit der Welt
Und was dem Fleisch gefällt
Rein ab und Christus an,
So ist die Sach getan!

O was ist das für eine harte Lehre, wer mag sie hören! Du sollst sie dir aber nicht so hart vorstellen, lieber Mensch!

Es wird nicht mehr von dir gefordert, als du zu tun vermagst. Oh, wenn du nur das redliche Bestreben hast, deinem Heiland zu leben, wenn nur dein Wille ganz ihm übergeben ist, so überlaß das übrige nur dem, der dich berufen hat aus der Finsternis zu seinem wunderbaren Lichte! Denn er, der das gute Werk in dir angefangen hat, der wird es auch hinausführen; das traue ihm zu, darum bitte ihn! Siehe die Jünger deines Herrn an. Wie schwach im Glauben und in der Liebe waren sie noch, wie ungeistlich und unverständig waren sie noch in einzelnen Dingen! Wie wenig konnten sie sich noch in den Gang und die Entwicklung des Kreuzreiches schicken! Aber es war doch ein redlicher Wille bei ihnen, es war doch der Grund der wahren Liebe zum Heiland in ihnen gelegt. Darum sah sie der Heiland in Gnaden an, darum verhieß er ihnen, er wolle sich ihnen offenbaren durch seinen Geist, und er erfüllte dieses große Wort auch wirklich an dem großen Fest, das wir heute begehen. So überlaß auch du dich nur kindlich deinem Herrn. Sage ihm: „Führ mich wie du willst, nur laß deinen ganzen Liebesrat an mir ausgeführt werden!" – Wirst du dies tun und dich in allem kindlich und einfältig ihm überlassen, so wird er dich so führen und leiten durch seinen Heiligen Geist, daß du dich verwundern wirst. Und so du nimmer von ihm weichst, so wirst du gewiß immer mehr zu der seligen Gemeinschaft gebracht werden, zu der du berufen bist, zu der Gemeinschaft mit dem dreieinigen Gott; denn sein Geist selber wird dich leiten und dich in alle Wahrheit führen.

Geliebte Mitchristen! Es ist etwas überaus Seliges, wenn man sich mit ganzem Herzen in die Schule des Herrn Jesus begibt! Es ist heute der Mühe wert, daß wir uns fragen: stehe ich wirklich in dieser Schule – oder hinke ich noch auf beiden Seiten? Oder bin ich weiter nichts als ein Weltmensch? Wes Geistes Kind bin ich? Das wäre eine gar üble Feier des heiligen Pfingstfestes, wenn uns unser Geist das Zeugnis geben müßte: du bist kein Jünger oder wenigstens kein rechter Jünger des Heilands! und wir wollten uns damit zufrieden geben und uns nicht nach etwas Besserem umsehen. Ach, tue das doch niemand! Denn es ist der Mühe wert, daß wir dem Heiland unser Herz ganz zu eigen geben; wir kommen dadurch in die innige Gemeinschaft mit dem ewigen, lebendigen Gott. Und was kann es Größeres, Seligeres geben? – Das wollen wir

II. genauer sehen, indem wir betrachten, was uns diese Gemeinschaft mit Gott eintrage, was sie auf sich habe. Schon das sollte uns zum ernsten Suchen nach der Gemeinschaft mit Gott durch den Heiligen Geist antreiben, weil es etwas so gar Großes, etwas so Erstaunenswürdiges ist, weil sich hier die ewige Barmherzigkeit Gottes in ihrer ganzen Herrlichkeit offenbart. Der Sohn Gottes schämt sich nicht, uns seine Brüder zu heißen. Wer diesen Ausspruch recht betrachtet, der kann nicht anders, denn in das tiefste Erstaunen versinken über die Herablassung des großen Gottes zu uns Armen. Aber siehe, hier ist mehr als ein Bruder! Der Heilige, der Gerechte, der, dem es an uns Sündern ekeln sollte, weil er ein Licht ist und wir von Natur voll Finsternis und Sünde sind, er hat von Ewigkeit beschlossen, daß wir gefallene Kreaturen wieder in seine Gemeinschaft gebracht werden sollen, und nun heißt es: ich will in ihnen wohnen; sie sollen mein Volk sein, ich will ihr Gott sein; ich will nicht ihre Verdorbenheit, nicht ihre Bosheit, nicht ihre Feindschaft gegen mich ansehen; ich will mich ihrer erbarmen mit ewiger Barmherzigkeit; ich will sie selbst leiten; ich will mich mit ihrem armen, gefallenen Geist aufs innigste verbinden; sie sollen in mir die Seligkeit haben; ich will in ihnen sein und sie sollen in mir sein! – O große

Gnade, o tiefe Herablassung des großen Gottes zu uns armen, verlorenen Menschen! Wenn er die Engel, wenn er die reinen Geister, die heiligen Seraphim also angesehen und sich ihrer mit solcher Liebe angenommen hätte, das würde uns natürlicher scheinen, obwohl auch das eine erstaunliche Herablassung wäre, denn er ist keinem Geschöpf etwas schuldig. Alles, was er an uns tut, ist lautere Liebe und Barmherzigkeit. Aber nun, daß er die Menschen, die Sünder, die Feinde Gottes, das empörte Geschlecht so ansieht, daß es von diesen heißt: Zu euch werde ich und der Vater kommen und Wohnung in euch machen!

Herr, von unendlichem Erbarmen,
Du unergründlich Liebesmeer!
Ich danke dir mit andern Armen,
Mit einem ganzen Sünderheer,
Für deine Huld in Jesus Christ,
Die vor der Welt gewesen ist!

Ewige Barmherzigkeit ist es, sonst nichts. Ich kann es nur Erbarmung nennen – und diese Erbarmung wolltest du hintansetzen? Das wolltest du für nichts achten, diese Gnade, die Gemeinschaft mit deinem Schöpfer, deren Antrag dich schon in den Staub vor dem, der die Liebe ist, beugen sollte – diese Gnade wolltest du abweisen? Besinne dich wohl, was du tust. Sie ist auch für dich da, sie ist auch dir angeboten, armer Mensch, wenn du sie auch noch nicht kennst. Sie ist für dich und für mich, gottlob für uns alle da. Du darfst dich ihrer nur auf dem vorgeschriebenen Weg teilhaftig machen. Ja, liebe Mitchristen, wie wollen wir entfliehen, so wir eine solche Seligkeit nicht achten? Wir werden einst vor dem Richterstuhl Christi keine Entschuldigung haben. Wir haben jetzt schon vor unserem Gewissen keine Entschuldigung, besonders wenn wir bedenken, wie sauer uns diese Gnade der Gemeinschaft mit Gott erworben worden ist. Der heilige Gott hätte mit uns Sündern in keine Verbindung treten können nach den Rechten und Gesetzen seiner Heiligkeit, wenn nicht etwas zur gotteswürdigen Vereinbarung seiner Gnade und Gerechtigkeit vorhergeschehen, wenn nicht das Blut der Versöhnung vorher geflossen, nicht die Leidenstaufe des Heilands vorhergegangen wäre. In Ewigkeit wären nicht die Apostel noch ein anderer Mensch mit Feuer getauft worden; in Ewigkeit wären wir von unserem Schöpfer geschieden, darum unselig, elend, jämmerlich, die bedauernswürdigsten Geschöpfe geblieben. Seht also, liebe Mitchristen, mit seinem Kommen in die Welt, mit seinem Leben in diesem Jammertal, mit tausend Tränen und Seufzern, mit dem blutigen Angstschweiß, der ihm von der Stirne floß, mit Banden, Schlägen, Geißeln, mit Kreuz und Tod, mit all seinen unzähligen Leiden, Schmerzen, mit dem ganzen Werk, das er vollbracht – dadurch hat uns der Heiland wieder in die Gemeinschaft mit Gott gebracht. So viel hat's gekostet; das war das Lösegeld, das war der Preis dafür, daß wir Arme nun wieder Kinder Gottes werden können; und wir sollten diesen ganzen Gnadenrat nicht achten? Wir sollten das Blut des Sohnes Gottes für unrein halten? Wir sollten verwegen genug sein, den mit dem Blut Jesu Christi erworbenen und versiegelten Gnadenantrag zur Gemeinschaft mit unserem Schöpfer schnöde von uns zu weisen? Ach, davor, davor bewahre uns die ewige Liebe selbst!

Unser eigenes Vergnügen, unsere eigene Ruhe, unser eigener Friede, unser eigenes Glück, ja alles, was unser Herz wünschen mag, ist an die Annahme dieses Gnadenantrags gebunden. Lieber Mensch, du kommst zu keiner wahren Freude, zu keinem wahren Frieden, nur wenn du dich durch Christus in die Gemeinschaft deines Schöpfers bringen läßt. Es ist ein Sehnen in jedem Menschen, ein Sehnen nach dem lebendigen Gott. Und dieses Sehnen kann nicht ausgetilgt werden, und dieses Sehnen wird nicht durch die Dinge dieser Welt, ja nicht durch alle Pracht und Herrlichkeit befriedigt, sondern nur durch die Gemeinschaft mit unserm Gott in Christus Jesus.

Es hat ja dieses unsrer Seele
Der treue Schöpfer eingesenkt,
Daß sie in dieser Leibeshöhle
Nach was Unendlichem sich lenkt,
Sie sucht und wünschet immerzu,
Und findet nirgends ihre Ruh –

als in dem lebendigen Gott, in der Gemeinschaft mit ihrem Schöpfer, Heiland und Tröster. Aber in dieser Gemeinschaft findet sie auch volle, ewige Ruhe. Was sagt der Heiland in unserem heutigen Evangelium? „Den Frieden lasse ich euch, meinen Frieden gebe ich euch. Nicht gebe ich euch, wie die Welt gibt. Euer Herz erschrecke nicht und fürchte sich nicht!" O was sind das für zärtliche, für liebliche Worte! O wenn wir nur das hören, daß wir Frieden finden in der Nachfolge Christi; Frieden, und zwar nicht einen solchen, wie die Welt gibt, sondern wahren, bleibenden Herzensfrieden; Frieden aus dem Angesicht dessen, der uns geliebt hat, sein Leben und sein Blut uns zugut in den Tod gegeben; Frieden aus der Fülle und Klarheit Jesu Christi; so sollten wir uns ja Tag und Nacht sehnen und bitten, daß der Herr uns auch in diese selige Gemeinschaft einführen möge!

O süßer Freund, wie wohl ist dem Gemüte,
Das sich in eignem Weg ermüdet hat,
Wenn es zu dir, dem Seelenleben, naht,
Und schmeckt in dir die wundersüße Güte,
Die alle Not, die alle Angst verschlingt
Und unsern Geist zur sanften Ruhe bringt!

Und dieser Friede wird den Jüngern des Herrn nicht mehr genommen. Er wird uns auch bleiben, so wir dessen teilhaftig werden auf dem Weg der Wiedergeburt in der Gemeinschaft der gekreuzigten Liebe. Der Tröster, der Heilige Geist, facht das Leben aus Gott, den Frieden des Herrn immer wieder an und läßt auch unter dem Leiden des Lebens, ja in der Zeit der tiefsten Angst, im Tode selbst den Frieden nicht ausgehen. „Euer Herz erschrecke nicht und fürchte sich nicht", sagt der Heiland zu seinen Jüngern. Sie hätten wohl Ursache gehabt zu erschrecken, denn welche Leiden aller Art warteten auf sie! Aber wer in der Gemeinschaft seines Schöpfers steht, wer in dieser Gemeinschaft Frieden hat, was kann diesem alle Last und Hitze des Tages, was aller Zorn der Menschen dieser Welt schaden? Solches alles kann ihm nur zur Vollbereitung und Vollendung auf die neue Stadt, die eine Stadt des Friedens sein wird, dienen. Ich bin's gewiß, daß nichts mich wird scheiden können von der Liebe und Gemeinschaft Gottes, nicht Trübsal, nicht Angst, nicht Verfolgung, nicht Hunger, nicht Blöße, nicht Fährlichkeit, nicht Schwert; in dem allem überwinde ich weit um deswillen, der mich geliebt hat. Er hält mich selbst, ich bin ihm zu lieb, ich habe ihn sein Blut gekostet; er hat sich mit mir aufs innigste verbunden und eingelassen, darum wird er mich nicht lassen, und nichts wird mich von ihm scheiden können.

Und das alles sind hier nur die ersten Anfänge, denn die Liebesgemeinschaft des Heilandes mit uns geht in die ewigen Ewigkeiten hinein. Dort vor dem Thron des Lammes wird es gar anders sein als hier; dort wird sich die Gemeinschaft mit unserem Gott in großer Kraft und Herrlichkeit offenbaren; dann wird das Licht hervorbrechen wie die Morgenröte; der Herr wird die Seinen dann immerdar führen und ihre Seele sättigen; sie werden sein wie ein gewässerter Garten, wie eine lebendige Quelle, der es nimmer an Wasser fehlt.

Da wird Leib und Seel genesen,
Und wir werden in dem Glanz
Friede, Freude, lieblich Wesen
Erben mit dem Siegeskranz;
Weil das Hoffen eingetroffen,
Die Erquickungszeit erschienen,
Muß dann alles wieder grünen.

O meine lieben Brüder und Schwestern, es ist gewiß der Mühe wert, daß wir uns in die Jüngerschaft und Schule des Heilandes begeben, und wenn wir schon darin sind, doch unter den mancherlei Beschwerden des Lebens darin aushalten! Wir finden nirgends anders Ruhe in Zeit und Ewigkeit als bei ihm, als in der Gemeinschaft mit ihm, unserem Schöpfer und Heiland. So wollen wir denn diesen Tag der Ausgießung des Geistes, und nicht nur diesen Tag, sondern alle Tage unseres Pilgerlaufes ihm heiligen und ihn mit Ernst suchen, damit, wenn der Bräutigam kommt, er uns mit wohlgefüllten, brennenden Lampen antreffen möge!

Lamm, das überwunden hat,
Gib mir Armen auch die Gnad,
Daß ich hier für und für,
Durch dein Blut gestärket,
Streit und sieg in dir.
Wenn du wirst auf Zion stehn,
Müsse man mich um dich sehn,
Ohne Pein, weiß und rein,
Da du wirst, o Lamm,
Mein Licht und Tempel sein! Amen.

45. Am Pfingstmontag

Also hat Gott die Welt geliebt, daß er seinen eingeborenen Sohn gab, auf daß alle, die an ihn glauben, nicht verloren werden, sondern das ewige Leben haben. Denn Gott hat seinen Sohn nicht gesandt in die Welt, daß er die Welt richte, sondern daß die Welt durch ihn selig werde. Wer an ihn glaubt, der wird nicht gerichtet; wer aber nicht glaubt, der ist schon gerichtet, denn er glaubt nicht an den Namen des eingeborenen Sohnes Gottes. Das ist aber das Gericht, daß das Licht in die Welt gekommen ist, und die Menschen liebten die Finsternis mehr als das Licht; denn ihre Werke waren böse. Wer Arges tut, der haßt das Licht und kommt nicht an das Licht, auf daß seine Werke nicht gestraft werden. Wer aber die Wahrheit tut, der kommt an das Licht, daß seine Werke offenbar werden; denn sie sind in Gott getan. Joh. 3, 16 - 21

Anhand unseres heutigen Evangeliums will ich unter Gottes Beistand davon sprechen,

wie wir der in Christus eröffneten Gnadenschätze Gottes teilhaftig werden können.

Ich will zeigen,

I. daß sie in Christus eröffnet sind,
II. wie wir ihrer teilhaftig werden.

I. „Also hat Gott die Welt geliebt, daß er seinen eingeborenen Sohn gab, auf daß alle, die an ihn glauben, nicht verloren werden, sondern das ewige Leben haben." In diesem Wort des Heilands ist alles enthalten, was ein armes Menschenherz zum Trost, zur Beruhigung, zur Heiligung, zu einem sicheren und rechtschaffenen Gang durch diese Welt, zum seligen Durchkommen durch das Todestal, ja für Zeit und Ewigkeit bedarf. Also hat Gott die Welt, die in den Sünden tote, erstorbene, abtrünnige, vergiftete, die arge und kranke Welt, die von den Ketten der Finsternis gebundene Menschheit geliebt; mit solchem Erbarmen hat er sie angesehen und umfaßt, daß er seinen eingebornen Sohn, sein Liebstes, den Abglanz seiner Herrlichkeit und das Ebenbild seines Wesens, daß er Jesus Christus herausgab in die Sündenwelt, daß er ihn auf diese arme Erde in viel Leid, Not und Trübsal, ja in den bittern Tod dahingab, damit wir nicht verloren, sondern errettet würden, damit wir noch Erben des ewigen Lebens werden könnten und nicht der ewigen Finsternis anheimfallen müßten, was wir ja tausendmal verdient hätten. Und dies alles hat er getan aus lauterer, purer, freier, unverdienter Gnade.

Aber, möchte jemand sagen, soll denn immer nur von dem Heiland, von der Erlösung gepredigt werden? Soll denn das der Hauptgegenstand sein, auf den wieder alles andere zurückbezogen wird? Ja, liebe Brüder, wenn ich mit Menschen- und mit Engelzungen redete, wenn ich alle Geheimnisse wüßte, wenn ich alle Höhen und alle Tiefen durchschaute und hätte allen Glauben und mehr als menschliches Wissen, wenn ich das alles verstände und besäße, und wüßte nichts zu sagen von der ewigen Erbarmung Gottes in Christus Jesus, und das nicht immer wieder aufs neue mir und meinen armen Mitsündern vorhalten würde – seht, so wäre ich nicht tauglich, auf dieser Kanzel zu stehen und würde nichts anderes verdienen, denn daß mir ein Mühlstein an meinen Hals gehängt und ich im Meer ersäuft würde, da es am tiefsten ist; denn ich würde samt all meinem Wissen und samt aller Erkenntnis in Hohem und Tiefem dem ewigen Feuer entgegenreifen und noch diejenigen mit ins Verderben ziehen, die auf richtige Weide zu führen mir der Herr befohlen hat. Ich weiß es ja aus eigener Erfahrung, was an einer auch noch so großen Erkenntnis ist, wie sie eben das Herz nicht beruhigen und das Gewissen nicht stillen, wie sie hochmütig und aufgeblasen machen kann, und dabei doch leer läßt, so daß man meint, man habe etwas und hat nichts, keinen Trost im Leiden und keinen Trost im Tode. Nur die Erkenntnis des Sohnes Gottes, die lebendige Erkenntnis der Liebe, die sich am Kreuz für mich zu Tode geblutet hat, nur diese füllt das Herz aus, nur diese ist Balsam auf die schweren Wunden des Gewissens, nur diese gibt einen heiteren Blick in die Ewigkeit, nur diese bewahrt vor dem Verzagen, wenn der Feind das Leben verklagt und man dem ernstlichen Gericht Gottes entgegengeht.

Ja, wenn wir nicht die Leute wären, die wir sind, wenn wir keine Kinder Adams, wenn wir keine Sünder von Geburt aus wären, dann wollte ich's gelten lassen, wenn man sagte, man müsse auch noch etwas anderes predigen als von der ewigen Erbarmung Gottes in Christus. Aber wir sind Sünder, wir ermangeln des Ruhmes, der vor Gott gilt, wir haben etwa eine bürgerliche, menschliche Gerechtigkeit, aber die Gerechtigkeit haben wir nicht, die uns des Wohlgefallens Gottes würdig macht. Wenn ein Mensch nicht hurt, nicht stiehlt, nicht raubt, wenn ein Mensch sparsam, ordentlich, fleißig ist und haushalten kann, wenn ein Mensch Steuern und Abgaben richtig entrichtet, nicht betrügt, kein Raufer, kein Weinsäufer, kein Vieh- und Leuteschinder ist, wenn er, wie man sagt, kein Hühnlein beleidigt, so ist dies alles eine feine äußerliche Zucht, die Menschen haben gern mit ihm zu tun, er ist in der Gesellschaft wohl gelitten und vielleicht gut angeschrieben bei der Obrigkeit; aber eine Gerechtigkeit vor Gott ist das nicht, das Wohlgefallen Gottes kann er sich damit nicht verdienen. Und wenn er hingeht und versteift sich auf diese seine guten Eigenschaften und meint, Gott werde ihn um so lieber haben, weil er sich so betrage, und legt sich wohl gar auf sein Totenbett und spricht: ich kann mit gutem Gewissen der Ewigkeit entgegengehen, denn ich habe mich der Rechtschaffenheit jederzeit beflissen, so ist er ein Narr, der sich selbst in seiner Blindheit um seine ewige Seligkeit betrügt. Zu einer Gerechtigkeit, die vor Gottes Augen taugen könnte, gehört wohl mehr. Siehe, armer Mensch, wenn du mit deinem Verdienst vor Gottes feuerflammenden Augen auskommen und bestehen wolltest, so müßtest du in dir eine Liebe zu Gott und dem Nächsten haben, wie sie das Gesetz vorschreibt. Das Gesetz sagt: „Du sollst Gott lieben von ganzem Herzen, von ganzer Seele und von ganzem Gemüt, und deinen Nächsten als dich selbst.“ Du kannst dir vorstellen, daß zu einer solchen Liebe gegen Gott nicht genug ist, daß man hin und wieder an Gott denkt, hin und wieder zu Gott betet; sondern zu einer solchen Liebe gegen Gott gehört das, daß du, wie du schon in der Jugend gelernt hast, „ihn für das höchste Gut achtest, ihm mit dem Herzen anhangest, immer in Gedanken mit ihm umgehst, das größte Verlangen nach ihm trägst, das größte Wohlgefallen an ihm habest, dich ihm ganz und gar ergibst und um seine Ehre eiferst.“ Du kannst dir auch denken, daß zu der Nächstenliebe mehr gehört, als daß man seinen Nächsten nicht beißt oder frißt, sondern es gehört das dazu, was du ebenfalls schon in deiner Jugend gelernt hast, „daß du es nicht nur mit demselben getreulich meinst, ihm alles Gute von Herzen wünschst und gönnst, mit Worten und Gebärden dich freundlich gegen ihn bezeugst, mit Trost, Rat und Tat ihm beispringst; sondern daß du auch seine Schwachheit mit Geduld erträgst und durch sanftmütige Bestrafung seine Besserung suchst.“ Und das alles müßte aus einem freiwilligen Geist fließen, ungezwungen, nicht daß du es dir erst als Pflicht vorhalten müßtest; es müßte so deine Natur sein, und in deinem ganzen Leben dürftest du dich auch mit keinem Gedanken gegen dies Gebot der Liebe verfehlt haben. Dann hättest du das Gesetz erfüllt und die Gerechtigkeit erlangt, die vor Gott gilt.

Solche Gerechtigkeit haben wir aber nicht, hat keiner von uns und bekommt keiner von uns. Glaubt ihr das? Es gibt freilich selbstgenügsame, blinde Seelen, die, wenn sie nur halb anfangen, sich dem Dienst Gottes zu ergeben, sogleich meinen, die Sache sei bei ihnen getan, und nun hätten sie einen gewissen Rechtsanspruch an die Seligkeit; aber das ist pure Blindheit. Mancher meint, weil er das Fluchen etwa aufgegeben habe, das er vorher fleißig übte, sei er der Gerechtigkeit voll, die vor Gott gilt, der Himmel könne ihm nicht mehr fehlen. Viele, die von ihrem Gewissen über die bisherige Verkehrtheit ihres Herzens bestraft werden, fangen an, fleißiger als bisher in der Bibel zu lesen; sie beten wohl auch öfters zum Herrn; sie beugen wohl auch ihre steifen Knie vor ihm, was alles ganz gut ist; aber wenn sie einen solchen Anfang gemacht haben, so können sie sich schon nicht mehr fassen vor Verwunderung über ihre eigene Frömmigkeit; sie meinen schon etwas bei Gott voraus zu haben, darum, weil sie ihn suchen; sie verachten schon die andern, die nicht ebenso fromm sind wie sie. Dies alles kommt vom Wahn und von der Einbildung her, eine Gerechtigkeit vor Gott zu haben, etwas aufweisen zu können, was ihnen das Wohlgefallen Gottes verdient. Ach, liebe Zuhörer, es ist ja gut, es ist ja nach dem heiligen Willen Gottes, wenn wir unsere Sünden lassen, wenn wir nicht mehr fluchen und die Strafgerechtigkeit Gottes nicht mehr herausfordern; es ist ja gewiß ein Trieb des Geistes darunter, wenn einer seine Seligkeit sucht und in der Schrift zu forschen anfängt, wenn er seine Knie vor seinem Schöpfer und Erbarmer beugt und um Gnade schreit; aber glaubt doch nur nicht, daß dies eine Gerechtigkeit zustande bringe, die vor Gott gilt; seht doch nicht die Sache als einen Gefallen, als einen Dienst an, den wir Gott leisten, und um deswillen er uns wieder einen leisten und uns zu Erben des ewigen Lebens machen müsse. Wir schaffen und suchen ja dadurch nur unsere eigene Seligkeit, nicht die Seligkeit Gottes; denn er ist selig ohne uns, und der Heiland sagt: „Wenn ihr alles getan habt, so sprechet, wir sind unnütze Knechte."

Liebe Zuhörer, wir haben keine Gerechtigkeit vor Gott, und wenn wir selig werden, so werden wir es niemals um unsertwillen; denn wir mangeln des Ruhmes, den wir vor Gott haben sollten, auch wenn wir die heiligsten Leute sind. Wißt ihr aber auch, was ich damit ausgesprochen habe? Ich habe damit das ausgesprochen, daß, so gewiß es gegenwärtig Tag ist, wir alle, die wir hier sind, in die Hölle kommen, und wenn wir die frömmsten und heiligsten und rechtschaffensten Leute wären, sofern wir nicht durch den Glauben an den Sohn Gottes der Gnadenschätze Gottes teilhaftig werden. Denn unsere Gerechtigkeit ist ein unflätig Kleid, ein Gestank vor Gott, auch wenn wir die Frömmsten sind. Aber in Christus sind die Gnadenschätze Gottes offenbar geworden. Er hat die Scheidewand durchbrochen, die zwischen Gott und der verschuldeten Menschheit lag; er hat die Decke hinweggetan; der Vorhang ist zerrissen; der Himmel steht offen. Auf daß uns geholfen würde, hat Gott seinen Sohn gesandt, damit er uns eine Gerechtigkeit erwerbe, weil unsere nicht taugt; auf daß wir durch die fremde Gerechtigkeit Christi selig und Erben des Lebens würden, weil wir durch unsere Gerechtigkeit nur die Hölle verdienen. Seine Gerechtigkeit ist unzerstückelt und ein Ganzes, aber doch können wir zwei Seiten daran unterscheiden. Fürs erste hat der Heiland das ganze Gesetz für uns erfüllt, fürs andere hat er sich allen Folgen der Sünde unterzogen, als wenn er ein Sünder, ja ein Hauptsünder wäre. Oder mit anderen Worten: darauf beruhen die Gnadenschätze Gottes in Christus, erstens, daß er kein Sünder gewesen und geworden ist, wie wir sind, und zweitens, daß er sich als einen Sünder hat behandeln lassen und für uns zur Sünde geworden ist.

Um vom ersten etwas zu sagen, so hat Gott den eingebornen Sohn darum dahingegeben, auf daß dieser als das unsündliche Lamm Gottes seinen Lauf durch diese Welt heilig und fleckenlos vollende im völligsten Gehorsam gegen den Willen des Vaters. Heilig und unsündlich war schon seine Empfängnis im Leibe seiner Mutter; denn er ist empfangen durch den Heiligen Geist. Unsere Empfängnis ist nicht so heilig und unsündlich; denn wir sind aus sündlichem Samen gezeugt, und unsere Mutter hat uns in Sünden empfangen. Heilig und unsündlich war der ganze innere und äußere Wandel des Herrn Jesus. Was das Gesetz uns befiehlt, die Liebe Gottes und des Nächsten, das hat er gehalten während der dreiunddreißig Jahre seines Laufes, und ist niemals auch nur einen Augenblick aus dieser Liebe Gottes und des Nächsten gewichen; niemals ist ein Gedanke in seiner Seele aufgestiegen, der nicht mit dieser Liebe Gottes und des Nächsten übereinstimmte. Das Kleid der Gerechtigkeit Christi ist so rein, daß nicht das geringste Fleckchen daran haftet. Seine Jahre, die er in Nazareth zubrachte, seine Jahre, die er als Lehrer und Prophet unter seinem Volk verlebte, bis in seinen letzten Atemzug hinein, bis zu dem Wort hin, da er rief: „Es ist vollbracht“, sind ein zusammenhängendes Ganzes, das die heiligste, reinste

Gerechtigkeit ist. Das Kleid seiner Gerechtigkeit ist wie der Leibrock, den er trug, und über den die Kriegsknechte das Los warfen unter seinem Kreuz, von dem es heißt, „er sei ungenäht gewesen, gewirkt durch und durch." Unsere Gerechtigkeit ist, wenn man von ihr reden will, sehr genäht und zusammengeflickt. Hier ist ein Anflug von Liebe, wenn sie Gott uns ins Herz gibt; dann kommt wieder ein Loch, das die Ungeduld oder der Geiz oder der Hochmut hineingerissen hat; dann kommt vielleicht wieder ein Flekken von unkeuschen Gedanken oder Augen; jetzt kommt wieder ein kleines Plätzchen, auf dem etwas ist wie Sanftmut; dann kommen wieder große Löcher und Sündenflecken. Ich weiß es aber wohl, wie es die Menschen machen, daß man die Sündenflecken und Löcher nicht sehen soll. Sie ziehen an ihrem Gerechtigkeitskleid das Fleckchen, das aussieht, als wenn Sanftmut darauf stände, herauf und nähen es zusammen mit dem Fleckchen, auf dem etwas von Liebe steht; so soll man dann die dazwischenliegenden Löcher und Flecken nicht sehen. Aber flicke, nähe nur an deinem armseligen Gerechtigkeitskleid, jedoch siehe zu, wenn du so fort nähst, so wird dein Gerechtigkeitsmantel so klein werden, daß du die Schande deiner Blöße nicht mehr decken kannst; ein Strick, der dich in den ewigen Jammer hineinreißt, von dem geschrieben steht: „Bindet ihm Hände und Füße, und werft ihn in die äußerste Finsternis hinaus, da wird sein Heulen und Zähneklappen." So sah das Gerechtigkeitskleid Christi nicht aus. Es ist ungenäht, von lauterer, purer Heiligkeit. Auch alle äußeren Anläufe und Versuchungen konnten auf dieses Kleid der Gerechtigkeit Christi keinen Flecken bringen. Wie versuchlich war die Lage des Heilands in Nazareth! Welchen Gedanken über die wunderbaren Führungen des Vaters hätte er da nachhängen, wie hätte er sich da ärgern, daran stutzig werden können, daß der Vater den eingebornen Sohn in das kleine unbedeutende Nazareth dreißig Jahre lang hineinbanne; aber ein solcher Gedanke stieg nicht in seiner Seele auf; er ruhte ganz im Willen des Vaters. Wie versuchlich war für ihn seine Lage in der Wüste, wo dem Satan ausdrücklich Raum gegeben wurde, ihn zu versuchen! Wie versuchlich war ihm selbst sein Lehramt, wo von ihm selbst seine Gedanken im Propheten beschrieben werden: „Ich dachte, ich arbeitete vergeblich und brächte meine Kraft umsonst und unnütz zu, wiewohl meine Sache des Herrn und mein Amt meines Gottes ist" *(Jes. 49, 4)*; aber dessen ungeachtet ging er auf dem vom Vater angewiesenen Weg fort. Wie versuchlich war sein Leiden und Tod für ihn! Aber durch alle Bangigkeiten kämpfte er sich hindurch und sprach: „Nicht mein, sondern dein Wille geschehe", und so hat er den reinsten Gehorsam, die lauterste Heiligkeit hindurch behauptet bis ans Ende. Deswegen hat ihm aber auch der Vater das Zeugnis gegeben: „Dies ist mein lieber Sohn, an dem ich Wohlgefallen habe!" Das heißt mit anderen Worten: seine Gerechtigkeit gilt vor mir; mein heiliges Auge ruht mit Wohlgefallen auf ihm; das Kleid seiner Gerechtigkeit ist völlig fleckenlos, daß auch mein Gottesauge nur Wohlgefallen an ihm haben kann.

Aber zu diesem allem kommt noch etwas unaussprechlich Großes und Wichtiges. Obwohl der Heiland heilig, rein und unschuldig war, so ließ er sich doch vom Vater sein ganzes Leben hindurch als ein Sünder behandeln, um die Schuld und Strafe der Sünde, die auf uns lag, auf sich zu nehmen und zu büßen. Schon dadurch, daß er einen menschlichen Leib an sich trug, stellte er sich in die Reihe der Sünder hinein, ließ er sich das Erbteil der Sünder gefallen. Denn mit viel Beschwerden und Demütigungen ist das Leben in diesem Leibe verbunden. Man muß essen und trinken; man muß schlafen und wird müde und matt; wenn man von einem Ort zum andern will, muß man seinen Körper mühselig hinbewegen; dies alles muß eine unendliche Verleugnung für den Schöpfer aller Dinge gewesen sein, größer, als wir es denken können, weil wir solches alles gewohnt, in diesem beengenden Gefängnis aufgewachsen sind und von nichts anderem wissen. Den Fluch, der auf der Sünde lag, mußte der Heiland fühlen, als er in Nazareth in seinem Handwerk arbeitete, denn es steht geschrieben: „Im Schweiß deines Angesichts sollst du dein Brot essen." O was hat der Heiland erduldet um unsertwillen! Und doch war das noch nicht das Größte. Er tat noch mehr. Johannes predigte in der Wüste und taufte die Sünder mit der Taufe der Buße zur Vergebung der Sünden; da kam auch Jesus herzu, daß er sich taufen ließe. Johannes, der ihn einigermaßen kannte, wehrte es ihm. Aber Jesus sprach: „Laß jetzt also sein; also gebührt es uns, alle Gerechtigkeit zu erfüllen." Und so ließ er sich taufen mit der Taufe der Buße; so stellte er sich also als ein Sünder dar und mitten in die Sünderreihe hinein, und ließ sich das gefallen, was nur ein Sünder sich gefallen lassen durfte. Er war das heilige, unbefleckte Lamm Gottes, und dennoch ließ er sich taufen zur Vergebung der Sünden. Und warum das? Darum, weil er die Sünden aller Sünder auf sich genommen hatte und sich als den größten Sünder behandeln ließ. Dies ist aber vorzüglich offenbar geworden in seinem letzten blutigen Leiden und Sterben; es ist offenbar geworden in Gethsemane, auf Gabbatha und Golgatha, wo er der Sünder Lohn empfing, wo er als ein Fluch am Kreuze hing, „denn verflucht ist", spricht die Schrift, „wer am Holze hängt." Also hat Gott die Welt geliebt, daß er seinen eingebornen Sohn in diese Tiefen der Trübsal und Angst hinabstieß um unsertwillen, daß er den, der von keiner

Sünde wußte, für uns zur Sünde machte.

Das ist der Gnadenschatz der Gerechtigkeit Christi. Und diese Gerechtigkeit Christi ist für die Menschen verdient. Für sich selbst hätte er es nicht bedurft, durch diese Welt einen Menschenlauf zu machen, was hätte ihn auch dazu bewegen sollen? Für sich selbst hätte er es nicht bedurft, sich als einen Sünder, ja als den größten Sünder von Gott behandeln zu lassen; denn er ist ja der Heilige, und aller Glanz der Seraphim ist gegen ihn nur Dunkelheit. Das ist also alles für uns geschehen; für uns hat er seinen heiligen, unsündlichen Lauf zurückgelegt; für uns und zur Tilgung unserer Schuld die Folgen und Strafen der Sünde auf sich genommen. Das ist das reine, unbefleckte Kleid der Gerechtigkeit Christi, und wenn wir damit bekleidet sind, so sind wir so wohlgefällig vor Gottes Augen wie Christus selbst, so sieht er eben so auf uns herab, wie er auf den Heiland herabgesehen hat, und spricht: das ist mein geliebtes Kind, an dem ich Wohlgefallen habe, nicht um sein selbst willen, denn es ist ein Sünder, sondern um Christi willen, mit dessen Gerechtigkeitsschmuck es bekleidet ist.

II. Aber wer glaubt unserer Predigt, und wem ist der Arm des Herrn offenbar? Ach, es will's niemand glauben, daß er so übel daran ist; es will's niemand zugeben, daß er ein Kind des Todes und des Verderbens ist, daß das höllische Feuer auf ihn wartet. Man meint, man könne sich noch hindurchbringen mit der alten Schläfrigkeit und Faulheit und mit der väterlichen Weise; man meint, man könne sich noch hineinbetrügen in das Reich Gottes, und das falsche Geld, das man im Sacke hat, werde der Heiland für gute Münze gelten lassen. Darum ist auch kein Aufstehen vom Schlaf der Sünde da, und keine Buße und kein Fliehen zu den Wunden Jesu und kein Trieb, seine Seele zu erretten; die wenigsten strecken sich aus nach der Gnade.

Hört, ihr Sünder! Ich predige euch Vergebung der Sünden, nicht auf eigenen Antrieb, sondern nach dem Gebot des Herrn, der da spricht: „Also mußte Christus leiden und auferstehen am dritten Tage, und predigen lassen in seinem Namen Buße und Vergebung der Sünden unter allen Völkern, und anheben zu Jerusalem.“ Hört es doch, der Gnadenschatz Gottes ist in Christus aufgetan; eure Sünden sind getilgt und ans Kreuz geschlagen; Christus ist die Versöhnung für eure und der ganzen Welt Sünde; schon vor achtzehnhundert Jahren ist's geschehen, es ist nicht not, verloren zu gehen; wir können, wir sollen selig werden; es ist der Wille Gottes, es gibt ein Lamm Gottes, das der Welt Sünde trägt. „Wohlan, alle, die ihr durstig seid, kommet her zum Wasser! und die ihr nicht Geld habt, kommet her, kaufet und esset; kommt her und kauft ohne Geld und umsonst beides, Wein und Milch“ *(Jes. 55, 1).* Wer keine Ruhe im Herzen hat, wem nicht wohl ist, wen die Welt anekelt, wer Hunger und Durst empfindet nach der Gerechtigkeit, wer gerne selig sterben und nicht verloren gehen will, wer einen Bürgen braucht für seine vielen Schulden, wer nach Vergebung der Sünden schmachtet: mit einem Wort, wer einen Jesus braucht, der komme und nehme das Wasser des Lebens umsonst! Du hast nichts mehr abzumachen an der alten Schuld; du brauchst nichts mehr abzubüßen; du darfst nichts mitbringen als deine Schuld und dein elendes, unwertes Herz. Dafür wird dir Jesus ein neues Herz und einen neuen gewissen Geist schenken.

Aber freilich, wer der Gnadenschätze Gottes in Christus teilhaftig werden will, wer im Schmuck des Gerechtigkeitskleides Christi erscheinen will, der darf es nicht über sein eigenes Gerechtigkeitskleid ziehen, der darf nicht denken: wo meine Gerechtigkeit nicht hinreicht, wo sie mangelhaft ist, da soll die Gerechtigkeit Christi den Mangel ausfüllen. Wehe dem, der Christus zu einem Lückenbüßer macht! Auch darf er ja nicht wähnen, daß er zu seiner Seligkeit noch etwas beitragen könne; denn es hängt ja nicht an seinem Rennen und Laufen, sondern an Gottes Erbarmen. Aber ebensowenig darf man auch den Rock der Gerechtigkeit Christi über den befleckten Rock des Fleisches ziehen und sein Verdienst zum Deckel der Bosheit machen. Denn wahrlich, wer das tut, dessen Schande wird offenbar werden, weil ja vor Gott nichts gilt als eine neue Kreatur in Christus Jesus, unserem Herrn. Wer daher den kürzesten Weg gehen und der Gnadenschätze Gottes in Christus teilhaftig werden will, der bitte Gott, daß er ihm die Kleider seiner Gerechtigkeit ausziehe, daß er ihn entkleide von allem Vertrauen auf alles eigene Erkennen und Wollen, auf alles eigene Besitzen und Haben, daß er ihm ausziehe den besudelten Rock des Fleisches, dessen Willen der Ungerechtigkeit anhängt und sich durch Lüste in Irrtum verderbt. Aber auch das vermagst du nicht aus eigener Kraft. Das vermag allein nur Gott, der beides in uns wirkt, das Wollen und das Vollbringen, der dir die Kleider des Verderbens aus- und die Kleider des Heils anziehen kann. Du selbst aber hast nichts dabei zu tun, als in seinem Willen zu ruhen und dir den Sturz deines Gerechtigkeitsgebäudes gefallen zu lassen.

Ach, mein Herr Jesus, wenn ich dich nicht hätte,
Und wenn dein Blut nicht für die Sünder red'te,
Wo sollt ich Ärmster unter den Elenden
Mich sonst hinwenden?
Ich wüßte nicht, wo ich vor Jammer bliebe,
Denn wo ist solch ein Herz, wie dein's, voll Liebe,
Du, du bist meine Zuversicht alleine,
Sonst weiß ich keine. Amen.

Inhaltsverzeichnis